入市需谨慎

V图技术

精断顶底！
发现上证指数走势运行规律

韦铭锋◎著

经济管理出版社
ECONOMY & MANAGEMENT PUBLISHING HOUSE

图书在版编目（CIP）数据

V图技术：精断顶底！发现上证指数走势运行规律/韦铭锋著. —北京：经济管理出版社，2015.12
ISBN 978-7-5096-3983-2

Ⅰ. ①V… Ⅱ. ①韦… Ⅲ. ①股票指数—研究—中国 Ⅳ. F832.51

中国版本图书馆 CIP 数据核字（2015）第 232578 号

组稿编辑：勇　生
责任编辑：勇　生　王　聪
责任印制：司东翔
责任校对：赵天宇

出版发行：经济管理出版社
（北京市海淀区北蜂窝 8 号中雅大厦 A 座 11 层　100038）
网　　址：www. E-mp. com. cn
电　　话：（010）51915602
印　　刷：三河市延风印装有限公司
经　　销：新华书店
开　　本：787mm×1092mm/16
印　　张：30
字　　数：550 千字
版　　次：2016 年 1 月第 1 版　2016 年 1 月第 1 次印刷
书　　号：ISBN 978-7-5096-3983-2
定　　价：88.00 元

前　言

本书正文的完稿时间是 2014 年 12 月 31 日，但现在时间已经过了 2015 年 6 月 30 日。下面回顾一下 2015 年上半年大盘行情所处神秘大三角形态上的位置（见图 0–1）。

图 0–1　上证指数 2015 年上半年 K 线走势

上证指数大盘在 2015 年前 3 个月的走势还算正常，而且上交所公布的平均市盈率都还不高，都不算是见顶特征。但是创业板的市盈率奇高，高得离谱，这是一个需要注意的地方。另外，直接或间接、正规或非正规配资的人不断增加，也为将来见顶埋下伏笔。

图 0–2 是截至 2015 年 3 月 30 日时，上证指数所处神秘大三角的位置。从图中可以看到，大盘已经符合了见顶的最低要求，即超过 3756 这条警戒线。虽然市场上的平均市盈率很低，但有很大的潜在风险，所以按 V 图和神秘大三角来看，一旦大盘从高

位回落超过 20%，就容易见顶（即 D 点）。

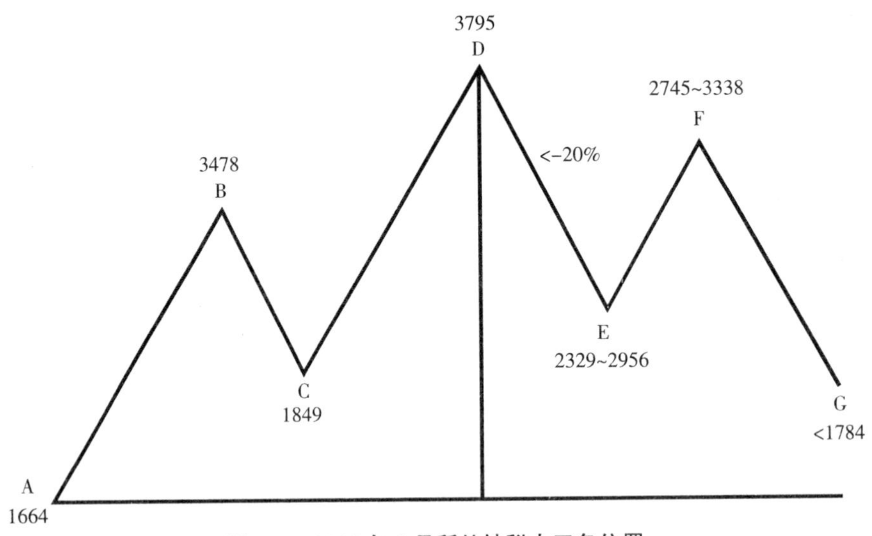

图 0-2 2015 年 3 月所处神秘大三角位置

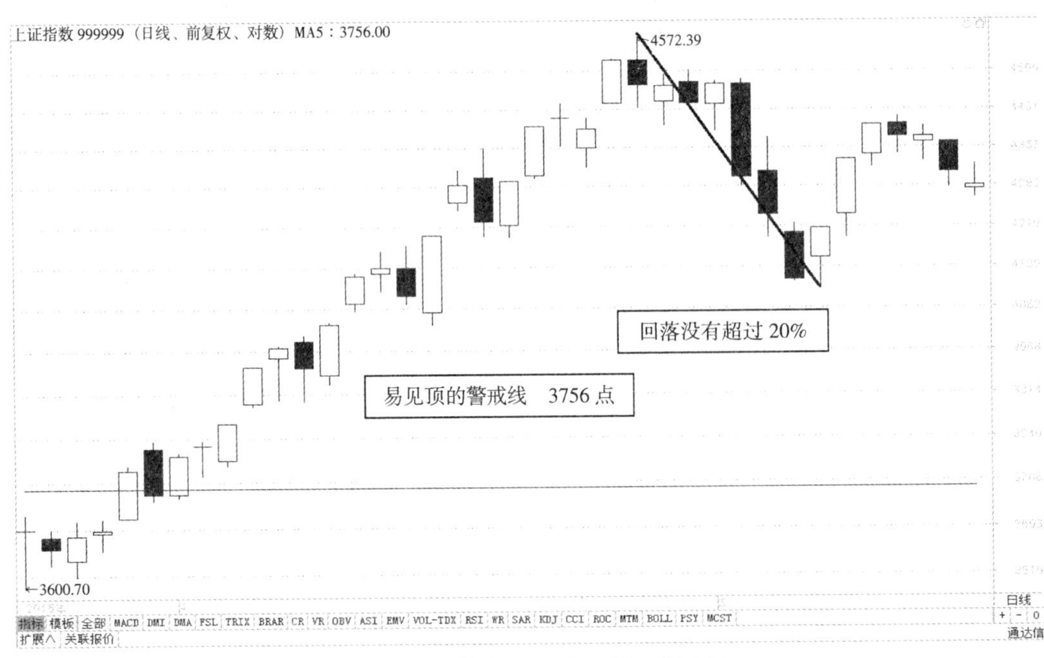

图 0-3 上证指数 2015 年 5 月 K 线走势

如图 0-3 所示，2015 年 5 月初上证指数开始大幅回调 10%，但同时创业板指数仍在不断创新高，创业板的市盈率已经高得太离谱了，加大了市场震荡的风险。

与 5 月初一样，5 月底上证指数开始又一波跌势，但幅度仍未敢超过 20%，这是在

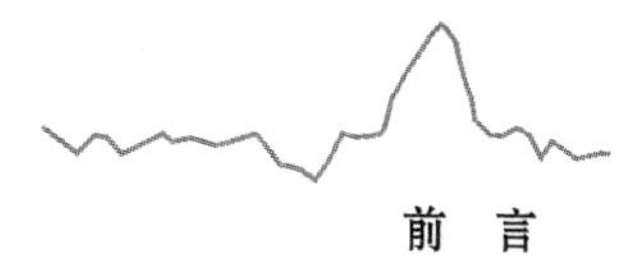

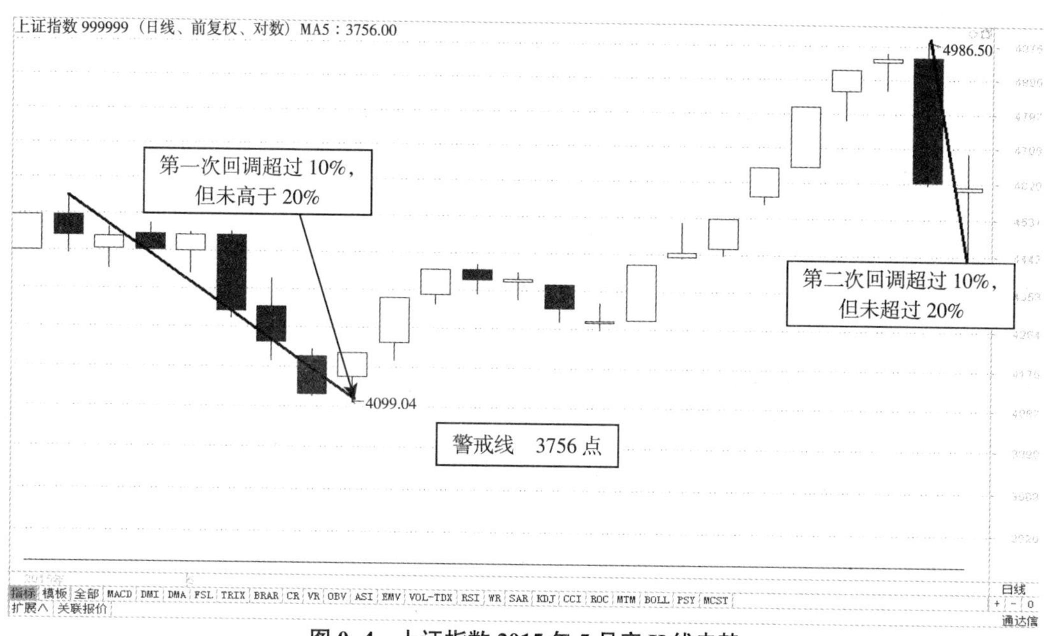

图 0–4 上证指数 2015 年 5 月底 K 线走势

警戒线之后的第二次大幅度回调。尽管如此，创业板的泡沫仍未能制止住，创业板的市盈率还在往上攀高，丝毫不受大盘这两次较大幅度回调的影响，可见未来的波动将会变得更大、更危险。

预计为了抑制创业板的疯牛局面，大盘会出现 20%以上的波动。

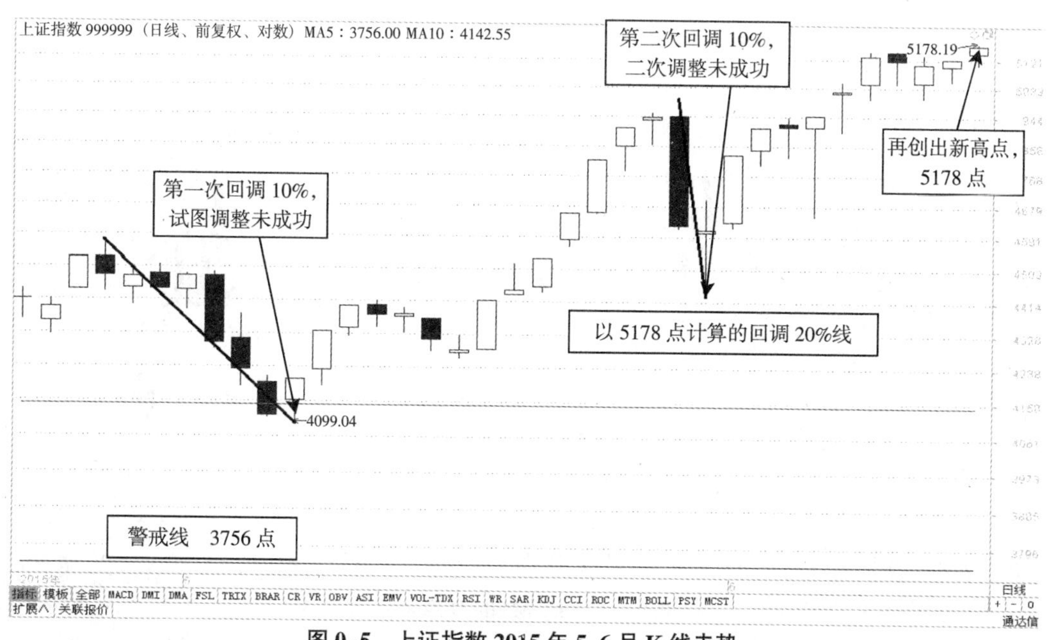

图 0–5 上证指数 2015 年 5~6 月 K 线走势

此后大盘从 5 月底到 6 月中旬上涨了 16%，眼看创业板疯涨不可抑制之势，大盘恐会加大回调力度。但是，如果这个力度过猛，砸过了 20%，那么就会变味了，因为那就会确认神秘大三角形的 D 点就是 5178 点。那么未来的走势就很悲观了。

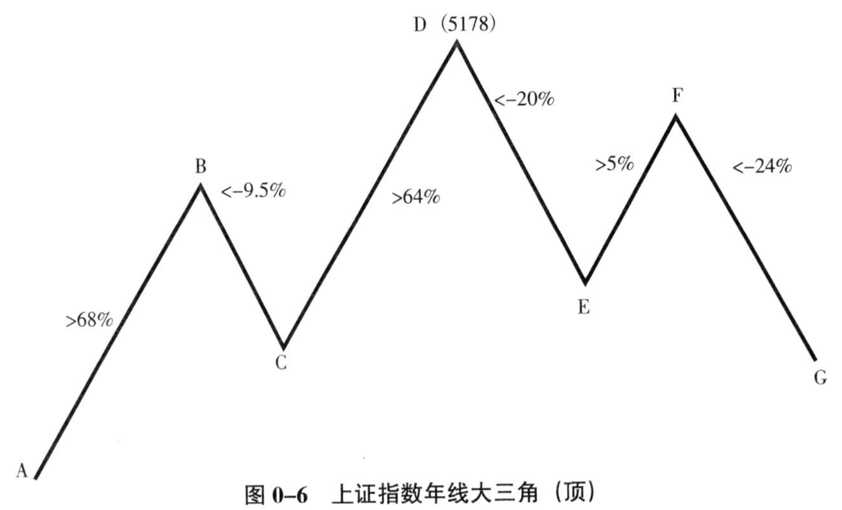

图 0-6　上证指数年线大三角（顶）

从神秘大三角看来，未来一旦下调超过 20%，就意味着 D 点 5178 的确认和下一步下跌至 E 点的走势。

图 0-7　上证指数的 D 点确认

6 月 26 日，大盘最低点曾在 5178 下跌 20%的这条线上得到过一些支撑，但从后续走势来看，这种支撑只是昙花一现，开始了暴跌行情。

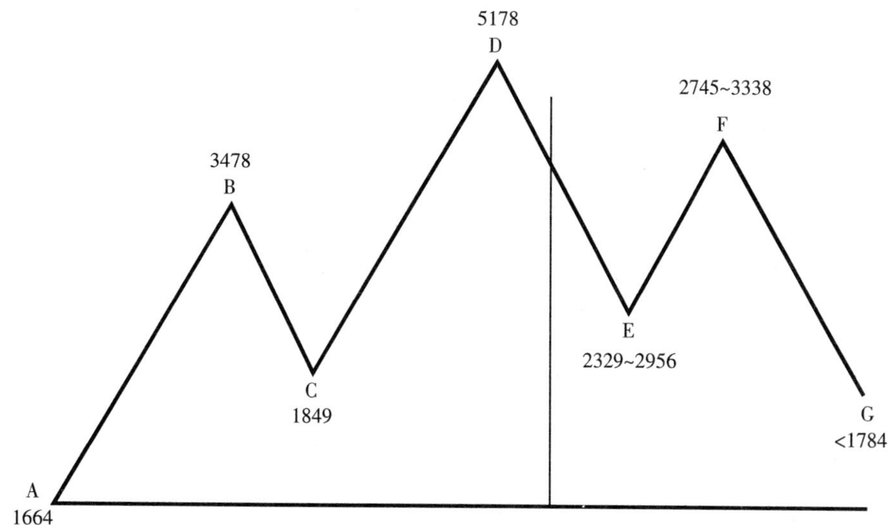

图 0–8 2015 年 6 月所处神秘大三角位置

下一个目标就是新低点 E 点（即 2329~2956 点）！

目　录

第一部分　V 图起源

第二部分　V 图制作法

第三部分　V 图分析传统经典 K 线形态

第五部分 利用 V 图交易

第一部分
V 图起源

1.1　从分时图说起

新安股份（600596）2012 年 8 月 16 日当日分时图，如图 1-1 所示。

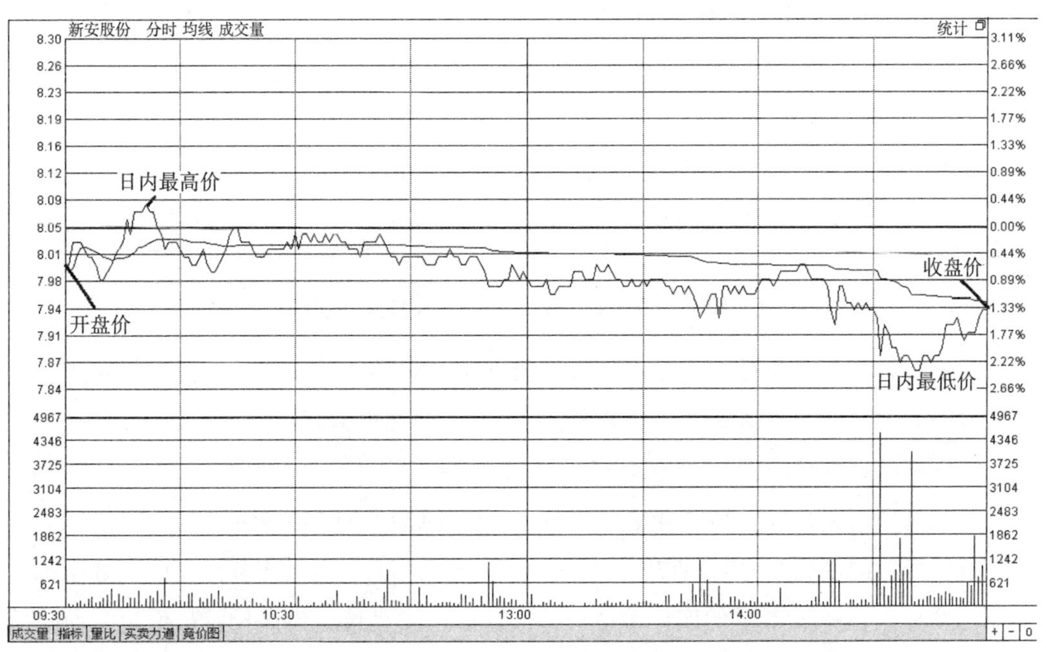

图 1-1　新安股份（600596）2012 年 8 月 16 日当日分时图

这是个股新安股份（600596）2012 年 8 月 16 日当日的分时走势图。所谓分时图，是指间隔 4~8 秒刷新一次的价格走势图。大体上是以 4~8 秒最后一笔的成交价为最新价格，所以如果出现了更高的价格或更低的价格，分时图上也有可能不被显示出来。另外，由于数据传输快慢的问题，也不是每台计算机上呈现出来的分时图都一模一样。

图 1–1 中标示出了一个分时图中较为重要的四个要素——开盘价、收盘价、最高价及最低价。通过这四种价格，可以很好地评估价格的走势。

从时间运行的先后顺序来看，开盘价是四个价格中第一个出现的，它代表了这一天的第一个成交价格。而最高价、最低价是指当天的价格走势中的最高价与最低价，一般来说，当日下跌的话，最高价早于最低价出现。收盘价是指当天结束时的最后成交价。

新安股份（600596）2012 年 8 月 16 日当日分时图四价连线如图 1–2 所示。

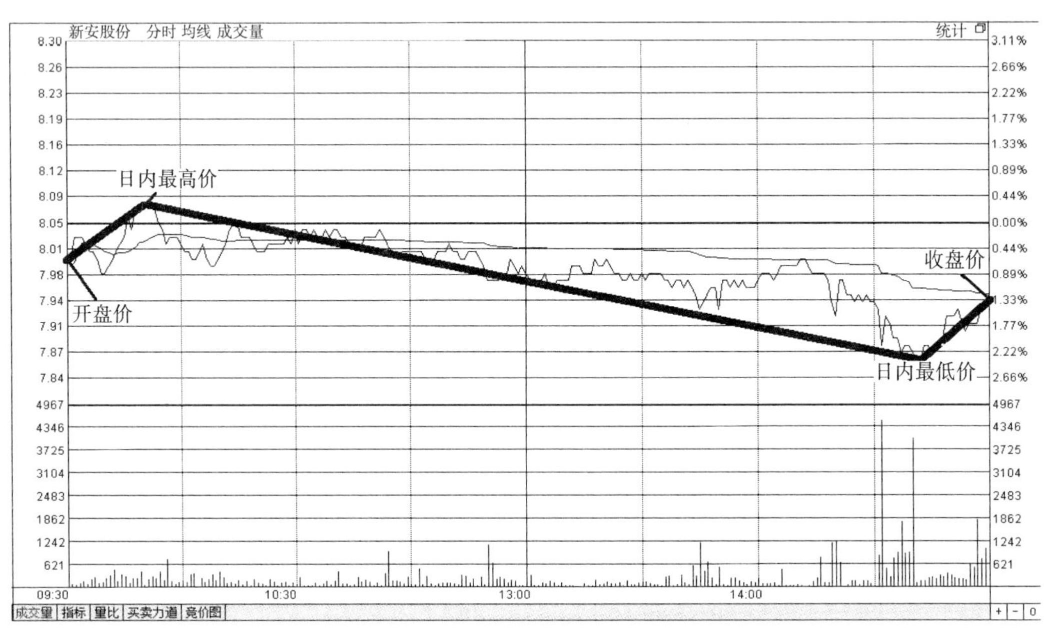

图 1–2 新安股份（600596）2012 年 8 月 16 日当日分时图四价连线

我们将这四个价格按先后顺序用线连接起来，得到这一天内的股价运行轨迹。它表示这一天内价格的变动走势，忽略繁杂的波动，使之更为直观（见图 1–2）。

上面举的是下跌的例子，下面再举一个上涨的例子。

国创高新（002377）2012 年 8 月 16 日当日分时图如图 1–3 所示。

这是个股国创高新（002377）2012 年 8 月 16 日当日的分时走势图。图 1–3 中标示出了一个分时图中较重要的四个价位——开盘价、收盘价、最高价及最低价。通过分析这四个价格的分布，可以很好地评估未来价格的走势。

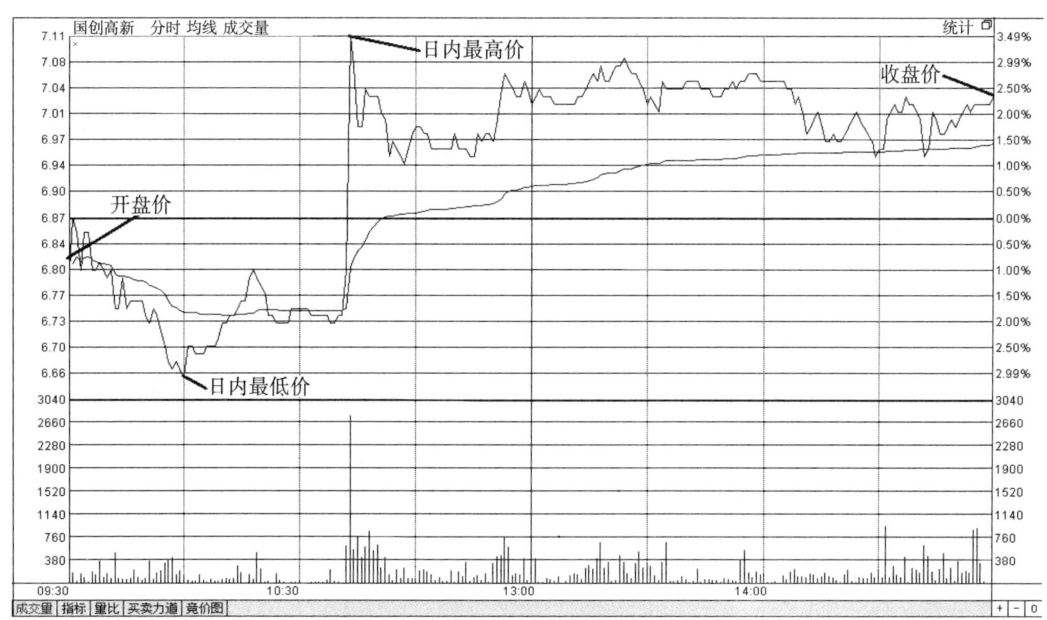

图 1–3　国创高新（002377）2012 年 8 月 16 日当日分时图

从时间运行的先后顺序来看，开盘价是四个价格中第一个出现的，它代表了这一天的第一个成交价格。而最高价、最低价是指当天的价格走势中的最高价与最低价，一般情况下，当日上涨的话，最低价早于最高价出现。收盘价是指当天结束时的最后成交价。

国创高新（002377）2012 年 8 月 16 日当日分时图四价连线如图 1–4 所示。

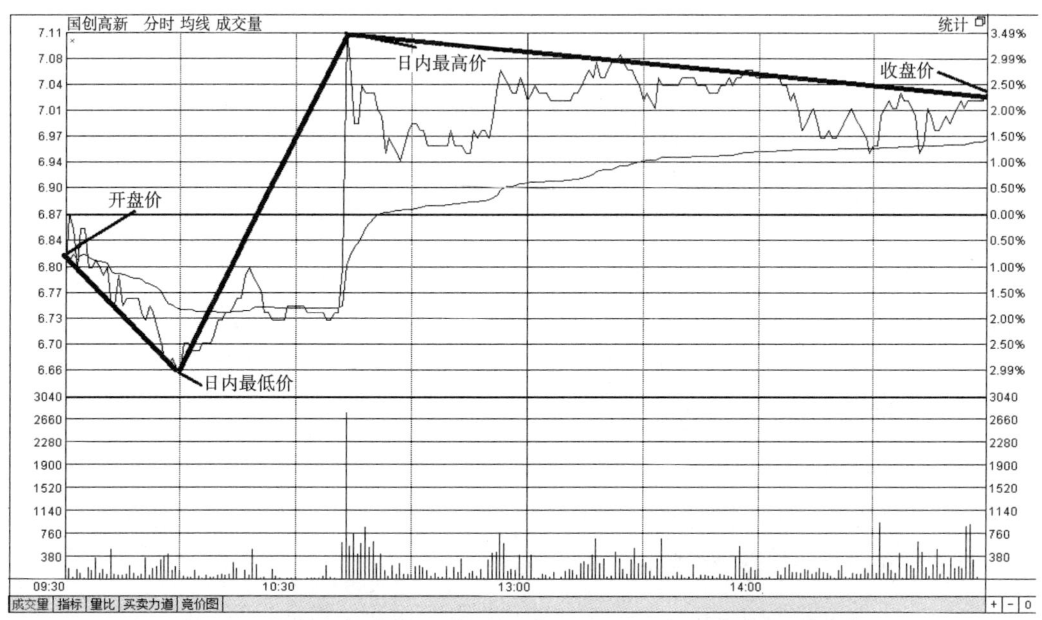

图 1–4　国创高新（002377）2012 年 8 月 16 日当日分时图四价连线

将这四个价格按出现的先后顺序用线连接起来，得到这一天内的股价运行轨迹。它表示这一天内价格的变动走势，这种图能忽略繁杂的波动，使之更为直观（见图1-4）。

价格运行轨迹（下跌与上涨的价格波动图）如图 1-5 所示。

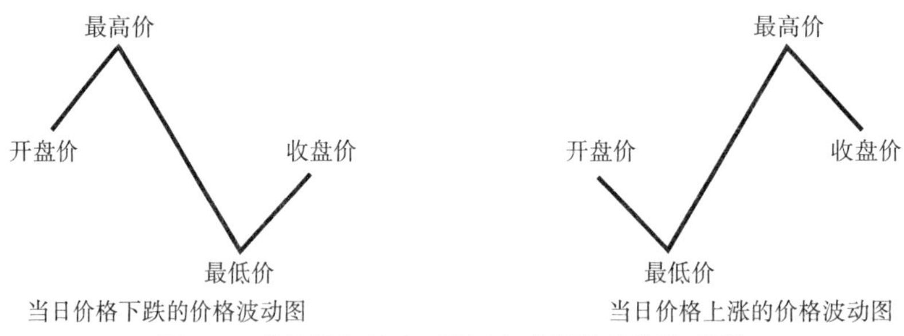

图 1-5　价格运行轨迹（下跌与上涨的价格波动图）

像这样的价格运行轨迹图，我们就称为“V 图”，这就是本书所要讲述的关键技术。

1.2　类似○×图

○×图如图 1-6 所示。

什么是 ○× 图？○× 图是以“×”表示价格的上涨，以“○”表示价格的下跌，将价格运动用垂直面上下堆积的方式描绘出来的走势图就叫作 ○× 图或点数图。

V 图与 ○× 图对比（价格下跌）如图 1-7 所示。

V 图与 ○× 图对比（价格上涨）如图 1-8 所示。

我们可以看到 ○× 用上下来堆积的方式来描述价格的涨跌，而 V 图也类似 ○× 图，但是，是以某个固定角度将 ○× 图拉开来展现价格的涨跌波动，价格波动越大，横坐标和纵坐标的变化也就越大；价格的波动越小，横坐标和纵坐标的变化也就越小，甚至在 V 图上都没有被记录的必要。

V 图与 ○× 图对比如图 1-9 所示。

V 图能更好地显示出行情的波动变化和趋势的发展，○× 图过于压缩坐标空间，不能较好地反映股价或大盘指数的内在运行规律。

V 图实际上与 ○× 图很接近，V 图的侧重点在于对价格波动进行加权，使价格波动

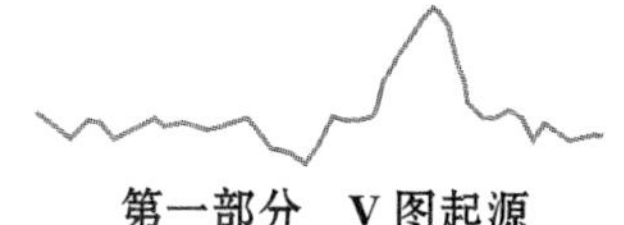

更为突出，更易观察到价格的内在变化规律。

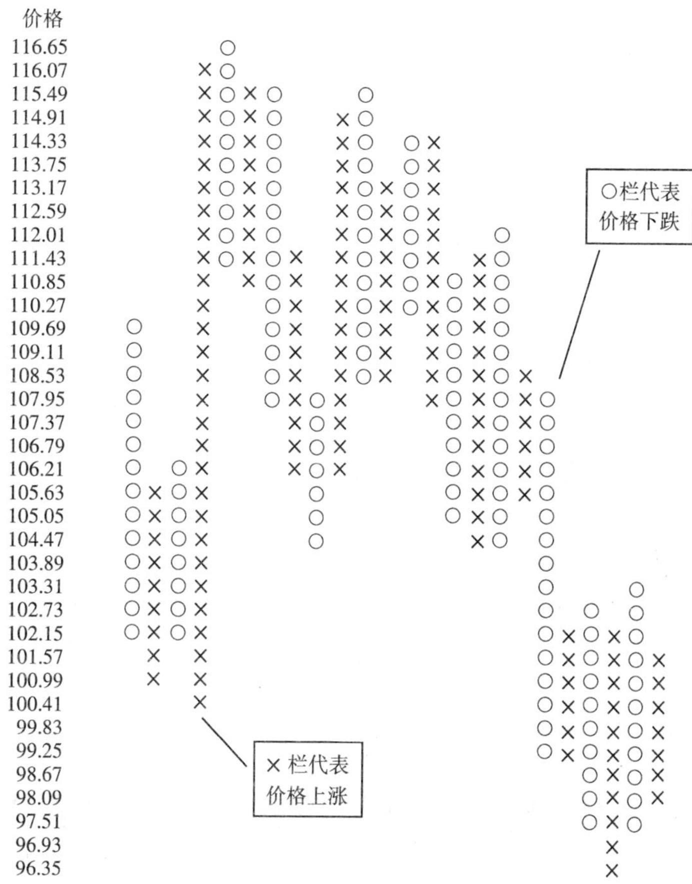

图 1-6　○×图

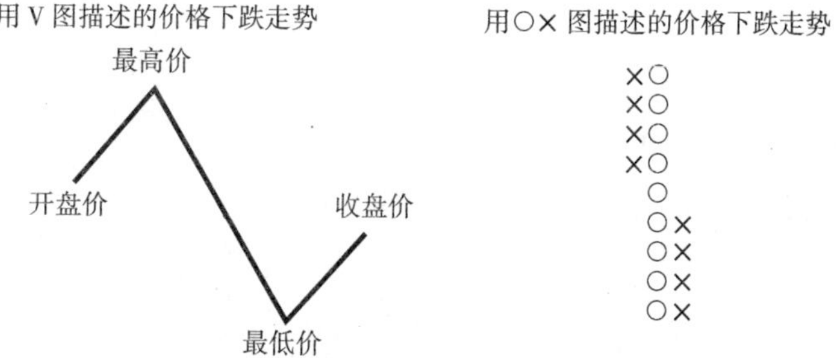

图 1-7　V 图与○× 图对比（价格下跌）

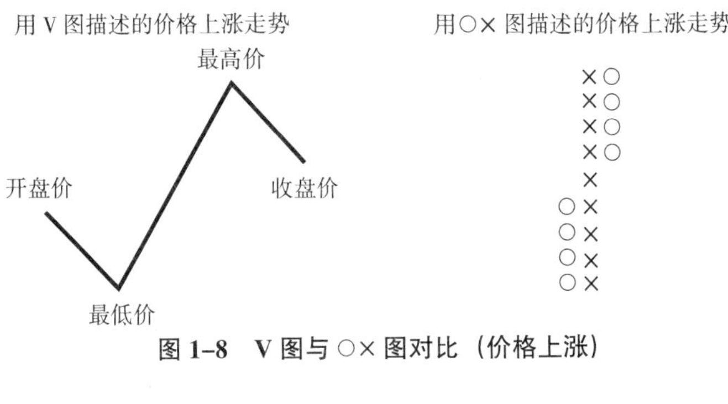

图 1-8　V 图与 ○× 图对比（价格上涨）

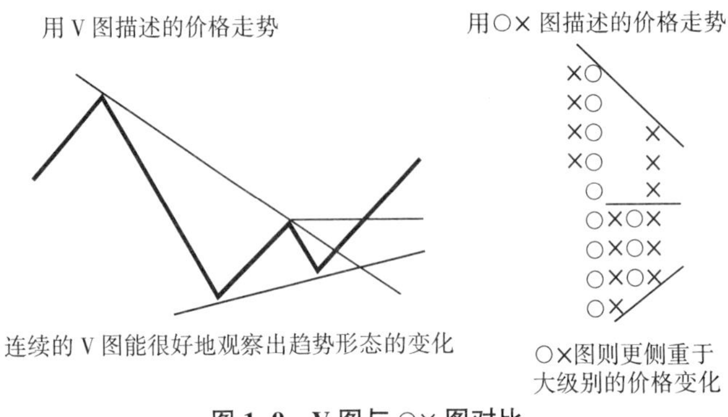

图 1-9　V 图与 ○× 图对比

1.3　价格波动才是 V 图变化的主要因素

大幅上涨与小幅上涨时高度与长度的不同表现如图 1-10 所示。

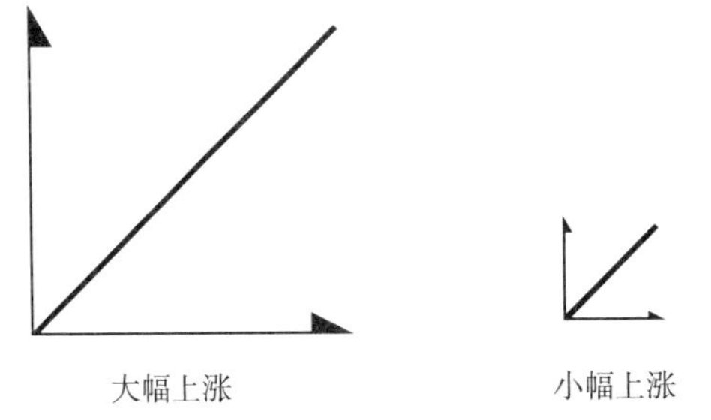

图 1-10　大幅上涨与小幅上涨时高度与长度的不同表现

大幅下跌与小幅下跌时高度与长度的不同表现如图 1-11 所示。

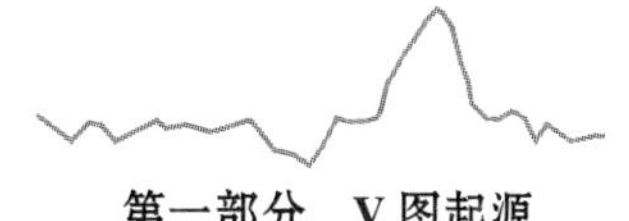

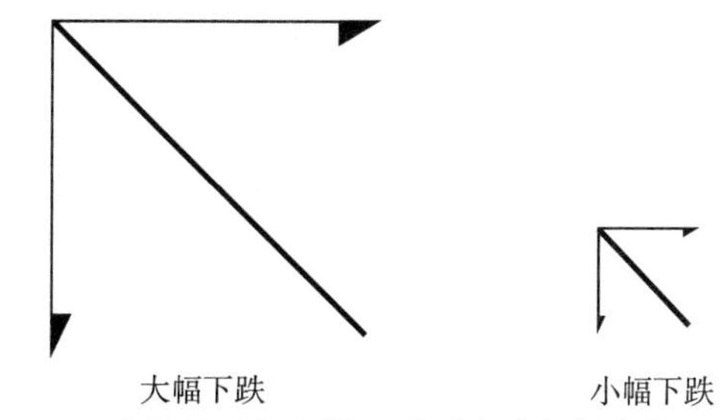

图 1-11　大幅下跌与小幅下跌时高度与长度的不同表现

大动大变，小动小变，甚至不变。在坐标上看是：

大幅的价格变化会在 V 图上呈现纵横面积较大的线段。

小幅的价格变化会在 V 图上呈现纵横面积较小的线段。

大幅下跌变成大幅上涨的 V 图走势如图 1-12 所示。

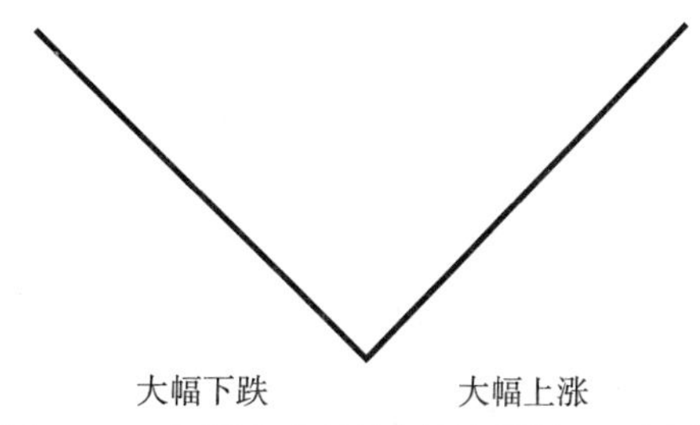

图 1-12　大幅下跌变成大幅上涨的 V 图走势

大幅上涨变成大幅下跌的 V 图走势如图 1-13 所示。

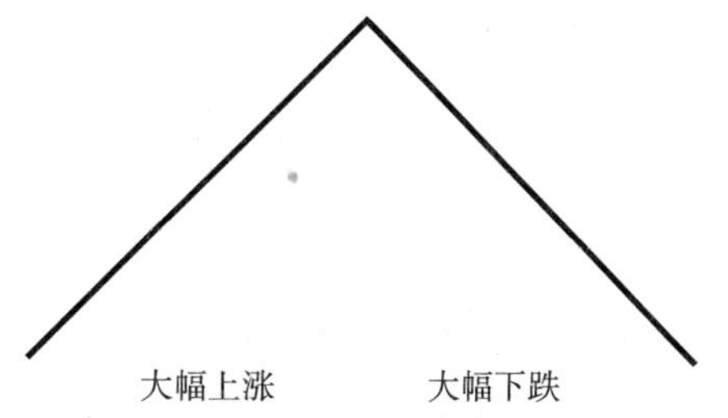

图 1-13　大幅上涨变成大幅下跌的 V 图走势

小幅下跌变成小幅上涨的 V 图走势如图 1-14 所示。

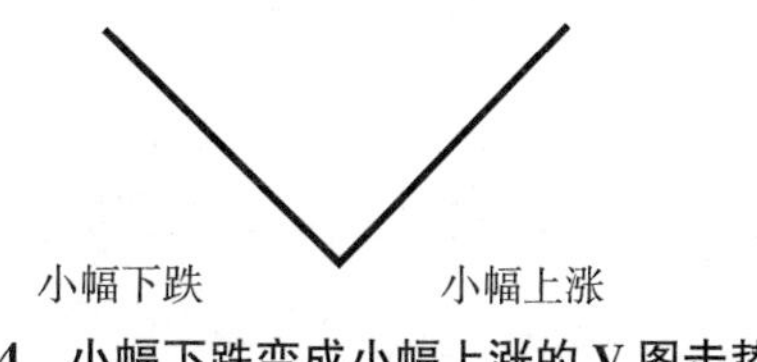

图 1-14　小幅下跌变成小幅上涨的 V 图走势

小幅上涨变成小幅下跌的 V 图走势如图 1–15 所示。

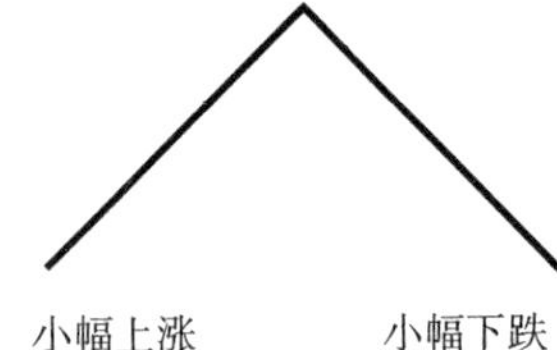

图 1–15　小幅上涨变成小幅下跌的 V 图走势

大幅下跌变成小幅上涨的 V 图走势如图 1–16 所示。

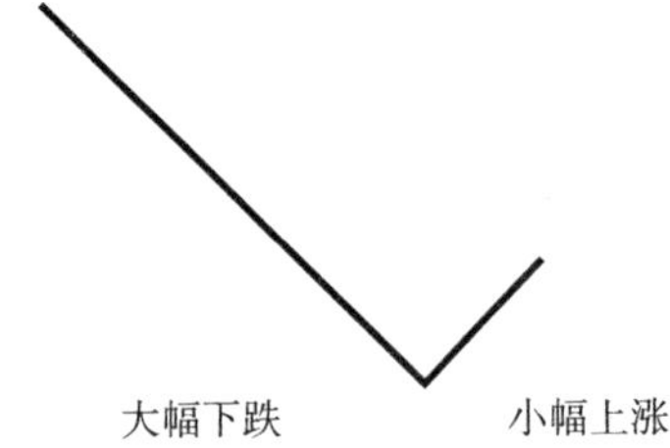

图 1–16　大幅下跌变成小幅上涨的 V 图走势

大幅上涨变成小幅下跌的 V 图走势如图 1–17 所示。

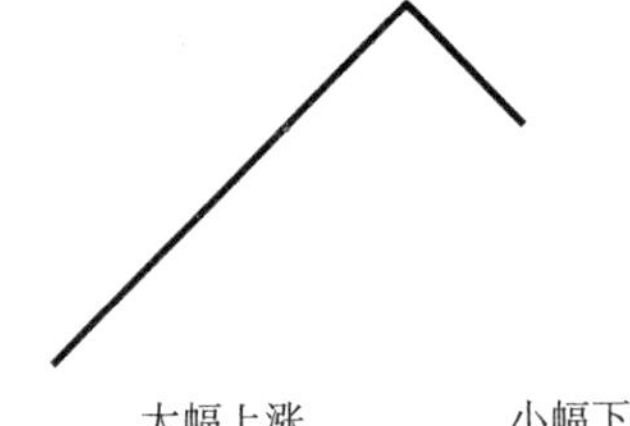

图 1–17　大幅上涨变成小幅下跌的 V 图走势

小幅下跌变成大幅上涨的 V 图走势如图 1–18 所示。

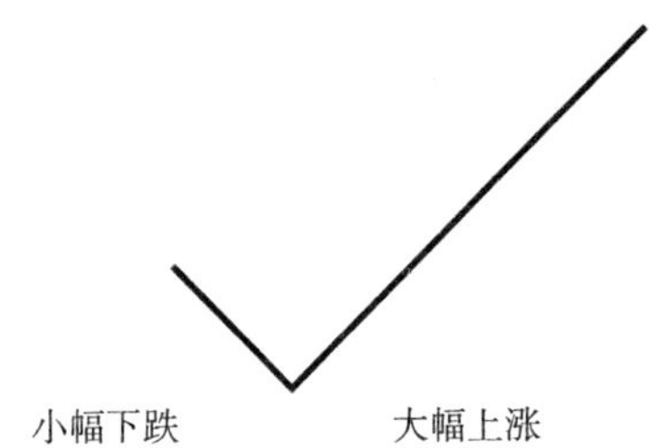

图 1–18　小幅下跌变成大幅上涨的 V 图走势

小幅上涨变成大幅下跌的 V 图走势如图 1–19 所示。

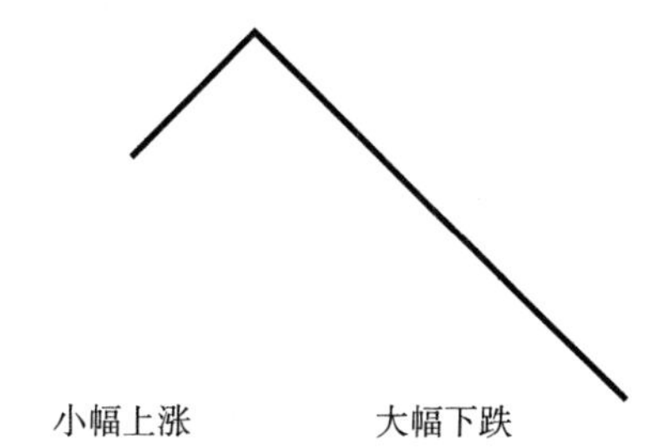

图 1-19　小幅上涨变成大幅下跌的 V 图走势

V 图就是以这些线条为基础，通过放大价格的变动来体现有价值的股价走势，进而呈现出未来的趋势和发展。在下一部分会具体介绍它的具体制作方法。

第二部分
V 图制作法

2.1　电子表格画法

本书推荐使用 Excel 电子表格制作 V 图，首先安装好 Excel 电子表格软件，一般安装有 Office 软件的计算机都已安装了 Excel。

“开始”→“所有程序”菜单如图 2-1 所示。

图 2-1　“开始”→“所有程序”菜单

单击“开始”菜单，选择并单击“所有程序”，在列表中找到并单击“Microsoft Office …”一栏，在弹出来的列表中单击“Microsoft Office Excel …”。

Microsoft Office Excel 欢迎界面如图 2-2 所示。

图 2-2　Microsoft Office Excel 欢迎界面

Microsoft Office Excel 工作界面如图 2-3 所示。

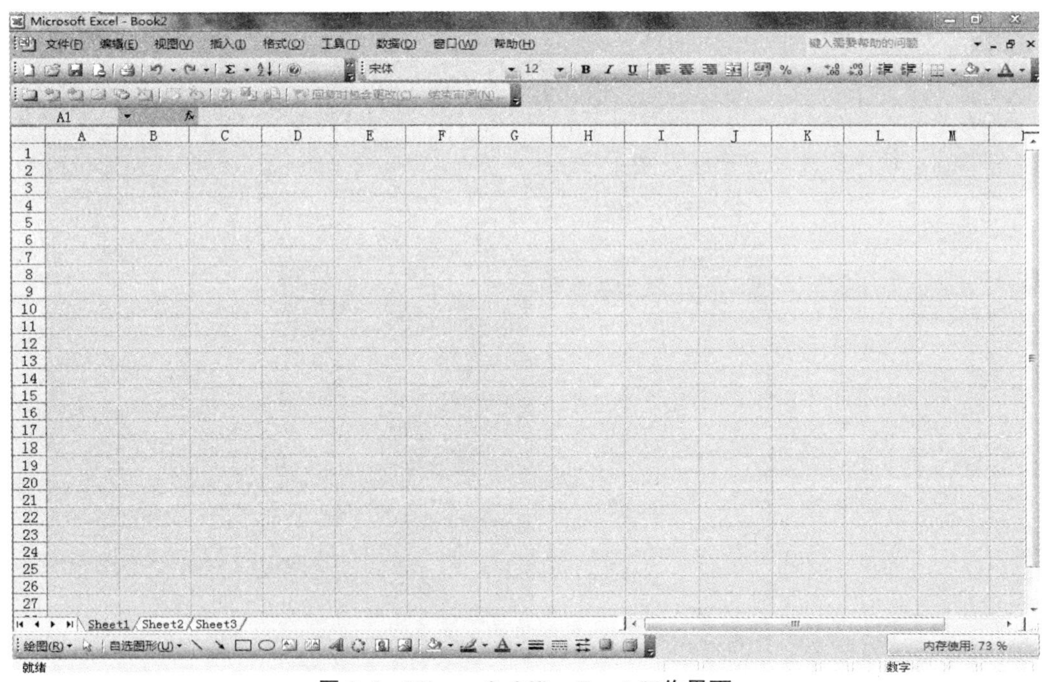

图 2-3　Microsoft Office Excel 工作界面

启动好 Excel 后，再打开所使用的证券行情软件，如大智慧、通达信、飞狐等。本书以招商证券的股票行情软件来讲解行情数据的导出。

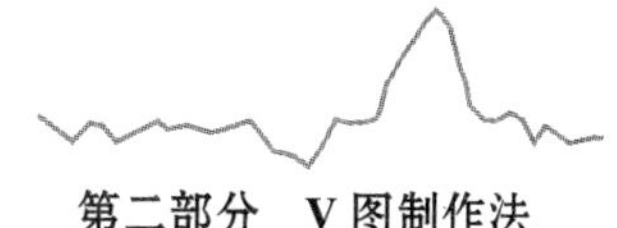

招商证券行情软件可以通过下面的网址下载：

http：//big5.newone.com.cn/download/new_zszq.exe

下载并安装好后，单击“招商证券”图标，行情软件即运行。

招商证券行情软件界面如图 2-4 所示。

	代码	名称	涨幅%	现价	涨跌	买入价	卖出价	总量	现量	涨速%	换手%	今开
1	000001	平安银行	-1.26	14.91	-0.19	14.91	14.92	14.7万	924	-0.13	0.47	15.03
2	000002	万　科A	0.82	8.64	0.07	8.63	8.64	26.6万	1401	0.00	0.28	8.52
3	000004	国农科技	-1.60	8.00	-0.13	8.00	8.01	13091	10	-0.24	1.56	8.15
4	000005	世纪星源	-2.31	2.96	-0.07	2.96	2.97	53566	1124	0.00	0.59	3.05
5	000006	深振业A	-0.24	4.13	-0.01	4.13	4.14	31899	29	-0.24	0.25	4.15
6	000007	零七股份	3.64	16.79	0.59	16.78	16.79	47168	753	0.05	2.55	16.20
7	000008	ST宝利来	0.76	9.24	0.07	9.20	9.25	1726	132	0.98	0.23	9.03
8	000009	中国宝安	0.64	9.44	0.06	9.43	9.44	20.7万	1238	0.10	1.92	9.55
9	000010	S ST华新	-4.91	15.70	-0.81	15.70	15.77	23749	264	0.12	3.50	16.34
10	000011	深物业A	-0.50	6.01	-0.03	6.01	6.02	13158	308	0.00	0.90	6.09
11	000012	南　玻A	1.09	8.31	0.09	8.31	8.32	71550	754	0.00	0.55	8.20
12	000014	沙河股份	-2.82	7.92	-0.23	7.91	7.92	72064	2292	-0.37	3.57	8.07
13	000016	深康佳A	-1.59	3.09	-0.05	3.08	3.09	38907	495	0.00	0.65	3.14
14	000017	*ST中华A	1.02	2.97	0.03	2.97	2.98	8470	482	0.33	0.32	2.96
15	000018	ST中冠A	-0.18	5.42	-0.01	5.42	5.45	1404	60	0.00	0.14	5.47
16	000019	深深宝A	-0.24	8.16	-0.02	8.16	8.17	7635	155	0.00	0.38	8.18
17	000020	深华发A	-1.74	6.23	-0.11	6.23	6.24	6254	103	-0.16	0.97	6.25
18	000021	长城开发	0.58	5.22	0.03	5.21	5.22	29333	332	0.00	0.22	5.18
19	000022	深赤湾A	-0.33	9.02	-0.03	9.01	9.02	7125	255	0.00	0.15	9.05
20	000023	深天地A	0.34	5.85	0.02	5.85	5.86	4380	81	-0.17	0.41	5.87
21	000024	招商地产	-0.19	20.76	-0.04	20.76	20.77	52878	246	-0.04	0.77	20.52
22	000025	特　力A	-0.66	6.03	-0.04	6.03	6.06	3656	20	-0.16	0.20	6.07
23	000026	飞亚达A	0.46	8.66	0.04	8.66	8.67	12761	120	-0.11	0.86	8.54
24	000027	深圳能源	—	—	—	—	—	0	0	—	0.00	—
25	000028	国药一致	-0.81	30.80	-0.25	30.80	30.96	4478	32	0.00	0.19	30.92
26	000029	深深房A	-0.88	3.39	-0.03	3.38	3.39	9264	9	0.29	0.10	3.41

图 2-4　招商证券行情软件界面

我们选一只目标股票，如选“上证指数（999999）”。

先在键盘上键入代码 999999 或按〈F3〉键进入上证指数的行情走势界面。

上证指数行情走势如图 2-5 所示。

为了将相关的行情数据导出来，我们先按住键盘上下方向键的〈↓〉键不放，等大约 10 秒钟，基本上这只股票所有的历史数据就都被显示出来了。

上证指数的历史行情走势如图 2-6 所示。

单击软件左上角的“系统”菜单 招商证券 系统 功能 报价 分析 选择“数据导出”对话框，并在弹出来的对话框中选择“Excel 文件”。

“系统”下拉菜单如图 2-7 所示。

“数据导出”对话框如图 2-8 所示。

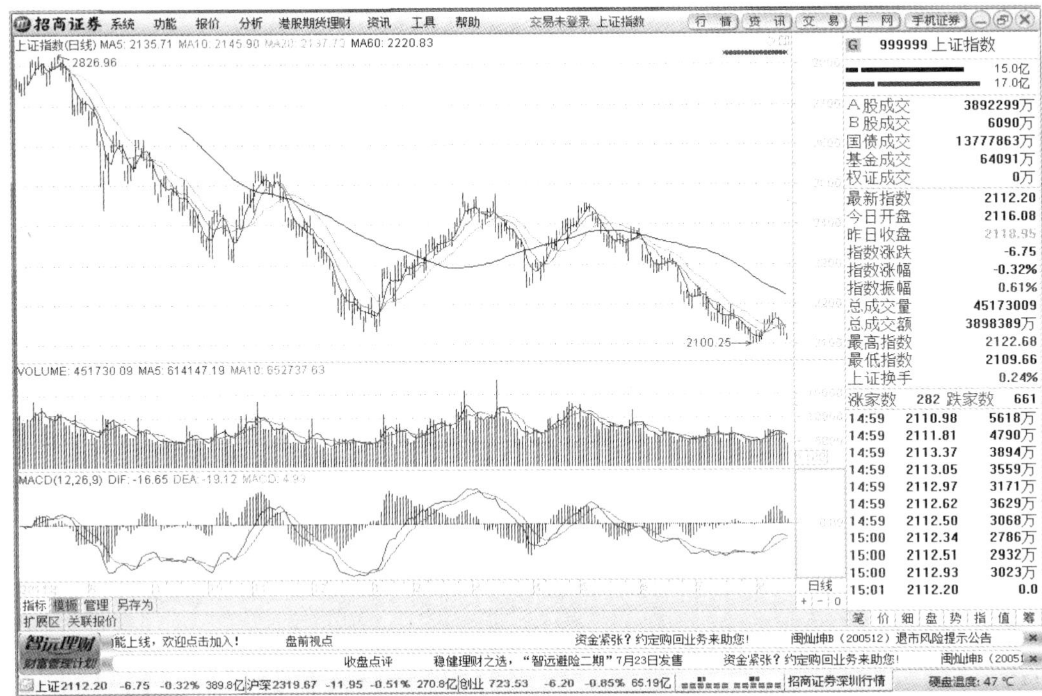

图 2-5 上证指数行情走势

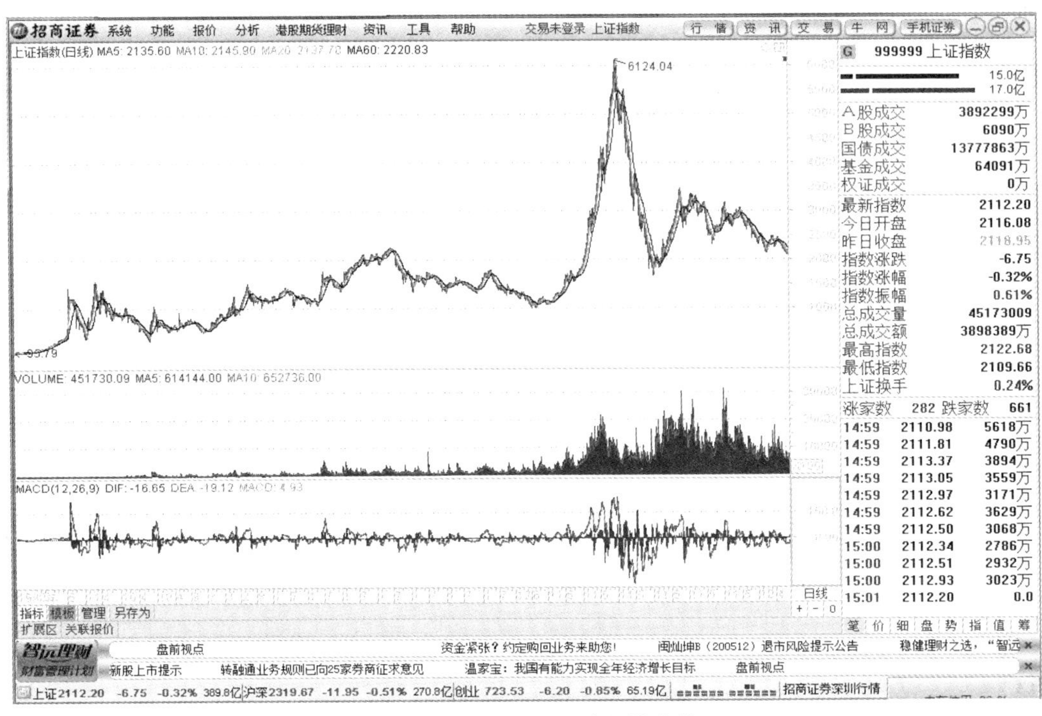

图 2-6 上证指数的历史行情走势

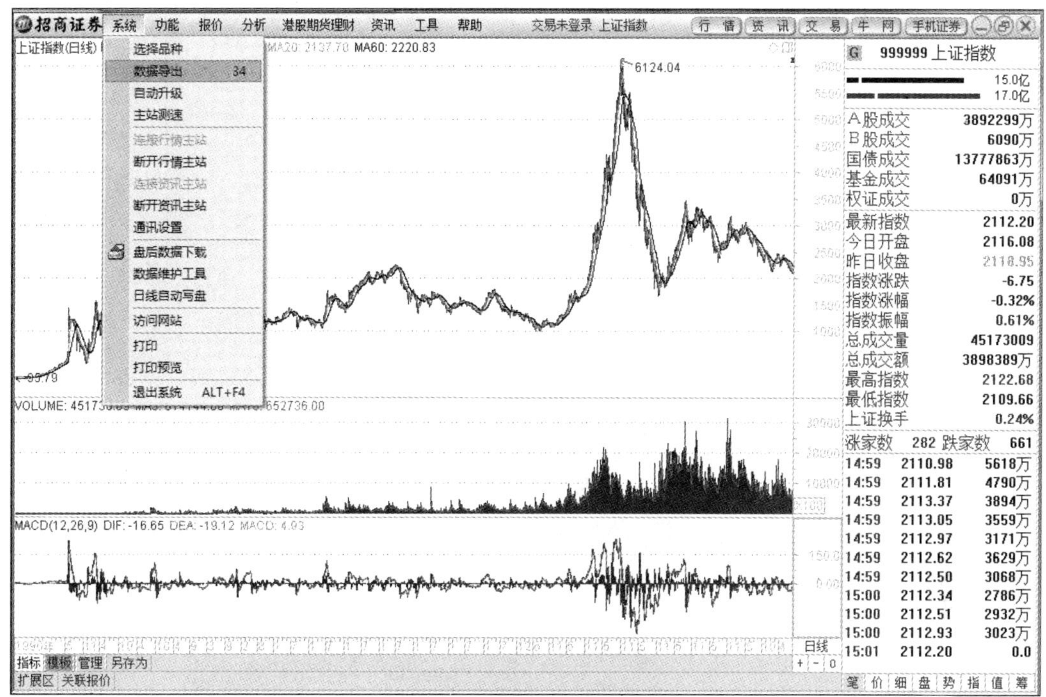

图 2–7　“系统”下拉菜单

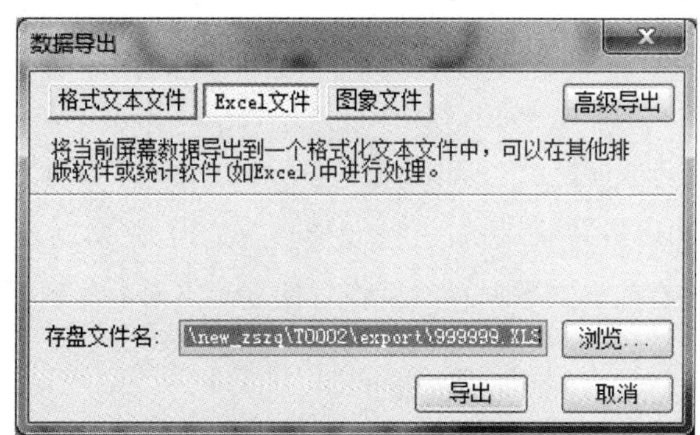

图 2–8　“数据导出”对话框

在对话框的下面单击“导出”按钮，单击“确定”按钮打开此文件，文件就以该股票的代码为文件名打开在电子表格里了。

成功导出的“上证指数”历史数据如图 2–9 所示。

	A	B	C	D	E	F	G	H	I	J	K	L	M	N
1		上证指数（999999）												
2														
3														
4	时(	开盘	最高	最低	收盘		MA.MA5	MA.MA1	MA.MA2	MA.MA6	VOL.VOL	VOL.MA5	VOL.MA1	MAC
5														
6	1990/12/	96.05	99.98	95.79	99.98	1260					12.6			
7	1990/12/	104.3	104.39	99.98	104.39	197					1.97			
8	1990/12/	109.07	109.13	103.73	109.13	28					0.28			
9	1990/12/	113.57	114.55	109.13	114.55	32					0.32			
10	1990/12/	120.09	120.25	114.55	120.25	15	109.66				0.15	3.064		
11	1990/12/	125.27	125.27	120.25	125.27	100	114.718				1	0.744		
12	1990/12/	125.27	125.28	125.27	125.28	66	118.896				0.66	0.482		
13	1990/12/	126.39	126.45	125.28	126.45	108	122.36				1.08	0.642		
14	1990/12/	126.56	127.61	126.48	127.61	78	124.972				0.78	0.734		
15	1991/01/	127.61	128.84	127.61	128.84	91	126.69	118.175			0.91	0.886	1.975	
16	1991/01/	128.84	130.14	128.84	130.14	141	127.664	121.191			1.41	0.968	0.856	
17	1991/01/	131.27	131.44	130.14	131.44	420	128.896	123.896			4.2	1.676	1.079	
18	1991/01/	131.99	132.06	131.45	132.06	217	130.018	126.189			2.17	1.894	1.268	
19	1991/01/	132.62	132.68	132.06	132.68	2926	131.032	128.002			29.26	7.59	4.162	
20	1991/01/	133.3	133.34	132.68	133.34	5603	131.932	129.311			56.03	18.614	9.75	
21	1991/01/	133.93	133.97	133.34	133.97	9990	132.698	130.181			99.9	38.312	19.64	
22	1991/01/	134.61	134.61	134.51	134.6	13327	133.33	131.113			133.27	64.126	32.901	
23	1991/01/	134.11	135.19	134.11	134.67	12530	133.852	131.935			125.3	88.752	45.323	
24	1991/01/	134.21	134.74	134.19	134.74	1446	134.264	132.648			14.46	85.792	46.691	
25	1991/01/	134.19	134.74	134.14	134.24	509	134.444	133.188	125.682		5.09	75.604	47.109	
26	1991/01/	133.67	134.25	133.65	134.25	658	134.5	133.599	127.395		6.58	56.94	47.626	
27	1991/01/	133.7	134.25	133.67	134.24	3004	134.428	133.879	128.888		30.04	36.294	50.21	

图 2-9　成功导出的“上证指数”历史数据

文件里最左边的第一列是日期（“年/月/日”格式）、第二列是开盘价、第三列是最高价、第四列是最低价、第五列是收盘价、第六列是成交量……

我们这里只需要用到前五列，所以我们用鼠标将用于作图的数据选好。

假设我们要做 2012 年 7 月以来的上证指数 V 图走势，则在文件里选择日期是 2012 年 7 月以内的所有前五列数据，然后将数据复制出来（复制可以使用〈Ctrl+C〉组合键或鼠标右键选择“复制”）。

选择需要的数据如图 2-10 所示。

将复制出来的数据粘贴到一个新的表格中。

粘贴到新的文件中如图 2-11 所示。

请记住第一列是日期、第二列是开盘价、第三列是最高价、第四列是最低价、第五列是收盘价。

我们调整一下它们的顺序，首先判断收盘价是不是高于开盘价，是的话就将最高价和最低价调换一下位置。

调换结果如下：

调整高低价位的排列如图 2-12 所示。

Microsoft Excel - 999999

A5299 2012/07/31

	A	B	C	D	E	F	G	H	I	J	K	L	M
5276	2012/06/28	2220.24	2224.16	2195.36	2195.84	54182183	2224	2263.3	2289.85	2342.517	541821.8	553856	592089.
5277	2012/06/29	2190.58	2226.49	2188.72	2225.43	61441886	2216.8	2256.2	2282.5	2342.067	614418.9	558771.2	581900.
5278	2012/07/02	2234.32	2234.87	2215.36	2226.11	62196207	2217.2	2248.1	2275.15	2341.45	621962.1	563609.6	575398.
5279	2012/07/03	2225.57	2244.83	2219.05	2229.19	62703021	2218.6	2239.4	2271.15	2340.233	627030.2	583142.4	577510.
5280	2012/07/04	2233.33	2239.27	2219.45	2227.31	55273656	2220.8	2232.1	2266.95	2338.917	552736.6	591590.4	572646.
5281	2012/07/05	2218.22	2218.22	2192.65	2201.35	57967934	2221.8	2222.9	2261.55	2337.5	579679.4	599168	57651
5282	2012/07/06	2203.729	2227.469	2185.52	2223.58	76557917	2221.6	2219.2	2258.1	2336.15	765579.2	629401.6	594086.
5283	2012/07/09	2210.709	2216.699	2168.609	2170.81	75111472	2210.4	2213.8	2252.5	2333.833	751114.8	655232	609420.
5284	2012/07/10	2166.949	2178.199	2156.729	2164.439	58993972	2197.6	2208.1	2245.45	2330.733	589939.8	647808	615475.
5285	2012/07/11	2160.02	2176.49	2156.6	2175.38	58614472	2187	2203.9	2239.75	2327.667	586144.8	654489.6	62304
5286	2012/07/12	2172.06	2197.04	2152.68	2185.49	82133762	2184	2202.9	2233.1	2324.817	821337.6	702822.4	650995.
5287	2012/07/13	2180.169	2198.659	2177.919	2185.899	57546838	2176.4	2199	2227.6	2322.333	575468.4	664806.4	64710
5288	2012/07/16	2187.889	2188.059	2146.149	2147.959	67487681	2172	2191.2	2219.65	2318.45	674876.8	649548.8	652390.
5289	2012/07/17	2142.429	2165.329	2141.479	2161.189	55184408	2171.2	2184.4	2211.9	2314.817	551844.1	641920	64486
5290	2012/07/18	2159.859	2170.299	2138.789	2169.099	66552659	2170	2178.5	2205.3	2310.85	665526.6	657817.6	656153.
5291	2012/07/19	2164.269	2197.789	2159.939	2184.839	79338049	2169.8	2176.9	2199.9	2307.467	793380.5	652211.2	677516.
5292	2012/07/20	2180.009	2185.729	2162.059	2168.639	64346672	2166.2	2171.3	2195.25	2303.783	643466.8	665804.8	665305.
5293	2012/07/23	2154.169	2154.169	2135.559	2141.399	55677081	2165	2168.5	2191.15	2299.367	556770.8	642201.6	645875.
5294	2012/07/24	2132.319	2158.949	2131.009	2146.589	54411286	2162	2166.6	2187.35	2295.05	544112.9	640665.6	641292.
5295	2012/07/25	2141.039	2151.449	2132.829	2136.149	48575894	2155.6	2162.8	2183.35	2290.733	485759	604697.6	631257.
5296	2012/07/26	2134.989	2147.659	2124.159	2125.999	52884076	2143.8	2156.8	2179.85	2285.533	528840.8	551782.4	601996.
5297	2012/07/27	2132.009	2139.149	2120.629	2128.759	52076920	2135.8	2151	2175	2280.333	520769.2	527257.6	596531.
5298	2012/07/30	2128.159	2137.739	2107.629	2109.909	51992383	2129.4	2147.2	2169.2	2274.633	519923.8	519884.8	581043.
5299	2012/07/31	2109.319	2116.899	2100.249	2103.629	53456097	2121	2141.5	2162.95	2268.833	534560.9	517964.8	579315.
5300	2012/08/01	2101.719	2130.709	2101.709	2123.359	53804602	2118.2	2136.9	2157.7	2263.4	538046	528435.2	566566.
5301	2012/08/02	2120.149	2126.459	2103.499	2111.179	53467539	2115.2	2129.5	2153.2	2258.433	534675.4	529612.8	540697.
5302	2012/08/03	2113.959	2133.269	2108.329	2132.799	53371329	2116.2	2126	2148.65	2253.817	533713.3	532172.8	529715.

999999

就绪 求和=190975.259 主板温度: 48 ℃

图 2-10 选择需要的数据

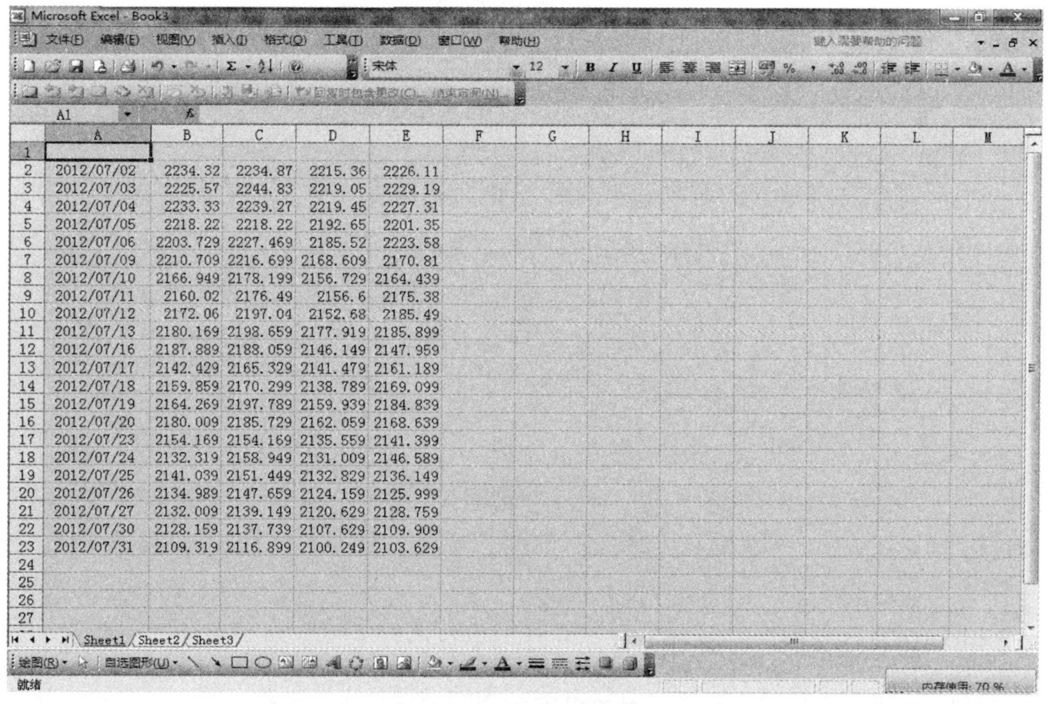

Microsoft Excel - Book3

A1

	A	B	C	D	E
1					
2	2012/07/02	2234.32	2234.87	2215.36	2226.11
3	2012/07/03	2225.57	2244.83	2219.05	2229.19
4	2012/07/04	2233.33	2239.27	2219.45	2227.31
5	2012/07/05	2218.22	2218.22	2192.65	2201.35
6	2012/07/06	2203.729	2227.469	2185.52	2223.58
7	2012/07/09	2210.709	2216.699	2168.609	2170.81
8	2012/07/10	2166.949	2178.199	2156.729	2164.439
9	2012/07/11	2160.02	2176.49	2156.6	2175.38
10	2012/07/12	2172.06	2197.04	2152.68	2185.49
11	2012/07/13	2180.169	2198.659	2177.919	2185.899
12	2012/07/16	2187.889	2188.059	2146.149	2147.959
13	2012/07/17	2142.429	2165.329	2141.479	2161.189
14	2012/07/18	2159.859	2170.299	2138.789	2169.099
15	2012/07/19	2164.269	2197.789	2159.939	2184.839
16	2012/07/20	2180.009	2185.729	2162.059	2168.639
17	2012/07/23	2154.169	2154.169	2135.559	2141.399
18	2012/07/24	2132.319	2158.949	2131.009	2146.589
19	2012/07/25	2141.039	2151.449	2132.829	2136.149
20	2012/07/26	2134.989	2147.659	2124.159	2125.999
21	2012/07/27	2132.009	2139.149	2120.629	2128.759
22	2012/07/30	2128.159	2137.739	2107.629	2109.909
23	2012/07/31	2109.319	2116.899	2100.249	2103.629
24					
25					
26					
27					

Sheet1 / Sheet2 / Sheet3

就绪

图 2-11 粘贴到新的文件中

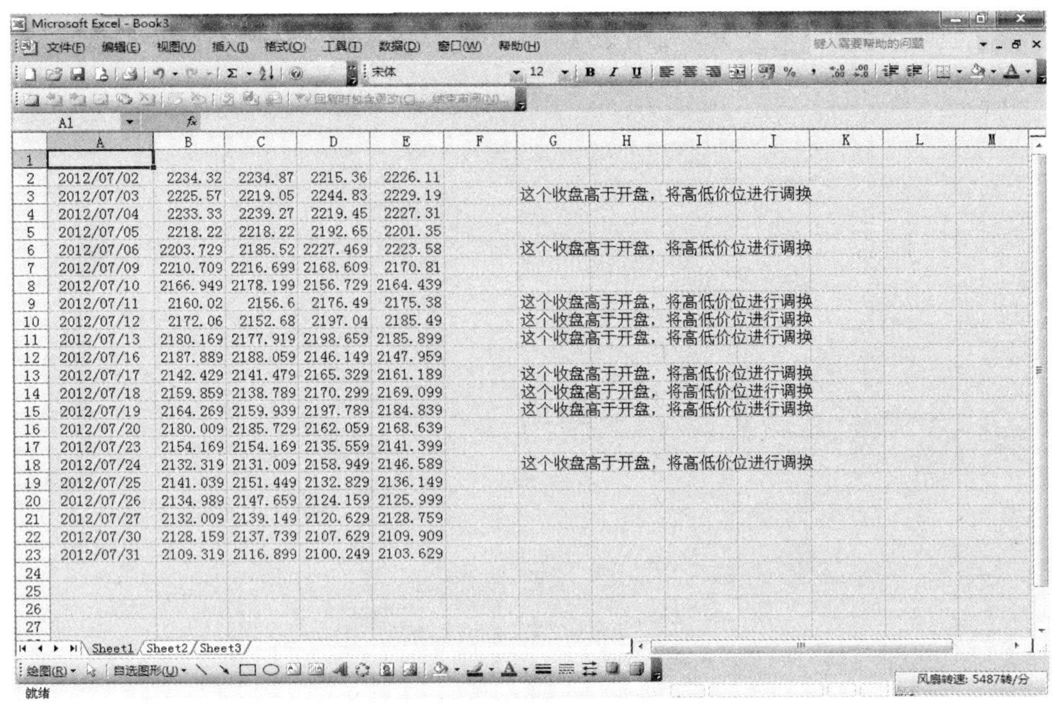

	A	B	C	D	E	F	G
1							
2	2012/07/02	2234.32	2234.87	2215.36	2226.11		
3	2012/07/03	2225.57	2219.05	2244.83	2229.19		这个收盘高于开盘，将高低价位进行调换
4	2012/07/04	2233.33	2239.27	2219.45	2227.31		
5	2012/07/05	2218.22	2218.22	2192.65	2201.35		
6	2012/07/06	2203.729	2185.52	2227.469	2223.58		这个收盘高于开盘，将高低价位进行调换
7	2012/07/09	2210.709	2216.699	2168.609	2170.81		
8	2012/07/10	2166.949	2178.199	2156.729	2164.439		
9	2012/07/11	2160.02	2156.6	2176.49	2175.38		这个收盘高于开盘，将高低价位进行调换
10	2012/07/12	2172.06	2152.68	2197.04	2185.49		这个收盘高于开盘，将高低价位进行调换
11	2012/07/13	2180.169	2177.919	2198.659	2185.899		这个收盘高于开盘，将高低价位进行调换
12	2012/07/16	2187.889	2188.059	2146.149	2147.959		
13	2012/07/17	2142.429	2141.479	2165.329	2161.189		这个收盘高于开盘，将高低价位进行调换
14	2012/07/18	2159.859	2138.789	2170.299	2169.099		这个收盘高于开盘，将高低价位进行调换
15	2012/07/19	2164.269	2159.939	2197.789	2184.839		这个收盘高于开盘，将高低价位进行调换
16	2012/07/20	2180.009	2185.729	2162.059	2168.639		
17	2012/07/23	2154.169	2154.169	2135.559	2141.399		
18	2012/07/24	2132.319	2131.009	2158.949	2146.589		这个收盘高于开盘，将高低价位进行调换
19	2012/07/25	2141.039	2151.449	2132.829	2136.149		
20	2012/07/26	2134.989	2147.659	2124.159	2125.999		
21	2012/07/27	2132.009	2139.149	2120.629	2128.759		
22	2012/07/30	2128.159	2137.739	2107.629	2109.909		
23	2012/07/31	2109.319	2116.899	2100.249	2103.629		

图 2-12 调整高低价位的排列

到这里我们下一步是要把排好的每行数据，除了日期以外都要一一按顺序复制到同一个列里，以方便将来制作图表用。

按顺序排列好数据如图 2-13 所示。

手动适合数据量少的制图，如果数据量大则需要软件来制作，介绍一款名为“TextPad”的软件，这个软件可以在百度网上搜索到。

运行 TextPad，将图 2-12 中的第二至第五列的数据复制出来，粘贴到这个软件中。

复制粘贴好数据后，单击菜单“搜索”，在下拉菜单中选择“替换”。

TextPad 软件如图 2-14 所示。

“替换”对话框如图 2-15 所示。

在“查找目标”栏内填入“\t”，在“替换为”栏内填入“\n”，再在“正则表达式”前打上钩，然后单击对话框右边的“全部替换”按钮，数据就自动按顺序处理好了。

软件自动按顺序处理好如图 2-16 所示。

下面将这些数据进行处理，首先计算每个数据较上一个数据的增量，即最下面的数据减去上一个数据。假设当前数据是在 A 列（也有可能是其他列，请看该列数据最上面的那个灰色方块内的英文字母），则在 B 列（A 列的右边）第二行内输入公式

	K	L
65	2012/07/24	2132.319
66	2012/07/24	2131.009
67	2012/07/24	2158.949
68	2012/07/24	2146.589
69	2012/07/25	2141.039
70	2012/07/25	2151.449
71	2012/07/25	2132.829
72	2012/07/25	2136.149
73	2012/07/26	2134.989
74	2012/07/26	2147.659
75	2012/07/26	2124.159
76	2012/07/26	2125.999
77	2012/07/27	2132.009
78	2012/07/27	2139.149
79	2012/07/27	2120.629
80	2012/07/27	2128.759
81	2012/07/30	2128.159
82	2012/07/30	2137.739
83	2012/07/30	2107.629
84	2012/07/30	2109.909
85	2012/07/31	2109.319
86	2012/07/31	2116.899
87	2012/07/31	2100.249
88	2012/07/31	2103.629

图 2-13　按顺序排列好数据

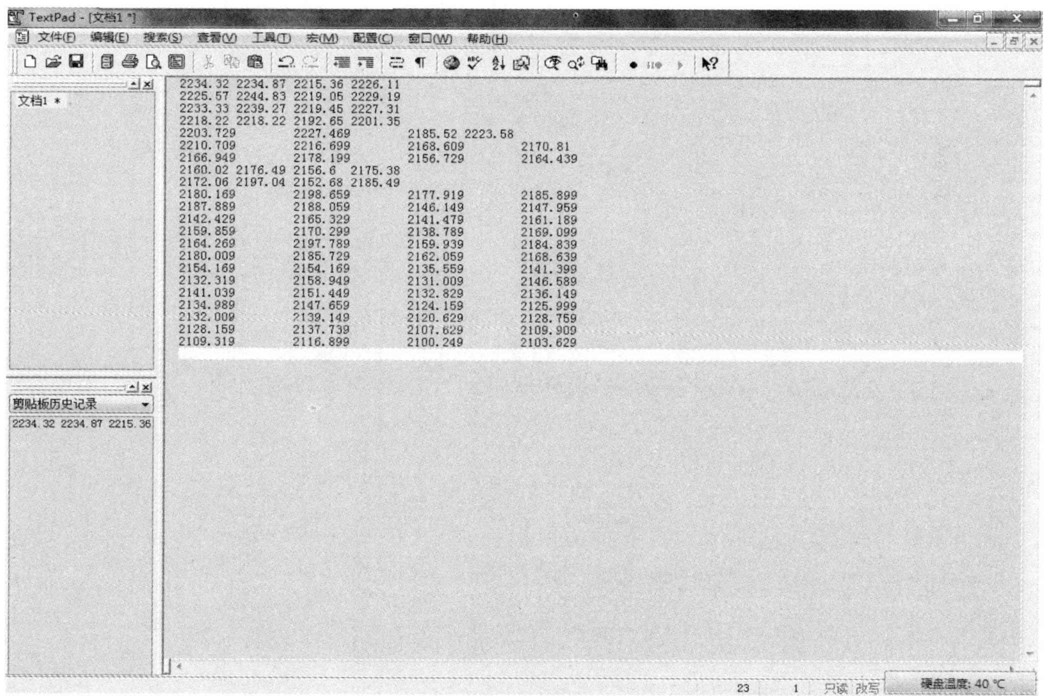

图 2-14　TextPad 软件

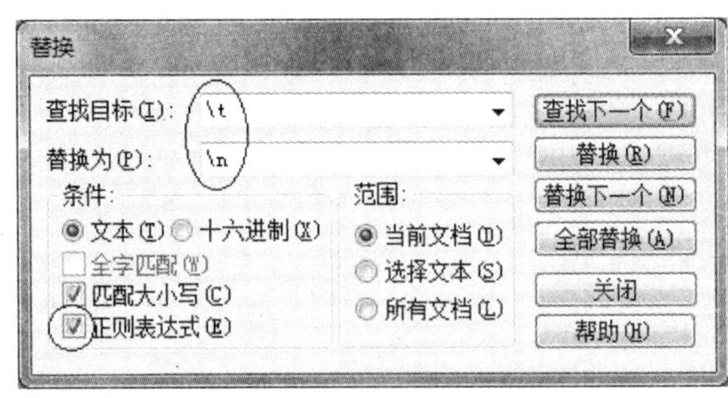

图 2-15 “替换”对话框

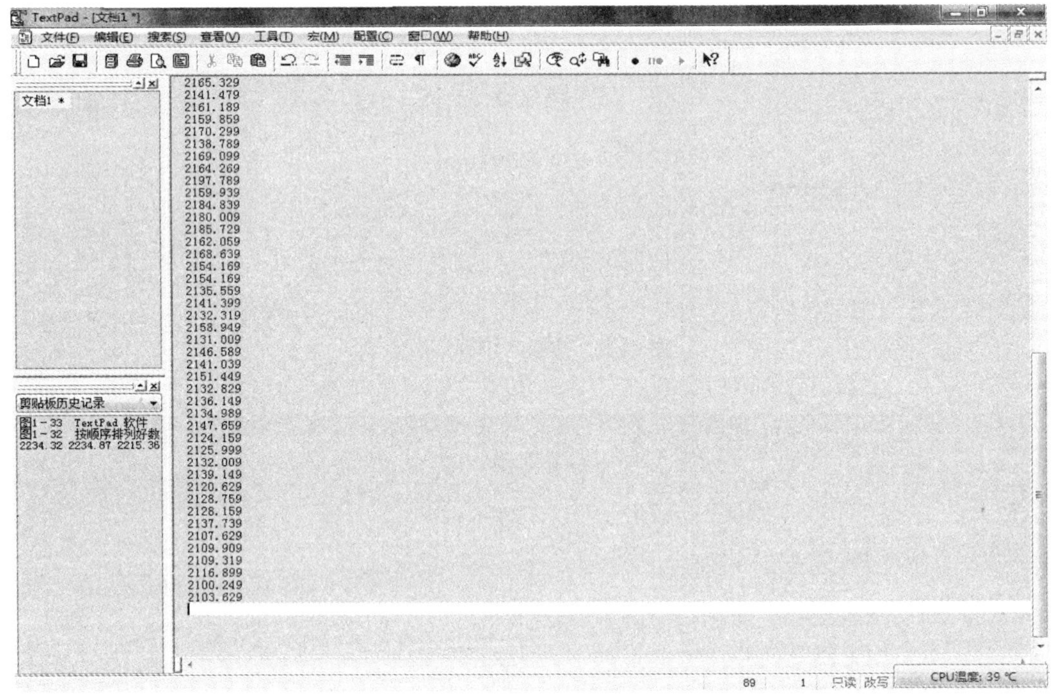

图 2-16 软件自动按顺序处理好

“=A2-A1”，然后按〈Enter〉键，电子表格就自动计算出两个数据的增量了。

输入公式如图 2-17 所示。

将鼠标移动到黑色方框右下角，鼠标指针变成“十”字形，如图 2-18 所示。

将鼠标移动到黑色方框的右下角，鼠标指针变成“十”字形，然后按住鼠标左键不放，同时往下拉，拉到最后一行数据后松开鼠标，数据就全部自动计算好了。或者也可以在鼠标出现“十”字形后双击鼠标左键，也能达到一样的效果。

自动计算结果如图 2-19 所示。

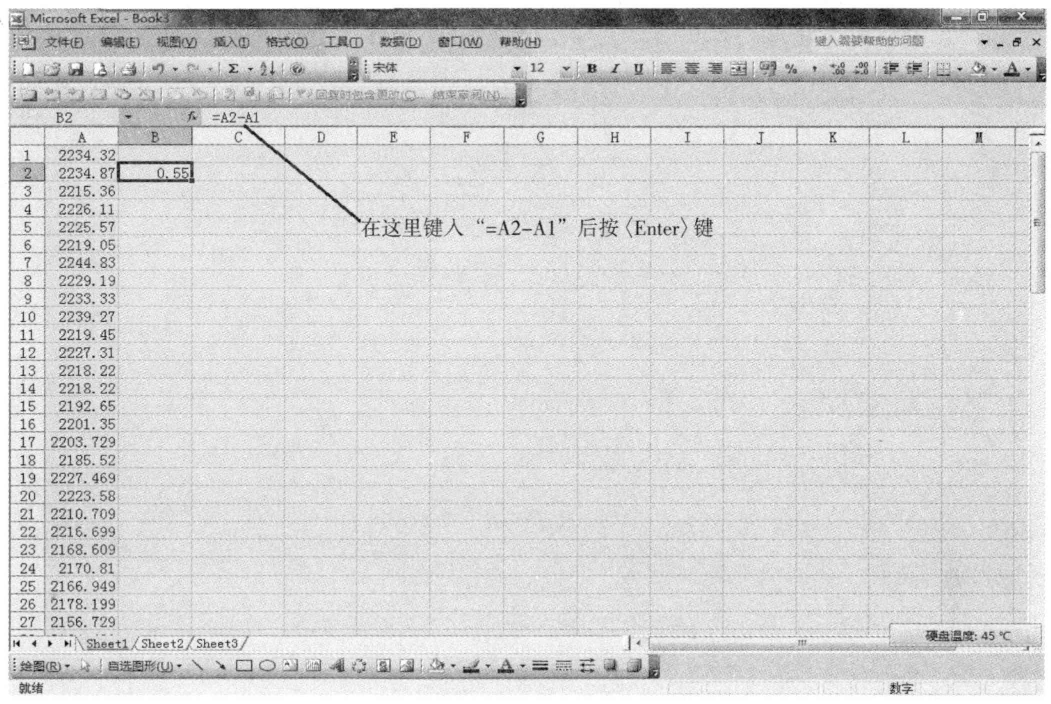

图 2-17 输入公式

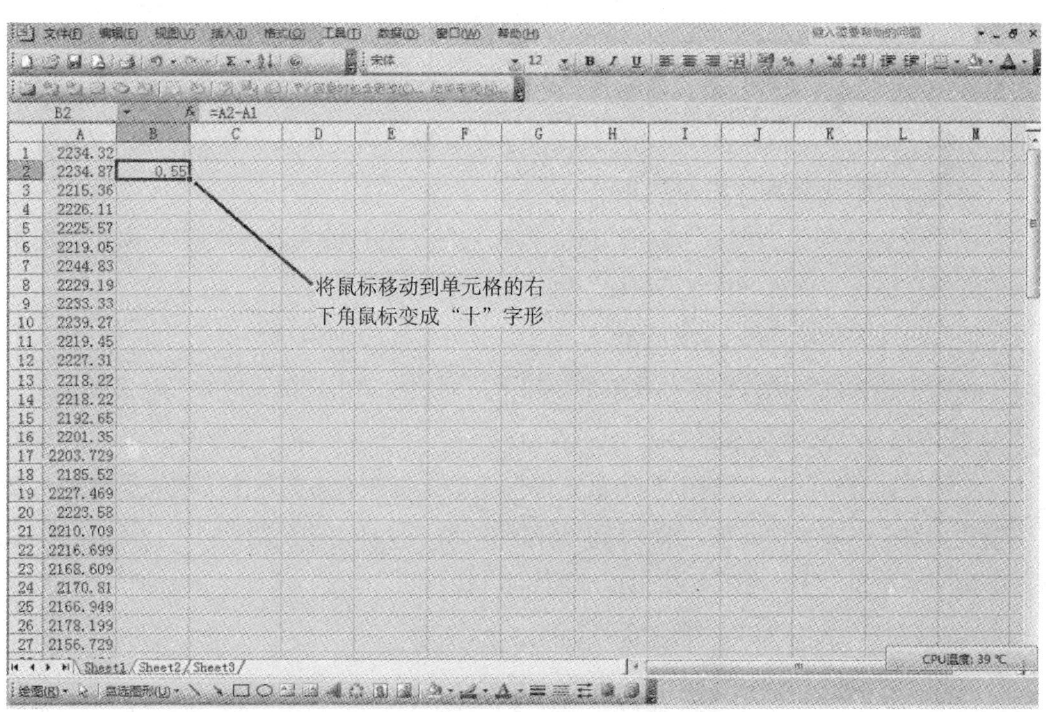

图 2-18 将鼠标移动到黑色方框右下角，鼠标指针变成“十”字形

	A	B
1	2234.32	
2	2234.87	0.55
3	2215.36	-19.51
4	2226.11	10.75
5	2225.57	-0.54
6	2219.05	-6.52
7	2244.83	25.78
8	2229.19	-15.64
9	2233.33	4.14
10	2239.27	5.94
11	2219.45	-19.82
12	2227.31	7.86
13	2218.22	-9.09
14	2218.22	0
15	2192.65	-25.57
16	2201.35	8.7
17	2203.729	2.379
18	2185.52	-18.209
19	2227.469	41.949
20	2223.58	-3.889
21	2210.709	-12.871
22	2216.699	5.99
23	2168.609	-48.09
24	2170.81	2.201
25	2166.949	-3.861
26	2178.199	11.25
27	2156.729	-21.47

图 2-19 自动计算结果

用同样的方法再在 C 列第二行输入公式“=ABS（B2*0.7）”，然后按〈Enter〉键，再用鼠标单击 C 列第二行，单元格出现黑色方框，再将鼠标移动至黑色方框的右下角，鼠标出现“十”字形指针后，双击鼠标左键，数据就自动计算完成了。

最后一列的处理如图 2-20 所示。

接下来在 D 列第一行填入数值 100，再在它的下一行输入公式“= D1 + C2”，用相同的方法在黑色方框右下角双击鼠标左键，数据便自动计算完毕了。

插入—图表菜单如图 2-21 所示。

在左上角找到“插入”菜单并单击，在下拉列表中单击“图表向导”对话框。

“图表向导”对话框如图 2-22 所示。

在图表向导对话框里选择“XY 散点图”类型，再在右边的五个子图表类型里选择右下角的那个图表类型即可。本书后面所做的图均是这种类型的图。

接下来单击“下一步”按钮出现下面的对话框。

“图表向导”对话框——数据区域如图 2-23 所示。

在图 2-23 的对话框中，单击上面的“系列”一栏，出现下面的界面。

“图表向导”对话框——系列如图 2-24 所示。

Microsoft Excel - Book3

文件(F) 编辑(E) 视图(V) 插入(I) 格式(O) 工具(T) 数据(D) 窗口(W) 帮助(H)

D2 =C2+D1

	A	B	C	D
1	2234.32			100
2	2234.87	0.55	0.385	100.385
3	2215.36	-19.51	13.657	114.042
4	2226.11	10.75	7.525	121.567
5	2225.57	-0.54	0.378	121.945
6	2219.05	-6.52	4.564	126.509
7	2244.83	25.78	18.046	144.555
8	2229.19	-15.64	10.948	155.503
9	2233.33	4.14	2.898	158.401
10	2239.27	5.94	4.158	162.559
11	2219.45	-19.82	13.874	176.433
12	2227.31	7.86	5.502	181.935
13	2218.22	-9.09	6.363	188.298
14	2218.22	0	0	188.298
15	2192.65	-25.57	17.899	206.197
16	2201.35	8.7	6.09	212.287
17	2203.729	2.379	1.6653	213.9523
18	2185.52	-18.209	12.7463	226.6986
19	2227.469	41.949	29.3643	256.0629
20	2223.58	-3.889	2.7223	258.7852
21	2210.709	-12.871	9.0097	267.7949
22	2216.699	5.99	4.193	271.9879
23	2168.609	-48.09	33.663	305.6509
24	2170.81	2.201	1.5407	307.1916
25	2166.949	-3.861	2.7027	309.8943
26	2178.199	11.25	7.875	317.7693
27	2156.729	-21.47	15.029	332.7983

在 D 列第一行输入数值 100

在 D 列第二输入公司“=D1+C2”，按〈Enetr〉键确认用相同的方法在黑色方框右下角双击鼠标左键数据自动计算完毕

Sheet1 Sheet2 Sheet3 CPU使用: 2 % 就绪 数字

图 2-20 最后一列的处理

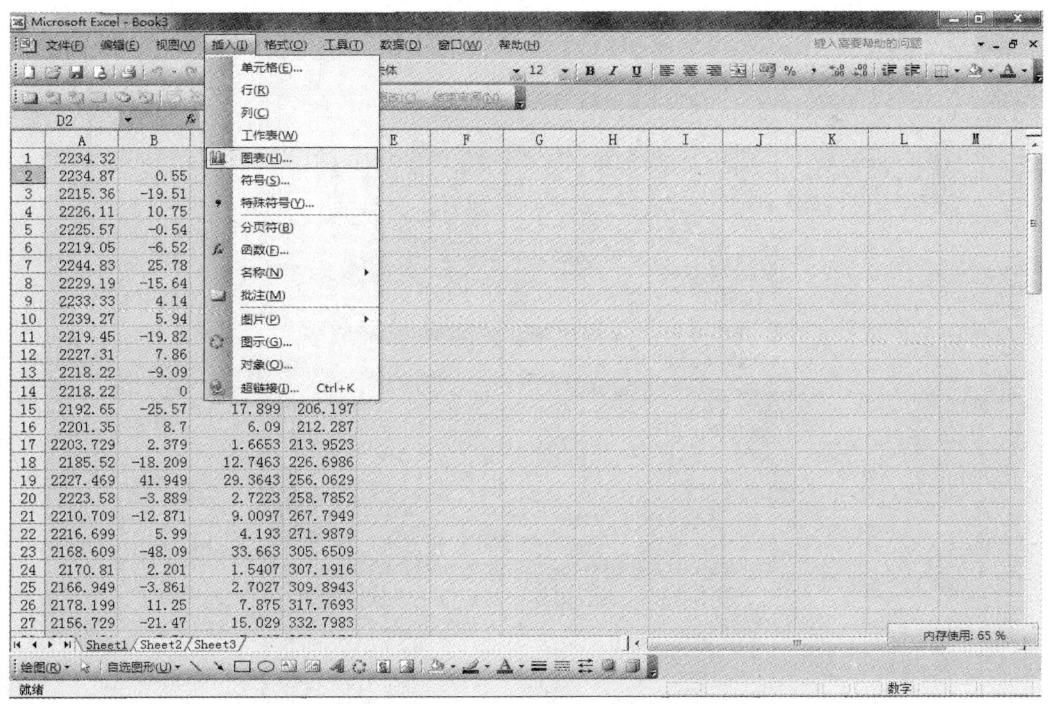

	A	B	C	D
1	2234.32			
2	2234.87	0.55		
3	2215.36	-19.51		
4	2226.11	10.75		
5	2225.57	-0.54		
6	2219.05	-6.52		
7	2244.83	25.78		
8	2229.19	-15.64		
9	2233.33	4.14		
10	2239.27	5.94		
11	2219.45	-19.82		
12	2227.31	7.86		
13	2218.22	-9.09		
14	2218.22	0		
15	2192.65	-25.57	17.899	206.197
16	2201.35	8.7	6.09	212.287
17	2203.729	2.379	1.6653	213.9523
18	2185.52	-18.209	12.7463	226.6986
19	2227.469	41.949	29.3643	256.0629
20	2223.58	-3.889	2.7223	258.7852
21	2210.709	-12.871	9.0097	267.7949
22	2216.699	5.99	4.193	271.9879
23	2168.609	-48.09	33.663	305.6509
24	2170.81	2.201	1.5407	307.1916
25	2166.949	-3.861	2.7027	309.8943
26	2178.199	11.25	7.875	317.7693
27	2156.729	-21.47	15.029	332.7983

图 2-21 插入—图表菜单

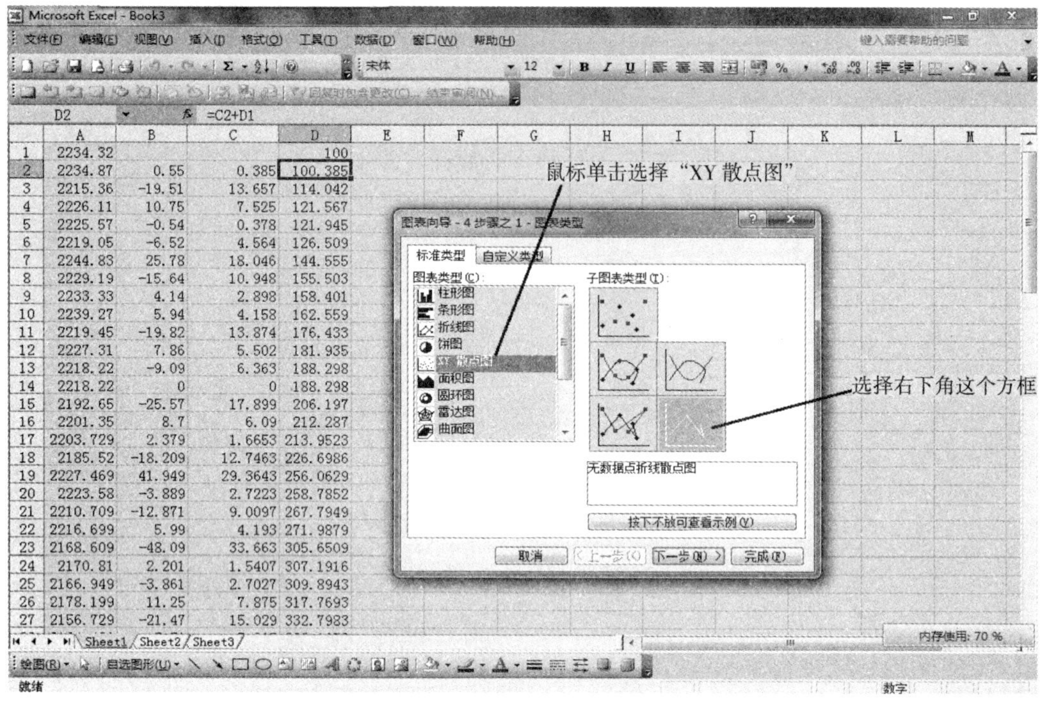

图 2–22 “图表向导”对话框

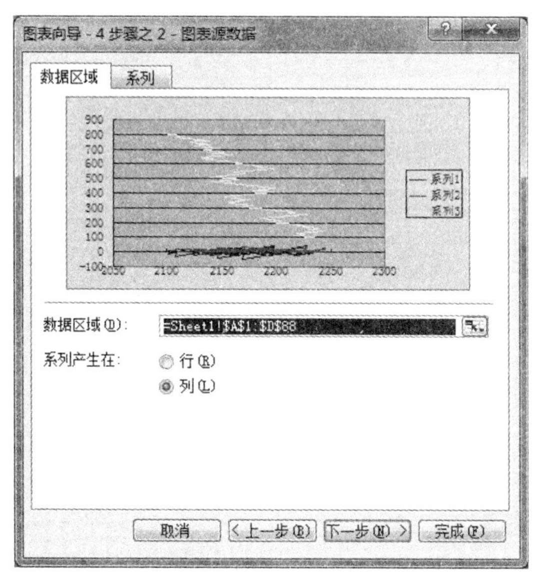
图 2–23 “图表向导”对话框——数据区域

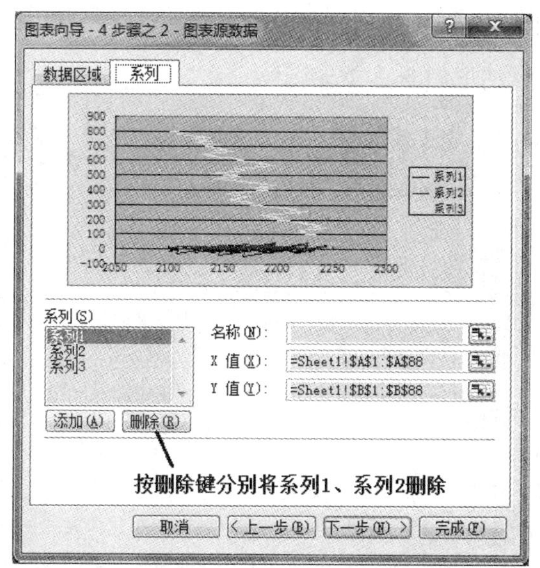

图 2-24　"图表向导"对话框——系列

分别将对话框左下角的"系列 1"、"系列 2"删去，只留下"系列 3"。再将"X 值"右边的"= Sheet! A1：A88"的字母"A"改为"D"，同样将"Y 值"右边的"=Sheet! D1：D88"的字母"D"改为"A"，改好后按"下一步"按钮。

"图表向导"对话框——将 X 坐标和 Y 坐标进行调换如图 2-25 所示。

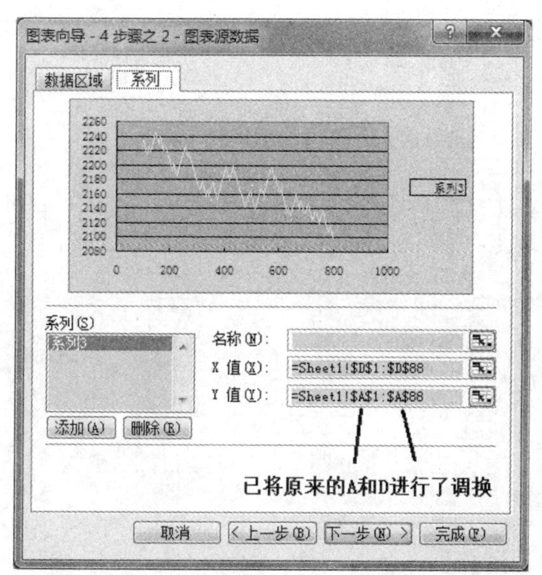

图 2-25　"图表向导"对话框——将 X 坐标和 Y 坐标进行调换

按"下一步"按钮，再按"完成"按钮，V 图就基本上制作好了。但是目前这个

例子上的 V 图颜色太白，怎么改它的颜色呢？

“数据系列格式”对话框如图 2–26 所示。

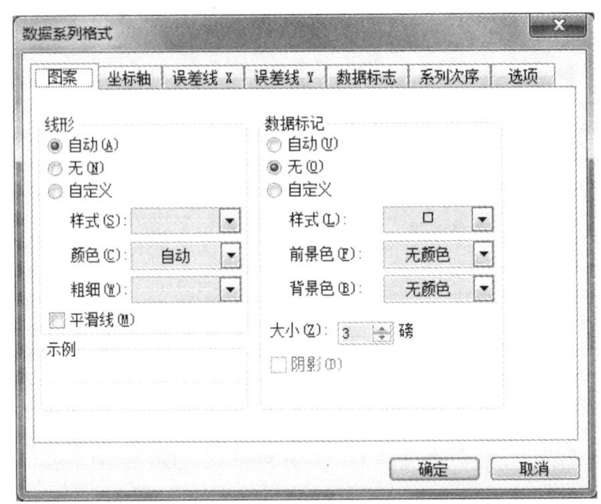

图 2–26 “数据系列格式”对话框

在线上单击鼠标右键，弹出“数据系列格式”对话框，在这里可以更改线条的外观和颜色。例如我们将本例的线条改为黑色，则在对话框上选择“线形”栏内的“颜色”，它可以更改为黑色或其他颜色。

改为黑色的 V 线图，如图 2–27 所示。

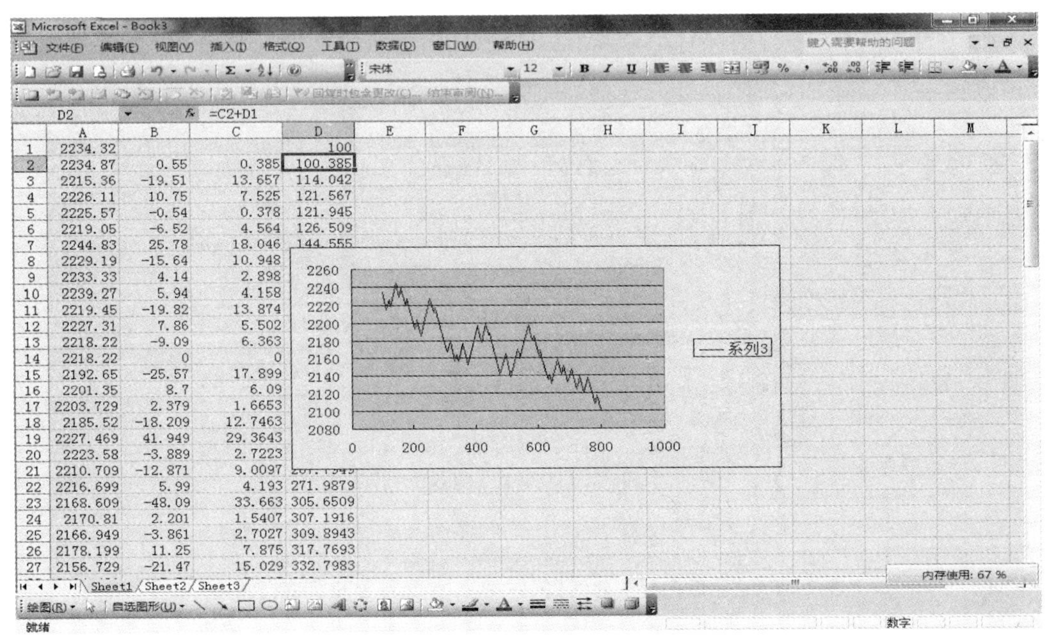

	A	B	C	D
1	2234.32			100
2	2234.87	0.55	0.385	100.385
3	2215.36	-19.51	13.657	114.042
4	2226.11	10.75	7.525	121.567
5	2225.57	-0.54	0.378	121.945
6	2219.05	-6.52	4.564	126.509
7	2244.83	25.78	18.046	144.555
8	2229.19	-15.64	10.948	
9	2233.33	4.14	2.898	
10	2239.27	5.94	4.158	
11	2219.45	-19.82	13.874	
12	2227.31	7.86	5.502	
13	2218.22	-9.09	6.363	
14	2218.22	0	0	
15	2192.65	-25.57	17.899	
16	2201.35	8.7	6.09	
17	2203.729	2.379	1.6653	
18	2185.52	-18.209	12.7463	
19	2227.469	41.949	29.3643	
20	2223.58	-3.889	2.7223	
21	2210.709	-12.871	9.0097	[illegible]
22	2216.699	5.99	4.193	271.9879
23	2168.609	-48.09	33.663	305.6509
24	2170.81	2.201	1.5407	307.1916
25	2166.949	-3.861	2.7027	309.8943
26	2178.199	11.25	7.875	317.7693
27	2156.729	-21.47	15.029	332.7983

图 2–27 改为黑色的 V 线图

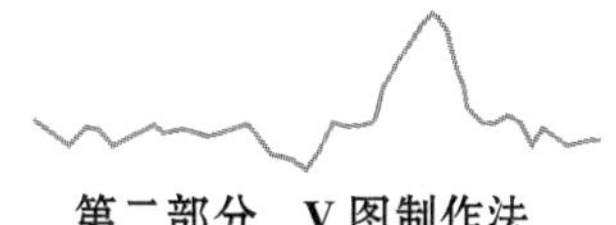

用鼠标将图片向任何方向拉升可以得到放大图，以便分析观察，这与○×图不同。

放大的 V 图如图 2–28 所示。

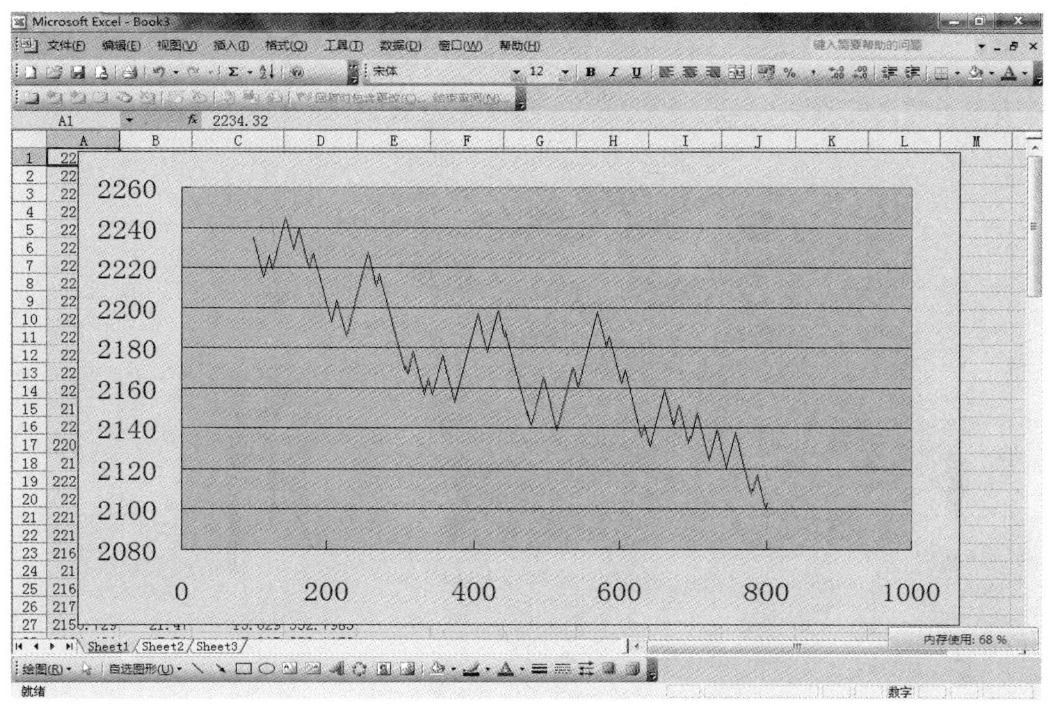

图 2–28　放大的 V 图

到这里 V 图就算是制作完成了，只要习惯了，这些步骤并不复杂。在没有计算机或不方便的情况下，我们也可以用手写的方式来画 V 图，但是精确度肯定是比不上计算机画的，但是如果要求不高的话或者只需要一个大概结果的话，手工却是一个不错的办法。

2.2　手工画法

手工画 V 图最重要的一点是尽量保持两条连线的夹角相同，也就是说，上升线段与其他上升线段必须是平行的，下跌线段之间也一样要保持平行。

手工画 V 图的注意事项如图 2–29 所示。

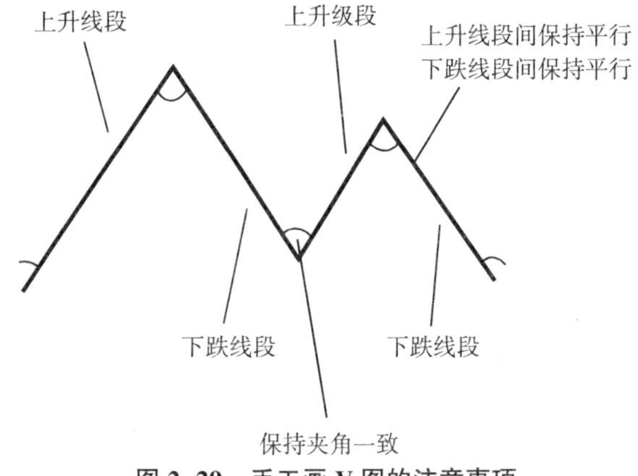

图 2-29　手工画 V 图的注意事项

线与线间的夹角根据自己的喜好选好，但一般不要使夹角超过 90 度，否则图形就很矮很宽，不利于观察分析。

如果手上有作图工具就更好，没有的话也没关系，尽量小心地画就可以了。一般来说，只要画的线条数越少，误差也就相对少。

手工作图的优点是可以不用开计算机就能画。

手工作图的缺点是不适合大批量的作图需要。

2.2.1　K 线的收盘价比开盘价高

先将开盘价的点位作为线段的起点，保持一定的夹角向下去寻找最低价的位置，同时笔不离纸，直到在最低价的点位收笔。

用同样的方法依次连接剩下的两个价格，即随后连接最高价和收盘价。

收盘价高于开盘价的阳 K 线 V 图画法如图 2-30 所示。

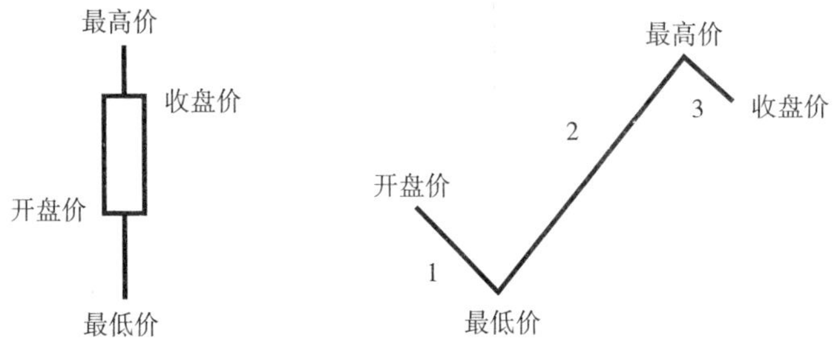

图 2-30　收盘价高于开盘价的阳 K 线 V 图画法

上证指数年 K 线图如图 2-31 所示。

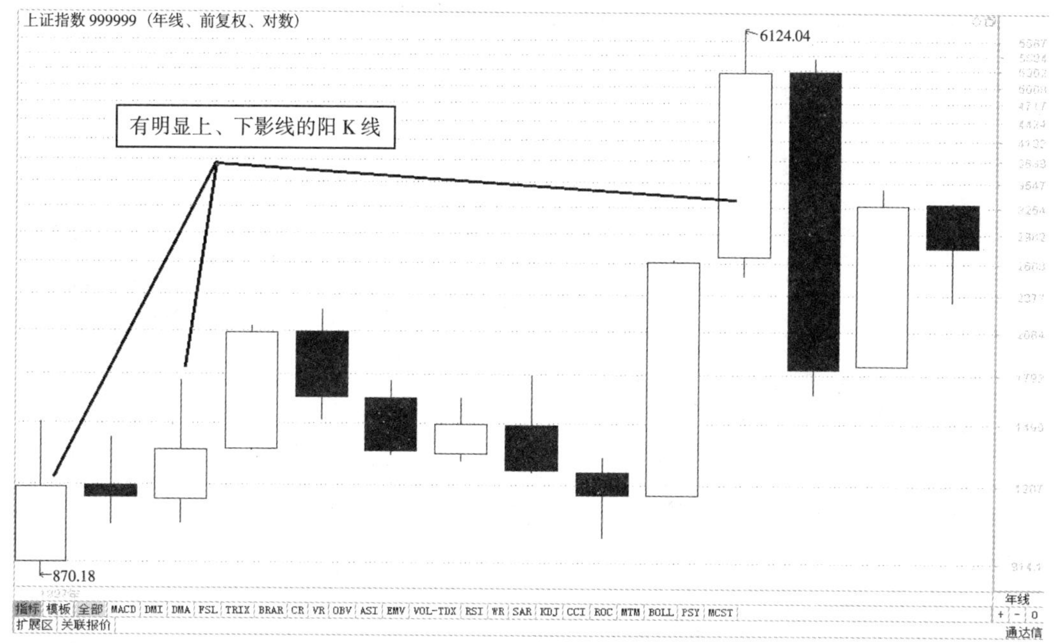

图 2-31　上证指数年 K 线图

图 2-31 显示在上证指数中，这样的 K 线出现在指数年 K 线上的位置。如果将年 K 线放大，如图 2-30 所示的走势。

上证指数 1997 年 K 线放大图如图 2-32 所示。

图 2-32　上证指数 1997 年 K 线放大图

上证指数 1999 年 K 线放大图如图 2-33 所示。

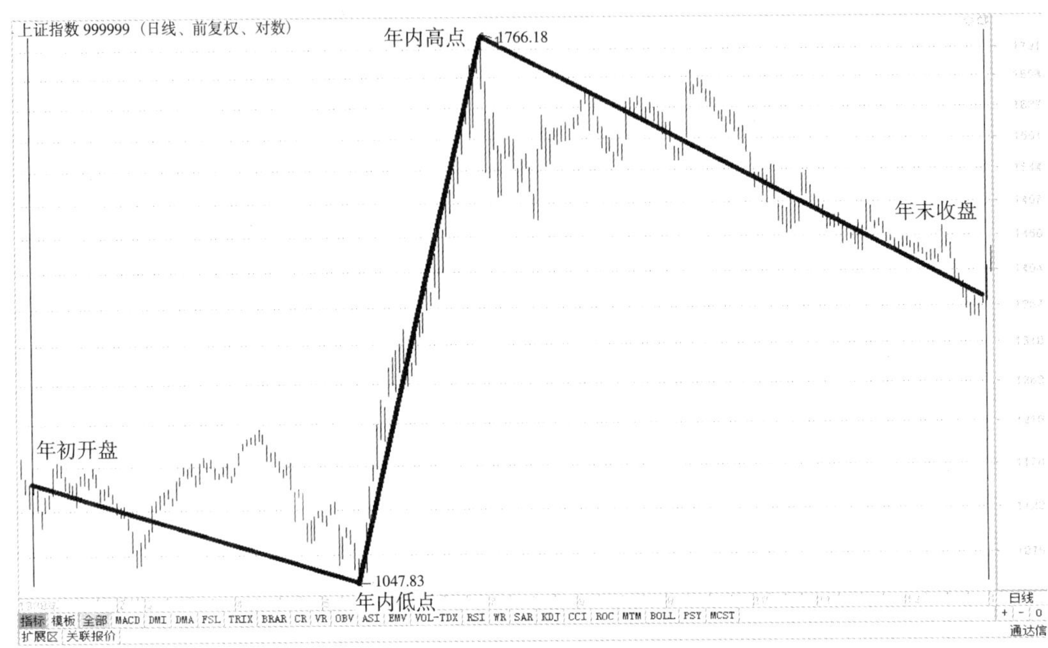

图 2-33　上证指数 1999 年 K 线放大图

上证指数 2007 年 K 线放大图如图 2-34 所示。

图 2-34　上证指数 2007 年 K 线放大图

2.2.2　K 线的收盘价比开盘价低或相等

先将开盘价的点位作为线段的起点，保持一定的夹角向上去寻找最高价的位置，同时笔不离纸，直到在最高价的点位收笔。也是用同样的方法依次连接剩下的最高价、收盘价。

收盘价低于或等于开盘价的阴 K 线 V 图画法如图 2-35 所示。

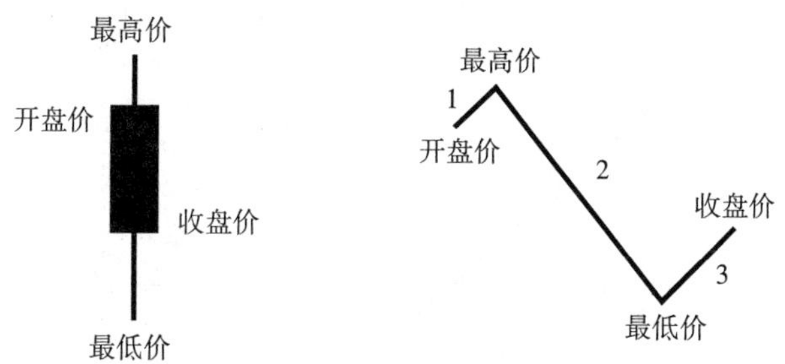

图 2-35　收盘价低于或等于开盘价的阴 K 线 V 图画法

上证指数年 K 线图如图 2-36 所示。

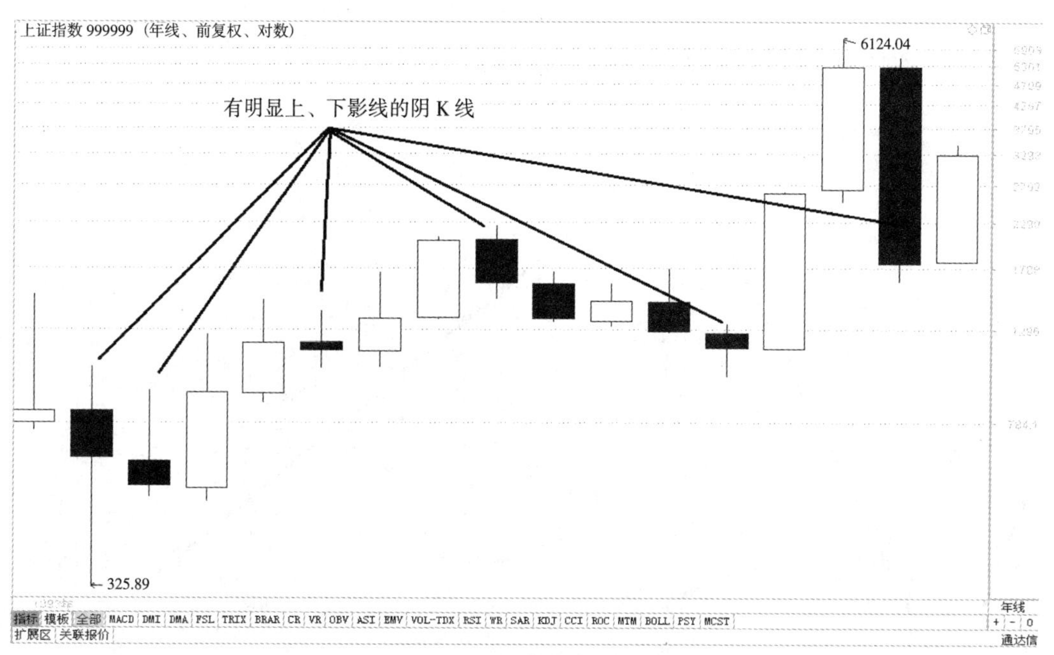

图 2-36　上证指数年 K 线图

图 2-36 显示的上证指数中，这样的 K 线出现在指数年 K 线上的位置。将年 K 线放大到日线级别，如图 2-35 的走势。

上证指数 1994 年 K 线放大图如图 2-37 所示。

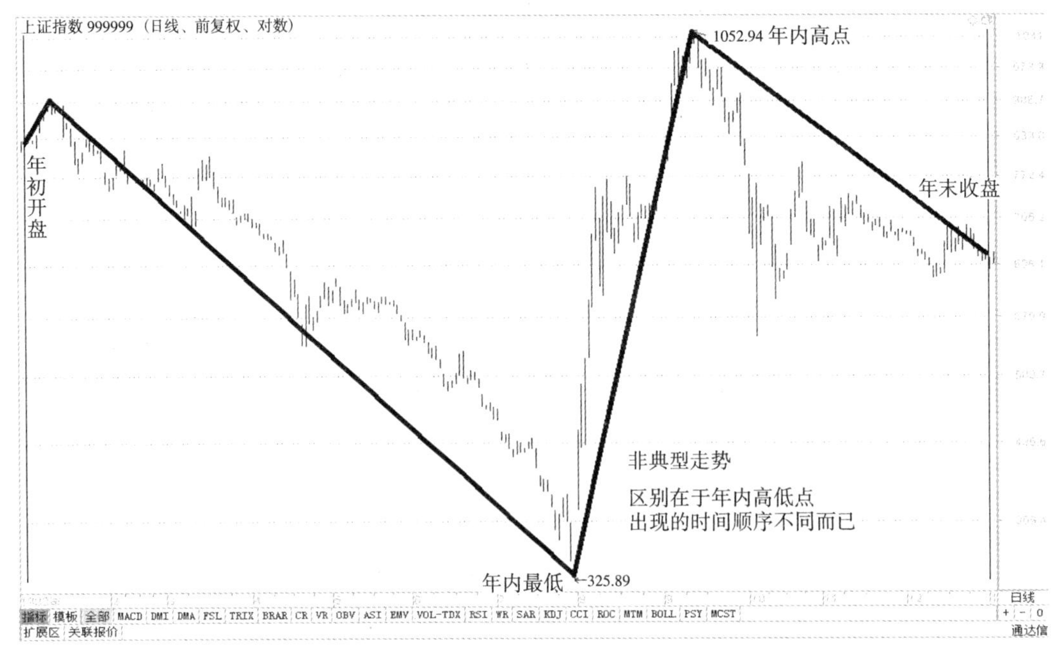

图 2-37 上证指数 1994 年 K 线放大图

上证指数 1995 年 K 线放大图如图 2-38 所示。

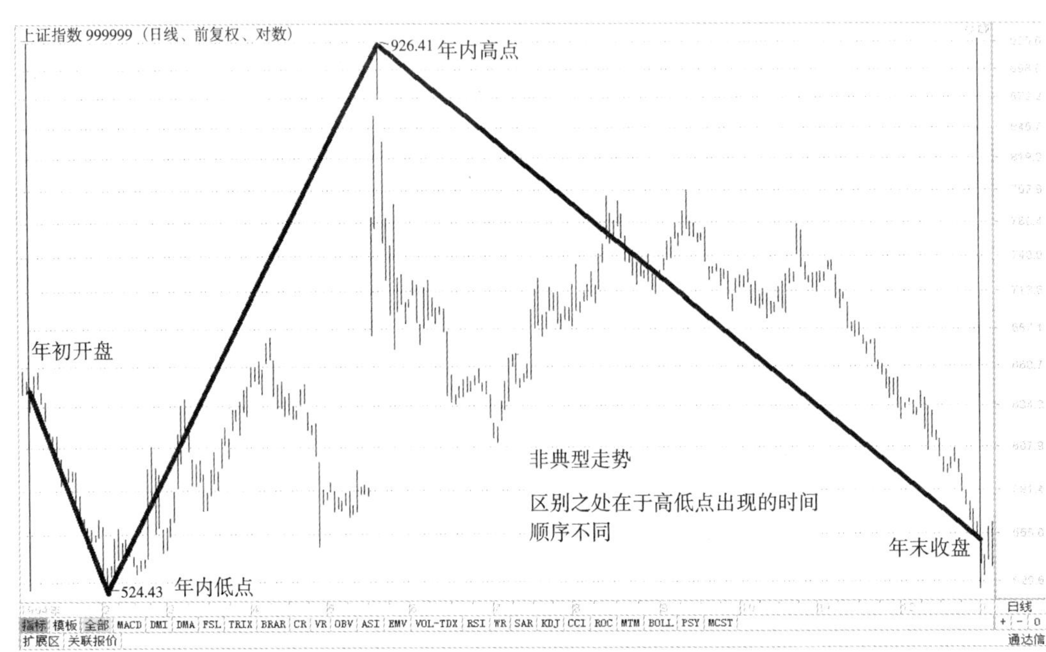

图 2-38 上证指数 1995 年 K 线放大图

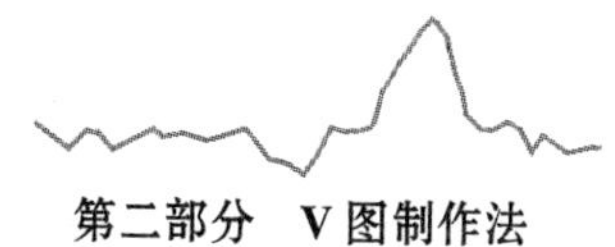

上证指数 1998 年 K 线放大图如图 2-39 所示。

图 2-39　上证指数 1998 年 K 线放大图

上证指数 2005 年 K 线放大图如图 2-40 所示。

图 2-40　上证指数 2005 年 K 线放大图

上证指数 2008 年 K 线放大图如图 2-41 所示。

图 2-41　上证指数 2008 年 K 线放大图

2.2.3　K 线的收盘价与最高价相同的阳 K 线

需要注意在这种图的绘制过程中，由于最高价与收盘价相同，所以在 V 图上这两个价等于一个价，因为没有价格波动，所以我们只需画到最高价或收盘价就可以了。

收盘价是最高价的阳 K 线 V 图画法如图 2-42 所示。

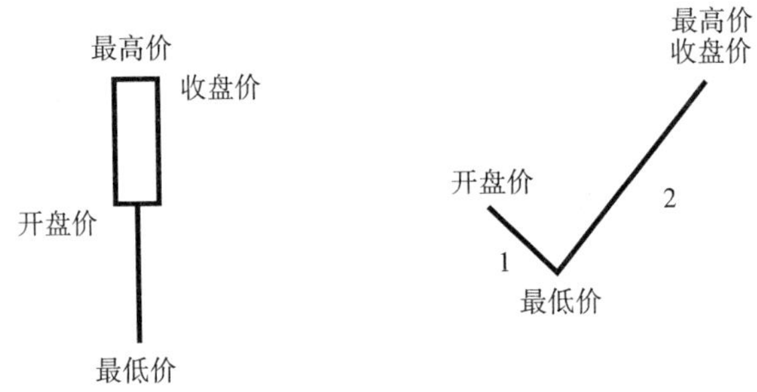

图 2-42　收盘价是最高价的阳 K 线 V 图画法

上证指数年 K 线图如图 2-43 所示。

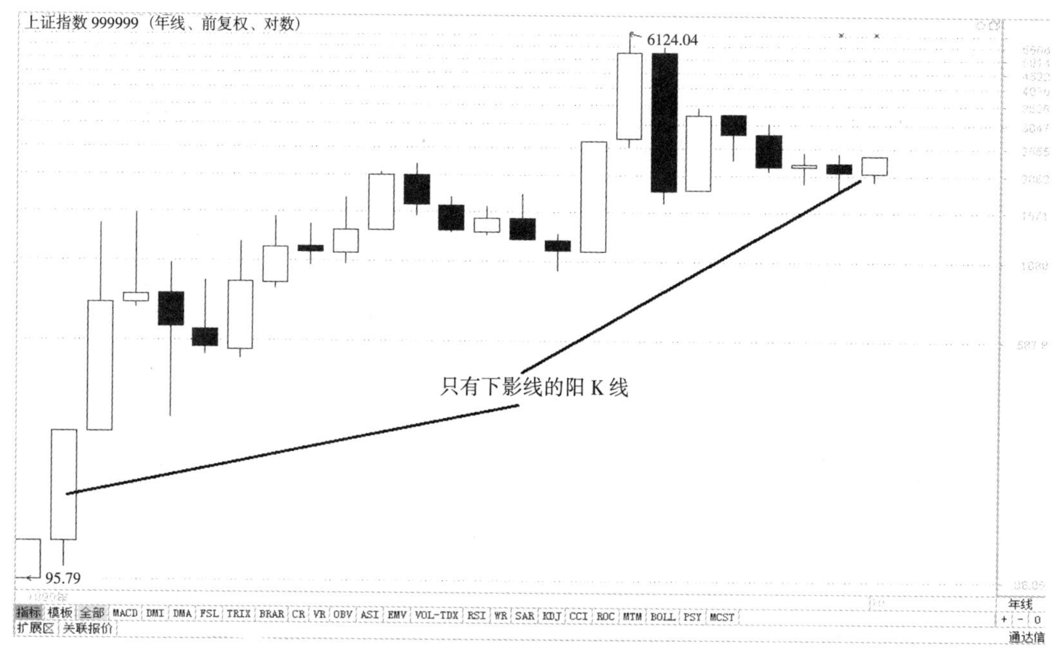

图 2-43　上证指数年 K 线图

图 2-43 显示在上证指数中，这样的 K 线出现在指数年 K 线上的位置。我们将这些年 K 线放大到日线级别，就如图 2-42 的走势。

上证指数 1991 年 K 线放大图如图 2-44 所示。

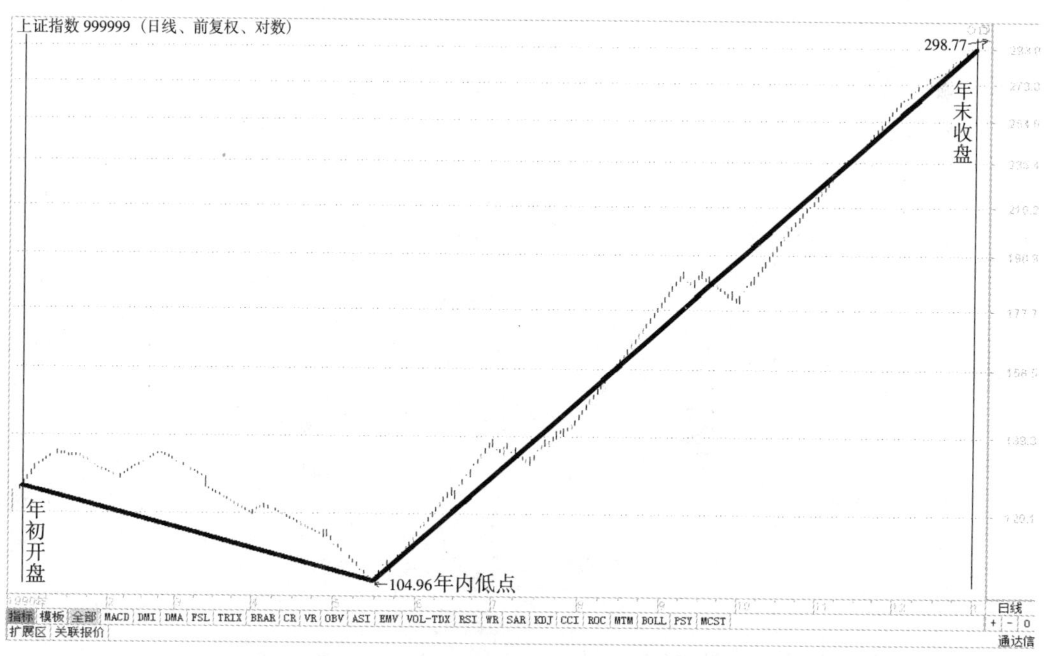

图 2-44　上证指数 1991 年 K 线放大图

上证指数 2014 年 K 线放大图如图 2-45 所示。

图 2-45　上证指数 2014 年 K 线放大图

2.2.4　K 线的开盘价与最高价相同的阴 K 线

在这种图的绘制过程中，因为最高价与收盘价相同，所以我们需以最高价或开盘价为起点开始画。V 图上这两个价等于一个价，所以不存在价格波动，不用连接最高价和开盘价。

开盘价是最高价的阴 K 线 V 图画法如图 2-46 所示。

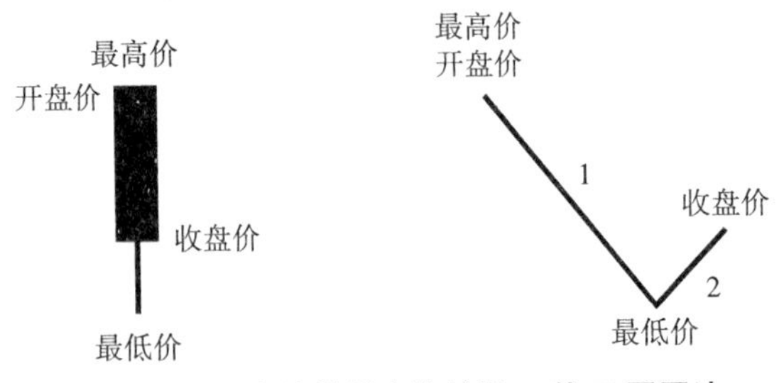

图 2-46　开盘价是最高价的阴 K 线 V 图画法

上证指数年 K 线图如图 2-47 所示。

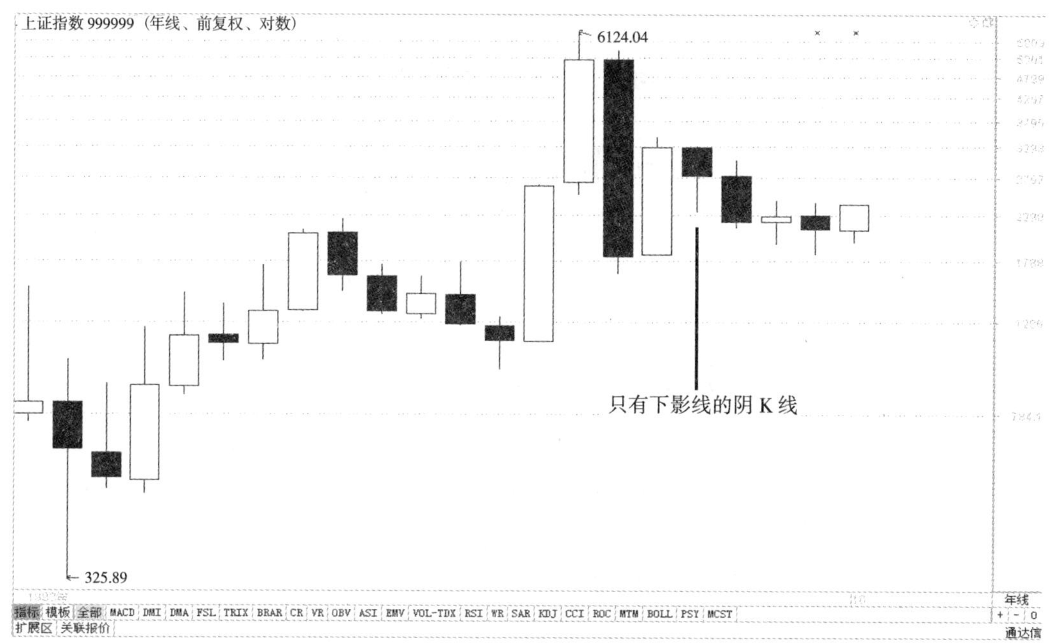

图 2-47　上证指数年 K 线图

图 2-47 显示了大盘指数年 K 线走势。只有下影线的阴 K 线出现在指数年 K 线上的次数目前只有一次。我们将这个年 K 线放大到日线图上，就如图 2-46 的走势。

上证指数 2010 年 K 线放大图如图 2-48 所示。

图 2-48　上证指数 2010 年 K 线放大图

2.2.5　K 线的开盘价与最低价相同的阳 K 线

开盘价是最低价的阳 K 线 V 图画法如图 2-49 所示。

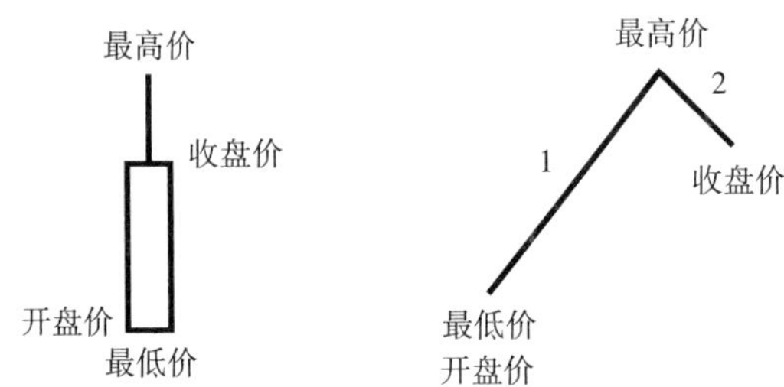

图 2-49　开盘价是最低价的阳 K 线 V 图画法

上证指数年 K 线图如图 2-50 所示。

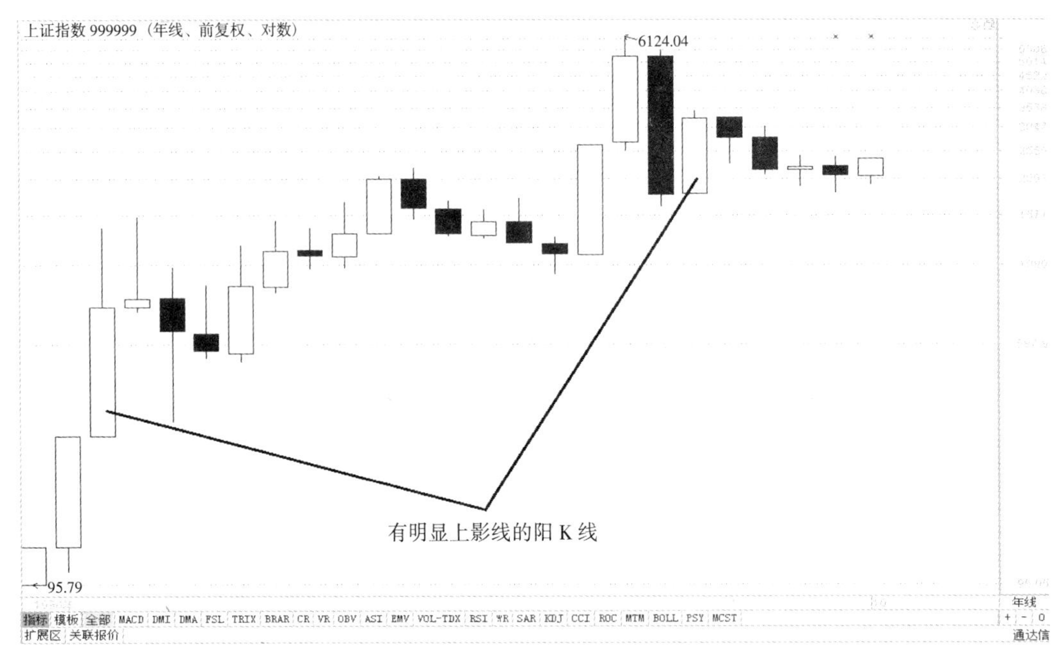

图 2-50　上证指数年 K 线图

图 2-50 显示在上证指数中，这样的 K 线出现在指数年 K 线上的位置。如果将年 K 线放大，就如图 2-49 的走势。

上证指数 1992 年 K 线放大图如图 2-51 所示。

图 2-51 上证指数 1992 年 K 线放大图

上证指数 2009 年 K 线放大图如图 2-52 所示。

图 2-52 上证指数 2009 年 K 线放大图

2.2.6 K 线的收盘价与最低价相同的阴 K 线

收盘价是最低价的阴 K 线 V 图画法如图 2-53 所示。

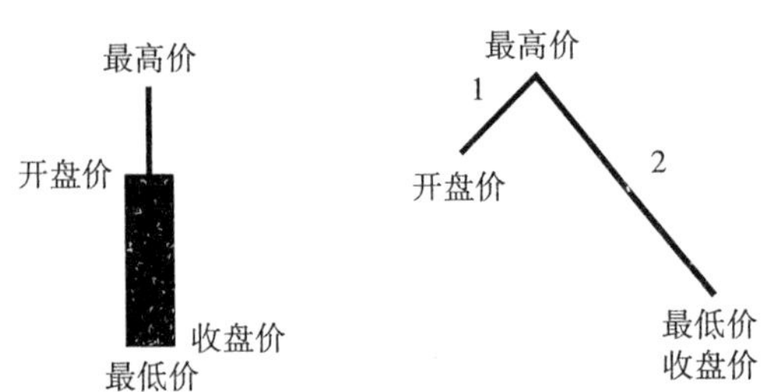

图 2-53 收盘价是最低价的阴 K 线 V 图画法

上证指数年 K 线图如图 2-54 所示。

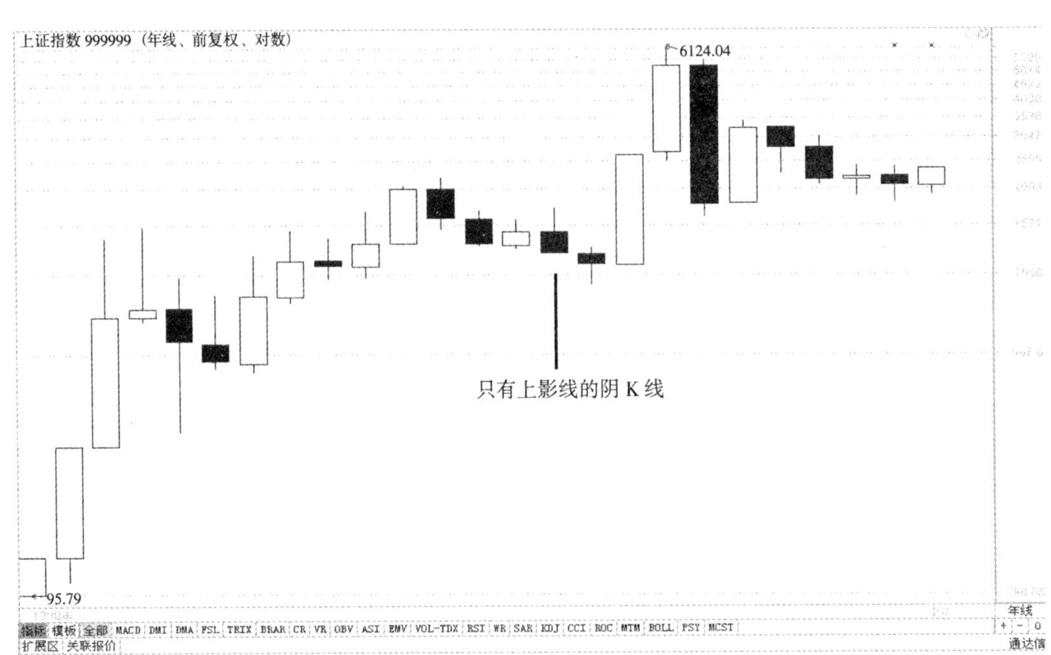

图 2-54 上证指数年 K 线图

图 2-54 显示在上证指数中，这样的 K 线出现在指数年 K 线上的位置。如果将年 K 线放大，就如图 2-53 的走势。

上证指数 2004 年 K 线放大图如图 2-55 所示。

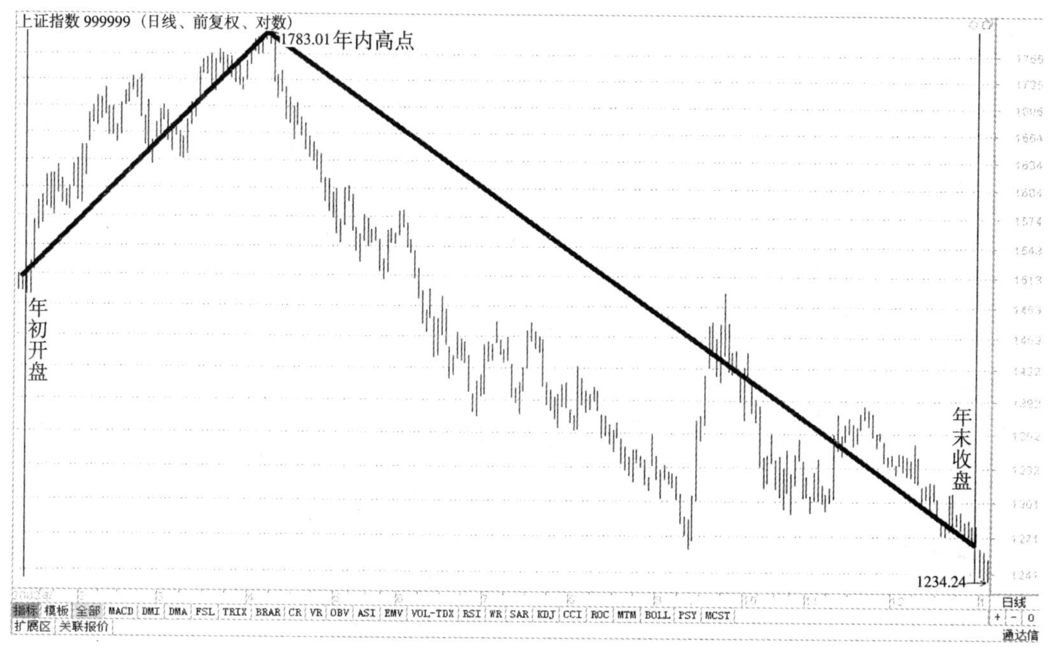

图 2-55　上证指数 2004 年 K 线放大图

2.2.7　没有上、下影线的阳 K 线

上影线是指收盘价与最高价不等价所产生的距离，在 K 线图上以一条细竖线表示，俗称“上影线”（如图 2-49 左边阳 K 线图的那条细竖线）。

下影线是指开盘价与最低价不同而在 K 线图上被以细竖线表示（如图 2-42 左边阳 K 线图的那条细竖线）。

没有上、下影线的阳 K 线 V 图画法如图 2-56 所示。

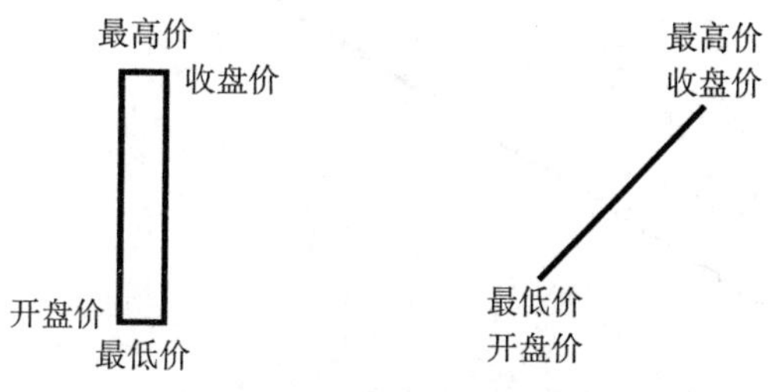

图 2-56　没有上、下影线的阳 K 线 V 图画法

上证指数年 K 线图如图 2-57 所示。

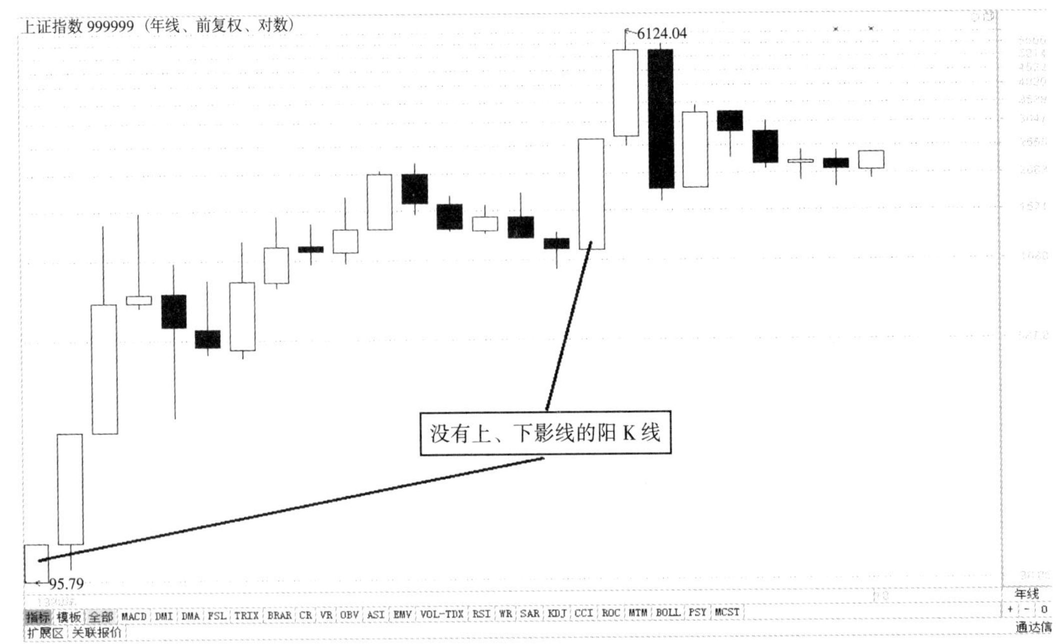

图 2–57　上证指数年 K 线图

图 2–57 是大盘指数年 K 线图中的光头光脚阳线，即没有上、下影线的阳 K 线，这样的 K 线在大盘年线走势上只出现过两次。

上证指数 1990 年 K 线放大图如图 2–58 所示。

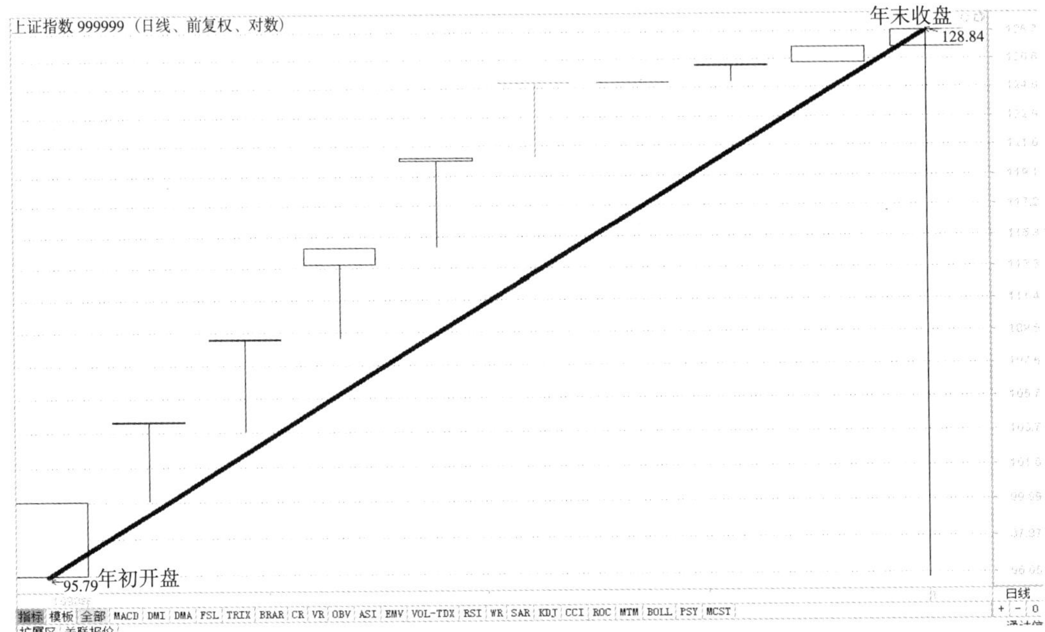

图 2–58　上证指数 1990 年 K 线放大图

上证指数 2006 年 K 线放大图如图 2–59 所示。

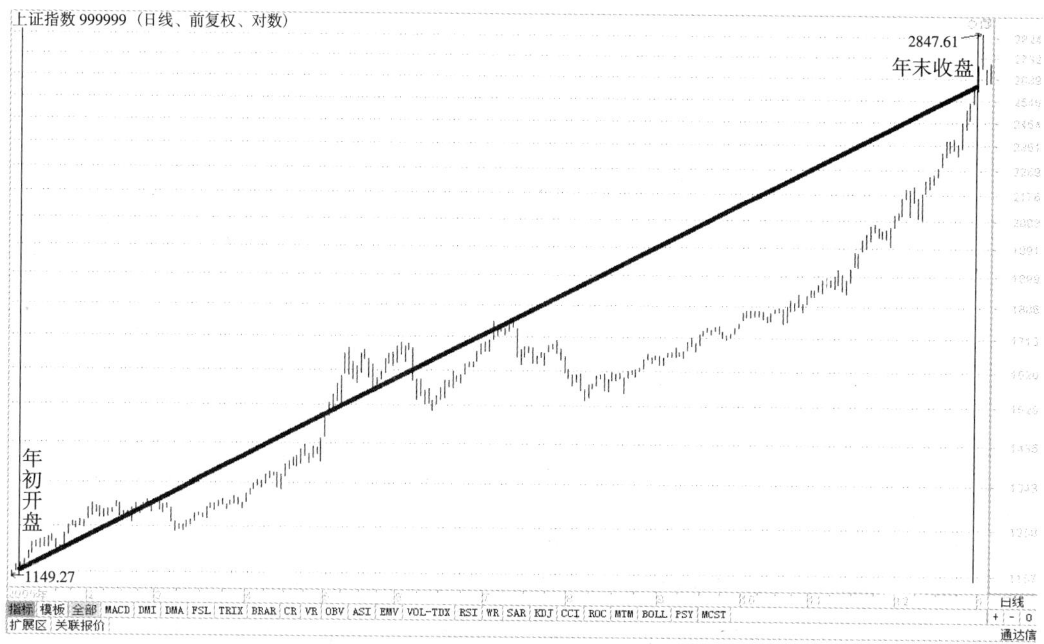

图 2–59 上证指数 2006 年 K 线放大图

2.2.8 没有上、下影线的阴 K 线

上影线是指开盘价与最高价不等价所产生的价格波动距离，在 K 线图上则以一条细竖线表示，俗称“上影线”（如图 2–53 左边阴 K 线图的那条细竖线）。

下影线是指收盘价与最低价不同所产生的波动距离，在 K 线图上则以细竖线来表示（如图 2–46 左边阴 K 线图的那条细竖线）。

没有上、下影线的阴 K 线 V 图画法如图 2–60 所示。

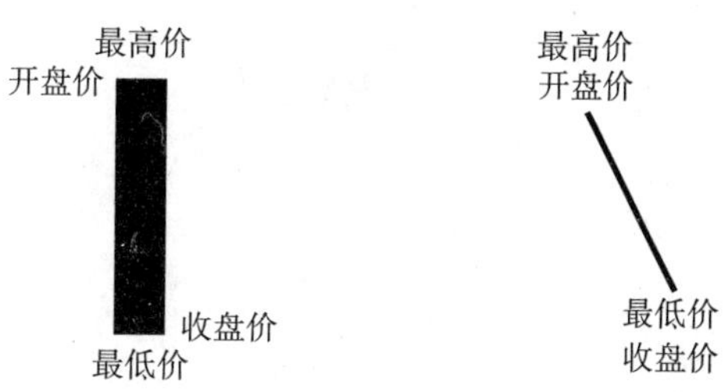

图 2–60 没有上、下影线的阴 K 线 V 图画法

中国石油（601857）月 K 线图如图 2–61 所示。

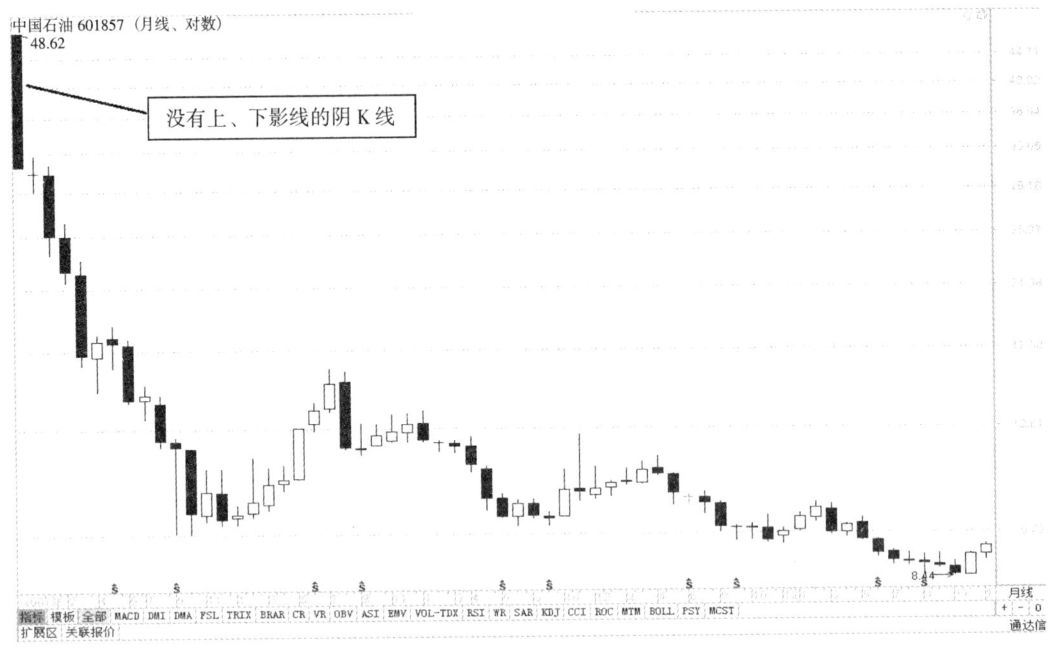

图 2-61　中国石油（601857）月 K 线图

图 2-61 显示中国石油（601857）第一个交易月就出现了没有上、下影线的大阴 K 线。

中国石油（601857）2007 年 11 月周 K 线放大图如图 2-62 所示。

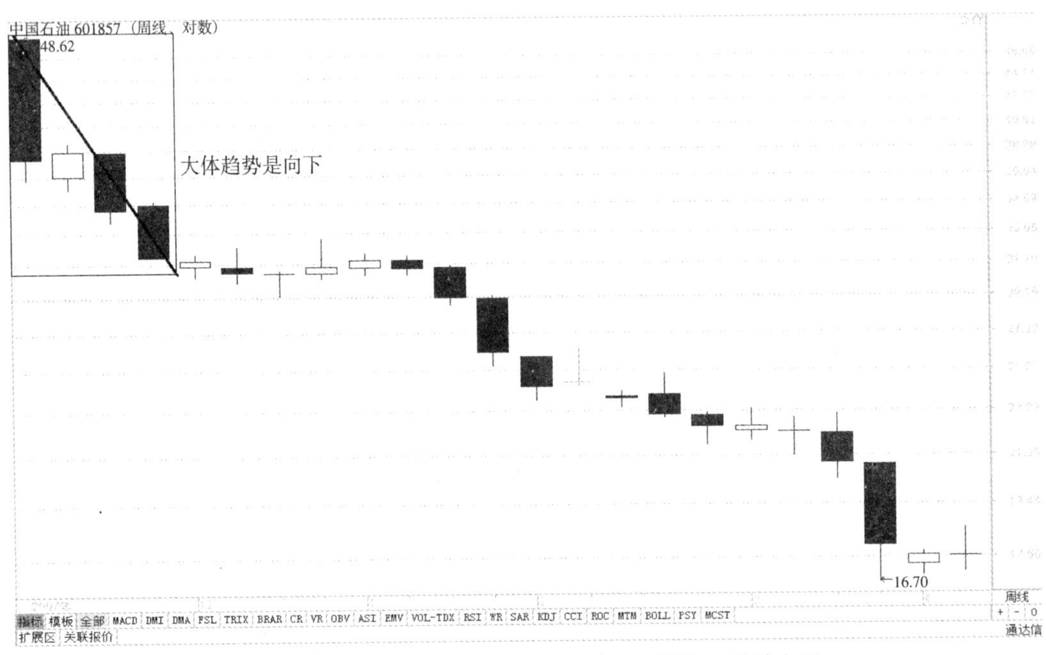

图 2-62　中国石油（601857）2007 年 11 月周 K 线放大图

中国石油（601857）2007 年 11 月日 K 线放大图如图 2-63 所示。

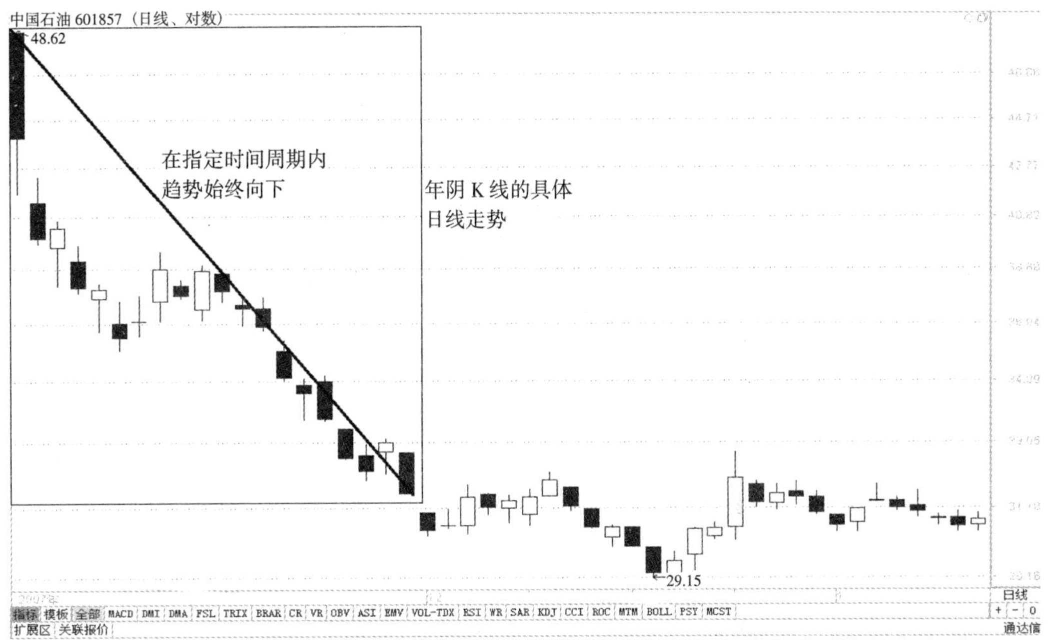

图 2-63　中国石油（601857）2007 年 11 月日 K 线放大图

到这里，简单的 V 图绘制方法已经介绍完了。

V 图就是用这种简单的线条来描述行情走势，并能过滤嘈杂的波动，使股票投资者能轻易抓住行情的趋势，为获利增添更多的胜算。

在后面的部分，我们将会详细比较 V 图与传统 K 线图经典形态的异同和优势。

第三部分
V 图分析传统经典 K 线形态

3.1 传统经典反转上涨形态组合全表

传统经典反转上涨形态组合全表如图 3-1 所示。

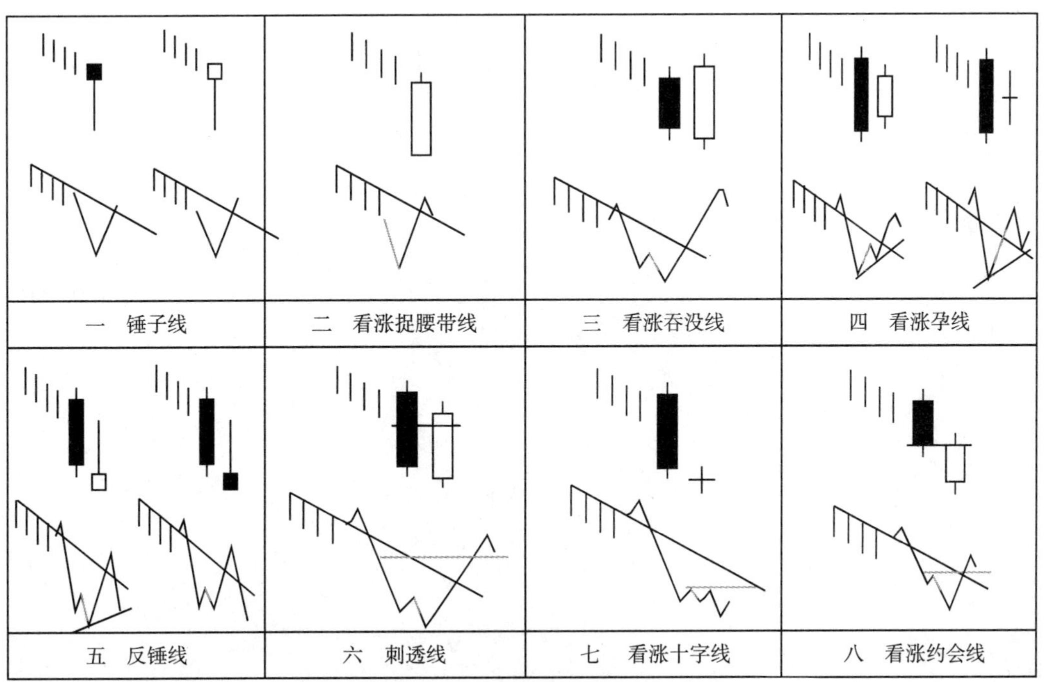

图 3-1 传统经典反转上涨形态组合全表

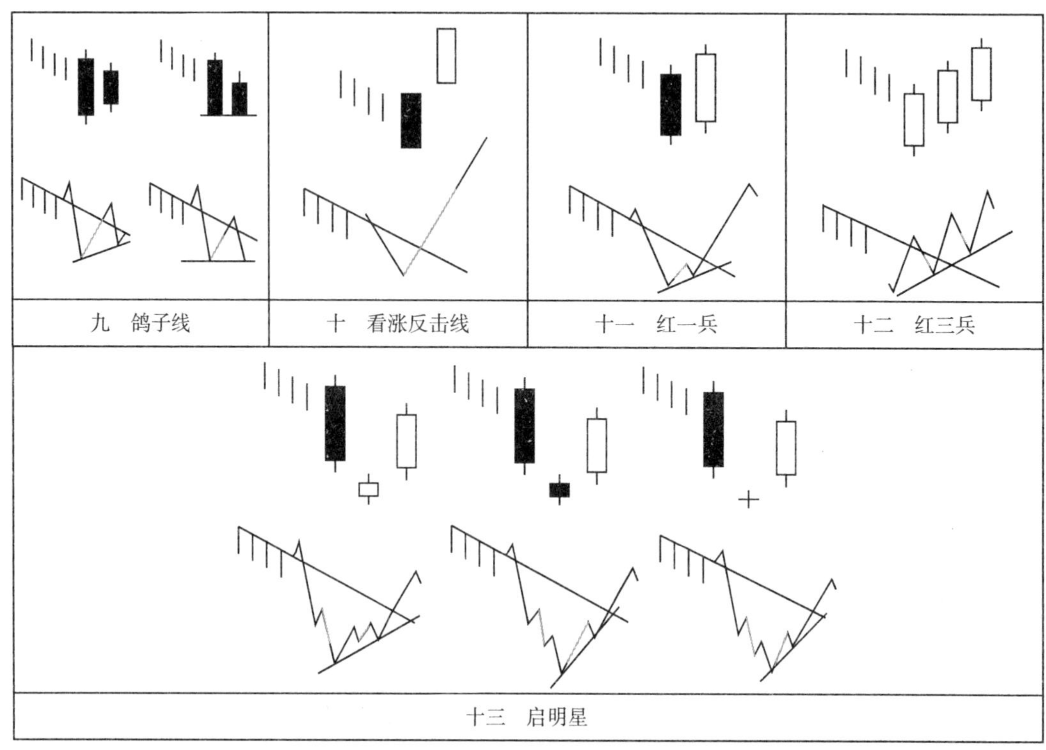

图 3-1　传统经典反转上涨形态组合全表（续）

3.2　锤子线

锤子线如图 3-2 所示。

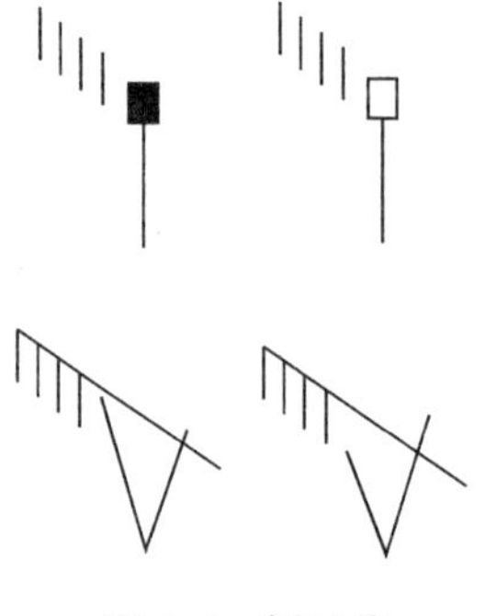

图 3-2　锤子线

锤子线，顾名思义就是因为形状看上去像一把锤子而得名，寓意夯实底部，为将来行情的上涨奠定牢固的根基。由于锤子线处在下降趋势的下端，所以这把锤子象征多方开始反抗而举起的锤子，多方对空方一击重锤，使空方对后市也趋向于多方观点，使行情继续下跌的动力减少，从而增加行情上涨的概率。

说明：前期股价一直处于下降趋势中，今日盘中股价一度下跌（有可能创出昨日最低价或支撑点价位的新低），然后尾盘又大幅回升接近今日最高价的位置，这样的行情很有可能会形成日内阶段V形底部形态，所以，传统上锤子线被定义为看涨反转形态，但是否真的会反转还要看后续走势才能确认。

传统要求：

（1）股价近期处在明显的下降趋势中，也可以是整理区间的下调走势中。

（2）实体很小而且阴阳不用区分，也有可能是开盘价与收盘价相同或接近，甚至开盘价与收盘价相同。

（3）下影线的长度越长越好，一般来说下影线是实体的两倍以上，但几倍不是硬性标准。

（4）不能有太明显的上影线，上影的振幅不能高于1%，最好是没有上影线。

形态构成与心理分析：

（1）要求股价处在下降趋势中，所以很多投资者都趋向于顺势的不看好后市，空仓的投资者不敢介入，持仓的投资者随着时间的推移会逐渐卖光自己手中的股票，一般表现为沿着下跌趋势个股的成交量也逐步减少。

（2）要求实体要小，而且不用区分是阳线还是阴线，主要是因为小实体所形成的阴或阳，看上去不是很惹眼。容易让投资者冷静下来，不像大阳线或大阴线那样太令投资者兴奋或恐惧。

（3）要求下影线要越长越好，是因为下影线表示一种反弹的力度，代表了今日在开盘价以下买进这只个股的投资者在收盘后已处于获利状态，在不出意外的情况下，这些获利的投资者可能还会继续看好这只股票，所以行情有可能会上涨，另外不排除有老鼠仓的可能。当然，如果这些今日获利的投资者意识到行情未来上涨的空间不大了，便会在下一个或几个交易日内卖出手中的股票，所以下影线的意义也不是很可靠，需要结合其他方法才能加以确认。

（4）要求最好没有上影线，是因为上影线表示一种压力或回调，上影线越短越好，否则会降低此次反弹转变为反转的可能性。说明今日在开盘价以上买入这只股票的投资者基本都出现不同程度的亏损，这类亏损越大，上影线的长度就越长，所以锤子线的上影线最好不要有，有也不能太长，否则反转的意味将大打折扣。

V 图视角分析：

不管是阴 K 线还是阳 K 线，它们在 V 图中显示出来的是一种开始或已经突破下降趋势压制的情形。

后市有可能将会就此止跌反转上涨，但是这还不能肯定，还需要后市的走势才能确认。

如果下一天的 V 线图继续走在这个趋势的压力线之下，那就说明今日的锤子线突破可能是假突破。

后市是否会反转上涨要看这个趋势有没有被有效突破。

3.3 看涨捉腰带线

看涨捉腰带线如图 3-3 所示。

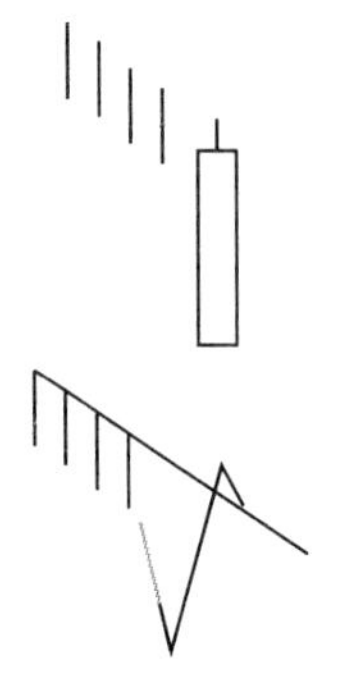

图 3-3 看涨捉腰带线

捉腰带线，在日语中是指相扑比赛中“推出”、“甩出”的意思，顾名思义就是因为捉腰带线的形成过程类似相扑比赛中“推出”、“甩出”而得名，在此寓意多方一举反将空方推出局外，为将来行情的上涨奠定根基。该形态又被称为“尖兵线”或“突击线”。“尖兵线”得名于很短的上影线，被形象地称为“尖兵”，而“突击线”得名于其低开后强势走高的特点，因此又称为“突击线”。

说明：前期股价一直处于下降趋势中，今日股价低开（开盘有可能创出整个下降趋势的新低），而且当日最低价就是开盘价，然后股价一度拉高，在接近当日最高价附

近收盘，在高处留下一段小上影线，传统上捉腰带线被定义为看涨反转形态，但是否真的会反转还要看后续走势才能确认。

传统要求：

（1）股价近期处在明显的下降趋势中，也可以是整理区间的下调走势中。

（2）实体较大，并且必须是阳线，也有可能是最高价与收盘价接近，甚至最高价与收盘价相同。

（3）没有下影线。

（4）如果有上影线，上影线的长度不能超过实体长度的 1/3。

形态构成与心理分析：

（1）要求股价处在下降趋势中，所以很多投资者都趋向于顺势的不看好后市，空仓的投资者不敢介入，持仓的投资者随着时间的推移会逐渐卖光自己手中的股票，一般表现为沿着下跌趋势个股的成交量也逐步减少。

（2）要求实体比较大，且必须是阳线，主要是因为大实体的阳线显示出多方向空方反击的意志和力度。收盘价越是接近当日最高价，越能说明这种反击力度有多么强烈。

（3）要求不能有下影线，是因为低开已经让空方一度占了上风，如果这个低开的价格还不能让空方满意，那股价还会继续下探。对于多方来说低开低走后反击还没有低开后立刻反击的力度更强，更能显示出多方看涨的意志。

（4）要求有一段相对较短的上影线，上影线的长度不能超过实体长度的 1/3，当然最好是没有上影线，这是因为上影线表示一种压力或回调，上影线越短越好，否则会降低此次反弹转变为反转的可能性。说明今日在收盘价以上买入这只股票的投资者基本都出现不同程度的亏损，这类亏损越大，上影线的长度就越长，所以捉腰带线的上影线最好不要太长，否则反转的意味将大打折扣。

V 图视角分析：

在 V 图中显示出来的是一种试图或已经突破了下降趋势压制的情形，但是收盘前价格又回调了一段，正好回调到差不多趋势压力的位置。

后市情况要看第二天的走势，如果价格继续上涨，则说明趋势线的压力转换成了支撑的动力，否则只能认为是多方失败的进攻或对空方的试探。

后市是否会反转上涨要看这个趋势有没有被有效突破。

3.4 看涨吞没线

看涨吞没线如图 3-4 所示。

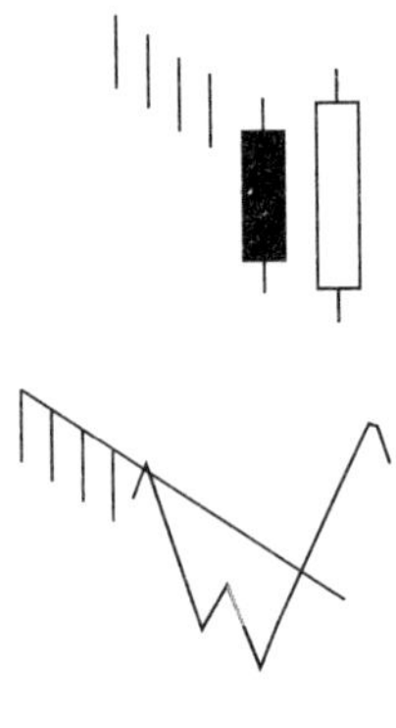

图 3-4 看涨吞没线

吞没线是指前日蜡烛图线的实体被今日的实体包含在内，在此寓意多方一鼓作气将空方击败，该形态与西方的“外包线”类似，与本书第一部分叙述的“外包阳线”、“外包阴线”关键蜡烛图接近，不过“外包线”是以两天的最高价、最低价来评价，而吞没线只评价实体。

说明：前期股价一直处于下降趋势中，今日股价低开（开盘有可能创出整个下降趋势的新低），开盘价低于前日实体，然后股价一度拉高，收盘价高于前日实体，有无上影线或下影线并不影响吞没形态，传统上这类吞没线被定义为看涨反转形态，但是否真的会反转还要看后续走势才能确认。

传统要求：

（1）股价近期处在明显的下降趋势中，也可以是整理区间的下调走势中。

（2）实体比前日实体大，且前日实体被包含在今日实体之内，并且今日必须是阳线。

（3）有无上、下影线均可。

形态构成与心理分析：

（1）要求股价处在下降趋势中，所以很多投资者都趋向于顺势的不看好后市，空仓的投资者不敢介入，持仓的投资者随着时间的推移会逐渐卖光自己手中的股票，一般表现为沿着下跌趋势个股的成交量也逐步减少。

（2）要求实体要比前日的大，且今日的实体要包含前日实体，主要是因为大实体的阳线显示出多方向空方反击的意志和力度。今日实体是前日实体倍数越大越能说明这种反击力度有多么强烈。

（3）该形态对上、下影线没有任何要求，是因为传统上认为实体与实体间的位置意义更为重要，但是价格波动也未必没有意义，所以使用时要与关键蜡烛图进行综合分析，才能取长补短，各司其职。

V 图视角分析：

看涨吞没线在 V 图中显示出来的是一种前期趋势的压力加大，价格加速下滑，而在下降通道中又得到了下降支撑的支持，空方的力量虽大，但多方并没有就此投降，随后，多方开始反攻，一度突破了整个下降趋势的压力线。

后市有可能将会就此止跌反转上涨，但是这还不能肯定，还需要后市的走势才能确认。

如果后一天的 V 线图继续走在这个趋势的压力线之上，那就说明今日的突破可能是有效突破。

3.5　看涨孕线

看涨孕线如图 3–5 所示。

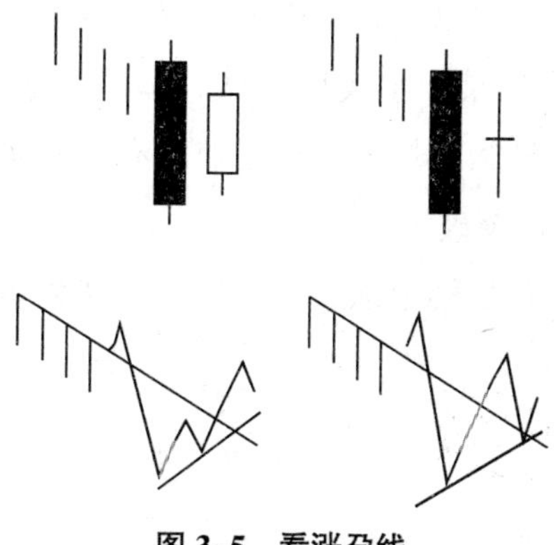

图 3–5　看涨孕线

看涨孕线，孕即怀孕的意思，因为从形状上看，前一个交易日的实体包含了今天的实体，象征了今日的实体正在前日实体中孕育着，寓意股价正悄悄地酝酿着反转现有趋势，为将来行情的上涨奠定良好的根基。由于看涨孕线处在下降趋势的下端，所以看涨孕线象征了在漫长的黑暗中人们所追寻的那一丝光明的希望。

说明：前期股价一直处于下降趋势中，第一天盘中股价一度下跌（有可能创出前日最低价或下降趋势的新低），第二天盘中收盘后的实体被包含在第一天的实体内，孕育新的希望，所以传统上看涨孕线被定义为看涨反转形态，但是否真的会反转还要看后续走势才能确认。

传统要求：

（1）股价近期处在明显的下降趋势中，也可以是整理区间的下调走势中。

（2）第二天的实体必须被包含在第一天的实体内。

（3）上、下影线不必计较。

形态构成与心理分析：

（1）要求股价处在下降趋势中，所以很多投资者都趋向于顺势的不看好后市，空仓的投资者不敢介入，持仓的投资者随着时间的推移会逐渐卖光自己手中的股票，一般表现为沿着下跌趋势个股的成交量也逐步减少。

（2）要求第二天的实体被包含在第一天的实体内，就实体而言，实体在另一个实体之内表示一种犹豫，特别是第二天收的是十字星线，更是如此。所以它表明了行情继续下跌的动力在减少，有可能会反转。

（3）对上、下影线没有要求，主要是因为大多数人对明显的实体是阴是阳更为敏感。

V 图视角分析：

当天收盘是阳 K 线时，在 V 图上显示出在下降趋势中，多方找到了进攻的节奏，开始步步为营，形成了向上的 W 底，进而向上突破了趋势压力。

另一种情况是，当天收的是十字线形 K 线，V 图上显示是多方的进攻形成了 W 底，并且趋势的压力已经反转为支撑力，这是非常有利做多的结构，但是第二天如果不能延续这个预期，那就是假突破。

后市有可能将会就此止跌反转上涨，但是这还不能肯定，还需要后市的走势才能确认。

3.6　反锤线

反锤线如图 3–6 所示。

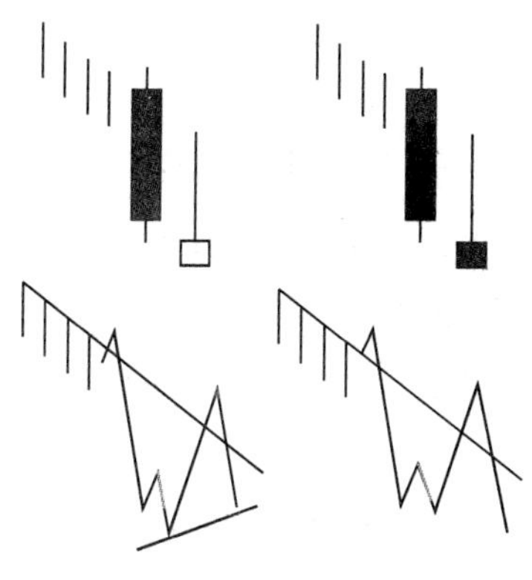

图 3–6　反锤线

反锤线，顾名思义就是指与锤子线相似但方向相反的形态，因为从形状看上去像一把锤子而得名，寓意夯实底部，为将来行情的上涨奠定牢固的根基。由于反锤线处在下降趋势的下端，所以这把锤子象征了多方开始反抗而举起的锤子，多方对空方一击重锤，使空方对后市也趋向于多方观点，使行情继续下跌的动力减少，从而增加行情上涨的概率。

说明：前期股价一直处于下降趋势中，今日盘中股价一度上涨（有可能创出昨日新高），然后尾盘又大幅回落接近今日最低价的位置，这样的行情很有可能会形成日内阶段 W 形底部形态，所以传统上反锤线被定义为看涨反转形态，但是否真的会反转还要看后续走势才能确认。

传统要求：

（1）股价近期处在明显的下降趋势中，也可以是整理区间的下调走势中。

（2）实体很小而且阴阳不用区分，也有可能是开盘价与收盘价相同或接近，甚至开盘价与收盘价相同。

（3）上影线的长度越长越好，一般来说上影线是实体的 2 倍左右，但几倍不是硬性标准。

（4）不能有太明显的下影线（有的话也不能超过 1%的振幅），最好是没有下影线。

形态构成与心理分析：

（1）要求股价处在下降趋势中，所以很多投资者都趋向于顺势的不看好后市，空仓的投资者不敢介入，持仓的投资者随着时间的推移会逐渐卖光自己手中的股票，一般表现为沿着下跌趋势个股的成交量也逐步减少。

（2）要求实体要小，而且不用区分是阳线还是阴线，主要是因为小实体所形成的阴或阳，看上去不是很惹眼。容易让投资者冷静下来，不像大阳线或大阴线那样太令投资者兴奋或恐惧。

（3）要求上影线要越长越好，是因为下影线表示一种压制的力度，代表了今日在高位买进的投资者在收盘后已处于亏损状态，在不出意外的情况下，这些亏损的投资者可能还会继续卖出他们手中的股票，所以能触发更多的投资者出场，这些亏损的投资者将来会成为行情上涨新的推动力，大多数情况下是由于报复心理在起作用，他们急于扳回自己的亏损而再次进场。

（4）要求最好没有下影线，是因为下影线表示获利，下影线越短越好，否则会降低多数人的恐慌情绪，所以反锤线的下影线最好不要有，有也不能太长，否则空方的释放力度就小了很多，为将来的上升趋势带来一些小麻烦。

V 图视角分析：

它们在 V 图中显示出来的是一种正常的下降通道内的加速下跌的情形。

并没有明显的突破，除非在底部，否则这样的形态很难说有交易的价值。

如果相对来说股价处在底部，那可以通过这个形态捡到一个十分便宜的价格介入甚至也可能是底部最低价。

如果第二天的 V 线图向上走并有效突破了趋势的压力，那就说明多方开始反攻了。

3.7 刺透线

刺透线如图 3-7 所示。

刺透线是指今日的实体刺入了前日实体的中心以上。该形态又称为“穿透线”，意思也一样，就实体而言，是指今日的上升动力已经击败了前日的下降动力，并有潜力一举突破，从而完成趋势的反转。该形态还有别名叫“曙光初现”，寓意相同。

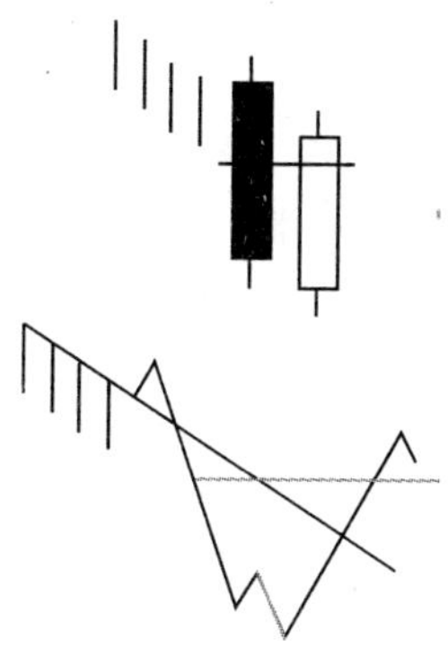

图 3-7 刺透线

该形态与“待入线”、“切入线”、“插入线”有很接近的地方，所不同的是这三类形态线都没有能力穿透前日实体的中心。所以这三类线被定义为“持续形态”，意味着它们只能继续原有趋势的发展方向，而不能预示趋势的反转。

说明：前期股价一直处于下降趋势中，今日盘中股价一度下跌（有可能创出昨日最低价或支撑点价位的新低），然后又大幅拉升到前日实体中心以上的位置收盘，传统上刺透线被定义为看涨反转形态，但是否真的会反转也需要看后续走势才能确认。

传统要求：

（1）股价近期处在明显的下降趋势中，也可以是整理区间的下调走势中。

（2）第一天必须是阴线，第二天必须是阳线，而且第二天必须在第一天实体中心以上价位收盘。

（3）两个交易日的上、下影线可以忽略不计。

形态构成与心理分析：

（1）要求股价处在下降趋势中，所以很多投资者都趋向于顺势的不看好后市，空仓的投资者不敢介入，持仓的投资者随着时间的推移会逐渐卖光自己手中的股票，一般表现为沿着下跌趋势个股的成交量也逐步减少。

（2）要求第二天要在第一天的实体中心以上价位收盘。主要是因为大多数人对实体的颜色特别敏感，甚至忽略了影线的因素。所以，就这个形态来说更倾向于阳线的实体回击前一个交易日阴线实体的一半以上，使更多的空仓投资者认为行情可能会反转上涨。

（3）对上、下影线没有要求。是因为多数人易受阴、阳线颜色的影响，而对影线没有相同程度的关心。所以需要结合其他方法加以确认才更为可靠。

V 图视角分析：

刺透线在 V 图上看，与看涨吞没线其实是一样的。

下降趋势的压力增大，价格加速下滑，而在下降通道中又得到了下降支撑的支持，空方的力量虽然很大，但多方并没有就此罢休，之后，多方开始反攻，一度突破了整个下降趋势的压力线。

后市有可能将会就此止跌反转上涨，但是这还不能肯定，还需要后市的走势才能确认。

如果第二天的 V 线图继续走在这个趋势的压力线之上，那就说明今日的突破可能是有效突破。

3.8 看涨十字线

看涨十字线如图 3-8 所示。

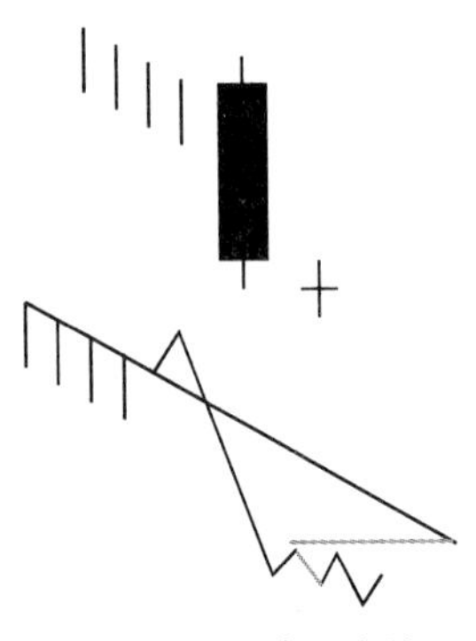

图 3-8 看涨十字线

看涨十字线，是因为第二个交易日的开盘价与收盘价相同导致实体为一条横线，加上上、下影线的组合，看上去就像是“十”字形，因此人们称呼它“十字”线。前一个或前数个交易日连续下跌，使今日的十字线带有犹豫的意思，有酝酿反转的味道。

说明：前期股价一直处于下降趋势中，且日后前几日一直收于阴线中，今日股价报收一十字线，行情能处震荡盘整中，并有反转的意味。所以传统上将十字线定义为犹豫形态，但是否真的会反转还要看后续走势才能确认。

传统要求：

（1）股价近期处在明显的下降趋势中，也可以是整理区间的下调走势中。

（2）前一个或前数个交易日必须是阴线，如果前一个交易日是小阴线，则之前必须另有其他数个阴线的下跌。今日的开盘价与收盘价相同（或非常接近）。

（3）对上、下影线的要求不多，只要不是太长就行。

（4）十字线的开盘价必须低于前一个交易日的收盘价。

形态构成与心理分析：

（1）要求股价处在下降趋势中，所以很多投资者都趋向于顺势的不看好后市，空仓的投资者不敢介入，持仓的投资者随着时间的推移会逐渐卖光自己手中的股票，一般表现为沿着下跌趋势个股的成交量也逐步减少。

（2）要求近期必须收阴线或连续数个阴线，主要是用来表示下跌的动力，最后以今日这只十字线来表示这段下跌之后行情的一种犹豫状态。人们对于阴阳线过于敏感，对于十字线这样看不到实体的线，通常会不知所措。对于习惯于阴线下跌的投资者来说，突然遇到这样一个十字线，会让他们有所犹豫“是否行情还会继续下跌”。

（3）对上、下影线要求不多，只要不是太长就可以。因为震荡太厉害的话是多空双方在较劲，看不到哪一方在犹豫，所以这种震荡必须比较小，才能显示出多空双方都在犹豫中。

（4）十字线当天跳空低开用以释放空方的量能。

V 图视角分析：

看涨十字线在 V 图中显示出来的走势并不能看出它会反转目前的下降趋势，而最多算是多空双方的一种僵持局面。

后市是否会反转上涨要看这个趋势有没有被有效突破。

3.9　看涨约会线

看涨约会线如图 3-9 所示。

看涨约会线，约会即男女相约在一起的意思，因为从形状上看，两个交易日是一阴一阳，正像是一对情侣，并且收盘价也相同，正所谓情投意合。另有名称叫作“好友反攻”、“相聚”、“团圆”、“女追男”、“艺伎”。

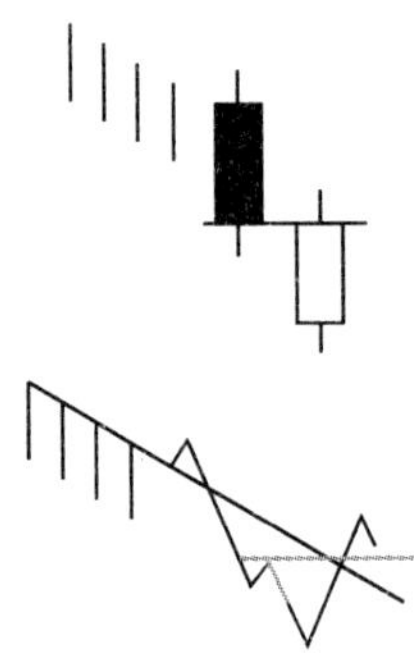

图 3-9　看涨约会线

“女追男”，即指很多的阴线去追逐一只阳线，并且收盘价相同，意味着女追男成功了。

“艺伎”一名的由来：由于该形态要求两天的收盘价几乎相同或相等，所以给人一种针尖对麦芒的感觉，难度很高，所以有些日本人为该形态起名为“艺伎”。

在传统日本，把没有经过艺术培训而在酒席倒酒的女性称为“酎妇”，社会地位低微，另一些比酎妇地位更高的是被称作“女郎”、“游女”的一些人，女郎和游女中级别最高的当属“太夫”、“花魁”，她们不但年轻貌美，而且也擅于茶道、唱歌、跳舞等。

说明：前期股价一直处于下降趋势中，前日盘中股价一度下跌（有可能创出昨日最低价或支撑点价位的新低），今日虽然大幅低开，但股价又向上大幅拉升，收于前日收盘相同的价位。所以传统上约会线被定义为反转形态，但是否真的会反转还要看后续走势才能确认。

传统要求：

(1) 股价近期处在明显的下降趋势中，也可以是整理区间的下调走势中。

(2) 第二天必须大幅低开。

(3) 两个交易日的实体都比较大，并且第一天必须是阴线，第二天必须是阳线。

(4) 两个交易日的收盘价必须相同。

形态构成与心理分析：

(1) 要求股价处在下降趋势中，所以很多投资者都趋向于顺势的不看好后市，空仓的投资者不敢介入，持仓的投资者随着时间的推移会逐渐卖光自己手中的股票，一般表现为沿着下跌趋势个股的成交量也逐步减少。

(2) 要求第二天要大幅低开，是为了释放空方的力量。

(3) 要求两个交易日的收盘价必须相同，是因为这样的约会线说明了一个小周期的

下降趋势顶部有可能会成为将来上升趋势的阶段底部的。即人们常说的趋势压力与趋势支撑的反转。

V 图视角分析：

V 图上，该形态显示了多方的两次进攻都被多方防守住，并且在空方第二次进攻多方后，多方的防守反击一举突破了空方的防线。

后市有可能将会就此止跌反转上涨，还需要后市的走势才能确认。

如果后一天的 V 线图继续走在这个趋势的压力线之下，那就说明今日的突破是假突破。

3.10　鸽子线

鸽子线如图 3-10 所示。

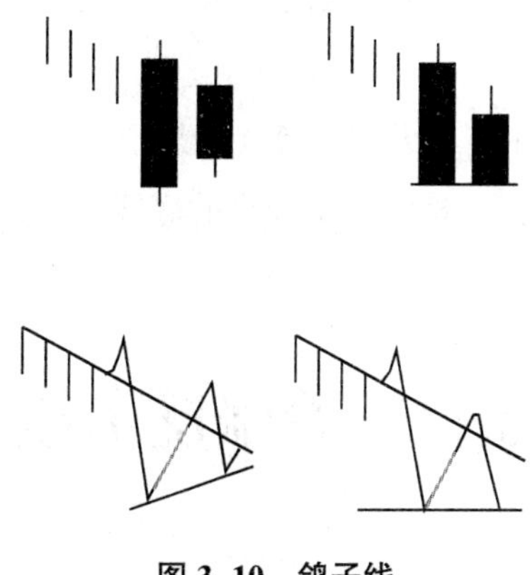

图 3-10　鸽子线

鸽子线，主要是因为轮廓上像一只鸽子而得名，这只鸽子有跃跃欲试的感觉，所以成为经典的反转上升形态。

说明：前期股价一直处于下降趋势中，前日收一大阴线（有可能创出昨日最低价或支撑点价位的新低），今日也必须收一个阴线，而且今日的实体必须被前日实体所包含在内，这样的行情很有可能会形成横向盘整的走势，但是是否会因此上涨还未必。不过传统上鸽子线还是被归类为看涨反转形态。

传统要求：

（1）股价近期处在明显的下降趋势中，也可以是整理区间的下调走势中。

（2）两天都必须是阴线，而且第一天必须是大阴线，第二天的实体必须被包含在第一天的实体之内。

形态构成与心理分析：

（1）要求股价处在下降趋势中，所以很多投资者都趋向于顺势的不看好后市，空仓的投资者不敢介入，持仓的投资者随着时间的推移会逐渐卖光自己手中的股票，一般表现为沿着下跌趋势个股的成交量也逐步减少。

（2）要求第二天的实体被包含在第一天实体之内，这说明行情已经进入了盘整行情，由于今天没有创出新低，所以下跌的动力可能已经减弱，对于多方来说这是个好消息。这个形态也类似于看涨孕线中的十字孕线，道理几乎一样，都是表示行情经过一段下跌后，空方开始犹豫“是不是还要继续下跌呢”，如果这时多方趁机而入，行情就有反转的可能。

V 图视角分析：

两种 K 线形态在 V 图上所表现出来的，都是形成了 W 形底，都具备了上涨前的形态。

后市是不是上涨就要关注第二天的走势，这是很关键的。

如果下一天的 V 线图中，价格跌破了今日的底线支撑，那情况就不乐观了。

3.11 看涨反击线

看涨反击线如图 3-11 所示。

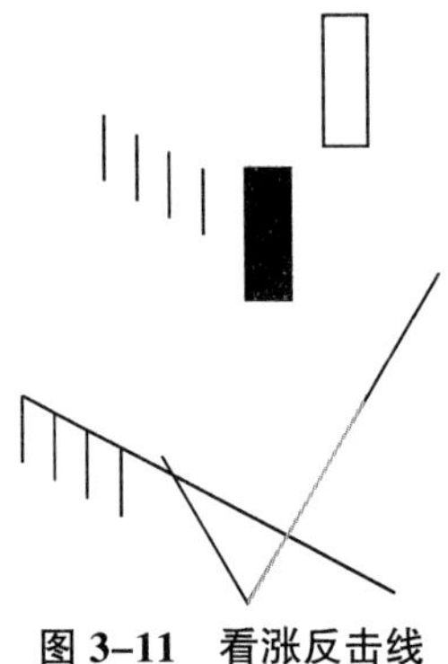

图 3-11 看涨反击线

看涨反击线，顾名思义就是指空方一直占据优势，突然有一天多方发力似地高开高走并收出一阳线来，这种一反常态的走势我们就称为“反击线”。看涨反击线象征了多方脱离了空方的束缚并给予有力的反击。

说明：前期股价一直处于下降趋势中，第一天盘中股价一度下跌（有可能创出昨日最低价或支撑点价位的新低），然后第二天向上跳空开盘，而且收盘收在当天最高价或非常接近当天最高价的位置，这样的行情有可能会形成 V 形反转，所以传统上将反击线定义为反转形态，但是否真的会反转还要看后续走势，也需要后续确认。

传统要求：

（1）股价近期处在明显的下降趋势中，也可以是整理区间的下调走势中。

（2）第一天是阴线，第二天是阳线，而且这两天没有或几乎没有影线。

（3）第二天的阳线必须向上跳空开盘，并且收盘价接近或等于当日最高价。

形态构成与心理分析：

（1）要求股价处在下降趋势中，所以很多投资者都趋向于顺势的不看好后市，空仓的投资者不敢介入，持仓的投资者随着时间的推移会逐渐卖光自己手中的股票，一般表现为沿着下跌趋势个股的成交量也逐步减少。

（2）要求第一天是阴线而且第二天是阳线，说明行情一反常态。要求这两个交易日都没有影线，说明之前空方的意志有多么坚定，但是第二天收出的阳线，也同样表示出了多方的意志也同样坚定。

（3）第二天向上跳空开盘，说明了多方反击的力度。收盘价几乎或等于当日最高价，说明多方已经迫使空方缴械投降。

V 图视角分析：

该形态在 V 图中显示出来的是一种多方快速的反攻，一度使空方没有反应过来。

后市有可能将会就此止跌反转上涨，但是这还不能肯定，还需要后市的走势才能确认。

3.12　红一兵

红一兵如图 3-12 所示。

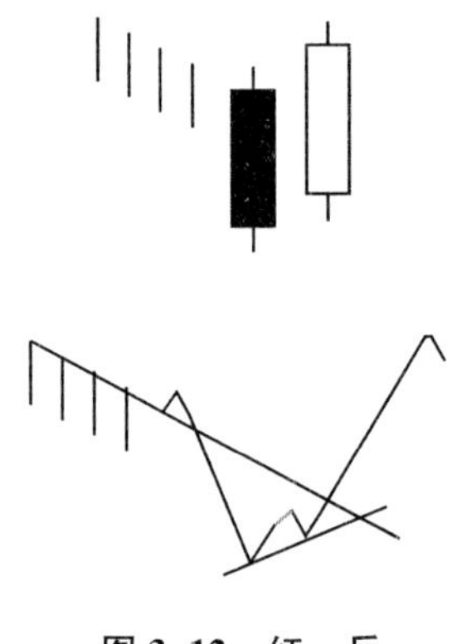

图 3-12 红一兵

红一兵，即红色的大阳线之意（欧美地区则以红为跌、绿为涨），象征了近段时间以来都是阴线为主的趋势今日有可能受到了阳线这一红色方面军的挑战。该形态与“看涨反击线”有些类似，虽然有些不同，但是道理几乎一样，就是多方有试探空方底线的意思，因此，该形态线又被称为“侦察兵”。

在古代日本，士兵被分为三等：足轻、足轻队长、足轻大将。

足轻：古代日本最低等的士兵，他们平常从事劳役，发生战事时才成为士兵。

足轻队长：顾名思义就是足轻的队长，用来带领足轻这一小队伍的头领。

足轻大将：通常由声望高、值得信赖的武士指挥，地位高于足轻队长。

足轻大将有一个代表人物——原虎胤。

原虎胤，人称“鬼美浓”或“夜叉美浓”，以“以十当百”为信条，据说在战斗中能使十名足轻像一百名武士那样战斗，作战异常勇猛，尤其擅长攻城。

说明：前期股价一直处于下降趋势中，第一天继续原有的下降趋势收大阴线，而第二天也同样收出一个大阳线，并且大阳线的开盘价和收盘价都分别高于大阴线的开盘价和收盘价，所以传统上红一兵被定义为看涨反转形态，但是否真的会反转还要看侦察回来的情报才能定夺。

传统要求：

（1）股价近期处在明显的下降趋势中，也可以是在整理区间的下调走势中。

（2）第一天必须是大阴线（大跌 6.18%以上），第二天必须是大阳线（大涨 6.18%以上）。

（3）第二天必须在第一天的收盘价之上开盘。

（4）第二天必须在第一天的最高价之上收盘。

形态构成与心理分析：

（1）要求股价处在下降趋势中，所以很多投资者都趋向于顺势的不看好后市，空仓的投资者不敢介入，持仓的投资者随着时间的推移会逐渐卖光自己手中的股票，一般表现为沿着下跌趋势个股的成交量也逐步减少。

（2）要求第一天必须是大阴线，第二天必须是大阳线。显示出多空双方的激烈对抗。

（3）要求第二天必须在第一天的收盘价之上开盘。是为了显示出多方一开始就占据主动。

（4）要求第二天必须在第一天的最高价之上收盘，体现出多方反击的力度已经超出空方的预想，多方在试探空方，迫使空方使出真招，要是空方已经强弩之末，那么多方就将一举击溃空方的所有防线。

V 图视角分析：

红一兵在 V 图上看，实际上与看涨吞没线也是一样的走势。

多方逐步向上进攻，并最后取得了突破性胜利，后市有可能将会就此止跌上涨，但还需要后市的走势才能确认。

3.13　红三兵

红三兵如图 3–13 所示。

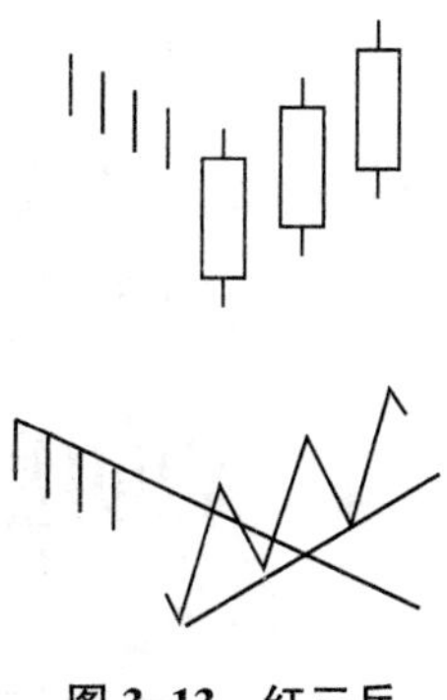

图 3–13　红三兵

红三兵，即红一兵的扩展形态，第一个阳线为侦察兵，第二个阳线为二次侦察兵，第三个阳线为先锋队，专门用来试探对手的实力和意图，如果可行也可以发动中小规模的袭击。这里用来比喻多方经过两次侦察后的第三次试探，随着空方逐渐暴露出来的弱势姿态，使得多方有机会扭转局势，重新夺得主动权。

该形态如果后续走势收出一根大阴线，就很有可能演变成“三法形态”中的“下降三法”。

说明：前期股价一直处于下降趋势中，最近三个交易连续报收大阳线，这样的行情很有可能或已经形成反转趋势，所以传统上红三兵被定义为看涨反转形态。

传统要求：

（1）股价近期处在明显的下降趋势中，也可以是在整理区间的下调走势中。

（2）三个交易日必须是大阳线，实体涨幅（即收盘价与开盘价相比）必须是 5%以上。

（3）第二天、第三天的阳线开盘必须高于前日的开盘价。

形态构成与心理分析：

（1）要求股价处在下降趋势中，所以很多投资者都趋向于顺势的不看好后市，空仓的投资者不敢介入，持仓的投资者随着时间的推移会逐渐卖光自己手中的股票，一般表现为沿着下跌趋势个股的成交量也逐步减少。

（2）要求三个交易日必须是大阳线，是因为这说明了多方进行深入试探空方的底线，如果空方的抵抗较弱的话，多方完全有能力掌控局面。

（3）要求第二天、第三天分别较前日高开，说明空方在抵抗上不是很坚决，多方不管在开盘还是收盘上都占据重要地位，如果后市上涨，这个形态是很好的一个铺垫。

V 图视角分析：

这是一种非常好的趋势走势，不管有没有突破下降通道，它都预示着多方的稳步行进。

后市如果能持续走在这条新的支撑线上，那趋势就确认反转了。

3.14 启明星

启明星如图 3-14 所示。

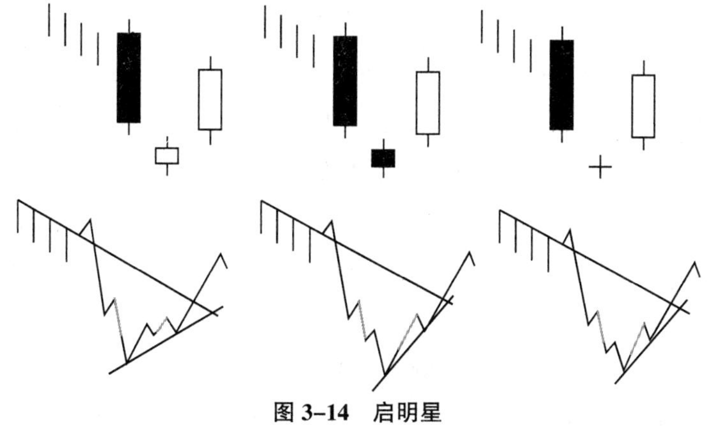

图 3-14　启明星

启明星，又称为“晨星”、“早晨之星”、“晓星”，因为从形状上看，之前一直处于漫漫的长夜之中，前日收出小实体线（可以是小阳线、小阴线或十字线），说明长夜已近黎明时分，今日报收一大阳线，象征了白日已近，所以称之为“启明星”，寓意开启明亮的意思。与此相反的叫作“黄昏星”，趋势与阴阳线完全相反，黄昏星象征的是白日行将结束，黑夜即将到来。

说明：前期股价一直处于下降趋势中，第一天继续维持下跌走势收出大阴线，第二天这种下跌趋势有所收敛收出一个小实体线或十字线，第三天报收一个大阳线，因此传统上启明星线被定义为看涨反转形态，但是否真的会反转也是需要看后续走势才能确认。

传统要求：

（1）股价近期处在明显的下降趋势中，也可以是整理区间的下调走势中。

（2）第一天是实体很大的阴线。

（3）第二天收出小实体的阳线、阴线或十字线，并且与第一天相比有向下跳空的缺口。

（4）第三天收出一个大实体的阳线，与第二天相比有向上跳空的缺口。

（5）三个交易日的上、下影线不能做长，特别是第二天的上、下影线不能超过其实体的两倍。

形态构成与心理分析：

（1）要求股价处在下降趋势中，所以很多投资者都趋向于顺势的不看好后市，空仓的投资者不敢介入，持仓的投资者随着时间的推移会逐渐卖光自己手中的股票，一般表现为沿着下跌趋势个股的成交量也逐步减少。

（2）要求第一天是实体很大的阴线，用来说明原有的下降趋势还在延续。

（3）要求第二天收出小实体的阳线、阴线或十字线，并且与第一天相比有向下跳空的缺口，是因为下跌趋势已是强弩之末，跌无可跌。

（4）要求第三天收出一个大实体的阳线，与第二天相比有向上跳空的缺口。说明多方正在尝试掌控局面，如果空方妥协则后市反转上涨的可能性增大。

（5）三个交易日的上、下影线不能过长，用以确认第二天的空方确实是在犹豫，使得下跌幅度和振荡幅度变小，从而给多方以机会。

V 图视角分析：

启明星在 V 图中显示出来的是一种类似看涨吞没线的走势。

空方此前不断加压，多方在稍微低的位置进行反击，并取得胜利，V 图上形成类似头肩底形态的形状，后市可能将会就此止跌反转上涨。

3.15 传统经典持续上升形态组合全表

传统经典持续上升形态组合全表如图 3–15 所示。

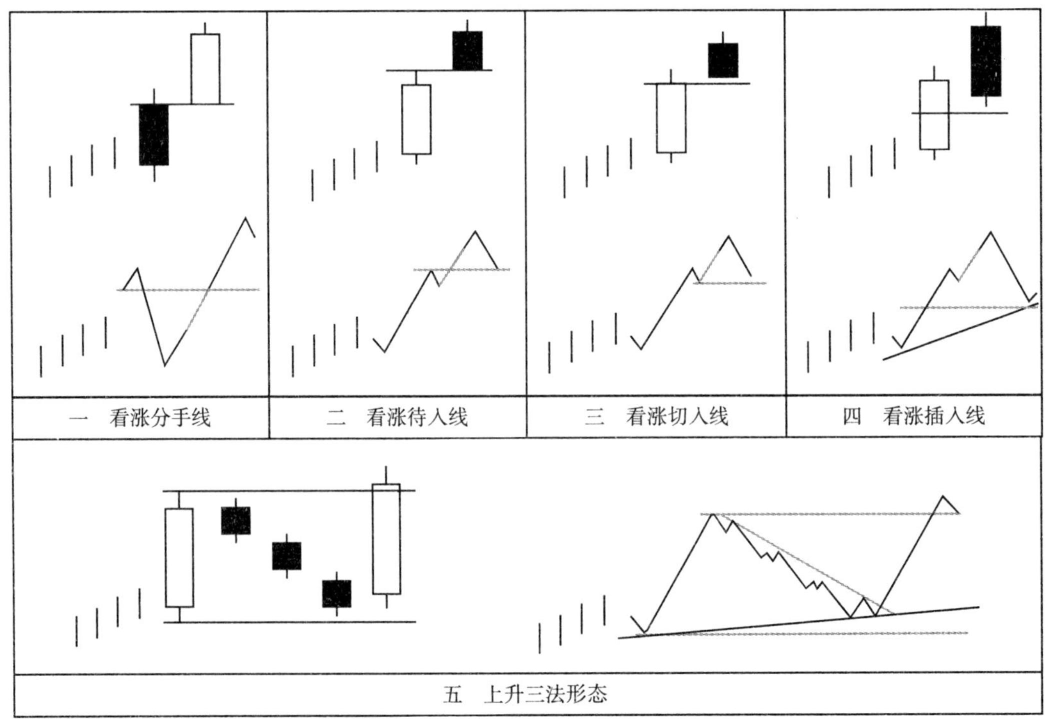

图 3–15　传统经典持续上升形态组合全表

3.16 看涨分手线

看涨分手线如图 3-16 所示。

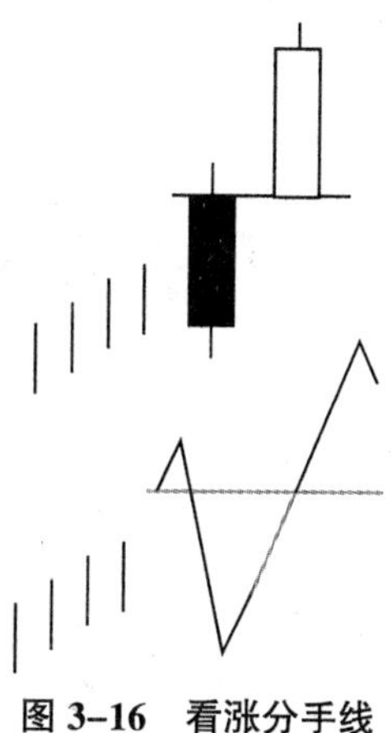

图 3-16 看涨分手线

看涨分手线，即分道扬镳的意思，因为从形态上看，前一个交易日是阴线，而今日收出的却是阳线，而且两天的开盘价也在同一价位上，象征了前日作为支撑作用的开盘价今日突然转变成了上升的支撑力，说明前日的阴蜡烛线并没有实现真正的反转或反转效果还没有显现。

说明：前期股价一直处于上升趋势中，前日收阴线，今日在前日的开盘价开盘却收阳线，则前日的开盘价就可以被看成是一条上涨压力线转换为上升支撑线的水平趋势线。

传统要求：

（1）股价近期处在明显的上升趋势中，也可以是在整理区间的反弹走势中。

（2）两天的开盘价要相同或非常接近。

形态构成与心理分析：

（1）要求股价处在上升趋势中，很多投资者都趋向于顺势的看好后市，空仓的投资者急于介入，持仓的投资者通常也都愿意继续持有而不急于卖出，一般表现为沿着上升趋势个股的成交量也逐渐增加。

（2）前日空方曾经试探多方，意图扭转上升的趋势，但是今日收出的阳线也同样证明了多方仍旧控制着局面，是多方对前日空方突然袭击的一次回击，使空方暂时不敢轻举妄动。

V 图视角分析：

看涨分手线在 V 图中显示出来的是一个震荡上涨的片段。

一般来说，价格是在触及了通道上壁而略有折回。

只要上升通道的下壁支撑线没有被跌破，后市还会延续现有的上升趋势。

如果第二天的 V 图跌破了上升通道的支撑线，那么上升趋势就变得非常可疑了。

3.17 看涨待入线

看涨待入线如图 3–17 所示。

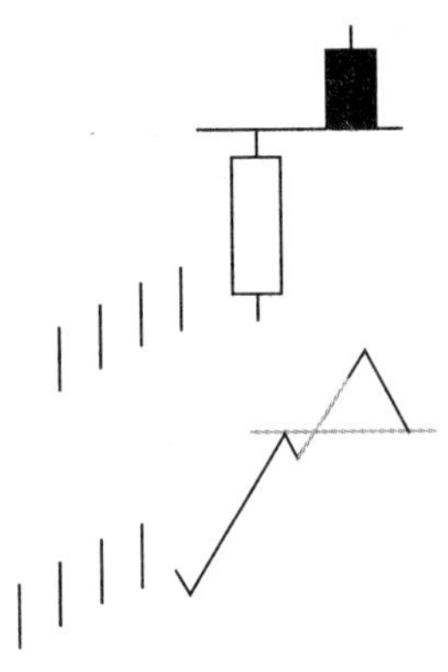

图 3–17 看涨待入线

看涨待入线，该形态从形状上看，前一个交易日是阳线，今日是个阴线，并且今日的收盘价等于前日的最高价，象征了今日的回调下跌还没有跌破前日的最高点价位，还需要后续观察以待形成可靠的反转形态，所以称为“待入”，即指等待切入的意思。

说明：前期股价一直处于上升趋势中，前日收一阳线延续原有上升趋势，今日收出阴线且收盘价等于前日最高价，说明空方对多方的反击并没有形成太大的威胁，故此形态没有被列入反转形态中，而是归属于延续目前上升趋势的持续形态中。

传统要求：

（1）股价近期处在明显的上升趋势中，也可以是在整理区间的反弹走势中。

（2）第一天是阳线，第二天是阴线，并且阴线的收盘价等于或约等于前日阳线的最高价。

形态构成与心理分析：

（1）要求股价处在上升趋势中，很多投资者都趋向于顺势的看好后市，空仓的投资者急于介入，持仓的投资者通常也都愿意继续持有而不急于卖出，一般表现为沿着上升趋势个股的成交量也逐渐增加。

（2）要求第一天是阳线，是因为前期一直是以上升为主的趋势。今日要求是阴线，是因为空方试图扭转局面，但效果不佳，只下探到了前日阳线的最高价价位，没有对多方构成实质性的威胁。

V图视角分析：

在V图上我们能看到行情继续上升趋势向上发展，前期多方上空所受到的压力，今天压力转为支撑力，为多方提供了有力的支持。

如果第二天这个水平线被跌破了，多方还有通道下壁的最后防线可以支撑，如果通道下壁也被跌破，那么说明上升趋势已接近尾声。

最有可能出现小规模的头肩顶形态。

3.18 看涨切入线

看涨切入线如图3-18所示。

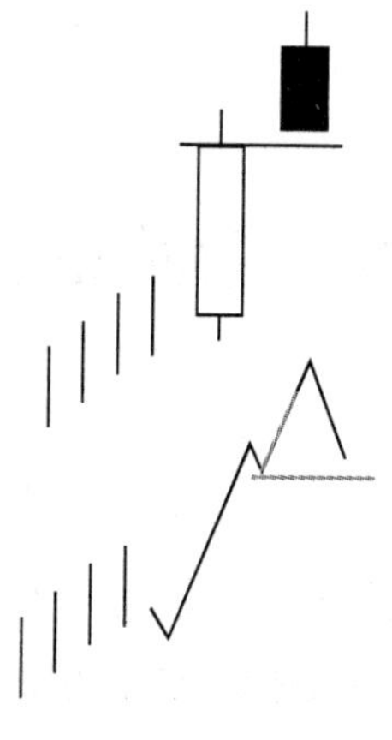

图3-18 看涨切入线

看涨切入线，它是针对实体而言，前一天是阳线，今日是阴线，两天的实体非常接近，即两天的收盘价相同或几乎相等。我们把前一天的收盘价向今天画一条平行线，这条平行线就相当于是一把刀，对比今日的阴线实体，近两天的实体就像是被这把刀切割开来的模样。

说明：前期股价一直处于上升趋势中，前日收一阳线延续原有上升趋势，今日收出阴线且收盘价等于或约等于前日收盘价，说明空方对多方的反击并没有形成太大的威胁，故此形态没有被列入反转形态中，而是归属于延续目前上升趋势的持续形态中。

传统要求：

（1）股价近期处在明显的上升趋势中，也可以是在整理区间的反弹走势中。

（2）第一天必须是阳线，第二天必须是阴线，第二天必须在第一天的最高价以上开盘，而且两天的收盘价非常接近甚至是相等。

形态构成与心理分析：

（1）要求股价处在上升趋势中，很多投资者都趋向于顺势的看好后市，空仓的投资者急于介入，持仓的投资者通常也都愿意继续持有而不急于卖出，一般表现为沿着上升趋势个股的成交量也逐渐增加。

（2）第一天要求是阳线，主要是因为它是用来描述之前股价所处上升趋势的主要特征，第二天要求是阴线，是指空方有意图与多方争夺主动权，但是结果是空方并没有占到多少好处，仅仅攻破了多方的第一层防御工事（上影线）就没有后文了。

V 图视角分析：

在 V 图上我们能看到行情继续上升趋势向上发展。

如果第二天价格向下回调，可能在 V 图上形成一个小规模的头肩顶形态。

上升趋势也将岌岌可危。

3.19 看涨插入线

看涨插入线如图 3-19 所示。

看涨插入线，它也是针对实体而言的，前一天是阳线，今日收阴线，今日的收盘价在前一天收盘价之下，但在前一天阳线实体的中线之上。从形状上看，阴线实体已向阳线实体腹地深入，所以起名“插入线”。

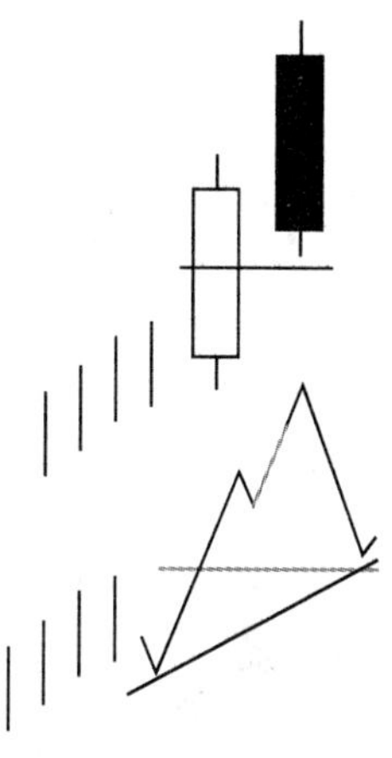

图 3–19　看涨插入线

说明：前期股价要处于上升趋势中，前日收一阳线延续原有上升趋势，今日收出阴线且收盘在前日收盘和实体的中线价位之间，说明空方对多方的反击并没有形成太大的威胁，所以该形态没有被列入反转形态中，而是归属于延续目前上升趋势的持续形态。

传统要求：

（1）股价近期处在明显的上升趋势中，也可以是在整理区间的反弹走势中。

（2）第一天必须是阳线，第二天必须是阴线，第二天必须在第一天的最高价以上开盘，在第一天的收盘价和实体中线价位之间收盘。

形态构成与心理分析：

（1）要求股价处在上升趋势中，很多投资者都趋向于顺势的看好后市，空仓的投资者急于介入，持仓的投资者通常也都愿意继续持有而不急于卖出，一般表现为沿着上升趋势个股的成交量也逐渐增加。

（2）第一天要求是阳线，是因为它是用来描述之前所处的上升趋势的主要特征，第二天要求是阴线，是指空方有意要与多方争夺主动权，但是争夺的结果是，空方并没有占到多少好处，仅仅攻破了多方的最多一半的防御工事（收盘价没破前日实体的中线价位），而没有进一步向阳线实体中线以下展开猛攻。

V图视角分析：

在V图上，该形态形成一种类似M头或有可能形成头肩顶的形态。

只要上升趋势线没有被跌破，行情还会继续向上发展。

跌破了就有可能形成小规模的M头或头肩顶，使短期内会趋于下降。

3.20 上升三法形态

上升三法形态如图 3-20 所示。

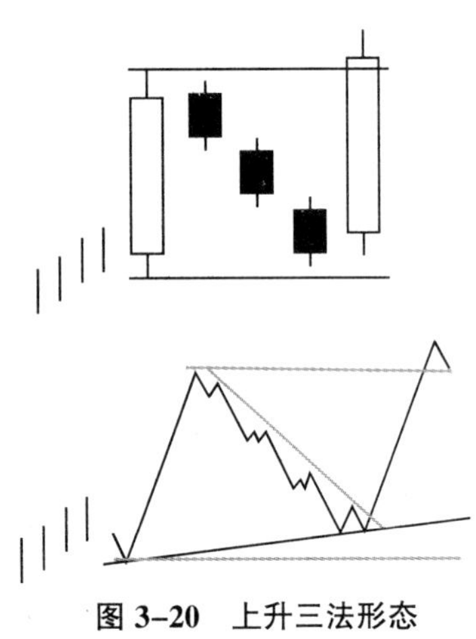

图 3-20 上升三法形态

上升三法，有点类似看跌孕线形态，但是其后股价并没有像预期的那样向下跌落，而是在此后的两个交易日内，股价始终没有向下跌穿第一天那根阳线的最低价，加之今日又收大阳线，同时又向上突破并站上了第一天的最高价之上，使之前的三日下跌变成回调，股价还将继续原有的上升趋势发展。

说明：前期股价一直处于上升趋势中，第一天收出中大级别的阳线用来描述现有上升趋势，第二天、第三天、第四天分别收出中、小实体的阴线，用此来描述空方曾三度试图向下攻击多方的战略据点，但都没有一鼓作气将多方击败，反而让多方死死守住了他们的最后一道防线，结果今日收出大阳线，多方援军到达，一举击退了空方的进攻，收复失地，重新夺回了战略要地。所以该形态被归属于持续上升趋势的形态。

传统要求：

(1) 股价近期处在明显的上升趋势中，也可以是整理区间的反弹走势中。

(2) 第一天必须是中大级别的阳线。

(3) 第二天、第三天、第四天分别是中、小级别的阴线，而且这些阴线的实体波动范围始终没有超过第一天阳线的波动范围，同时这三天的阴线应该逐渐下跌。

(4) 今日（即第五天）必须是大阳线，同时收盘价要高于第一天的最高价。

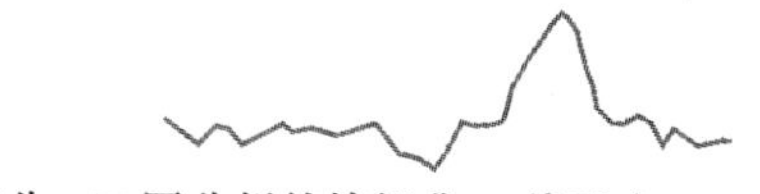

形态构成与心理分析：

（1）要求股价处在上升趋势中，很多投资者都趋向于顺势的看好后市，空仓的投资者急于介入，持仓的投资者通常也都愿意继续持有而不急于卖出，一般表现为沿着上升趋势个股的成交量也逐渐增加。

（2）要求第一天是中大级别的阳线，是因为之前处于上升趋势中，借此描述上升趋势的单日特征。

（3）要求第二天、第三天、第四天分别是中、小级别的阴线，是因为空方曾试图扭转局面，制造出类似三只乌鸦的看跌形态来，但是力道不足而引起多方的全力反扑。

（4）要求今日（即第五天）是大阳线，同时收盘价高于第一天的最高价，正是由多方反扑所形成的，空方此役之后失去信心，所以市场还将沿着上升趋势向上发展。

V图视角分析：

在V图上，该形态大体走在一个上升通道内，之后股价连续多日小幅震荡回调，今日出现大涨，又将股价反弹至前期高点之上，前期的压力这次变成了支撑力，支撑股价继续上涨，今日的尾盘回调如果不大，则更有利于多方。

3.21　传统经典反转下跌形态组合全表

传统经典反转下跌形态组合全表如图3-21所示。

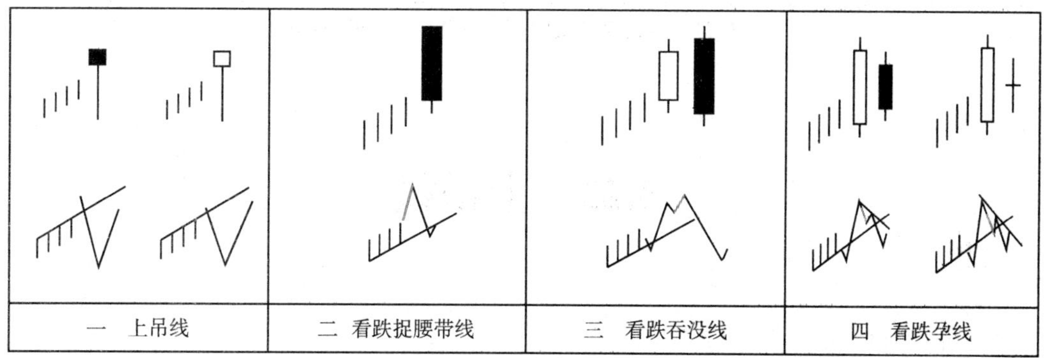

图3-21　传统经典反转下跌形态组合全表

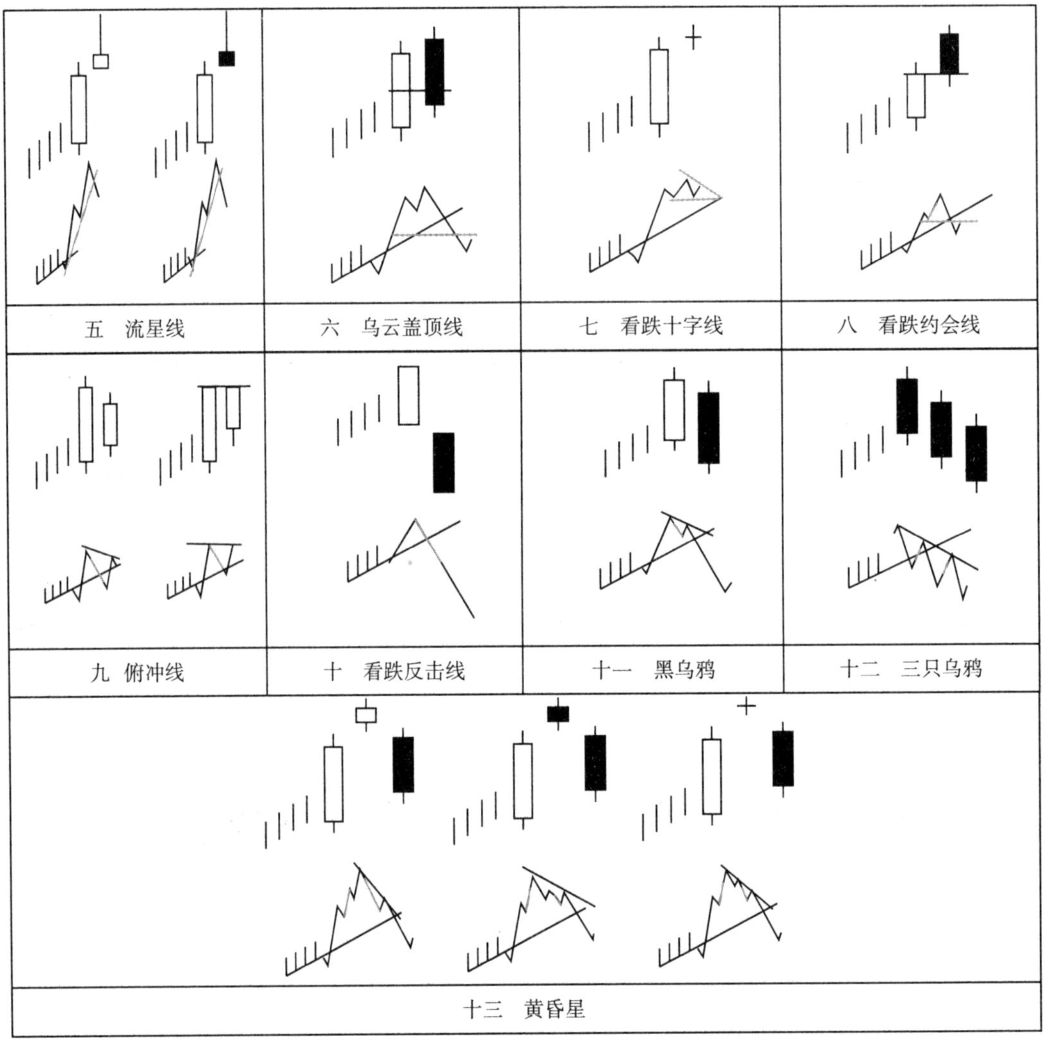

五　流星线	六　乌云盖顶线	七　看跌十字线	八　看跌约会线
九　俯冲线	十　看跌反击线	十一　黑乌鸦	十二　三只乌鸦
十三　黄昏星			

图 3-21　传统经典反转下跌形态组合全表（续）

3.22　上吊线

上吊线如图 3-22 所示。

上吊线，顾名思义就是因为形状看上去像一个上吊的小人而得名。因其形状上头大身小，给人感觉头重脚轻，而且又处在上升趋势中，所以有“上吊”之名，寓意股价已处在高位，应该注意风险。另有别名“跳楼线”，意思相同。

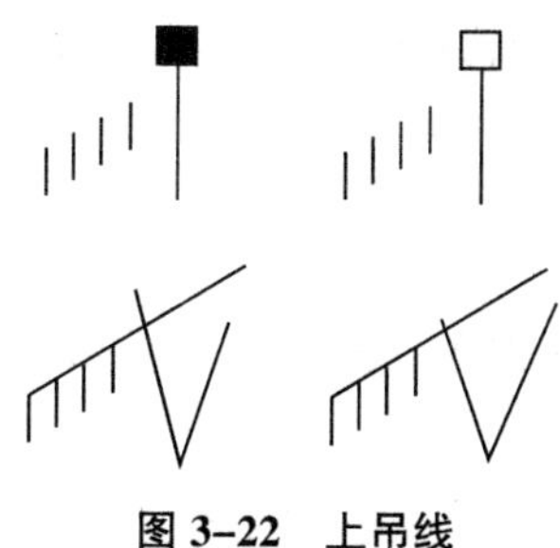

图 3-22　上吊线

说明：前期股价一直处于上升趋势中，今日盘中股价一度下跌，而后又大幅拉升接近今日的最高价的位置（有可能创出前日最高价或压力点价位的新高），这样的行情很有可能会形成日内阶段 M 形顶部形态，所以传统上上吊线被定义为看跌反转形态，但是否真的会反转还要看后续走势才能确认。

传统要求：

（1）股价近期处在明显的上升趋势中，也可以是整理区间的反弹走势中。

（2）实体很小而且阴阳不用区分，也有可能是开盘价与收盘价相同或接近，甚至开盘价与收盘价相同。

（3）下影线的长度越长越好，一般来说下影线是实体的两倍以上，但几倍不是硬性标准。

（4）不能有太明显的上影线，上影的振幅不能高于 1%，最好是没有上影线。

形态构成与心理分析：

（1）要求股价处在上升趋势中，很多投资者都趋向于顺势的看好后市，空仓的投资者急于介入，持仓的投资者通常也都愿意继续持有而不急于卖出，一般表现为沿着上升趋势个股的成交量也逐渐增加。

（2）要求实体要小，而且不用区分是阳线还是阴线，主要是因为小实体所形成的阴或阳，看上去不是很惹眼。容易让投资者冷静下来，不像大阳线或大阴线那样太令投资者兴奋或恐惧。

（3）要求下影线要越长越好，是因为下影线表示一种反弹的力度，代表了今日在开盘价以下买进这只个股的投资者在收盘后已处于获利状态，在不出意外的情况下，这些获利的投资者可能还会继续持看好这只股票的态度，但是正因为如此，盘中的下跌可能会引发持仓者的恐慌，导致持股者信心受挫。如果这种恐慌情绪继续蔓延，将导致行情反转下跌。

（4）要求最好没有上影线，是因为这样在形态上能形成上重下轻的感觉，对于习俗上敏感的投资者来说，遇到这样的线会感到恐慌。所以上吊线的上影线最好不要有，有也不能太长。

V 图视角分析：

上吊线在 V 图上看，形状像个 V 字形，在上升通道中，这个形态后继的动力略显不足。

如果多方就此结束进攻，空方就会有反扑的机会。

要是空方反击得逞，将会在 V 图上看到类似 M 头或 V 形反转下跌的头部形态。

3.23　看跌捉腰带线

看跌捉腰带线如图 3–23 所示。

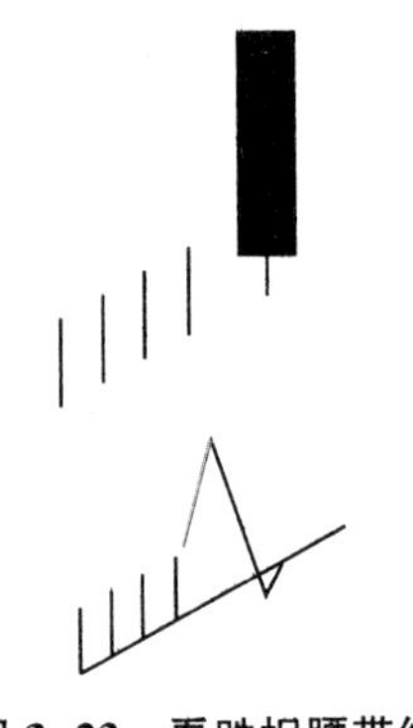

图 3–23　看跌捉腰带线

捉腰带线，在日语中是指相扑比赛中“推出”、“甩出”的意思，顾名思义就是因为捉腰带线的形成过程类似相扑比赛中“推出”、“甩出”而得名，在此寓意空方一举反将多方推出局外，为将来行情的下跌奠定根基。该形态又被称为“尖兵线”或“突击线”。“尖兵线”得名于很短的下影线，被形象地称为“尖兵”，而“突击线”得名于其高开后强势走低的特点，因此又称为“突击线”。

说明：前期股价一直处于上升趋势中，今日股价高开（开盘价有可能创出整个上升趋势的新高），而且当日最高价就是开盘价，然后股价一度拉低，在接近当日最低价附近收盘，在低处留下一小段下影线，传统上这种捉腰带线被定义为看跌反转形态，但是否真的会反转还要看后续走势才能确认。

传统要求：

（1）股价近期处在明显的上升趋势中，也可以是在整理区间的上调走势中。

（2）实体较大，并且必须是阴线，也有可能是最低价与收盘价接近，甚至最低价与收盘价相同。

（3）没有上影线。

（4）如果有下影线，下影线的长度不能超过实体长度的 1/3。

形态构成与心理分析：

（1）要求股价处在上升趋势中，很多投资者都趋向于顺势的看好后市，空仓的投资者急于介入，持仓的投资者通常也都愿意继续持有而不急于卖出，一般表现为沿着上升趋势个股的成交量也逐渐增加。

（2）要求实体要比较大，且必须是阴线，主要是因为大实体的阴线显示出空方向多方反击的意志和力度。收盘越是接近当日最低价，越能说明这种反击力度有多强烈。

（3）要求不能有上影线，是因为高开已经让多方一度占了上风，如果这个高开的价格还不能让多方满意，那股价还会继续上涨。对于空方来说高开高走后反击还没有高开后立马反击的力度更强，更能显示出空方看跌的意志。

（4）要求有一段相对较短的下影线，下影的长度不能超过实体长度的 1/3，当然最好是没有下影线，这是因为下影线表示一种获利或显示出多方反攻的力度，下影线越短越能说明多方在空方的压制下已显得过于疲乏。

V 图视角分析：

该形态在 V 图上看还不足以说明趋势反转，还需要后续观察才能下结论。

3.24　看跌吞没线

看跌吞没线如图 3-24 所示。

吞没线是指前日蜡烛图线的实体被今日的实体包含在内，在此寓意空方一鼓作气将多方击败，该形态与西方的“外包线”类似，与本书第一部分叙述的“外包阳线”、“外包阴线”关键蜡烛图接近，不过“外包线”是以两天的最高、最低价来评价，而吞没线只评价实体。

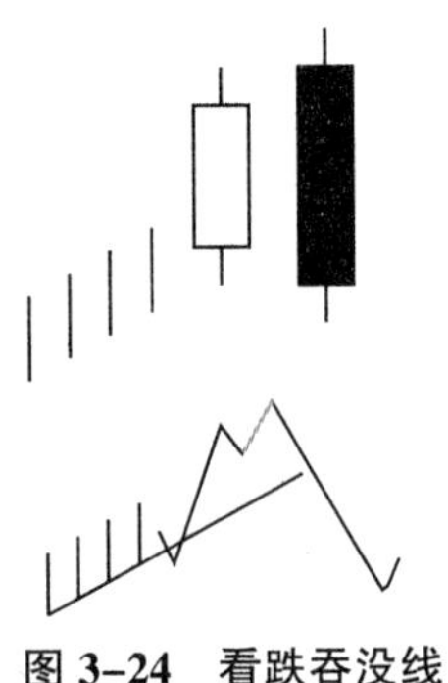

图 3-24 看跌吞没线

说明：前期股价一直处于上升趋势中，今日股价高开（开盘有可能创出整个上升趋势的新高），开盘价高于前日实体，然后股价一度拉低，收盘价低于前日实体，有无上影线或下影线并不影响吞没形态，传统上这类吞没线被定义为看跌反转形态，但是否真的会反转还要看后续走势才能确认。

传统要求：

（1）股价近期处在明显的上升趋势中，也可以是在整理区间的上调走势中。

（2）实体比前日实体大，且前日实体被包含在今日实体之内，并且今日必须是阴线。

（3）有无上、下影线均可。

形态构成与心理分析：

（1）要求股价处在上升趋势中，很多投资者都趋向于顺势的看好后市，空仓的投资者急于介入，持仓的投资者通常也都愿意继续持有而不急于卖出，一般表现为沿着上升趋势个股的成交量也逐渐增加。

（2）要求实体要比前日的大，且今日的实体要包含前日实体，主要是因为大实体的阴线显示出空方向多方反击的意志和力度。今日实体是前日实体倍数越大越能说明这种反击力度有多么强烈。

（3）该形态对上、下影线没有任何要求。是因为传统上认为实体与实体间的位置意义更为重要。但是价格波动也未必没有意义，所以使用时要与关键蜡烛图进行综合分析，才能取长补短，各司其职。

V 图视角分析：

在 V 图中该形态显示了一个类似 M 形的走势，并且价格向下大幅下跌，很有可能跌破趋势的支撑线，这样就是趋势行将结束的预兆。

3.25　看跌孕线

看跌孕线如图 3-25 所示。

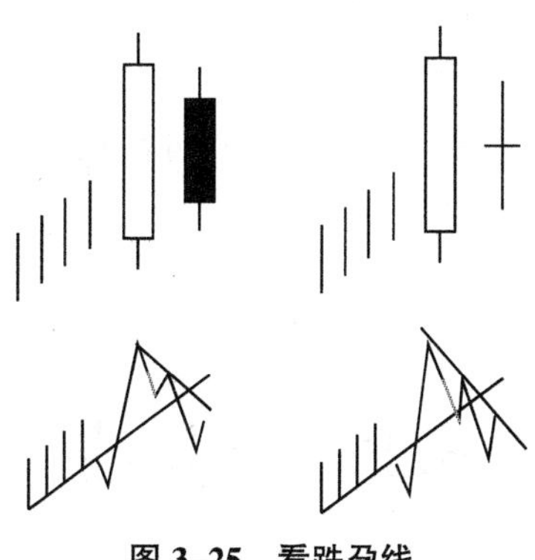

图 3-25　看跌孕线

看跌孕线，孕即怀孕的意思，因为从形状上看，前一个交易日的实体包含了今天的实体，象征了今日的实体正在前日实体中孕育着，寓意股价正悄悄地酝酿着反转现有趋势，为将来行情的下跌奠定良好的根基。由于看跌孕线处在上升趋势的上端，看跌孕线给人一种新的意境——“夕阳无限好，只是近黄昏”。

说明：前期股价一直处于上升趋势中，第一天盘中股价一度上涨（有可能创出前日最高价或上升趋势的新高），第二天盘中收盘后的实体被包含在第一天的实体内，孕育新的转变，所以传统上看跌孕线被定义为看跌反转形态，但是否真的会反转还要看后续走势才能确认。

传统要求：

（1）股价近期处在明显的上升趋势中，也可以是在整理区间的反弹走势中。

（2）第二天的实体必须被包含在第一天的实体内。

（3）上、下影线不必计较。

形态构成与心理分析：

（1）要求股价处在上升趋势中，很多投资者都趋向于顺势的看好后市，空仓的投资者急于介入，持仓的投资者通常也都愿意继续持有而不急于卖出，一般表现为沿着上升趋势个股的成交量也逐渐增加。

（2）要求第二天的实体被包含在第一天的实体内，就实体而言，实体在另一个实体之内表示一种犹豫，特别是第二天收的是十字星线，更是如此。所以它表明了行情继续上涨的动力在减少，有可能会反转。

（3）对上、下影线没有要求，主要是因为大多数人对明显的实体是阴是阳更为敏感，容易忽视影线的意义。

V 图视角分析：

无论是哪种看跌孕线，V 图上看都有不断下压的压力线将价格压制下来，无法创出新高，对多方的打击较大。

如果任由这样发展，趋势必将反转，未来以何种情况发展要视多方想不想反攻，力度大不大。

3.26 流星线

流星线如图 3-26 所示。

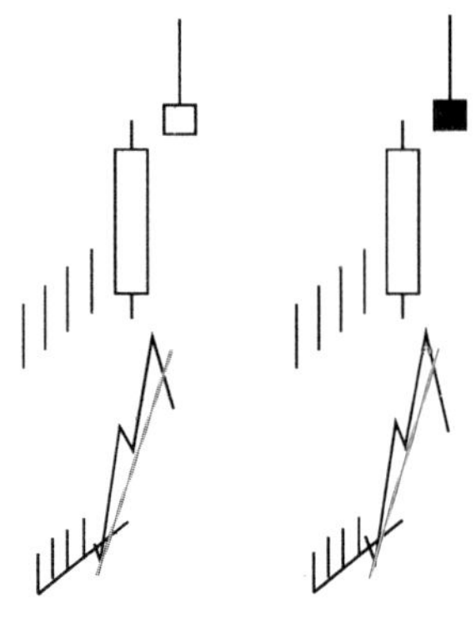

图 3-26 流星线

流星线是指从天上划下的星体，头在下尾在上而且头大尾长，用流星来形容本形态再恰当不过。流星线是与锤子线相似但方向相反的形态，因为从形状看上去像一把反举的锤子，寓意空方在夯实底部（即多方的顶部），为将来行情的下跌奠定牢固的根基。由于流星线处在上升趋势的上端，所以流星线象征了空方开始反抗而举起的锤子，空方对多方一击重锤，使多方对后市也趋向于空方观点，使行情继续上升的动力减少，

从而增加行情下跌的概率。

说明：前期股价一直处于上升趋势中，今日盘中股价一度上涨（有可能创出昨日新高），然后尾盘又大幅回落接近今日最低价的位置，这样的行情很有可能会形成日内阶段 V 形顶部形态，所以传统上流星线被定义为看跌反转形态，但是否真的会反转还要看后续走势才能确认。

传统要求：

（1）股价近期处在明显的上升趋势中，也可以是在整理区间的反弹走势中。

（2）实体很小而且阴阳不用区分，也有可能是开盘价与收盘价相同或接近，甚至开盘价与收盘价相同。

（3）上影线的长度越长越好，一般来说上影线是实体的两倍左右，但几倍不是硬性标准。

（4）不能有太明显的下影线（有的话也不能超过 1%的振幅），最好是没有下影线。

形态构成与心理分析：

（1）要求股价处在上升趋势中，很多投资者都趋向于顺势的看好后市，空仓的投资者急于介入，持仓的投资者通常也都愿意继续持有而不急于卖出，一般表现为沿着上升趋势个股的成交量也逐渐增加。

（2）要求实体要小，而且不用区分是阳线还是阴线，主要是因为小实体所形成的阴或阳，看上去不是很惹眼。容易让投资者冷静下来，不像大阳线或大阴线那样太令投资者兴奋或恐惧。

（3）要求上影线要越长越好，是因为下影线表示一种压制的力度，代表了今日在高位买进的投资者在收盘后已处于亏损状态，在不出意外的情况下，这些亏损的投资者可能还会继续卖出他们手中的股票，所以能触发更多的投资者出场，这些亏损的投资者将来会成为行情下跌新的推动力。

（4）要求最好没有下影线，是因为下影线表示获利，下影线越短越好，否则会降低多数人的恐慌情绪，所以流星线的下影线最好不要有，有也不能太长，否则多方的释放力度就小了很多，为将来的下跌趋势带来一些小麻烦。

V 图视角分析：

该形态在 V 图中显示出来的是一种价格加速上涨，但尾盘稍有下调的情形。

后市走好的话，这种回调不算什么，如果不好，这种回调将会形成 M 头或头肩顶。

3.27　乌云盖顶线

乌云盖顶线如图 3-27 所示。

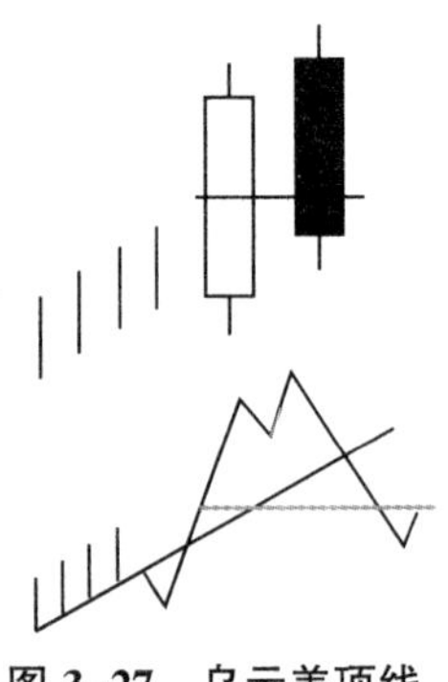

图 3-27　乌云盖顶线

乌云盖顶是指今日的实体刺入了前日实体的中心以上。该形态又称为“穿透线”，就实体而言是指今日的下降动力已经击败了前日的上升动力，并有潜力一举突破，从而完成趋势的反转。该形态还有别名叫作“劈头盖脸”，寓意相同。

该形态与“待入线”、“切入线”及“插入线”有很接近的地方。所不同的是这三类形态线都没有能力穿透前日实体的中心。所以这三类线被定义为“持续形态”，意味着它们只能继续原有趋势的发展方向，而不能反映趋势的反转。

说明：要求股价处在上升趋势中，所以很多投资者都趋向于顺势的看好后市，空仓的投资者急于介入，持仓的投资者通常愿意继续持有而不急于卖出，一般表现为沿着上升趋势个股的成交量也逐渐增加。

传统要求：

(1) 股价近期处在明显的上升趋势中，也可以是整理区间的反弹走势中。

(2) 第一天必须是阳线，第二天必须是阴线，而且第二天必须在第一天实体中心以下价位收盘。

(3) 两个交易日的上、下影线可以忽略不计。

形态构成与心理分析：

(1) 要求股价处在上升趋势中，很多投资者都趋向于顺势的看好后市，空仓的投资

者急于介入，持仓的投资者通常也都愿意继续持有而不急于卖出，一般表现为沿着上升趋势个股的成交量也逐渐增加。

（2）要求第二天要在第一天的实体中心以下价位收盘。主要是因为大多数人对实体的颜色特别敏感，甚至忽略了影线的因素。所以，就这个形态来说更倾向于阴线的实体回击前一个交易日阳线实体的一半以上，使更多的持仓投资者认为行情可能会反转下跌。

（3）对上、下影线没有要求，是因为多数人易受阴、阳线颜色的影响，而对影线没有相同程度的关心。所以需要结合其他方法才能加以确认才更为可靠。

V 图视角分析：

乌云盖顶线在 V 图中显示出来的是一种类似 M 头的形态。

多方此前不断进攻空方，空方在稍微高的位置进行反击，并取得同样的回调幅度，V 图上形成类似 M 头的短期形状。

后市是跌破上升通道还是持续上升还需要后市的确认。

3.28　看跌十字线

看跌十字线如图 3-28 所示。

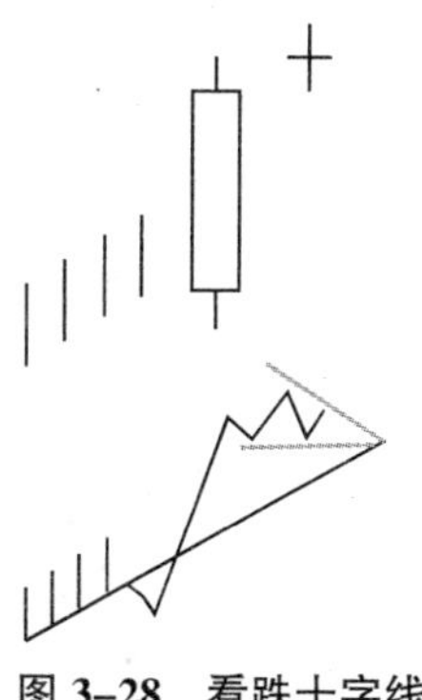

图 3-28　看跌十字线

看跌十字线，是因为第二个交易日的开盘价与收盘价相同导致实体为一条横线，加上上、下影线的组合，看上去就像是“十”字形，因此人们称呼它“十字线”。前一个或前数个交易日连续上涨，使今日的十字线带有犹豫的意思，有酝酿反转的味道。

说明：要求股价处在上升趋势中，所以很多投资者都趋向于顺势的看好后市，空仓的投资者急于介入，持仓的投资者通常愿意继续持有而不急于卖出，一般表现为沿着上升趋势个股的成交量也逐渐增加。

传统要求：

(1) 股价近期处在明显的上升趋势中，也可以是整理区间的反弹走势中。

(2) 前一个或前数个交易日必须是阳线，如果前一个交易日是小阳线则之前必须另有其他数个阳线的上涨。今日的开盘价与收盘价相同（或非常接近）。

(3) 对上、下影线的要求不多，只要不是太长就行。

(4) 十字线的开盘价必须高于前一个交易日的收盘价。

形态构成与心理分析：

(1) 要求股价处在上升趋势中，很多投资者都趋向于顺势的看好后市，空仓的投资者急于介入，持仓的投资者通常也都愿意继续持有而不急于卖出，一般表现为沿着上升趋势个股的成交量也逐渐增加。

(2) 要求近期必须收阳线或连续数个阳线，主要是用来表示上涨的动力，最后以今日这只十字线来表示这段上涨之后行情的一种犹豫状态。人们对于阴阳线过于敏感，对于十字线这样看不到实体的线，通常会不知所措。对于习惯于阳线上涨的投资者来说，突然遇到这样一个十字线，会让他们有所顾忌“是否行情还会继续上涨”。

(3) 对上、下影线要求不多，只要不是太长就可以。因为震荡太厉害的话是多空双方在较劲，看不到哪一方在犹豫，所以这种震荡必须比较小，才能显示出多空双方都在犹豫中。

(4) 十字线当天跳空高开用以释放多方的能量。

V 图视角分析：

看跌十字线在 V 图上显示为一个类似头肩顶的短期形态。

体现出来的是多方对上攻有所犹豫而致行情的停顿。

未来要关注多方的后劲增援，如果没有增援，行情将以短期头肩顶的形式反转下跌。

3.29 看跌约会线

看跌约会线如图 3-29 所示。

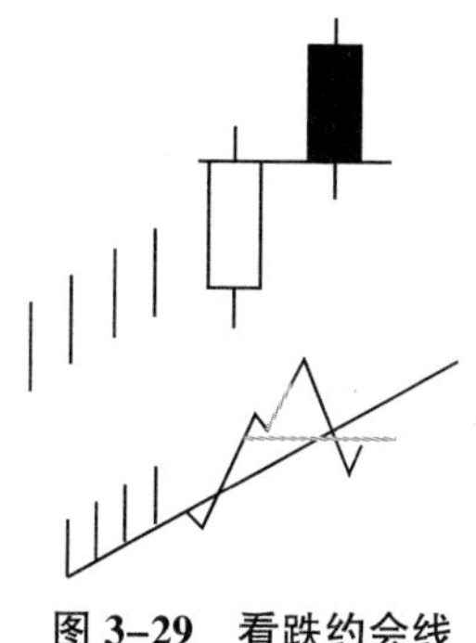

图 3-29 看跌约会线

看跌约会线，约会即男女相约在一起的意思，因为从形状上看，两个交易日是一阳一阴，正像是一对情侣，并且收盘价也相同，正所谓情投意合。另有名称叫作“好友反攻”、“相聚”、“团圆”、“男追女”、“艺伎”。

“男追女”，即指很多的阳线去追逐一只阴线，并且收盘价相同，意味着男追女成功了。

“艺伎”一名的由来：由于该形态要求两天的收盘价几乎相同或相等，所以给人一种针尖对麦芒的感觉，难度很高，所以有些日本人为该形态起名为“艺伎”。

在传统日本，把没有经过艺术培训而在酒席倒酒的女性称为“酌妇”，社会地位低微，另一些比酌妇地位更高的是被称作“女郎”、“游女”的一些人，女郎和游女中级别最高的当属“太夫”、“花魁”，她们不但年轻貌美，而且也擅于茶道、唱歌、跳舞等。

说明：要求股价处在上升趋势中，所以很多投资者都趋向于顺势的看好后市，空仓的投资者急于介入，持仓的投资者通常愿意继续持有而不急于卖出，一般表现为沿着上升趋势个股的成交量也逐渐增加。

传统要求：

（1）股价近期处在明显的上升趋势中，也可以是在整理区间的反弹走势中。

（2）第二天必须大幅高开。

（3）两个交易日的实体都比较大，并且第一天必须是阳线，第二天必须是阴线。

（4）两个交易日的收盘价必须相同。

形态构成与心理分析：

（1）要求股价处在上升趋势中，很多投资者都趋向于顺势的看好后市，空仓的投资者急于介入，持仓的投资者通常也都愿意继续持有而不急于卖出，一般表现为沿着上升趋势个股的成交量也逐渐增加。

（2）要求第二天要大幅高开，是为了释放多方的力量。

V 图视角分析：

看跌约会线与看跌十字线类似，它们在 V 图上显示都是一个类似头肩顶的短期顶部形态。

该形态体现出来的是多空双方上下力度越来越大的争夺战。

未来要关注双方较劲的胜者是谁，不能单靠一个形态就推断出后市来。

3.30 俯冲线

俯冲线如图 3-30 所示。

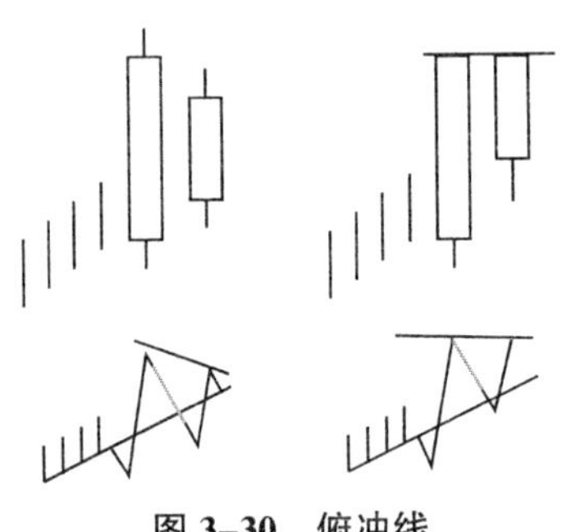

图 3-30 俯冲线

俯冲线，主要是因为轮廓上像一只鹰而得名，这只鹰给人向下俯冲的感觉，所以称为反转下跌形态，它又被叫作“俯冲之鹰”。

说明：前期股价一直处于上升趋势中，前日收一大阳线（有可能创出昨日最低价或支撑点价位的新低），今日也必须收一个阳线，而且今日的实体必须被前日实体包含在内，这样的行情很有可能会形成横向盘整的走势，但是否会因此下跌还未必。不过传统上俯冲线还是被划归为看跌反转形态。

传统要求：

（1）股价近期处在明显的上升趋势中，也可以是在整理区间的反弹走势中。

（2）两天都必须是阳线，而且第一天必须是大阳线，第二天的实体必须被包含在第一天的实体之内。

形态构成与心理分析：

（1）要求股价处在上升趋势中，很多投资者都趋向于顺势的看好后市，空仓的投资

者急于介入，持仓的投资者通常也都愿意继续持有而不急于卖出，一般表现为沿着上升趋势个股的成交量也逐渐增加。

（2）要求第二天的实体被包含在第一天实体之内，这说明行情已经进入了盘整行情，由于今天没有创出新高，所以上涨的动力可能已经减弱，对于空方来说这是个好消息。这个形态也类似于看跌孕线中的十字孕线，道理几乎一样，都是表示行情经过一段上涨后，多方开始犹豫“是不是还要继续上涨呢”，如果这时空方趁机而入，行情就有反转的可能。

V 图视角分析：

V 图中，该形态主要是描述一种类似楔形或三角形的走势形态。

原则上这个形态有两种可能：

（1）上涨中的中间震荡。

（2）盘整震荡后，价格最终选择跌破支撑线，形成向下突破的局势。

这个形态的后市走向还需要继续观察和确认。

3.31　看跌反击线

看跌反击线如图 3–31 所示。

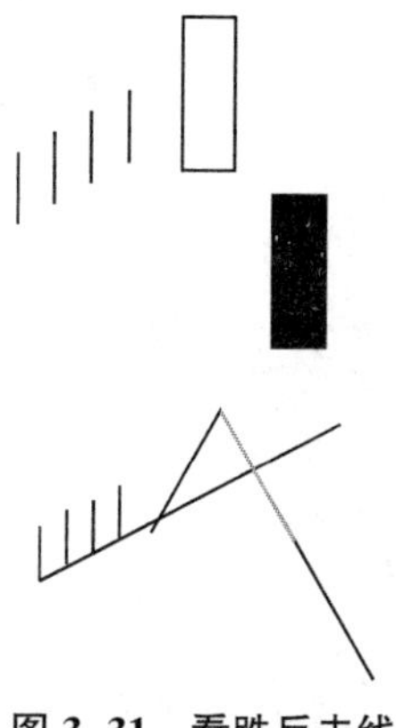

图 3–31　看跌反击线

看跌反击线，顾名思义就是指多方一直占据优势，突然有一天空方发力似地低开低走并收出一阴线来，这种一反常态的走势我们就称之为“反击线”。看跌反击线象征

空方脱离了多方的束缚并给予有力的反击。

说明：前期股价一直处于上升趋势中，第一天盘中股价一度上涨（有可能创出昨日最低价或支撑点价位的新低），然后第二天向下跳空开盘，而且收盘收在当天最低价或非常接近当天最低价的位置，这样的行情有可能会形成 V 形反转，所以传统上将反击线定义为反转形态，但是否真的会反转还要看后续走势，也需要后续确认。

传统要求：

(1) 股价近期处在明显的上升趋势中，也可以是在整理区间的反弹走势中。

(2) 第一天是阳线，第二天是阴线，而且这两天没有或几乎没有影线。

(3) 第二天的阴线必须向下跳空开盘，并且收盘接近或等于当日最低价。

形态构成与心理分析：

(1) 要求股价处在上升趋势中，很多投资者都趋向于顺势的看好后市，空仓的投资者急于介入，持仓的投资者通常也都愿意继续持有而不急于卖出，一般表现为沿着上升趋势个股的成交量也逐渐增加。

(2) 要求第一天是阳线而且第二天是阴线，说明行情一反常态。要求这两个交易日都没有影线，说明之前多方的意志有多么坚定，但是第二天收出的阴线，也表示出了空方的意志也同样坚定。

(3) 第二天向下跳空开盘，说明了空方反击的力度。收盘几乎或等于当日最低价，说明空方已经迫使多方缴械投降。

V 图视角分析：

很明显，V 图上看是一个大幅度的跳空下跌，很有可能跌破了上升通道的支撑线。所以这个形态在传统经典 K 线中被认为是看跌的反转信号。

3.32 黑乌鸦

黑乌鸦如图 3-32 所示。

黑乌鸦，即黑色的大阴线之意，象征了近段时间以来都是阳线为主的趋势今日有可能受到了黑色方面军（或绿色）的挑战。该形态与“看跌反击线”有些类似，虽然有些不同，但是道理几乎一样，就是空方有试探多方底线的意思，因此该形态线又被称为空方的“侦察兵”。

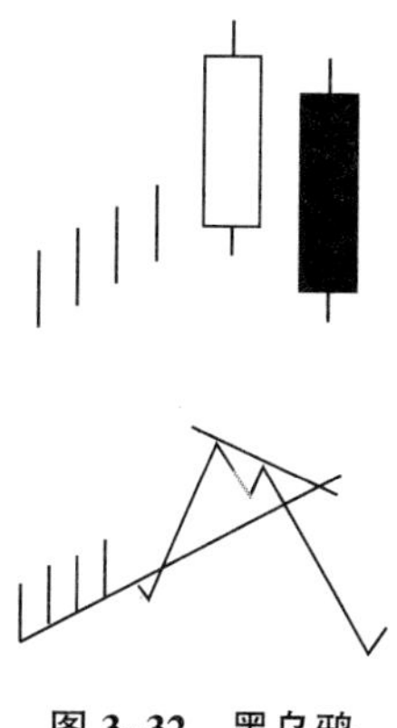

图 3-32　黑乌鸦

在古代日本，士兵被分为三等：足轻、足轻队长、足轻大将。

足轻：古代日本最低等的士兵，他们平常从事劳役，发生战事时才成为士兵。

足轻队长：顾名思义就是足轻的队长，用来带领足轻这一小队伍的头领。

足轻大将：通常由声望高、值得信赖的武士指挥，地位高于足轻队长。

足轻大将有一个代表人物——原虎胤。

原虎胤，人称“鬼美浓”或“夜叉美浓”，以“以十当百”为信条，据说在战斗中能使十名足轻像一百名武士那样战斗，作战异常勇猛，尤其擅长攻城。

说明：前期股价一直处于上升趋势中，第一天继续原有的上升趋势收大阳线，而第二天也同样收出一个大阴线，所以传统上黑乌鸦被定义为看跌反转形态，但是否真的会反转还要看侦察回来的情报才能定夺。

传统要求：

（1）股价近期处在明显的上升趋势中，也可以是在整理区间的反弹走势中。

（2）第一天必须是大阳线（大涨 6.18%以上），第二天必须是大阴线（大跌 6.18%以上）。

（3）第二天必须在第一天的收盘价之下开盘。

（4）第二天必须在第一天的最低价之下收盘。

形态构成与心理分析：

（1）要求股价处在上升趋势中，很多投资者都趋向于顺势的看好后市，空仓的投资者急于介入，持仓的投资者通常也都愿意继续持有而不急于卖出，一般表现为沿着上升趋势个股的成交量也逐渐增加。

（2）要求第一天必须是大阳线，第二天必须是大阴线。显示出多空双方的激烈对抗。

（3）要求第二天必须在第一天的收盘价之下开盘。是为了显示出空方一开始就占据

主动。

（4）要求第二天必须在第一天的最低价之下收盘，体现出空方反击的力度已经超出多方的想象，空方在试探多方，迫使多方使出真招，要是多方已属强弩之末，那么空方就将一举击溃多方的所有防线。

V 图视角分析：

V 图中显示出来的是一种类似 M 头的走势。

多空双方相继取得胜利，但是僵持在某个越来越小的价格区间中，之后价格向下跌破，说明空方坚持到了最后，将多方击垮。

3.33 三只乌鸦

三只乌鸦如图 3–33 所示。

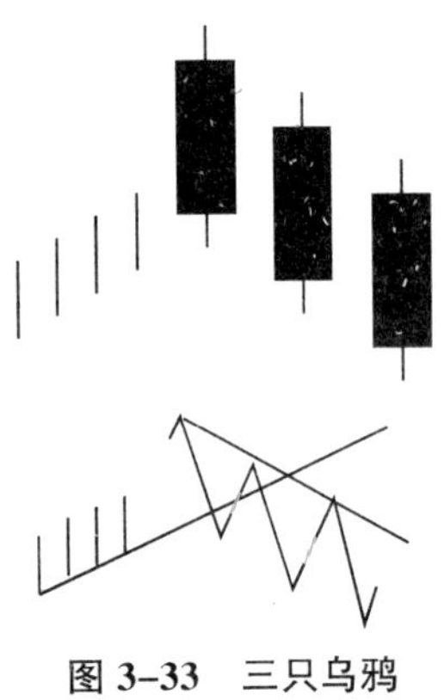

图 3–33 三只乌鸦

三只乌鸦，即黑乌鸦的扩展形态，第一个阴线为空方的侦察兵，第二个阴线为二次侦察兵，第三个阴线为空方的先锋营，专门用来试探对手的实力和意图，如果可行也可以发动中小规模的袭击。这里用来比喻空方经过两次侦察后的第三次试探，随着多方逐渐暴露出来的弱势姿态，使得空方有机会扭转局势，重新夺得主动权。

该形态如果后续走势收出一根大阳线，就很有可能演变成“三法形态”中的“上升三法”。

说明：前期股价一直处于上升趋势中，最近三个交易连续报收大阴线，这样的行情很有可能或已经形成反转趋势，所以传统上三只乌鸦被定义为看跌反转形态。

传统要求：

（1）股价近期处在明显的上升趋势中，也可以是在整理区间的反弹走势中。

（2）三个交易日必须是大阴线，实体涨幅（即收盘价与开盘价相比）必须是3%以上。

（3）第二天、第三天的阴线开盘必须低于前日的开盘价。

形态构成与心理分析：

（1）要求股价处在上升趋势中，很多投资者都趋向于顺势的看好后市，空仓的投资者急于介入，持仓的投资者通常也都愿意继续持有而不急于卖出，一般表现为沿着上升趋势个股的成交量也逐渐增加。

（2）要求三个交易日必须是大阴线，是因为这说明了空方深入试探多方的底线，如果多方的抵抗较弱的话，空方完全有能力掌控局面。

（3）要求第二天、第三天分别较前日低开，说明多方在抵抗上不是很坚决，空方不管在开盘还是收盘上都占据重要地位，如果后市下跌，这个形态是很好的一个铺垫。

V图视角分析：

V图中，该形态的走势形如步步为营的空方进攻，以一步一个脚印的方式不断夺取多方的阵地，也同时形成了下降通道。

空方此前不断地向多方加压，多方逐渐失去反击的勇气，如果任由事态继续下去，后市可能将会就此止涨反转下跌。

3.34　黄昏星

黄昏星如图3–34所示。

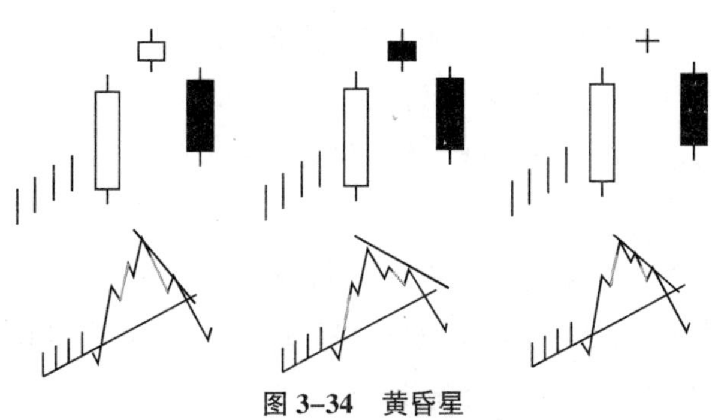

图3–34　黄昏星

黄昏星，即从形状上看貌似夜色已盖过之前的太阳，寓意距离漫漫长夜不远了，前日收出小实体线（可以是小阳线、小阴线或十字线），说明白昼已近黄昏时分，今日报收一大阴线，象征了夜幕临近，所以称为“黄昏星”，与本形态相反的叫作“启明星”，趋势与阴阳线完全相反，黄昏星象征的是白日行将结束，黑夜即将到来。

说明：前期股价一直处于上升趋势中，第一天继续维持上涨走势收出大阳线，第二天这种上涨趋势有所收敛收出一个小实体线或十字线，第三天报收一个大阴线，因此传统上黄昏星线被定义为看跌反转形态，但是否真的会反转也是需要看后续走势才能确认。

传统要求：

（1）股价近期处在明显的上升趋势中，也可以是在整理区间的反弹走势中。

（2）第一天是实体很大的阳线。

（3）第二天收出小实体的阳线、阴线或十字线，并且与第一天相比有向上跳空的缺口。

（4）第三天收出一个大实体的阴线，与第二天相比有向下跳空的缺口。

（5）三个交易日的上、下影线不能过长，特别是第二天的上、下影线不能超过其实体的两倍。

形态构成与心理分析：

（1）要求股价处在上升趋势中，很多投资者都趋向于顺势的看好后市，空仓的投资者急于介入，持仓的投资者通常也都愿意继续持有而不急于卖出，一般表现为沿着上升趋势个股的成交量也逐渐增加。

（2）要求第一天是实体很大的阳线，用来说明原有的上涨趋势还在延续。

（3）要求第二天收出小实体的阳线、阴线或十字线，并且与第一天相比有向上跳空的缺口，是因为上涨趋势已是强弩之末，上涨已显乏力。

（4）要求第三天收出一个大实体的阴线，与第二天相比有向下跳空的缺口。说明空方正在尝试掌控局面，如果多方妥协则后市反转下跌的可能性大大增加。

（5）三个交易日的上、下影线不能过长，用以确认第二天的多方确实是在犹豫，使得上涨幅度和震荡幅度变小，从而给空方以机会乘虚而入。

V 图视角分析：

黄昏星在 V 图中显示出来的是一种类似看跌头肩顶的走势。

多方此前不断加压，空方在稍微高的位置进行反击，并取得胜利，V 图上形成类似头肩底形态的形状，后市可能将会就此止涨下跌。

V 图上该形态有黑乌鸦 K 线的片段。

3.35 传统经典持续下降形态组合全表

传统经典持续下降形态组合全表如图 3-35 所示。

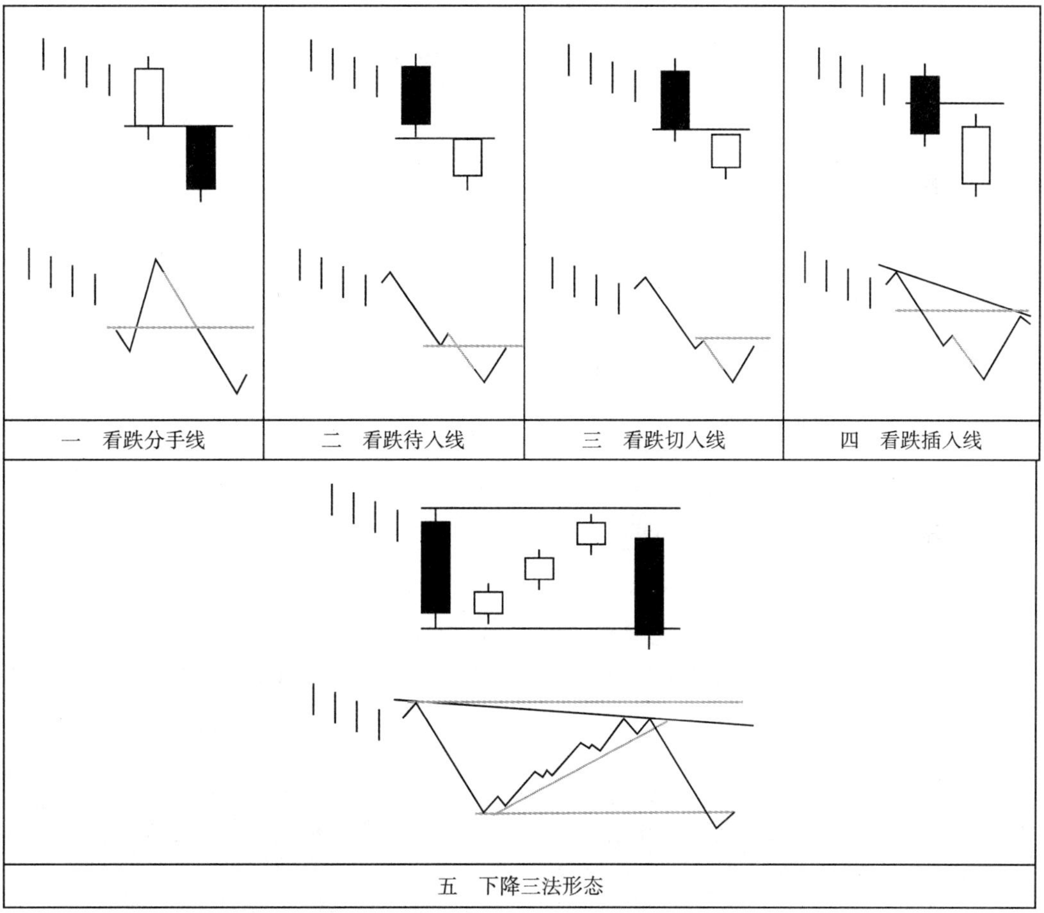

一 看跌分手线	二 看跌待入线	三 看跌切入线	四 看跌插入线

五 下降三法形态

图 3-35 传统经典持续下降形态组合全表

3.36 看跌分手线

看跌分手线如图 3-36 所示。

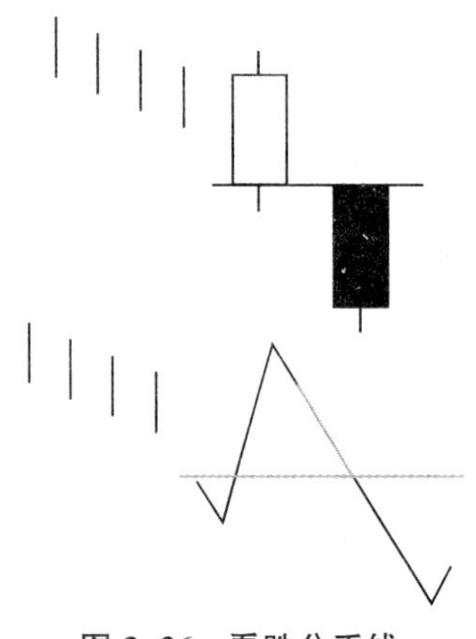

图 3-36 看跌分手线

看跌分手线，即分道扬镳的意思，因为从形态上看，前一个交易日是阳线，而今日收出阴线，而且两天的开盘价也在同一价位上，象征了前日作为支撑作用的开盘价今日突然转变成了上涨压力，说明前日的蜡烛线还没有实现真正的反转或反转效果还没有立即出现。

说明：前期股价一直处于下降趋势中，前日收阳线，今日在前日的开盘价开盘但收阴线，则前日的开盘价格就可以被看成是一条上涨支撑线转换为下降压力线的水平趋势线。

传统要求：

(1) 股价近期处在明显的下降趋势中，也可以是在整理区间的下调走势中。

(2) 两天的开盘价要相同或非常接近。

形态构成与心理分析：

(1) 要求股价处在下降趋势中，所以很多投资者都趋向于顺势的不看好后市，空仓的投资者不敢介入，持仓的投资者随着时间的推移会逐渐卖光自己手中的股票，一般表现为沿着下跌趋势个股的成交量也逐步减少。

(2) 多方曾经试探空方试图扭转下降趋势，但是今日收出的阴线也同样说明空方仍

旧控制着局面，是空方对前日多方突袭的一次回击，使多方暂时不敢轻举妄动。

V 图视角分析：

看跌分手线在 V 图可以看成是三只乌鸦走势的某个片段。

不过三只乌鸦是在上升通道中，而看跌分手线是在下降通道中。

虽然如此，我们也可以将这种 V 图走势看成是正常的下降通道里的价格震荡。

3.37　看跌待入线

看跌待入线如图 3-37 所示。

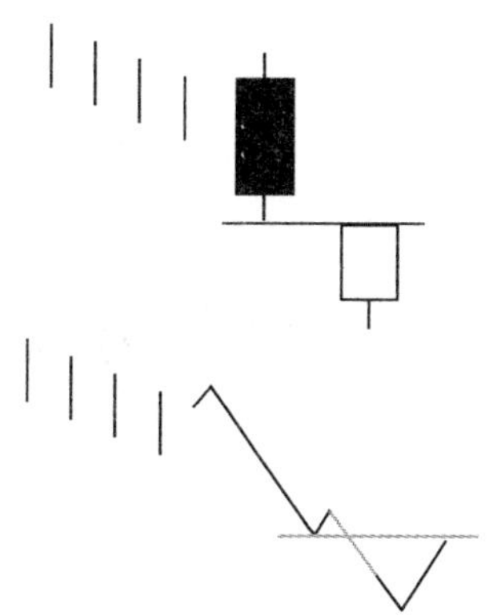

图 3-37　看跌待入线

看跌待入线，该形态从形状上看，前一个交易日是阴线，今日是阳线，并且今日的收盘价等于前日的最低价，象征了今日的反弹上升还没有突破前日的最低价位，还需要后续观察以待形成可靠的反转形态，所以称为“待入”，即指等待切入的意思。切入线是指今日的收盘价位置在前日的收盘价附近。

说明：前期股价一直处于下降趋势中，前日收一阴线延续原有下降趋势，今日收出阳线且收盘价等于前日最低价，说明多方对空方的反击并没有形成太大的威胁，故此形态没有被列入反转形态中，而是归属于延续目前下降趋势的持续形态中。

传统要求：

（1）股价近期处在明显的下降趋势中，也可以是在整理区间的下调走势中。

（2）第一天是阴线，第二天是阳线，并且阳线的收盘价等于或约等于前日阴线的最

低价。

形态构成与心理分析：

（1）要求股价处在下降趋势中，所以很多投资者都趋向于顺势的不看好后市，空仓的投资者不敢介入，持仓的投资者随着时间的推移会逐渐卖光自己手中的股票，一般表现为沿着下跌趋势个股的成交量也逐步减少。

（2）要求第一天是阴线，是因为前期一直是以下降为主的趋势。今日要求是阳线，是因为多方试图扭转局面，但效果不佳，只推进到了前日阴线的最低价价位，没有对空方构成实质性的威胁。

V 图视角分析：

看跌待入线在 V 图上看，显示的是一种支撑力转换成阻力的经典趋势形态。

第一天尾盘多方的挣扎没有任何成效，空方在第二天一举夺取主动权。

下一个交易日如果还处在这条阻力线之下，空方仍占上风，也寓意下降通道仍旧保持原有的方向发展。

3.38 看跌切入线

看跌切入线如图 3-38 所示。

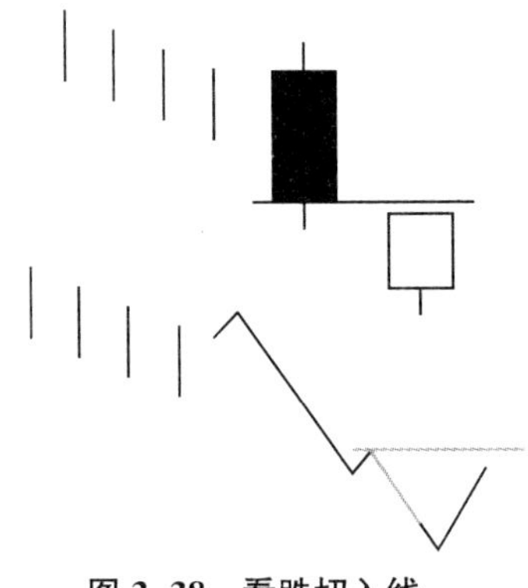

图 3-38 看跌切入线

看跌切入线，它是针对实体而言的，前一日是阴线，今日是阳线，两天的实体非常接近，即两天的收盘价相同或几乎相等。我们把前一天的收盘价向今天画一条平行线，这条平行线就相当于是一把刀，对比今日的阳线实体，就像是被这把刀切割开来

的样子。

说明：前期股价一直处于下降趋势中，前日收一阴线延续原有下降趋势，今日收出阳线且收盘价等于或约等于前日收盘价，说明多方对空方的反击并没有形成太大的威胁，故此形态没有被列入反转形态中，而是归属于延续目前下降趋势的持续形态中。

传统要求：

（1）股价近期处在明显的下降趋势中，也可以是整理区间的下调走势中。

（2）第一天必须是阴线，第二天必须是阳线，第二天必须在第一天的最低价以下开盘，而且两天的收盘价非常接近甚至是相等。

形态构成与心理分析：

（1）要求股价处在下降趋势中，所以很多投资者都趋向于顺势的不看好后市，空仓的投资者不敢介入，持仓的投资者随着时间的推移会逐渐卖光自己手中的股票，一般表现为沿着下跌趋势个股的成交量也逐步减少。

（2）第一天要求是阴线，是因为它是用来描述之前所处的下降趋势的主要特征，第二天要求是阳线，是指多方有意图与空方争夺主动权，但是争夺的结果是，多方并没有占到多少好处，仅仅攻破了空方的第一层防御工事（下影线），而没有进一步向阴线实体展开攻击。

V 图视角分析：

看跌切入线在 V 图上看，显示的形态走势其实与看跌待入线差不多。

第一天尾盘多方的挣扎没有任何成效，空方在第二天一举夺取主动权。

接下来的走势中，如果多方一直没有收回失地，那结果就是下降通道仍将延续原有的方向发展。

3.39　看跌插入线

看跌插入线如图 3-39 所示。

看跌插入线，它也是针对实体而言的，前一日是阴线，今日是阳线，第二天的收盘价在第一天收盘价之上，但在第一天实体的中线之下，阳线实体已向阴线实体腹地深入，所以起名“插入线”。

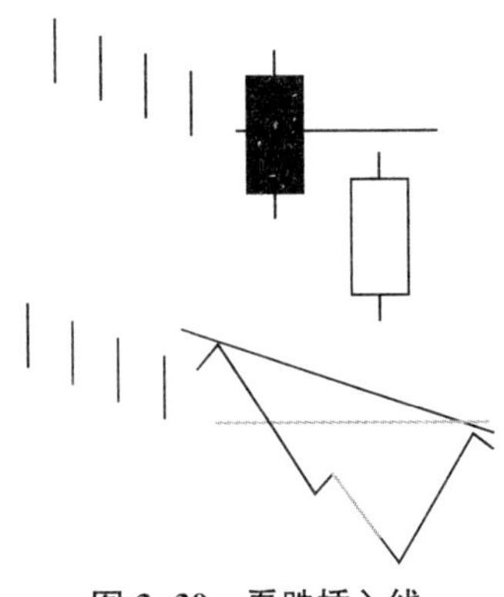

图 3-39　看跌插入线

说明：前期股价一直处于下降趋势中，前日收一阴线延续原有下降趋势，今日收出阳线且收盘价在前日收盘价和中线价位之间，说明多方对空方的反击并没有形成大的威胁，故此形态没有被列入反转形态中，而是归属于延续目前下降趋势的持续形态中。

传统要求：

(1) 股价近期处在明显的下降趋势中，也可以是整理区间的下调走势中。

(2) 第一天必须是阴线，第二天必须是阳线，第二天必须在第一天的最低价以下开盘，在前日的收盘价和中线价位之间收盘。

形态构成与心理分析：

(1) 要求股价处在下降趋势中，所以很多投资者都趋向于顺势的不看好后市，空仓的投资者不敢介入，持仓的投资者随着时间的推移会逐渐卖光自己手中的股票，一般表现为沿着下跌趋势个股的成交量也逐步减少。

(2) 第一天要求是阴线，是因为它是用来描述之前所处的下降趋势的主要特征，第二天要求是阳线，是指多方有意图与空方争夺主动权，但是争夺的结果是，多方并没有占到多少好处，仅仅攻破了空方最多一半的防御工事（收盘价没达到前日实体的中线价位），而没有进一步向阴线实体中线以上展开猛攻。

V 图视角分析：

看跌插入线在 V 图中显示的是一个下降通道中，更小级别的加速下跌后，多方略有反击，但没有坚持多久又回调下来的一种态势。

下一个交易日的走势很重要，它决定了今天的多方能不能延续攻势，如果没有的话，那该形态只是显示一种通道内小级别的反弹而已。

3.40　下降三法形态

下降三法形态如图 3-40 所示。

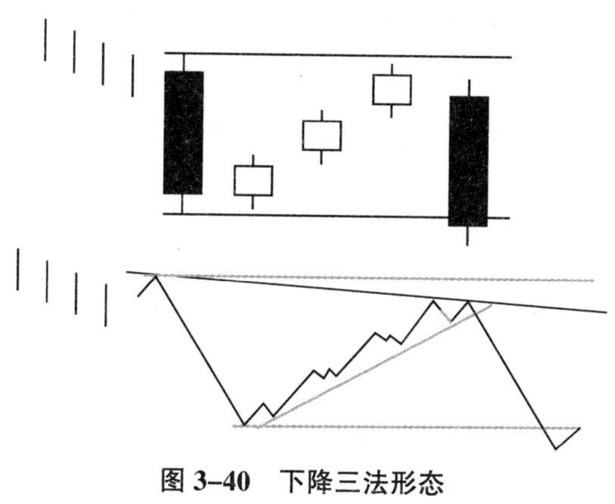

图 3-40　下降三法形态

下降三法，有点类似看涨孕线，但是随后股价并没有像预期的那样向上涨升，而是在此看涨孕线后的两个交易日内，股价始终没有向上突破第一天那个阴线的最高价，加之今日又收大阴线，同时又跌破了第一天的最低价，使之前的三日上涨变成反弹，股价还将继续下跌。

说明：前期股价一直处于下降趋势中，第一天收出中大级别的阴线用来描述现有下降趋势，第二天、第三天、第四天分别收出中、小实体的阳线用来描述多方曾三度试图向上攻击空方的战略据点，但都没有一鼓作气将空方击败，反而是空方死死守住了他们的最后一道防线，今日收出大阴线，空方等待援军到达，一举击退了多方的进攻，重新夺回了战略要地。所以该形态被归属于持续下降趋势的形态中。

传统要求：

（1）股价近期处在明显的下降趋势中，也可以是在整理区间的下调走势中。

（2）第一天必须是中大级别的阴线。

（3）第二天、第三天、第四天分别是中小级别的阳线，而且这些阳实体的波动范围始终没有超过第一天阴线的波动范围，同时这三天的阳线逐渐上升。

（4）今日（即第五天）必须是大阴线，同时收盘价低于第一天的最低价。

形态构成与心理分析：

（1）要求股价处在下降趋势中，所以很多投资者都趋向于顺势的不看好后市，空仓的投资者不敢介入，持仓的投资者随着时间的推移会逐渐卖光自己手中的股票，一般表现为沿着下跌趋势个股的成交量也逐步减少。

（2）要求第一天是中大级别的阴线，是因为之前处于下降趋势中，借此描述该趋势的单日特征。

（3）要求第二天、第三天、第四天分别是中小级别的阳线，是因为多方曾试图扭转局面，制造出类似红三兵的看涨形态来，但是力道不足而引起空方的全力反扑。

（4）要求今日（即第五天）是大阴线，同时收盘价低于第一天的最低价，正是由空方反扑所形成的，多方失去信心，市场还将沿着下降趋势发展。

V 图视角分析：

在 V 图上该形态大体走在一个向下发展的下降通道中，之后股价连续多日小幅震荡上涨，但今日出现大跌，又将股价回调到前期低点以下，前期的支撑力这次转变成了阻力、压力，压制多方的进攻并使股价继续下跌，今日的尾盘回调如果不大，则更有利于空方。

关于 K 线图更详尽的用法与解释请参阅《关键蜡烛图》一书。这里我们比较和浏览了一遍 K 线形态图，图上同时列有 K 线图和 V 线图，我们观察到 K 线图比较重形，而 V 线图则更侧重于势。

V 线图的分析离不开各种趋势线，而很多 K 线形态都可以在 V 线图上看成是一种形态。也就是说 K 线图是一种时间片段，但是 V 线图可以还原它的真实模样。

第四部分我们会将注意力转移到上证大盘的 V 线图统计分析上。

第四部分 上证指数大盘历年 V 图统计分析与未来预测

4.1 从头开始

K 线图（又称蜡烛图）有两百多年的历史，源自日本米市，它是以开盘价、最高价、最低价、收盘价四种价格为主而画出的走势图表。我们先看用 K 线图所展示给股票投资者的画面，如图 4–1 至图 4–3 所示，分别展示了大盘指数日线走势、月线走势、季线走势。

上证指数日 K 线走势图如图 4–1 所示。

上证指数月 K 线走势图如图 4–2 所示。

图 4-1　上证指数日 K 线走势图

图 4-2　上证指数月 K 线走势图

上证指数季 K 线走势图如图 4-3 所示。

图 4-3　上证指数季 K 线走势图

如果我们以年为单位来看上证大盘走势会如何呢？

上证指数年 K 线走势图如图 4-4 所示。

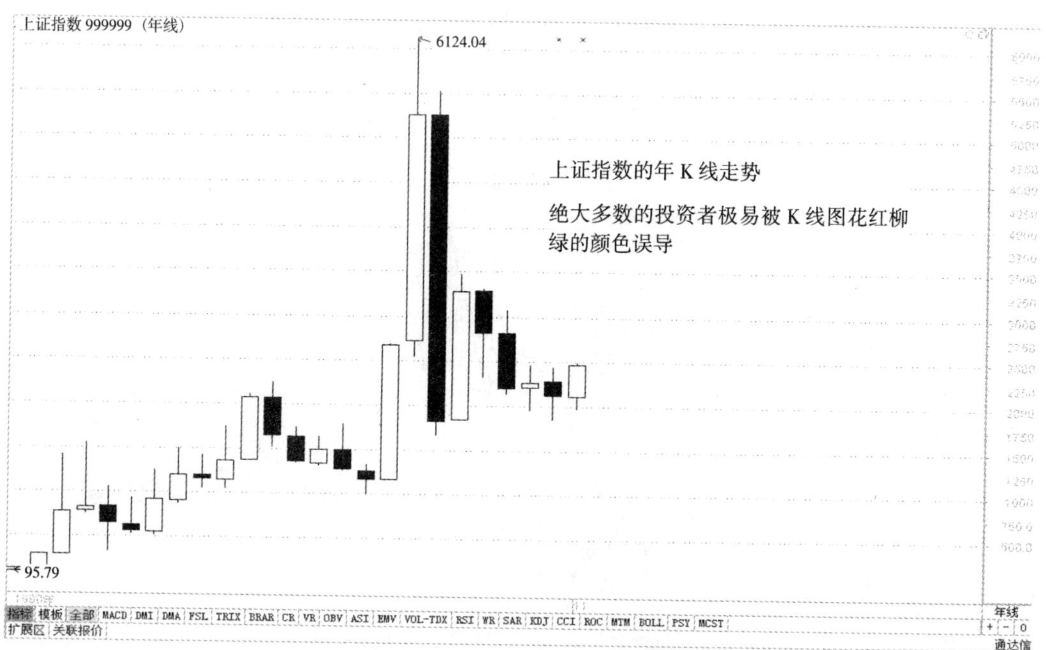

图 4-4　上证指数年 K 线走势图

一般的股票投资者会比较关注于周线、日线，甚至是分时线上的短线技术，而忽略股市长期的走势趋势。所以当大多数新手纷纷进入股市时，大都处在牛市末期，而在底部阶段却少有投资者问津。

如果我们把上面的月 K 线图、季 K 线图和年 K 线图全部转换成 V 线图风格会怎样？请看下面三张图！

上证指数月 V 图走势如图 4–5 所示。

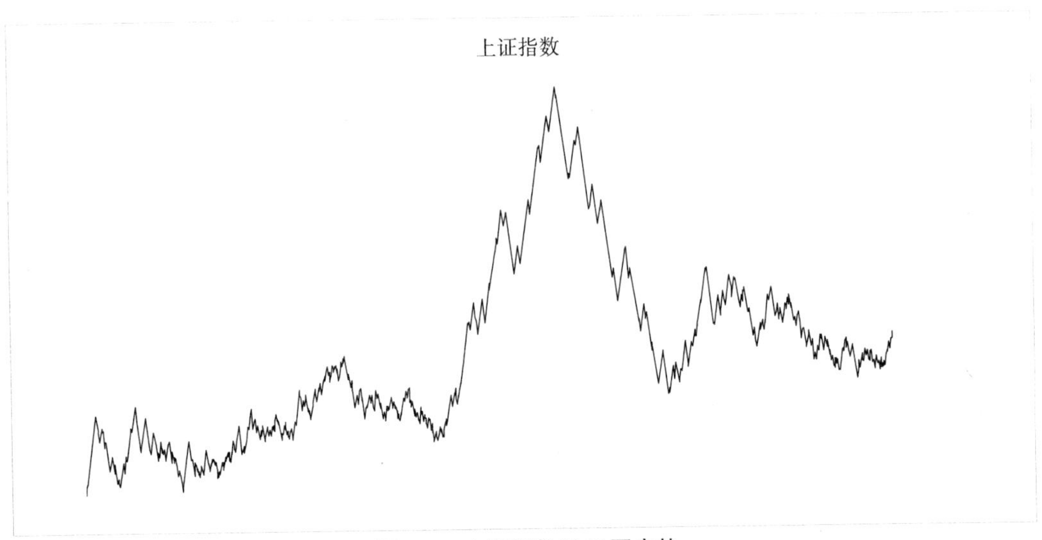

图 4–5 上证指数月 V 图走势

上证指数季 V 图走势如图 4–6 所示。

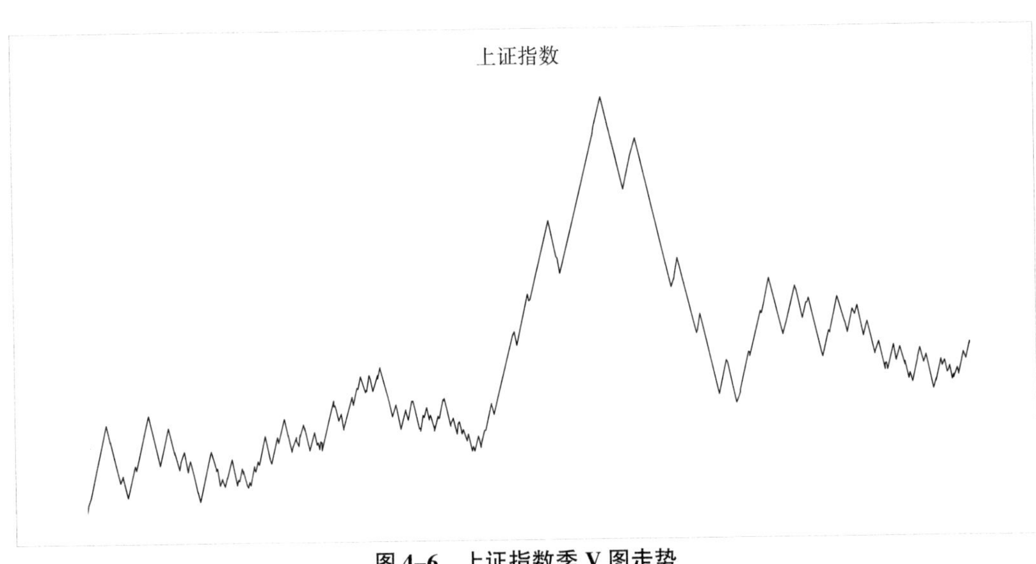

图 4–6 上证指数季 V 图走势

上证指数年 V 图走势如图 4-7 所示。

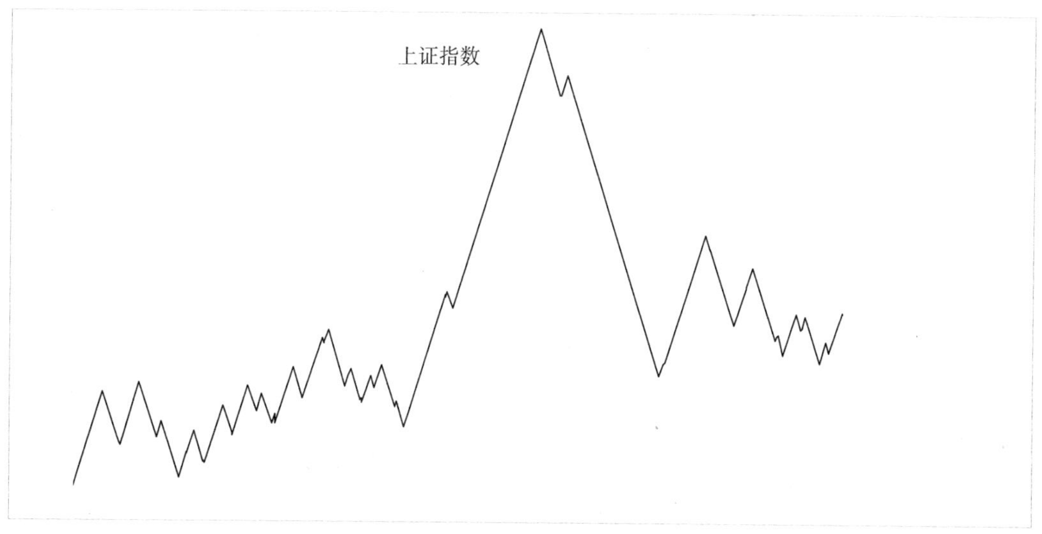

图 4-7 上证指数年 V 图走势

从上面三张走势图可以看出，V 线图的走势描绘的是真实的趋势，而不是黑白蓝绿五颜六色的 K 线图。主要叙述的是大致的趋势，忽略较嘈杂的波动，只记录最重要的、真正的趋势。这不是普通的蜡烛图所能比拟的。

本书将以图 4-7 这张上证大盘年 V 图走势为主，来统计分析历年大盘的神秘运行规律和预测未来的走势。

4.2 神秘的百慕大大三角

上证指数年线大三角形态和涨跌规律如图 4-8 所示。

图 4-8 是上证指数年线 V 图的神秘大三角运行规律图。

AB 一般上涨 68%以上；BC 一般下跌超过 9%；CD 一般上涨 64%以上；DE 一般下跌 20%以上；EF 一般小幅上涨；FG 一般下跌超过 24%……

A、B、C、D、E、F、G 这些点都是在 V 图线才能有效识别，而在传统 K 线图上是看不到的，也无法使用图 4-8 进行长期有效的预测。

其他规律如下。

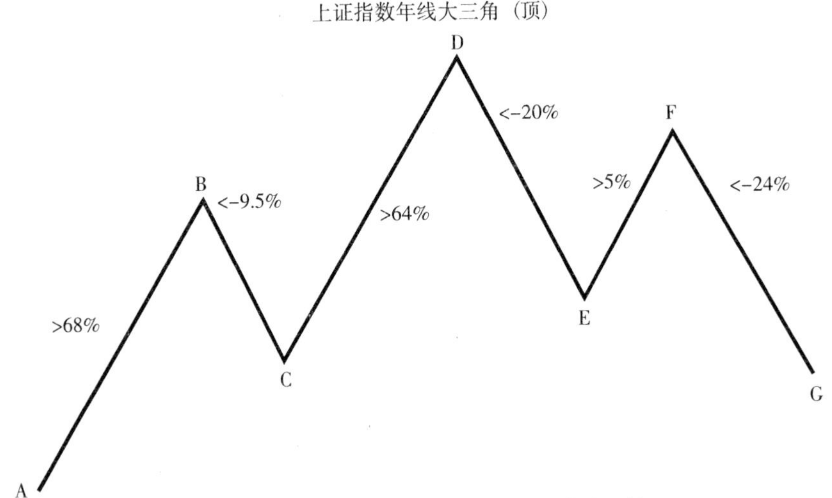

图 4-8 上证指数年线大三角形态和涨跌规律

A 点到 D 点之间，季线 V 图的波峰有 4~5 个；月线 V 图的波峰有 6~11 个……

D 点到 G 点之间，季线 V 图的波峰有 3~4 个；月线 V 图的波峰有 6~11 个……

已知 A 点，预测 C 点和 D 点；已知 B 点预测 D 点图如图 4-9 所示。

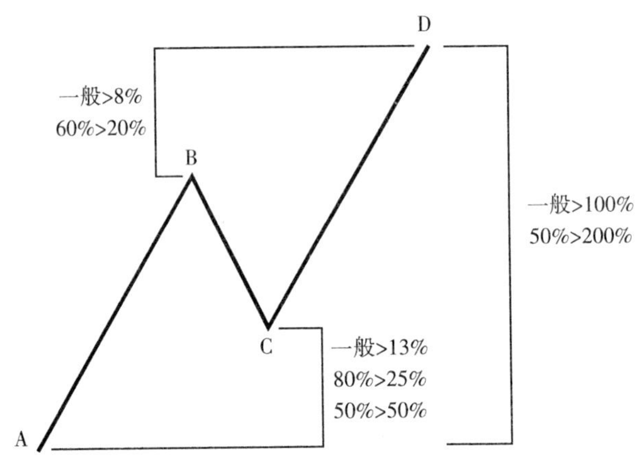

图 4-9 已知 A 点，预测 C 点和 D 点；已知 B 点预测 D 点图

图 4-9 是以 A 点为基准，预测未来 C 点或 D 点的位置；或以 B 点为基准预测 D 点的位置。

已知 D 点，预测 G 点；已知 E 点，预测 G 点图如图 4-10 所示。

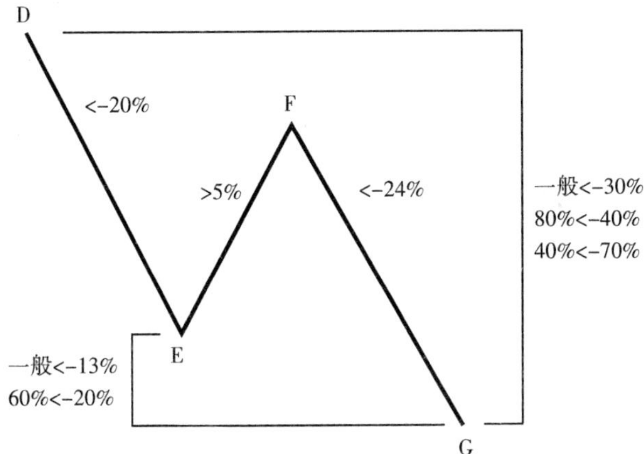

图 4-10　已知 D 点，预测 G 点；已知 E 点，预测 G 点图

图 4-10 是以顶点 D 为基准预测 G 点位置和以 E 点为基准预测 G 点位置图。

已知 A 点，预测 E、F、G 点图如图 4-11 所示。

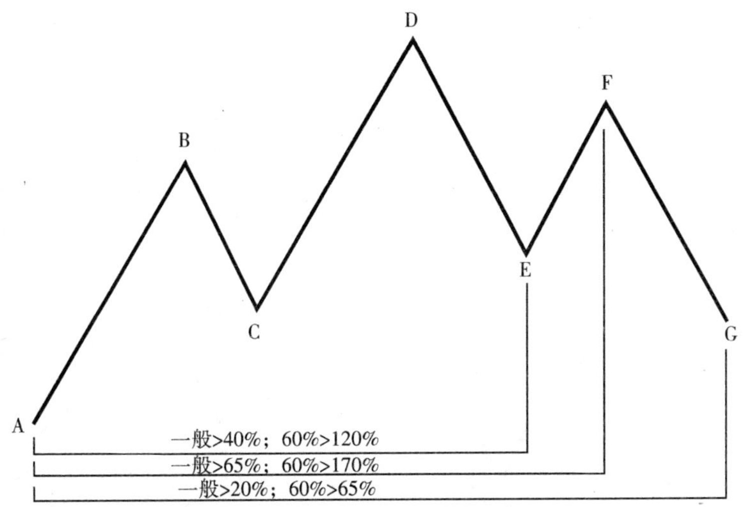

图 4-11　已知 A 点，预测 E、F、G 点图

图 4-11 以 A 点为起点预测未来的 E、F、G 三点位置。

已知 C 点，预测 E、F、G 点图如图 4-12 所示。

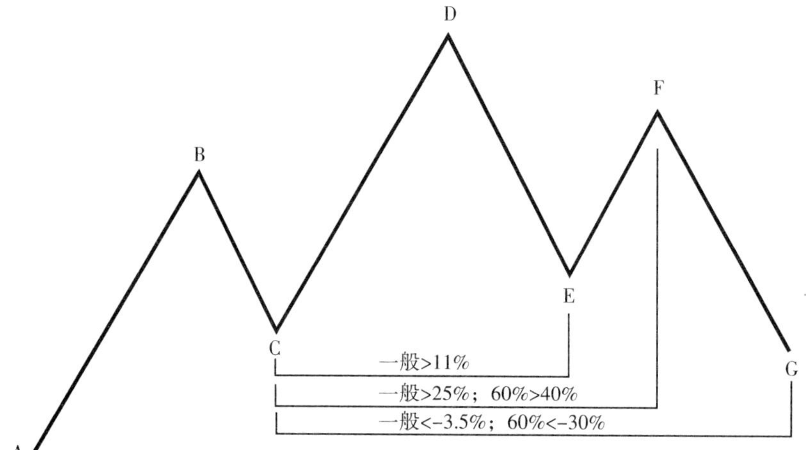

图 4-12　已知 C 点，预测 E、F、G 点图

图 4-12 以 C 点为起点预测未来的 E、F、G 点位置图。

已知 B 点，预测 E、F、G 点图如图 4-13 所示。

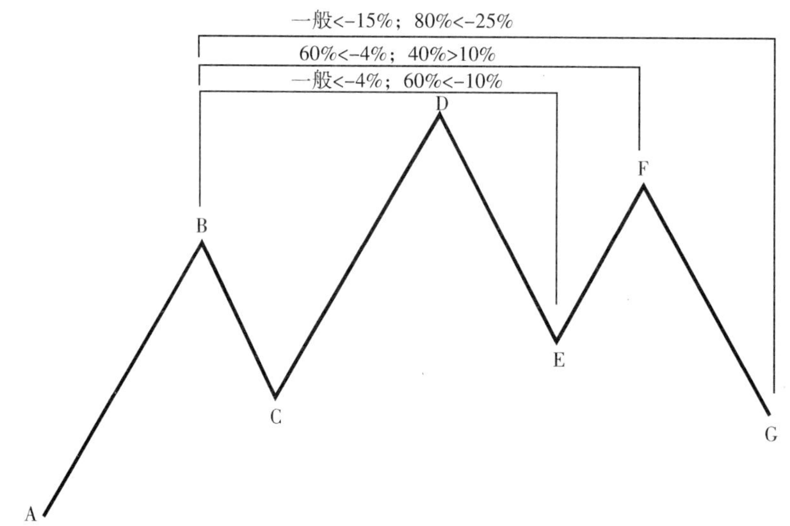

图 4-13　已知 B 点，预测 E、F、G 点图

图 4-13 是用 B 点来预测未来 E、F、G 点的位置。

上证指数历次大三角走势如图 4-14 所示。

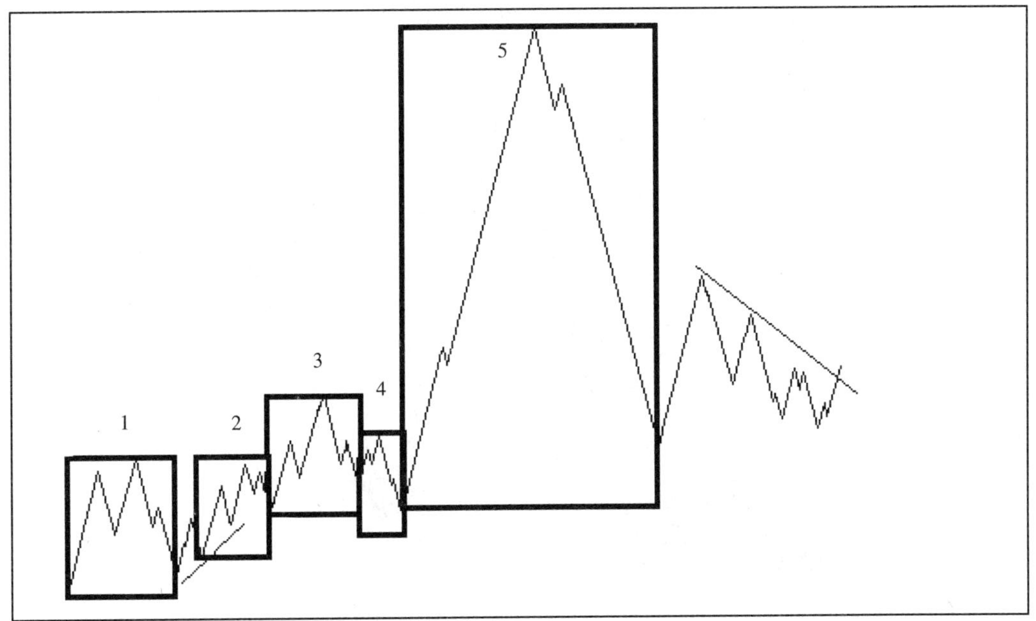

图 4–14　上证指数历次大三角走势

图 4–14 是上证指数历史上出现的五次神秘大三角（顶）形态。如果我们把这种头肩形态画成大三角。就如图 4–15 走势。

上证指数“大三角”走势图（一）如图 4–15 所示。

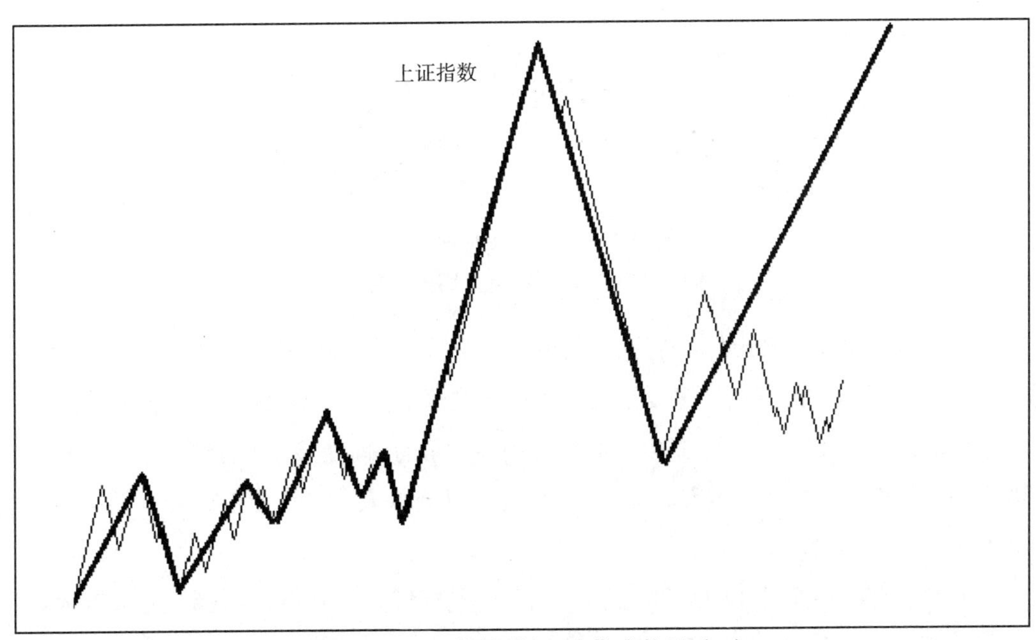

图 4–15　上证指数“大三角”走势图（一）

上证指数“大三角”走势图（二）如图 4–16 所示。

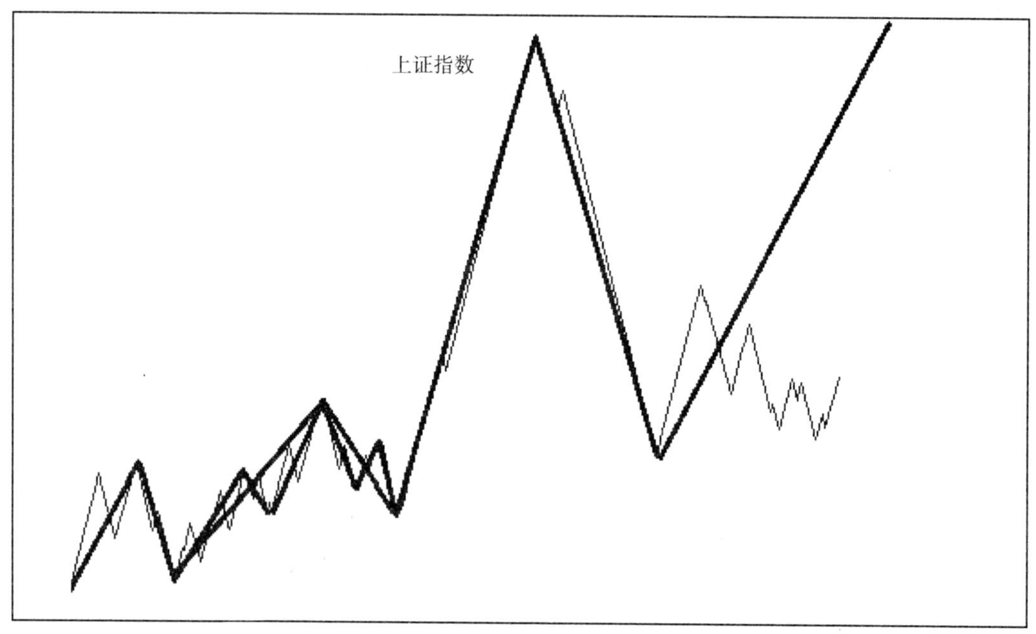

图 4–16　上证指数“大三角”走势图（二）

我们将图 4–16 做成平行式，就可以看出大盘总体的运行轨迹。

上证指数年 V 图概念走势如图 4–17 所示。

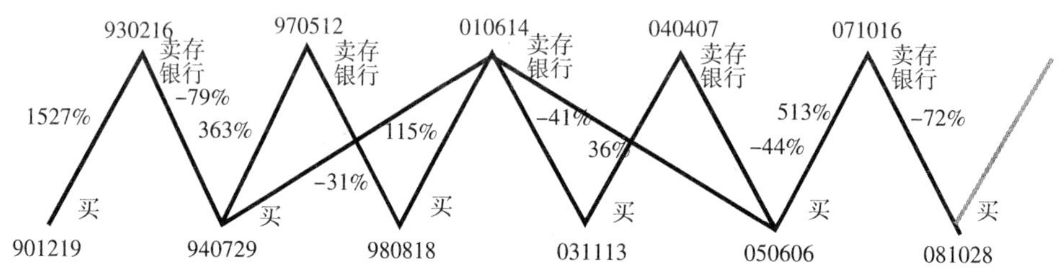

图 4–17　上证指数年 V 图概念走势

图 4–17 中我们将 1994 年 7 月 29 日的低点直接连接 2001 年 6 月 14 日的高点并略过 2004 年 4 月 7 日的高点，主要是因为我们把这两个高点，即 1997 年 5 月和 2004 年 4 月的高点看成是微型的神秘三角，确认神秘大三角的因素是看上证指数的平均市盈率水平。一般来说，大盘平均市盈率高于 60 就可以确认大盘接近顶部，如果低于 20 就可以确认大盘接近底部。

所以，1997 年 5 月 12 日的大盘平均市盈率没有超过 60 倍，不能作为长期大顶，只是个小三角形态，2004 年 4 月 7 日也同样如此。

下面我们回头来看大盘的历年走势。

4.3　1990 年

上证指数 1990 年走势图如图 4-18 所示。

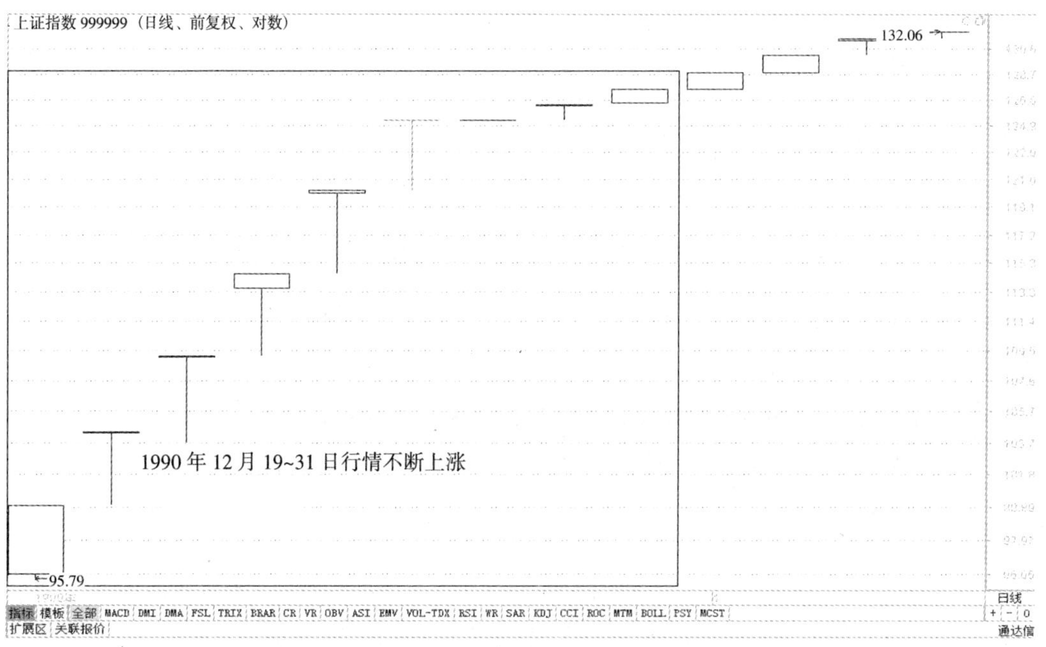

图 4-18　上证指数 1990 年走势图

位于中国上海浦东新区的上海证券交易所于 1990 年 11 月 26 日创立。12 月 19 日开始正式营业，拉开了上证大盘指数的帷幕。

综观国际，但凡每个证交所的建立，一开始都伴随着巨大的上升潜力，很多证交所建立的几年都以大涨来回报广大投资者。

下面我们看看同为金砖四国之一的巴西 BOVESPA 指数头两年的走势，1993 年 9 月开盘，一路高走。到 1994 年 9 月 15 日，总计差不多一年的时间，从 100 点一路涨到 5637 点，一年时间居然涨了 56 倍！

巴西 BOVESPA 指数 1993 年 9 月至 1994 年走势图如图 4-19 所示。

图 4-19　巴西 BOVESPA 指数 1993 年 9 月至 1994 年走势图

大多数的国际投资猎手都喜欢寻找新兴市场，潜伏一年多时间，然后伺机出手，卖在高点处。

当然也不是每次都能大赚特赚，但大赚的概率还是很高的。

印尼雅加达综合指数走势图如图 4-20 所示。

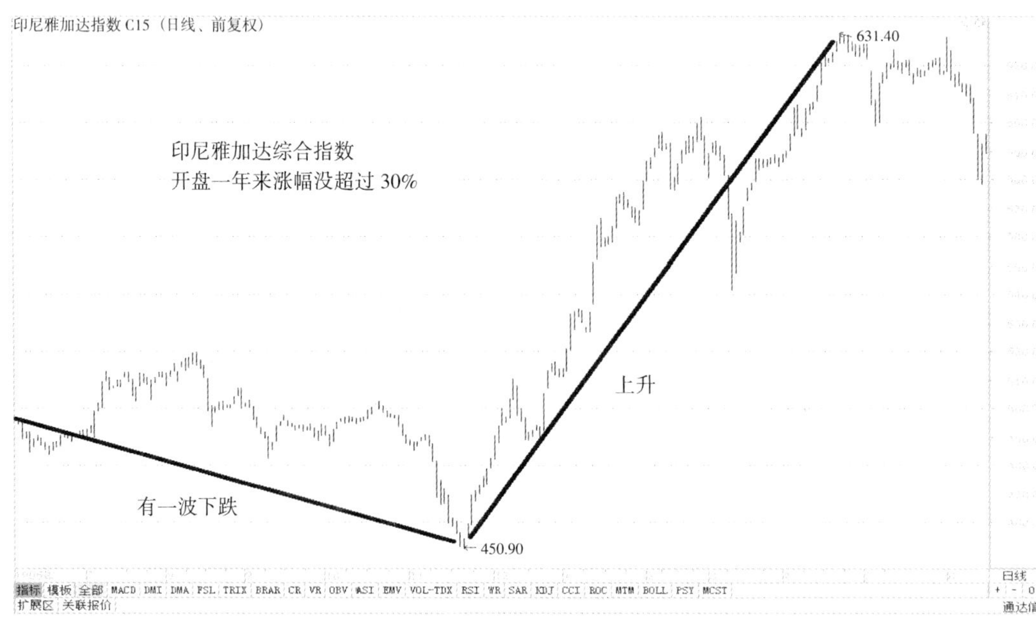

图 4-20　印尼雅加达综合指数走势图

1995 年 3 月 22 日，印尼雅加达综合指数开盘，开盘一年来仍未见大涨过。由于印尼市场略小和经济发展开始减速，所以没能吸引太多的国际投资者，没能很快拉升，仅凭自己的能力涨了 27%，当然那些潜伏其中的国际投资者并未就此认输，而是继续潜伏到 1997 年，即进场累计已两年时间后，开始尽数出逃，引发印尼大盘指数猛烈下跌。加上印尼实际 GDP 从 1995 年开始不断大幅下滑，与其他周边市场上的国际投资者同步协作，引发 1997 年的亚洲金融风暴。

现在我们回来看看上证指数开盘的头一年，由于我国很长一段时间处于封闭状态，几代人的财富积累了一定数目，国人希望了解外界，外国投资者就看准这个时机，在他们眼中，中国就是一座未开发的金山，都在蠢蠢欲动。不管是实体经济还是虚拟经济，他们都在上交所开建之前就已潜伏在中国及其周边。

我们再来回顾各个前苏联加盟共和国的股市大盘走势。

黑山共和国大盘指数走势图（开业头一年）如图 4–21 所示。

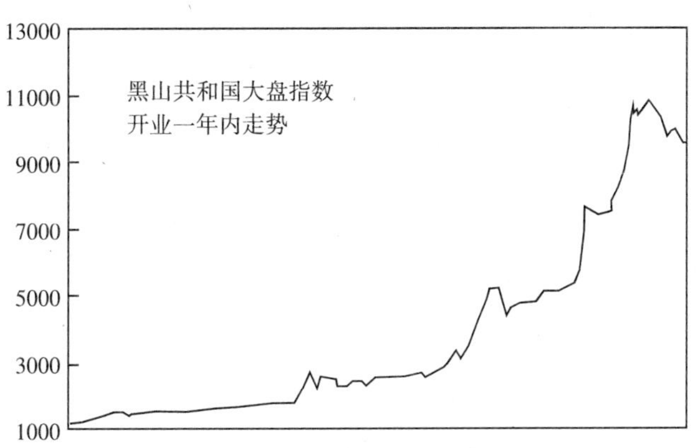

图 4–21　黑山共和国大盘指数走势图（开业头一年）

黑山共和国大盘指数走势图（后续走势）如图 4–22 所示。

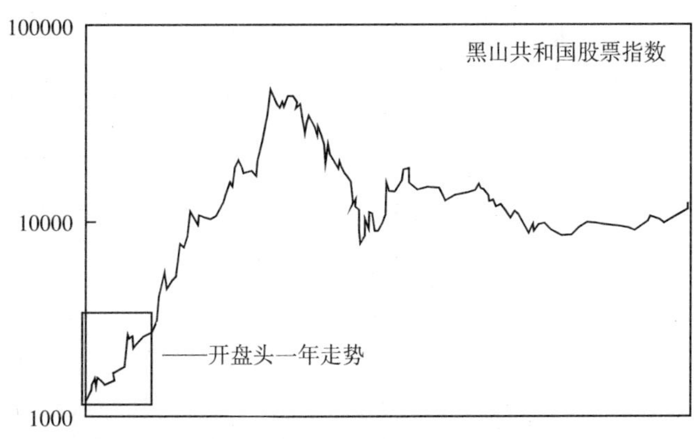

图 4–22　黑山共和国大盘指数走势图（后续走势）

图 4-22 是黑山共和国的大盘指数走势，它是在 2004 年开业，开业头一年便涨了两倍，之后的 2005 年、2006 年和 2007 年，跟随着道琼斯指数一同到了接近 5 万点大关。其开业后一年内涨了两倍、开业后三年内涨了差不多 50 倍。

这跟上证指数很像，上证指数从一开始的 100 点到 2007 年的 6124 点，也累计涨了 61 倍。只是走势比较曲折，用时更长久而已，没有像黑山大盘走势这样快速、明显。

再来看看乌克兰。

乌克兰证券交易所位于基辅，约占乌克兰总股本交易量的 3/4。

2008 年 10 月 2 日该交易所注册成为法人。

2008 年 12 月，负责调节乌克兰证券和股票市场机构乌克兰国家委员会授予乌克兰证券交易所作为外汇交易的组织者许可。乌克兰交易所的使命是提高乌克兰金融市场竞争力，吸引外资，发展国内资本。为了实现这一目标，必须建立和发展国家最先进和可靠的证券及衍生产品市场，并符合国际最佳做法，将让所有类型的乌克兰投资者受惠，从个人到机构。

乌克兰证券交易所第一大股东为莫斯科交易所（持有 49%股份），主席为伊戈尔马泽帕，首席执行官为奥列格·特卡琴科，货币为乌克兰格里夫纳，该指数被简称为 UX 指数。

乌克兰 UX 指数走势图（开业一年以来的走势）如图 4-23 所示。

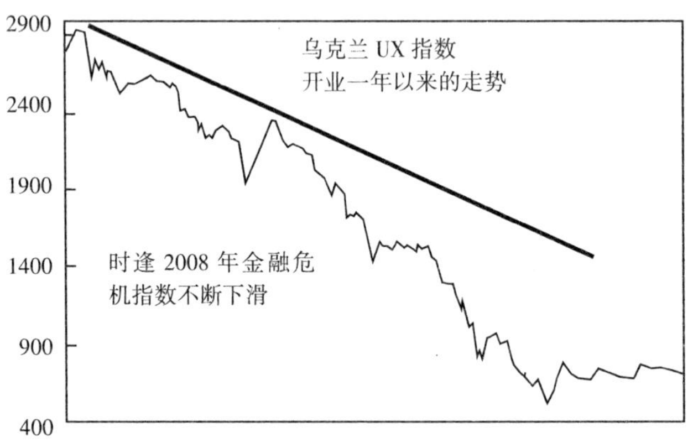

图 4-23 乌克兰 UX 指数走势图（开业一年以来的走势）

乌克兰 UX 指数走势图（后续走势）如图 4-24 所示。

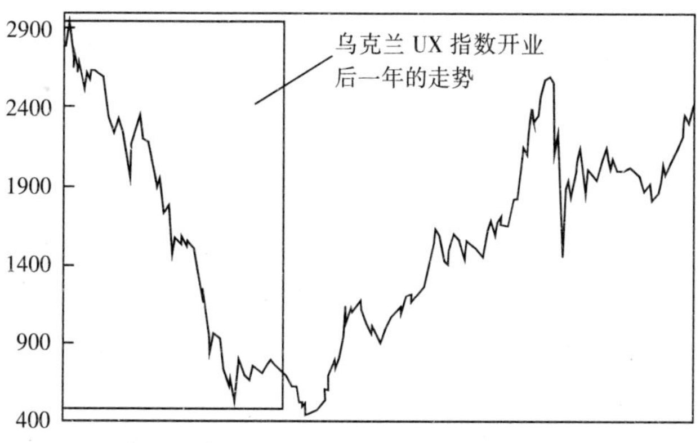

图 4-24　乌克兰 UX 指数走势图（后续走势）

国际投资猎手会在危机的末期阶段进场，在大多数人竞相卖出手中筹码时捡到便宜。很显然，国际猎手们没有在 2008 年前三个季度进场，而是在 2008 年第四季度才纷纷涌入。这个情况与上证指数类似，2009 年开始上证大盘也开始了一波翻倍的行情。

立陶宛大盘指数走势图（开业一年内走势）如图 4-25 所示。

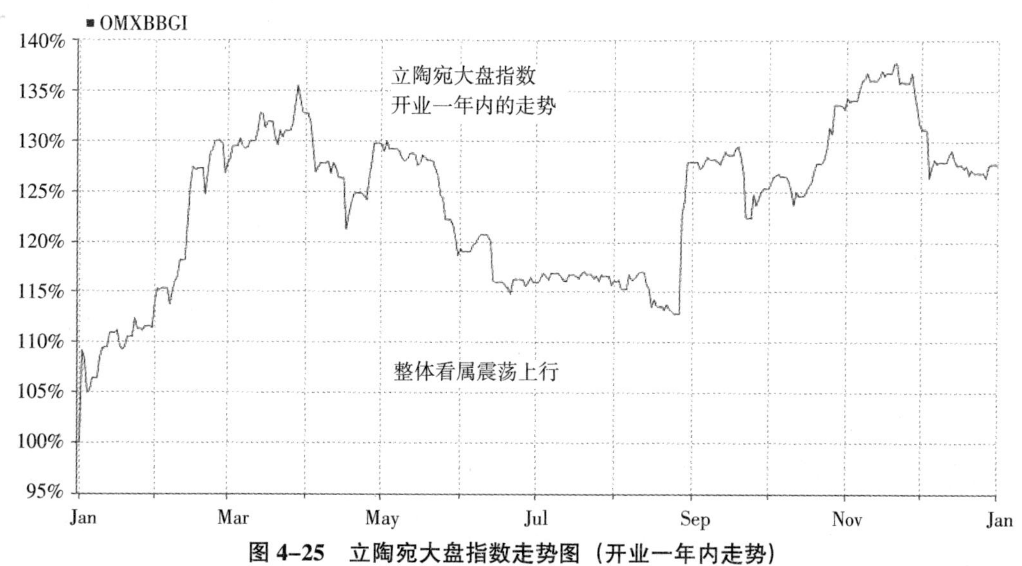

图 4-25　立陶宛大盘指数走势图（开业一年内走势）

立陶宛大盘指数走势图（后续走势）如图 4-26 所示。

图 4-26 展示了立陶宛的大盘指数，国际猎手们在里面潜伏了两年，才配合国际趋势向上拉升。在危机发生前出逃。他们的信息很多也很可靠，信息收集的渠道也多种多样。他们都甘愿坐在幕后，绝不露面，是低调老练和训练有素的高手。

图 4–26 立陶宛大盘指数走势图（后续走势）

上证指数早期走势如图 4–27 所示。

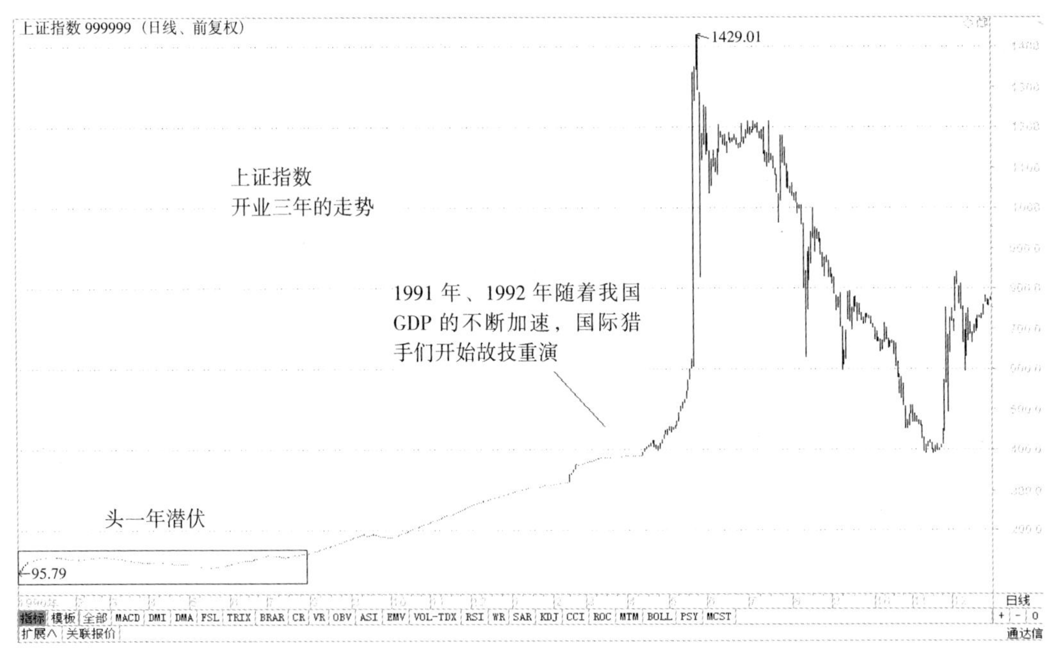

图 4–27 上证指数早期走势

综上所述，我国的大盘指数和东欧一些国家类似，头几年都有可能大涨一两年，如果国内国际形势良好，就会爆发大牛市，如果形势不好，就可能需要一两年的时间，才有机会上涨。

就上证指数来说，虽然 1990 年只有区区 9 个交易日，但是已经开始有不少国人开始尝试这种赚钱的方法，已经有不少人开始动用自己的积蓄，已经有人开始看好股市的长期趋势……这就会引发更多的国际投资猎手或境外机构使用不同方法渗入其中。我国的居民存款是很高的，从传统认为存银行吃利息开始转变，人们开始更多地将积蓄用于股市。羊毛出在羊身上，境外投资机构或个人进入我国股市为的就是赚钱。赚谁的钱？当然钱是不可能凭空诞生的，除了国内机构自身的身价外，更多的是看中十几亿中国居民长期以来的积蓄。这已经奠定了中国股市是长期牛市的基础。

我们再来看看当年上市的几只老牌个股。

个股方正科技（600601）日线图如图 4-28 所示。

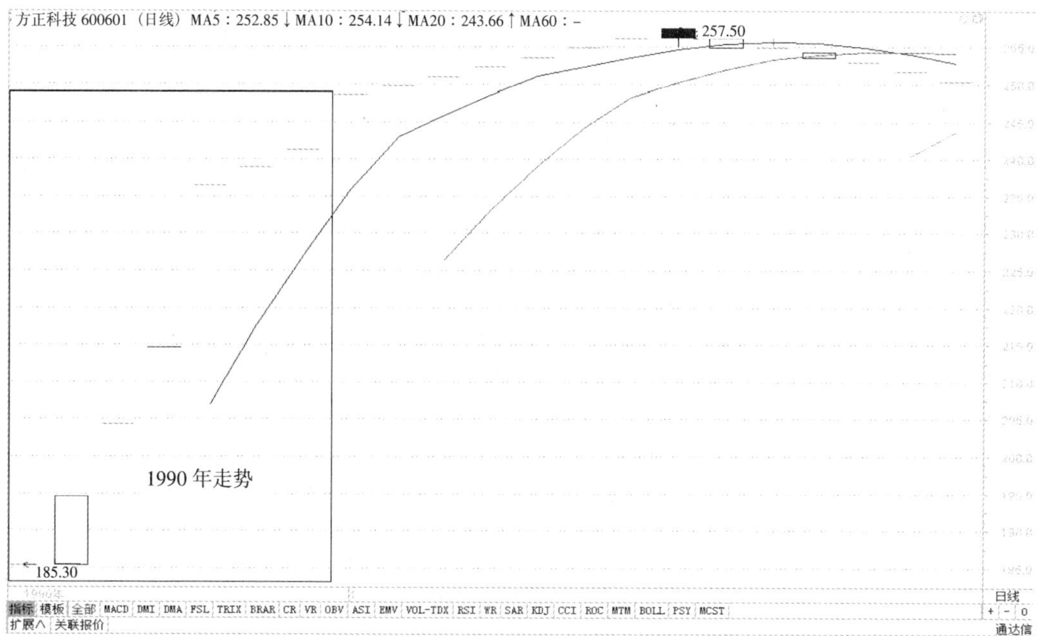

图 4-28　个股方正科技（600601）日线图

图 4-28 是个股方正科技（600601）的日 K 线图走势，在 1990 年末，该股在短短的 7 个交易日就上涨了 27%！

个股仪电电子（600602）日线图如图 4-29 所示。

图 4-29 是个股仪电电子（600602）的日 K 线图走势，在上市开盘才 8 个交易日，就从 0.8 元涨到了 1 元。

……

一般来说，国外机构的实力比较强，它们大都能从国内机构的虎口里夺到丰盛的

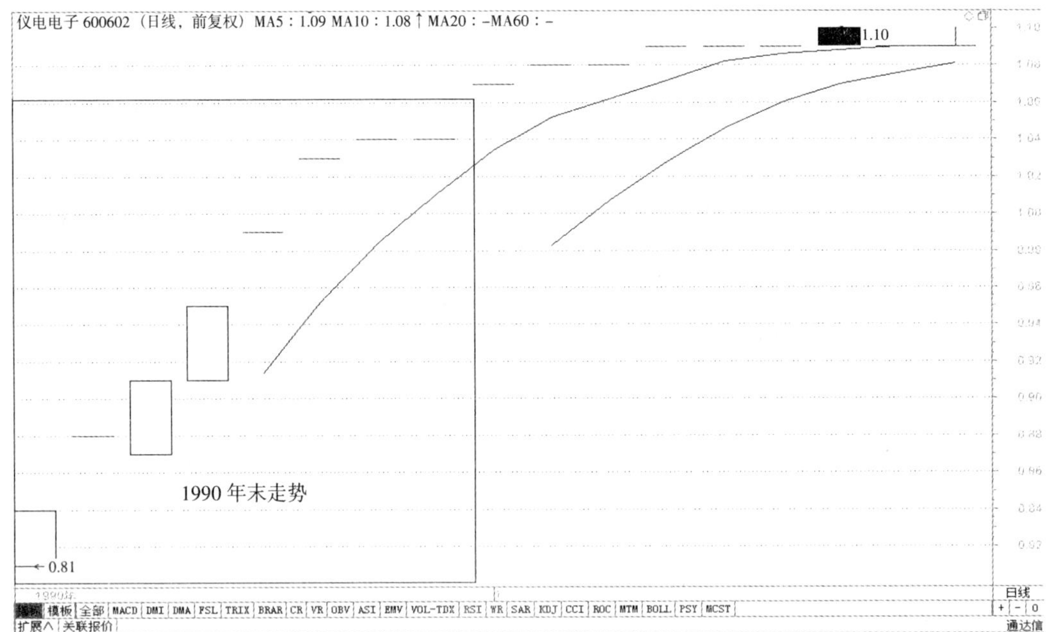

图 4-29　个股仪电电子（600602）日线图

美食，而国内的机构只能靠吃比自己实力差的中小机构，而中小机构暂时还吃不了大机构，所以它们的目标多定在中小投资者身上，所以身为散户，在众多豺狼虎豹面前，大都是九亏一盈的概率。

总结 1990 年的大盘走势，就一个字——“涨”。用 V 线图的语言来表达。

“涨”式 V 图如图 4-30 所示。

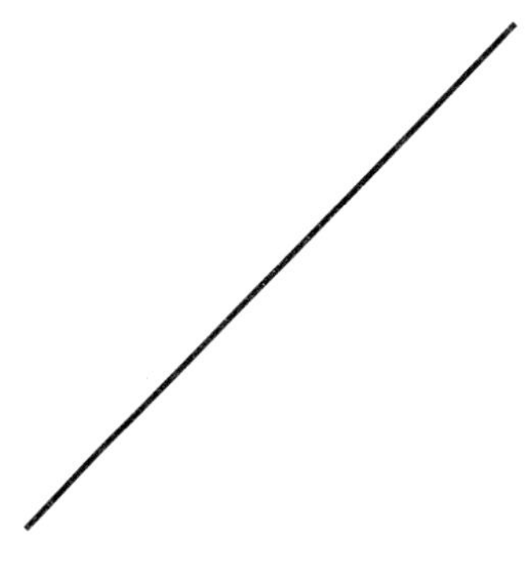

图 4-30　“涨”式 V 图

将图 4-30 展开到日线图上，就如图 4-31 所示。日线震荡上行，大体趋势始终向上，使年线走出大涨之势。

日 K 线与 V 图对比如图 4-31 所示。

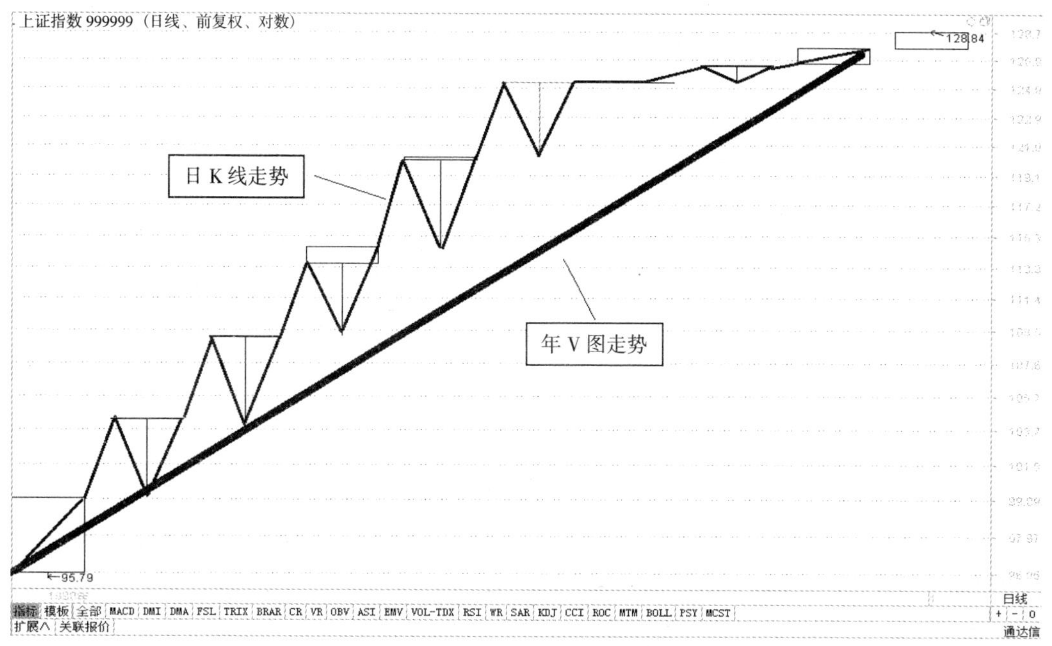

图 4-31　日 K 线与 V 图对比

在传统 K 线图上看，就是一个没有上、下影线的红 K 线，表示着行情强势上涨。由于中国经济对外开放，国人对国家的经济前景一致看好，使得大盘指数开业的头几个交易日，猛涨不止，拉开了 20 世纪 90 年代长期牛市的帷幕。

4.4　1991 年

1991 年，随着股市的开始，我国 GDP 增长率也在不断升高，促使刚刚开始的股市继续向上发展，呈现未来的经济繁荣景象。

上证指数 1991 年 1 月走势如图 4-32 所示。

V 图走势如图 4-33 所示。

1991 年 1 月所处神秘大三角位置如图 4-34 所示。

1 月，股指开盘后一路冲高到 135.19 点，后逐渐回落。以大盘指数 96.05 点开始计算，在我们的神秘大三角形态中，这一波的高点应该在 96.05×1.68＝161.36 点以上。1 月中旬曾冲向 135 点，已相当接近了，但是月末没能再接再厉，行情仍处在 AB 之间。

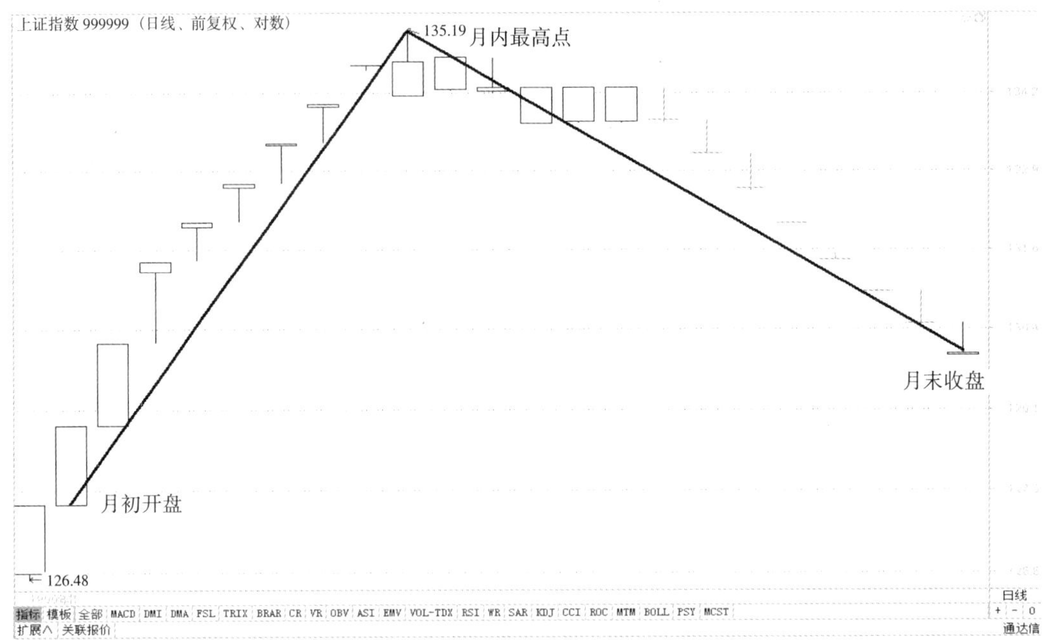

图 4-32　上证指数 1991 年 1 月走势

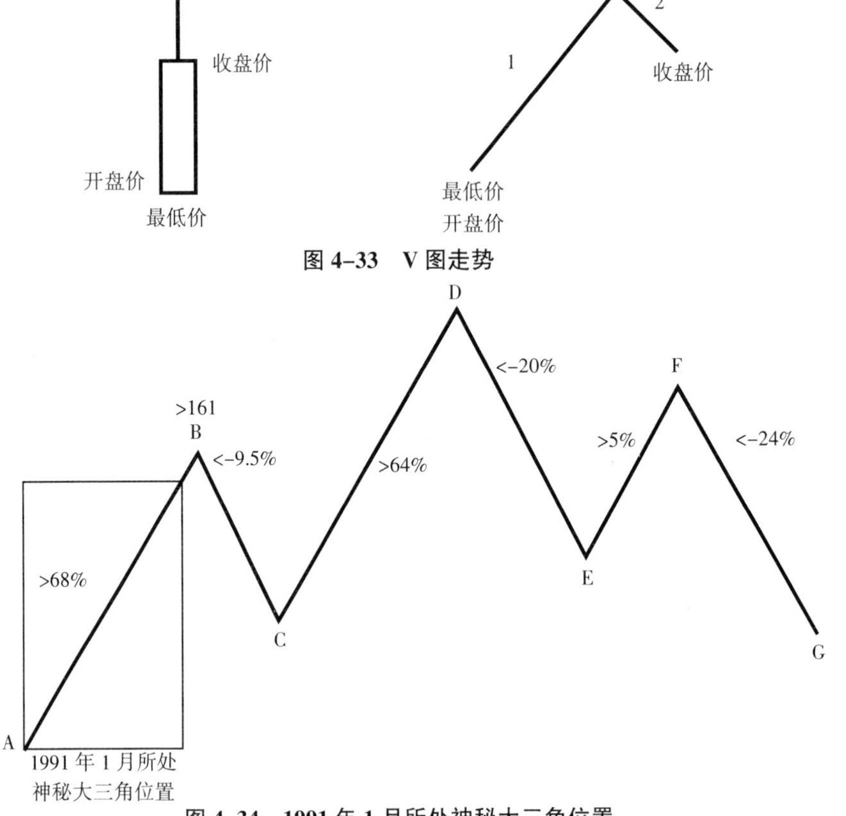

图 4-33　V 图走势

图 4-34　1991 年 1 月所处神秘大三角位置

上证指数 1991 年 2 月走势如图 4–35 所示。

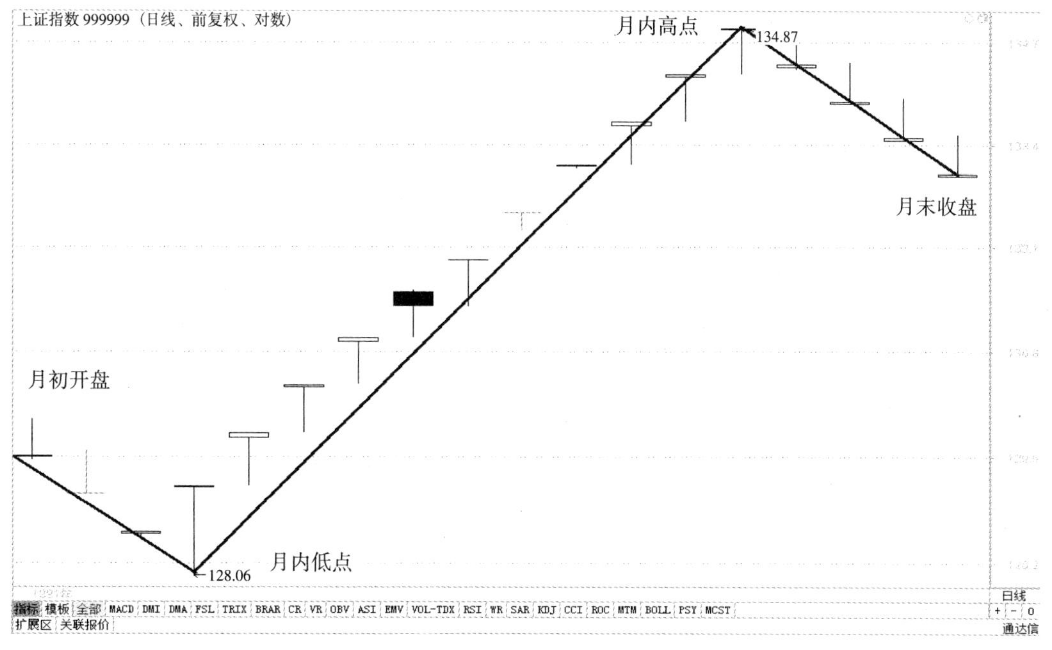

图 4–35　上证指数 1991 年 2 月走势

V 图走势如图 4–36 所示。

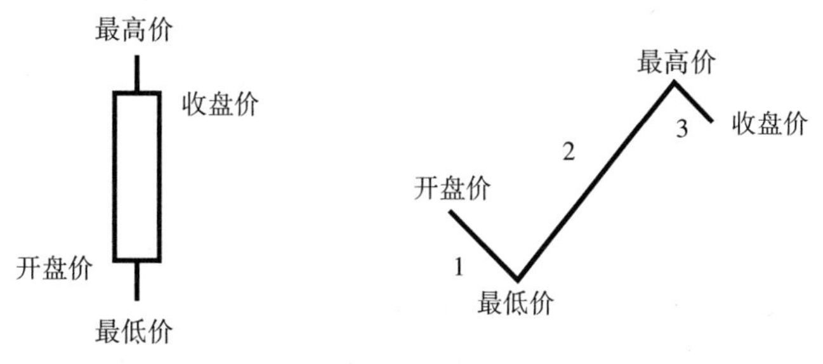

图 4–36　V 图走势

1991 年 2 月所处神秘大三角位置如图 4–37 所示。

2 月，指数仍试图向上突破上个月的高点，但没有成功，K 线上报收一个有上、下影线的阳 K 线。

上证指数 1991 年 3 月走势如图 4–38 所示。

V 图走势如图 4–39 所示。

1991 年 3 月所处神秘大三角位置如图 4–40 所示。

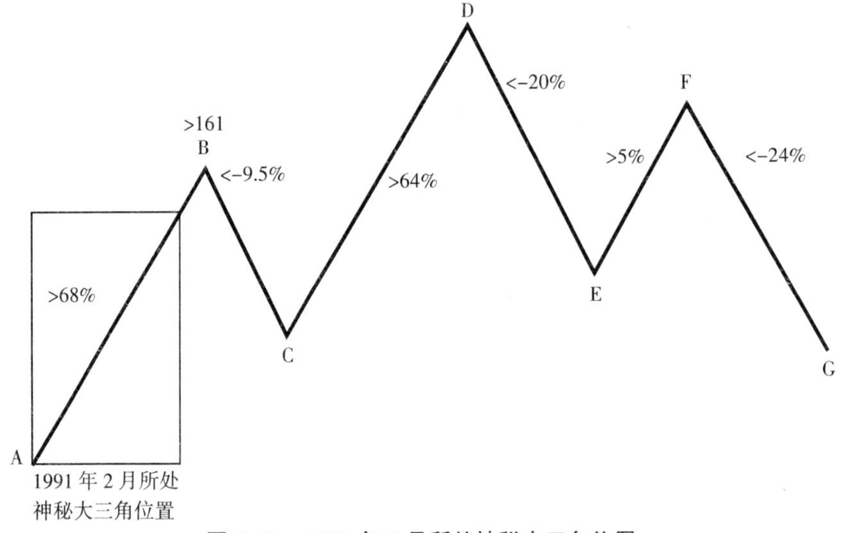

图 4-37　1991 年 2 月所处神秘大三角位置

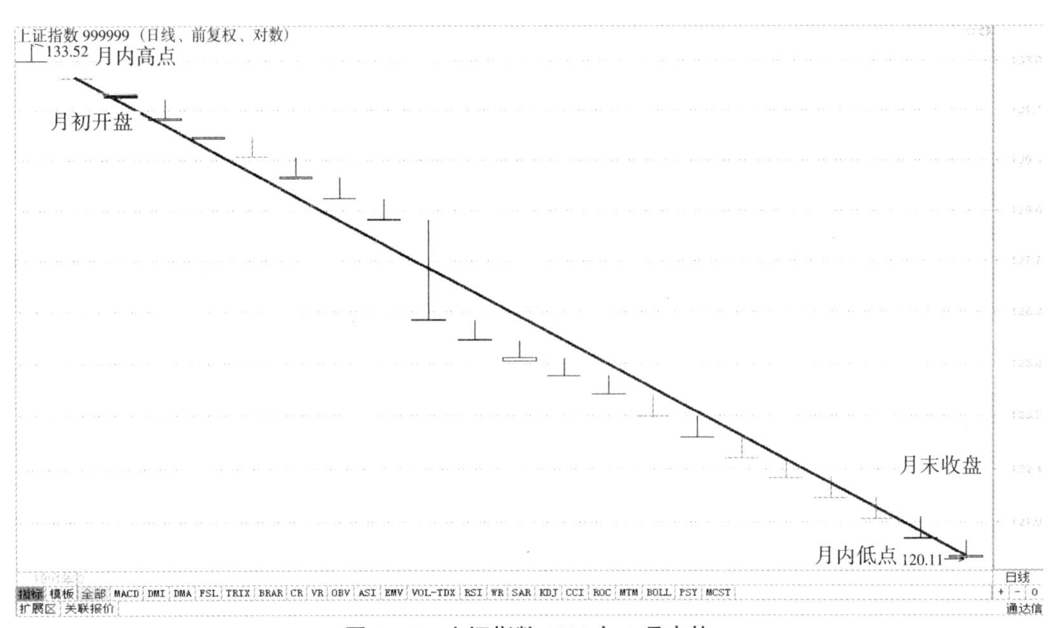

图 4-38　上证指数 1991 年 3 月走势

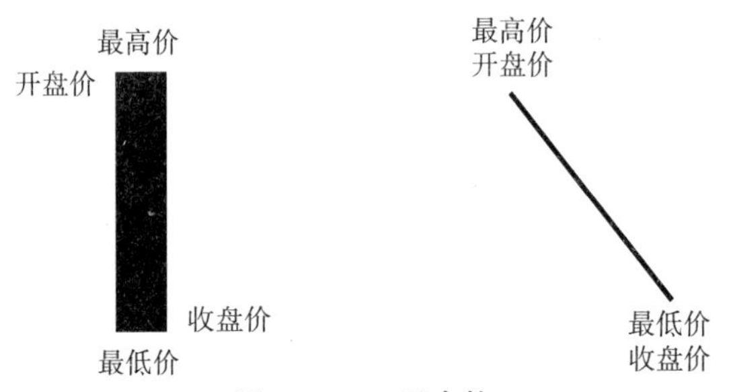

图 4-39　V 图走势

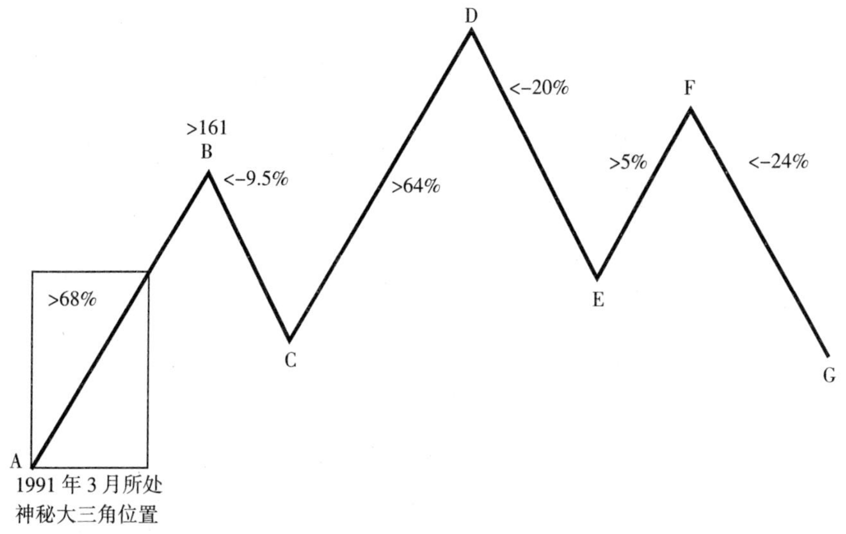

图 4-40　1991 年 3 月所处神秘大三角位置

3 月，上证指数大幅下跌，在神秘大三角图形上又回落一截。

上证指数 1991 年 4 月走势如图 4-41 所示。

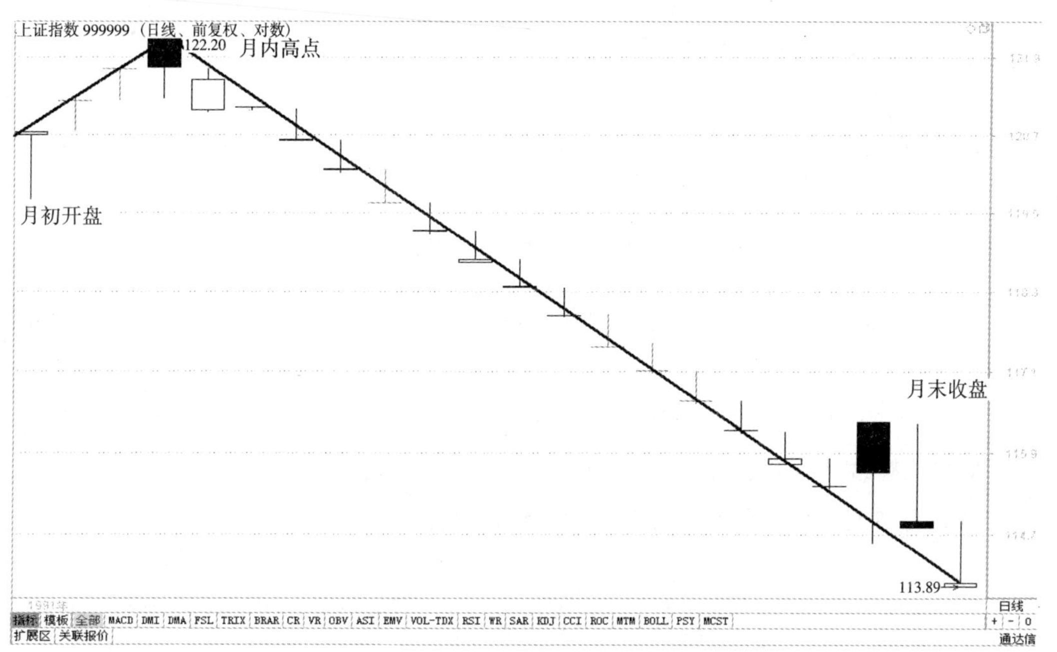

图 4-41　上证指数 1991 年 4 月走势

V 图走势如图 4-42 所示。

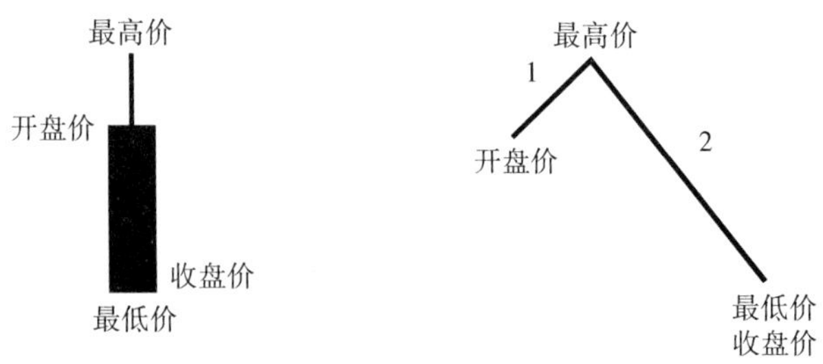

图 4-42　V 图走势

1991 年 4 月所处神秘大三角位置如图 4-43 所示。

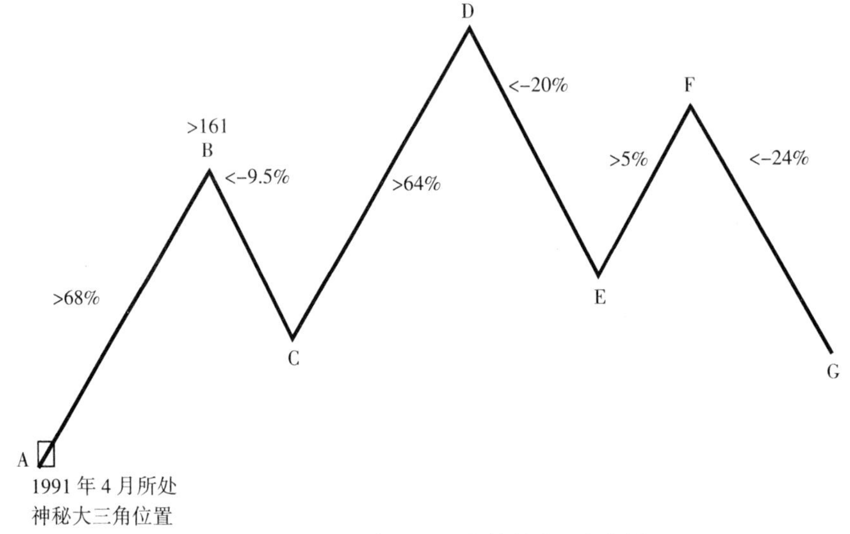

图 4-43　1991 年 4 月所处神秘大三角位置

4 月，上证指数继续狂跌，几乎跌回 100 点位置，在神秘大三角图形上几乎退回原点。

上证指数 1991 年 5 月走势如图 4-44 所示。

V 图走势如图 4-45 所示。

1991 年 5 月所处神秘大三角位置如图 4-46 所示。

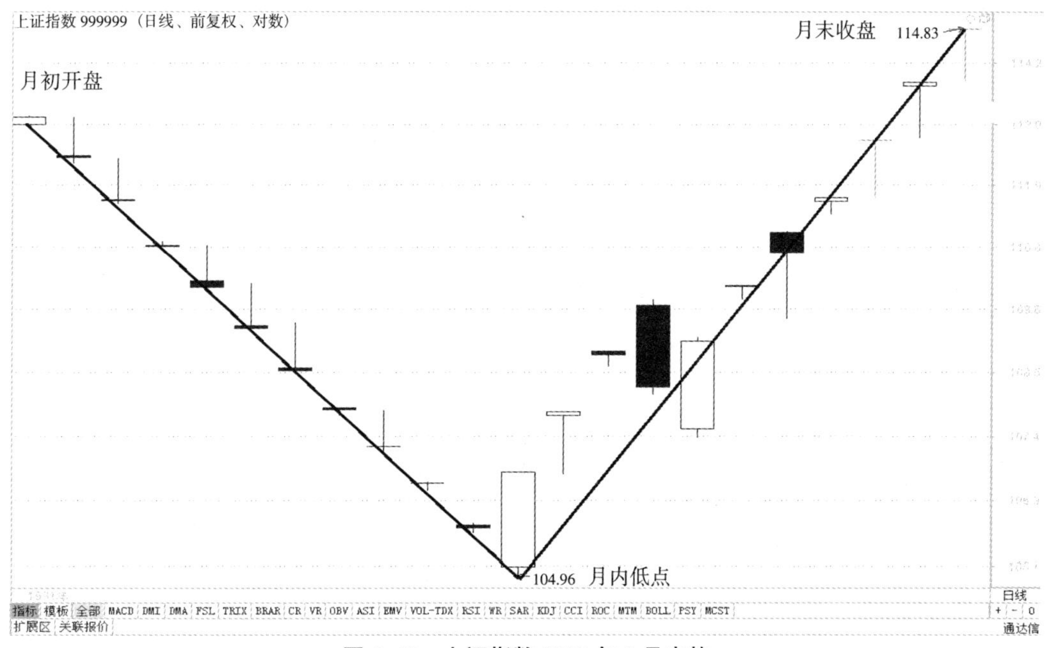

图 4-44　上证指数 1991 年 5 月走势

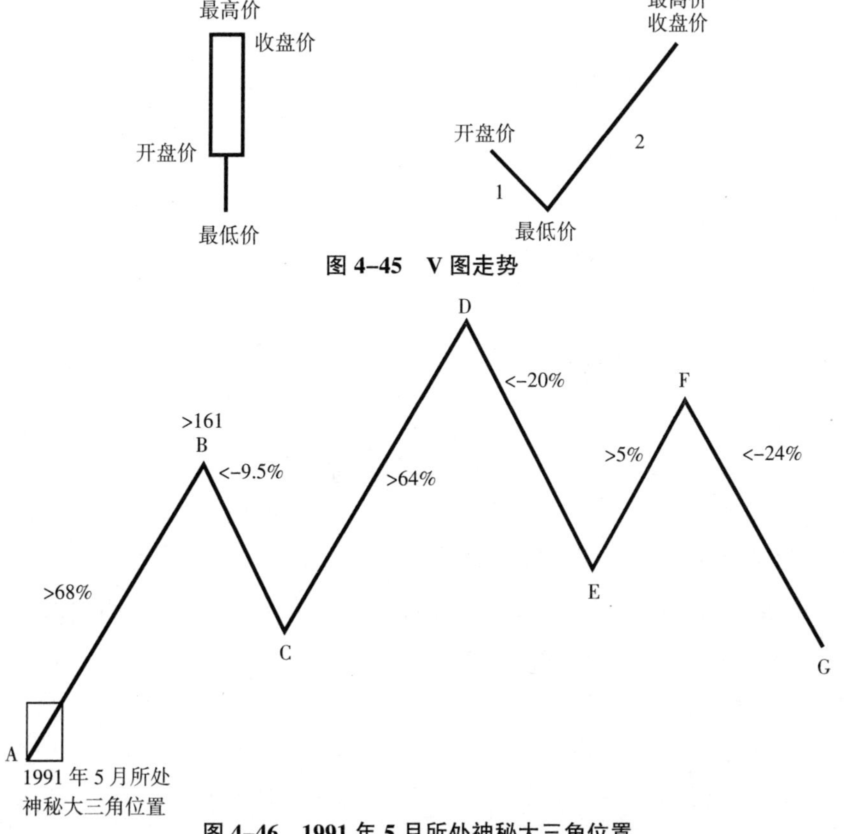

图 4-45　V 图走势

图 4-46　1991 年 5 月所处神秘大三角位置

5 月，深跌几近起始 100 点，中旬开始反转，报收 114.8 点。

上证指数 1991 年 6 月走势如图 4-47 所示。

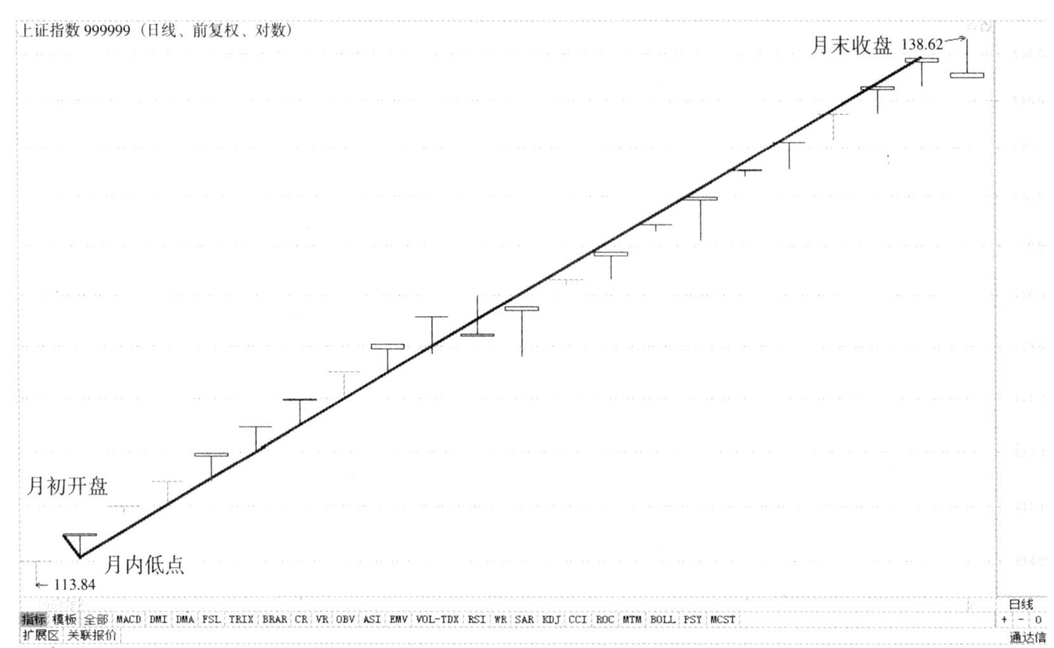

图 4-47　上证指数 1991 年 6 月走势

V 图走势如图 4-48 所示。

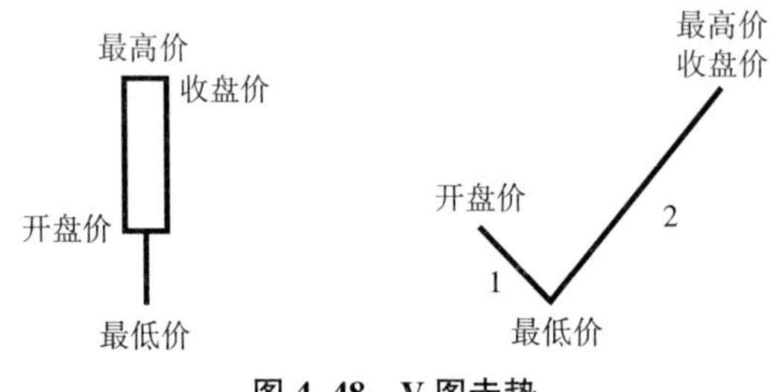

图 4-48　V 图走势

1991 年 6 月所处神秘大三角位置如图 4-49 所示。

6 月，行情继续上涨，最终涨至接近 140 点。在神秘大三角图上再次逼近高点 B。

上证指数 1991 年 7 月走势如图 4-50 所示。

V 图走势如图 4-51 所示。

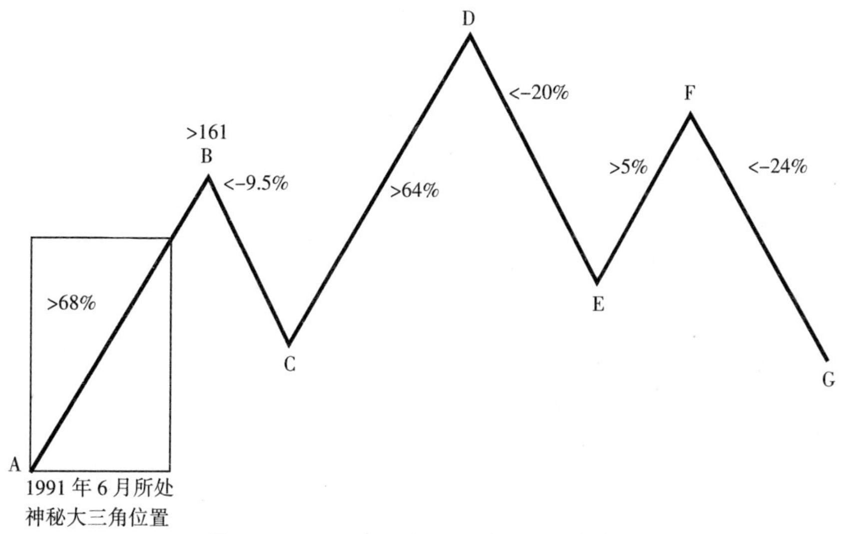

图 4-49　1991 年 6 月所处神秘大三角位置

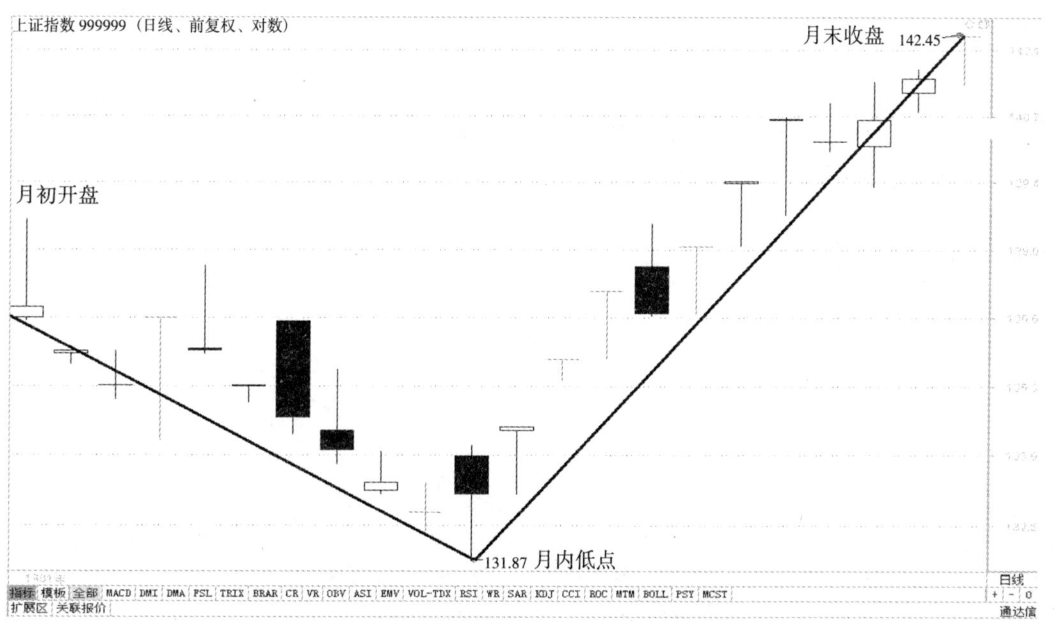

图 4-50　上证指数 1991 年 7 月走势

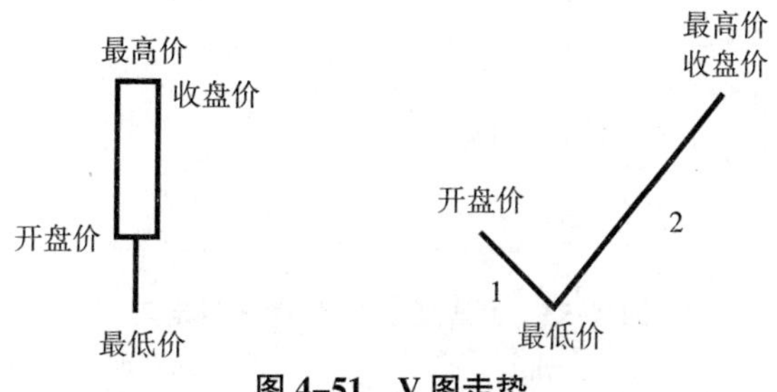

图 4-51　V 图走势

1991 年 7 月所处神秘大三角位置如图 4-52 所示。

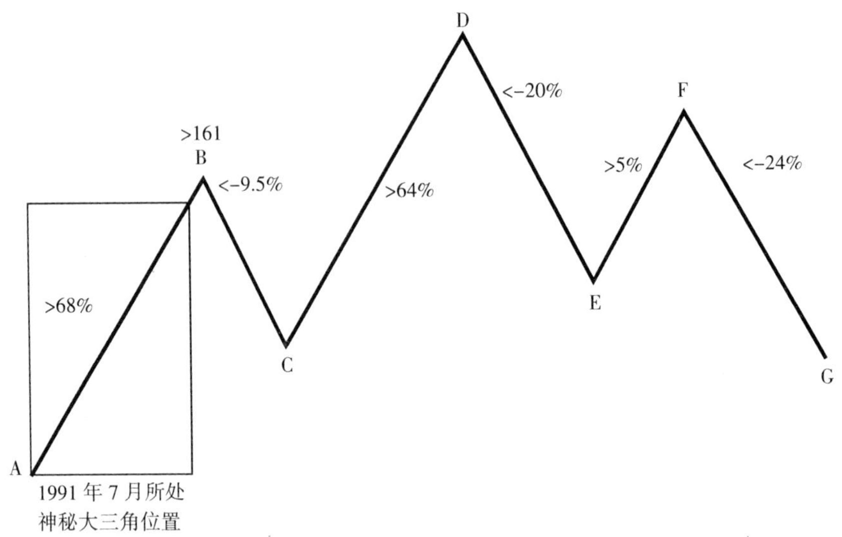

图 4-52　1991 年 7 月所处神秘大三角位置

7 月，上证指数略有所回调，之后再转头向上，直至报收 142 点。

上证指数 1991 年 8 月走势如图 4-53 所示。

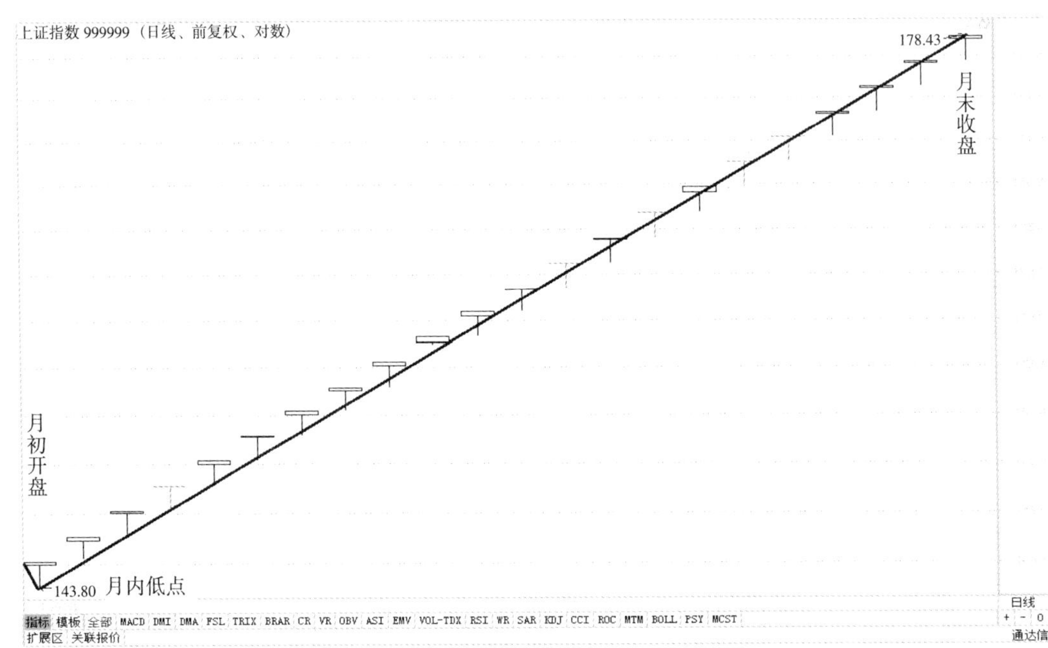

图 4-53　上证指数 1991 年 8 月走势

V 图走势如图 4–54 所示。

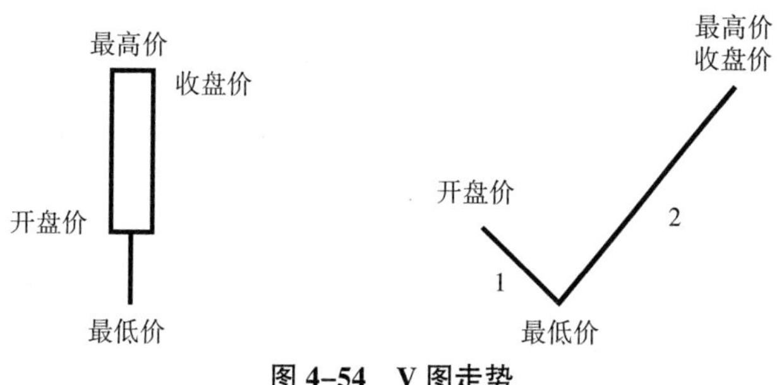

图 4–54　V 图走势

1991 年 8 月所处神秘大三角位置如图 4–55 所示。

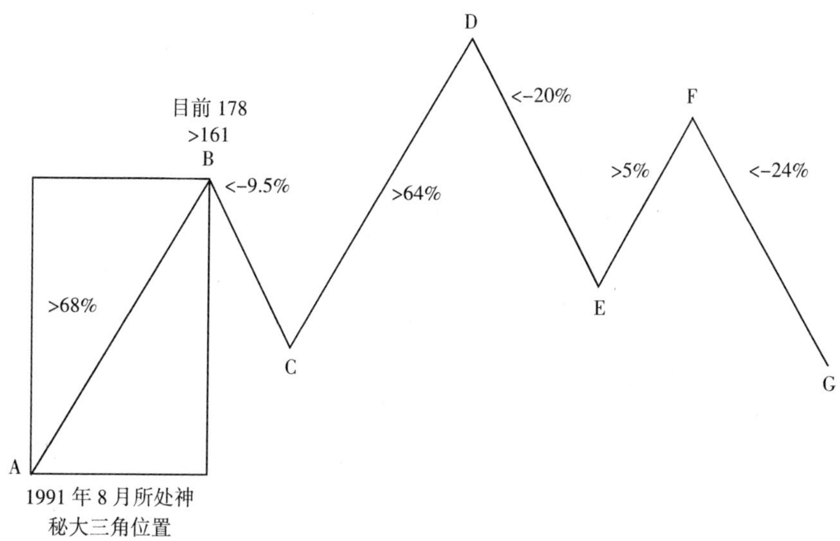

图 4–55　1991 年 8 月所处神秘大三角位置

8 月，上证指数强势拉升，让不少投资者获利颇丰。从神秘三角形态上看，B 点可能已经到达，但是这还不能确认，需要继续观察后续走势。

上证指数 1991 年 9 月走势如图 4–56 所示。

V 图走势如图 4–57 所示。

1991 年 9 月所处神秘大三角位置如图 4–58 所示。

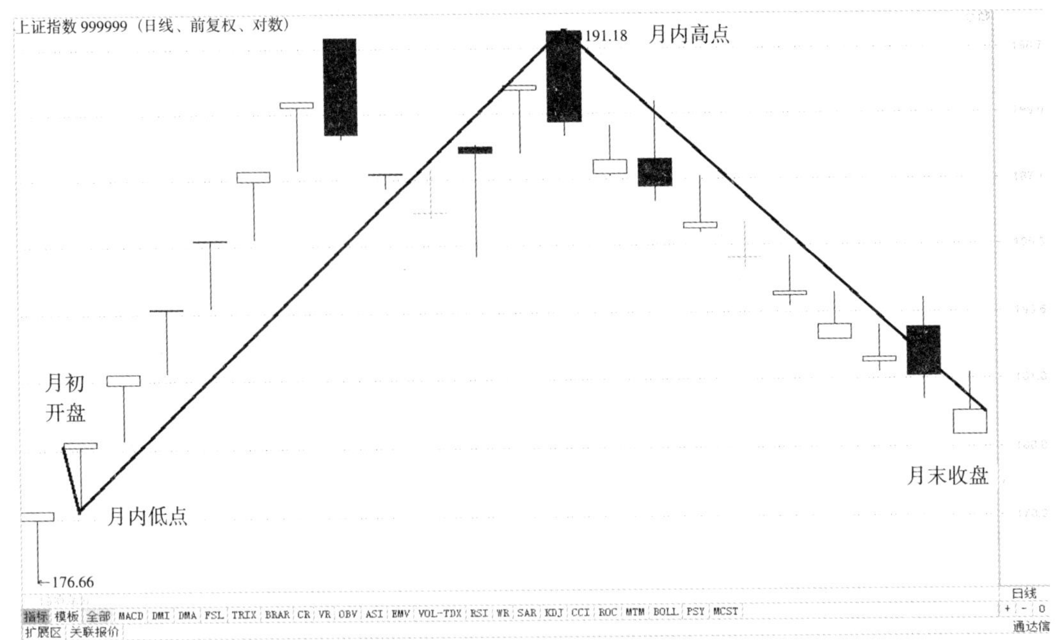

图 4-56 上证指数 1991 年 9 月走势

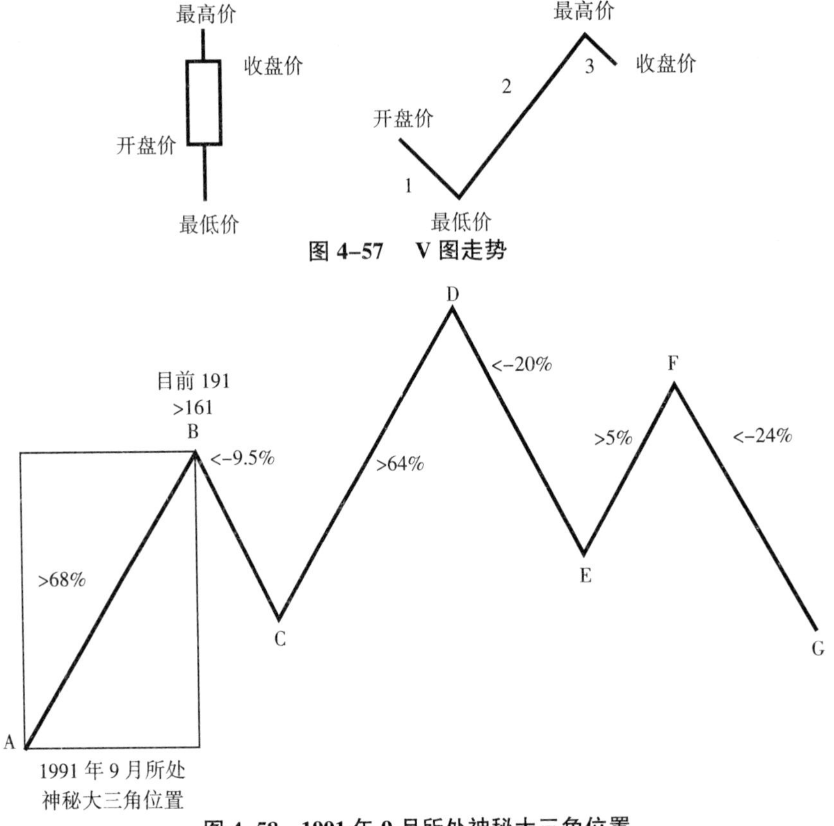

图 4-57 V 图走势

图 4-58 1991 年 9 月所处神秘大三角位置

9 月，大盘指数再创出 191 点新高，月尾没能守住而再度回落，勉强收出一个上影线比下影线长的小阳实体线。

上证指数 1991 年 10 月走势如图 4-59 所示。

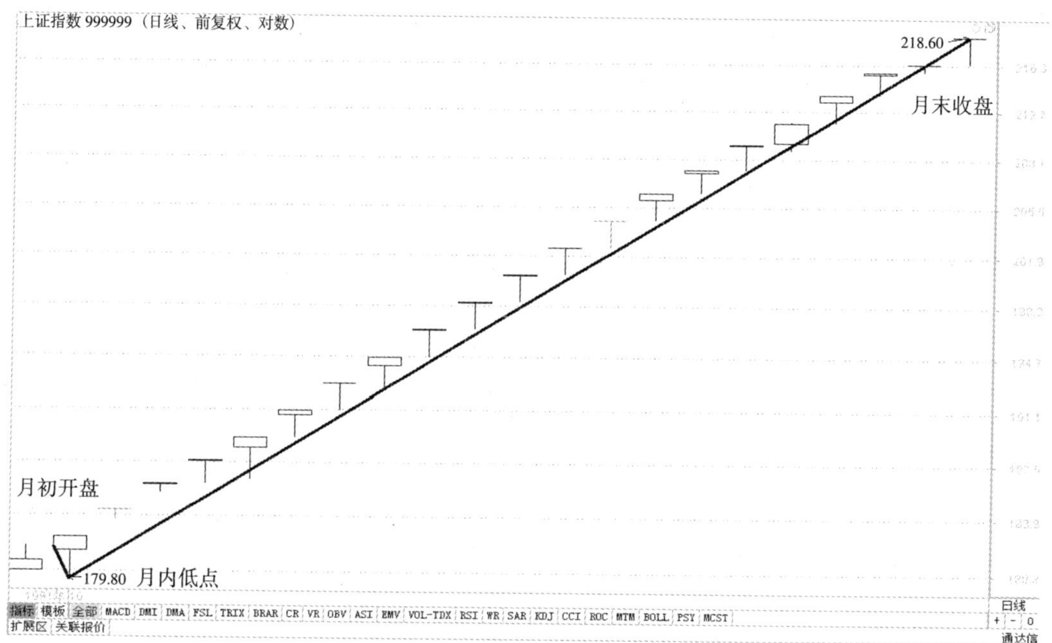

图 4-59　上证指数 1991 年 10 月走势

V 图走势如图 4-60 所示。

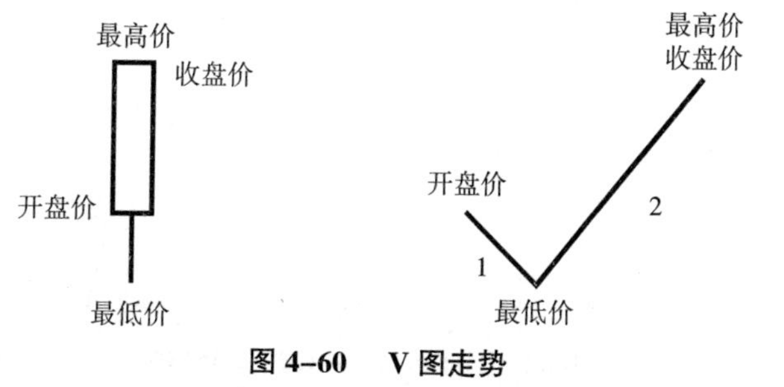

图 4-60　V 图走势

1991 年 10 月所处神秘大三角位置如图 4-61 所示。

10 月，大盘猛涨，突破前期高点，创下 218 点的新高。

上证指数 1991 年 11 月走势如图 4-62 所示。

V 图走势如图 4-63 所示。

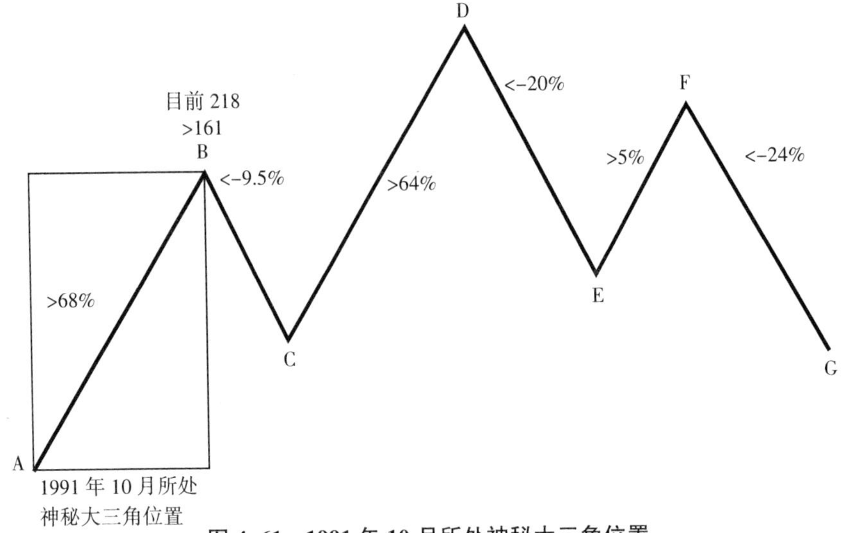

图 4-61　1991 年 10 月所处神秘大三角位置

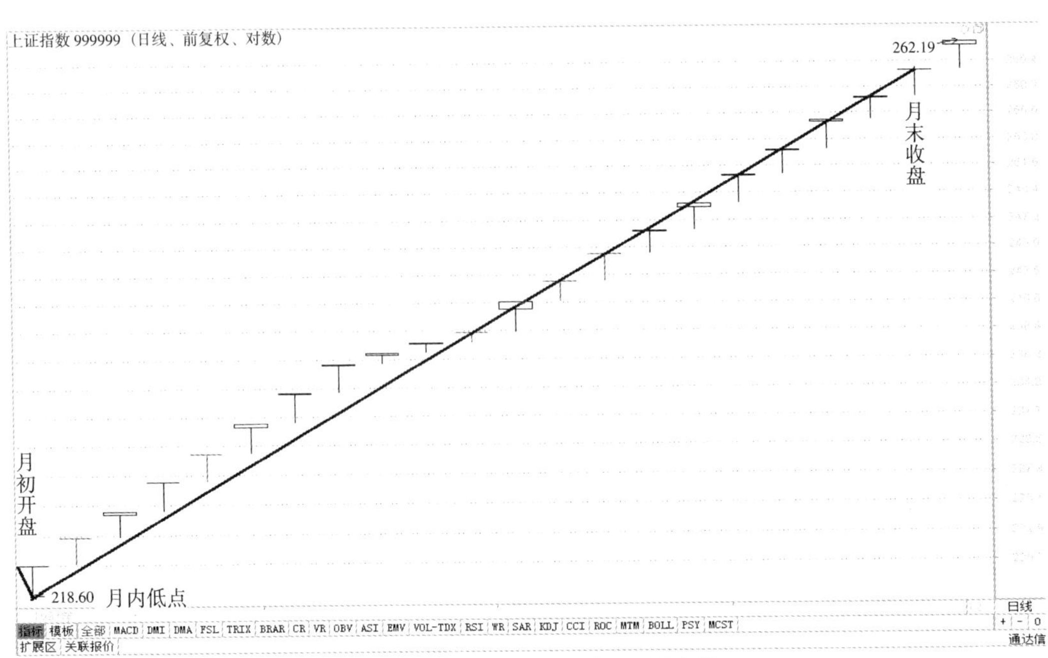

图 4-62　上证指数 1991 年 11 月走势

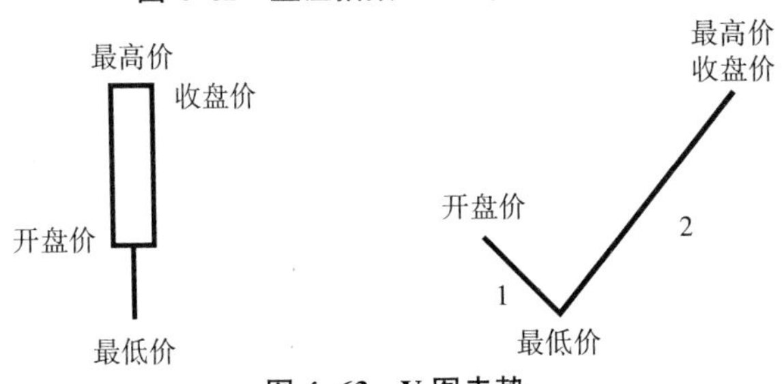

图 4-63　V 图走势

1991 年 11 月所处神秘大三角位置如图 4-64 所示。

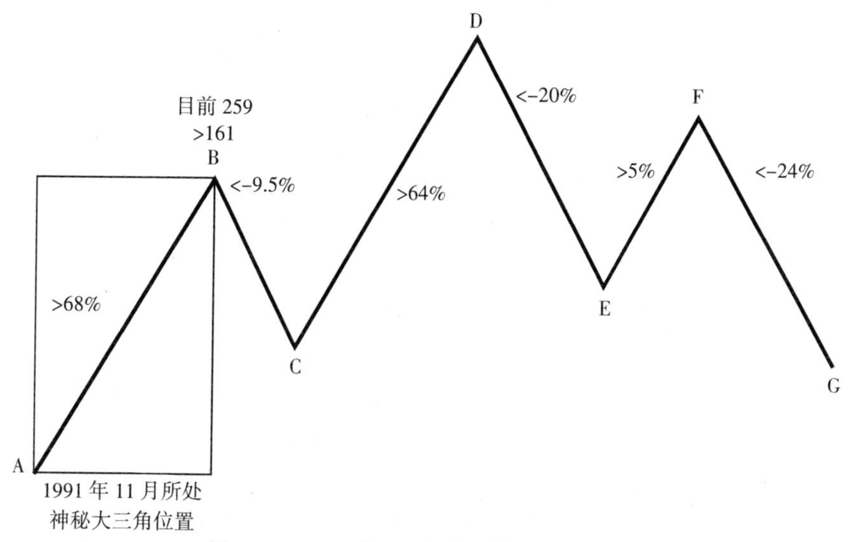

图 4-64　1991 年 11 月所处神秘大三角位置

11 月，继续 10 月行情，惯性上涨，将高点推至 259 点高点。

上证指数 1991 年 12 月走势如图 4-65 所示。

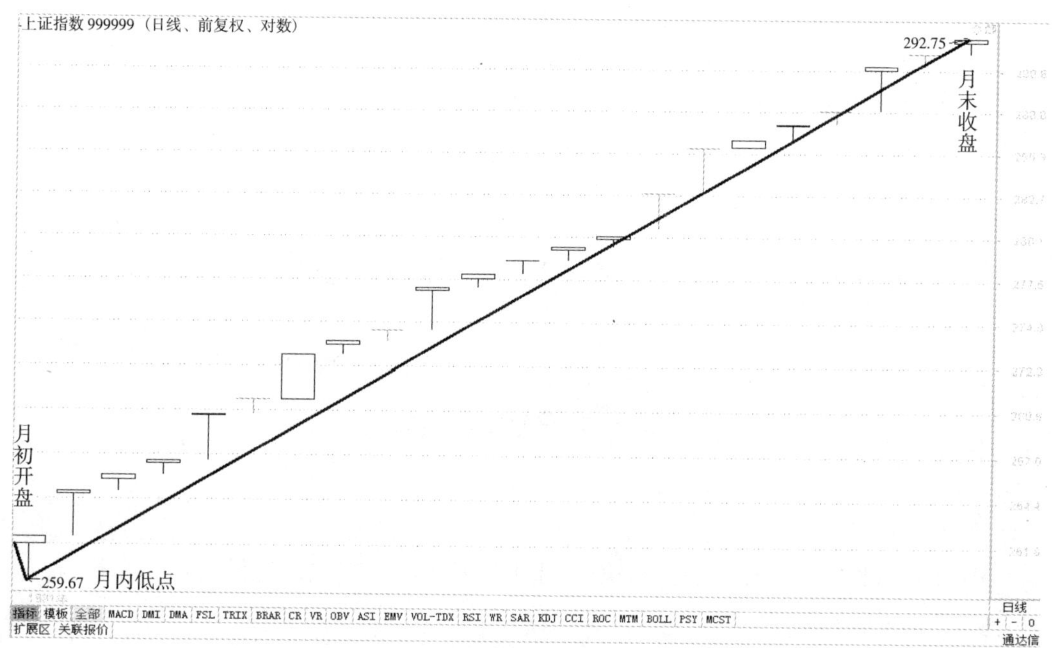

图 4-65　上证指数 1991 年 12 月走势

V 图走势如图 4-66 所示。

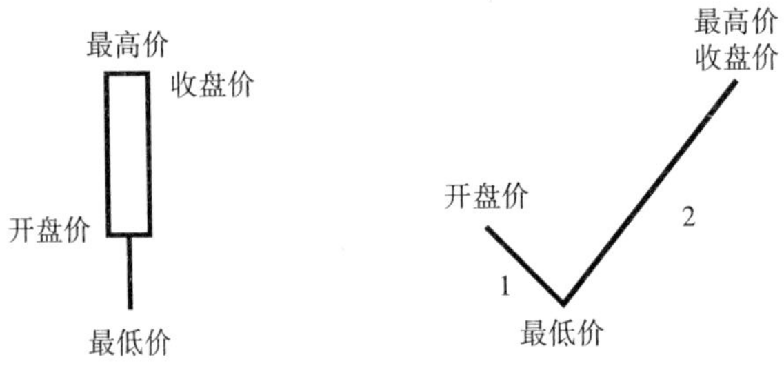

图 4-66 V 图走势

1991 年 12 月所处神秘大三角位置如图 4-67 所示。

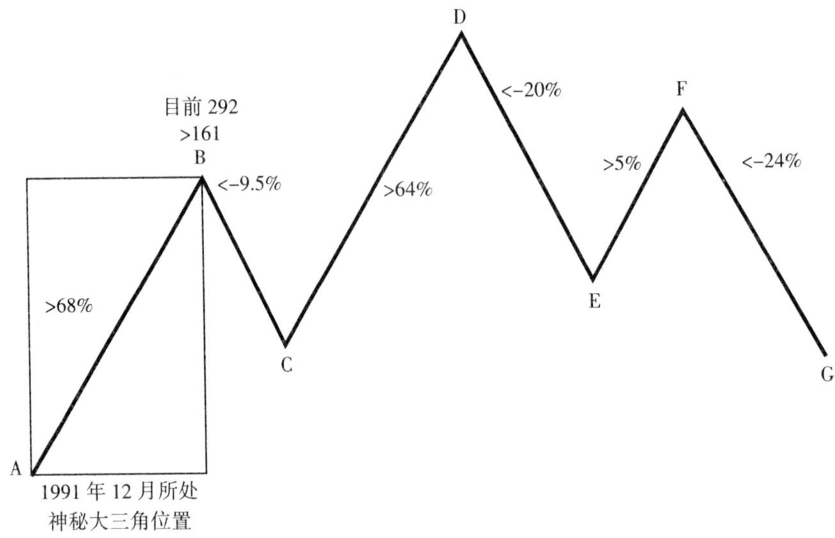

图 4-67 1991 年 12 月所处神秘大三角位置

12 月，故技重演，与 10 月、11 月走势相当，再次创出新高到 292 点高点。

4.5 1992 年

1992 年，我国统计局公布的 GDP，1991 年较 1990 年成数倍增长，年内行情顺理成章地走出爆发式的上涨。

上证指数 1992 年 1 月走势如图 4-68 所示。

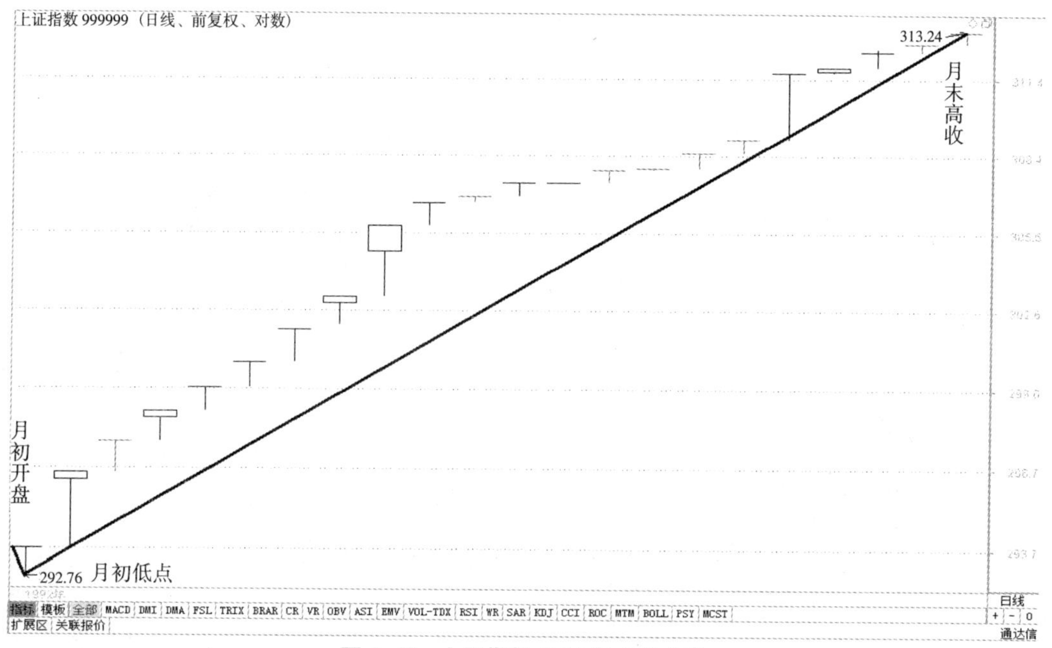

图 4–68　上证指数 1992 年 1 月走势

V 图走势如图 4–69 所示。

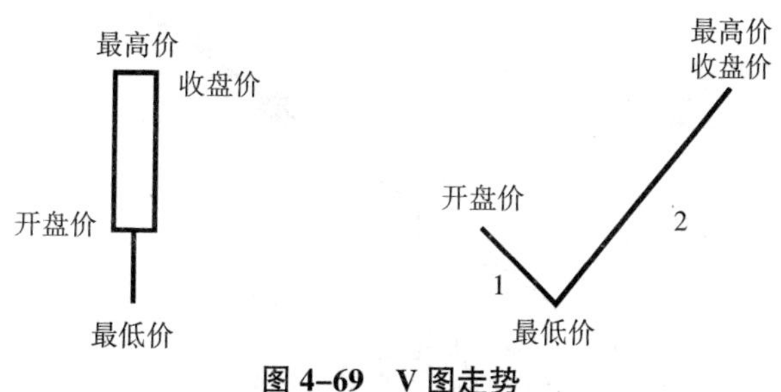

图 4–69　V 图走势

1992 年 1 月所处神秘大三角位置如图 4–70 所示。

1 月，股指头一个交易日小跌后，整个 1 月内大盘几乎直线上涨。头两个交易日的最低点连成的趋势线就可以作为一个很好的上升支撑线来用。大盘指数几乎没跌破过，反而在它附近得到支撑而继续反转向上。

上证指数 1992 年 2 月走势如图 4–71 所示。

V 图走势如图 4–72 所示。

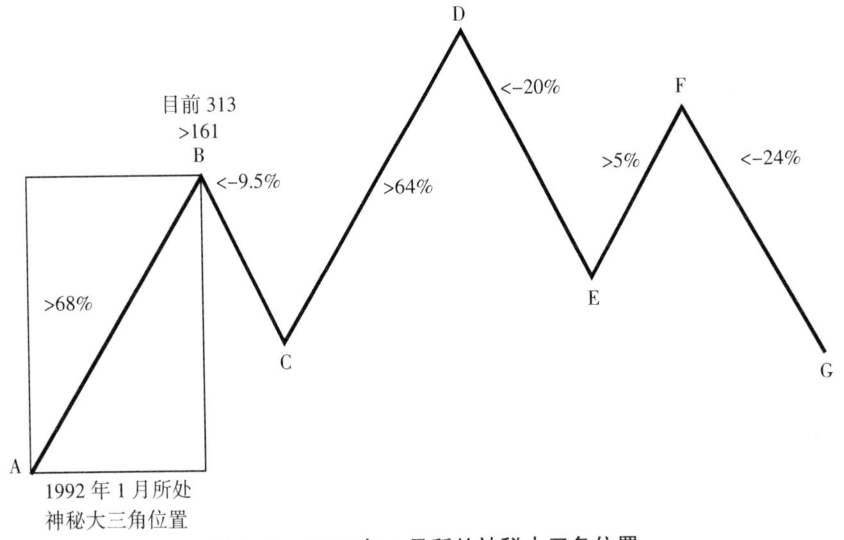

图 4-70　1992 年 1 月所处神秘大三角位置

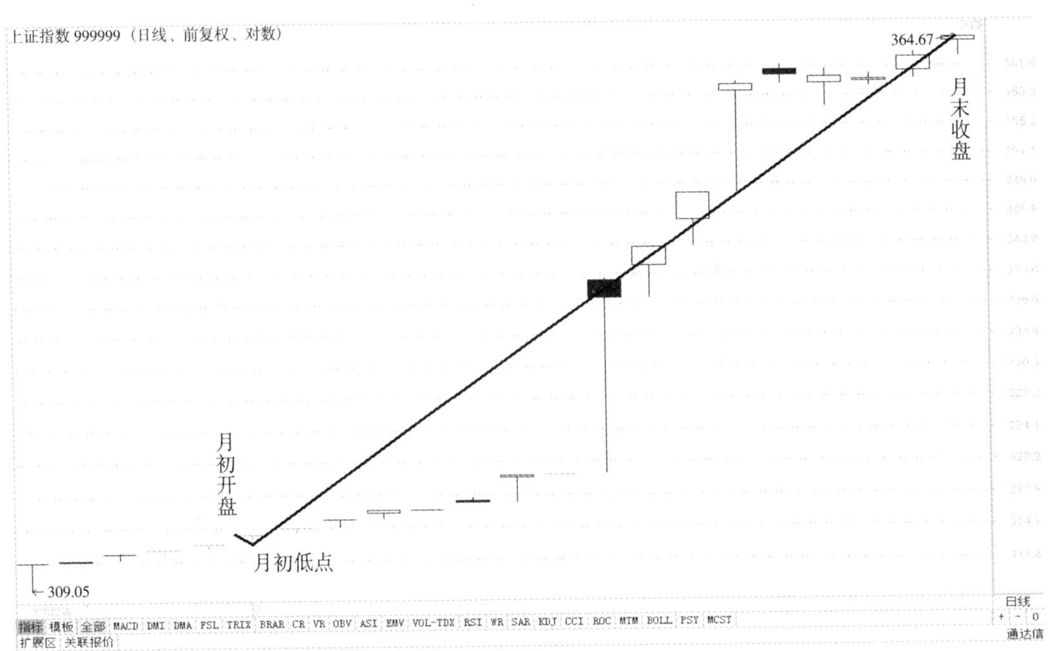

图 4-71　上证指数 1992 年 2 月走势

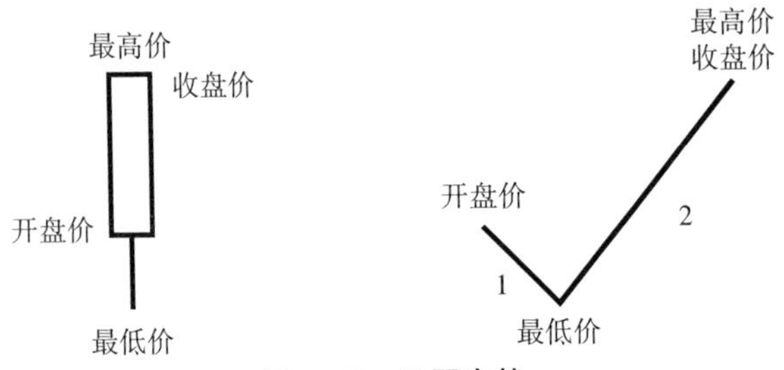

图 4-72　V 图走势

1992 年 2 月所处神秘大三角位置如图 4-73 所示。

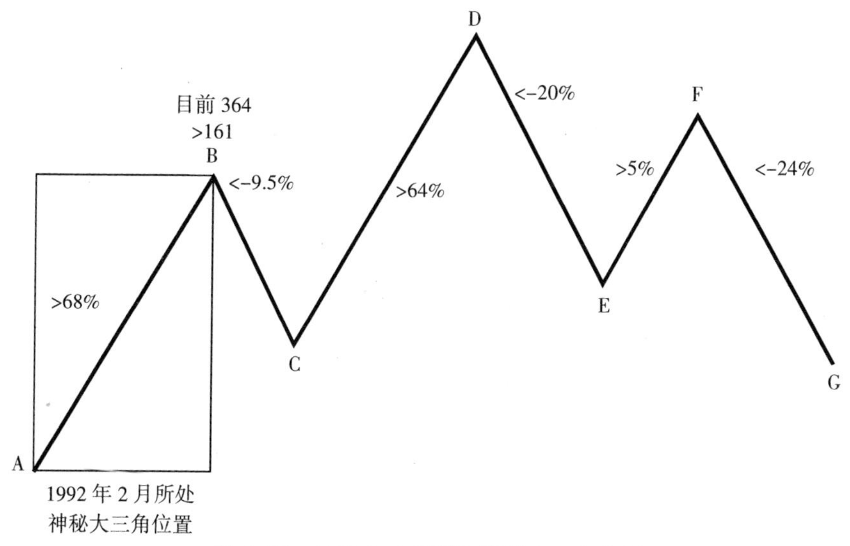

图 4-73　1992 年 2 月所处神秘大三角位置

2 月，指数依旧保持强劲的势头，不断向上创出历史新高，较开业以来已上涨 3.64 倍之多。

上证指数 1992 年 3 月走势如图 4-74 所示。

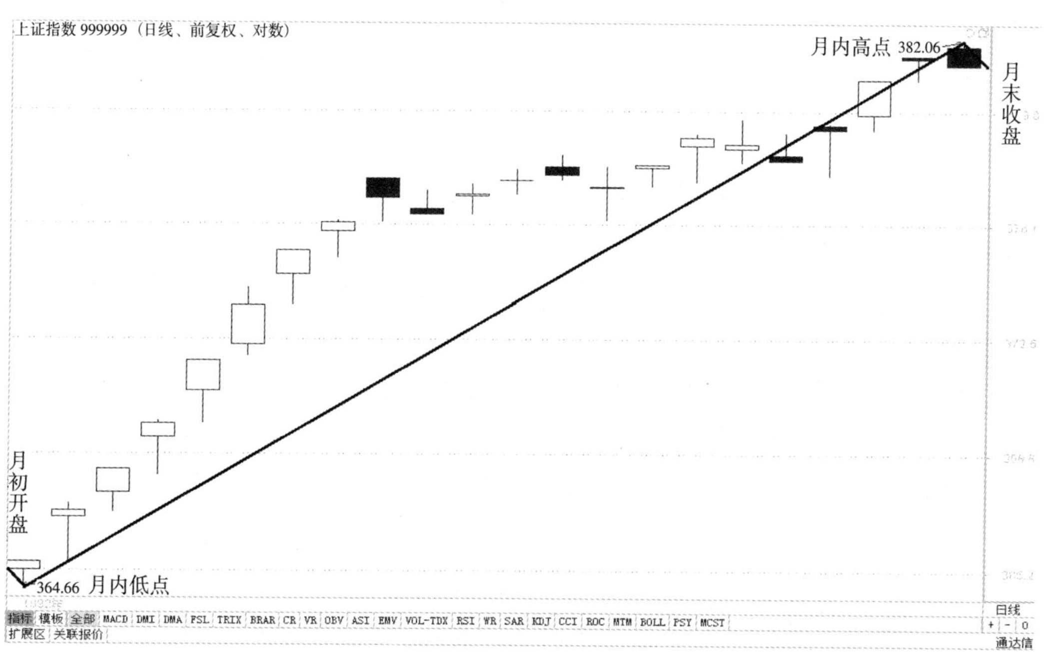

图 4-74　上证指数 1992 年 3 月走势

V 图走势如图 4–75 所示。

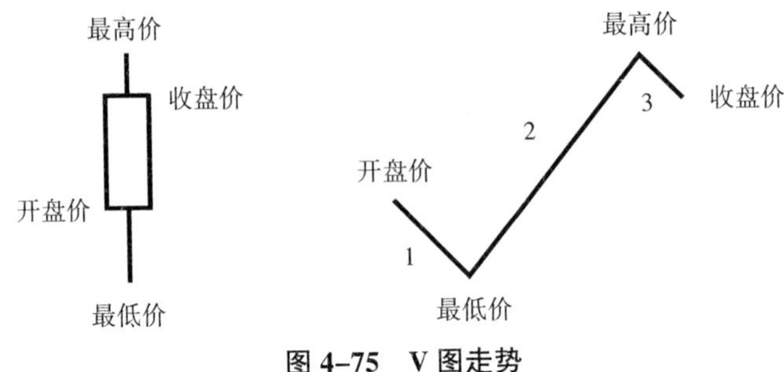

图 4–75　V 图走势

1992 年 3 月所处神秘大三角位置如图 4–76 所示。

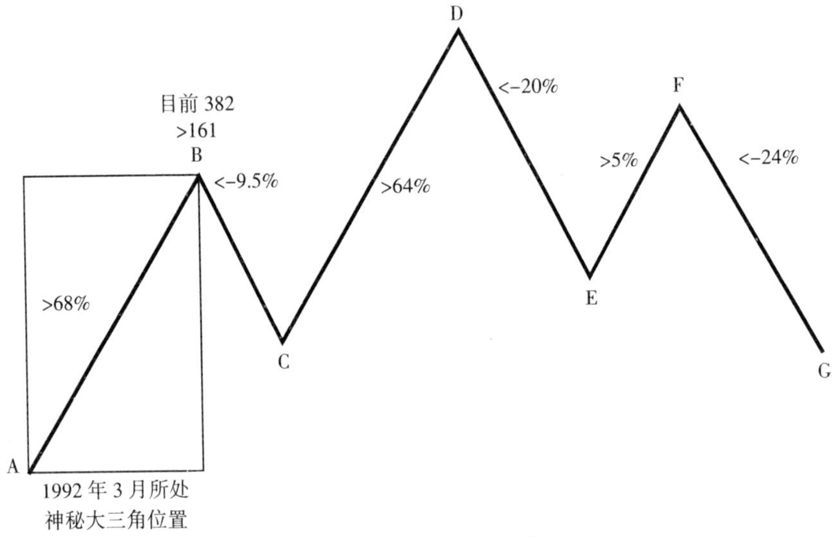

图 4–76　1992 年 3 月所处神秘大三角位置

3 月，上证指数大涨行情依旧不改，再次创出新高到 382 点。大三角的 B 点位置不断上移。

上证指数 1992 年 4 月走势如图 4–77 所示。

V 图走势如图 4–78 所示。

1992 年 4 月所处神秘大三角位置如图 4–79 所示。

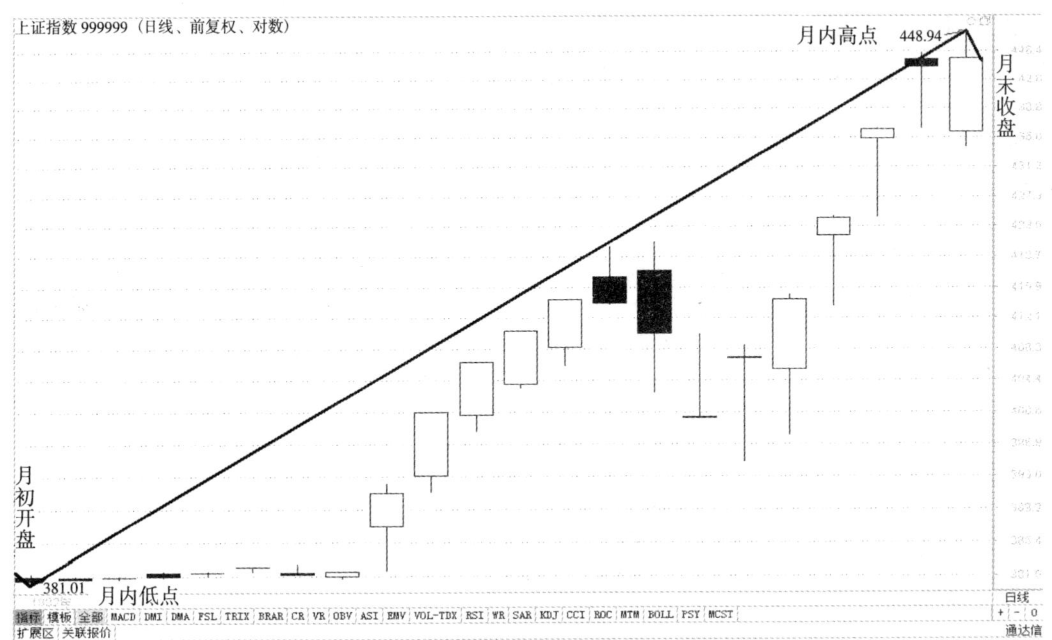

图 4-77　上证指数 1992 年 4 月走势

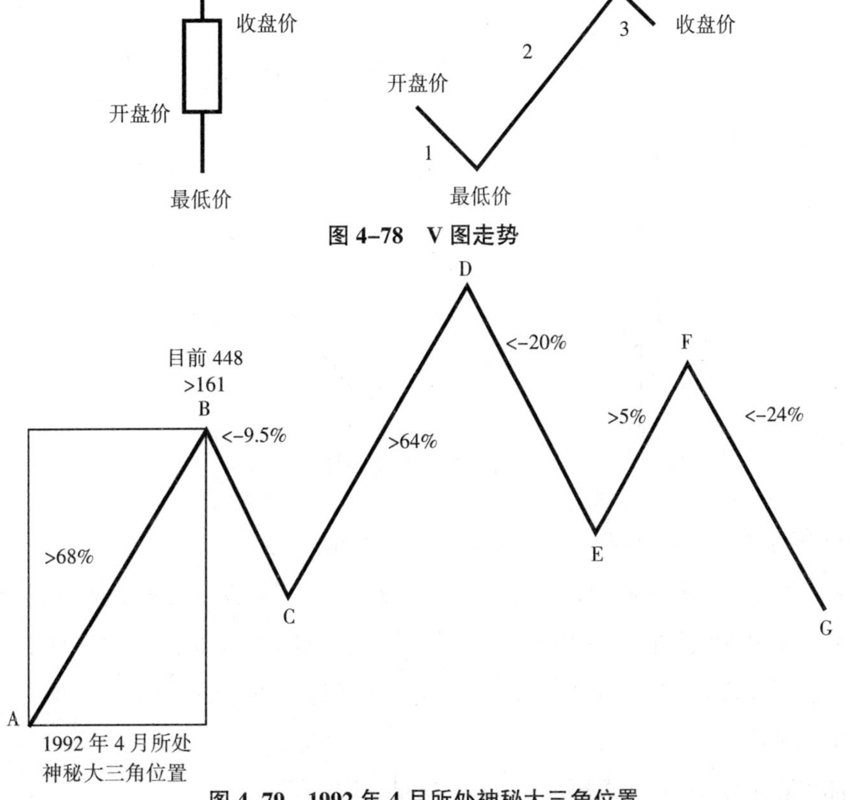

图 4-78　V 图走势

图 4-79　1992 年 4 月所处神秘大三角位置

4 月，上证指数略有震荡，其后再创出新高到 448 点。

上证指数 1992 年 5 月走势如图 4–80 所示。

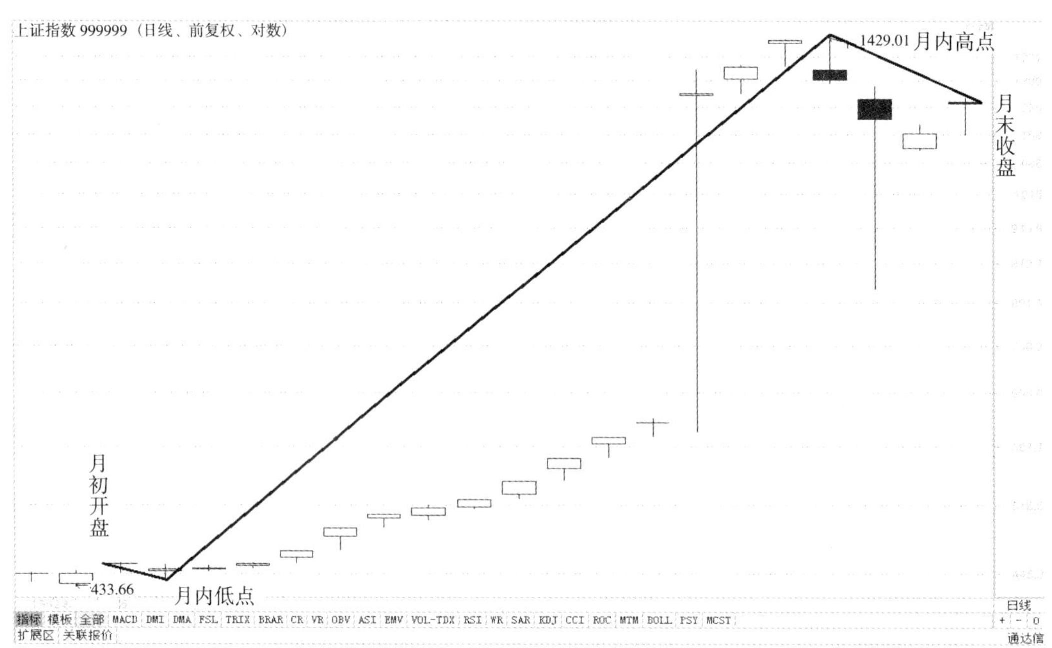

图 4–80　上证指数 1992 年 5 月走势

V 图走势如图 4–81 所示。

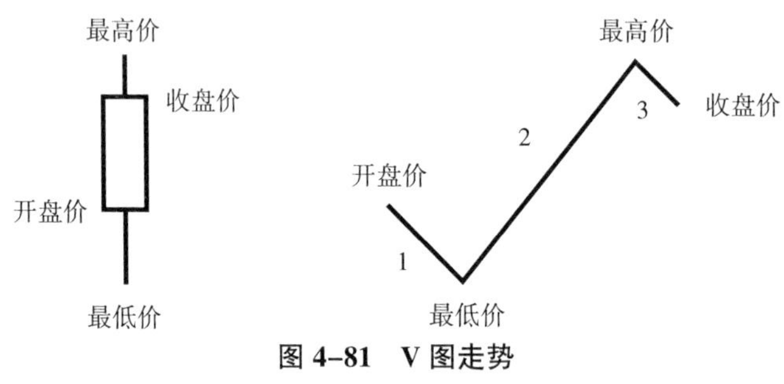

图 4–81　V 图走势

1992 年 5 月走势所处神秘大三角位置如图 4–82 所示。

5 月，大盘继续原有趋势向上发展。5 月 21 日，上海股市交易价格限制全部取消，股市交易价格开始尝试由市场引导。此举一出，大盘指数当即暴涨，仅 21 日当天上证指数就大涨了 105%。将神秘大三角 B 点再次推高到 1429 点的高点上。预计未来 B 点将超过 1543 点。

上证指数 1992 年 6 月走势如图 4–83 所示。

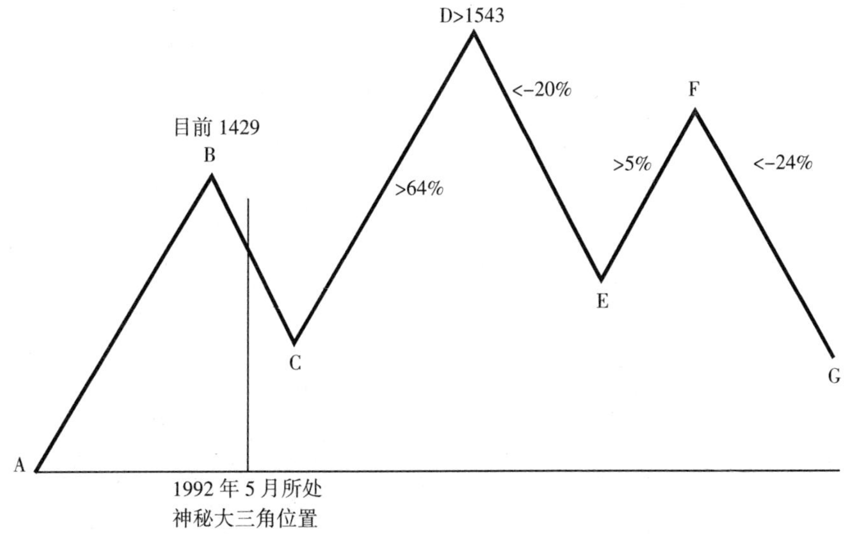

图 4-82 1992 年 5 月所处神秘大三角位置

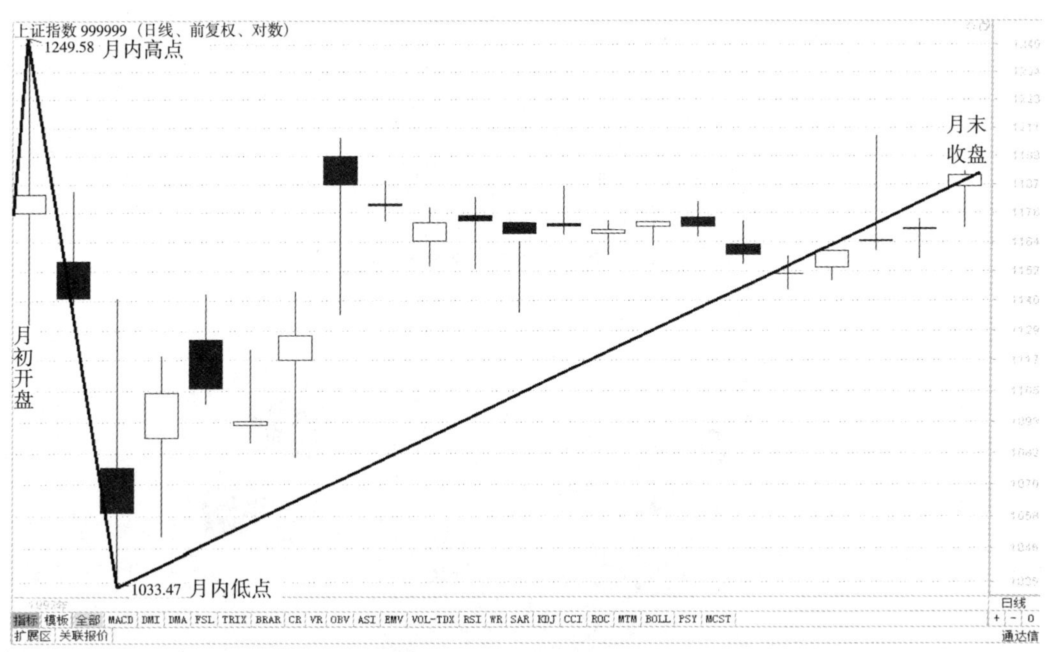

图 4-83 上证指数 1992 年 6 月走势

V 图走势如图 4-84 所示。

1992 年 6 月所处神秘大三角位置如图 4-85 所示。

6 月高位震荡持续到月末。

上证指数 1992 年 7 月走势如图 4-86 所示。

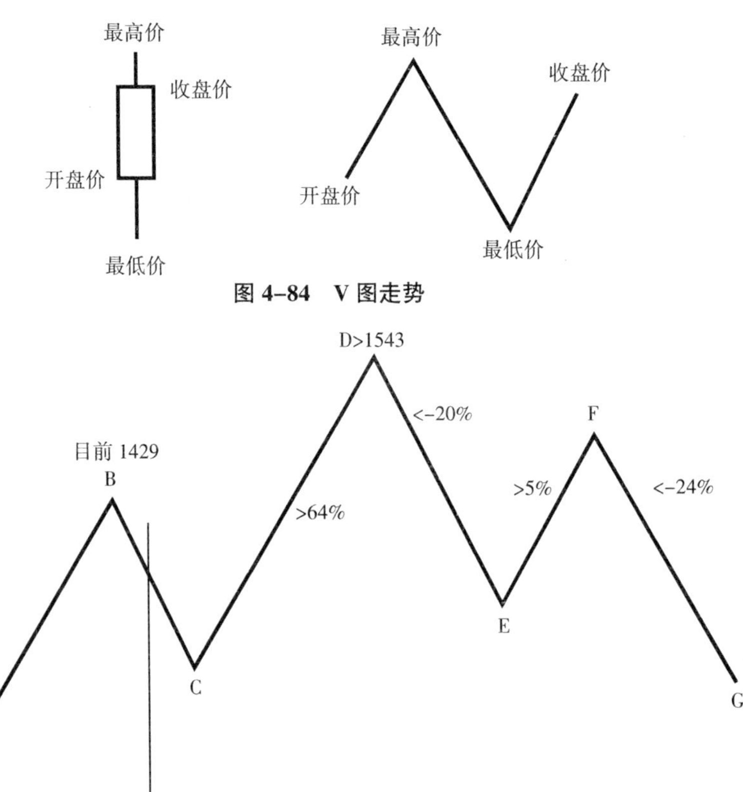

图 4-84　V 图走势

图 4-85　1992 年 6 月所处神秘大三角位置

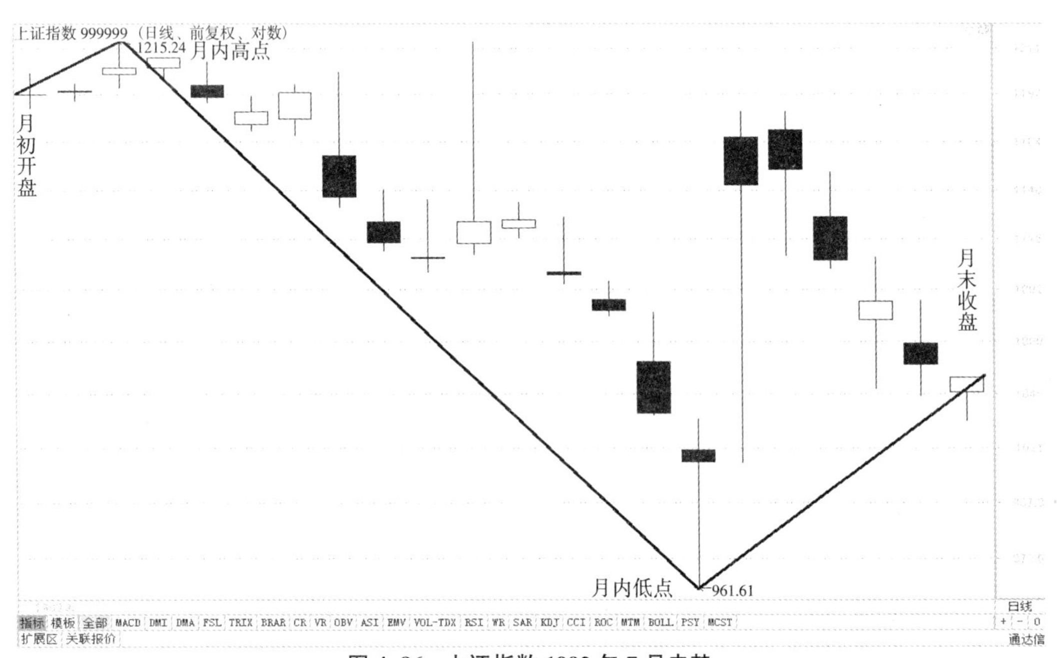

图 4-86　上证指数 1992 年 7 月走势

V 图走势如图 4–87 所示。

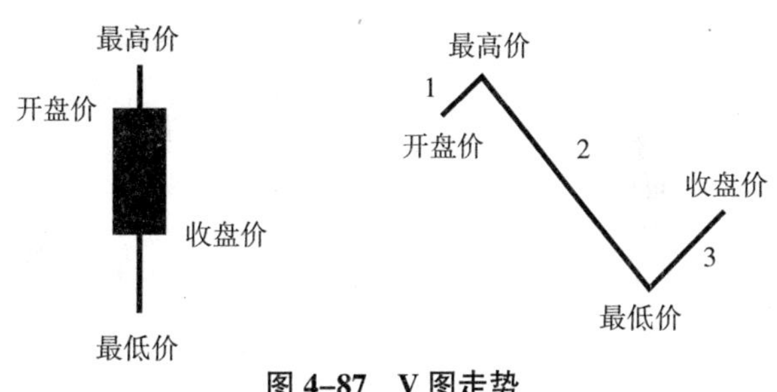

图 4–87　V 图走势

1992 年 7 月所处神秘大三角位置如图 4–88 所示。

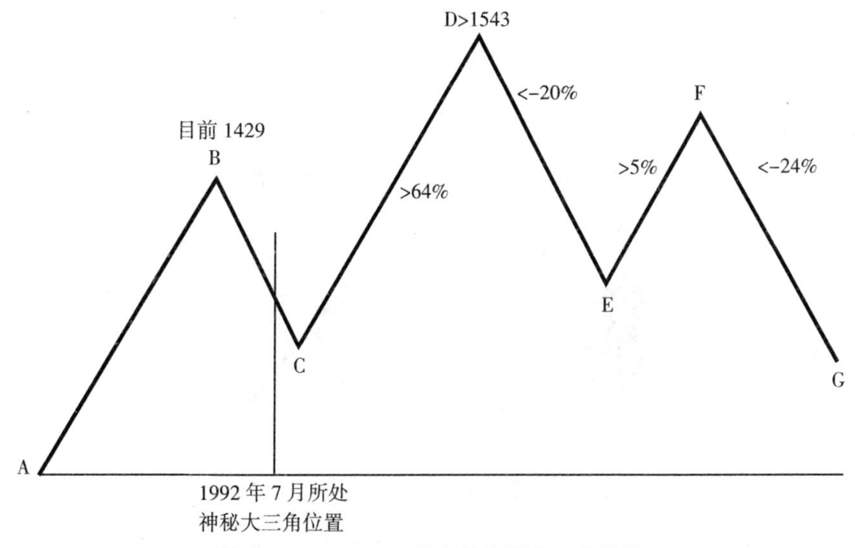

图 4–88　1992 年 7 月所处神秘大三角位置

7 月，指数高位震荡报收阴线，但预计的未来 D 点在 1543 点以上仍不改变。

上证指数 1992 年 8 月走势如图 4–89 所示。

V 图走势如图 4–90 所示。

1992 年 8 月所处神秘大三角位置如图 4–91 所示。

8 月，上证指数再次震荡下行。我们用 A 点的 100 点开始计算，C 点位置在 113 点以上。现在假设 B 点的 1429 点是最高点，则 C 点的位置可能在 1293 点以下。我们取个折中的办法，113、1293 两数取个平均，约为 703 点，即未来的 C 点平均可能会在 700 点附近。

上证指数 1992 年 9 月走势如图 4–92 所示。

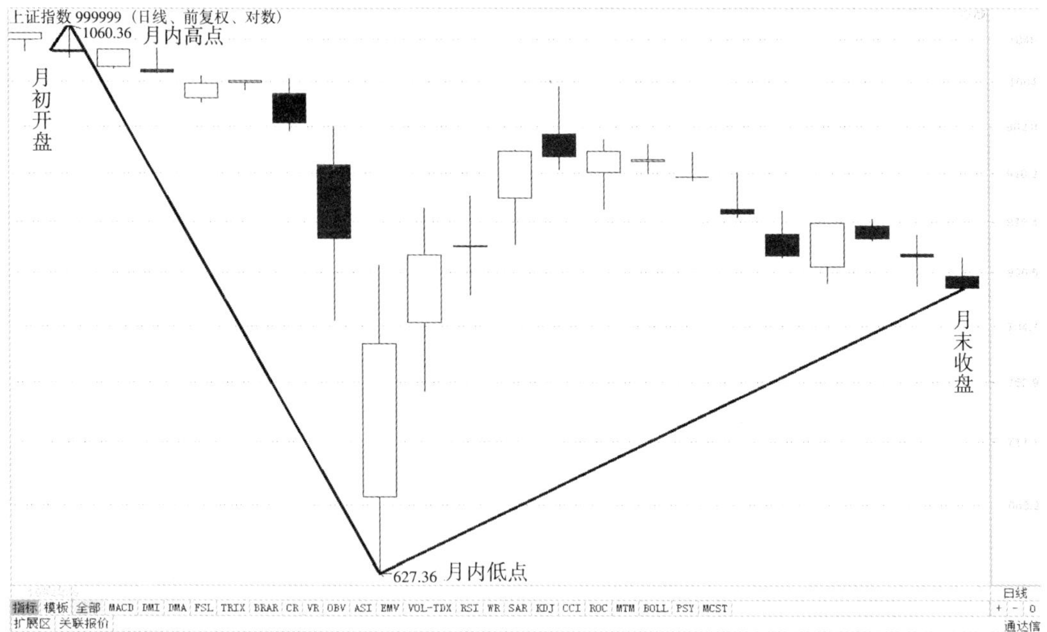

图 4-89　上证指数 1992 年 8 月走势

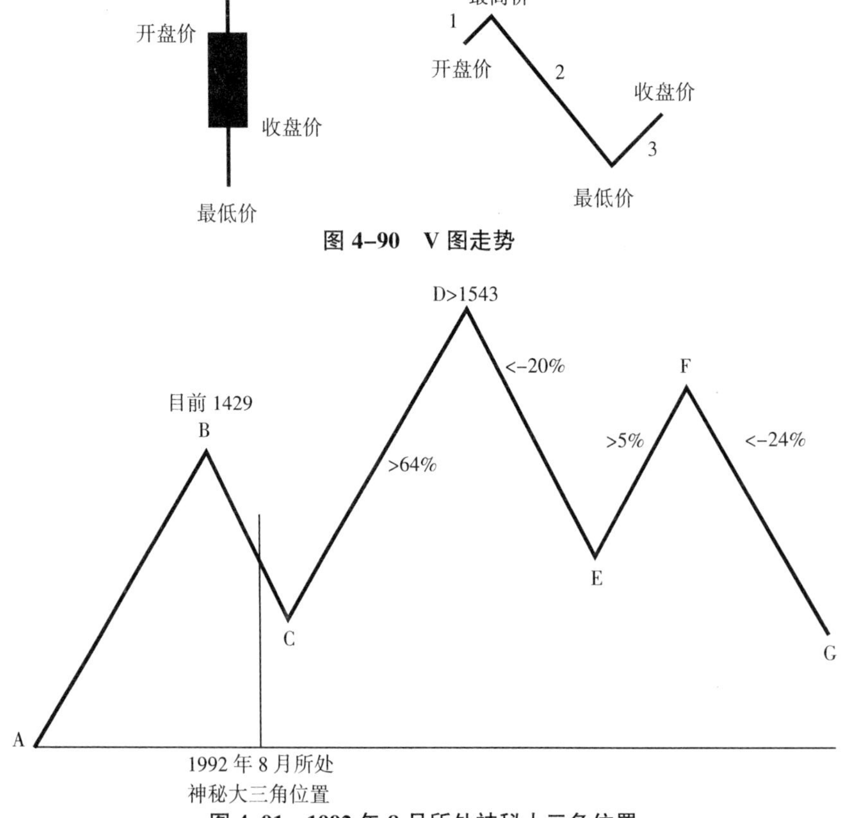

图 4-90　V 图走势

图 4-91　1992 年 8 月所处神秘大三角位置

图 4-92 上证指数 1992 年 9 月走势

V 图走势如图 4-93 所示。

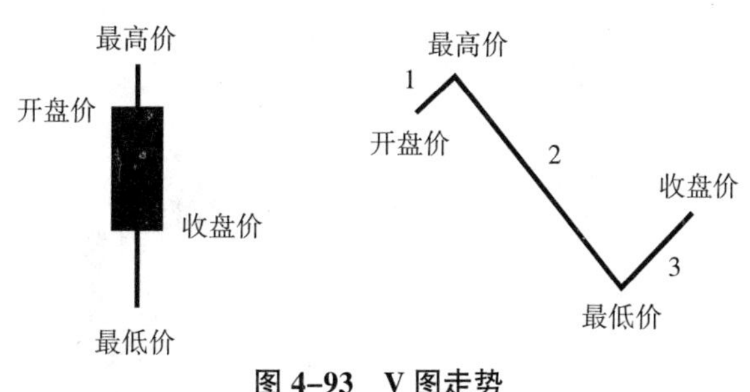

图 4-93 V 图走势

1992 年 9 月所处神秘大三角位置如图 4-94 所示。

9 月，大盘指数震荡下行，下旬略有回升，但距离 700 点还有一定距离，仍需要一段时间的等待。

上证指数 1992 年 10 月走势如图 4-95 所示。

V 图走势如图 4-96 所示。

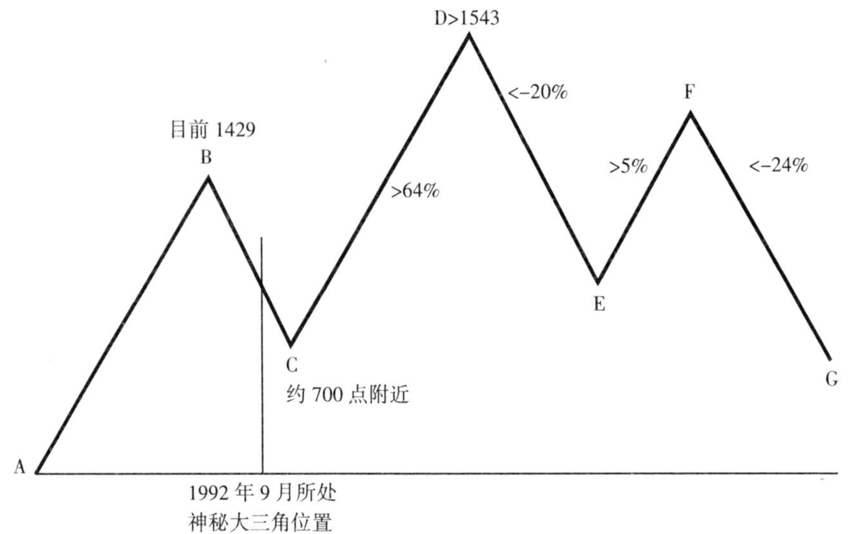

图 4-94　1992 年 9 月所处神秘大三角位置

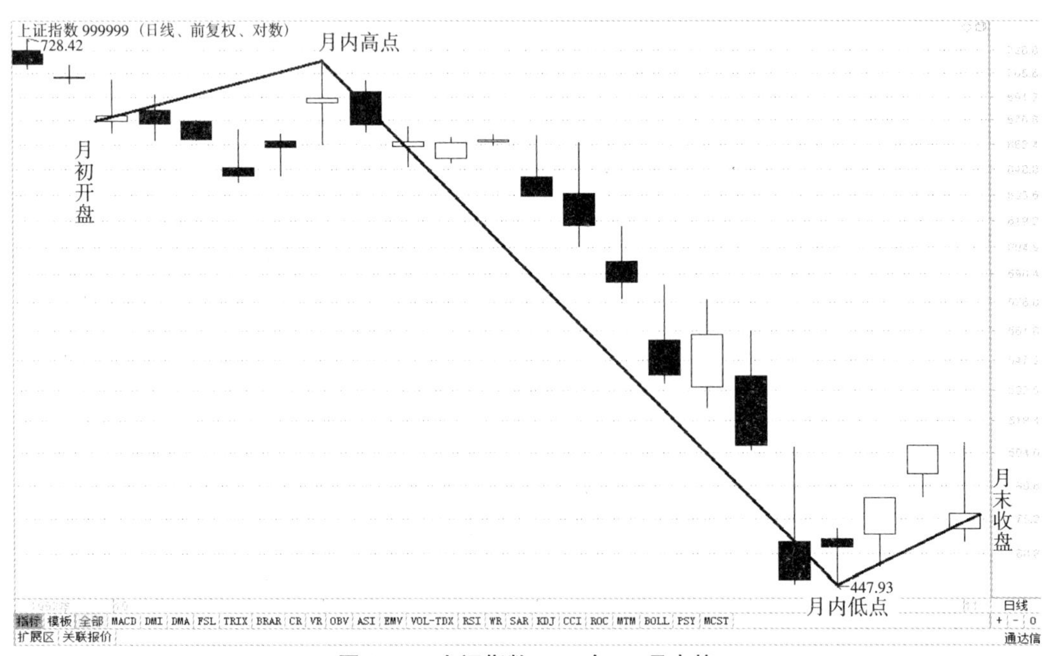

图 4-95　上证指数 1992 年 10 月走势

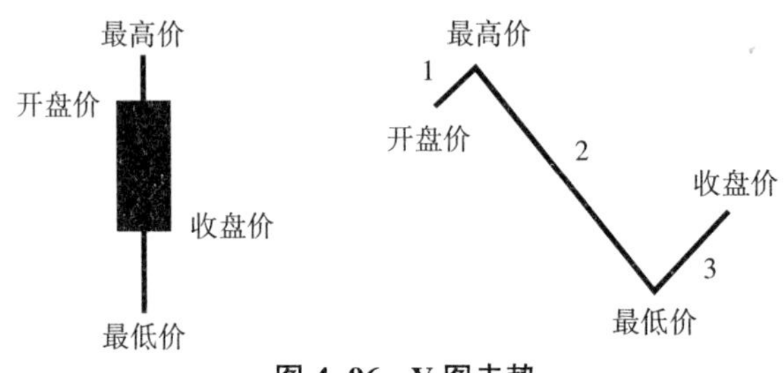

图 4-96　V 图走势

1992 年 10 月所处神秘大三角位置如图 4–97 所示。

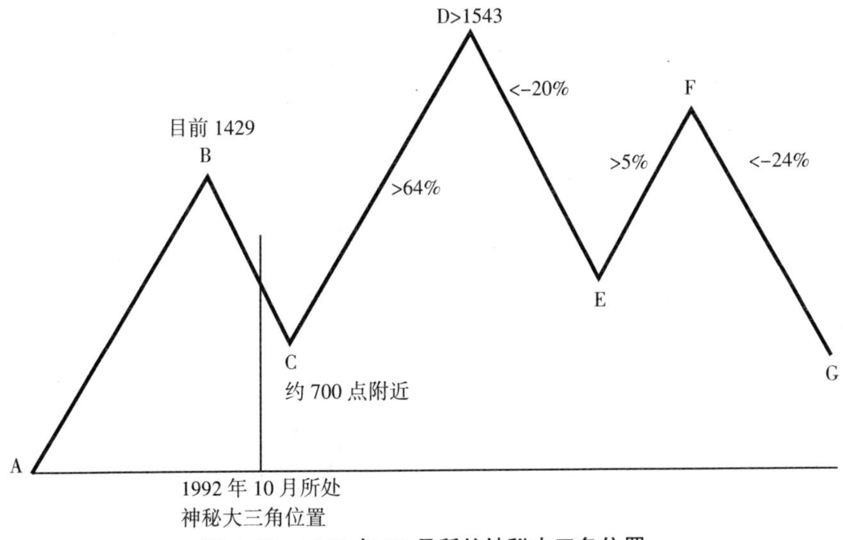

图 4–97　1992 年 10 月所处神秘大三角位置

10 月，大盘冲高回落，一度下跌到 440 点。

上证指数 1992 年 11 月走势如图 4–98 所示。

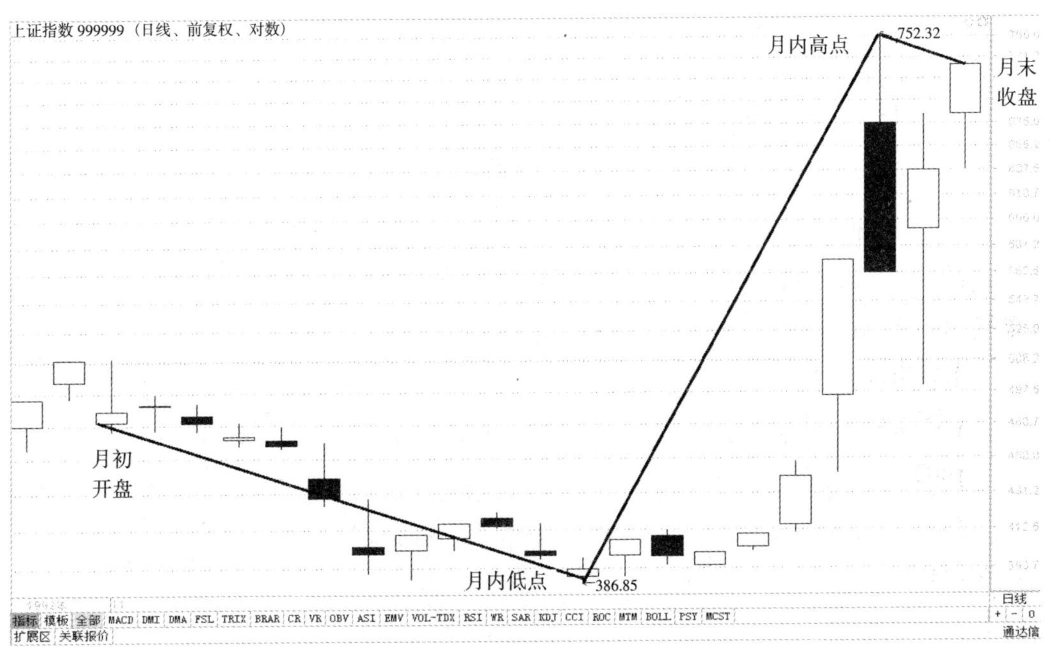

图 4–98　上证指数 1992 年 11 月走势

V 图走势如图 4–99 所示。

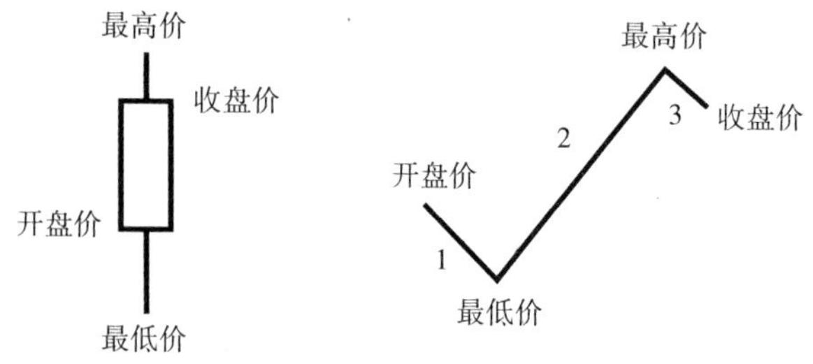

图 4-99　V 图走势

1992 年 11 月所处神秘大三角位置如图 4-100 所示。

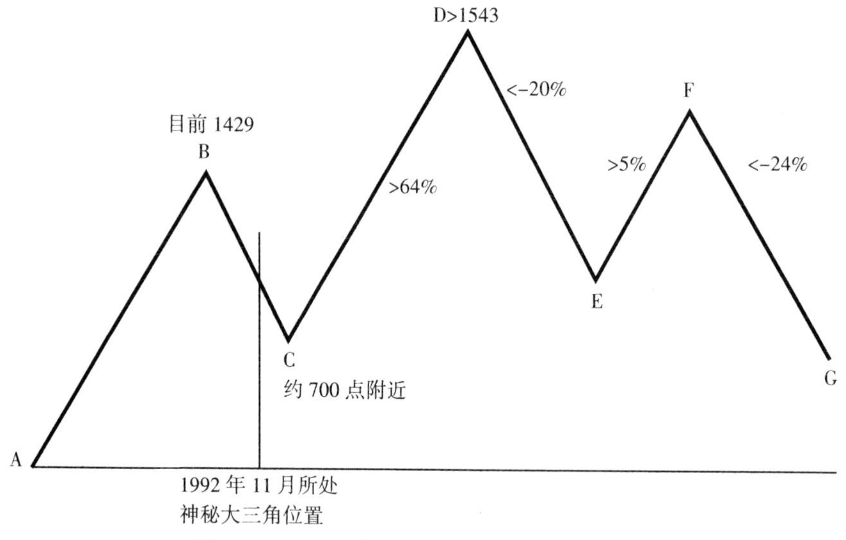

图 4-100　1992 年 11 月所处神秘大三角位置

11 月上旬股指惯性下跌，但幅度和速度略有减速，故有反转上涨之可能，中旬开始转头向上，再次站上 750 点。

上证指数 1992 年 12 月走势如图 4-101 所示。

V 图走势如图 4-102 所示。

1992 年 12 月所处神秘大三角位置如图 4-103 所示。

12 月，虽然从日线走势上看，没有走出标准的先跌出最低点再涨到最高点的走势，但最终仍报收有上、下影线的阳 K 线，所以我们仍将它视为先跌后涨式的 V 线图。

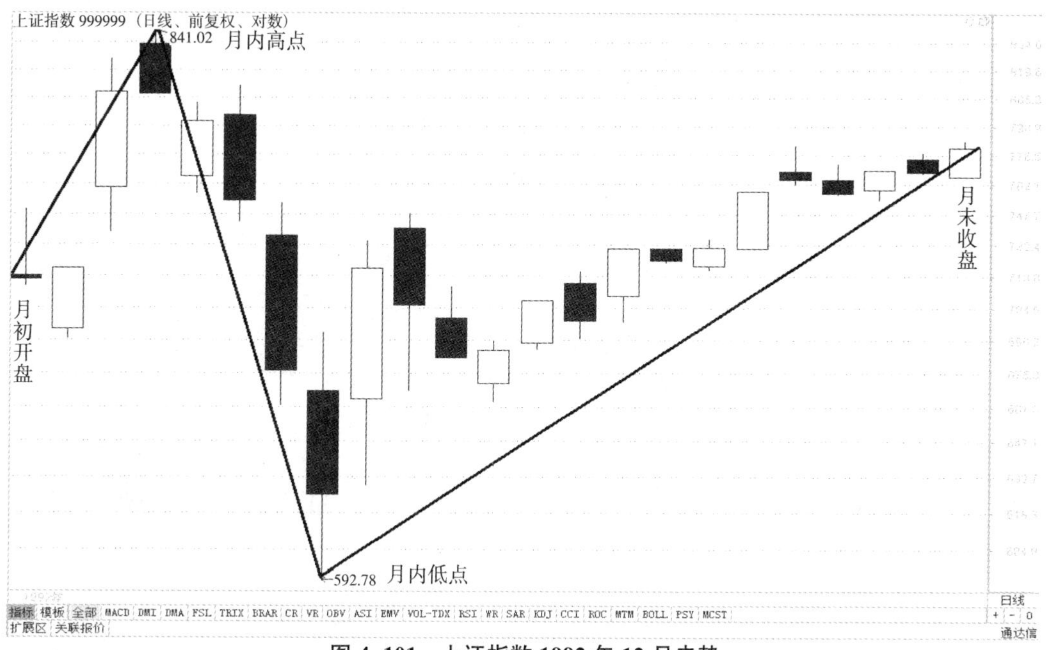

图 4-101　上证指数 1992 年 12 月走势

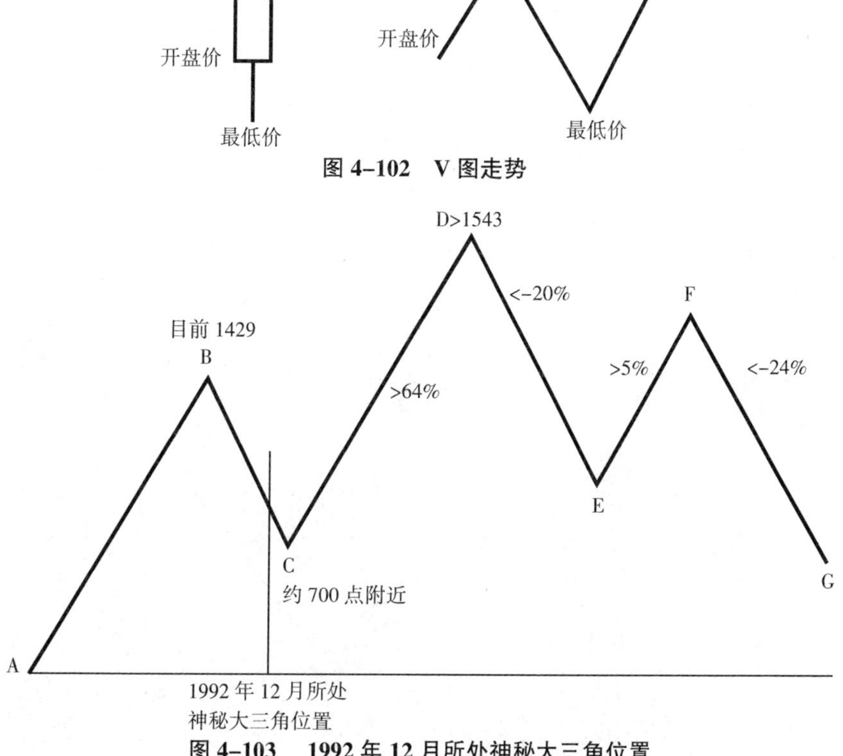

图 4-102　V 图走势

图 4-103　1992 年 12 月所处神秘大三角位置

4.6 1993 年

1993 年我国前两年的 GDP 增长率字面上在不断升高，但每年较上一年的倍数上却在降低，这有可能对刚刚诞生不久的中国股市带来一定潜在风险。

上证指数 1993 年 1 月走势如图 4-104 所示。

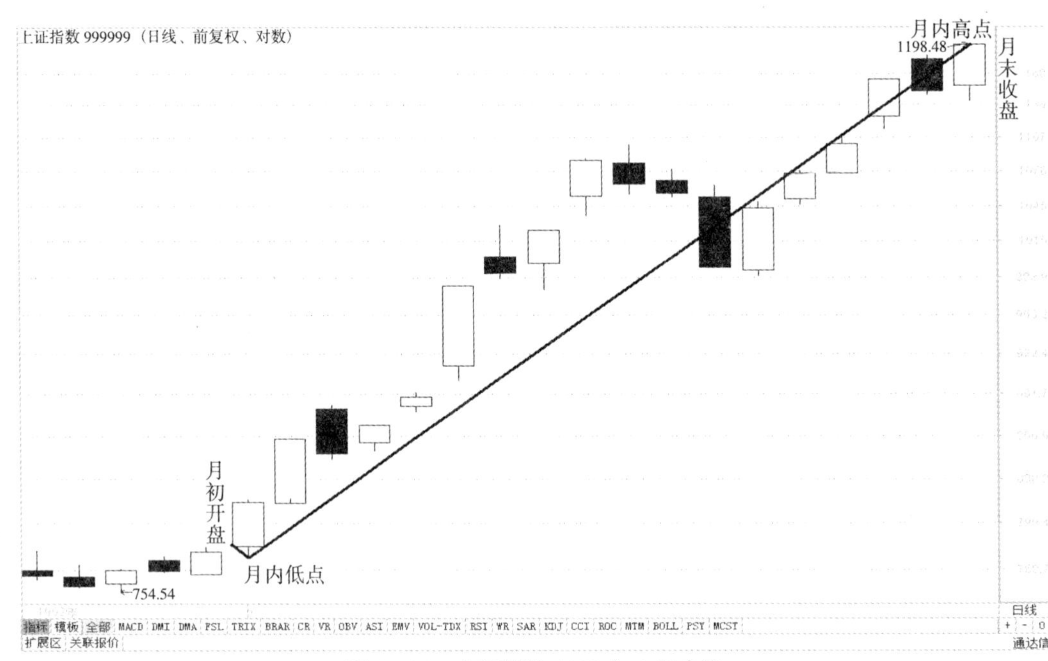

图 4-104 上证指数 1993 年 1 月走势

V 图走势如图 4-105 所示。

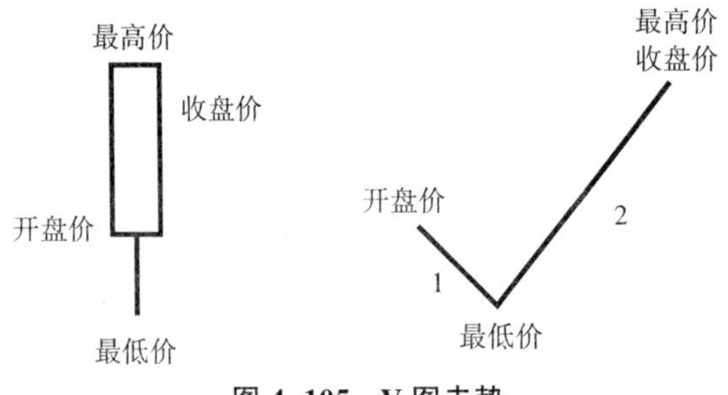

图 4-105 V 图走势

1993 年 1 月所处神秘大三角位置如图 4-106 所示。

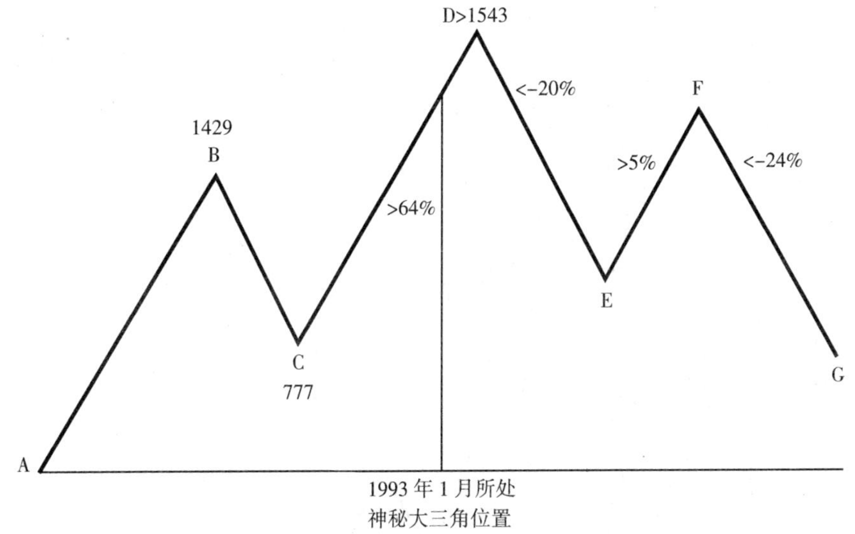

图 4-106　1993 年 1 月所处神秘大三角位置

1 月，股指高开高走一路上涨。以 C 点为 777 来计算，它的 1.64 倍是未来的 D 点最低点位。即 777 × 1.64 = 1274。但此前用 B 点预测的 D 点却高于 1543 点，所以仍以高于 1543 点为主。

上证指数 1993 年 2 月走势如图 4-107 所示。

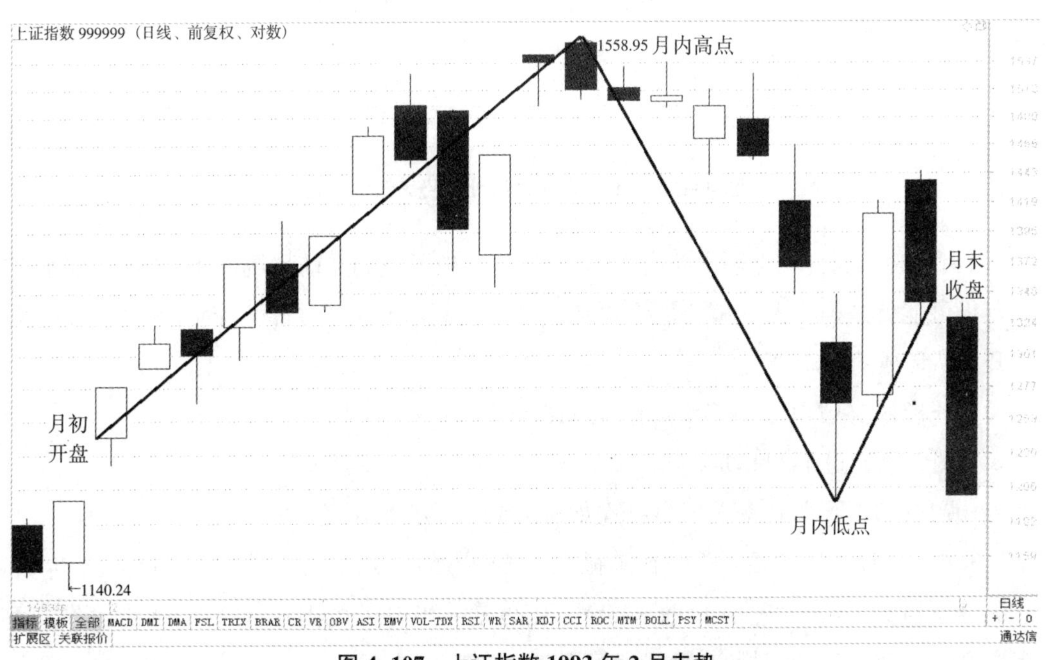

图 4-107　上证指数 1993 年 2 月走势

V 图走势如图 4–108 所示。

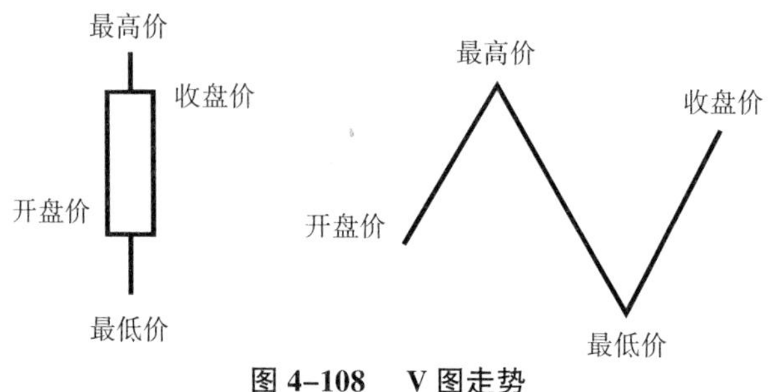

图 4–108　V 图走势

1993 年 2 月所处神秘大三角位置如图 4–109 所示。

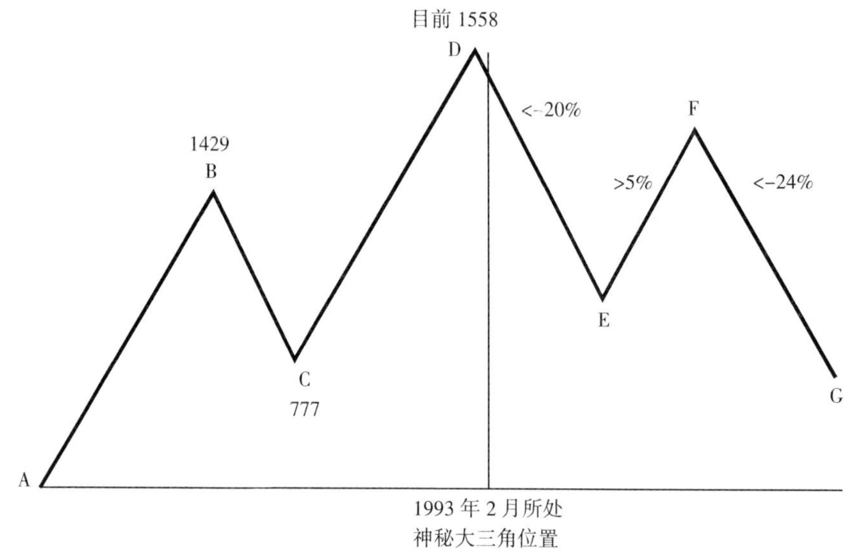

图 4–109　1993 年 2 月所处神秘大三角位置

2 月，指数高开高走创出新高 1558 点，并突破了我们之前预测的 1543 点，预示该高点很可能就是神秘大三角的最终顶点。创出新高后，大盘走弱开始回落填补月初跳空开盘所形成的缺口。

上证指数 1993 年 3 月走势如图 4–110 所示。

V 图走势如图 4–111 所示。

1993 年 3 月所处神秘大三角位置如图 4–112 所示。

3 月，上证指数大幅下跌，在神秘大三角图形的 D 点上又下滑一截。目前已知 A = 100、B = 1429、C = 777、D 目前 = 1558，则可推算出 E 的范围在 822~1214 点。推测 F 点在 970~1370 点。推测未来的 G 点范围在 120~750 点。

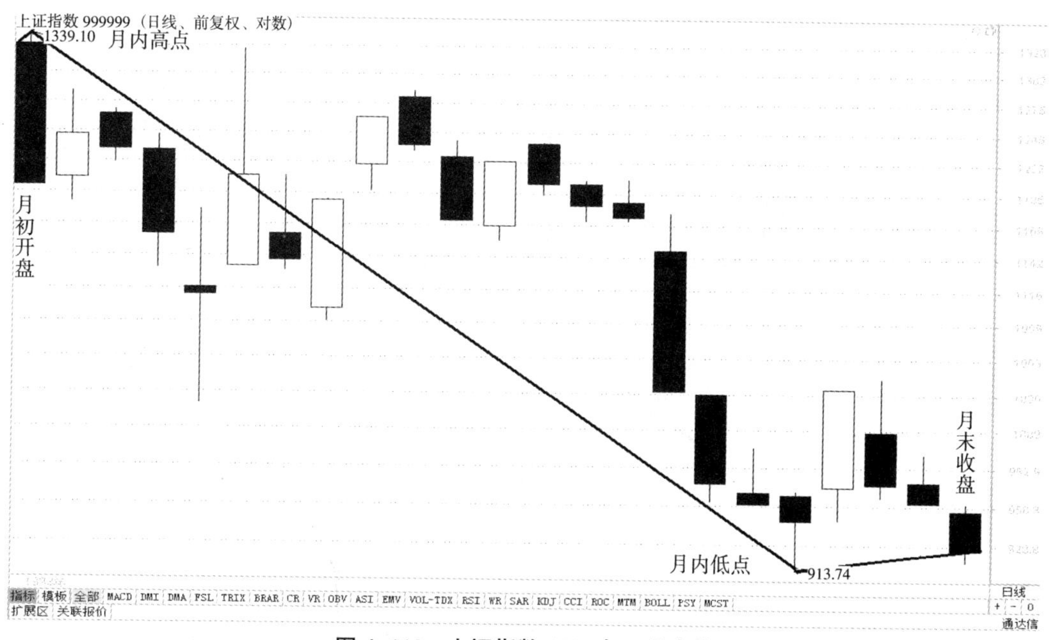

图 4-110　上证指数 1993 年 3 月走势

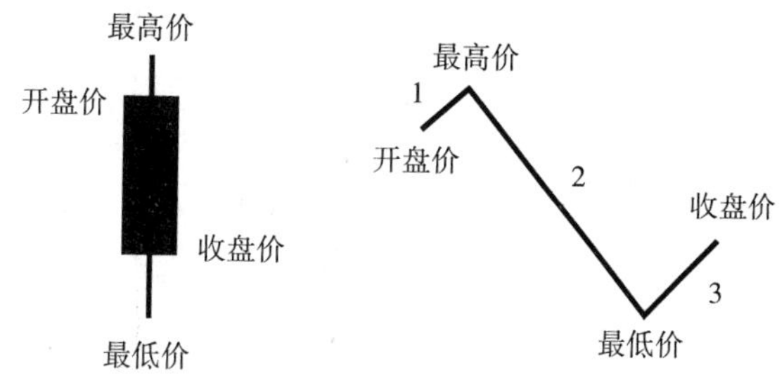

图 4-111　V 图走势

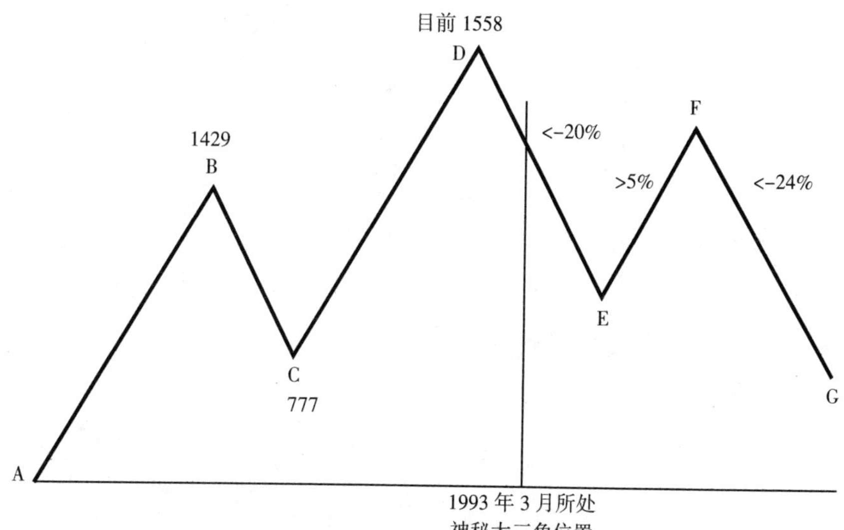

图 4-112　1993 年 3 月所处神秘大三角位置

上证指数 1993 年 4 月走势如图 4–113 所示。

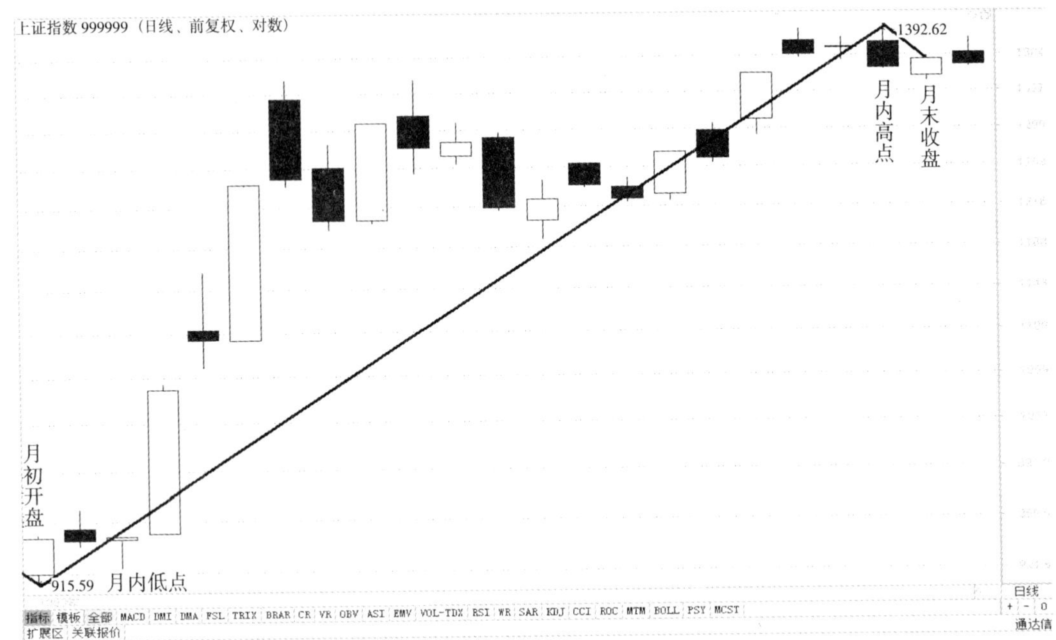

图 4–113　上证指数 1993 年 4 月走势

V 图走势如图 4–114 所示。

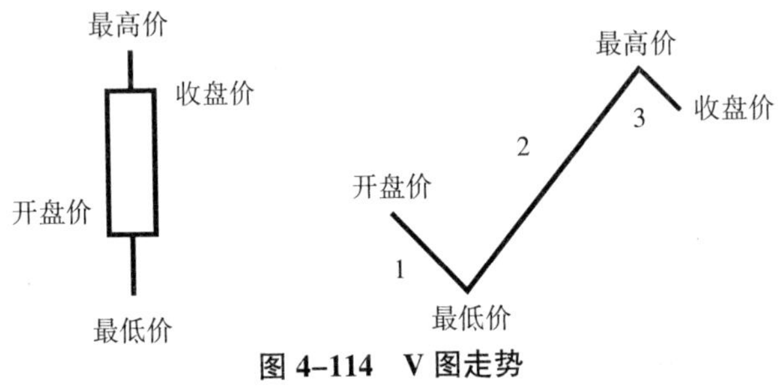

图 4–114　V 图走势

1993 年 4 月所处神秘大三角位置如图 4–115 所示。

4 月，上证指数逐渐攀升，高位平行震荡，收出高点位。

上证指数 1993 年 5 月走势如图 4–116 所示。

V 图走势如图 4–117 所示。

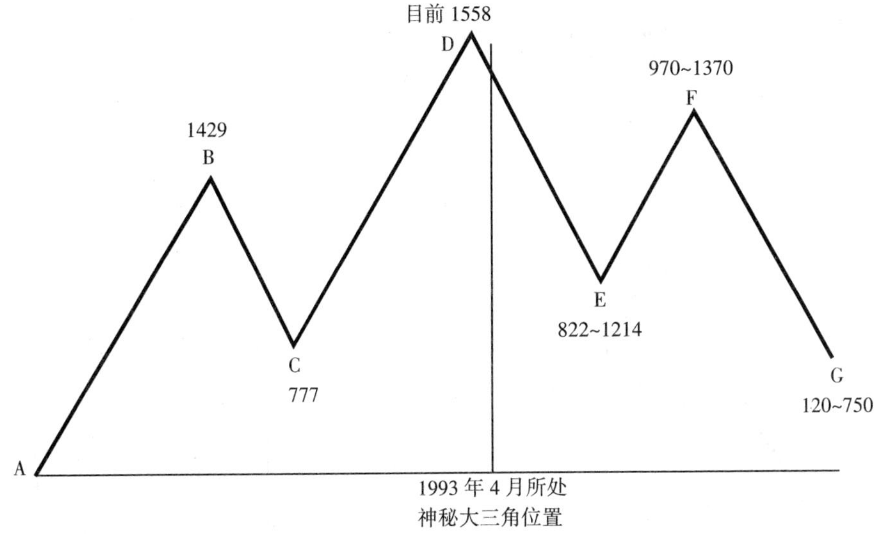

图 4–115　1993 年 4 月所处神秘大三角位置

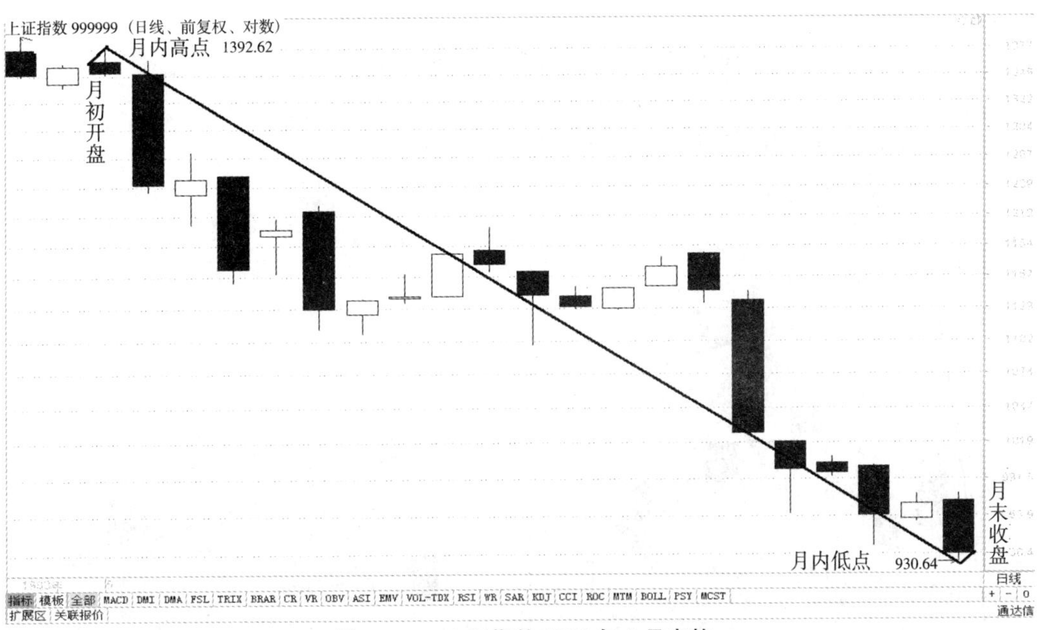

图 4–116　上证指数 1993 年 5 月走势

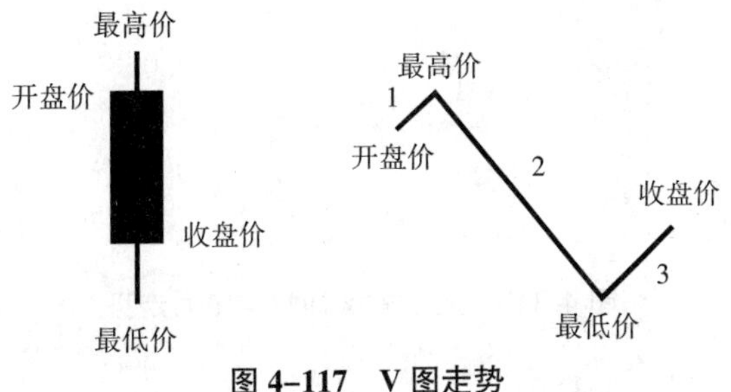

图 4–117　V 图走势

1993 年 5 月所处神秘大三角位置如图 4-118 所示。

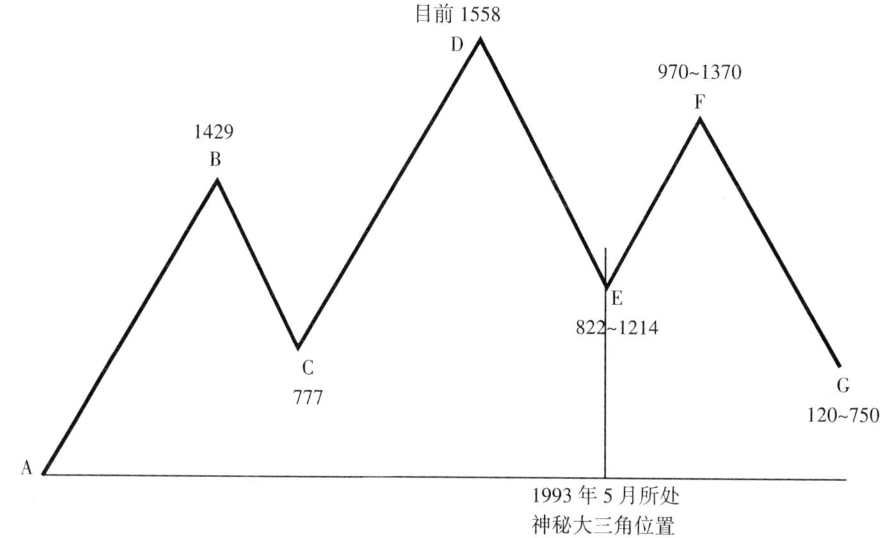

图 4-118　1993 年 5 月所处神秘大三角位置

5 月，深跌几近此前预测的 E 点最低可能点位上。

上证指数 1993 年 6 月走势如图 4-119 所示。

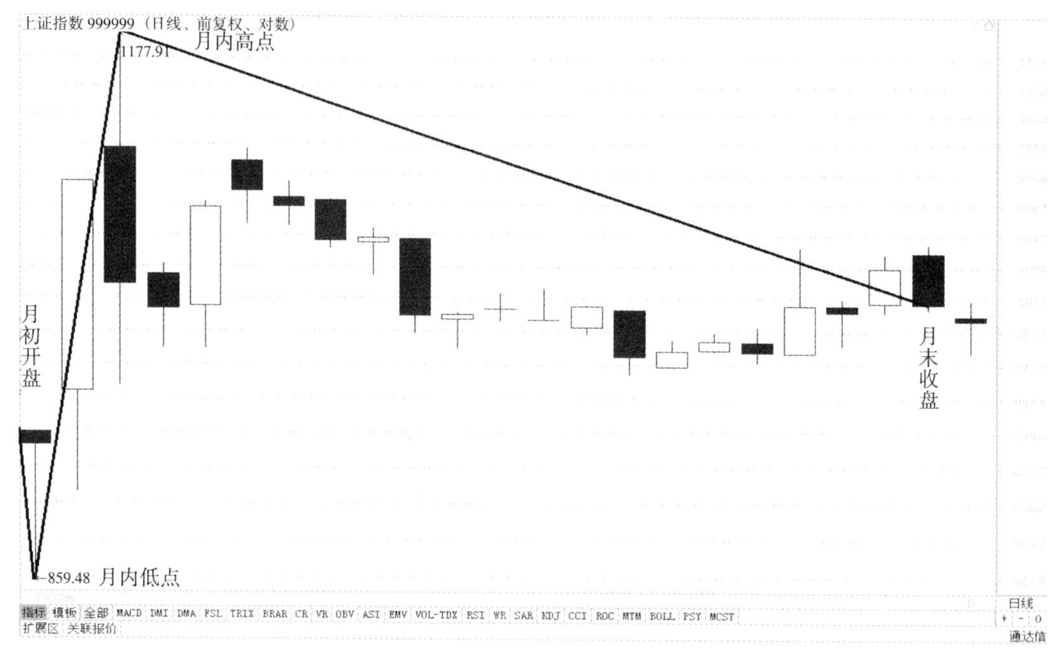

图 4-119　上证指数 1993 年 6 月走势

V 图走势如图 4–120 所示。

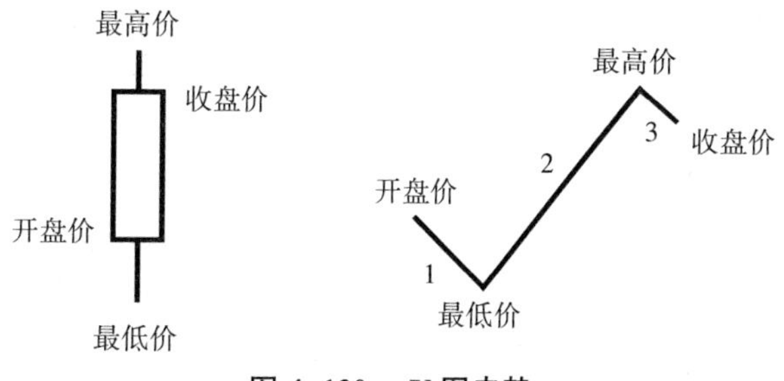

图 4–120　V 图走势

1993 年 6 月所处神秘大三角位置如图 4–121 所示。

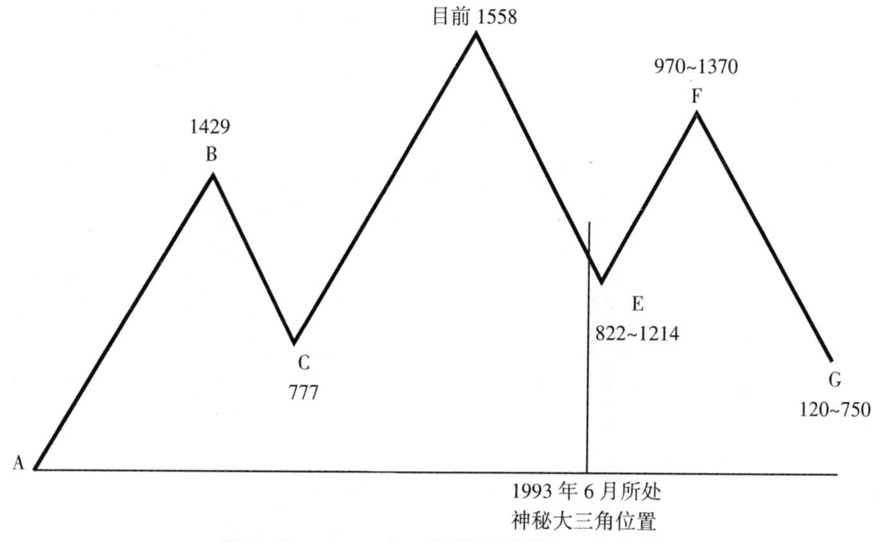

图 4–121　1993 年 6 月所处神秘大三角位置

6 月，行情短期内迅速反弹，随后仍横向震荡行走，但距离年末还有半年之久，还不能确认之前 D 点是否是真正的高点。

上证指数 1993 年 7 月走势如图 4–122 所示。

V 图走势如图 4–123 所示。

1993 年 7 月所处神秘大三角位置如图 4–124 所示。

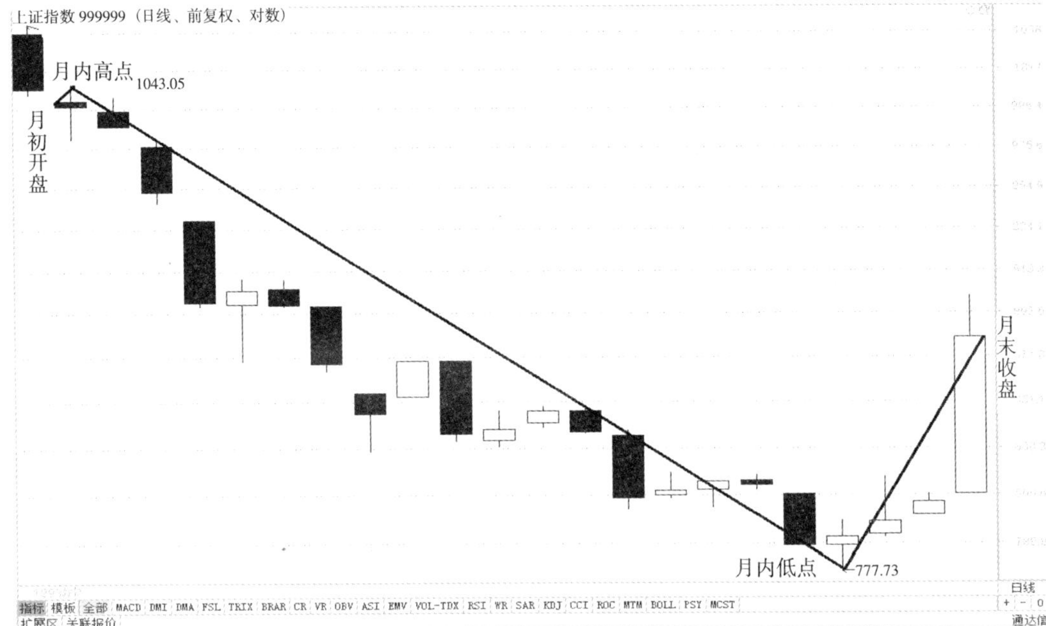

图 4-122　上证指数 1993 年 7 月走势

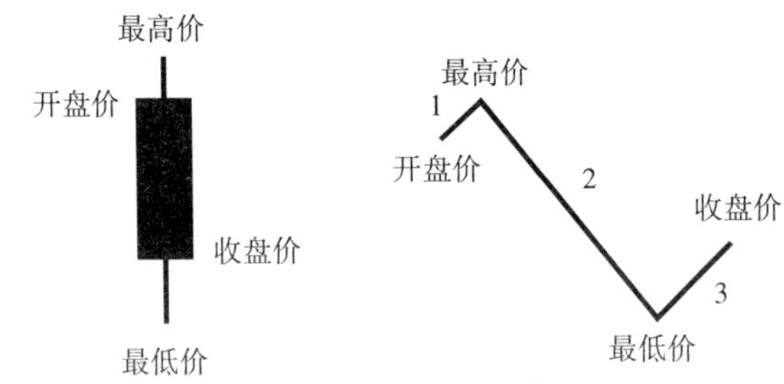

图 4-123　V 图走势

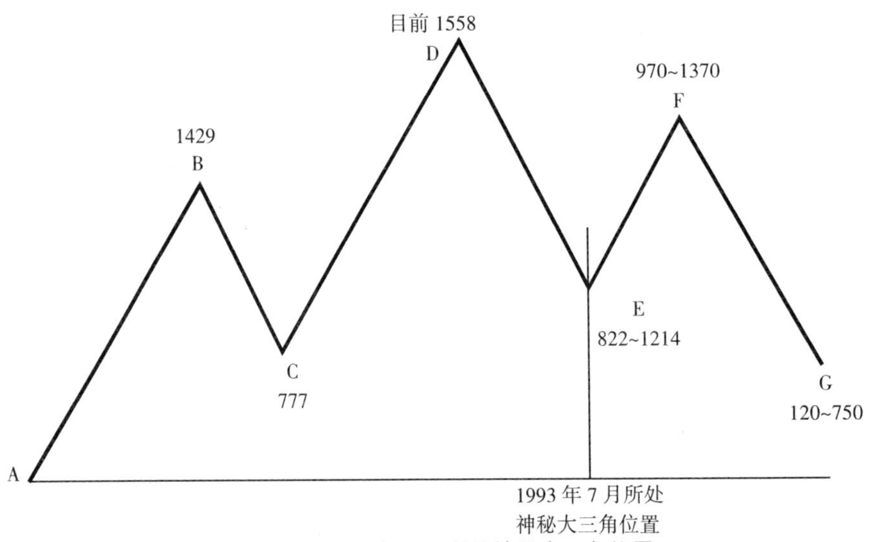

图 4-124　1993 年 7 月所处神秘大三角位置

7 月，指数再次下跌，幅度较大，与 C 点 777 点相平。按理，E 点应该高于 C 点，所以之后大盘仍会回涨。

上证指数 1993 年 8 月走势如图 4–125 所示。

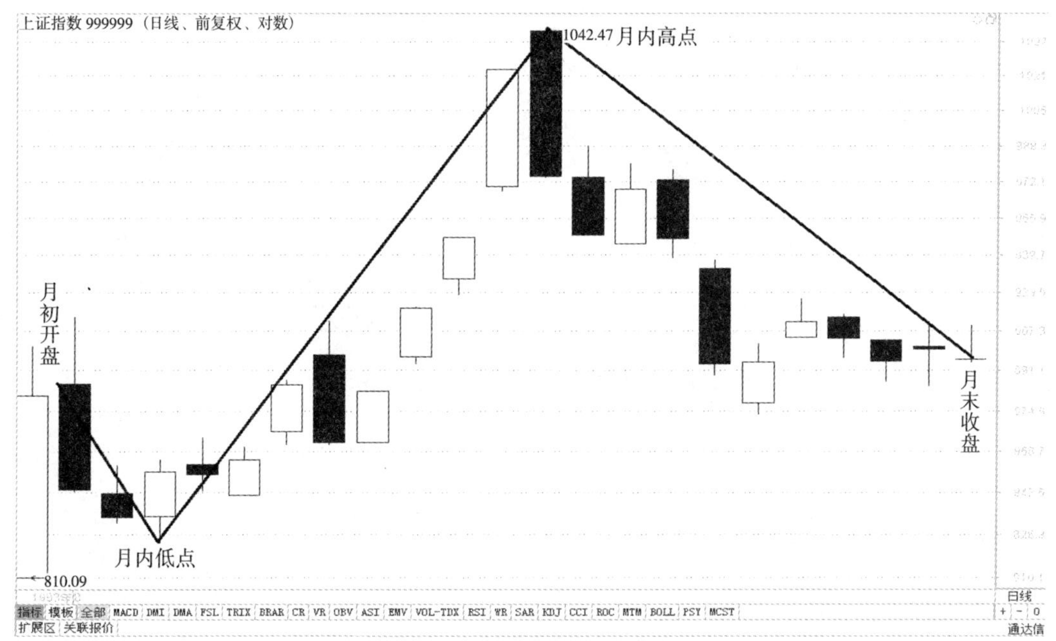

图 4–125 上证指数 1993 年 8 月走势

V 图走势如图 4–126 所示。

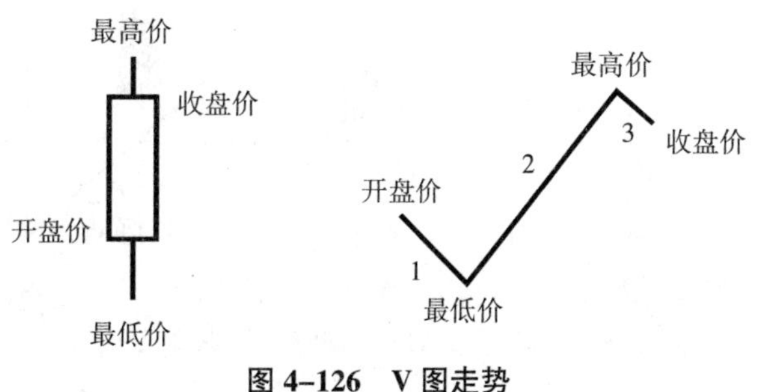

图 4–126 V 图走势

1993 年 8 月所处神秘大三角位置如图 4–127 所示。

8 月，上证指数仍在 E 点附近徘徊震荡。

上证指数 1993 年 9 月走势如图 4–128 所示。

V 图走势如图 4–129 所示。

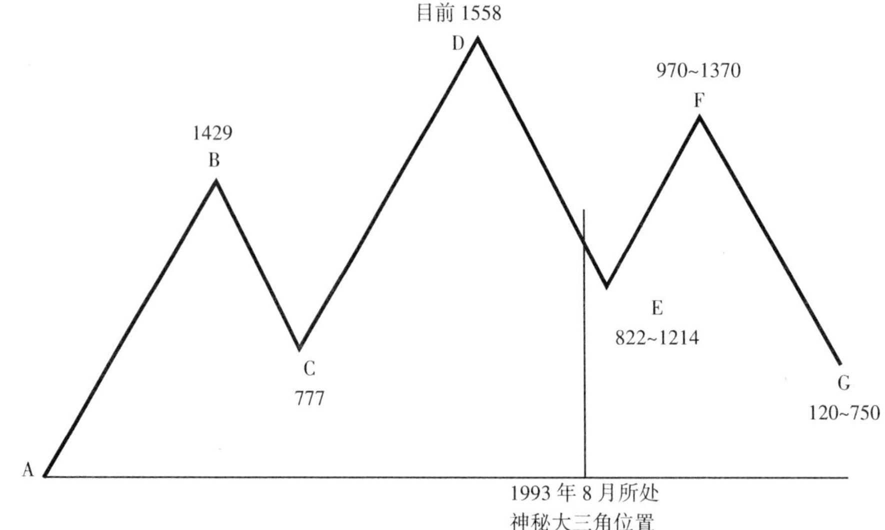

图 4-127　1993 年 8 月所处神秘大三角位置

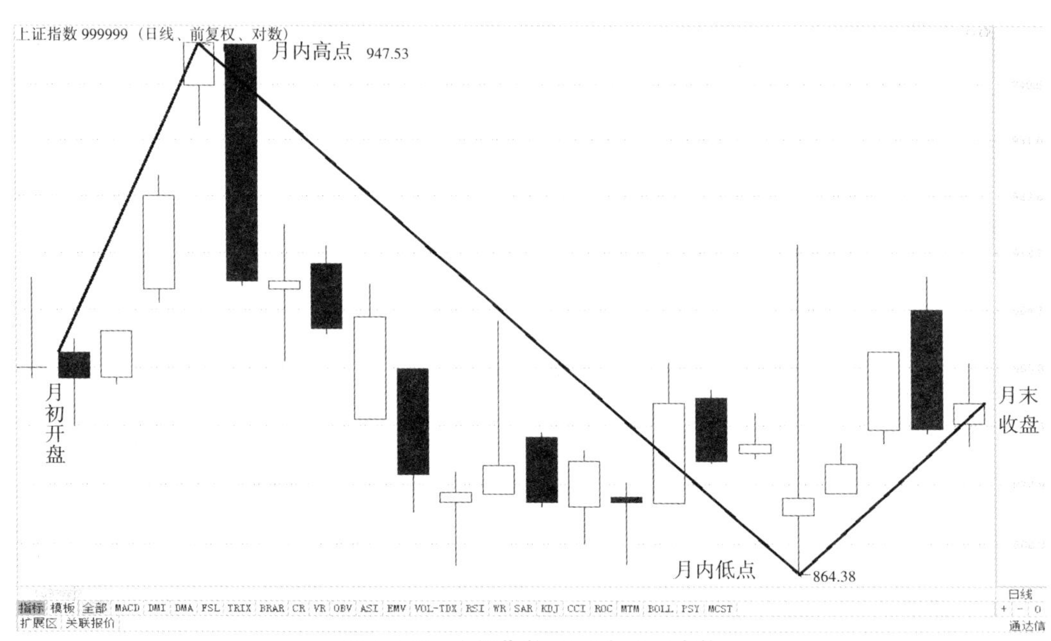

图 4-128　上证指数 1993 年 9 月走势

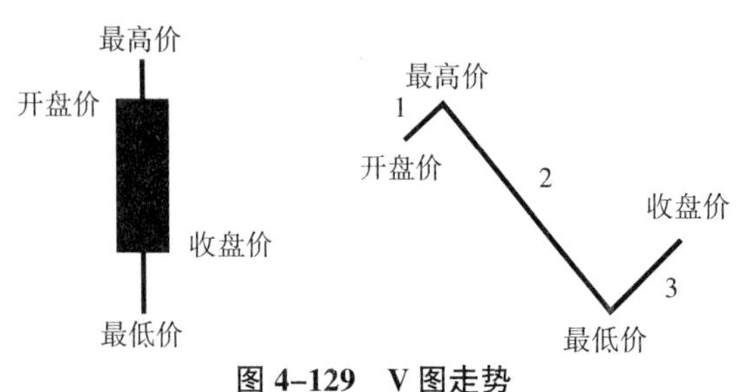

图 4-129　V 图走势

1993 年 9 月所处神秘大三角位置如图 4-130 所示。

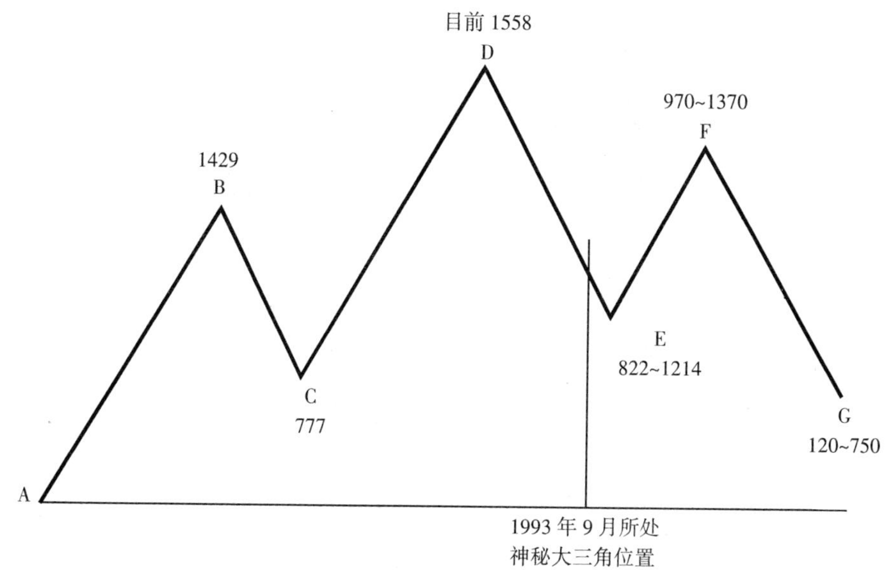

图 4-130 1993 年 9 月所处神秘大三角位置

9 月，持续在 E 点位置附近震荡。

上证指数 1993 年 10 月走势如图 4-131 所示。

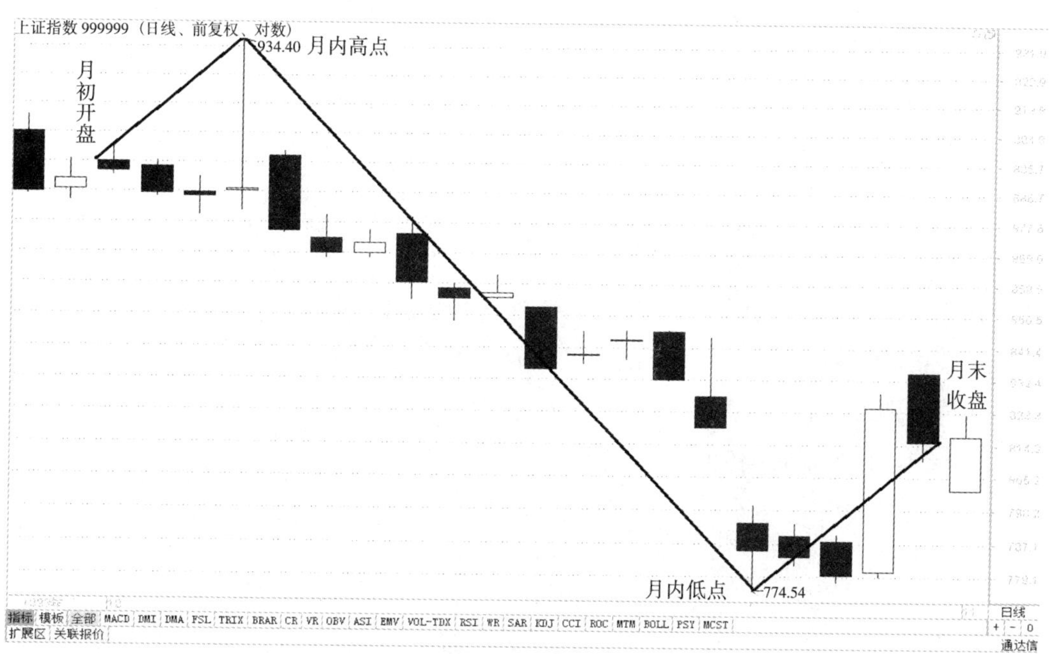

图 4-131 上证指数 1993 年 10 月走势

V 图走势如图 4–132 所示。

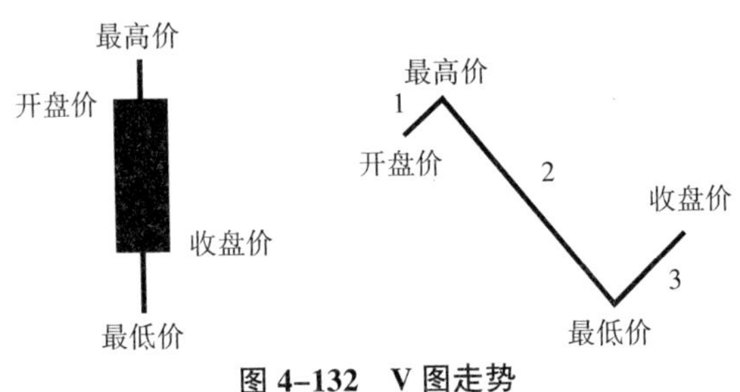

图 4–132　V 图走势

1993 年 10 月所处神秘大三角位置如图 4–133 所示。

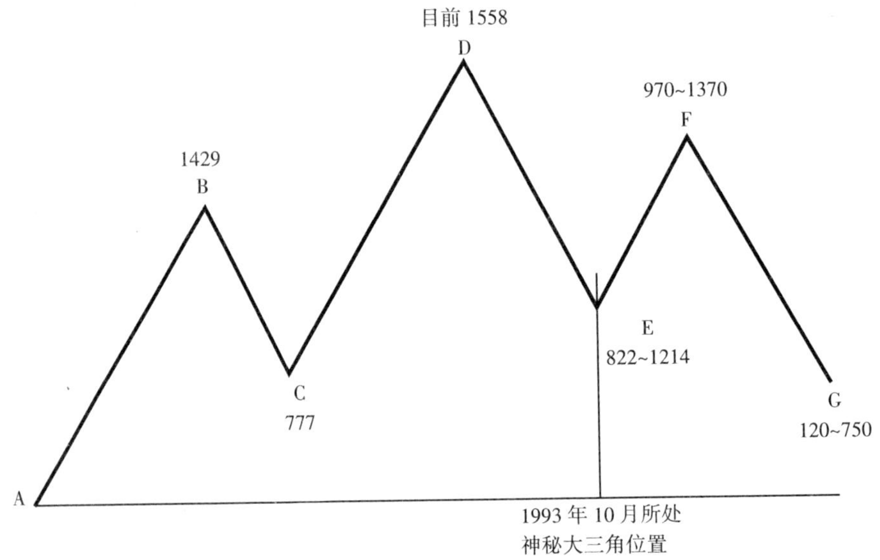

图 4–133　1993 年 10 月所处神秘大三角位置

10 月，大盘再创出新低，指数又回到之前预测的 E 点以下。

上证指数 1993 年 11 月走势如图 4–134 所示。

V 图走势如图 4–135 所示。

1993 年 11 月所处神秘大三角位置如图 4–136 所示。

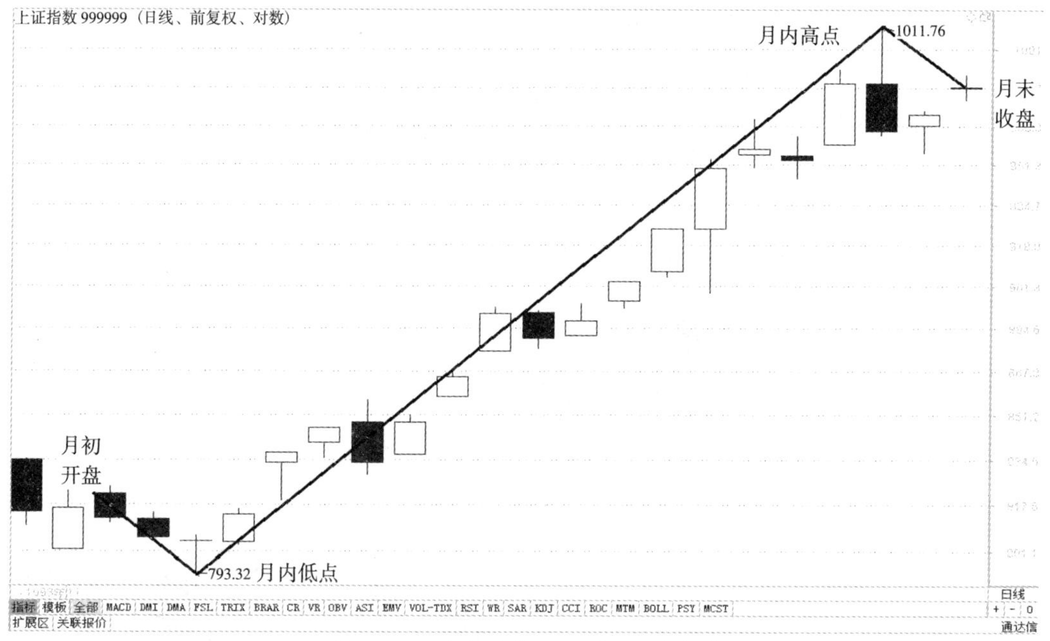

图 4-134　上证指数 1993 年 11 月走势

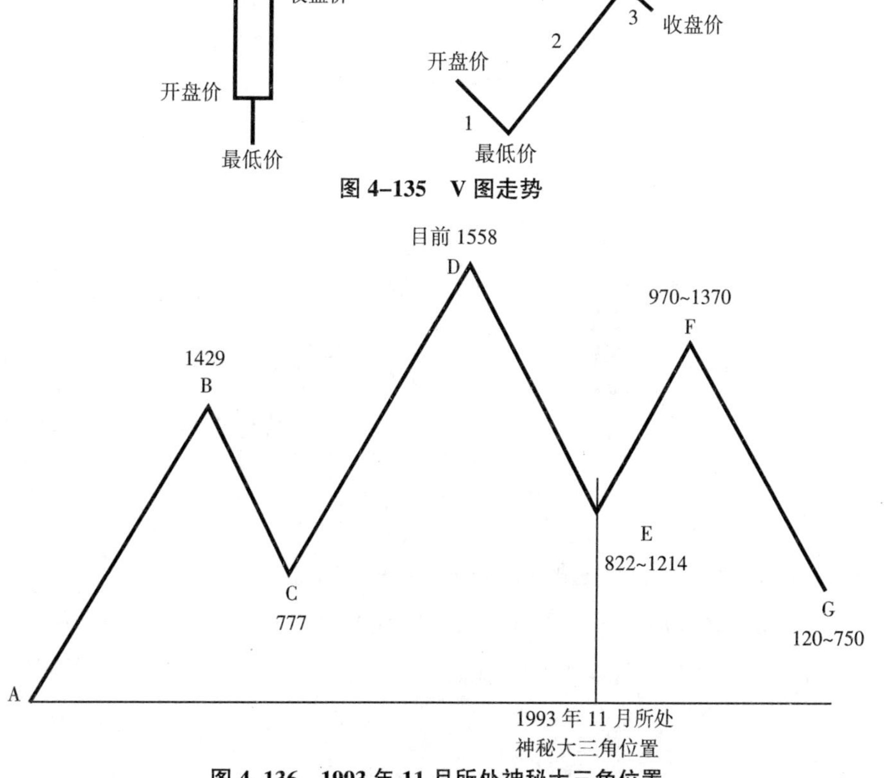

图 4-135　V 图走势

图 4-136　1993 年 11 月所处神秘大三角位置

11 月大盘稍有所反弹，涨至 1000 点左右。临近年底，我们要关注年线的形态和 V 图走势。

上证指数 1993 年 12 月走势如图 4–137 所示。

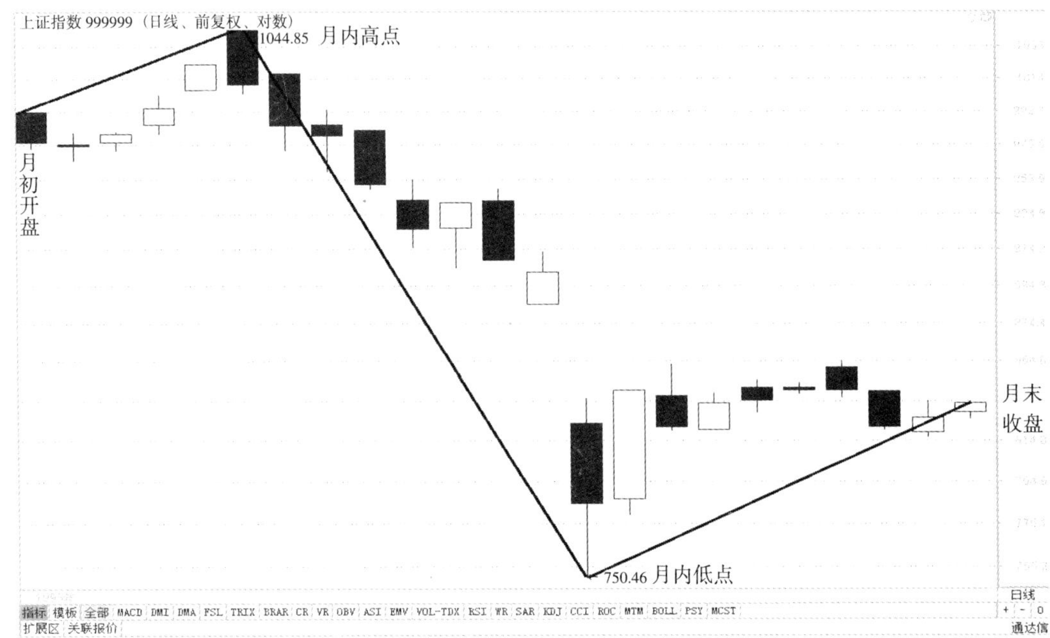

图 4–137　上证指数 1993 年 12 月走势

V 图走势如图 4–138 所示。

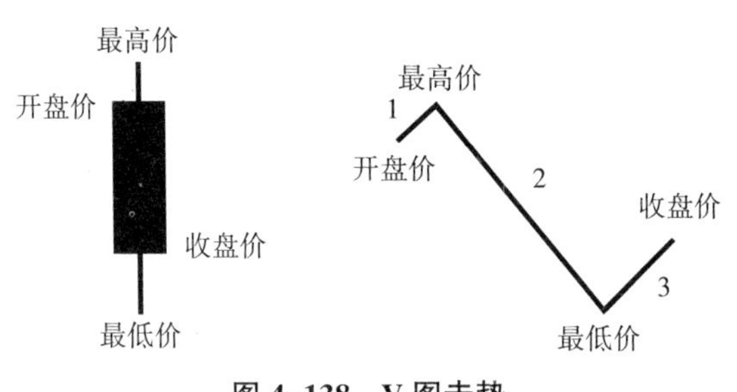

图 4–138　V 图走势

1993 年 12 月所处神秘大三角位置如图 4–139 所示。

12 月，年线最终成形，是一条非常长上影线的小阳实体 K 线。如果下一年的走势向上突破 5%，就有可能说明本年的收盘就是 E 点。

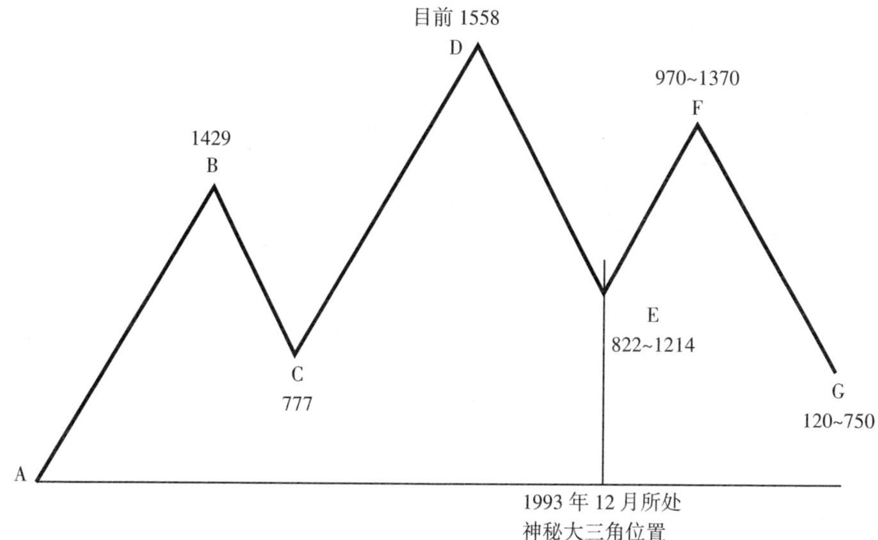

图 4-139　1993 年 12 月所处神秘大三角位置

4.7　1994 年

1994 年，我国 GDP 增长率较上年有所减速，但投资者热情不减，故未来的大盘走势可能波动较大。

上证指数 1994 年 1 月走势如图 4-140 所示。

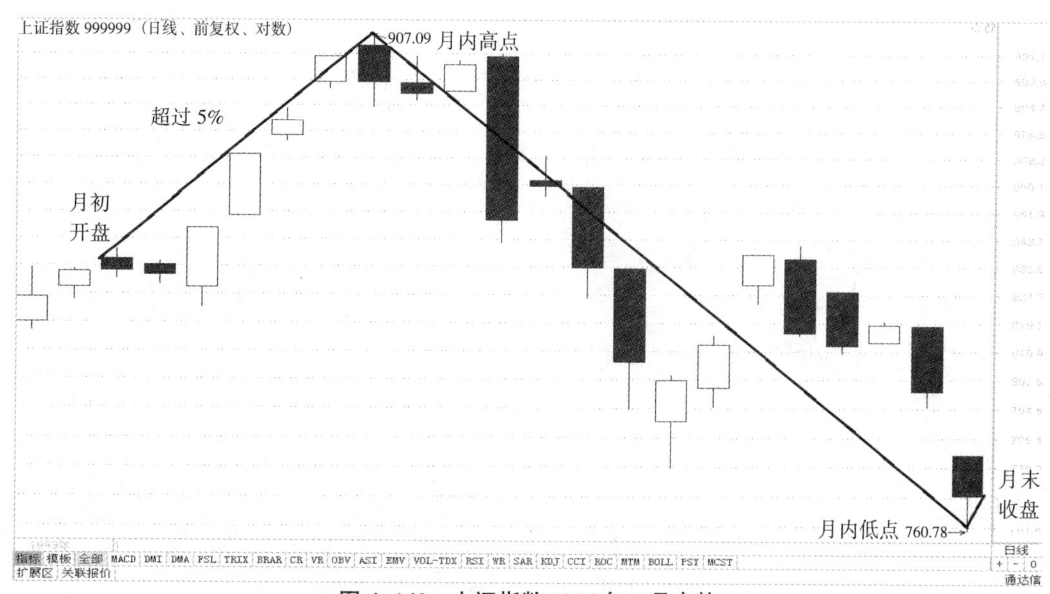

图 4-140　上证指数 1994 年 1 月走势

V 图走势如图 4-141 所示。

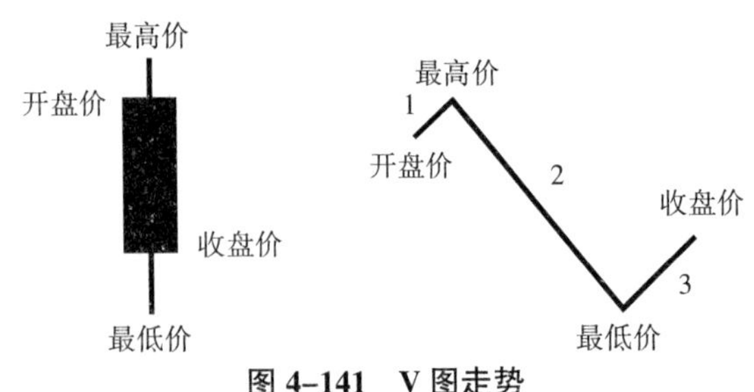

图 4-141 V 图走势

1994 年 1 月所处神秘大三角位置如图 4-142 所示。

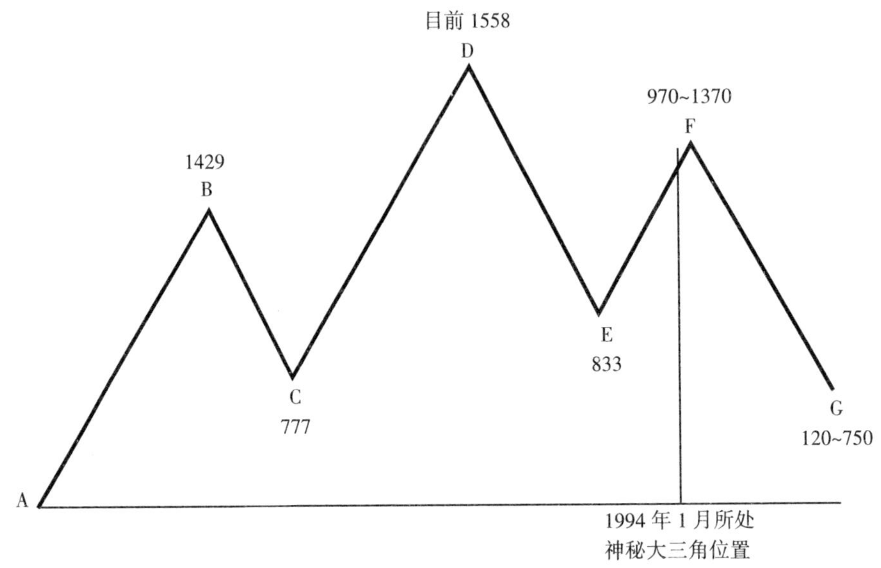

图 4-142 1994 年 1 月所处神秘大三角位置

1 月，由于本月上涨超过 5%，所以本月上旬的高点 907 点很接近高点 F。但与此前预测的最低要求 970 点还有一些距离。

上证指数 1994 年 2 月走势如图 4-143 所示。

V 图走势如图 4-144 所示。

1994 年 2 月所处神秘大三角位置如图 4-145 所示。

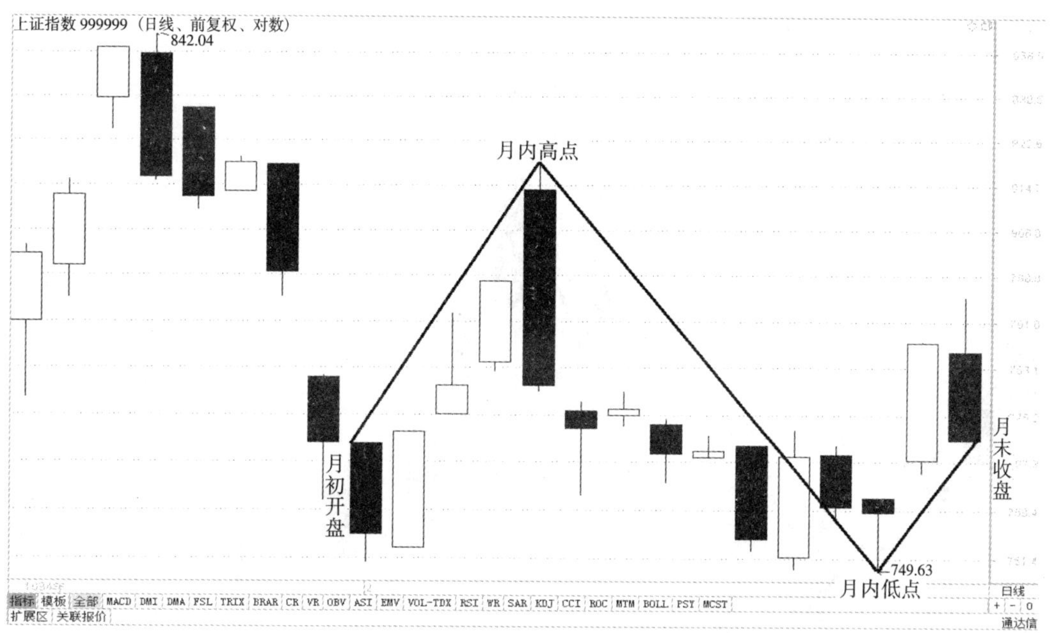

图 4-143　上证指数 1994 年 2 月走势

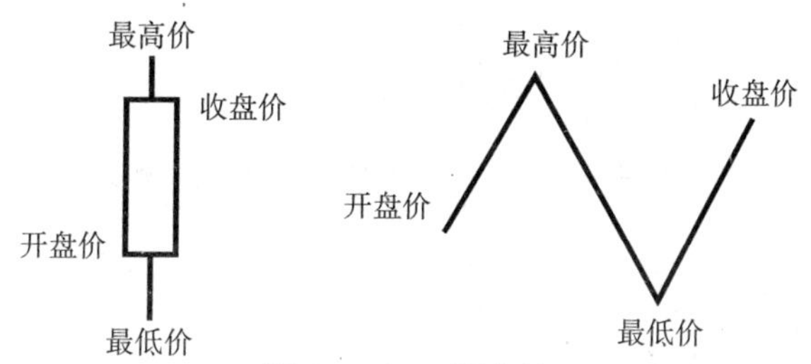

图 4-144　V 图走势

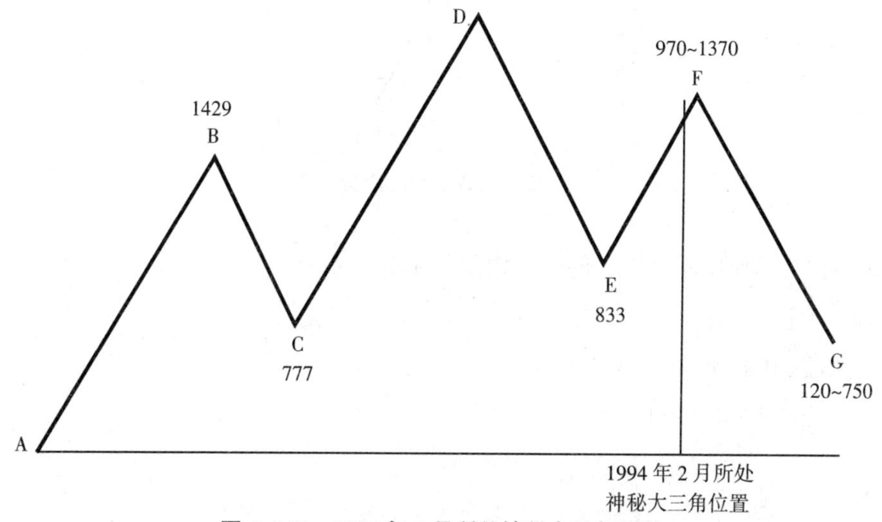

图 4-145　1994 年 2 月所处神秘大三角位置

2 月，指数仍处在攀登 F 点高峰的阶段。

上证指数 1994 年 3 月走势如图 4-146 所示。

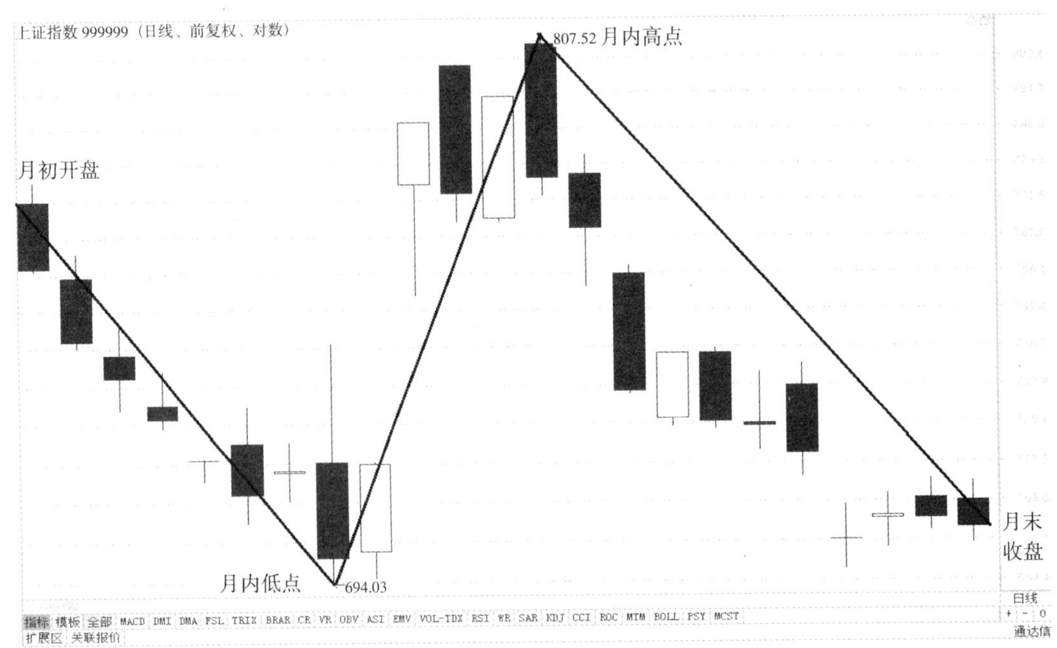

图 4-146　上证指数 1994 年 3 月走势

V 图走势如图 4-147 所示。

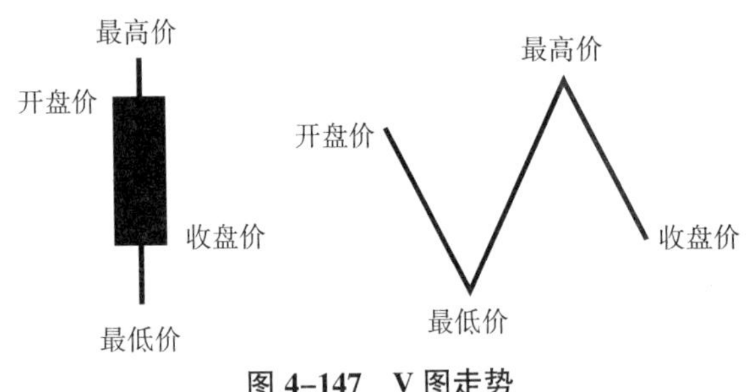

图 4-147　V 图走势

1994 年 3 月所处神秘大三角位置如图 4-148 所示。

3 月，上证大盘大幅震荡继续下跌。

上证指数 1994 年 4 月走势如图 4-149 所示。

V 图走势如图 4-150 所示。

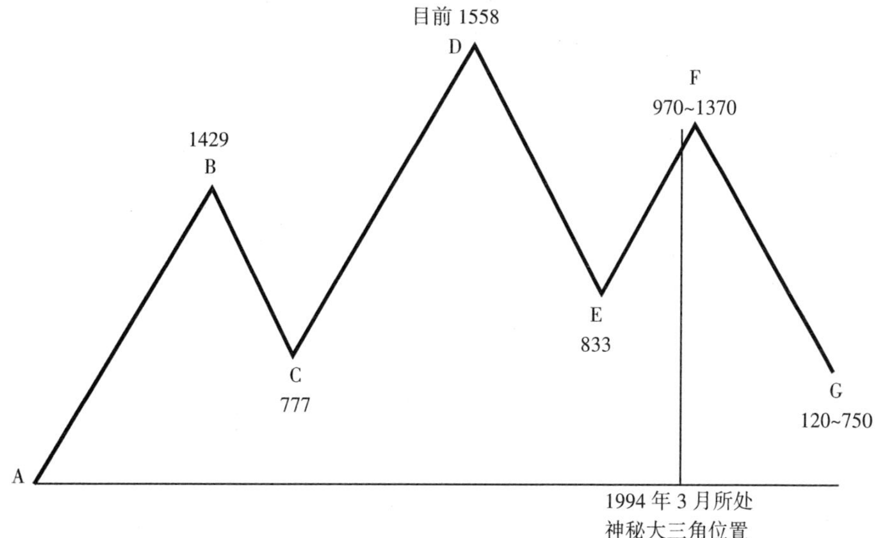

图 4-148　1994 年 3 月所处神秘大三角位置

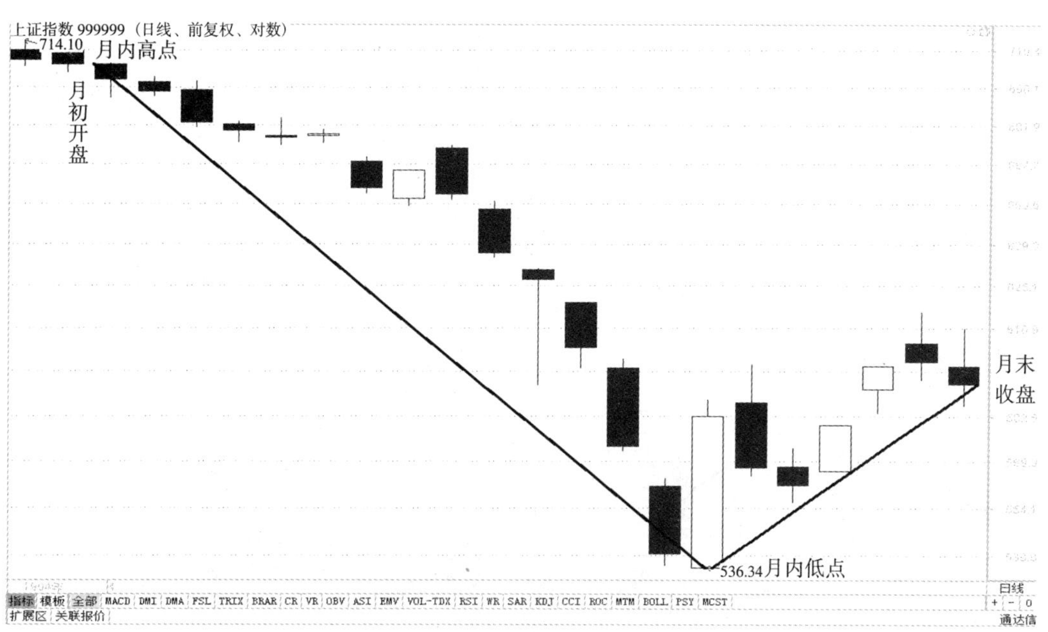

图 4-149　上证指数 1994 年 4 月走势

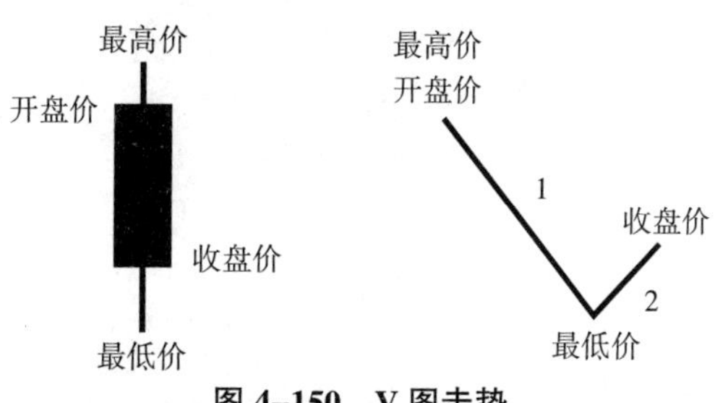

图 4-150　V 图走势

1994 年 4 月所处神秘大三角位置如图 4–151 所示。

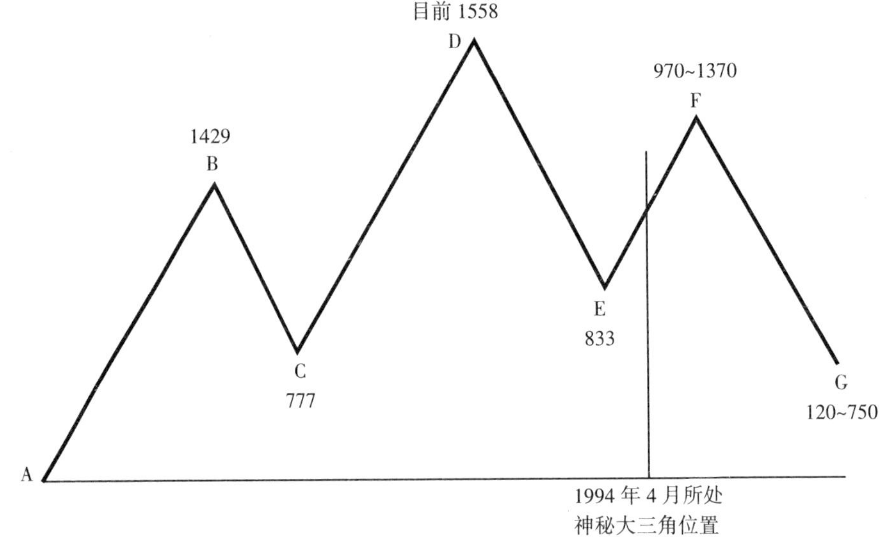

图 4–151 1994 年 4 月所处神秘大三角位置

4 月，上证指数继续狂跌，已跌破 E 点的 833 点位置，在神秘大三角图形上仍处在 E 点和 F 点之间。E 点已确认，不能将当前的新低算在 E 点头上，所以我们仍认为 F 点才是此次行情的最终目标。V 图就是忽略了中间的震荡，回归行情最本质的运动上来，所以目前虽然大跌，但主要目标仍是以 F 点为主的震荡。

上证指数 1994 年 5 月走势如图 4–152 所示。

图 4–152 上证指数 1994 年 5 月走势

V 图走势如图 4–153 所示。

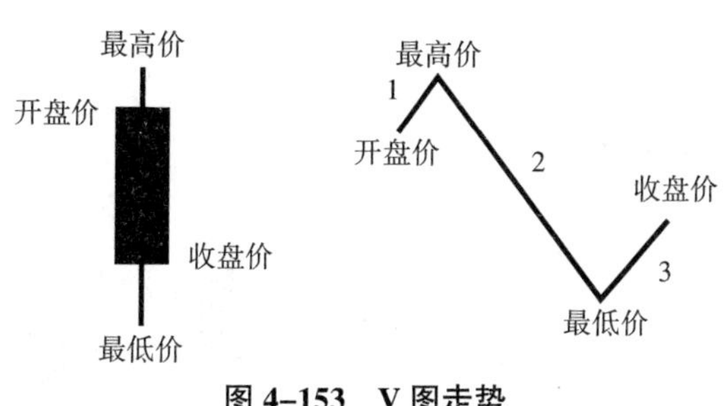

图 4–153 V 图走势

1994 年 5 月所处神秘大三角位置如图 4–154 所示。

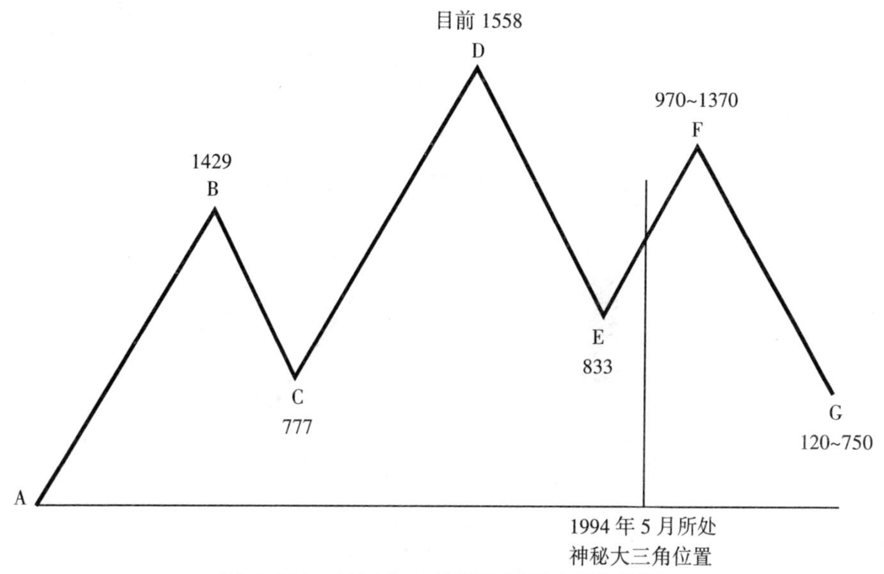

图 4–154 1994 年 5 月所处神秘大三角位置

5 月行情继续深跌。但仍处 E~F 的阶段。我们继续等待 F 点的到来。

上证指数 1994 年 6 月走势如图 4–155 所示。

V 图走势如图 4–156 所示。

1994 年 6 月所处神秘大三角位置如图 4–157 所示。

6 月，大盘仍持续暴跌，悲观情绪充斥弥漫。预计长线投资者将开始规划长期计划了，下个月可能会有所动作。

图 4-155 上证指数 1994 年 6 月走势

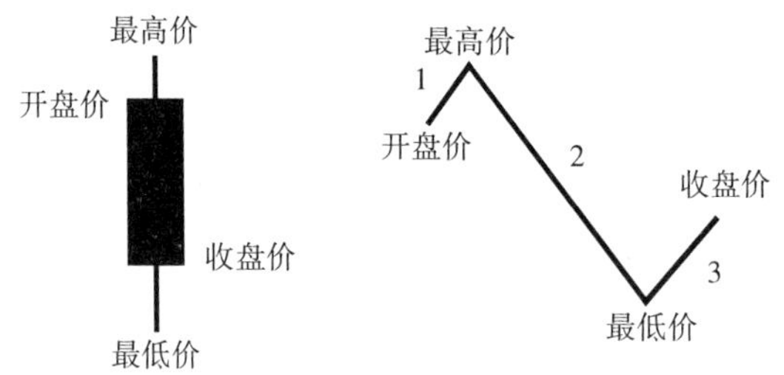

图 4-156 V 图走势

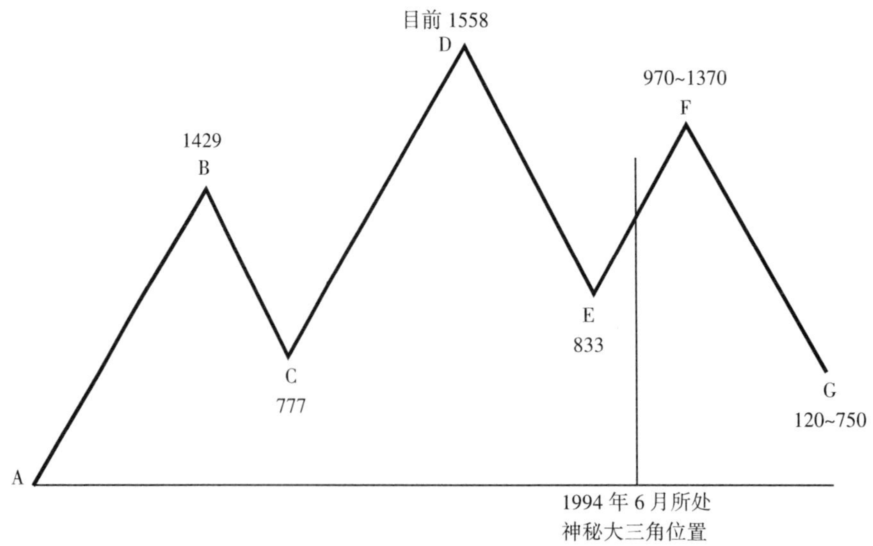

图 4-157 1994 年 6 月所处神秘大三角位置

上证指数 1994 年 7 月走势如图 4-158 所示。

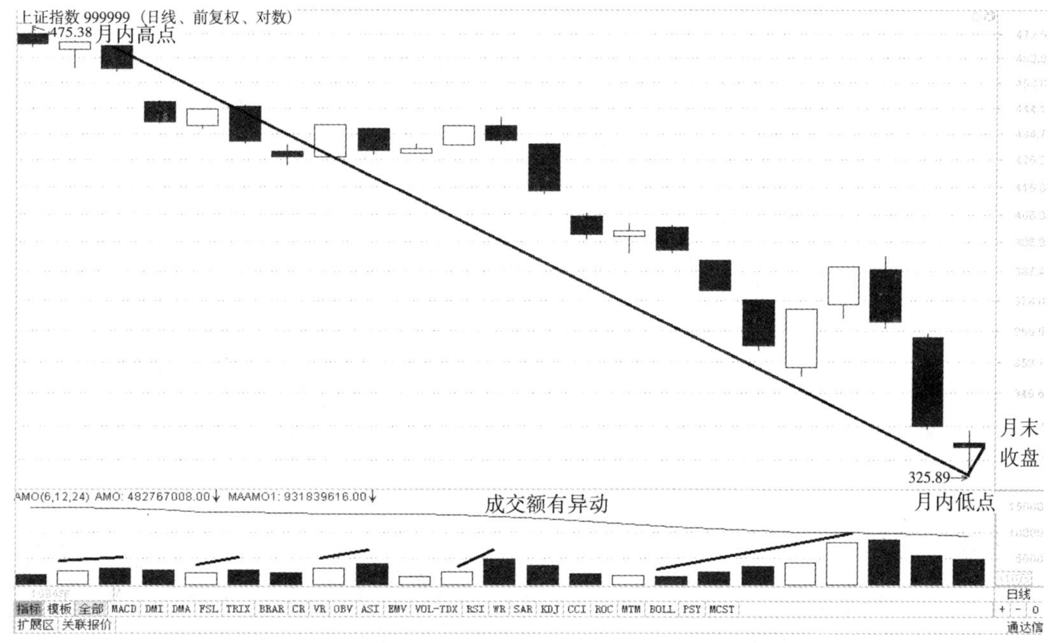

图 4-158　上证指数 1994 年 7 月走势

V 图走势如图 4-159 所示。

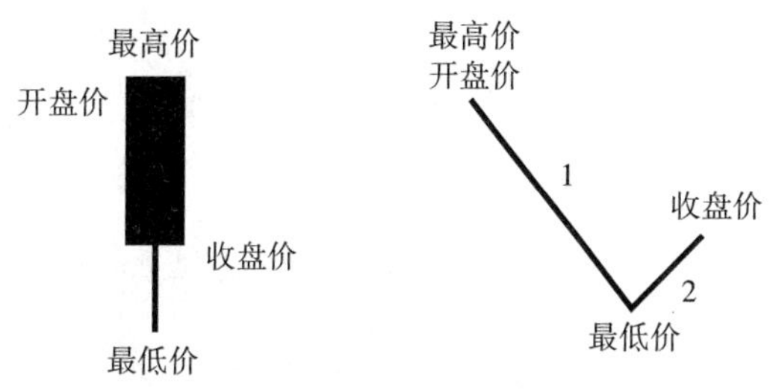

图 4-159　V 图走势

1994 年 7 月所处神秘大三角位置如图 4-160 所示。

7 月，大盘指数继续暴跌，但从成交额上看，月初有小异动，到中下旬异动开始明显，已经接近成交额均线，表明已有先知先觉的长线投资者进驻。短线投资者也可以跟着分一杯羹。

上证指数 1994 年 8 月走势如图 4-161 所示。

V 图走势如图 4-162 所示。

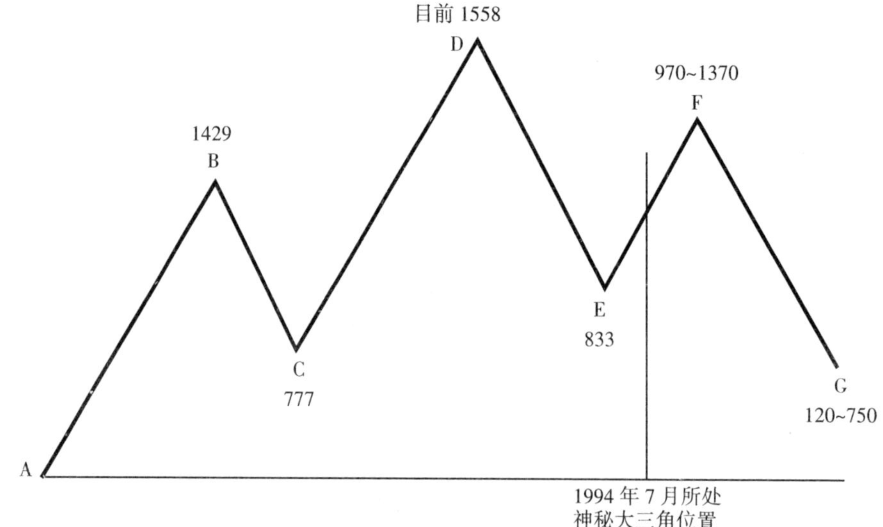

图 4-160　1994 年 7 月所处神秘大三角位置

图 4-161　上证指数 1994 年 8 月走势

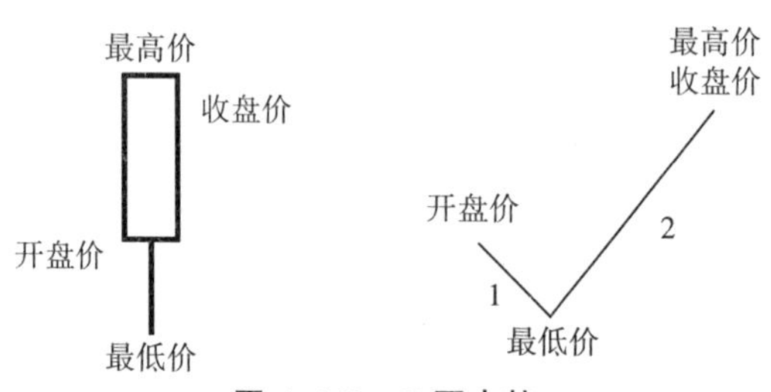

图 4-162　V 图走势

1994 年 8 月所处神秘大三角位置如图 4-163 所示。

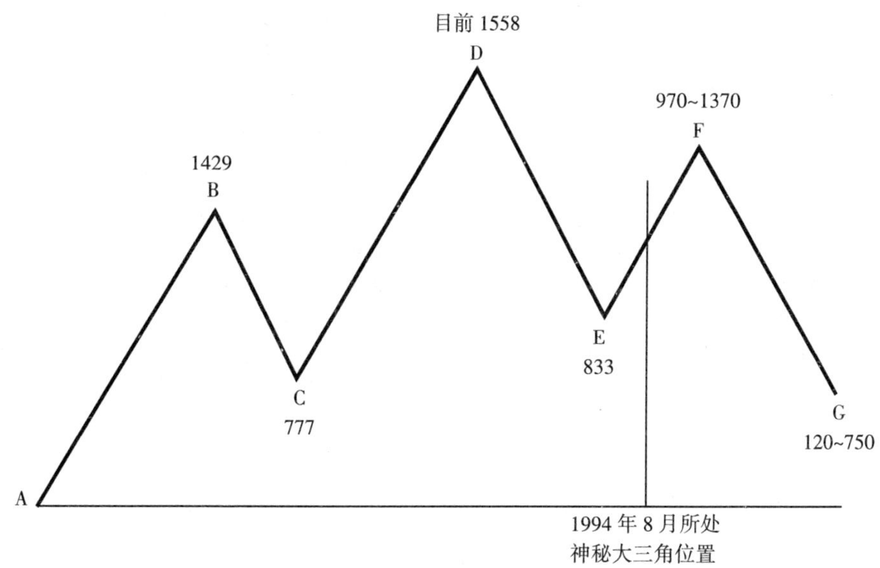

图 4-163 1994 年 8 月所处神秘大三角位置

8 月上证指数强势暴涨，从神秘三角形态上看，本月已经逐渐开始恢复原有趋势，已经接近 E 点的 833 了。后市仍看涨到 F 点。

上证指数 1994 年 9 月走势如图 4-164 所示。

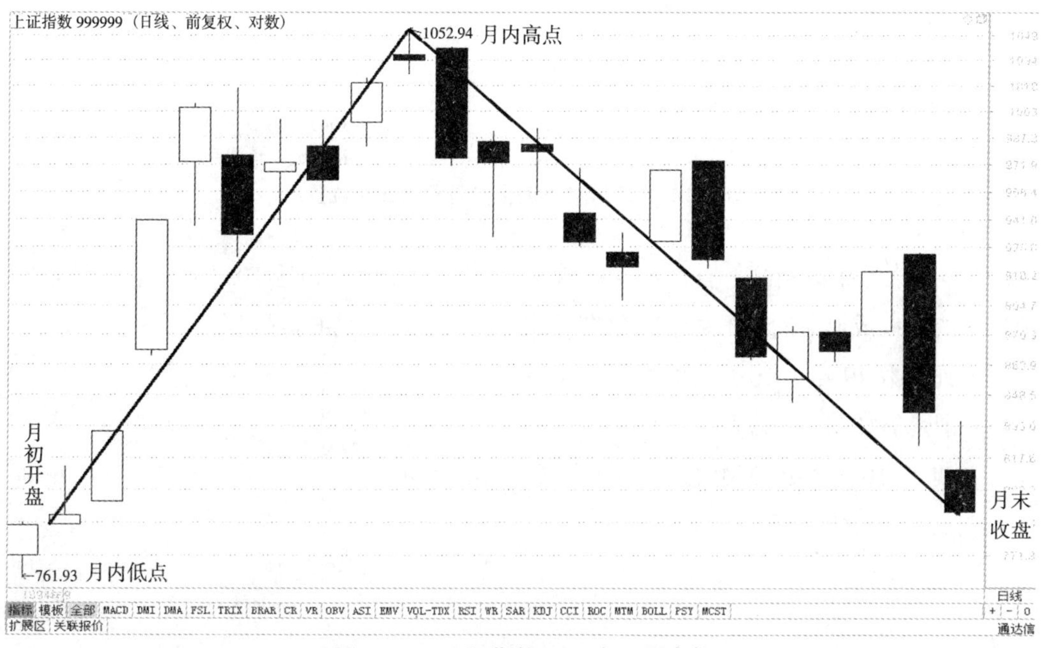

图 4-164 上证指数 1994 年 9 月走势

V 图走势如图 4–165 所示。

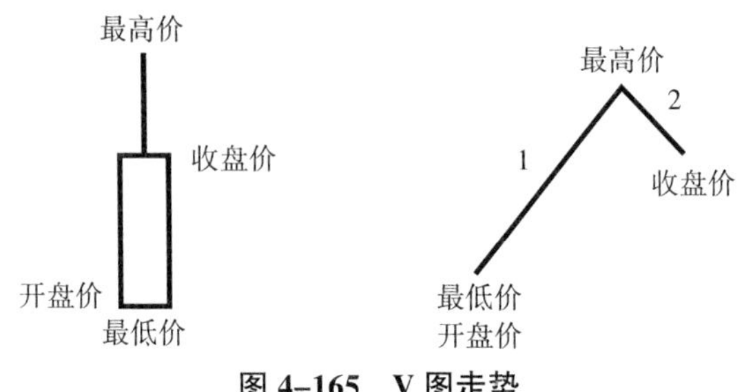

图 4–165　V 图走势

1994 年 9 月所处神秘大三角位置如图 4–166 所示。

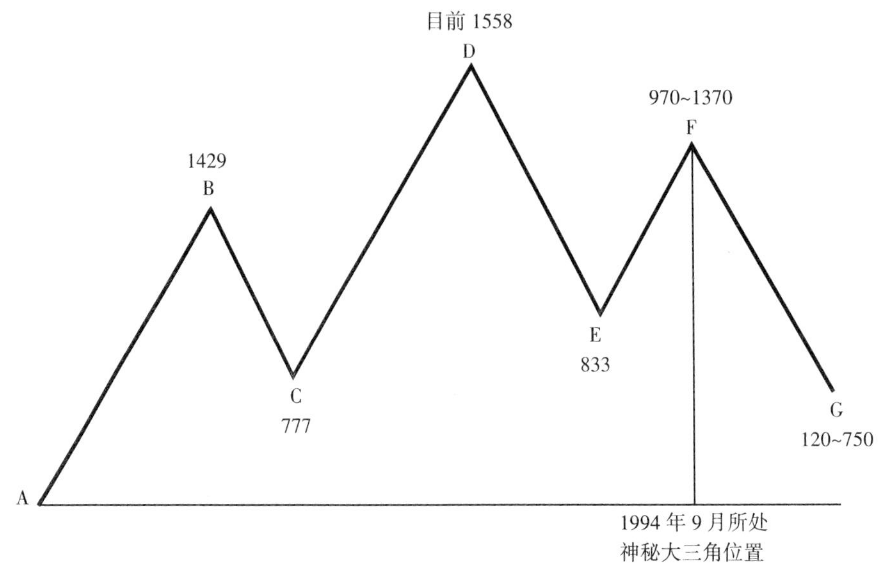

图 4–166　1994 年 9 月所处神秘大三角位置

9 月，大盘指数走高，首次向上突破 F 点的最低点位，到达 1052 点。再者目前距离年底的年线成形时间也不久了，很有可能目前的高点就是 F 点。

上证指数 1994 年 10 月走势如图 4–167 所示。

V 图走势如图 4–168 所示。

1994 年 10 月所处神秘大三角位置如图 4–169 所示。

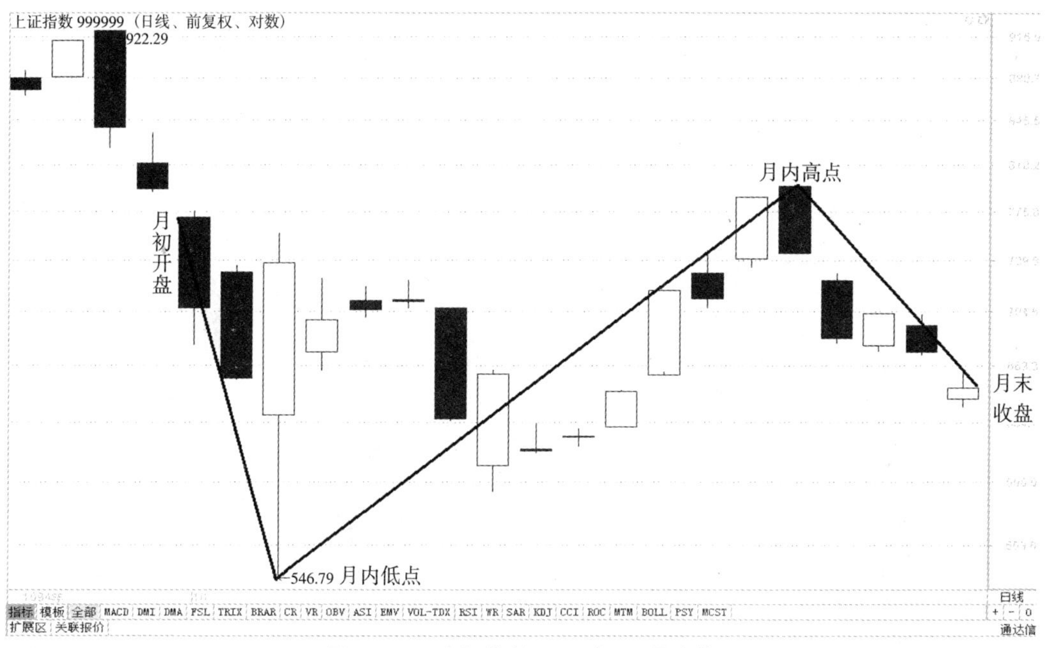

图 4-167　上证指数 1994 年 10 月走势

最高价
开盘价
收盘价
最低价

最高价
开盘价
收盘价
最低价

图 4-168　V 图走势

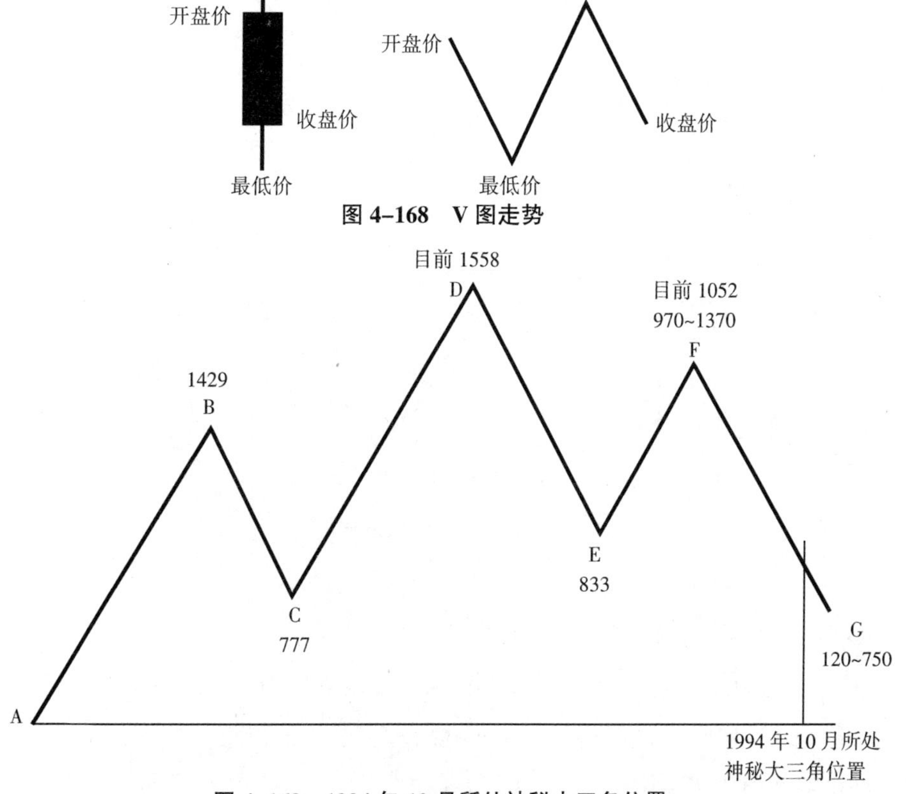

图 4-169　1994 年 10 月所处神秘大三角位置

10 月，头三个交易日大盘续涨，后连续下跌创出新低，并进入之前推算的 G 点范围，故此前估计的 F 点成立，目前可能已处 G 点位置。

上证指数 1994 年 11 月走势如图 4–170 所示。

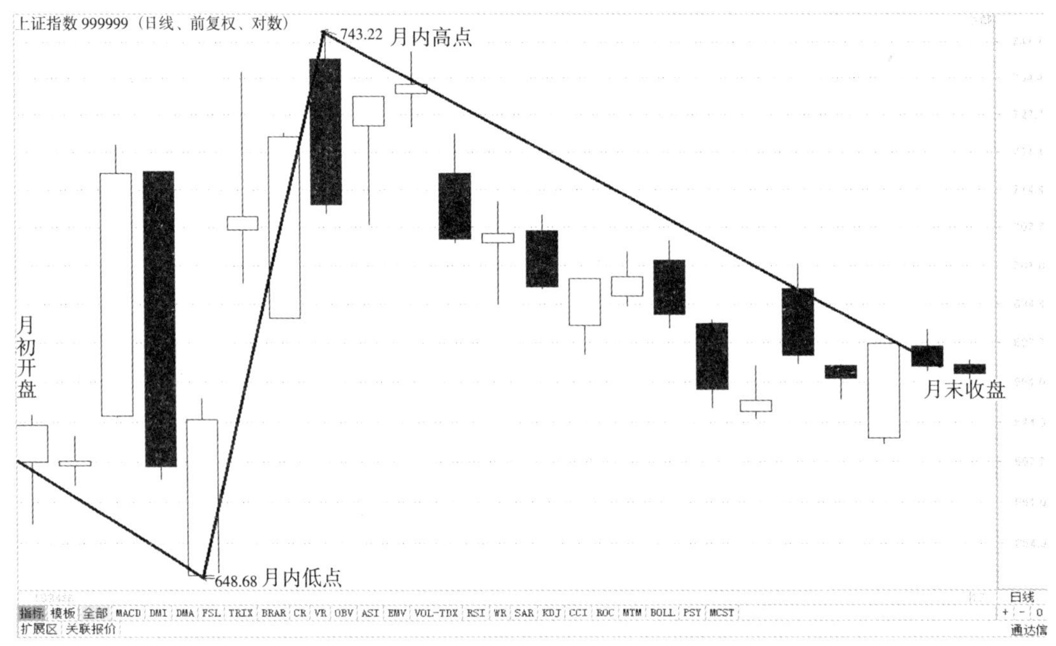

图 4–170　上证指数 1994 年 11 月走势

V 图走势如图 4–171 所示。

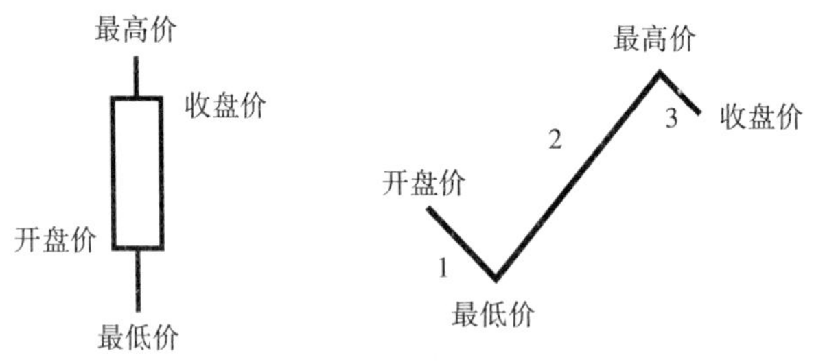

图 4–171　V 图走势

1994 年 11 月所处神秘大三角位置如图 4–172 所示。

11 月，大盘指数继续徘徊在 G 点范围内（120~750 点）。继续观察下一月走势。

上证指数 1994 年 12 月走势如图 4–173 所示。

V 图走势如图 4–174 所示。

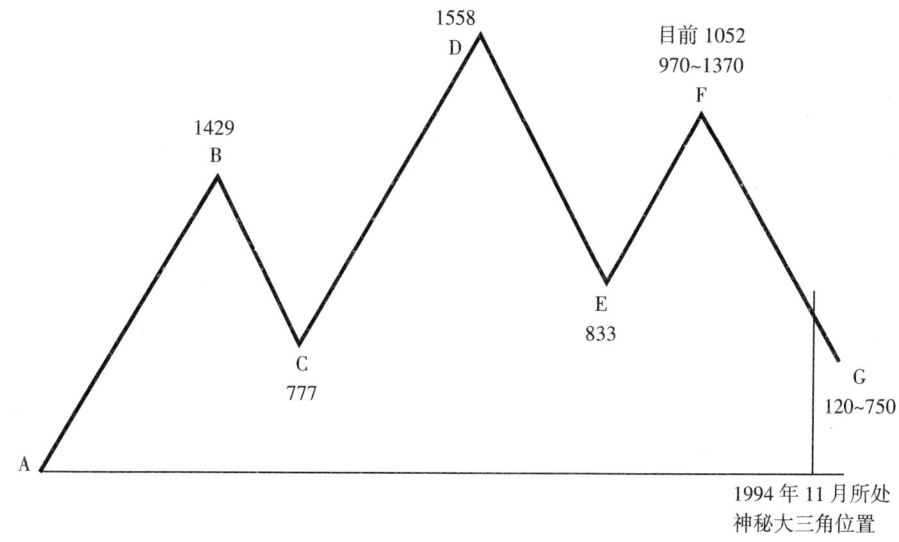

图 4-172　1994 年 11 月所处神秘大三角位置

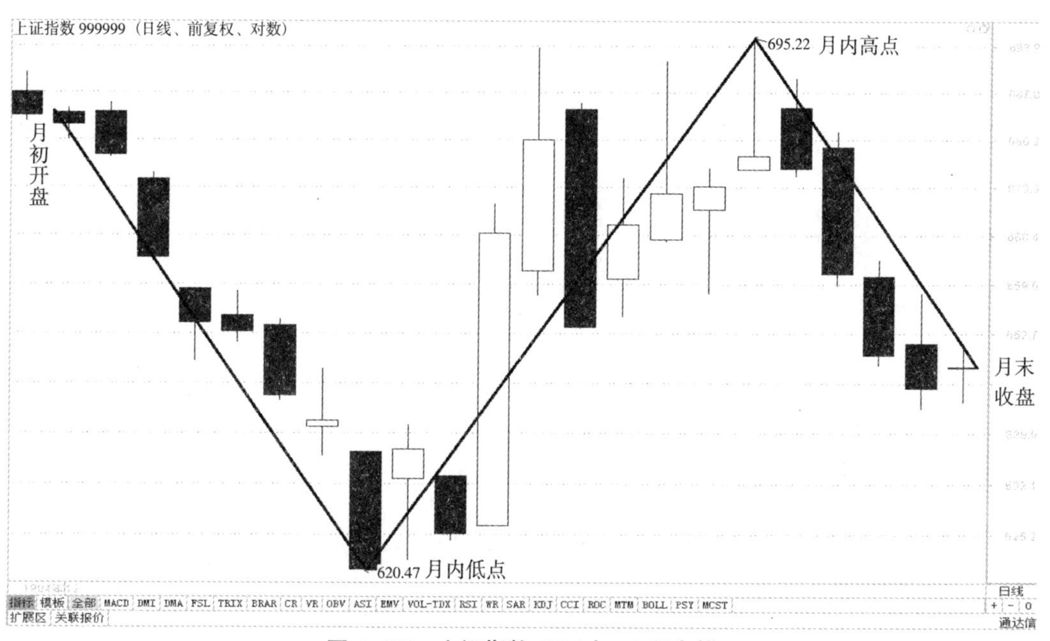

图 4-173　上证指数 1994 年 12 月走势

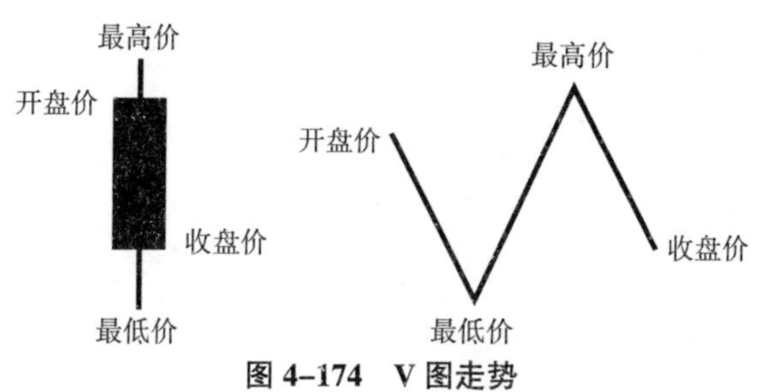

图 4-174　V 图走势

1994 年 12 月所处神秘大三角位置如图 4–175 所示。

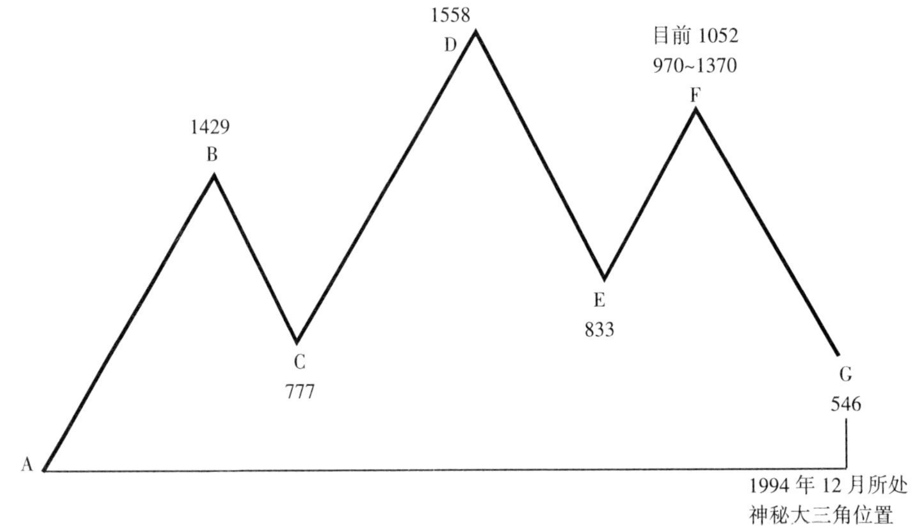

图 4–175　1994 年 12 月所处神秘大三角位置

12 月，大约可明确 G 点已接近，目前处在 G 点或 G 点附近不远处。

4.8　1995 年

1995 年，股市已经开了 5 年，较之前几年的 GDP 增长率来看，1994 年较 1993 年的 GDP 开始减速并降低，这或许会影响今年股市，这有可能预示着神秘大三角的 G 点已将临近。

上证指数 1995 年 1 月走势如图 4–176 所示。

V 图走势如图 4–177 所示。

1995 年 1 月所处神秘大三角位置如图 4–178 所示。

1 月大盘指数继续深探，低点再次逼近前期的 546 点，报收 547 点。假设目前的 546 点是 G 点，则未来的 B 点在 917 以上、C 点在 616 以上、D 点在 1092 以上……

不过上面只是猜测，具体要视 G 点是否被确认才行。

上证指数 1995 年 2 月走势如图 4–179 所示。

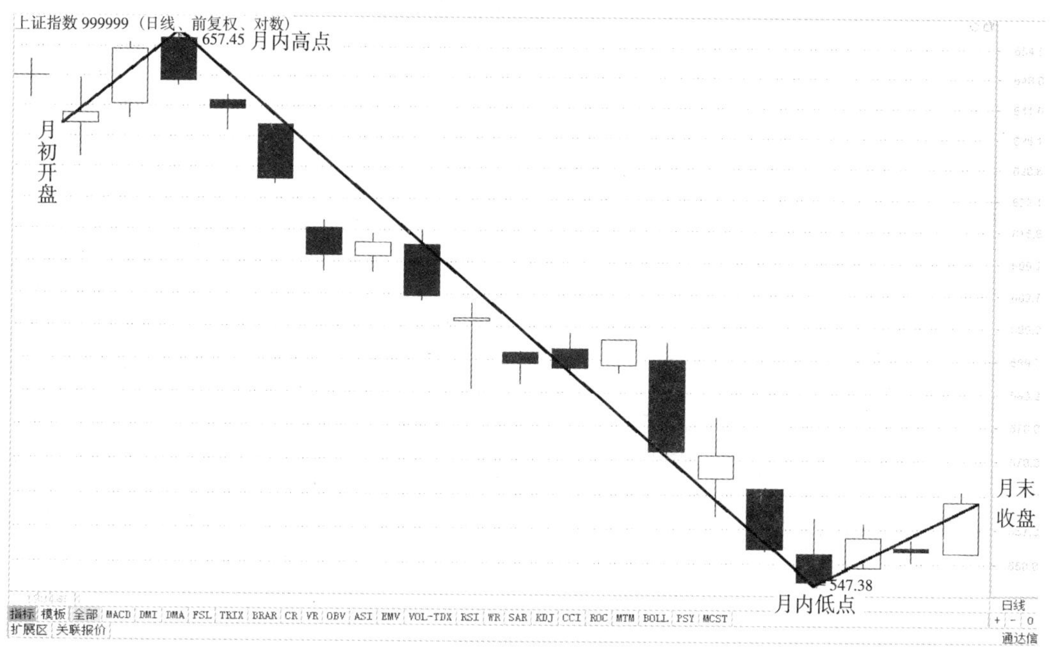

图 4–176　上证指数 1995 年 1 月走势

最高价
开盘价
收盘价
最低价
最高价
1
开盘价
2
收盘价
3
最低价

图 4–177　V 图走势

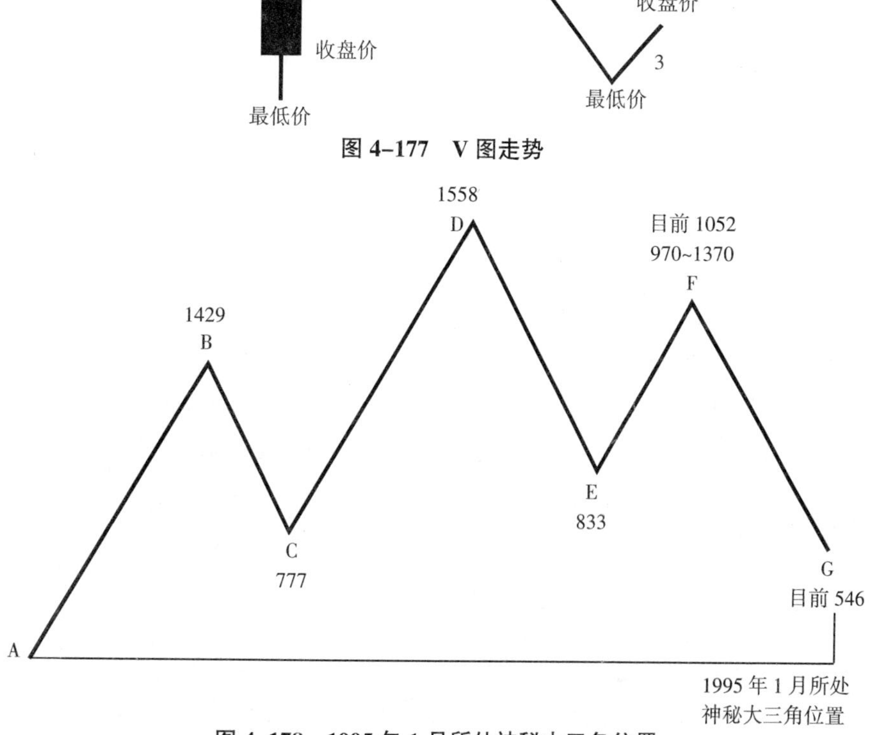

图 4–178　1995 年 1 月所处神秘大三角位置

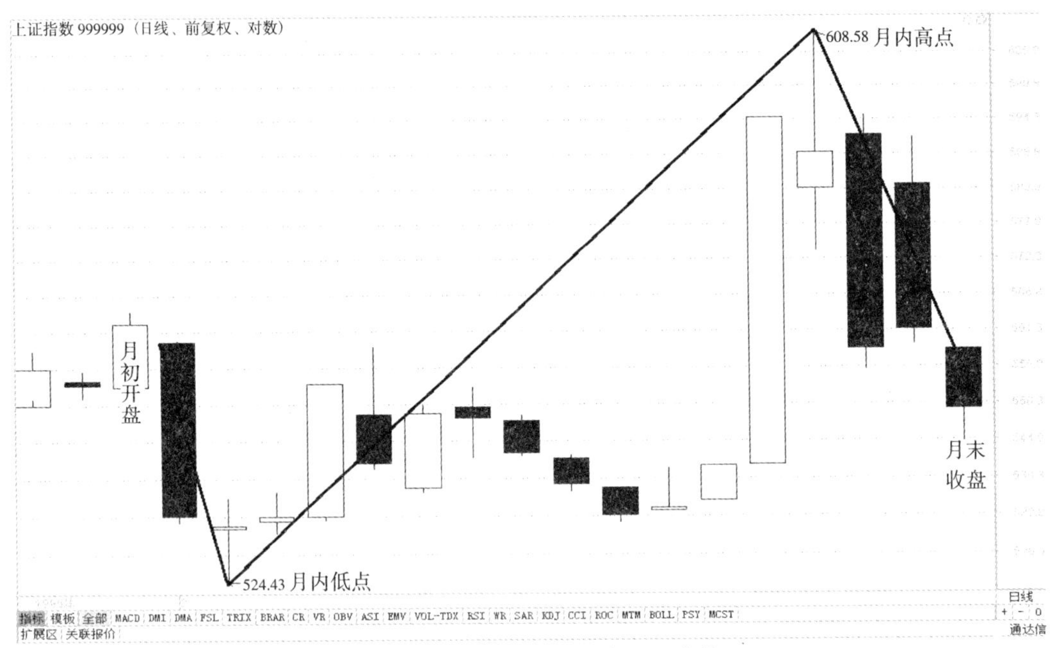

图 4-179　上证指数 1995 年 2 月走势

V 图走势如图 4-180 所示。

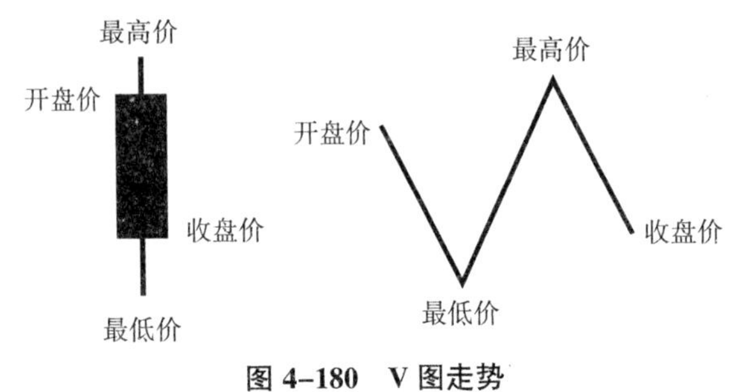

图 4-180　V 图走势

1995 年 2 月所处神秘大三角位置如图 4-181 所示。

2 月，盘上大幅震荡，曾一度反弹到 600 点之上，但很快又回落，期间曾创出这波下跌以来的新低 524 点。在图 4-181 中我们把 G 点设置为 524，这样一来，未来的 B、C、D 点均有不同程度的下移。用当前的数据预测未来点位：B>880、C>592、D>1048……

上证指数 1995 年 3 月走势如图 4-182 所示。

V 图走势如图 4-183 所示。

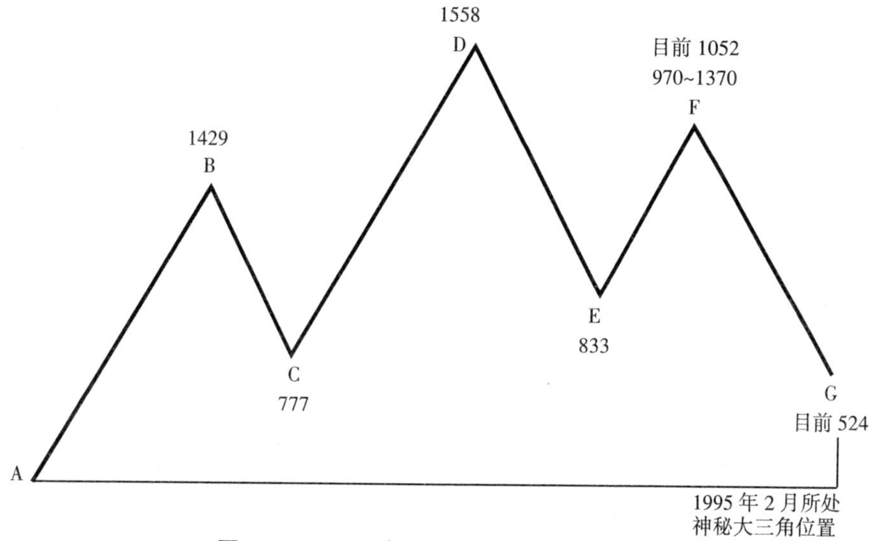

图 4-181　1995 年 2 月所处神秘大三角位置

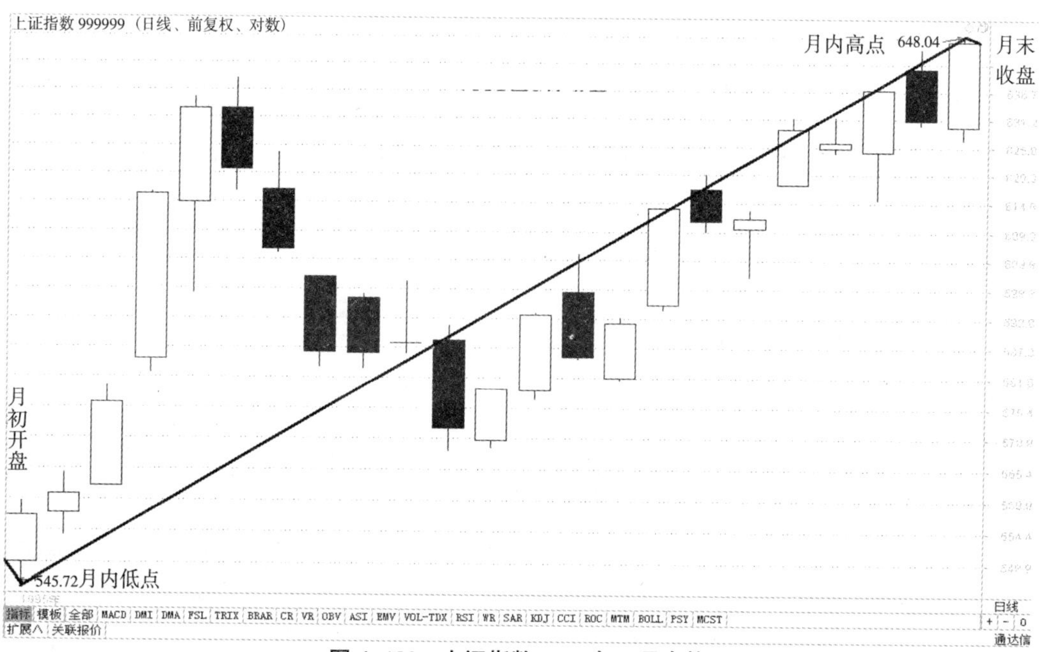

图 4-182　上证指数 1995 年 3 月走势

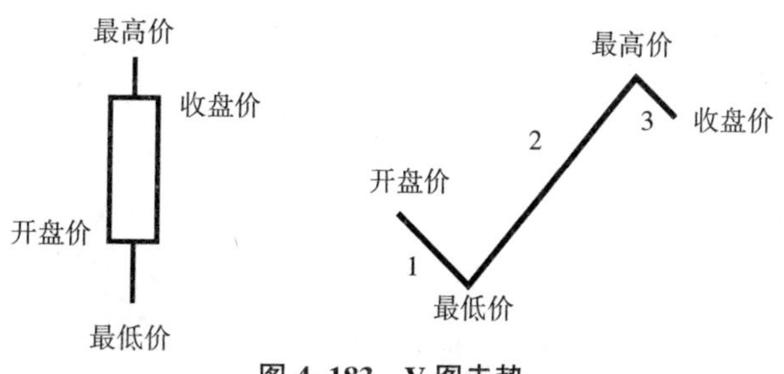

图 4-183　V 图走势

1995 年 3 月所处神秘大三角位置如图 4-184 所示。

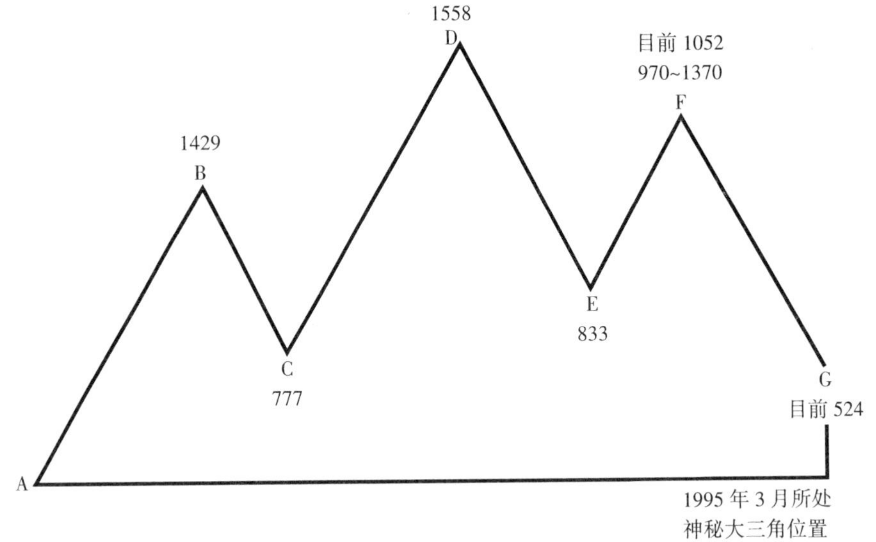

图 4-184　1995 年 3 月所处神秘大三角位置

3 月，上证指数在 G 点附近反弹，由于仍未接近年末，所以仍当视作年中震荡而不作大的变动看待。用当前 G 点预测出未来新的神秘大三角 B 点>880、C 点>592、D 点>1048……

上证指数 1995 年 4 月走势如图 4-185 所示。

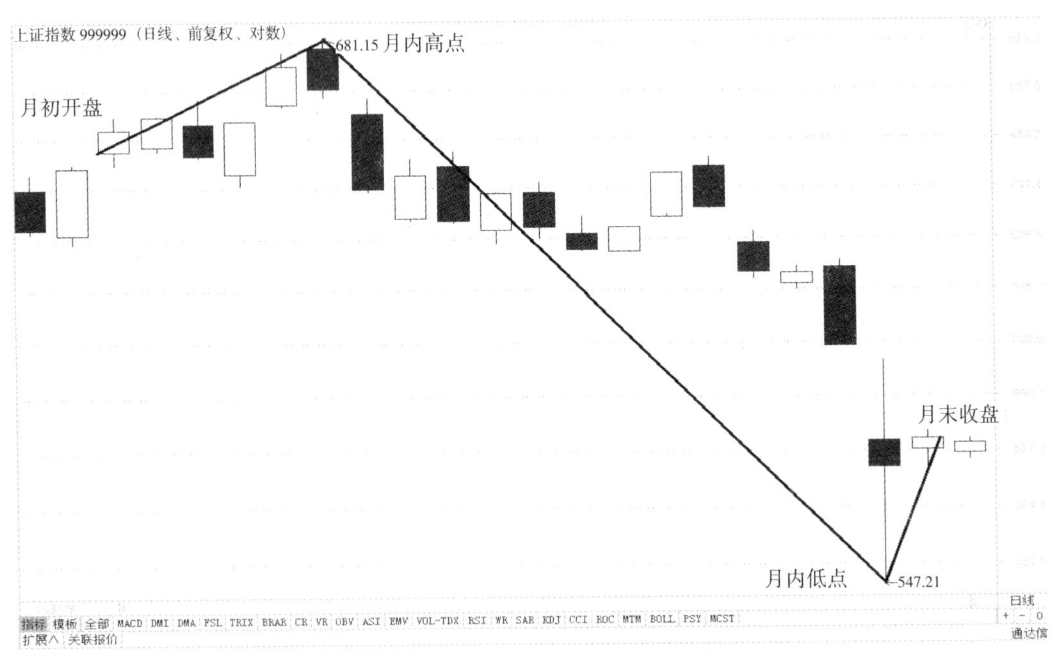

图 4-185　上证指数 1995 年 4 月走势

V 图走势如图 4–186 所示。

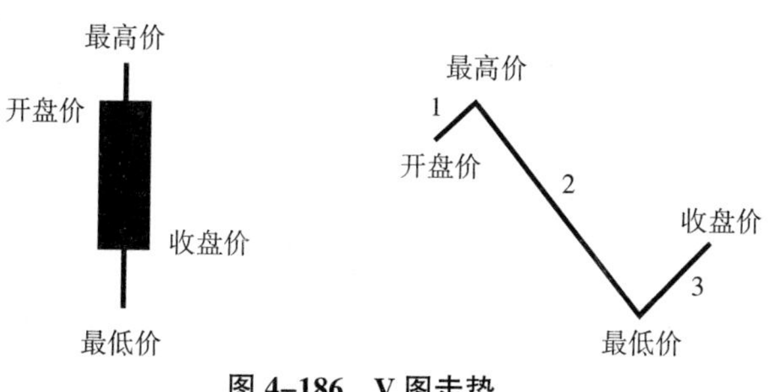

图 4–186　V 图走势

1995 年 4 月所处神秘大三角位置如图 4–187 所示。

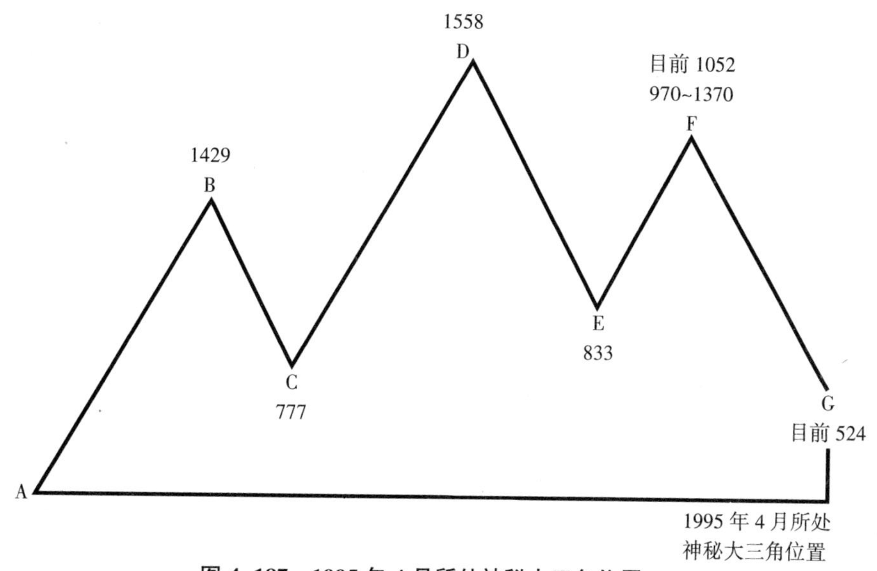

图 4–187　1995 年 4 月所处神秘大三角位置

4 月，上证指数继续在 G 点附近震荡，月末收盘仍在 G 点 524 点附近不远。如不能创出新高新低，则之前的 B、C、D 点预测不变。

上证指数 1995 年 5 月走势如图 4–188 所示。

V 图走势如图 4–189 所示。

1995 年 5 月所处神秘大三角位置如图 4–190 所示。

5 月 2~17 日，大盘仍在低位小幅震荡。到了 18 日因受暂停国债期货交易的消息刺激，大盘指数跳空大涨，留下开业以来单日创下的最大缺口，一个交易日便大涨了 30.99%。虽然如此，我们仍应将其视为震荡，V 图也未给予相应的变化，大盘指数在神秘大三角上的位置仍在 G 点附近不改。

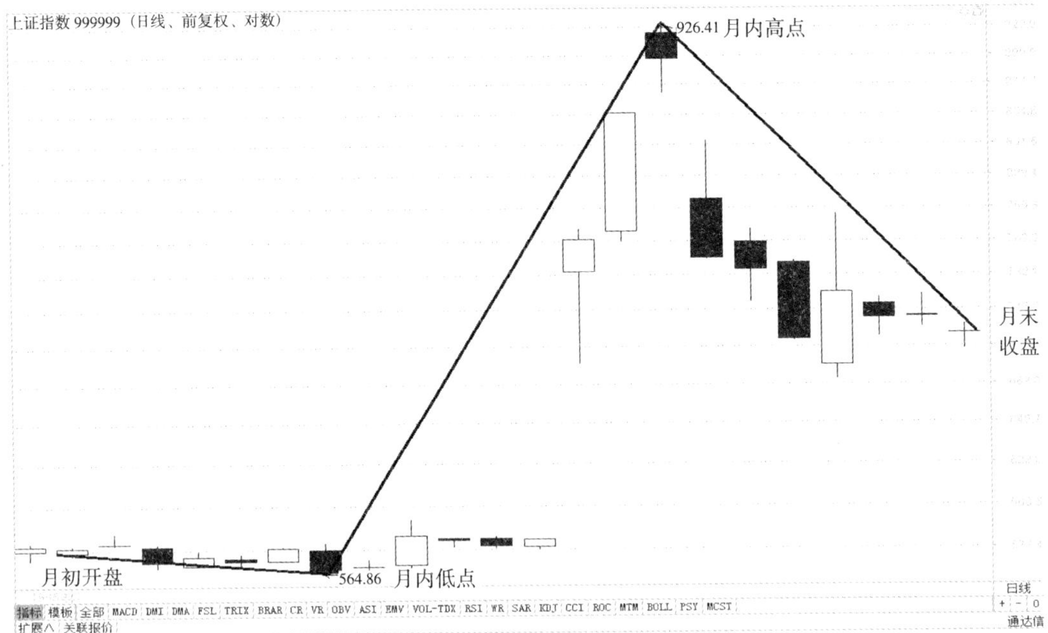

图 4-188 上证指数 1995 年 5 月走势

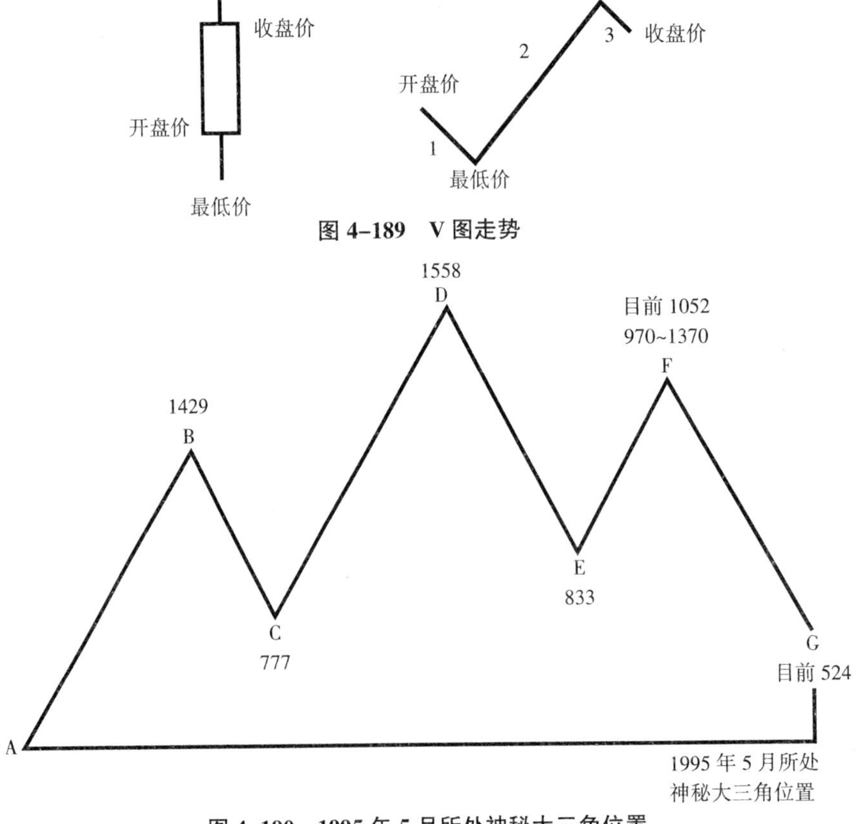

图 4-189 V 图走势

图 4-190 1995 年 5 月所处神秘大三角位置

上证指数 1995 年 6 月走势如图 4-191 所示。

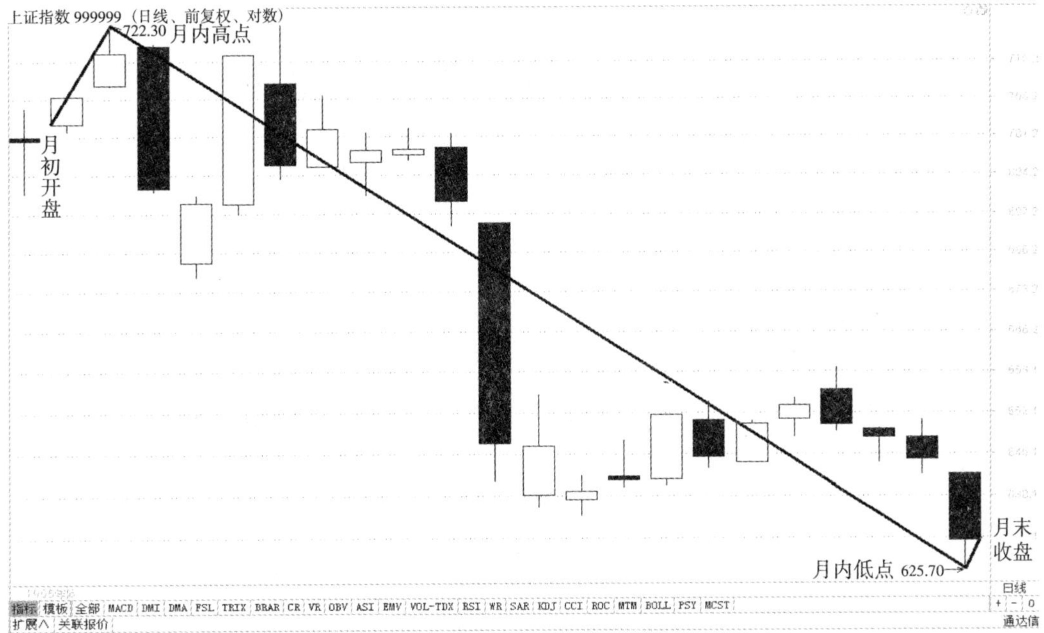

图 4-191　上证指数 1995 年 6 月走势

V 图走势如图 4-192 所示。

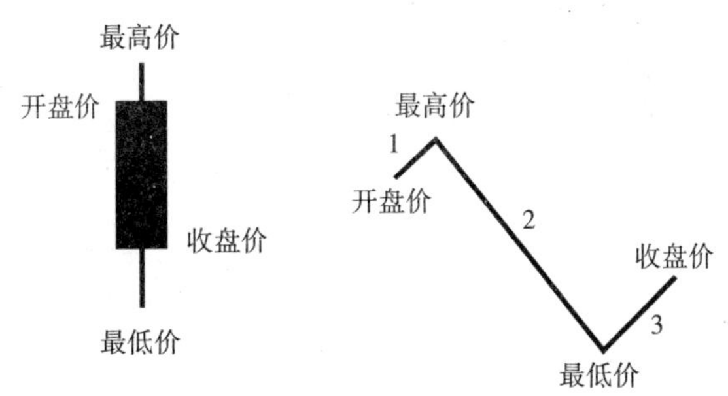

图 4-192　V 图走势

1995 年 6 月所处神秘大三角位置如图 4-193 所示。

6 月，大盘指数仍处在 G 点附近，年线 V 图上仍不见大的变动。所处神秘大三角的位置依然不改。时间已过半年，中间虽有多次大幅小幅震荡，但都被 V 图忽略了，说明 V 图的抗干扰能力是非常强的。

上证指数 1995 年 7 月走势如图 4-194 所示。

V 图走势如图 4-195 所示。

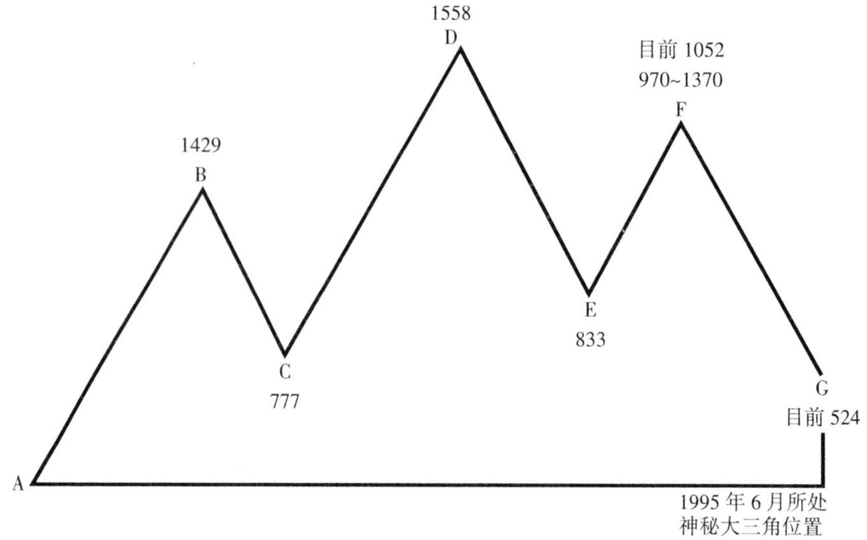

图 4-193　1995 年 6 月所处神秘大三角位置

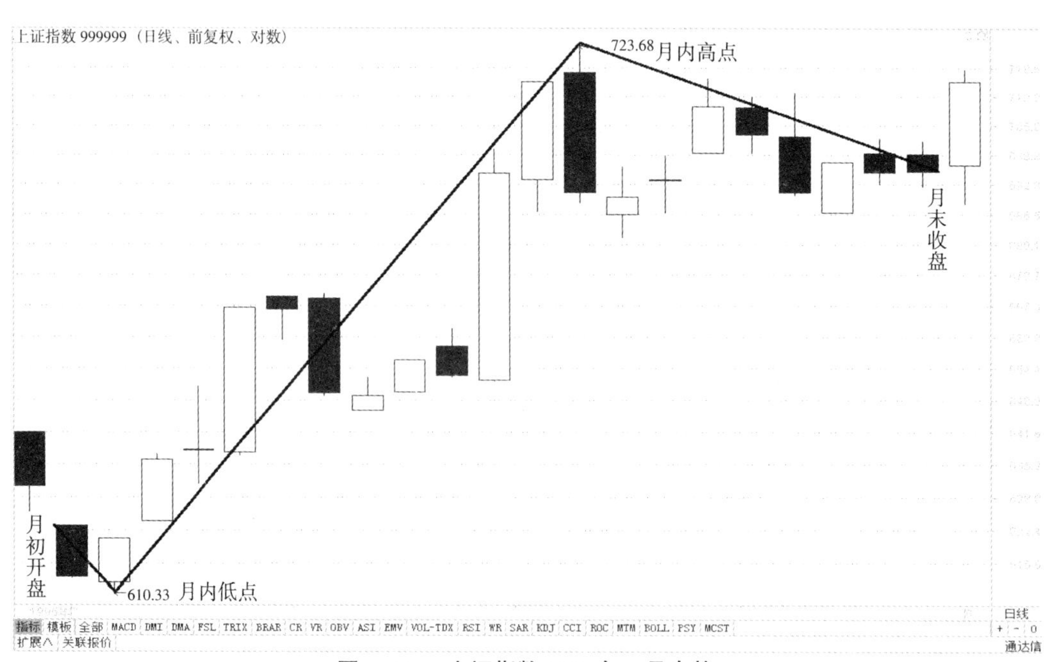

图 4-194　上证指数 1995 年 7 月走势

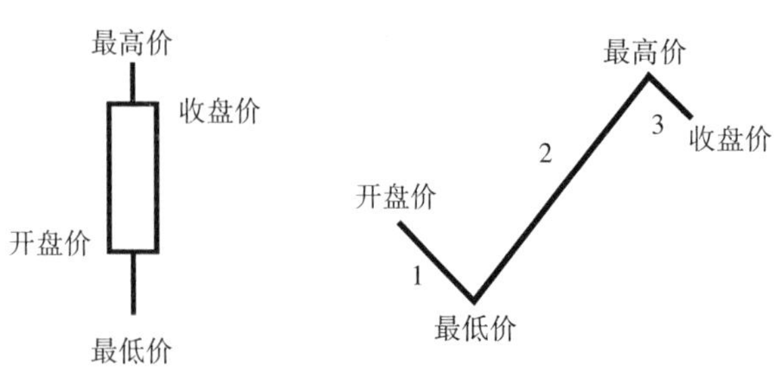

图 4-195　V 图走势

1995 年 7 月所处神秘大三角位置如图 4-196 所示。

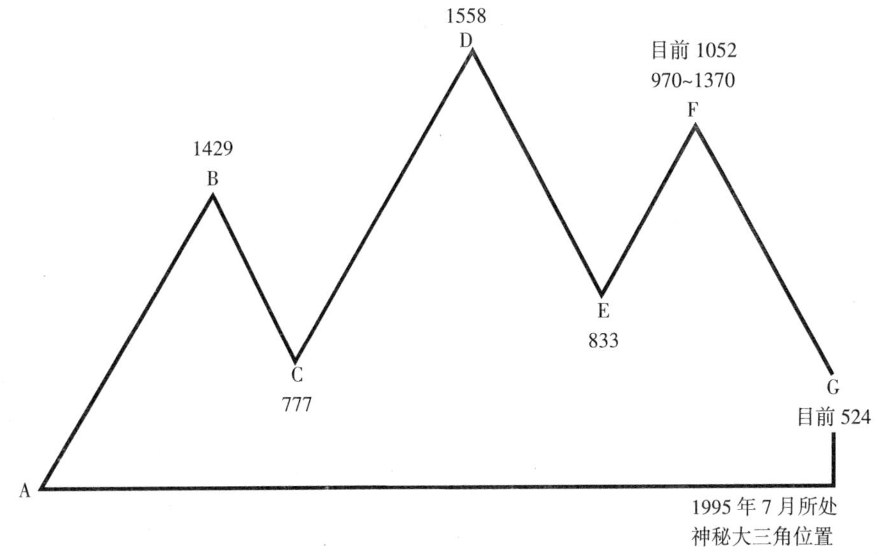

图 4-196　1995 年 7 月所处神秘大三角位置

7 月，仍在 G 点上不远处震荡，V 图仍无变化，所处神秘大三角位置不变。

上证指数 1995 年 8 月走势如图 4-197 所示。

图 4-197　上证指数 1995 年 8 月走势

V 图走势如图 4-198 所示。

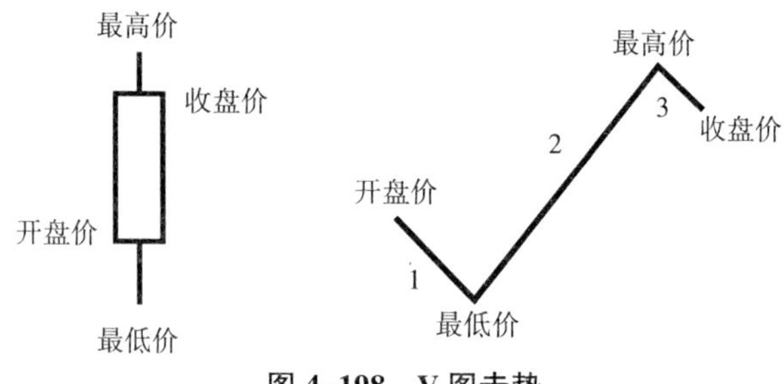

图 4-198 V 图走势

1995 年 8 月所处神秘大三角位置如图 4-199 所示。

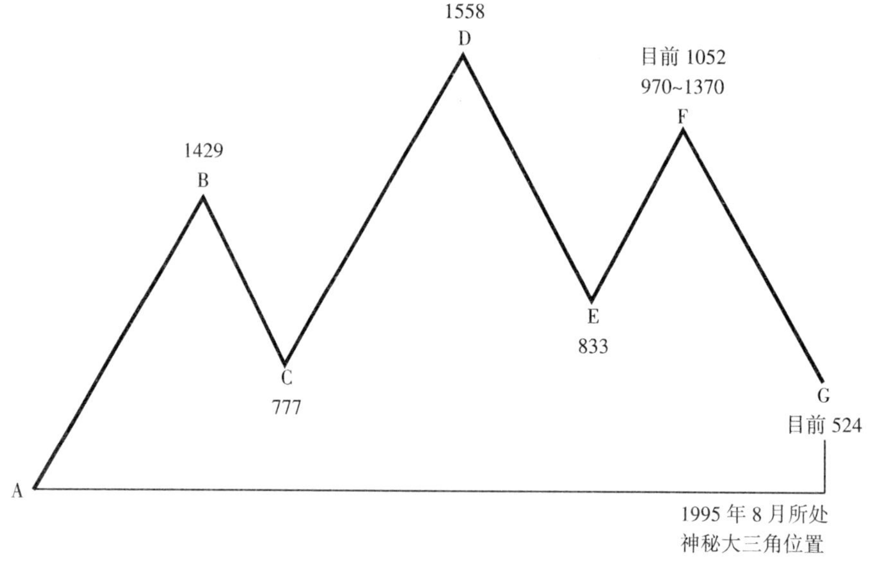

图 4-199 1995 年 8 月所处神秘大三角位置

8 月，大盘指数仍在持续不断的震荡。长期的震荡肯定在酝酿新的行情，有可能是上涨行情，也有可能是下跌行情。具体看突破的方向。

上证指数 1995 年 9 月走势如图 4-200 所示。

V 图走势如图 4-201 所示。

1995 年 9 月所处神秘大三角位置如图 4-202 所示。

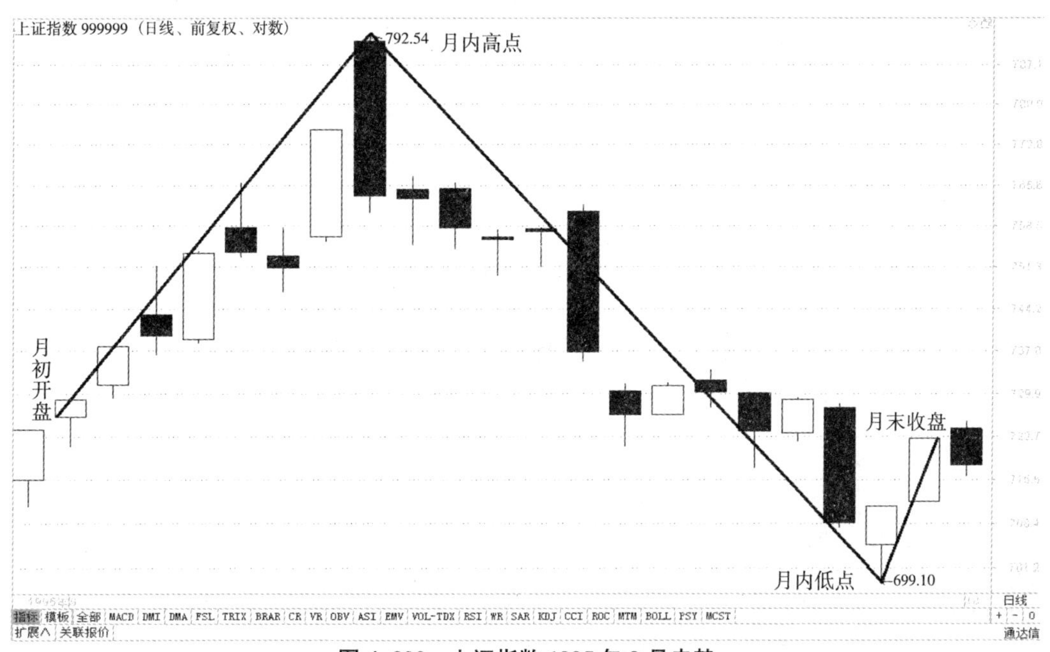

图 4-200　上证指数 1995 年 9 月走势

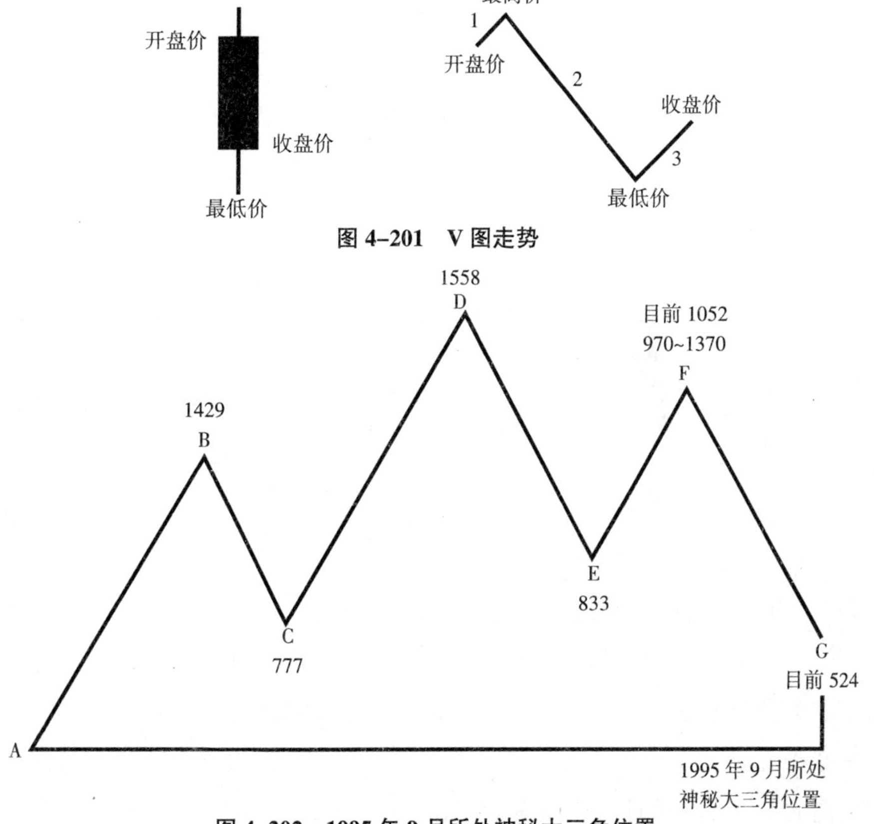

图 4-201　V 图走势

图 4-202　1995 年 9 月所处神秘大三角位置

9 月中震荡依旧持续，磨掉大多数人的耐心，持股不坚定者便会卖出手中的股票，更多的是捉摸不透行情而被震下山崖的短线投资者。

上证指数 1995 年 10 月走势如图 4-203 所示。

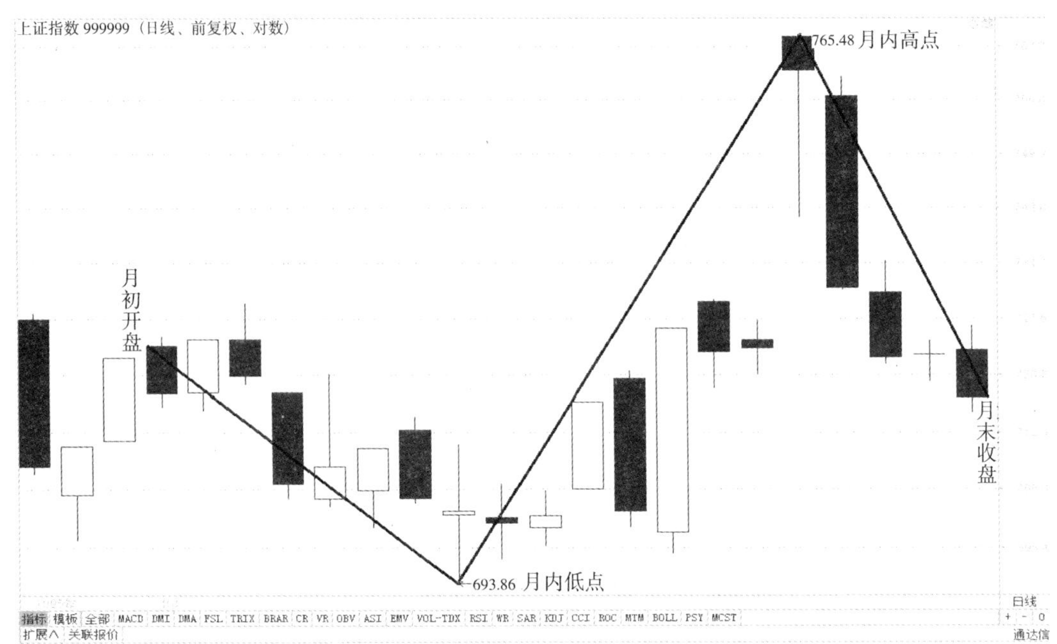

图 4-203 上证指数 1995 年 10 月走势

V 图走势如图 4-204 所示。

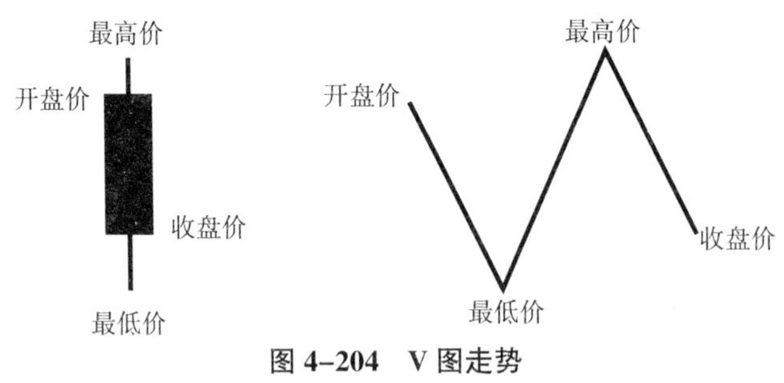

图 4-204 V 图走势

1995 年 10 月所处神秘大三角位置如图 4-205 所示。

10 月，大盘仍在震荡。时间上距离年末还有两个月，目前的情况看来更接近于收盘于 G 点。若是这样的话，未来新一轮的神秘大三角将在现在的 G 点附近开始。投资者仍需耐心等待。

上证指数 1995 年 11 月走势如图 4-206 所示。

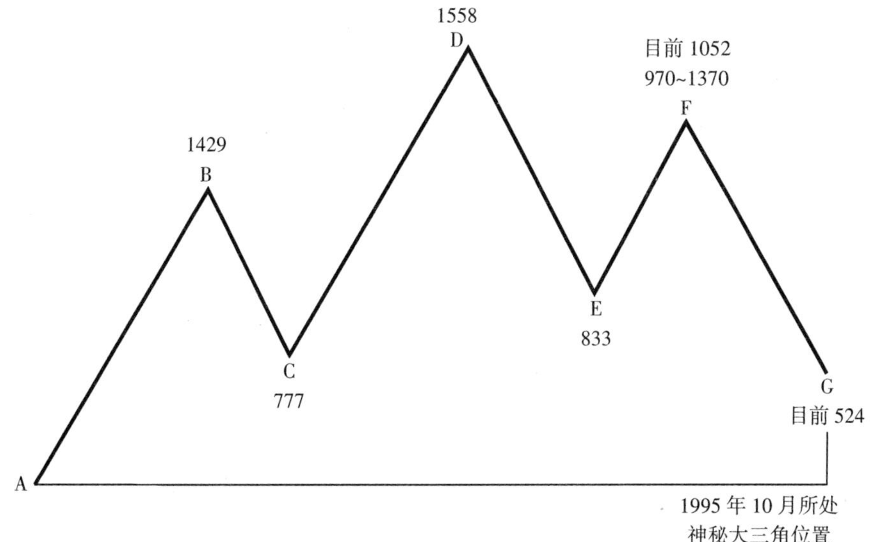

图 4-205 1995 年 10 月所处神秘大三角位置

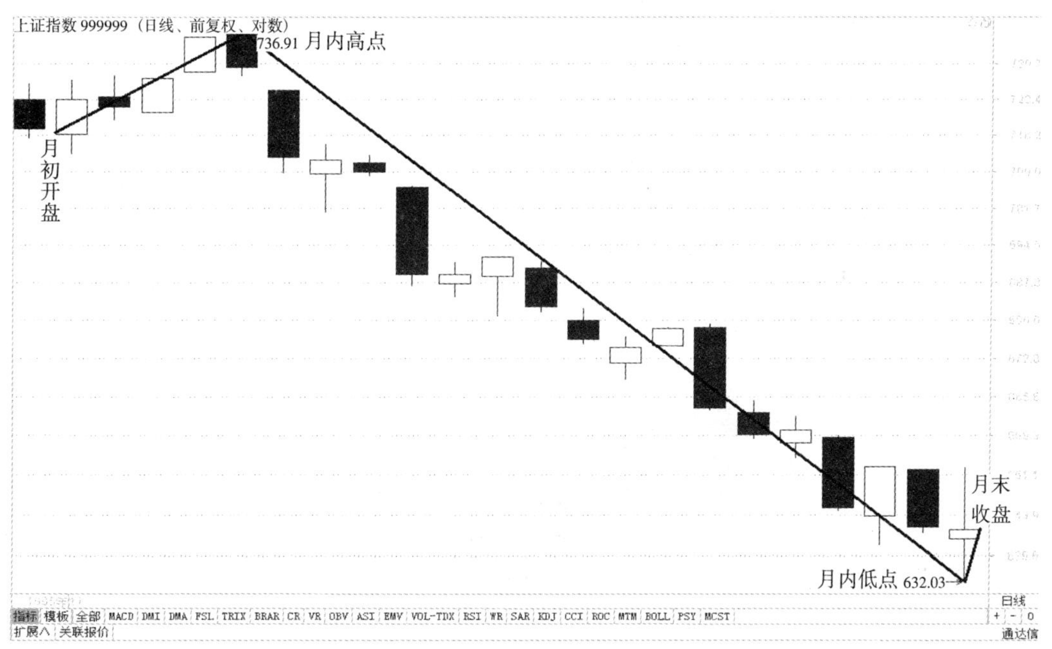

图 4-206 上证指数 1995 年 11 月走势

V 图走势如图 4-207 所示。

1995 年 11 月所处神秘大三角位置如图 4-208 所示。

11 月磨人的震荡依旧持续着。看着已接近年末，估计目前的 G 点 524 很可能已成定局。预测未来新的神秘大三角 B 点>880、C 点>592、D 点>1048……

上证指数 1995 年 12 月走势如图 4-209 所示。

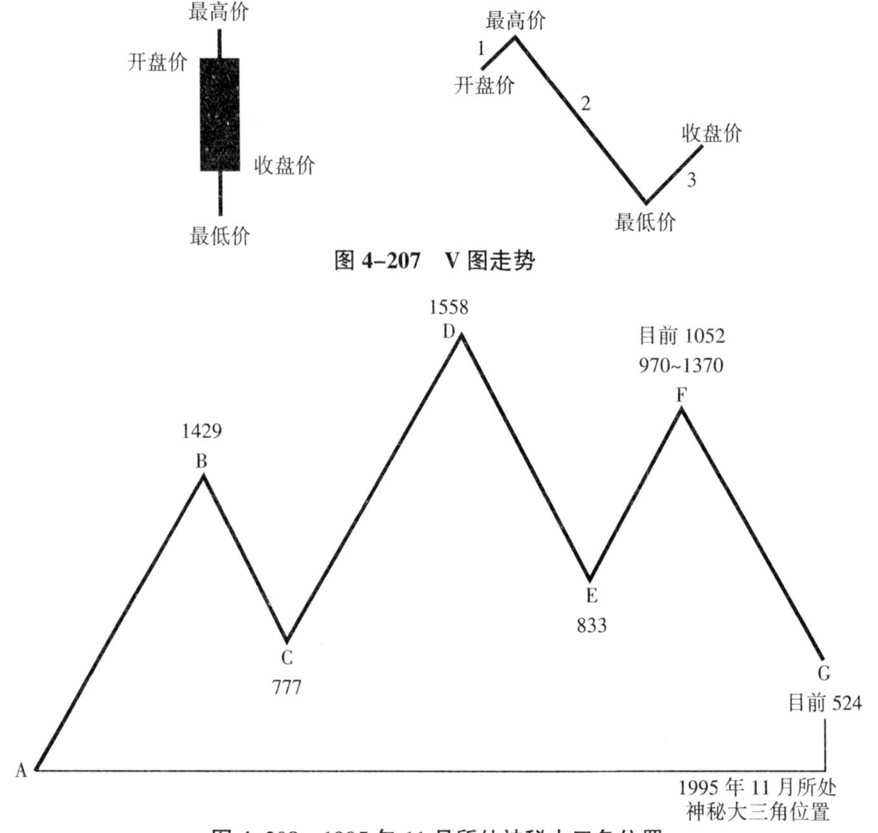

图 4-207　V 图走势

图 4-208　1995 年 11 月所处神秘大三角位置

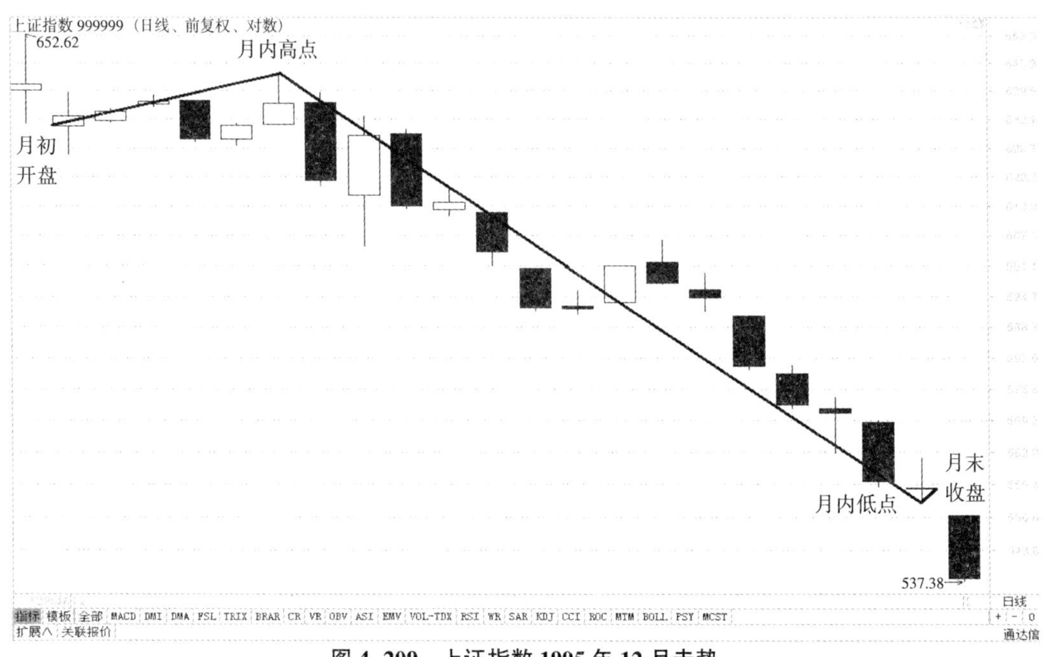

图 4-209　上证指数 1995 年 12 月走势

V 图走势如图 4–210 所示。

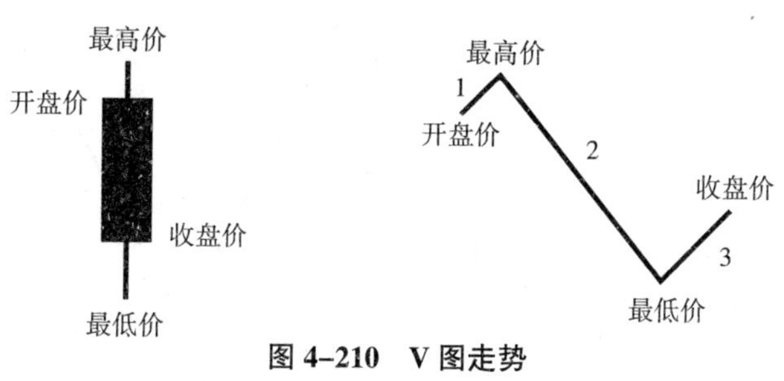

图 4–210　V 图走势

1995 年 12 月所处神秘大三角位置如图 4–211 所示。

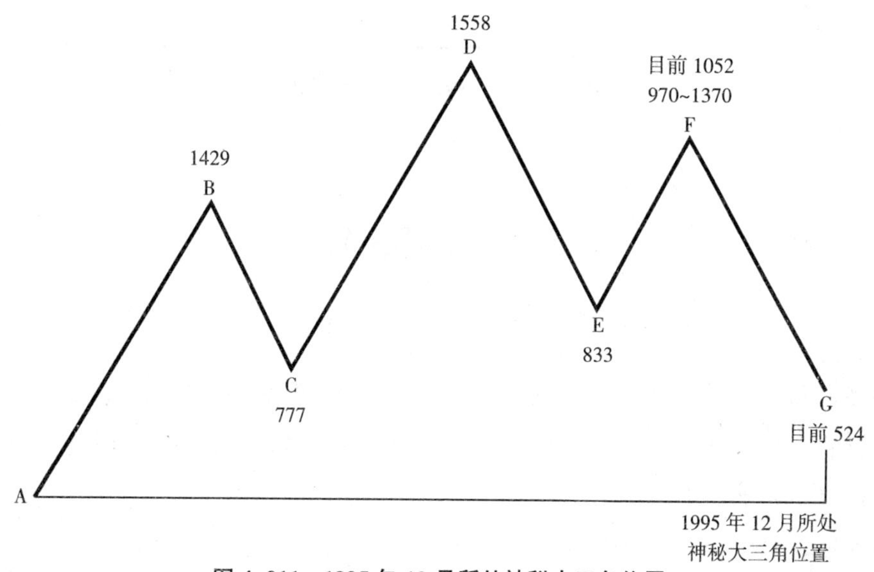

图 4–211　1995 年 12 月所处神秘大三角位置

12 月，震荡终于结束，年末向下突破，下跌收盘接近 G 点。预测未来新的神秘大三角 B 点>880、C 点>592、D 点>1048 等，可以基本确认。图 4–212 可以用来描述未来新一轮神秘大三角的基本轮廓。

新一轮神秘大三角预测图如图 4–212 所示。

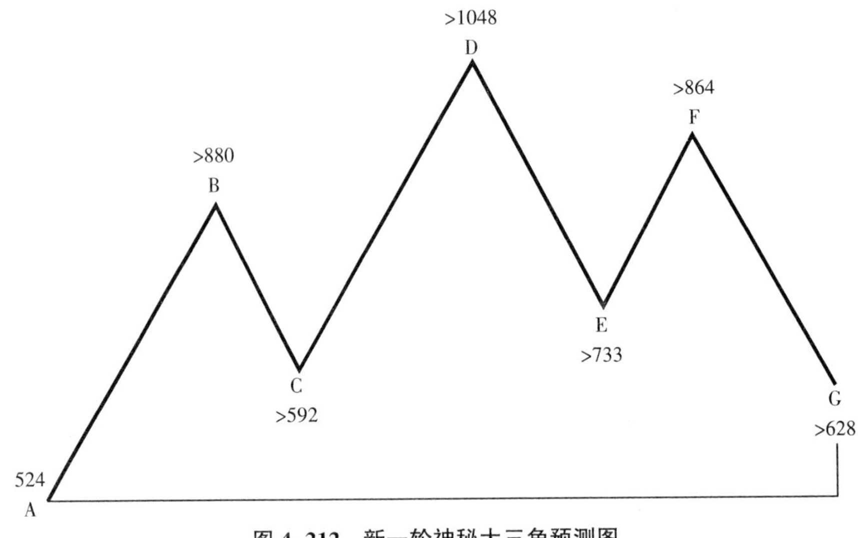

图 4-212　新一轮神秘大三角预测图

4.9　1996 年

1996 年虽然 GDP 前两年呈下滑趋势，但从之前持续震荡带来的蠢蠢欲动之势和 V 图显示出的 G 点已出现或临近来看，未来新一轮的神秘大三角会在 2015 年或下一年开始，2015 年的可能性更大。

上证指数 1996 年 1 月走势如图 4-213 所示。

V 图走势如图 4-214 所示。

1996 年 1 月所处神秘大三角位置如图 4-215 所示。

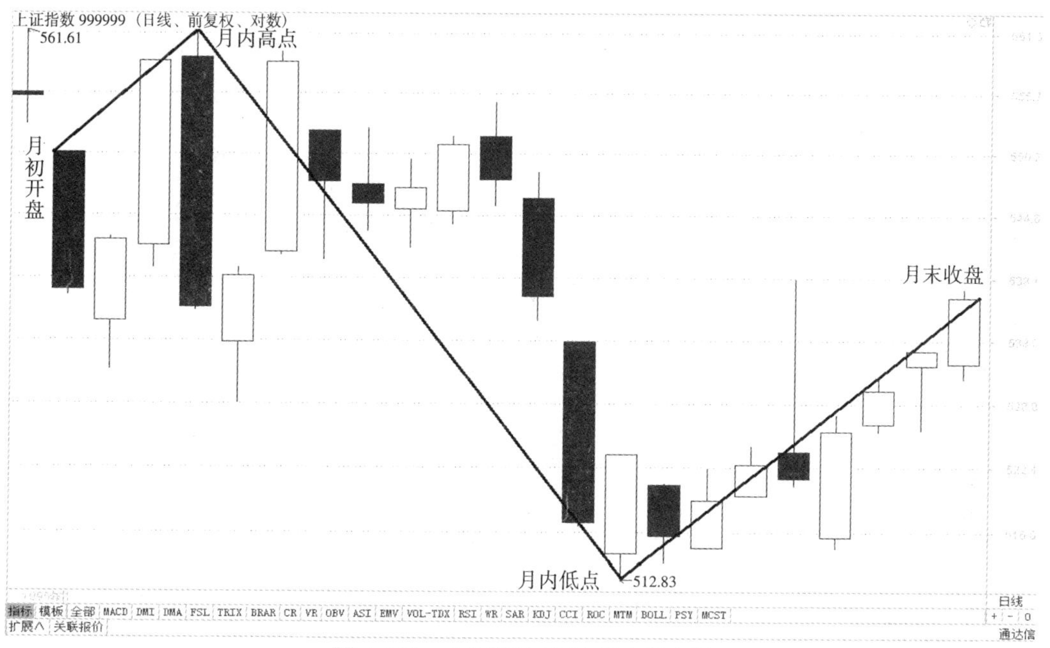

图 4-213　上证指数 1996 年 1 月走势

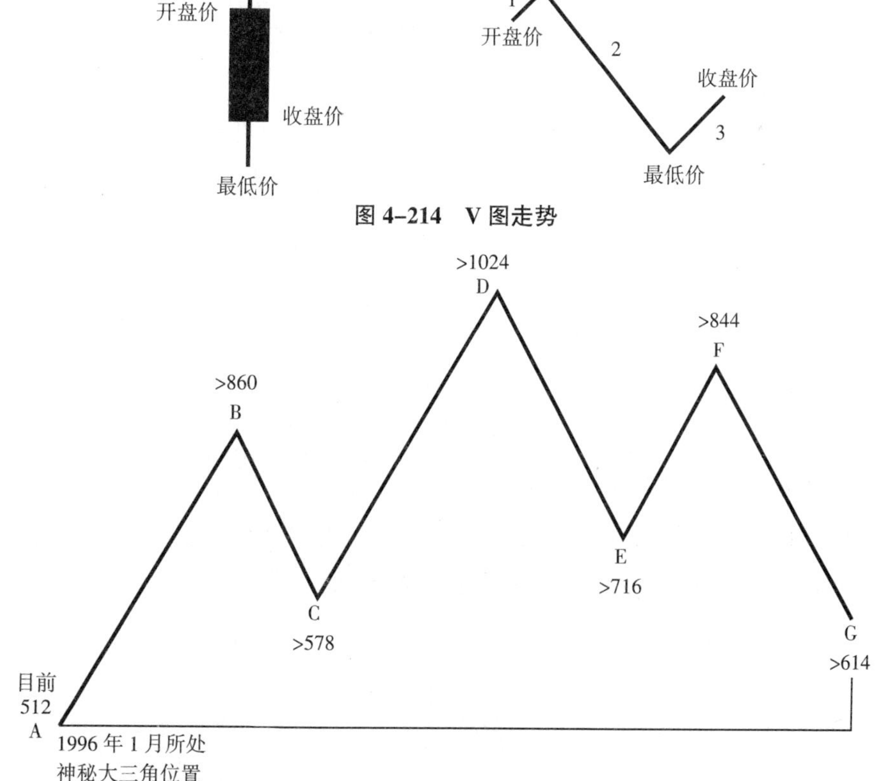

图 4-214　V 图走势

图 4-215　1996 年 1 月所处神秘大三角位置

1 月股指创出 512 点新低，使原来预测的数值又往下拉低了一些。

上证指数 1996 年 2 月走势如图 4-216 所示。

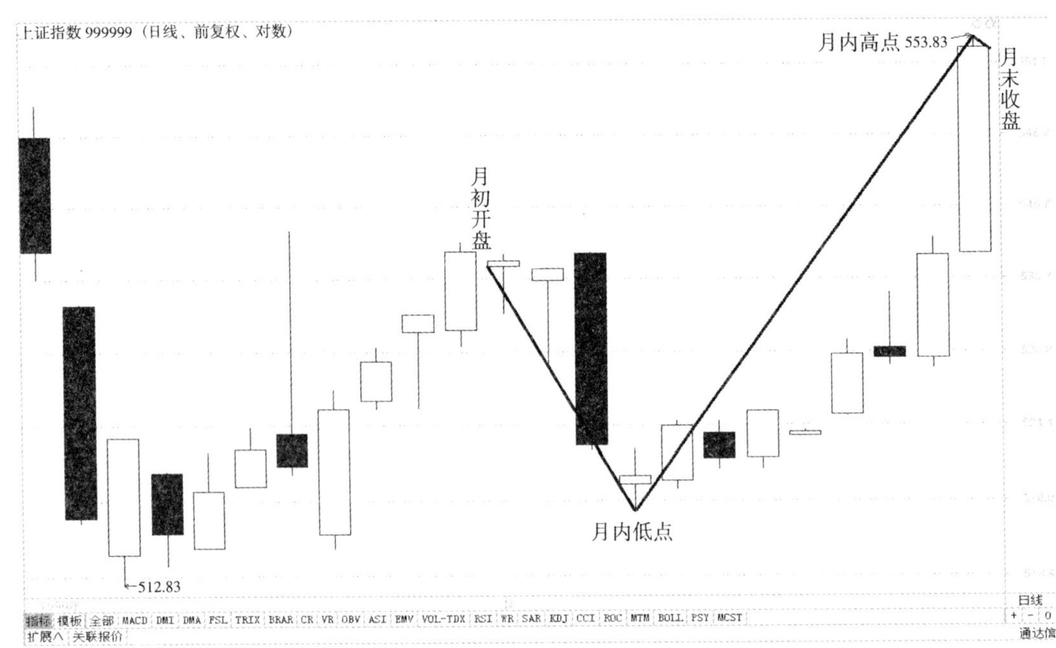

图 4-216　上证指数 1996 年 2 月走势

V 图走势如图 4-217 所示。

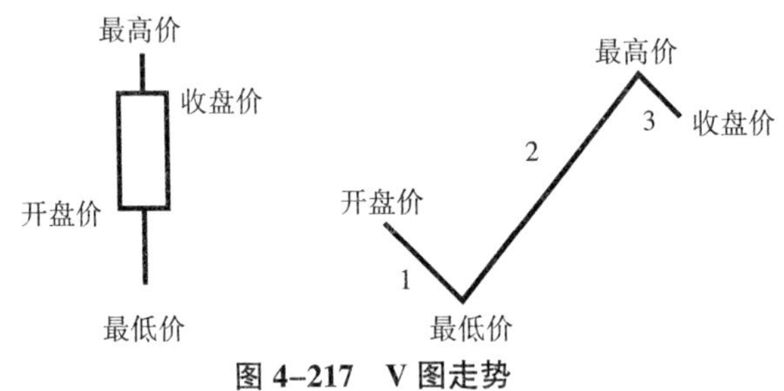

图 4-217　V 图走势

1996 年 2 月所处神秘大三角位置如图 4-218 所示。

2 月末大涨，成交额高于 1 月末高点成交额，说明大涨之势已启动。1 月的 512 低点已很大可能成为新的 A 点起点。那么未来的首要目标就是冲上 860 点以上的高峰。

上证指数 1996 年 3 月走势如图 4-219 所示。

V 图走势如图 4-220 所示。

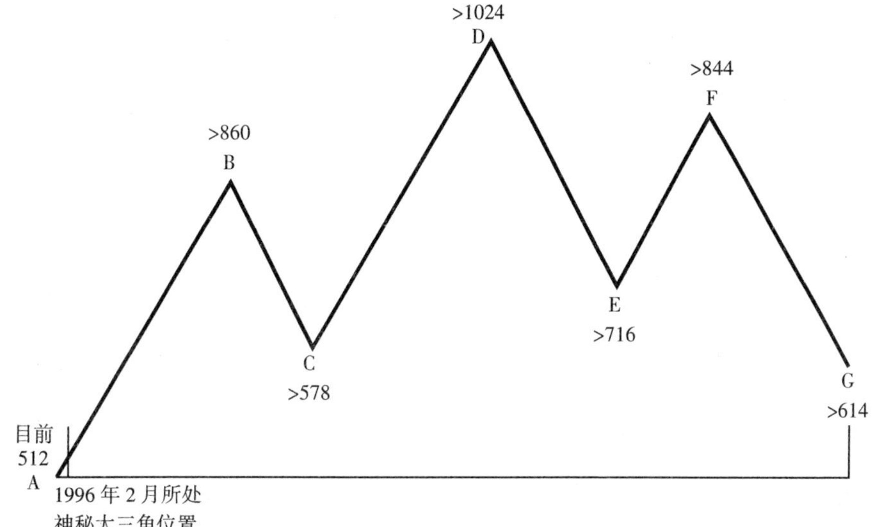

图 4-218　1996 年 2 月所处神秘大三角位置

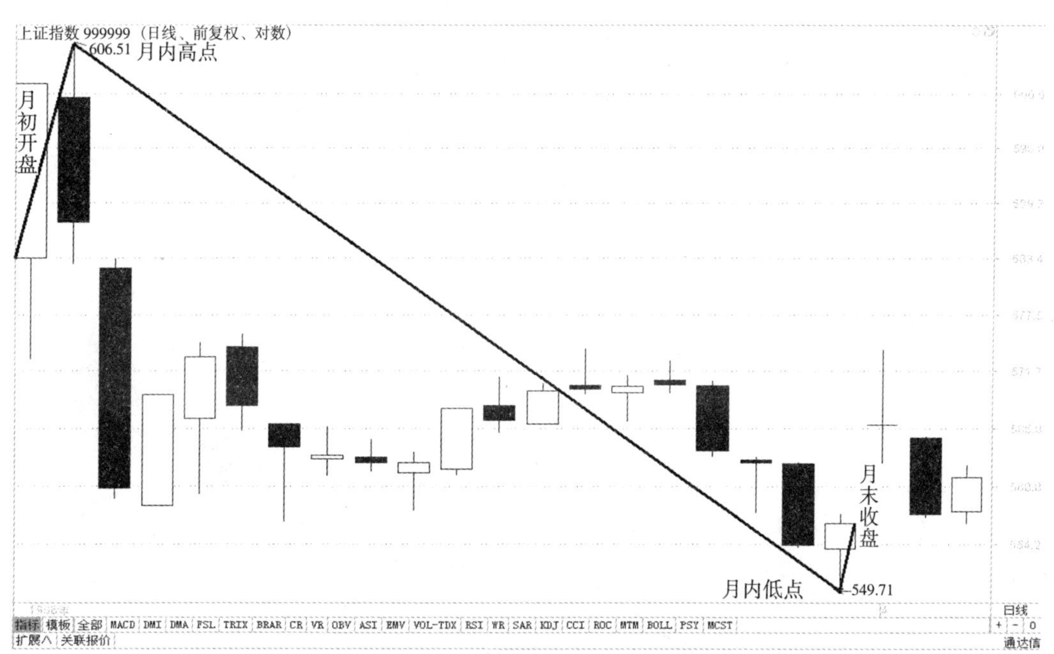

图 4-219　上证指数 1996 年 3 月走势

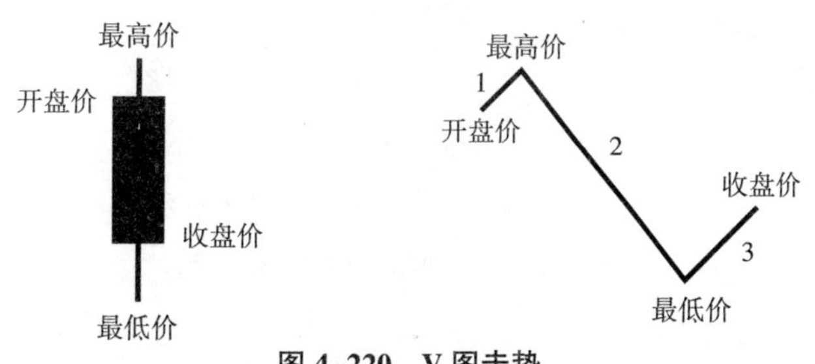

图 4-220　V 图走势

1996 年 3 月所处神秘大三角位置如图 4-221 所示。

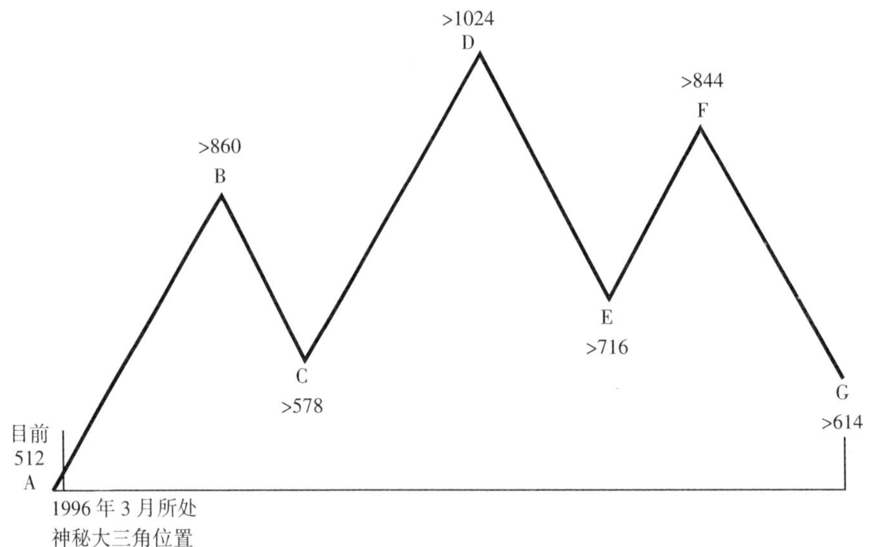

图 4-221　1996 年 3 月所处神秘大三角位置

3 月初的头两个交易日曾一度上涨到 600 点，随后便下跌回 A 点附近。

上证指数 1996 年 4 月走势如图 4-222 所示。

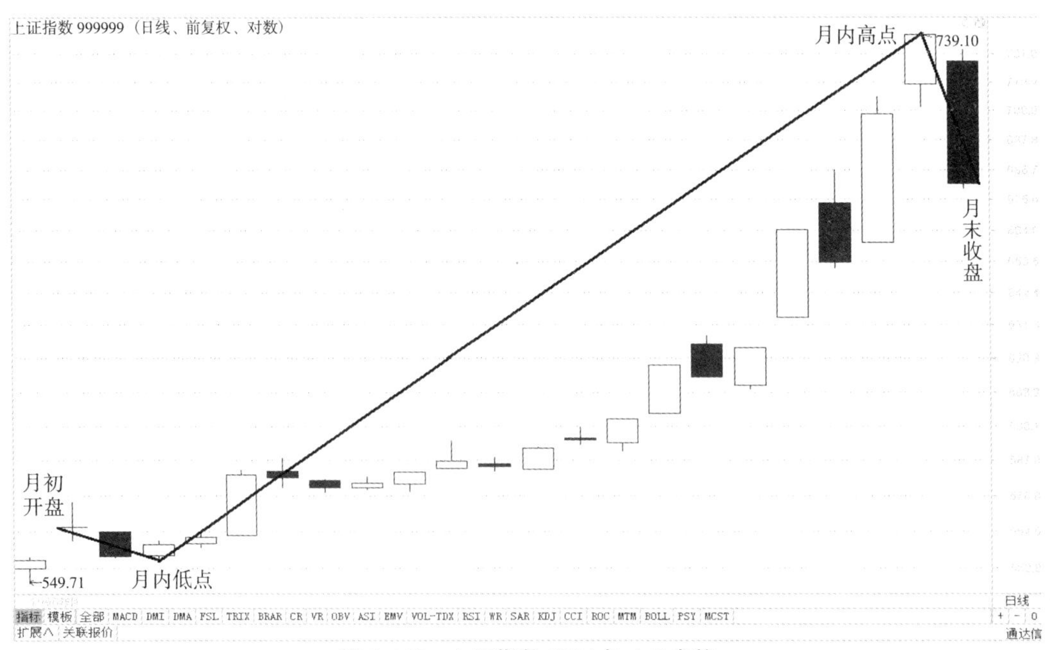

图 4-222　上证指数 1996 年 4 月走势

V 图走势如图 4-223 所示。

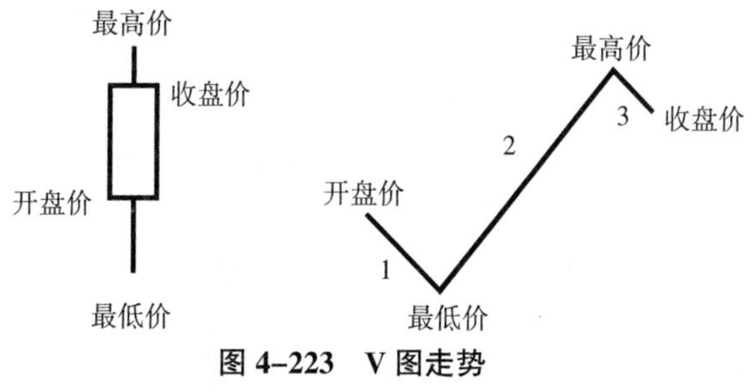

图 4-223　V 图走势

1996 年 4 月所处神秘大三角位置如图 4-224 所示。

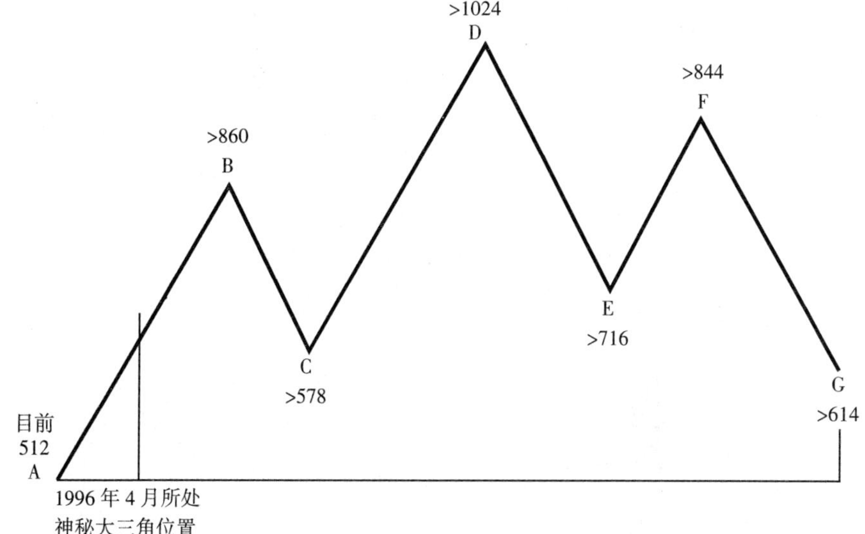

图 4-224　1996 年 4 月所处神秘大三角位置

4 月，上证指数一度飙升至 700 点高位，距离此前预测的 860 点 B 点近在咫尺，可惜还未能及。所以可确认神秘大三角目前所处在 A 点到 B 点之间。

上证指数 1996 年 5 月走势如图 4-225 所示。

V 图走势如图 4-226 所示。

1996 年 5 月所处神秘大三角位置如图 4-227 所示。

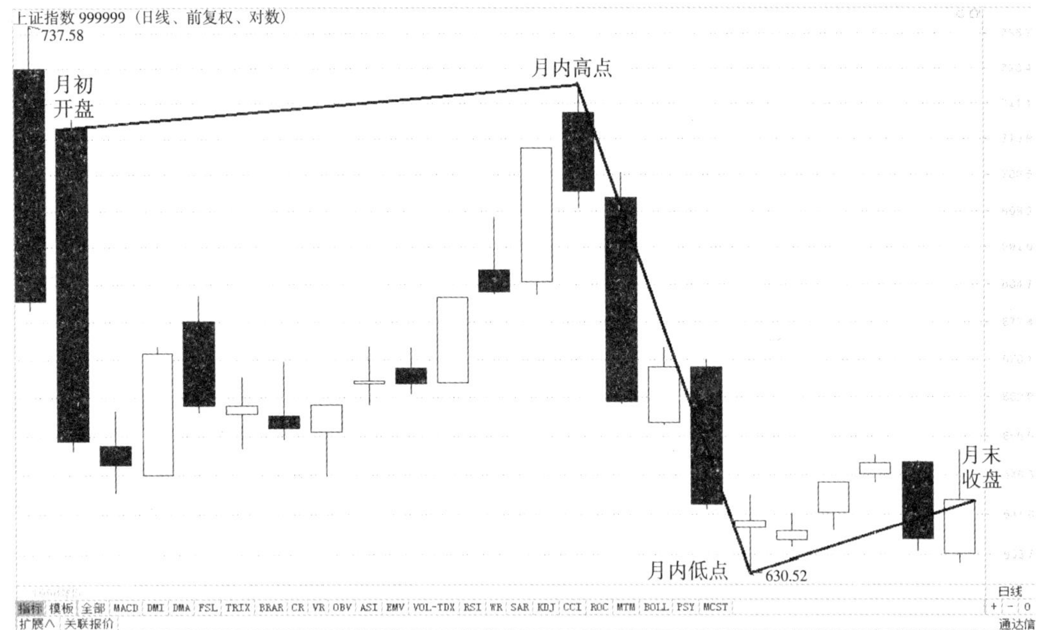

图 4-225　上证指数 1996 年 5 月走势

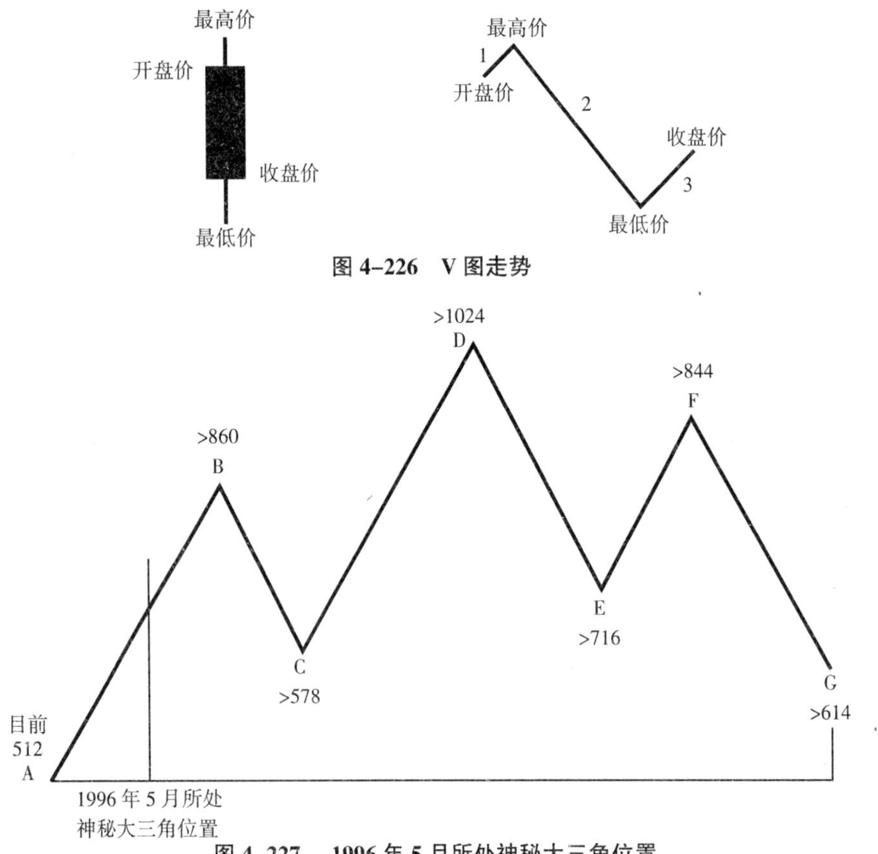

图 4-226　V 图走势

图 4-227　1996 年 5 月所处神秘大三角位置

5 月初上证指数再次突破 730 点高点，只是没有坚持多久便回落到 600 点左右。

上证指数 1996 年 6 月走势如图 4-228 所示。

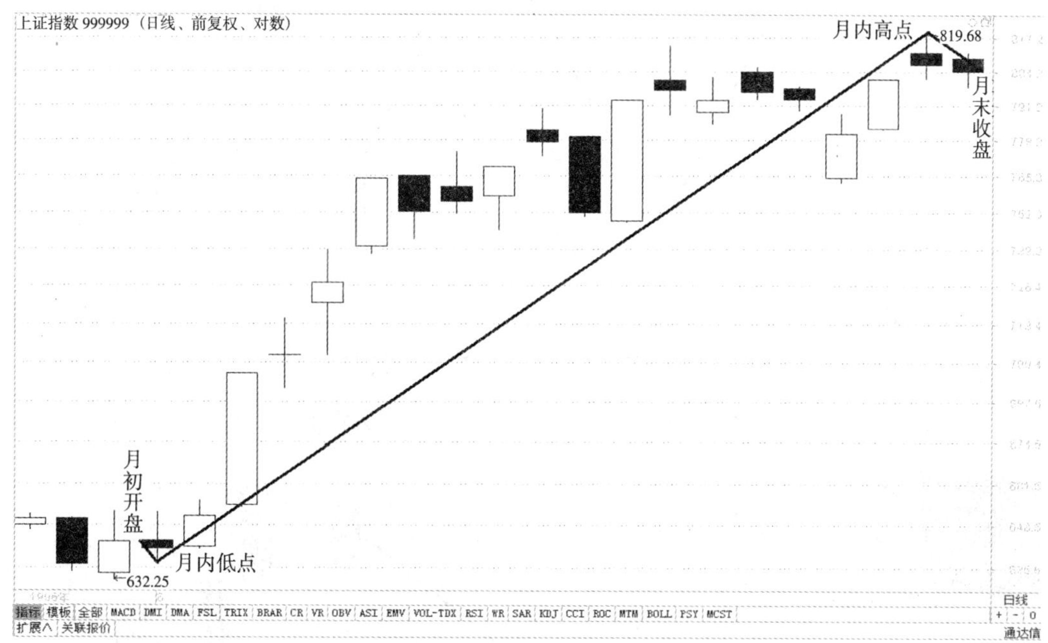

图 4-228 上证指数 1996 年 6 月走势

V 图走势如图 4-229 所示。

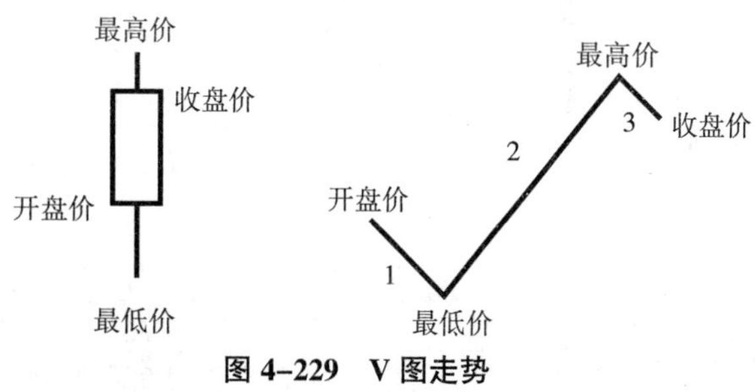

图 4-229 V 图走势

1996 年 6 月所处神秘大三角位置如图 4-230 所示。

6 月，行情继续上涨，最高时曾高达 819 点，已经非常接近此前预测的 B 点 860 点，据此，行情再往上涨的话，B 点位置便可确认或十分接近了。

上证指数 1996 年 7 月走势如图 4-231 所示。

V 图走势如图 4-232 所示。

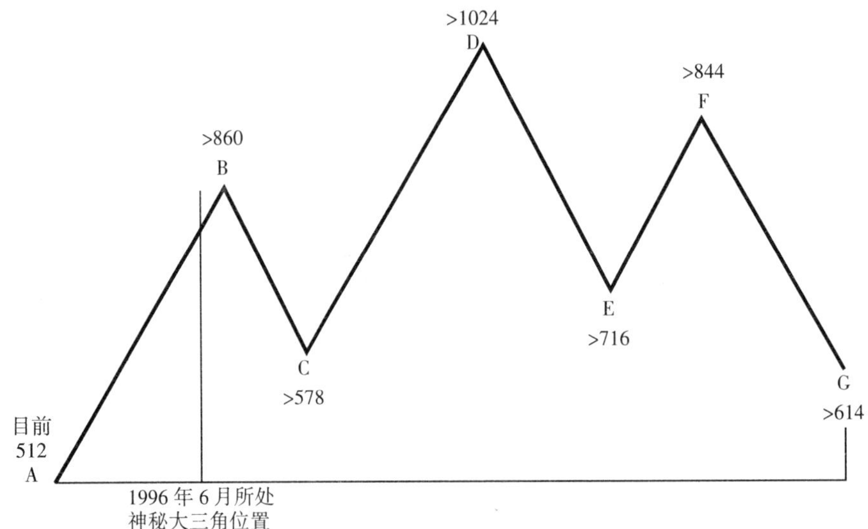

图 4-230　1996 年 6 月所处神秘大三角位置

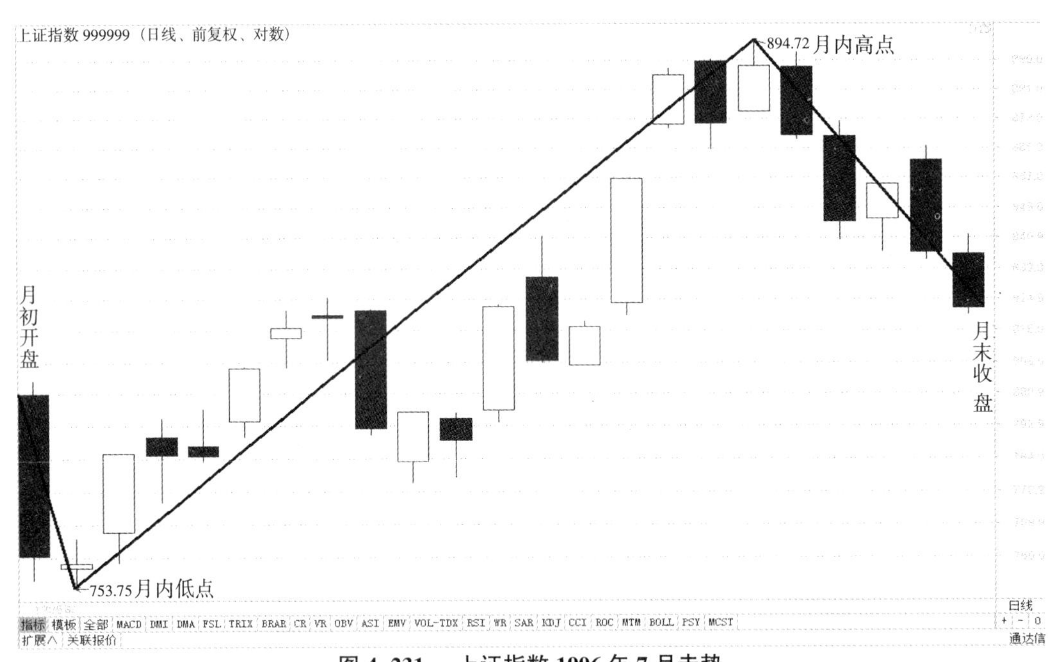

图 4-231　上证指数 1996 年 7 月走势

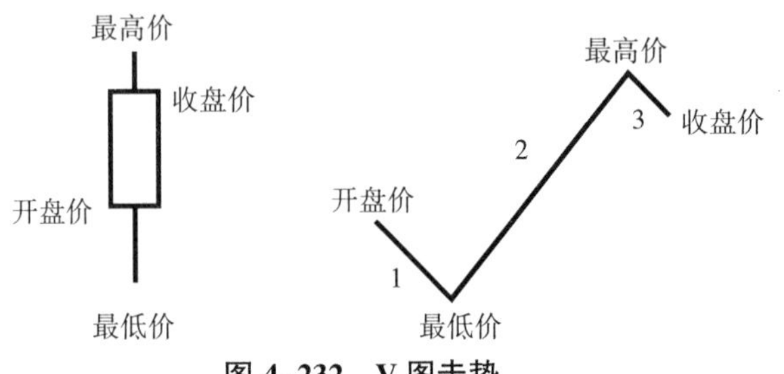

图 4-232　V 图走势

1996 年 7 月所处神秘大三角位置如图 4-233 所示。

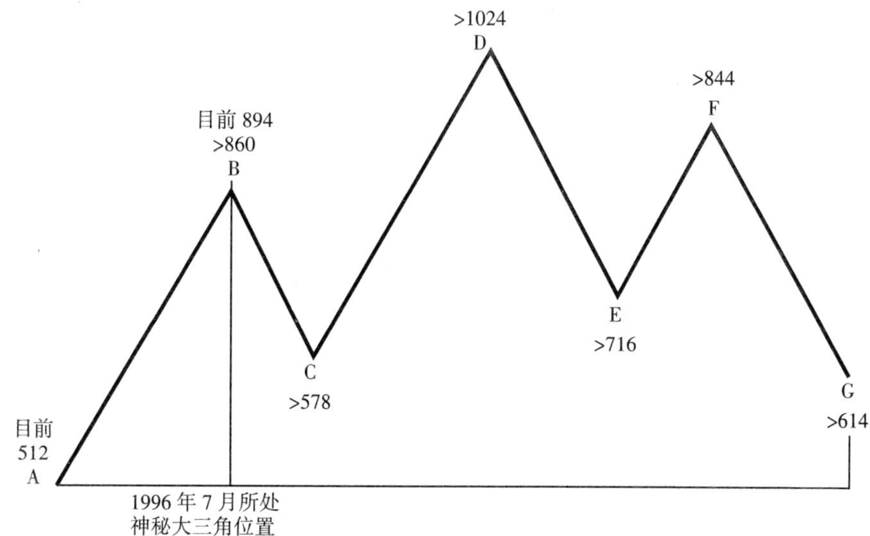

图 4-233　1996 年 7 月所处神秘大三角位置

7 月指数继续上攀，再次突破 6 月所创下的高点，达到此前预测的 860 点，并且最后到达了 894 点新高。可知目前很可能到达或差不多到达 B 点了。

如果我们按 B 点等于 894 点计算，可得出下表：

A	C>	D>	E>	F>	G>
512	578.56	1024	716.8	844.8	614.4
B	C<	D>	E<	F<	G<
894	809.07	965.52	759.9	858.24	858.24

即未来的 C 点范围为 578~809；D 点高于 1024；E 点范围为 716~760；F 点范围为 844~859；G 点范围为 614~859。如果未来 B 点还有变化的话，这些数据还会有相应的变动。

上证指数 1996 年 8 月走势如图 4-234 所示。

V 图走势如图 4-235 所示。

1996 年 8 月所处神秘大三角位置如图 4-236 所示。

图 4-234　上证指数 1996 年 8 月走势

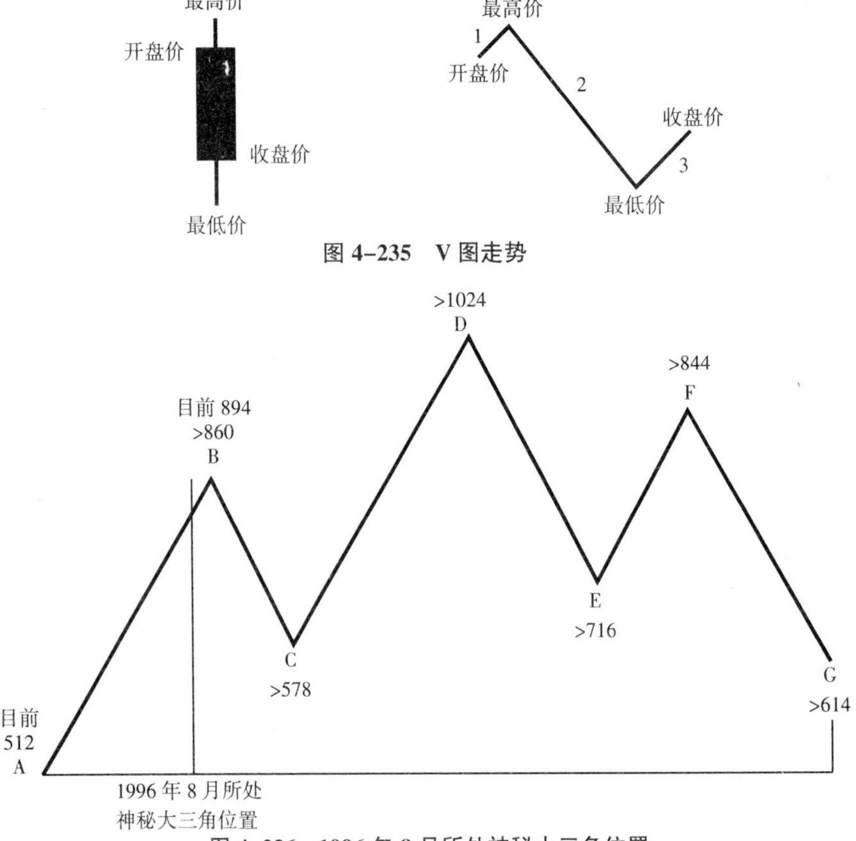

图 4-235　V 图走势

图 4-236　1996 年 8 月所处神秘大三角位置

8 月，上证指数再次攀升至 7 月高点 894 点，但是好景不长，随后便下落，收出五连阴跌，之后再三连阴跌。

上证指数 1996 年 9 月走势如图 4-237 所示。

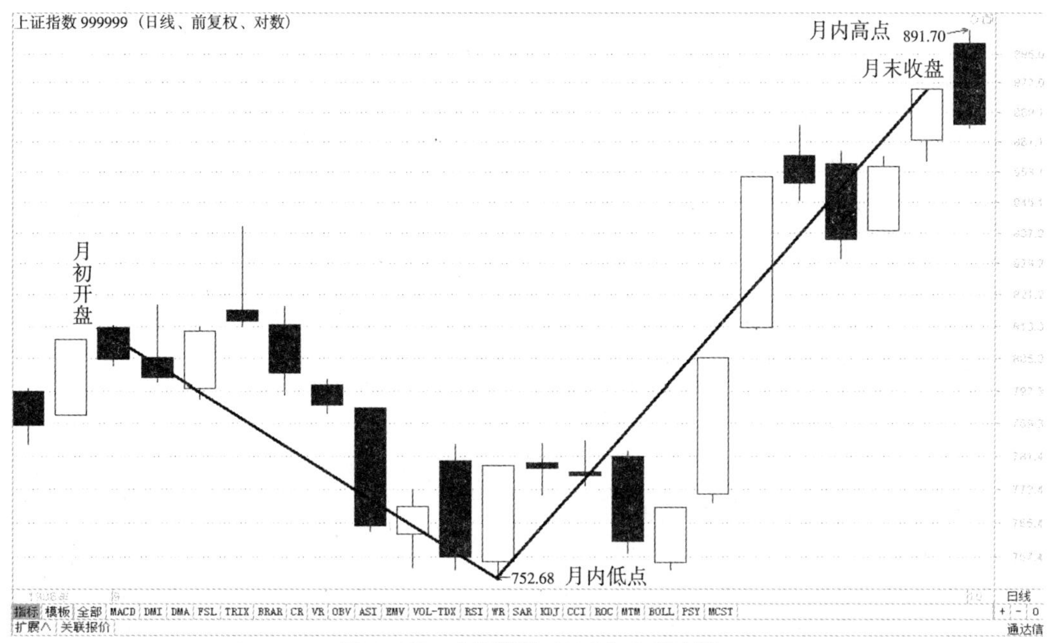

图 4-237　上证指数 1996 年 9 月走势

V 图走势如图 4-238 所示。

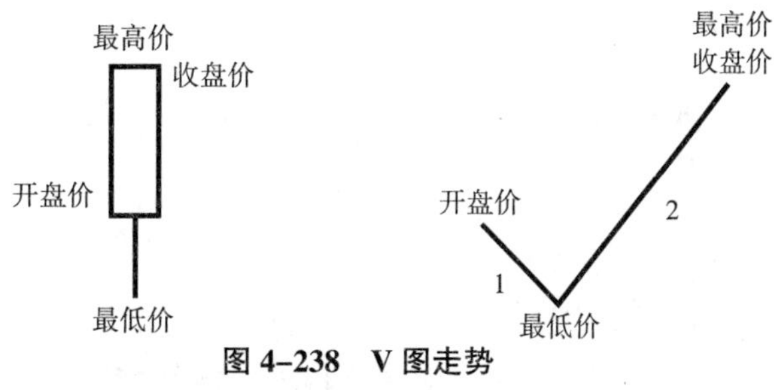

图 4-238　V 图走势

1996 年 9 月所处神秘大三角位置如图 4-239 所示。

9 月，大盘指数回涨，高点接近 894 点。

上证指数 1996 年 10 月走势如图 4-240 所示。

V 图走势如图 4-241 所示。

1996 年 10 月所处神秘大三角位置如图 4-242 所示。

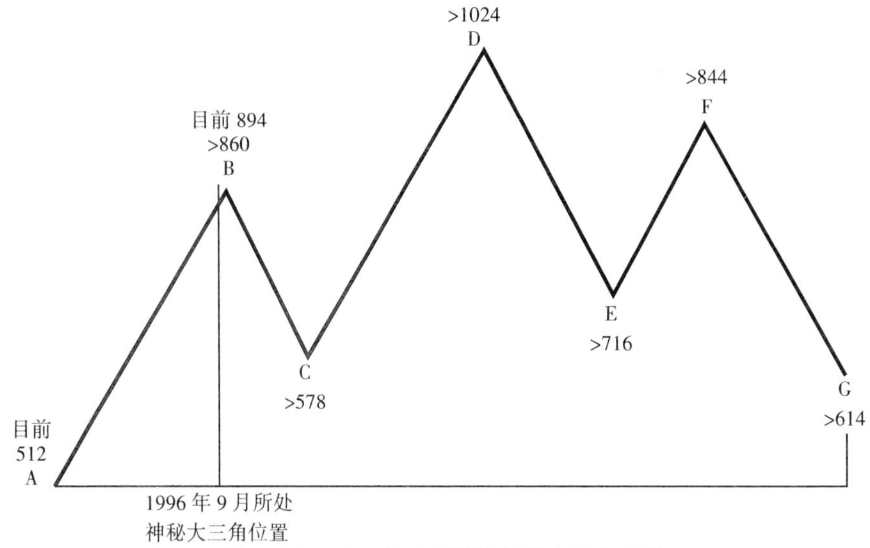

图 4-239　1996 年 9 月所处神秘大三角位置

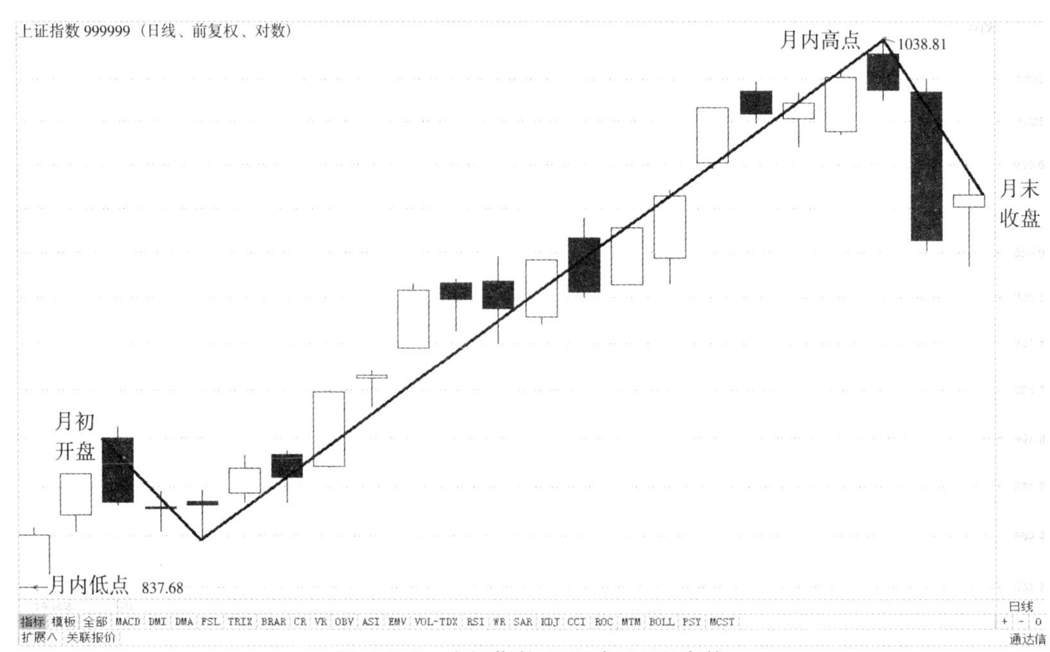

图 4-240　上证指数 1996 年 10 月走势

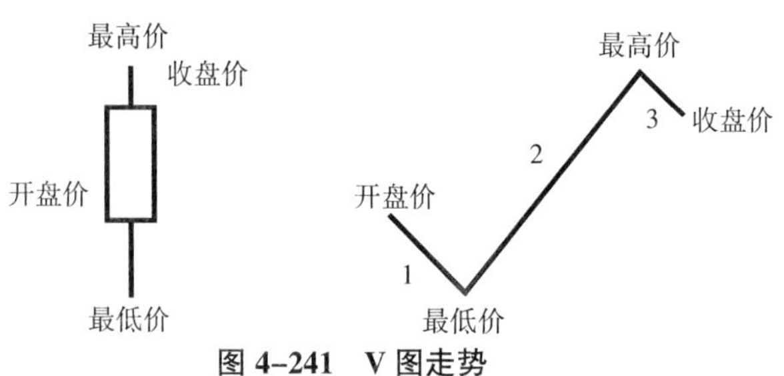

图 4-241　V 图走势

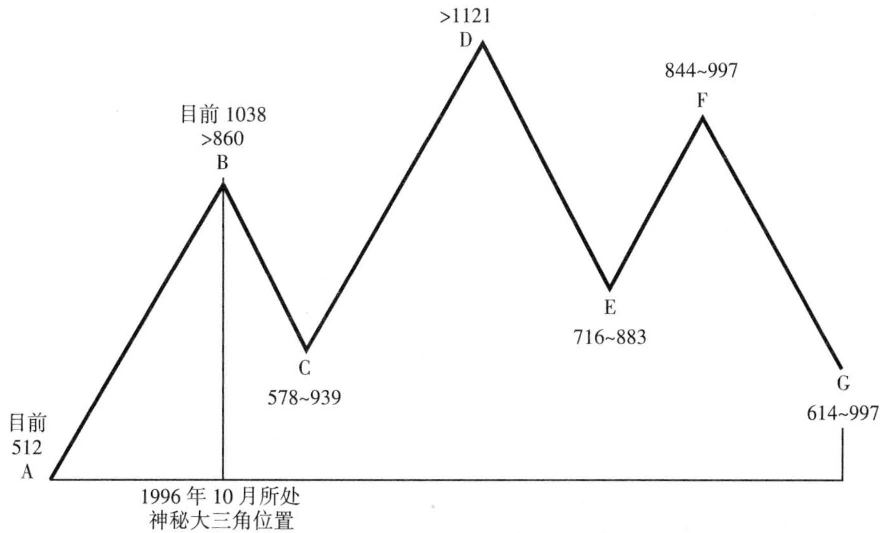

图 4-242　1996 年 10 月所处神秘大三角位置

10 月创出 1038 点的新高，再次将 1038 点作为新的 B 点，计算出未来其他各高低点的范围。

C 点范围为 578~939 点；D 点高于 1121 点；E 点范围为 716~883 点；F 点范围为 844~997 点；G 点范围为 614~997 点。

如果后市再创出新高，则 B 点还有可能再度上移，以致其后各点都有不同程度的调整。范围可能会越来越小、越来越精确。

上证指数 1996 年 11 月走势如图 4-243 所示。

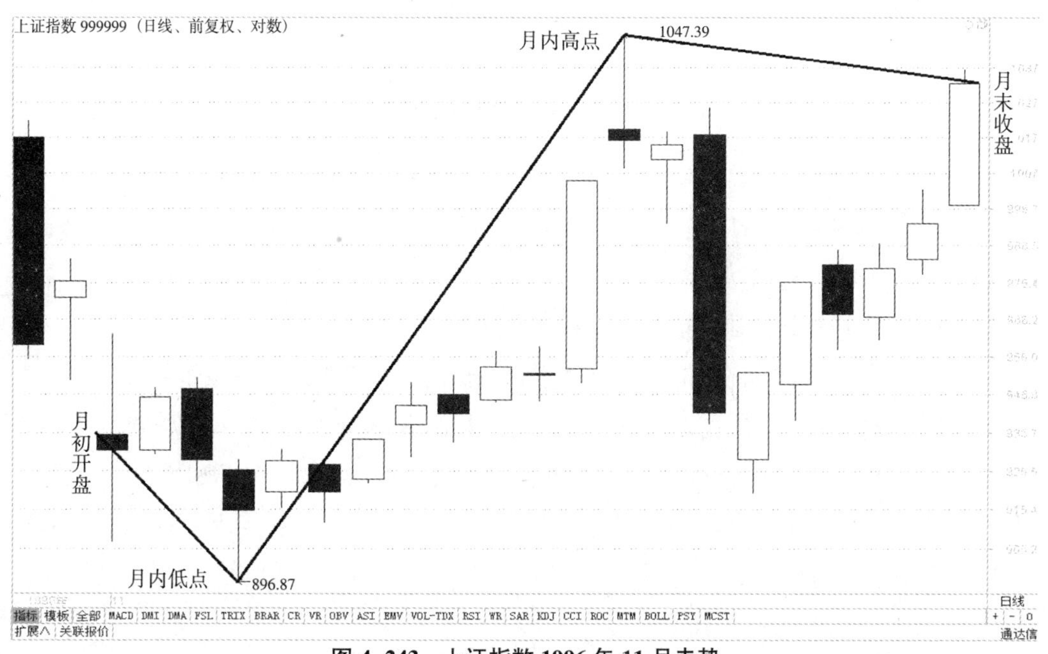

图 4-243　上证指数 1996 年 11 月走势

V 图走势如图 4–244 所示。

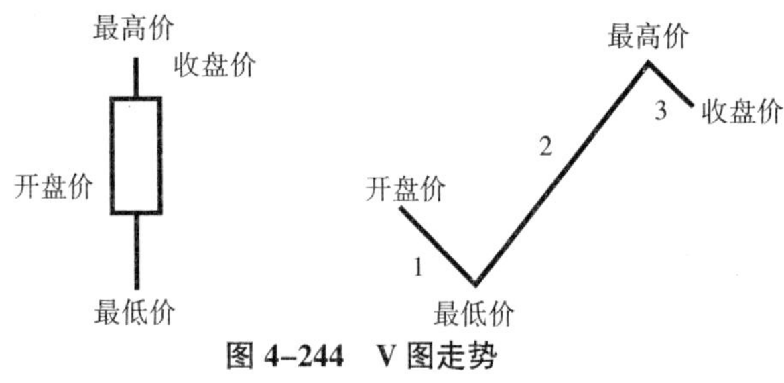

图 4–244 V 图走势

1996 年 11 月所处神秘大三角位置如图 4–245 所示。

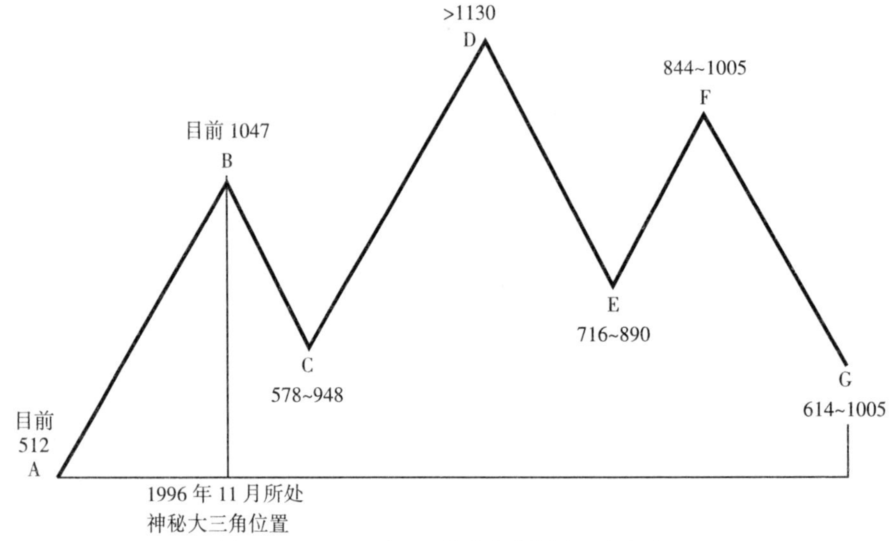

图 4–245 1996 年 11 月所处神秘大三角位置

11 月股指再创出 1047 点新高，调整神秘大三角各点的预测范围见图 4–245。

上证指数 1996 年 12 月走势如图 4–246 所示。

V 图走势如图 4–247 所示。

1996 年 12 月所处神秘大三角位置如图 4–248 所示。

12 月，大盘指数再度创出新高 1258 点，我们将神秘大三角的各点再做调整。

从年线看，年 V 图从高点 1258 下来已经下跌超过 5%（判断反转与否的指标界限），可确认 B 点就是 1258.68 点。利用 B 点到 C 点一般会下跌 9.5%来计算，C 点估计低于 1139 点，所以图 4–248 的 C 点范围改为 578~1139 点，中间数是 858 点。这是行情未来要到达的位置。

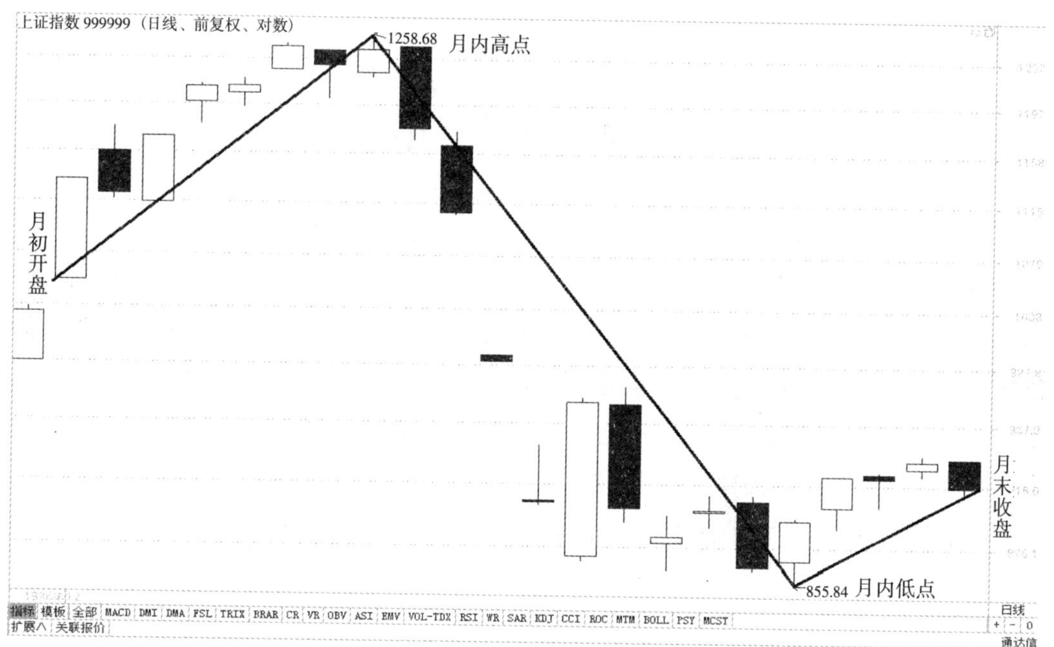

图 4-246　上证指数 1996 年 12 月走势

图 4-247　V 图走势

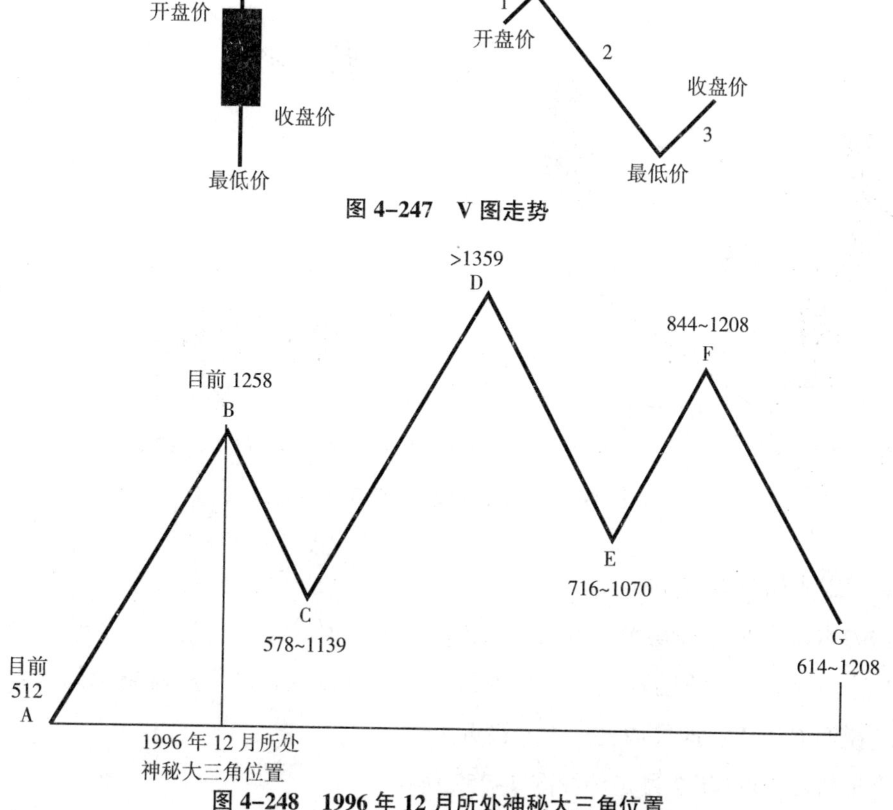

图 4-248　1996 年 12 月所处神秘大三角位置

4.10 1997 年

1997 年，香港回归将带动起不少国人对国家和经济看好的积极性。但从前两年的GDP 增速来看，仍处于减速状态，从 V 图上看，B 点已出现，目前正行往 C 点处。如果顺利的话，到达 C 点后年内就能马上攀升涨到三角的顶点 D 点，具体要看行情怎么推演了。我们的神秘大三角模型不能左右大盘的行动，但可以摸透大盘的走向，我们不需要玩弄大盘，但可以驾驭它、跟踪它。

上证指数 1997 年 1 月走势如图 4-249 所示。

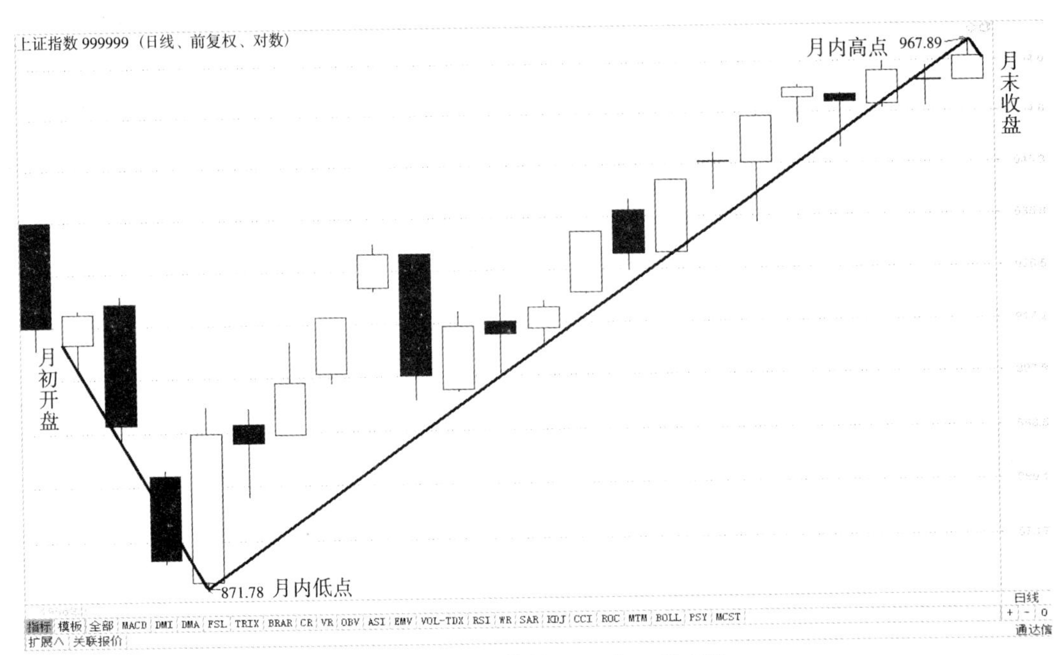

图 4-249　上证指数 1997 年 1 月走势

V 图走势如图 4-250 所示。

1997 年 1 月所处神秘大三角位置如图 4-251 所示。

1 月，行情上下波动较大，月初曾跌至 871 点位置，已经触碰到中间数 858 点位置，这说明 C 点近在咫尺或已经十分接近了。

上证指数 1997 年 2 月走势如图 4-252 所示。

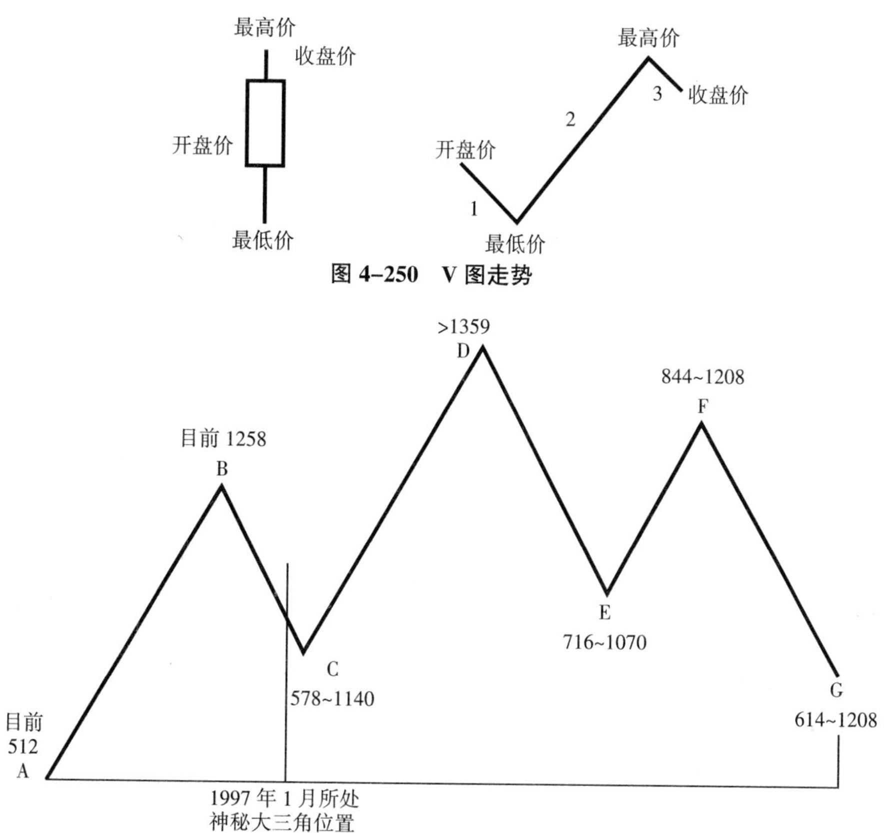

图 4-250　V 图走势

图 4-251　1997 年 1 月所处神秘大三角位置

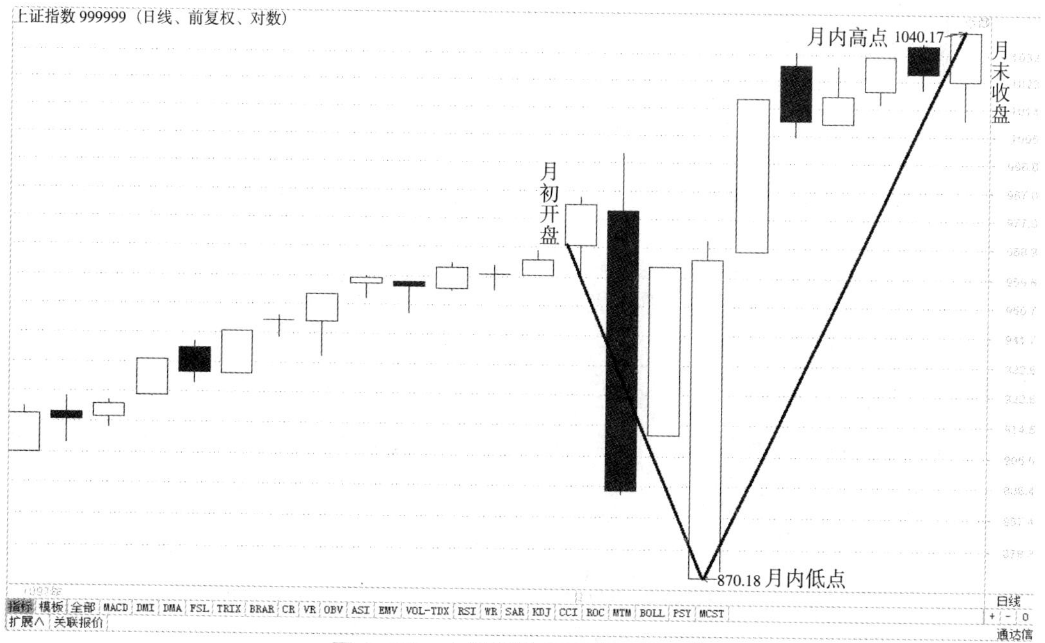

图 4-252　上证指数 1997 年 2 月走势

V 图走势如图 4-253 所示。

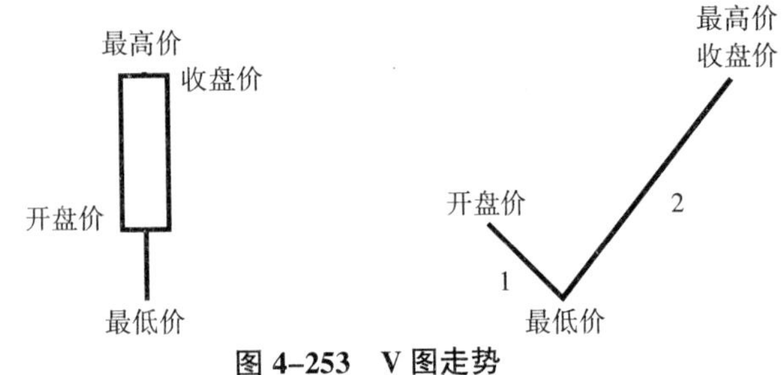

图 4-253　V 图走势

1997 年 2 月所处神秘大三角位置如图 4-254 所示。

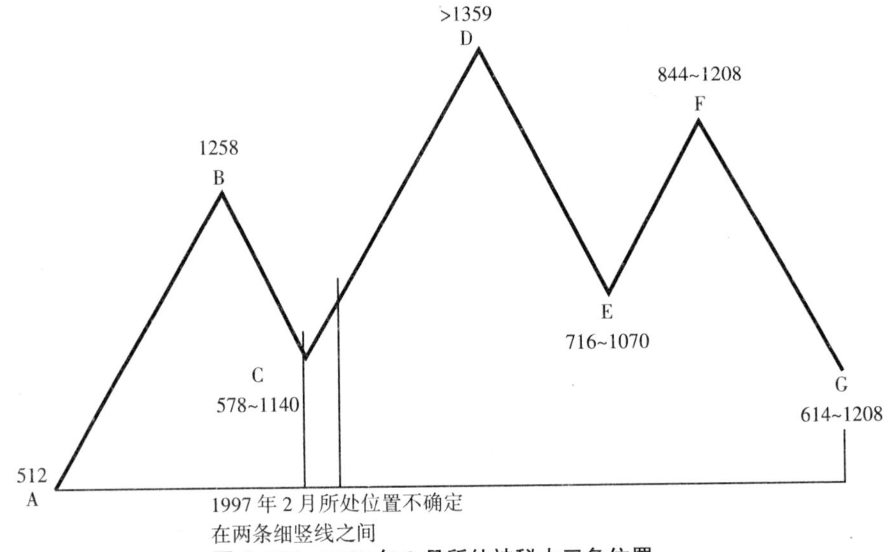

图 4-254　1997 年 2 月所处神秘大三角位置

2 月，指数大幅变动，曾跌破 1 月的低点，然后暴涨至 1040 点，估计接近 C 点或已到达 C 点。

上证指数 1997 年 3 月走势如图 4-255 所示。

V 图走势如图 4-256 所示。

1997 年 3 月所处神秘大三角位置如图 4-257 所示。

3 月，上证指数再度节节攀升，目前在神秘大三角上的位置不太明确，但可以估计在 C 点或 C 点之后的区间里。3 月曾上冲 1246 的高点，并且 2 月的最低点也比 1 月的低点更低，如果往后几个月仍然上涨且幅度较大的话，2 月的低点很可能就是 C 点，而目前正上冲的未知高点将会是此次大三角的 D 点。

上证指数 1997 年 4 月走势如图 4-258 所示。

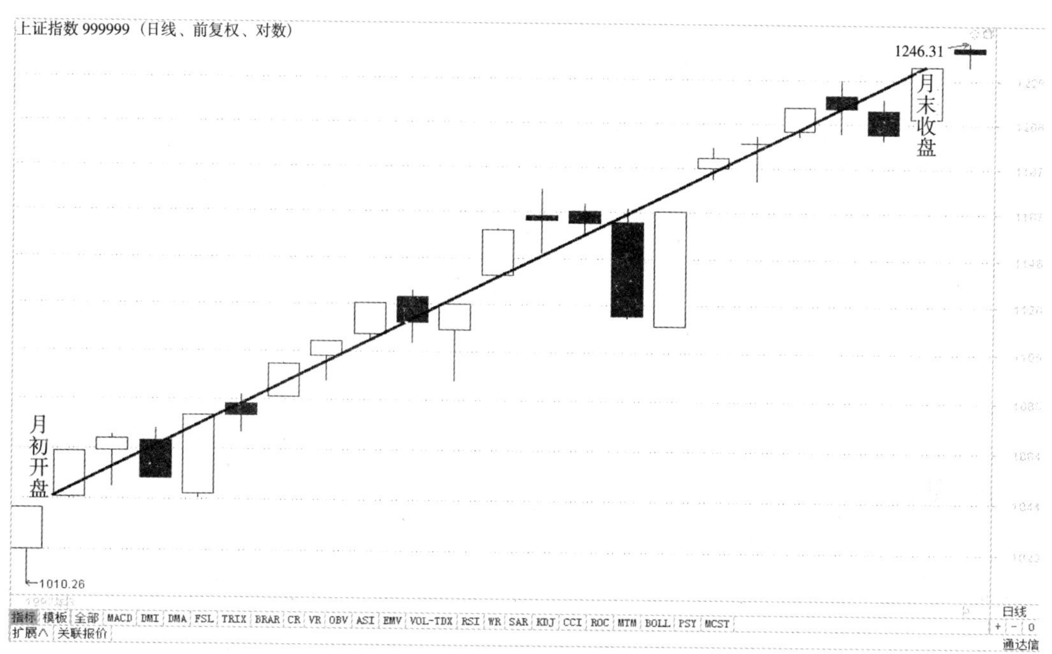

图 4-255　上证指数 1997 年 3 月走势

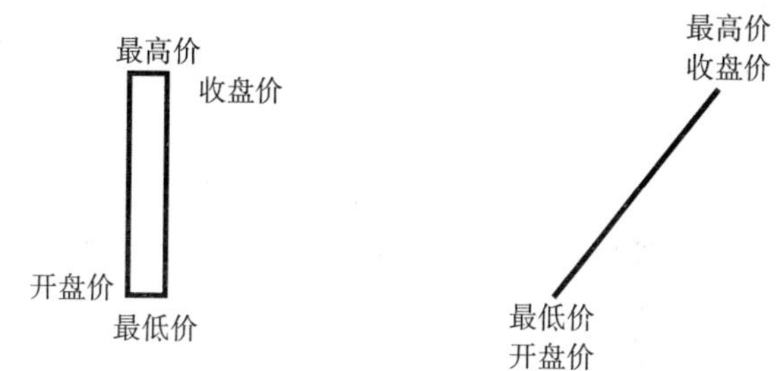

图 4-256　V 图走势

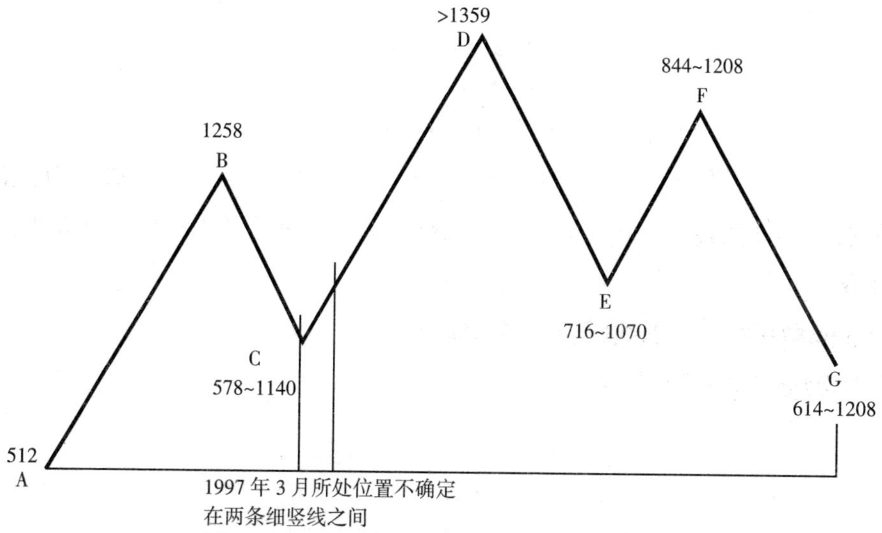

图 4-257　1997 年 3 月所处神秘大三角位置

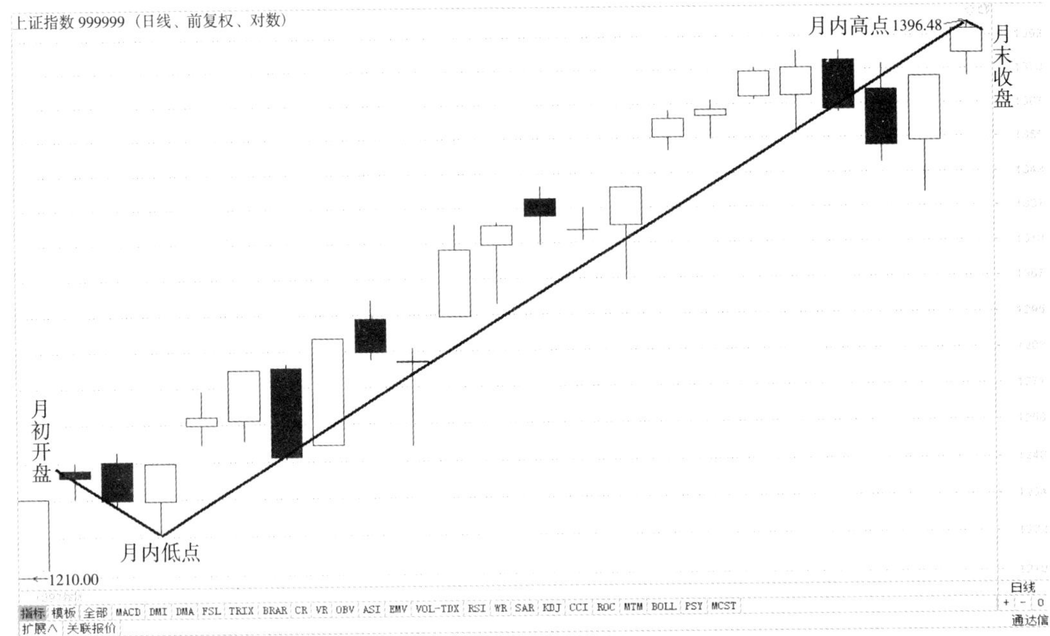

图 4–258　上证指数 1997 年 4 月走势

V 图走势如图 4–259 所示。

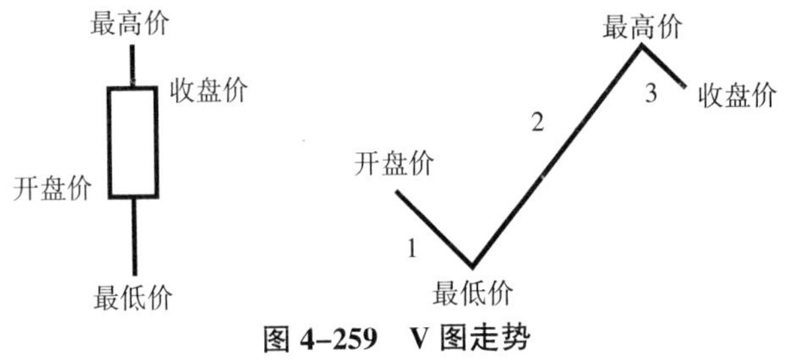

图 4–259　V 图走势

1997 年 4 月所处神秘大三角位置如图 4–260 所示。

4 月，上证指数继续狂涨，创出 1396 点新高，此次高点已经突破了 D 点的下限，据此 C 点很可能就是 2 月初的 870 点，这样的话就顺理成章了，目前处在奔向顶点 D 的过程中。

上证指数 1997 年 5 月走势如图 4–261 所示。

V 图走势如图 4–262 所示。

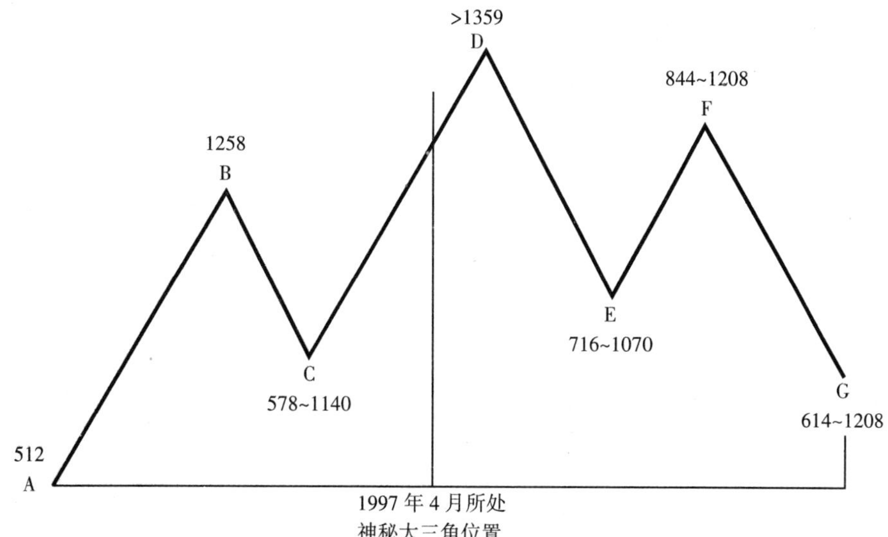

图 4-260　1997 年 4 月所处神秘大三角位置

图 4-261　上证指数 1997 年 5 月走势

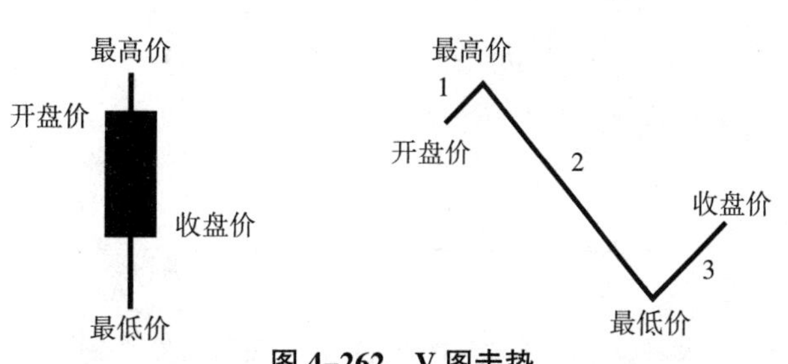

图 4-262　V 图走势

1997 年 5 月所处神秘大三角位置（一）如图 4-263 所示。

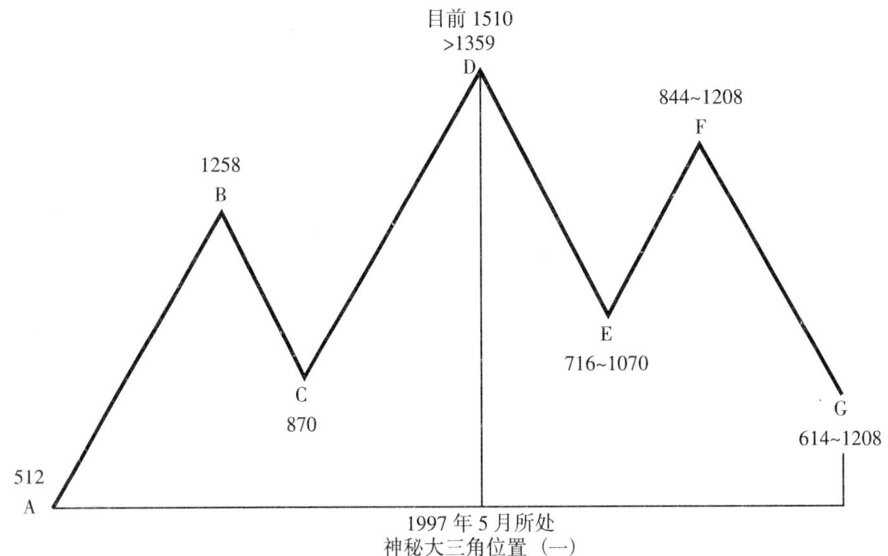

图 4-263　1997 年 5 月所处神秘大三角位置（一）

5 月，大盘上涨至 1510 高点。预测未来的 E 点在 1200 点以下，当然用 A 点、B 点预测的 E 点最大值是 1070 点，所以 E 点的范围会有所变动，放宽至 716~1200 点会比较妥当。

所以目前来看，5 月所处的位置可能已经接近 E 点，将图 4-263 更改如下。

1997 年 5 月所处神秘大三角位置（二）如图 4-264 所示。

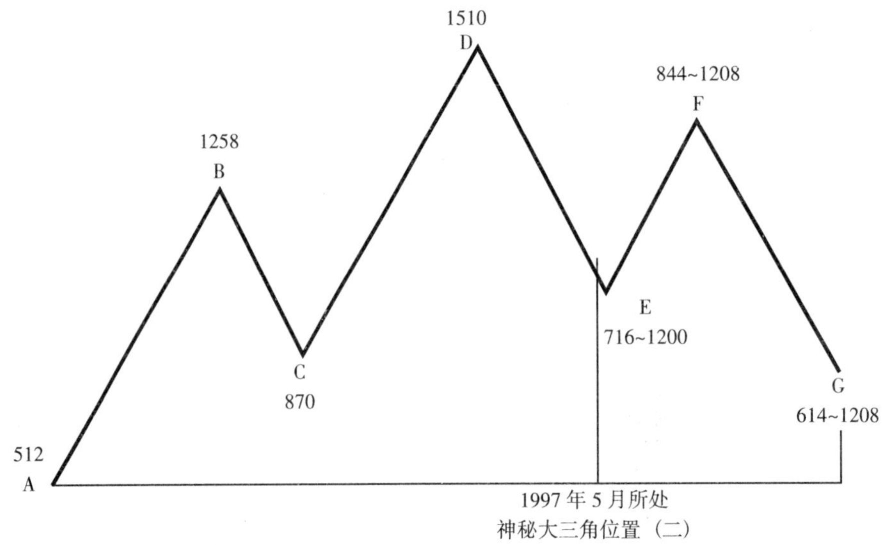

图 4-264　1997 年 5 月所处神秘大三角位置（二）

上证指数 1997 年 6 月走势如图 4–265 所示。

图 4–265　上证指数 1997 年 6 月走势

V 图走势如图 4–266 所示。

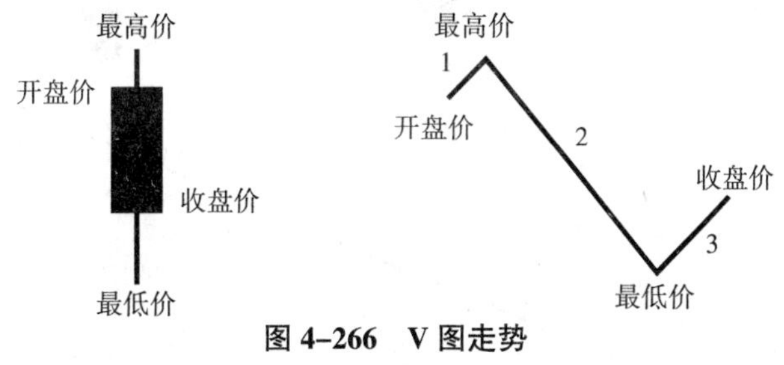

图 4–266　V 图走势

1997 年 6 月所处神秘大三角位置如图 4–267 所示。

6 月，行情大幅震荡，就上图来说，很难说出目前的行情处于什么位置。假设 E 点是 1200 点，则要想确认 F 点，必须是 E 点的 1.05 倍即 1260 点以上。目前来看，保守估计在 E 点和 F 点之间，更倾向于接近 E 点。

上证指数 1997 年 7 月走势如图 4–268 所示。

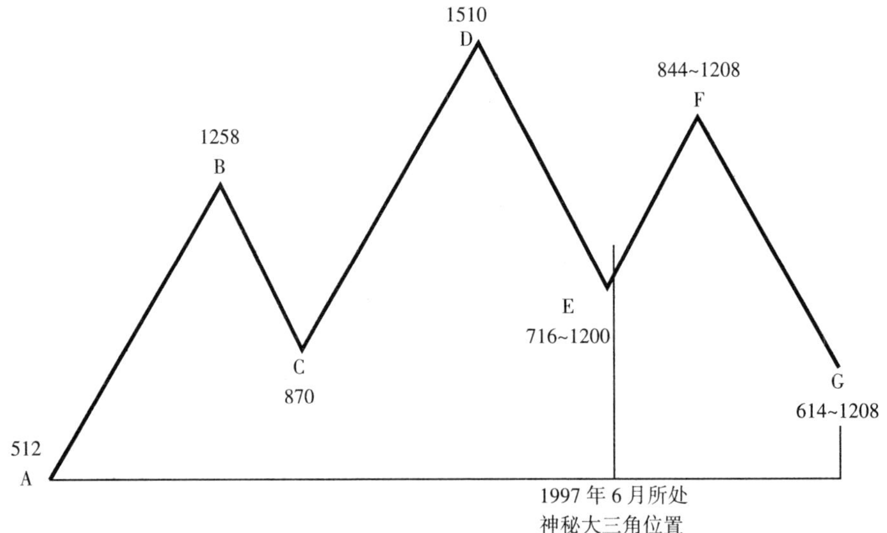

图 4-267　1997 年 6 月所处神秘大三角位置

图 4-268　上证指数 1997 年 7 月走势

V 图走势如图 4-269 所示。

1997 年 7 月所处神秘大三角位置如图 4-270 所示。

7 月，指数低位震荡。E 点和 F 点均不明朗，需等待年末最高点、最低点、收盘点位的确定方可知。

上证指数 1997 年 8 月走势如图 4-271 所示。

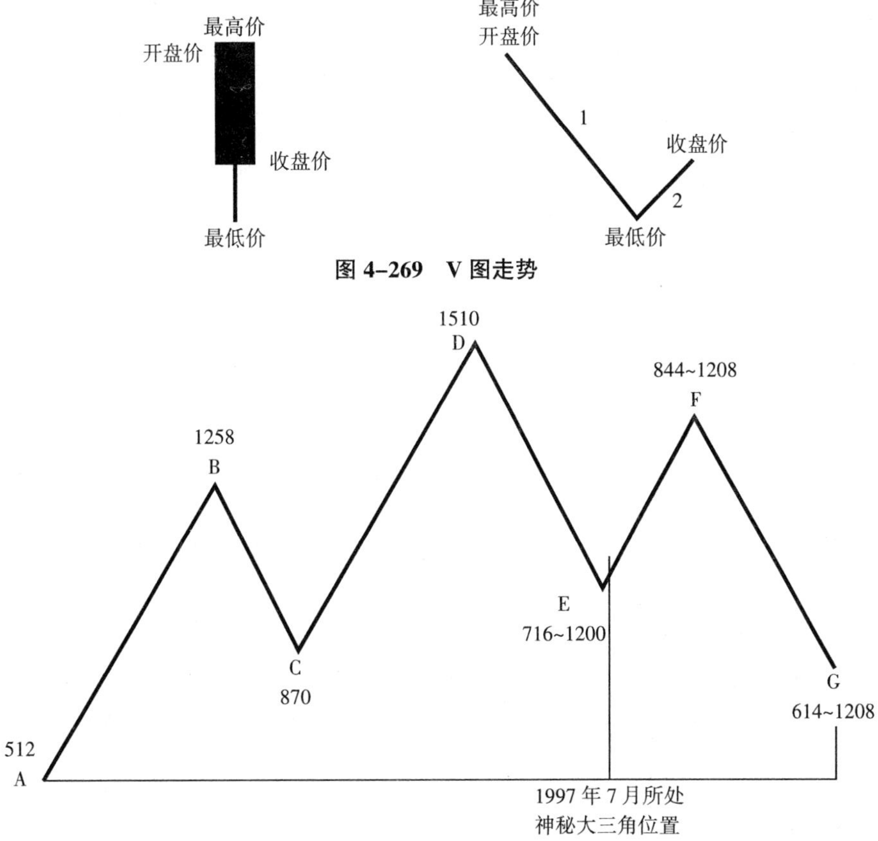

图 4-269　V 图走势

图 4-270　1997 年 7 月所处神秘大三角位置

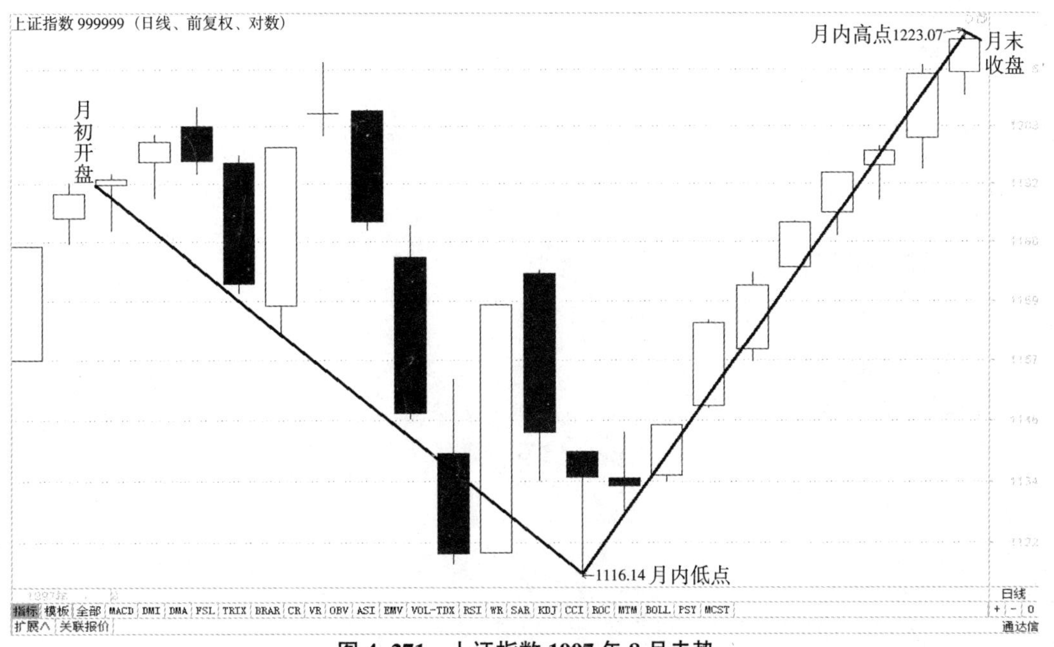

图 4-271　上证指数 1997 年 8 月走势

V 图走势如图 4–272 所示。

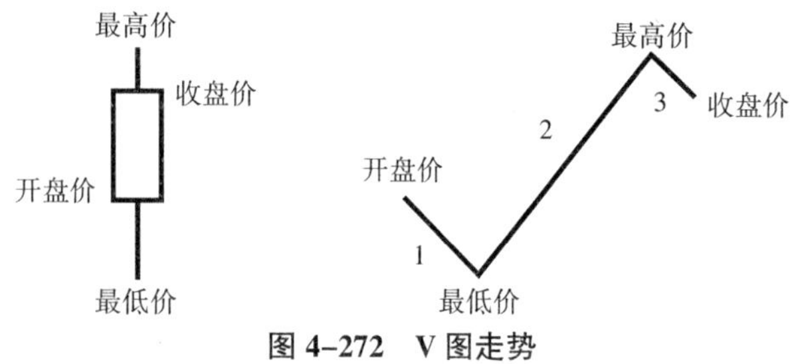

图 4–272 V 图走势

1997 年 8 月所处神秘大三角位置如图 4–273 所示。

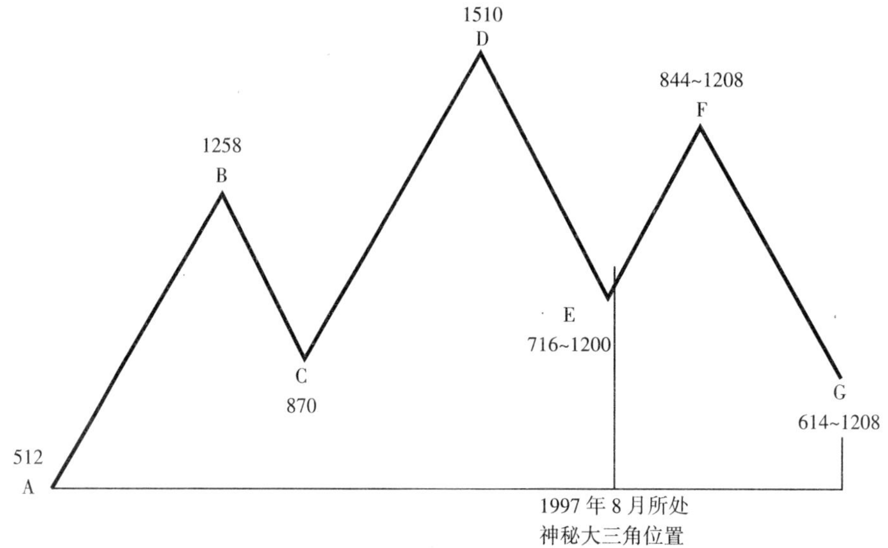

图 4–273 1997 年 8 月所处神秘大三角位置

8 月，上证指数强势拉升，但点位和走势仍不能确认是在 E 点和 F 点之间的哪个位置，需继续看后续走势。

上证指数 1997 年 9 月走势如图 4–274 所示。

V 图走势如图 4–275 所示。

1997 年 9 月所处神秘大三角位置如图 4–276 所示。

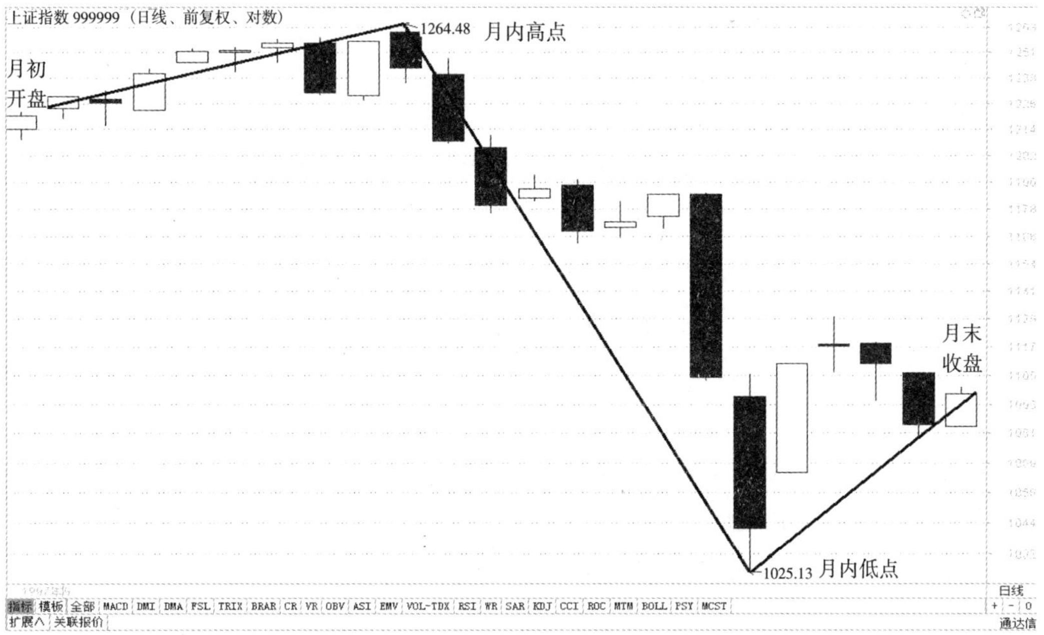

图 4-274　上证指数 1997 年 9 月走势

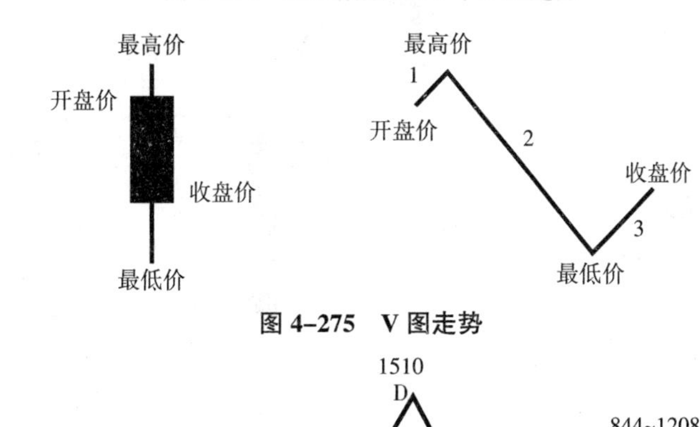

图 4-275　V 图走势

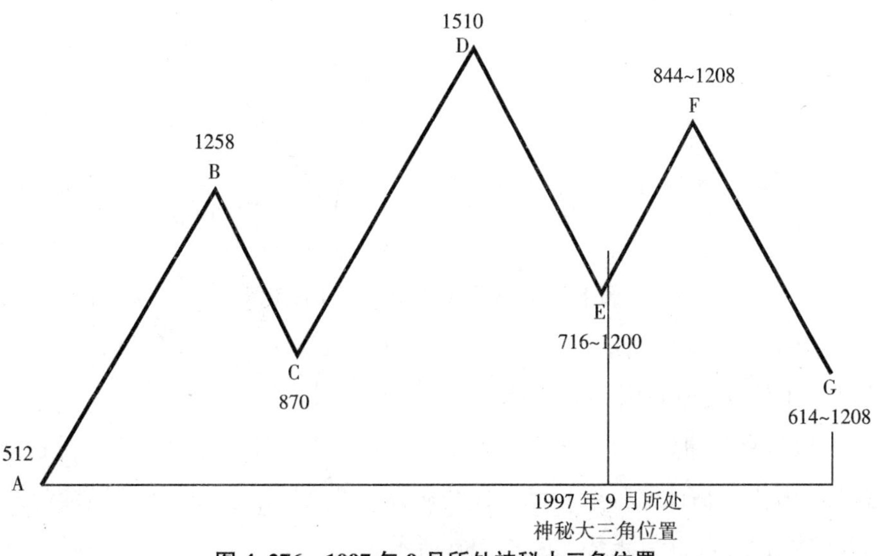

图 4-276　1997 年 9 月所处神秘大三角位置

9 月，大盘指数继续在 8 月的点数范围内震荡。

10 月，指数还是在 9 月的点数范围内震荡。

11~12 月，震荡范围越来越小。

年末收官，从年 V 图上看，目前的行情处在 E 点附近。

4.11 1998 年

随着香港回归和亚洲金融风暴的正负影响，加上 1997 年末连续四个月的收窄震荡，预示着 1998 年的行情将很难预料，变幻莫测。

上证指数 1998 年 1 月走势如图 4–227 所示。

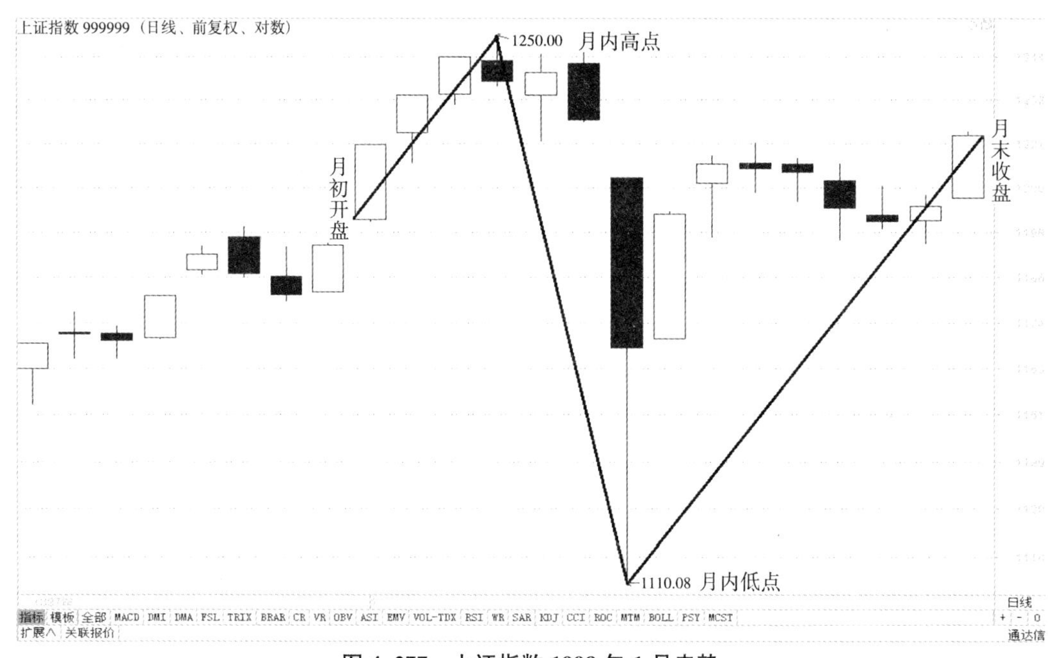

图 4–277 上证指数 1998 年 1 月走势

V 图走势如图 4–278 所示。

1998 年 1 月所处神秘大三角位置如图 4–279 所示。

1 月，股指月初冲高，中旬大幅回落震荡，月末又高涨，收盘略高于月初开盘。最高曾达到 1250 点，估计已脱离 E 点，大约在奔向 F 点过程中，需下月继续观察。

上证指数 1998 年 2 月走势如图 4–280 所示。

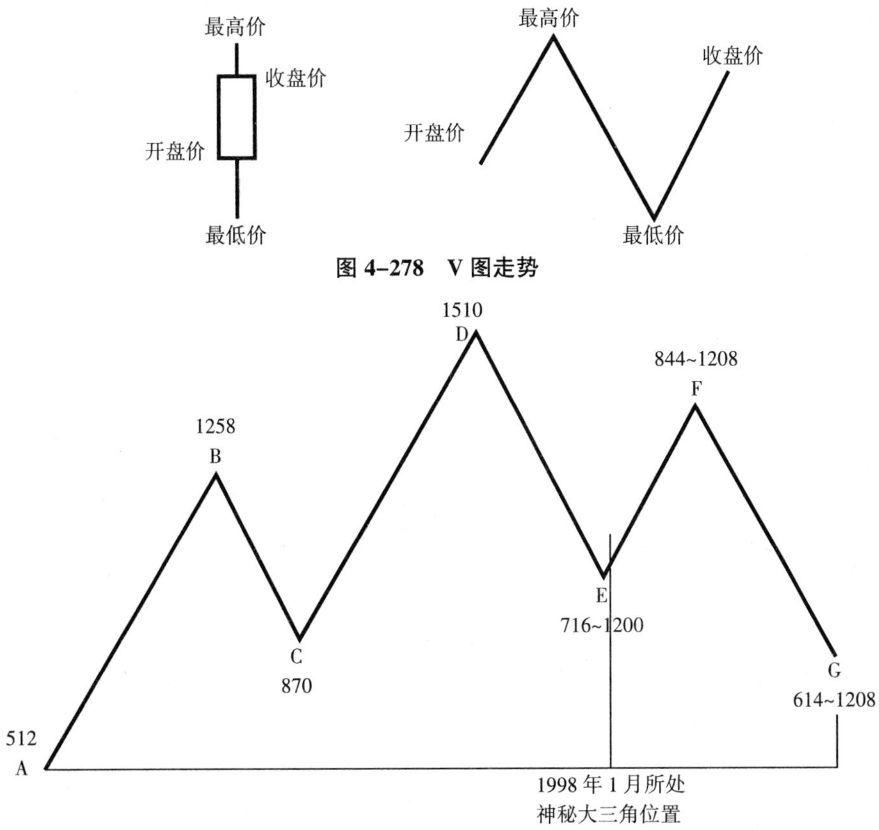

图 4-278　V 图走势

图 4-279　1998 年 1 月所处神秘大三角位置

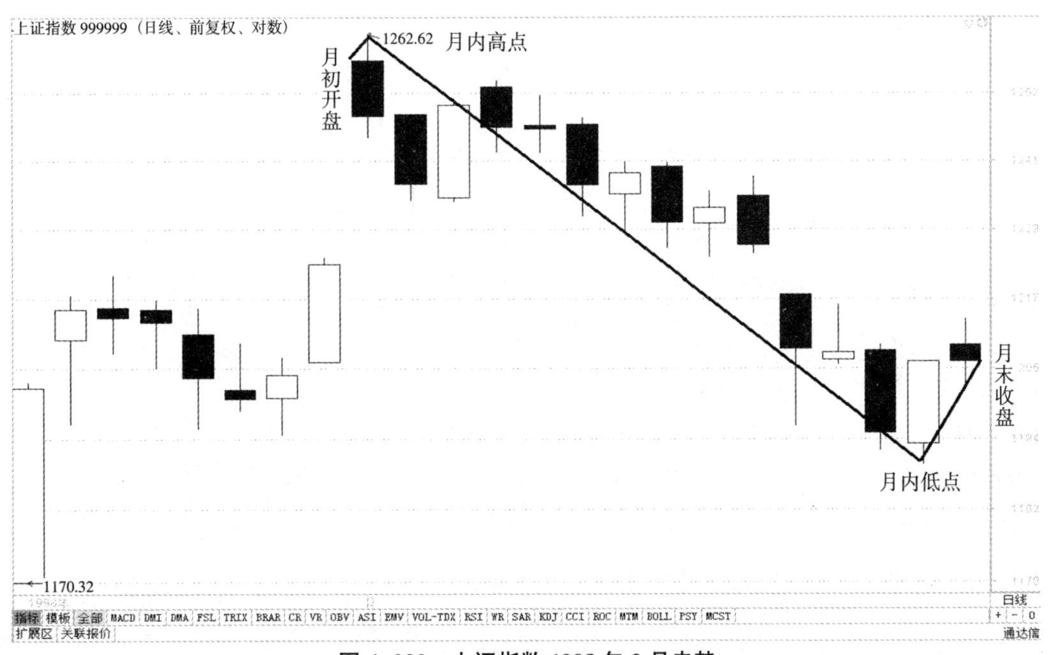

图 4-280　上证指数 1998 年 2 月走势

V 图走势如图 4-281 所示。

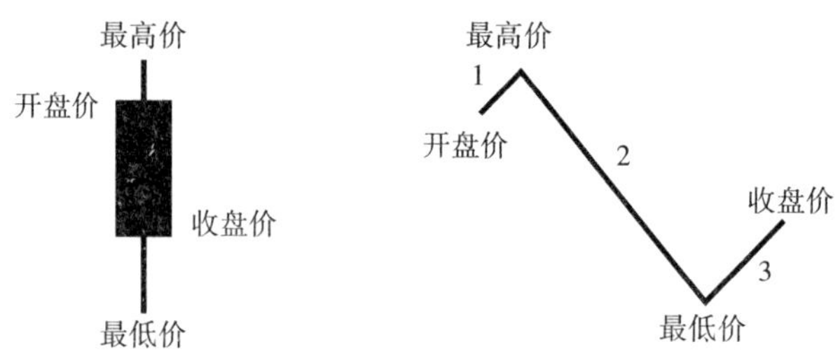

图 4-281　V 图走势

1998 年 2 月所处神秘大三角位置如图 4-282 所示。

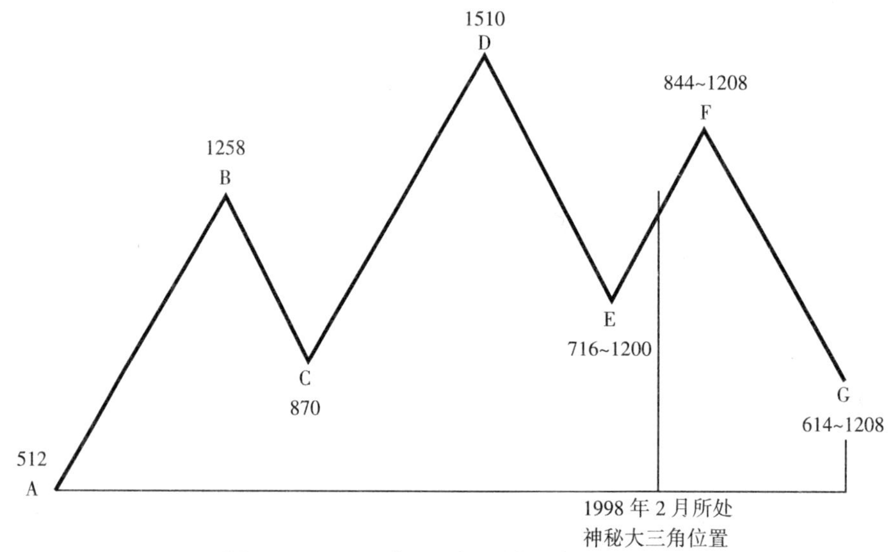

图 4-282　1998 年 2 月所处神秘大三角位置

2 月，股指再度创出新高达到 1260 点。貌似 E 点已经过去，目前处在 F 点或一个更高的 F 点。

上证指数 1998 年 3 月走势如图 4-283 所示。

V 图走势如图 4-284 所示。

1998 年 3 月所处神秘大三角位置如图 4-285 所示。

3 月，上证指数再次冲高到 1252 点，最低点也在 1100 点以上，暂时将 E 点设为 1200 点，则目前很可能处在 F 点。

上证指数 1998 年 4 月走势如图 4-286 所示。

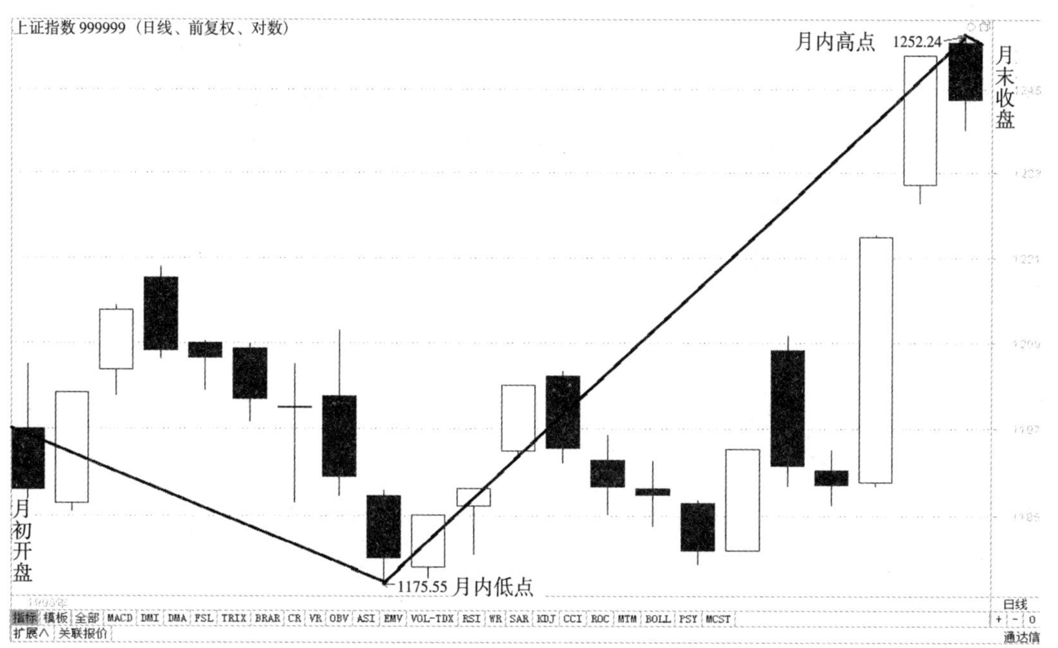

图 4-283　上证指数 1998 年 3 月走势

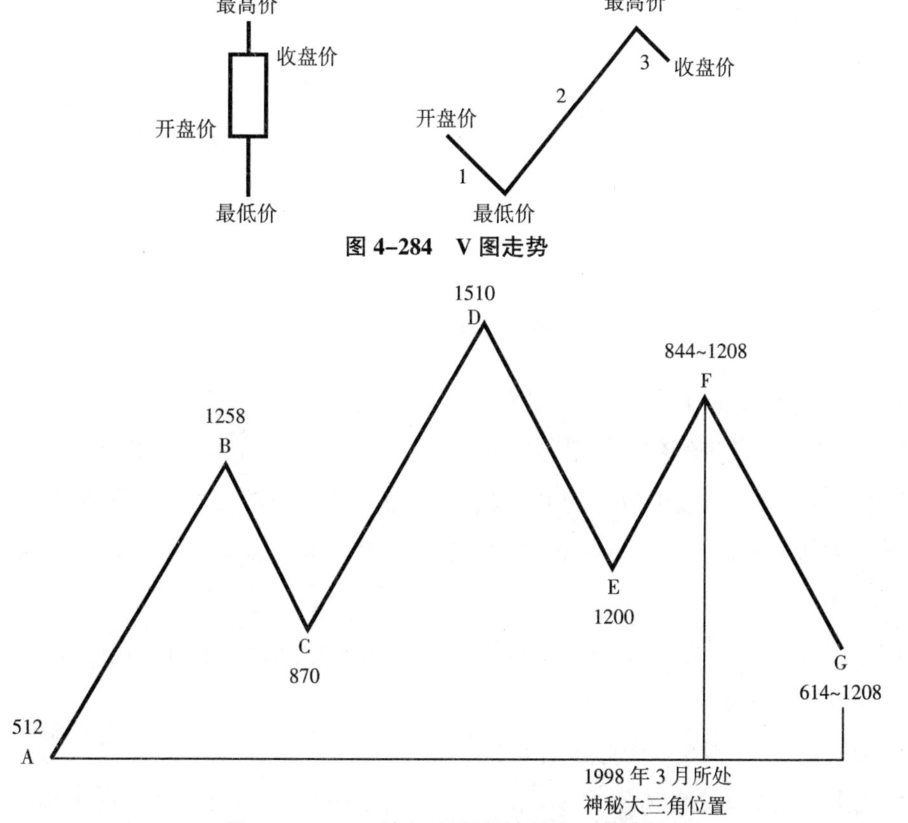

图 4-284　V 图走势

图 4-285　1998 年 3 月所处神秘大三角位置

图 4-286　上证指数 1998 年 4 月走势

V 图走势如图 4-287 所示。

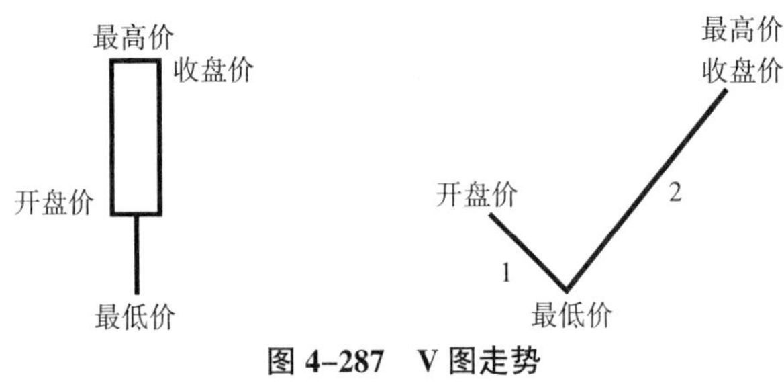

图 4-287　V 图走势

1998 年 4 月所处神秘大三角位置如图 4-288 所示。

4 月，上证指数继续狂涨，最高突破 1200 点，到达 1343 点，最低也脱离了 E 点的最大点位 1200 点，所以可以认为 E 点就是 1200 点，而目前处在 F 点高峰上，年内如果还能再创新高，将决定 F 点能否再往上推高。F 点推得越高，未来 G 点也有可能跟着向上抬高。

如果用目前的 E 点即 1200 点来计算的话，未来的新的大三角起点应该在 1044 点以下，并且高于 614 点。

上证指数 1998 年 5 月走势如图 4-289 所示。

V 图走势如图 4-290 所示。

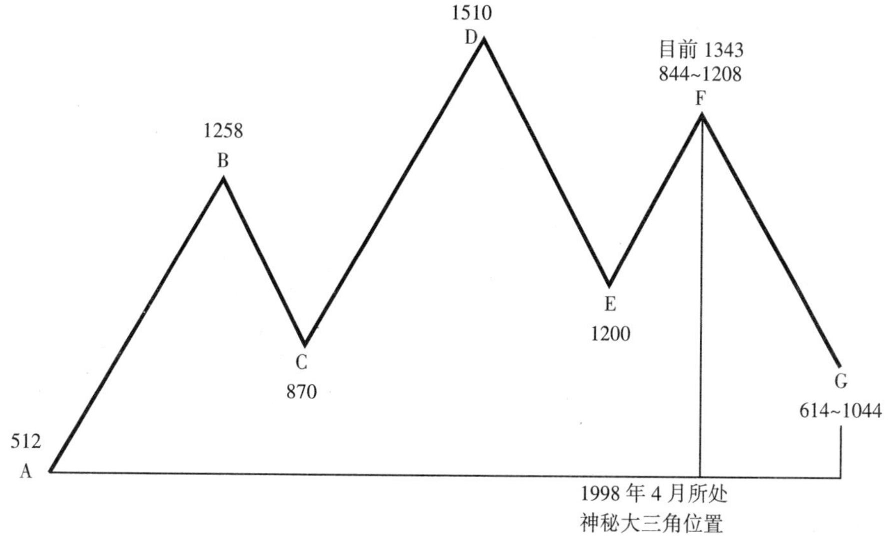

图 4-288　1998 年 4 月所处神秘大三角位置

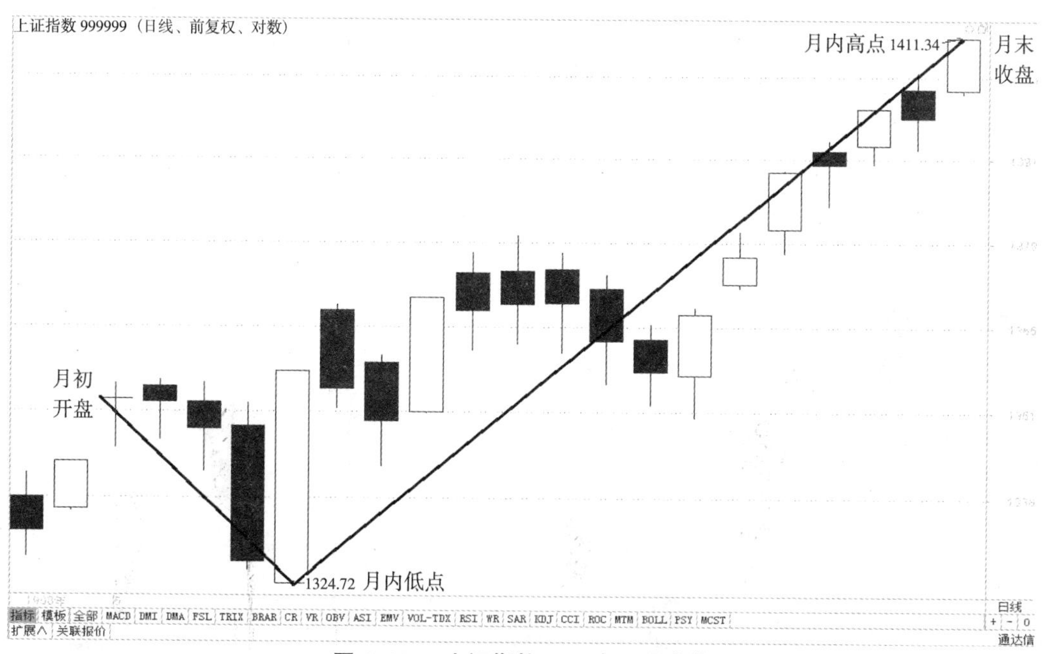

图 4-289　上证指数 1998 年 5 月走势

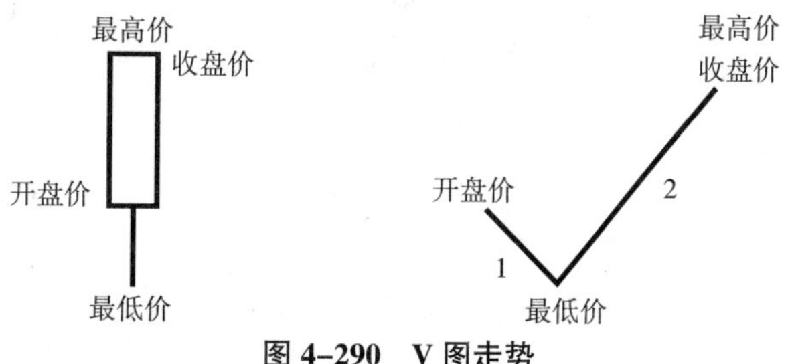

图 4-290　V 图走势

1998 年 5 月所处神秘大三角位置如图 4-291 所示。

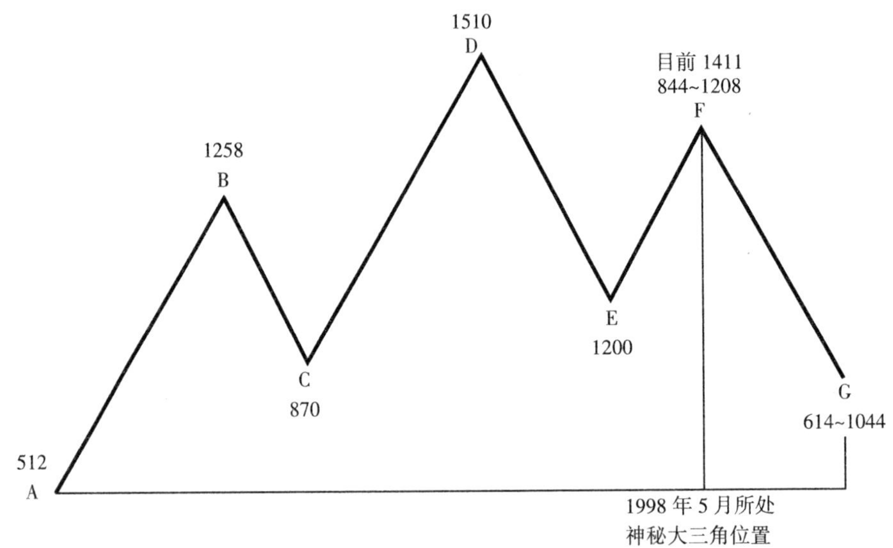

图 4-291　1998 年 5 月所处神秘大三角位置

5 月最高上探至 1411 点，完全将 F 点推高至超出原先我们预想的点位之上，我们要持续关注它的变化。同时 G 点也有可能被 F 点抬高，可能在 800~1044 点。

上证指数 1998 年 6 月走势如图 4-292 所示。

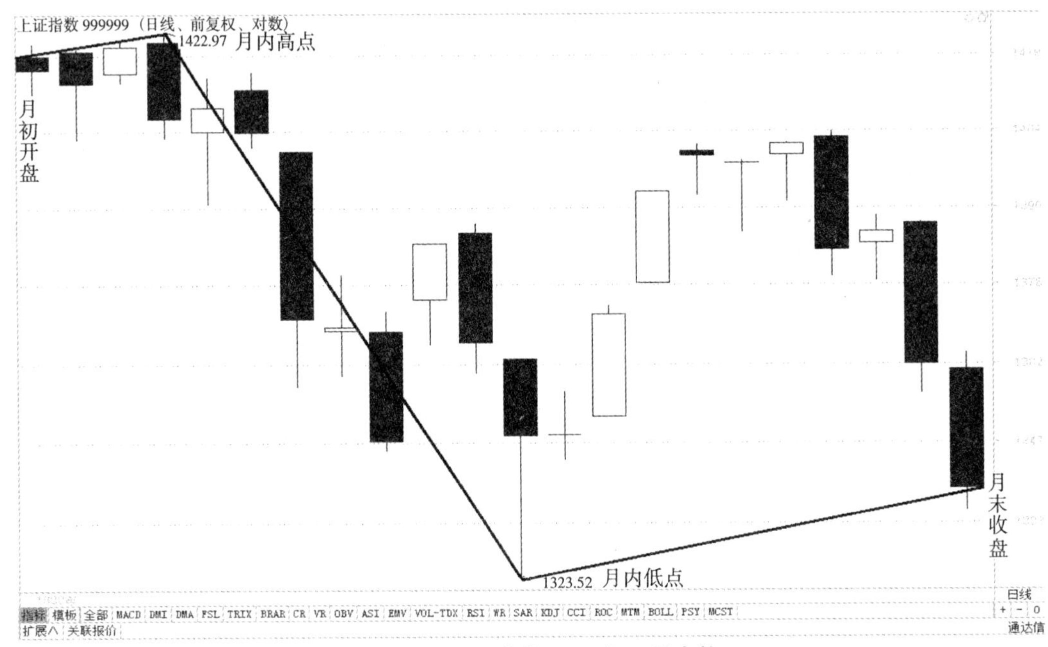

图 4-292　上证指数 1998 年 6 月走势

V 图走势如图 4–293 所示。

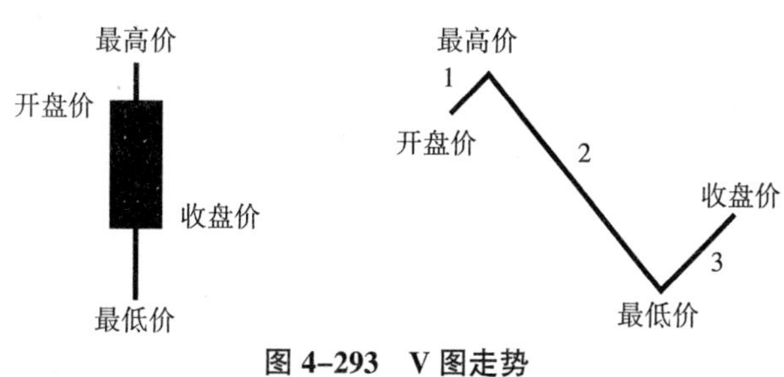

图 4–293 V 图走势

1998 年 6 月所处神秘大三角位置如图 4–294 所示。

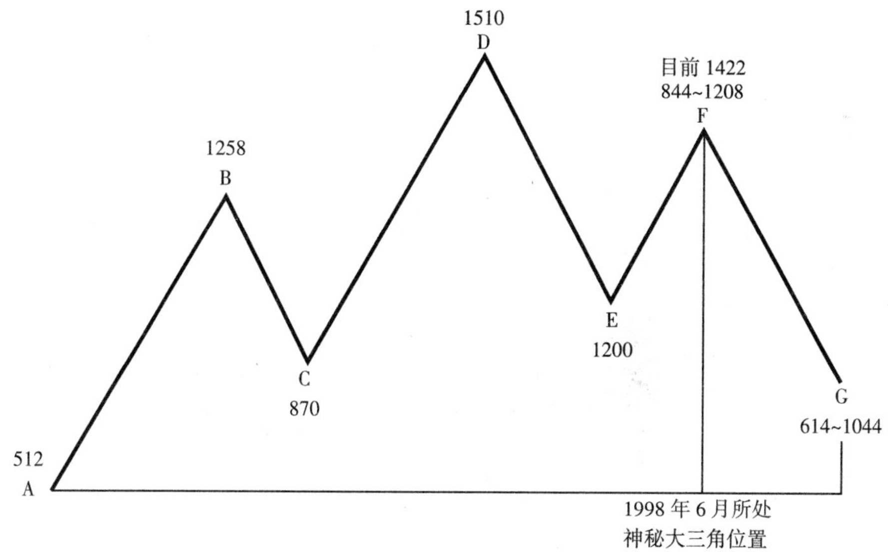

图 4–294 1998 年 6 月所处神秘大三角位置

6 月初，大盘在高位窄幅震荡，最高点又被上涨攻破，较上月高点提升了 11 个点位。但之后行情开始下滑，并在 1300 点上下大幅震荡。反思一下，F 点被不断抬高，会不会目前的高点就是 F 点呢？如果说不是，那再往上涨就超越了 1500 点，那就不是典型的“山”形神秘大三角了。所以目前的高点很可能就是真的 F 点，加上月末尾盘低收，加大了 F 点已出现的可能性。

上证指数 1998 年 7 月走势如图 4–295 所示。

V 图走势如图 4–296 所示。

1998 年 7 月所处神秘大三角位置如图 4–297 所示。

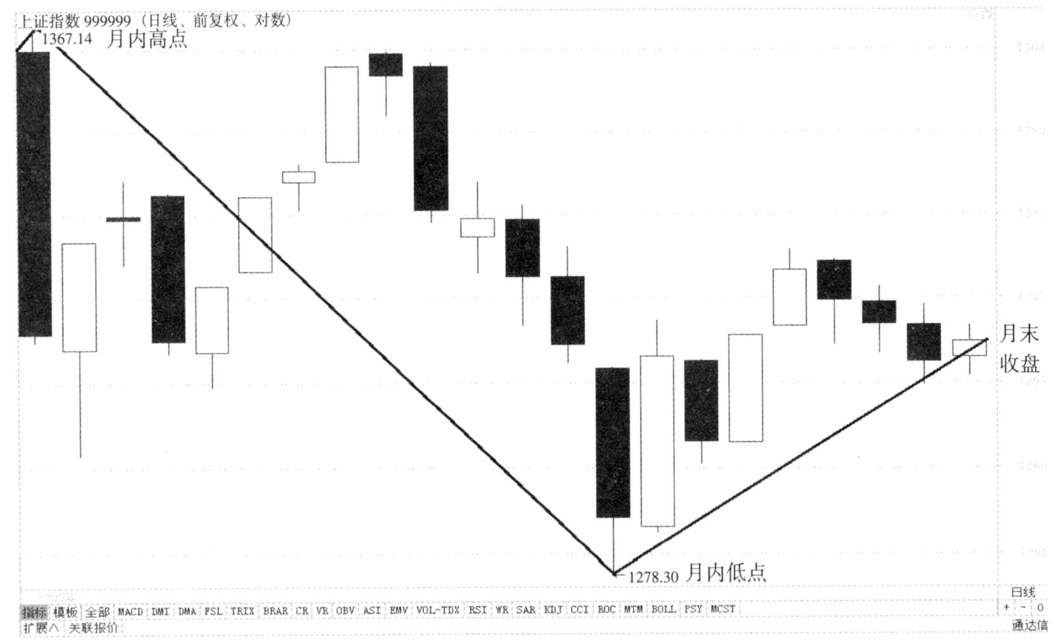

图 4-295　上证指数 1998 年 7 月走势

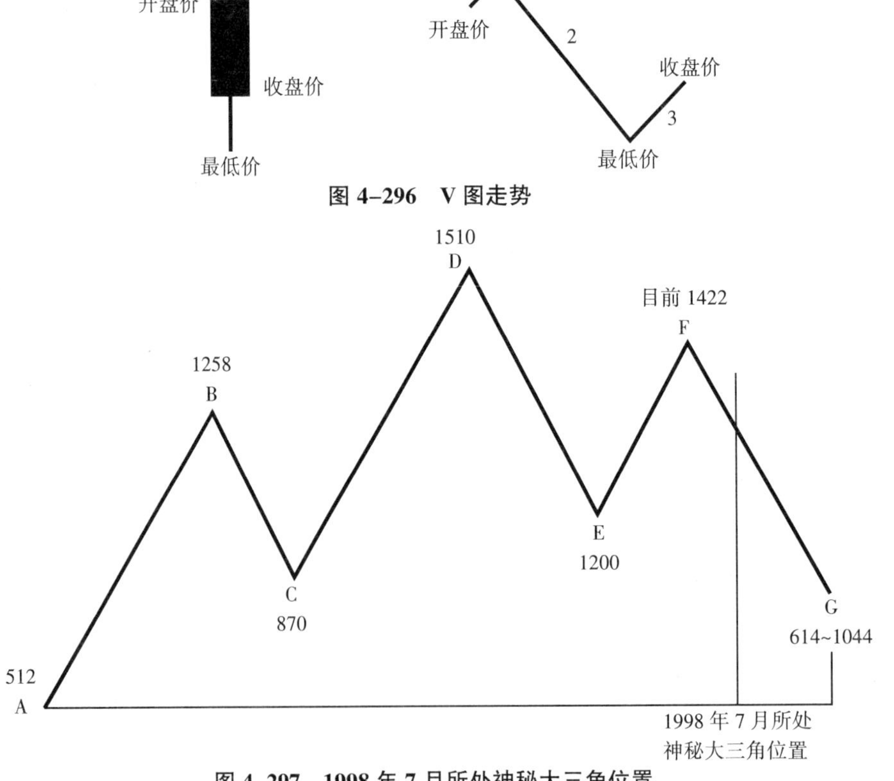

图 4-296　V 图走势

图 4-297　1998 年 7 月所处神秘大三角位置

7 月，大盘指数回落较大，从 1422 点已经下跌不少，假设 1422 点是 F 点，预测未来的 G 点范围在 1080 点之下。当然用 E 点预测出来的 G 点更低，范围为 614~1044 点。以后的月份如果大盘下跌进入这个范围，那么说明新一轮的神秘大三角将要到来。

上证指数 1998 年 8 月走势如图 4-298 所示。

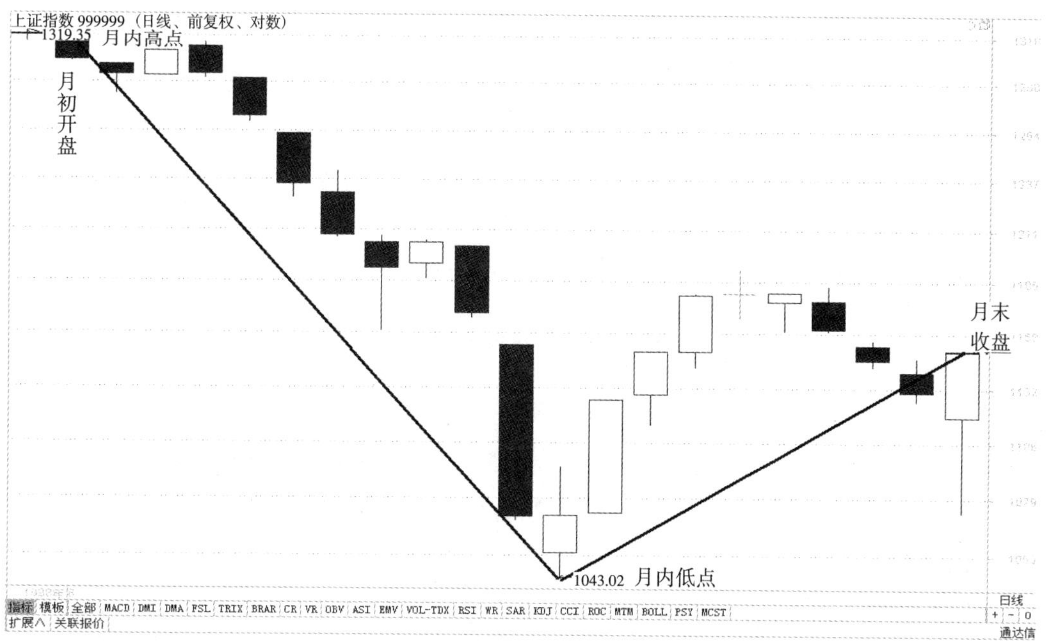

图 4-298　上证指数 1998 年 8 月走势

V 图走势如图 4-299 所示。

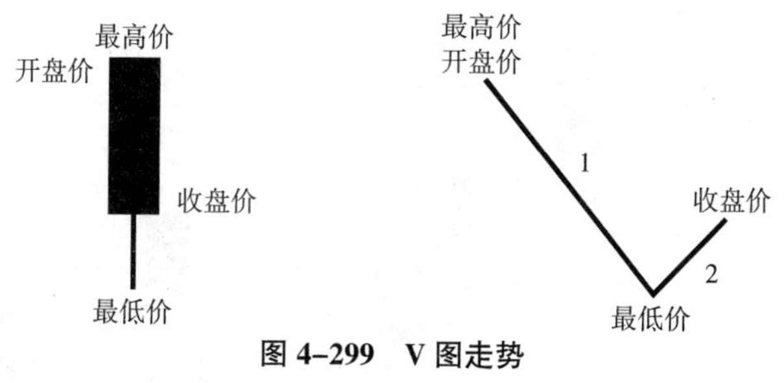

图 4-299　V 图走势

1998 年 8 月所处神秘大三角位置如图 4-300 所示。

8 月，上证指数徘徊不久便强势下跌，跌过可能是 G 点的最高点位 1044 点。自此我们可以认为 F 点就是 1422 点。G 点已是近在咫尺了，还要关注最后 4 个月的走势有没有创出新高或新低。

9 月，大盘指数继续在 1100~1200 点震荡，并不会对年线 V 图有任何影响，所以

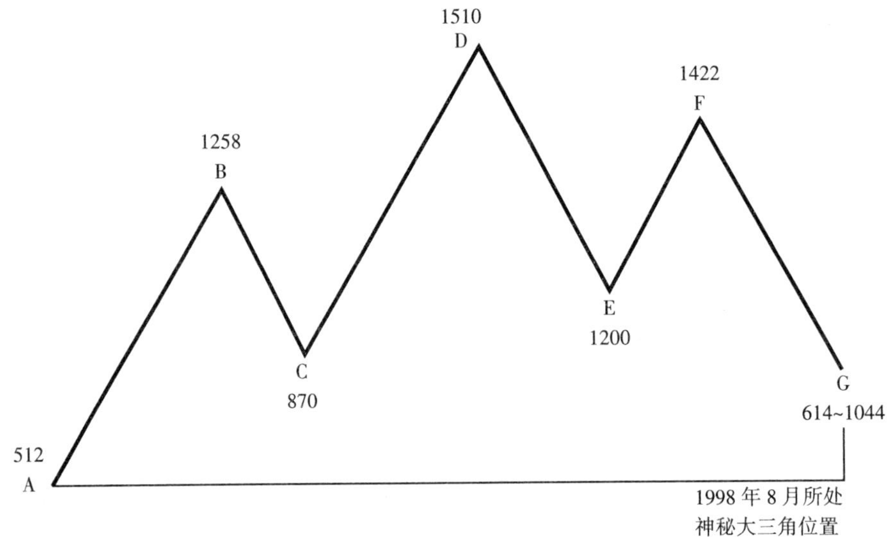

图 4-300　1998 年 8 月所处神秘大三角位置

这个 9 月走完之后，几乎可以忽略它的影响。

10 月，虽然是国庆长假，但假后投资热情不高，行情仍在 1100~1200 点徘徊。

11 月，震荡区间稍微向上移动，为 1200~1300 点。因为到了年底，V 图就确定了，所以 12 月是最关键的时间点。

上证指数 1998 年 12 月走势如图 4-301 所示。

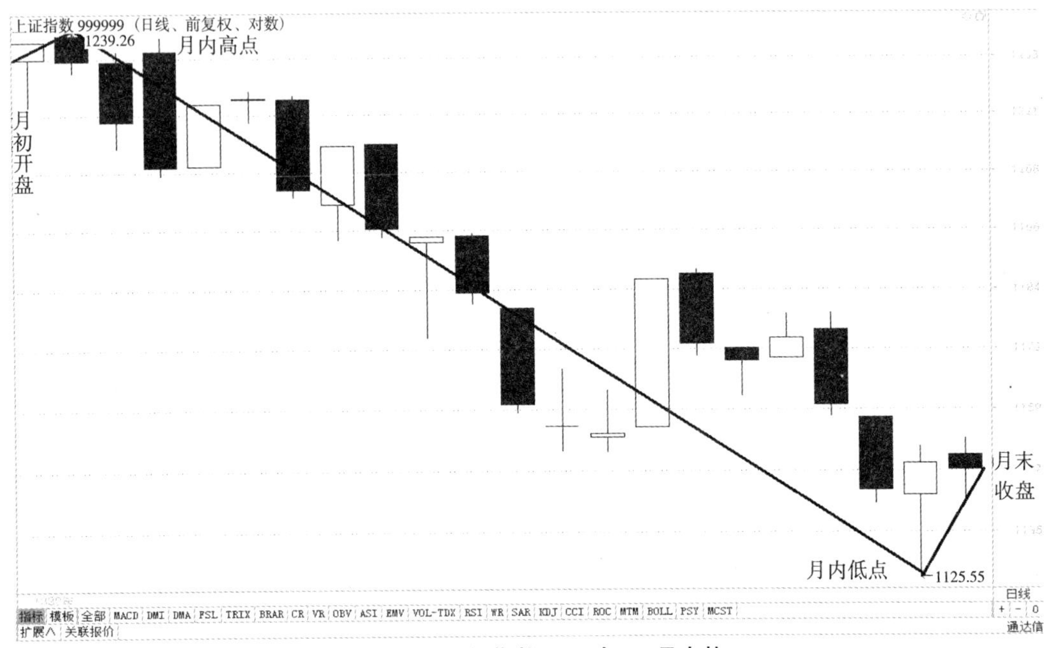

图 4-301　上证指数 1998 年 12 月走势

12 月，指数大幅下跌，可以明确 G 点就是 1043 点，这与我们之前预测的范围相吻合。那么，1998 年 12 月末的收盘点位就已经是处在新一轮的神秘大三角 A 点至 B 点的过程中。

4.12　1999 年

1999 年，随着金融风暴渐渐过去，加上澳门回归的有利刺激，虽然 GDP 增长率还在减小，但仍有上升的空间。

上证指数 1999 年 1 月走势如图 4-302 所示。

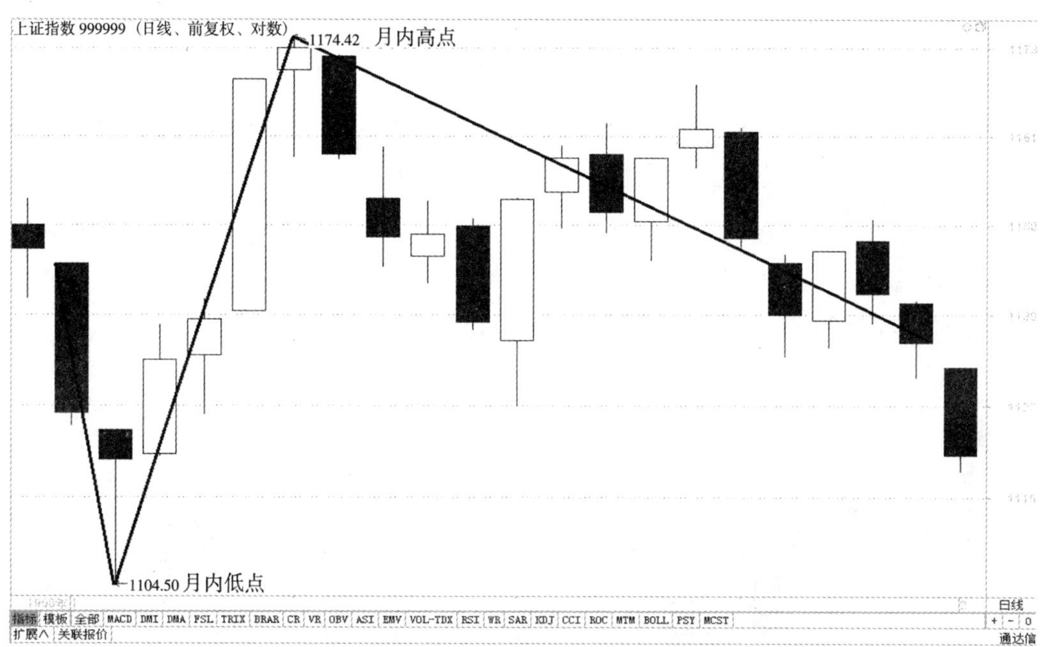

图 4-302　上证指数 1999 年 1 月走势

V 图走势如图 4-303 所示。

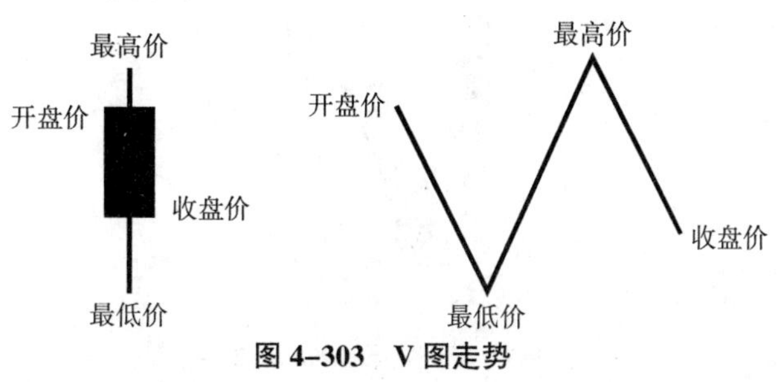

图 4-303　V 图走势

1999 年 1 月所处神秘大三角位置如图 4-304 所示。

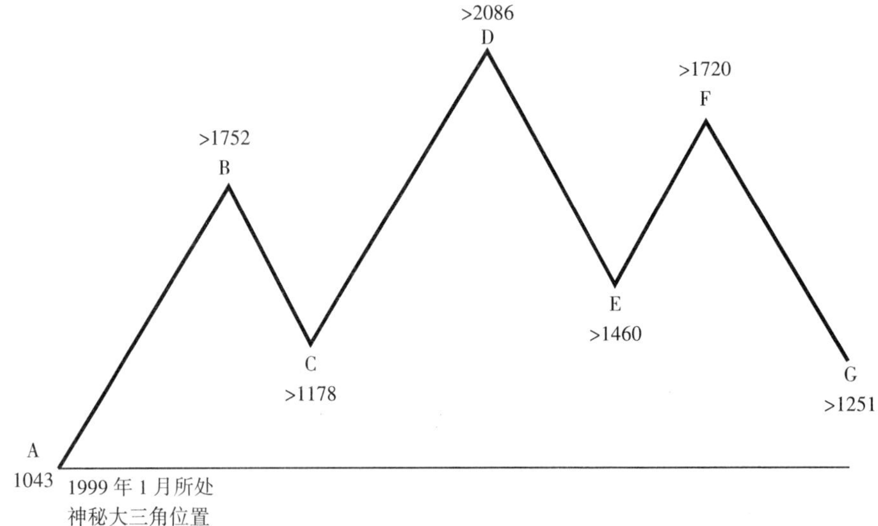

图 4-304　1999 年 1 月所处神秘大三角位置

1 月，由于已知上一轮神秘大三角已经结束，所以上轮三角的 G 点就是这次新一轮大三角的起点 A，根据三角形的规格预测，未来 B 点高于 1752 点；C 点高于 1178 点；D 点高于 2086 点；E 点高于 1460 点；F 点高于 1720 点；G 点或下轮的 A 点就可能高于 1251 点。

上证指数 1999 年 2 月走势如图 4-305 所示。

图 4-305　上证指数 1999 年 2 月走势

V 图走势如图 4-306 所示。

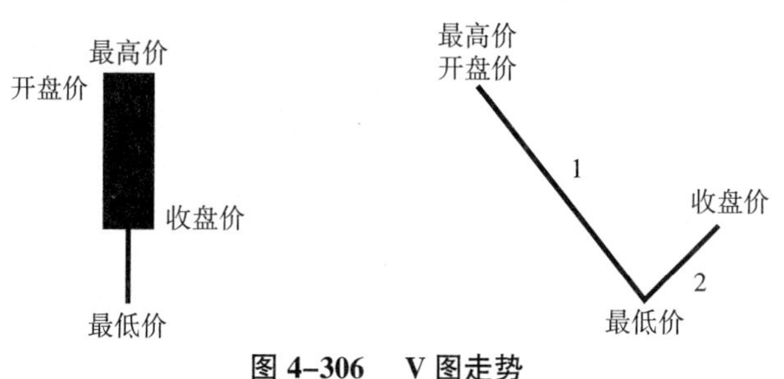

图 4-306　V 图走势

1999 年 2 月所处神秘大三角位置如图 4-307 所示。

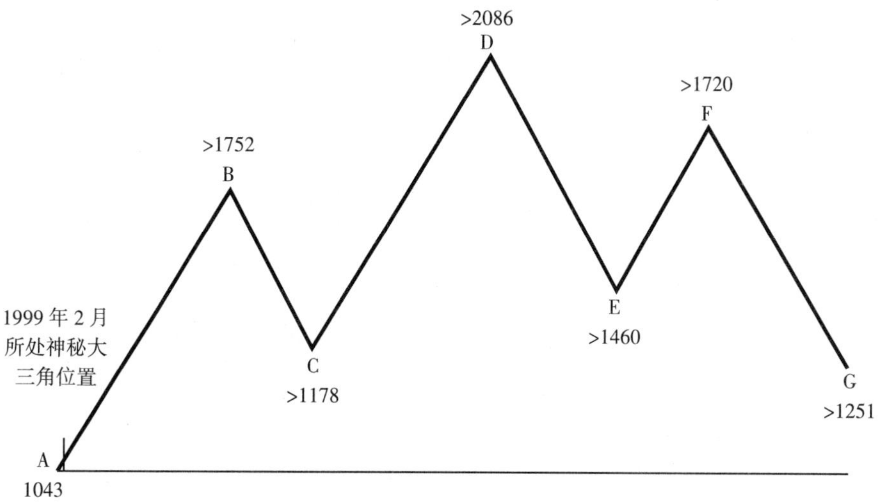

图 4-307　1999 年 2 月所处神秘大三角位置

2 月，指数试图再创新低，还好只是接近了原先的低点 1043，还未创出比这个点位更低的低点。后市还需继续观察。

上证指数 1999 年 3 月走势如图 4-308 所示。

V 图走势如图 4-309 所示。

1999 年 3 月所处神秘大三角位置如图 4-310 所示。

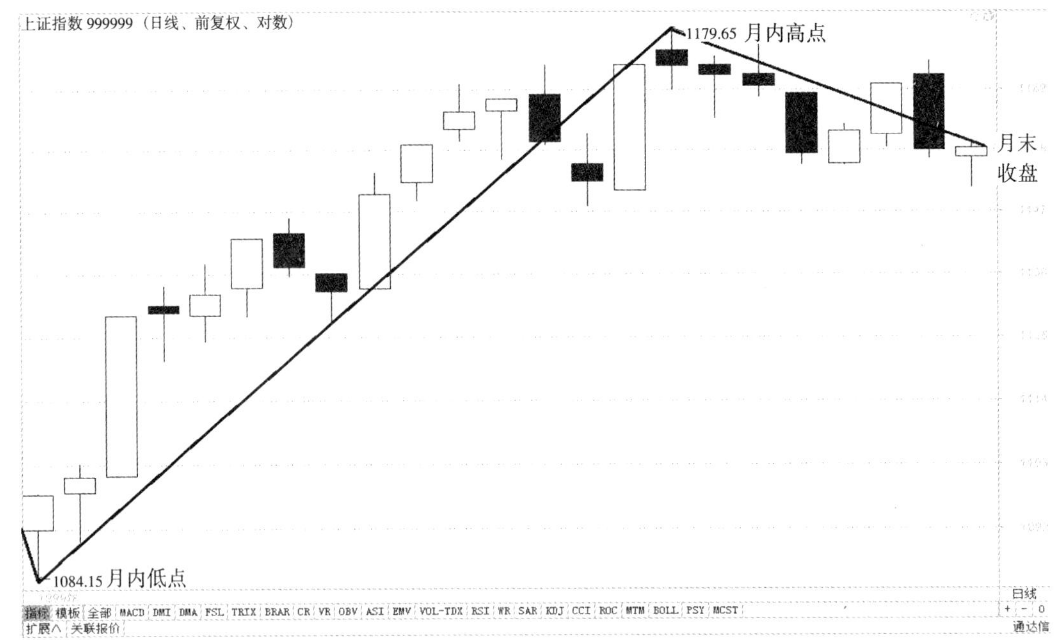

图 4-308　上证指数 1999 年 3 月走势

最高价
收盘价
开盘价
最低价

最高价
3 收盘价
2
开盘价
1
最低价

图 4-309　V 图走势

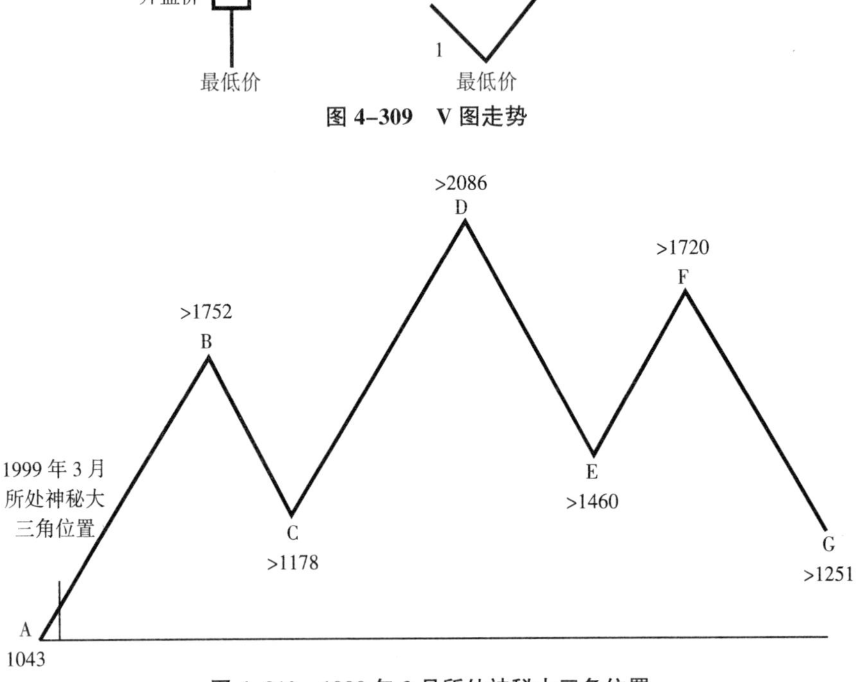

图 4-310　1999 年 3 月所处神秘大三角位置

3 月大盘指数开始逐渐脱离 A 点。

上证指数 1999 年 4 月走势如图 4–311 所示。

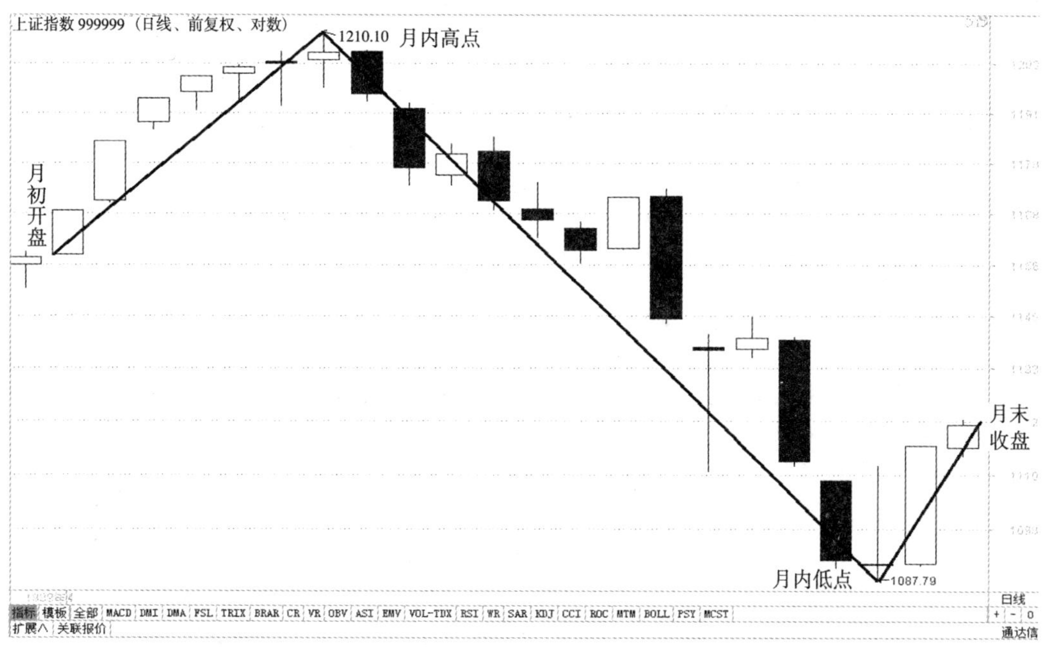

图 4–311　上证指数 1999 年 4 月走势

V 图走势如图 4–312 所示。

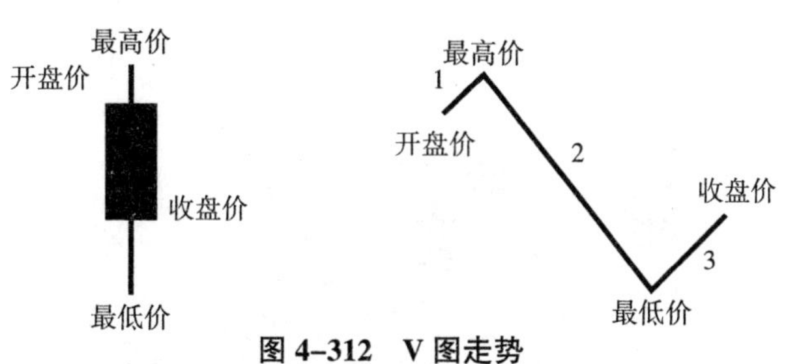

图 4–312　V 图走势

1999 年 4 月所处神秘大三角位置如图 4–313 所示。

4 月，上证指数又回落至 A 点附近，期待之后攀上 B 点。

上证指数 1999 年 5 月走势如图 4–314 所示。

V 图走势如图 4–315 所示。

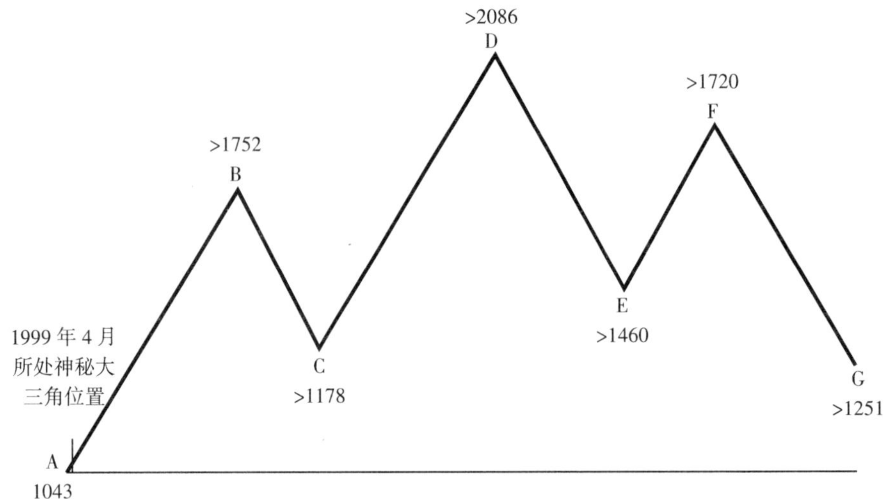

图 4-313　1999 年 4 月所处神秘大三角位置

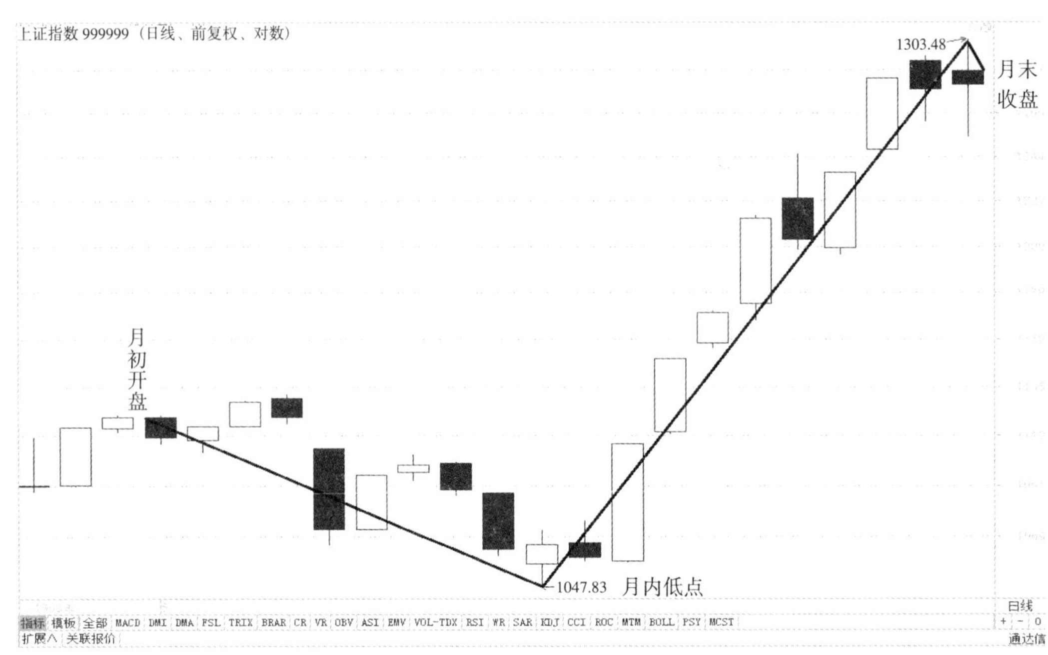

图 4-314　上证指数 1999 年 5 月走势

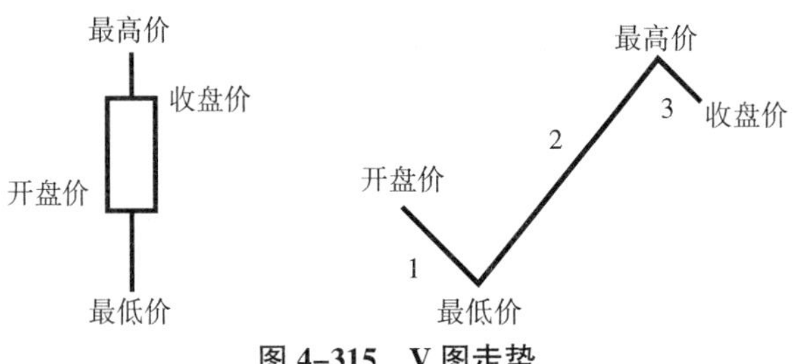

图 4-315　V 图走势

1999 年 5 月所处神秘大三角位置如图 4-316 所示。

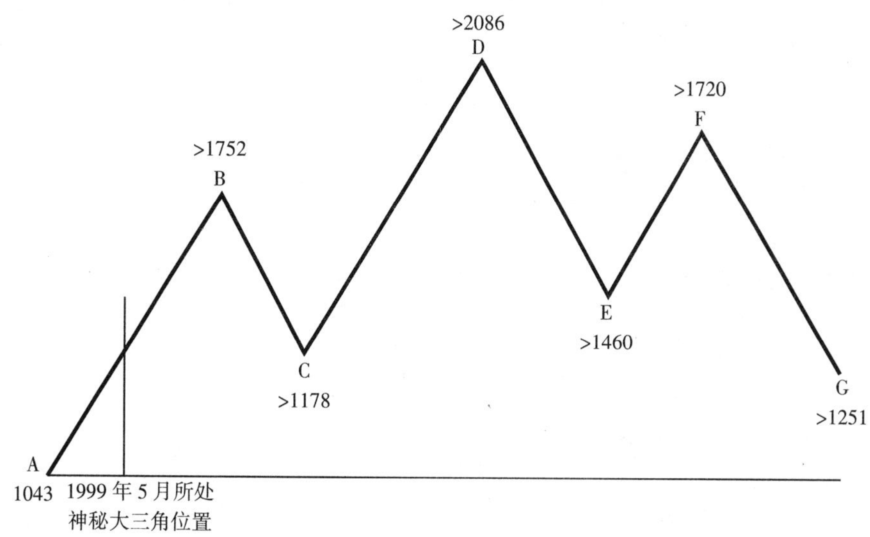

图 4-316 1999 年 5 月所处神秘大三角位置

5 月股指再度回调至 A 点附近，随后转向高升，收于 1300 点附近。

上证指数 1999 年 6 月走势如图 4-317 所示。

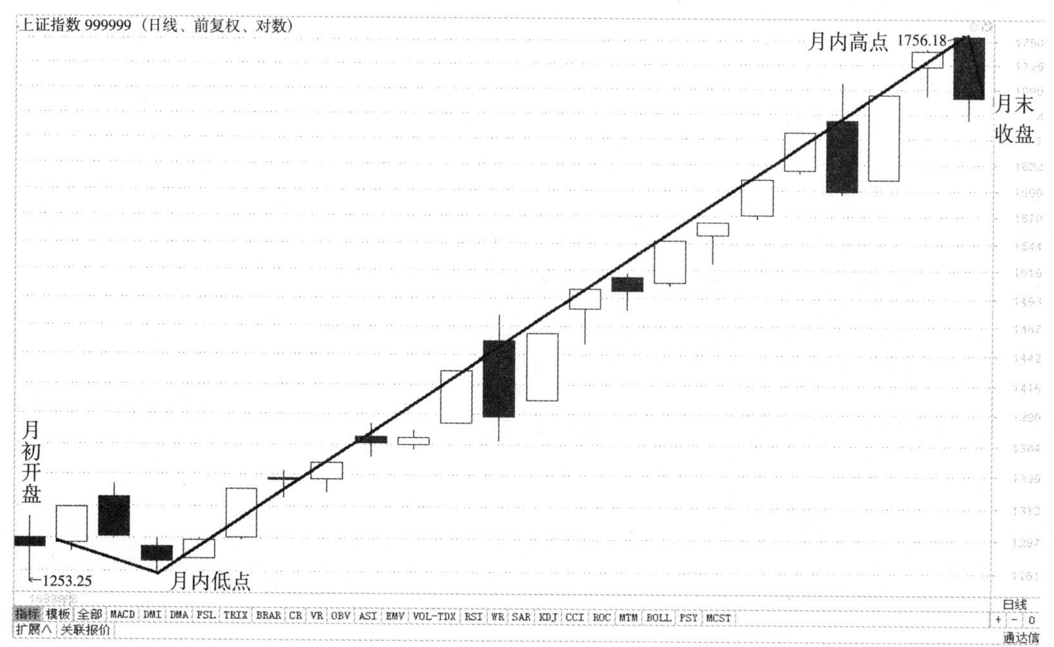

图 4-317 上证指数 1999 年 6 月走势

V 图走势如图 4-318 所示。

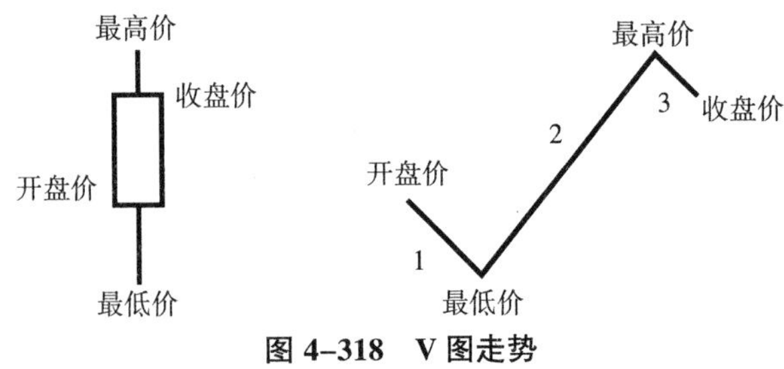

图 4-318 V 图走势

1999 年 6 月所处神秘大三角位置如图 4-319 所示。

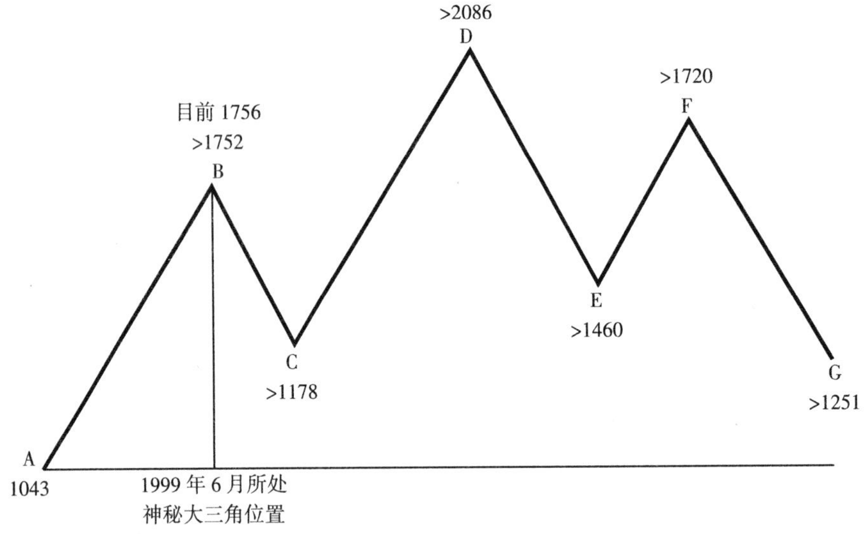

图 4-319 1999 年 6 月所处神秘大三角位置

6 月行情突飞直上，突破了我们之前预测的 B 点 1752 点，说明 B 点可能已经形成。只要不再创出新高，就可以判定 B 点就是 1756 点。

上证指数 1999 年 7 月走势如图 4-320 所示。

V 图走势如图 4-321 所示。

1999 年 7 月所处神秘大三角位置如图 4-322 所示。

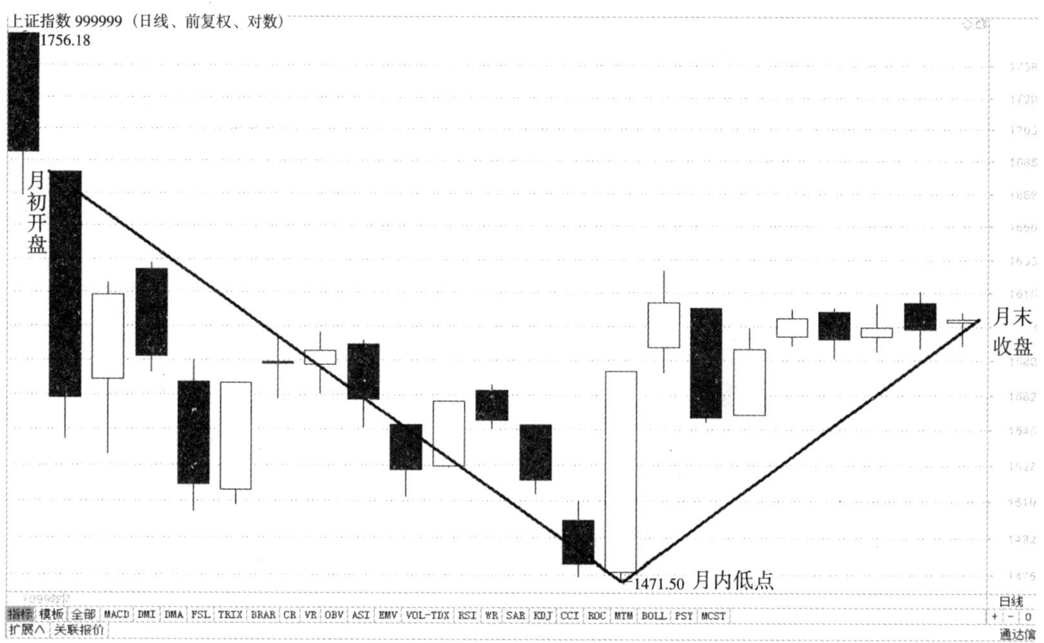

图 4-320 上证指数 1999 年 7 月走势

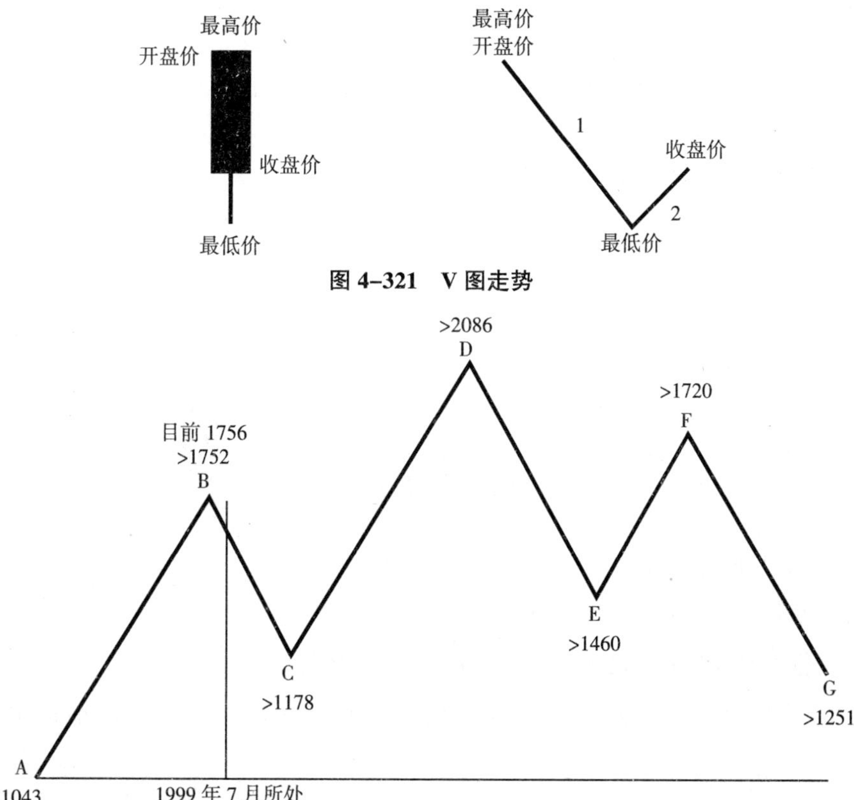

图 4-321 V 图走势

图 4-322 1999 年 7 月所处神秘大三角位置

7 月，没再创出新高与新低，依然维持在 B 点和 C 点之间。

上证指数 1999 年 8 月走势如图 4-323 所示。

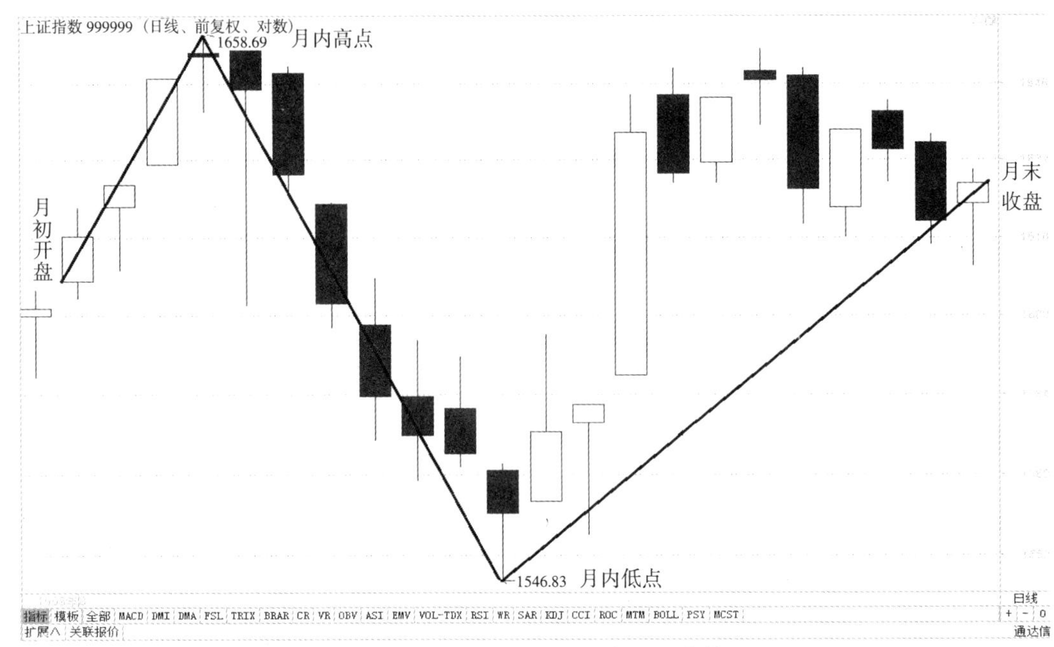

图 4-323　上证指数 1999 年 8 月走势

V 图走势如图 4-324 所示。

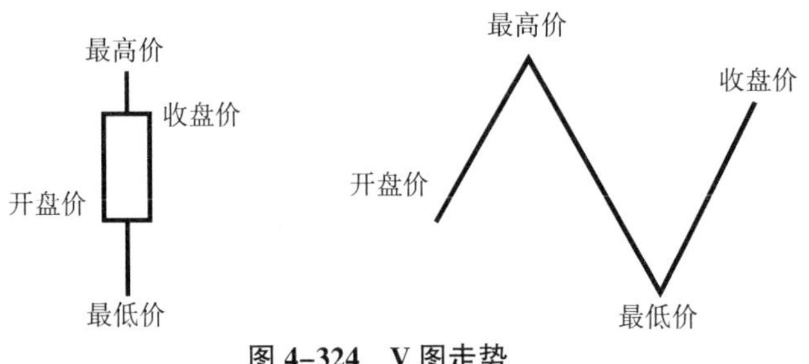

图 4-324　V 图走势

1999 年 8 月所处神秘大三角位置如图 4-325 所示。

8 月行情仍处在 B 点和 C 点之间。

9 月又徘徊在 1550~1700 点，仍未创出新高或新低。

10 月，行情大跌，最低跌至 1452 点。如此，我们可以认为之前的 B 点就是 1756 点。

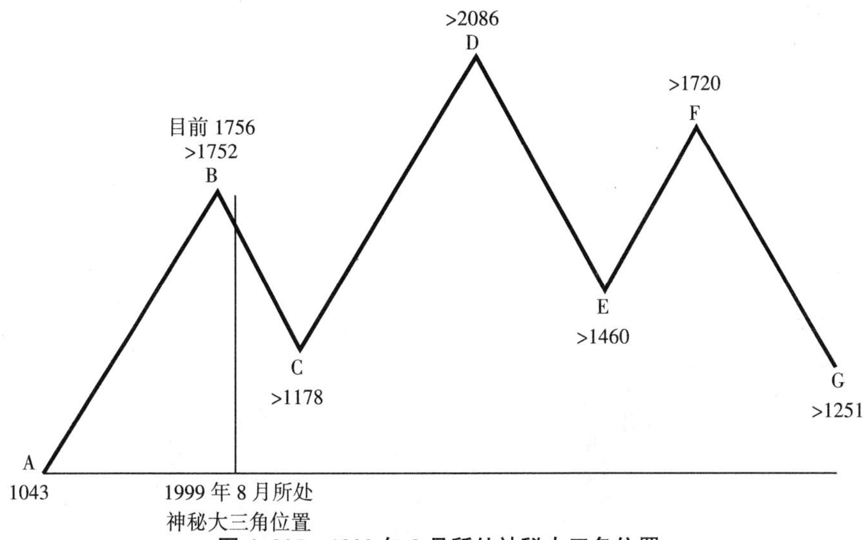

图 4-325　1999 年 8 月所处神秘大三角位置

将大三角规格的计算列表如下。

A	C>	D>	E>	F>	G>
1043	1178.59	2086	1460.2	1720.95	1251.6
B	C<	D>	E<	F<	G<
1756	1589.18	1896.48	1492.6	1685.76	1685.76

可知未来的 C 点范围为 1178~1589 点；D 点高于 2086；E 点范围为 1460~1492 点；F 点范围为 1685~1720 点；G 点范围为 1251~1685 点。

以目前来看，这波行情要下跌至 1178~1589 点，然后才会进入 C 点到 D 点的主升阶段。

当前对神秘大三角未来波段的预测如图 4-326 所示。

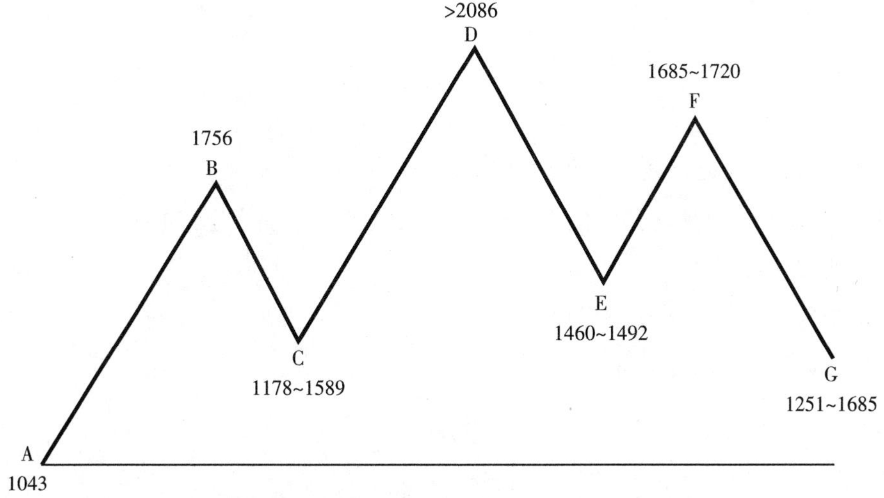

图 4-326　当前对神秘大三角未来波段的预测

上证指数 1999 年 11 月走势如图 4-327 所示。

图 4-327　上证指数 1999 年 11 月走势

V 图走势如图 4-328 所示。

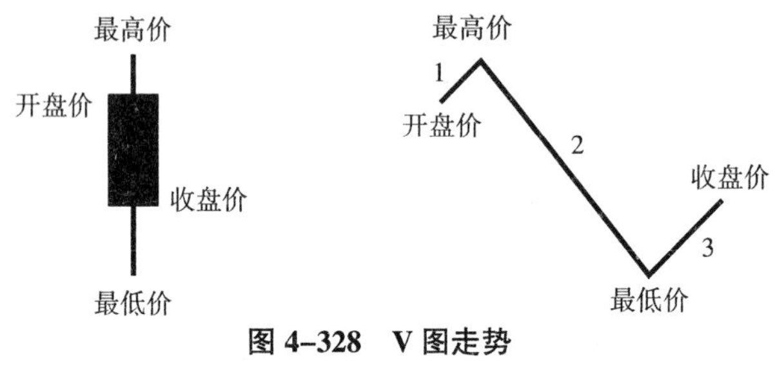

图 4-328　V 图走势

1999 年 11 月所处神秘大三角位置如图 4-329 所示。

11 月指数下落至预先预测的 1178~1589 点范围内，加上已经接近年末，C 点可能已经出现或很接近。

上证指数 1999 年 12 月走势如图 4-330 所示。

V 图走势如图 4-331 所示。

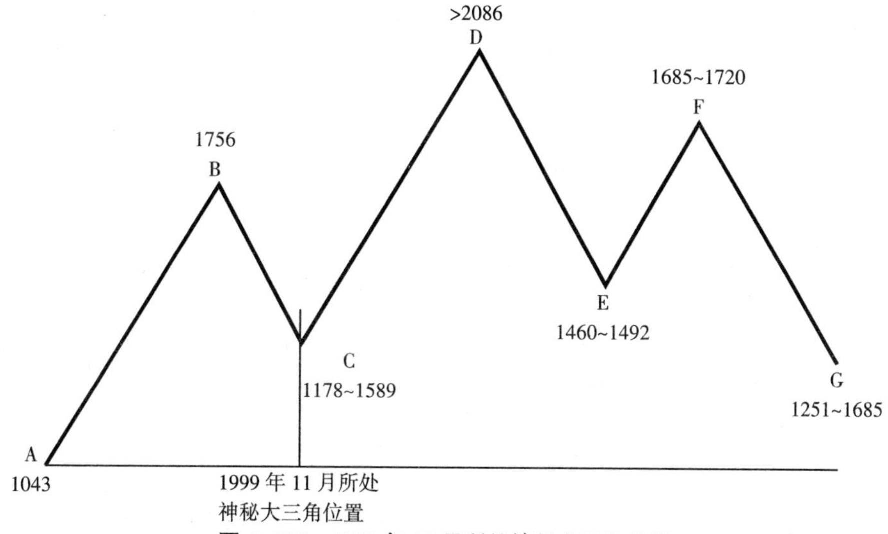

图 4-329 1999 年 11 月所处神秘大三角位置

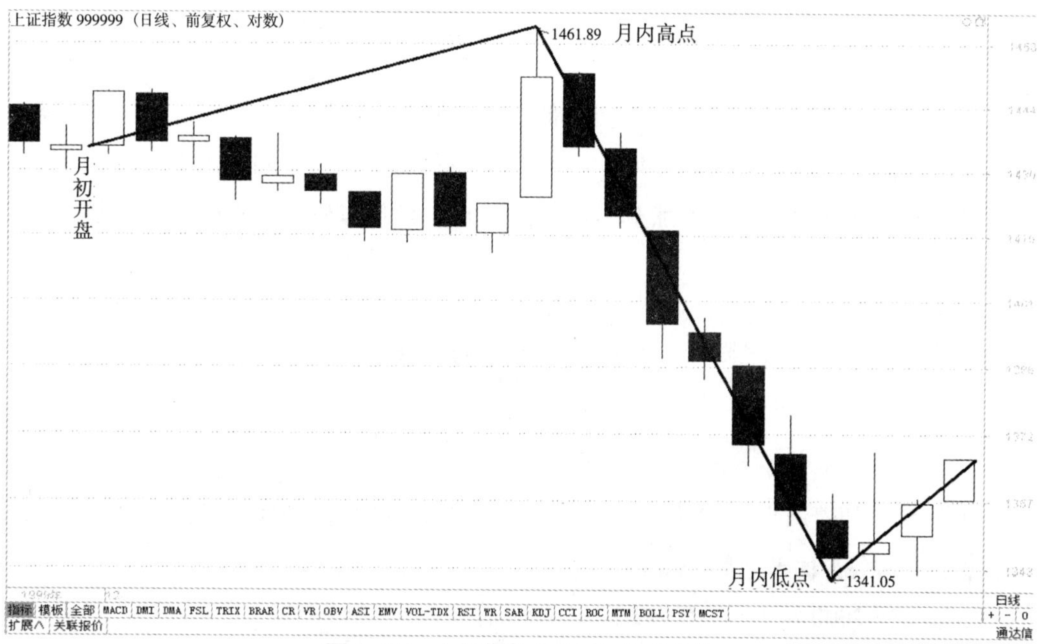

图 4-330 上证指数 1999 年 12 月走势

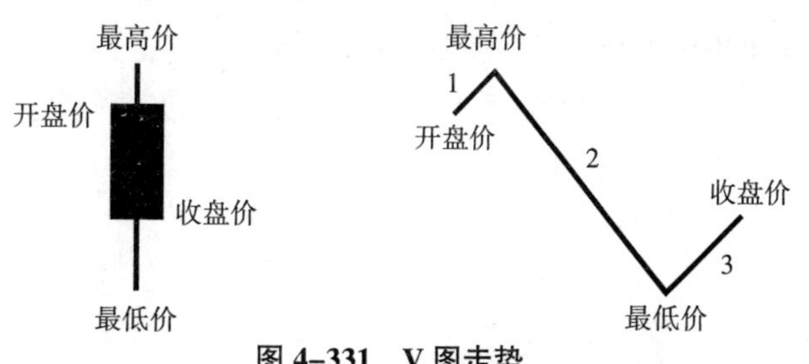

图 4-331 V 图走势

1999 年 12 月所处神秘大三角位置如图 4–332 所示。

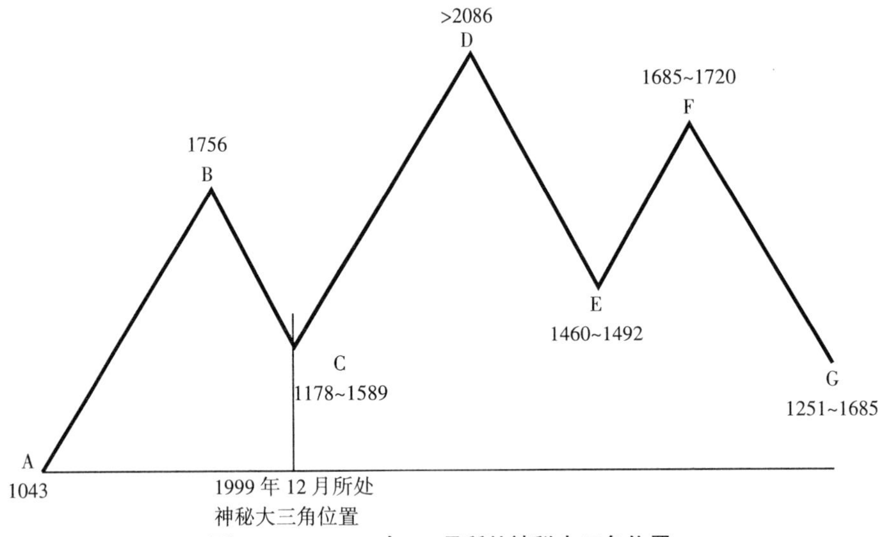

图 4–332　1999 年 12 月所处神秘大三角位置

12 月，大盘又开始大跌，创出更低低点，加上已是年末，这样的话，C 点已经出现了。是否转折，我们的判断标准是年 V 图是否反转超过 5%。目前来看，C 点如果是 1341 点，则如果下一年行情上涨至 1408 点以上时，就可以确认 C 点就是 1341 点。

4.13　2000 年

2000 年，随着新世纪的到来，大家都向往进入新时代，各界对新世纪都怀有美好的梦想，希望各方面都焕然一新。

上证指数 2000 年 1 月走势如图 4–333 所示。

V 图走势如图 4–334 所示。

2000 年 1 月所处神秘大三角位置如图 4–335 所示。

图 4-333　上证指数 2000 年 1 月走势

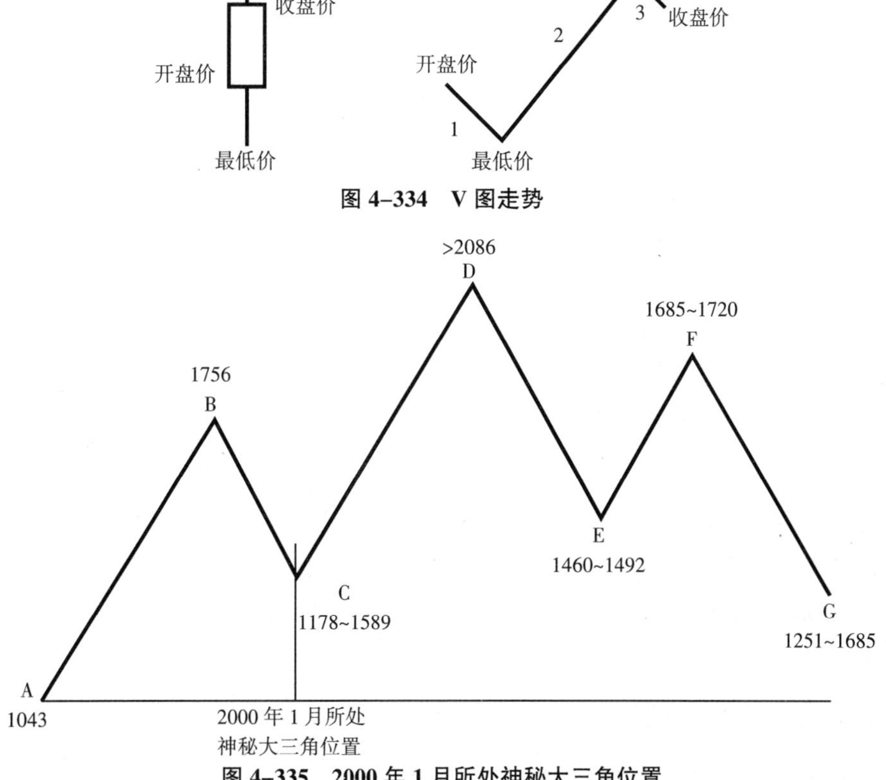

图 4-334　V 图走势

图 4-335　2000 年 1 月所处神秘大三角位置

1 月，新年新气象，大盘高升至 1547 点，目前还未离开 C 点范围，还有待观察，但是超过 1408 点就说明有一半的可能已处于 C 点和 D 点之间。

上证指数 2000 年 2 月走势如图 4-336 所示。

图 4-336 上证指数 2000 年 2 月走势

V 图走势如图 4-337 所示。

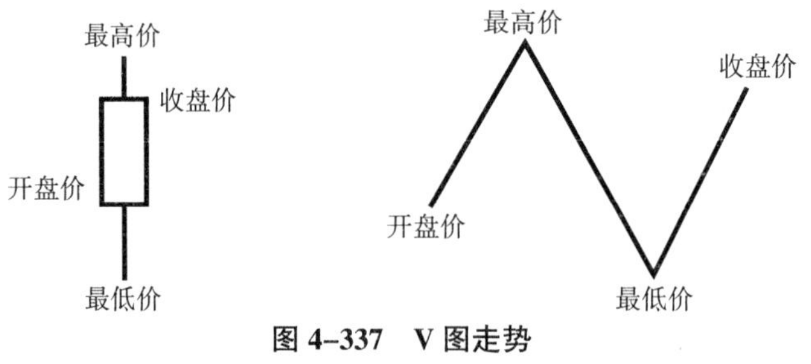

图 4-337 V 图走势

2000 年 2 月所处神秘大三角位置如图 4-338 所示。

2 月的指数直接爬升超过了 C 点的最大可能点位，最高到达 1770 点，已经处于C 点和 D 点之间的阶段。预计未来的最小目标是 2086 点，也可能是更高。

上证指数 2000 年 3 月走势如图 4-339 所示。

V 图走势如图 4-340 所示。

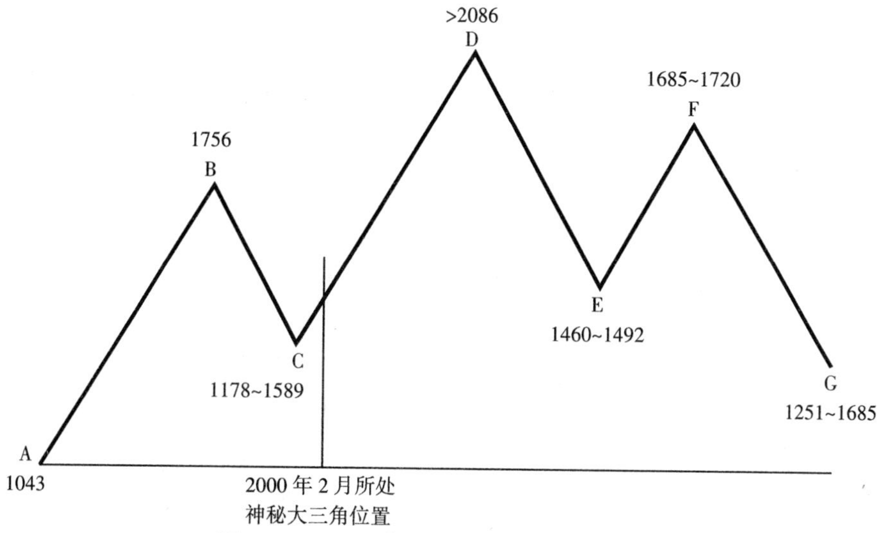

图 4-338 2000 年 2 月所处神秘大三角位置

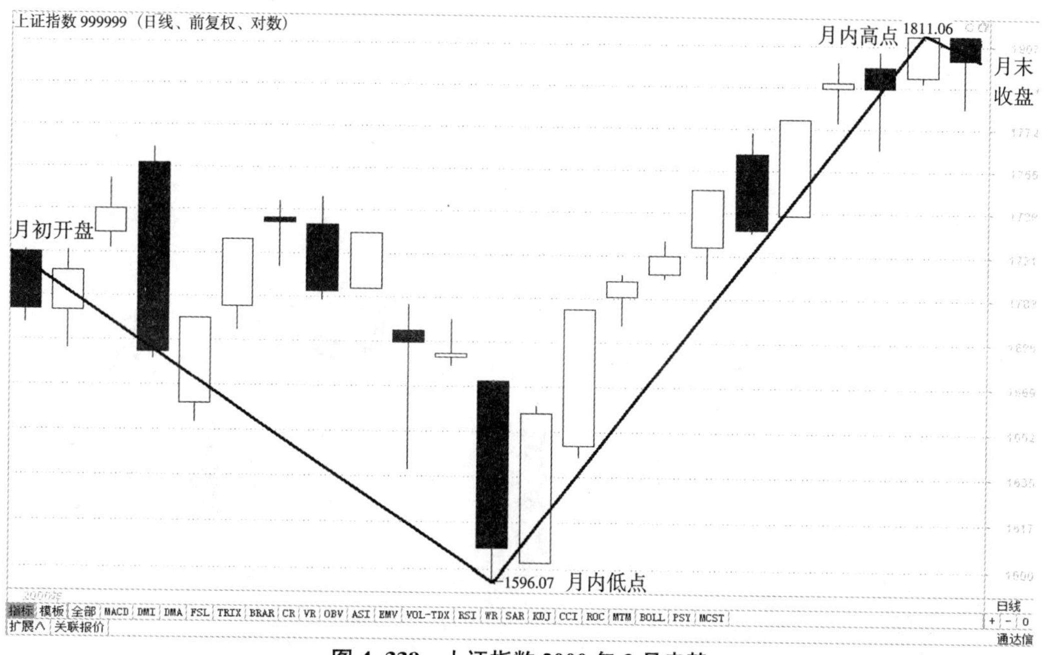

图 4-339 上证指数 2000 年 3 月走势

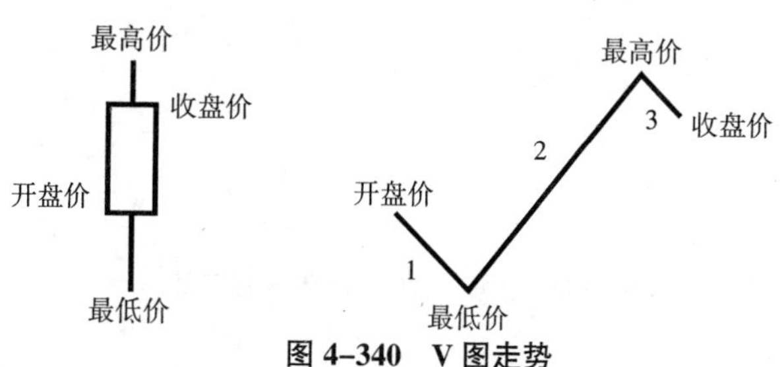

图 4-340 V 图走势

2000 年 3 月所处神秘大三角位置如图 4-341 所示。

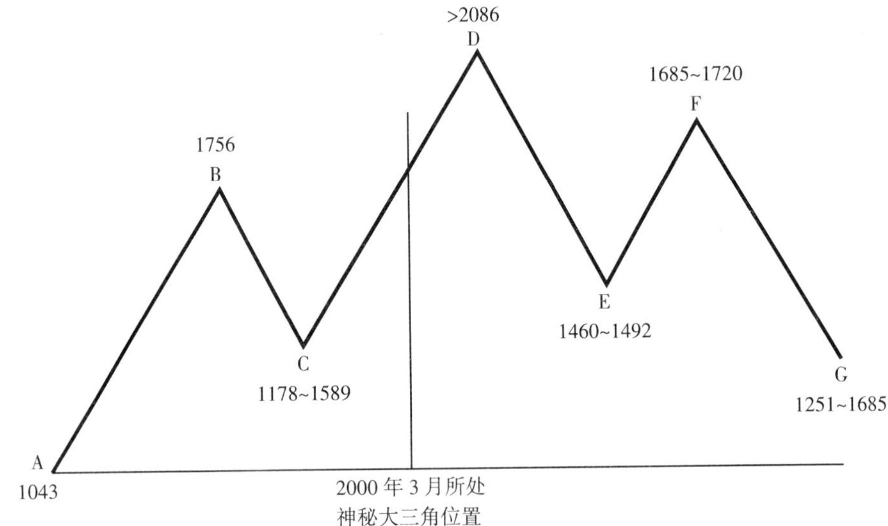

图 4-341　2000 年 3 月所处神秘大三角位置

3 月，上证指数继续攀升，行进在 C 点和 D 点之间，略靠近 D 点。

上证指数 2000 年 4 月走势如图 4-342 所示。

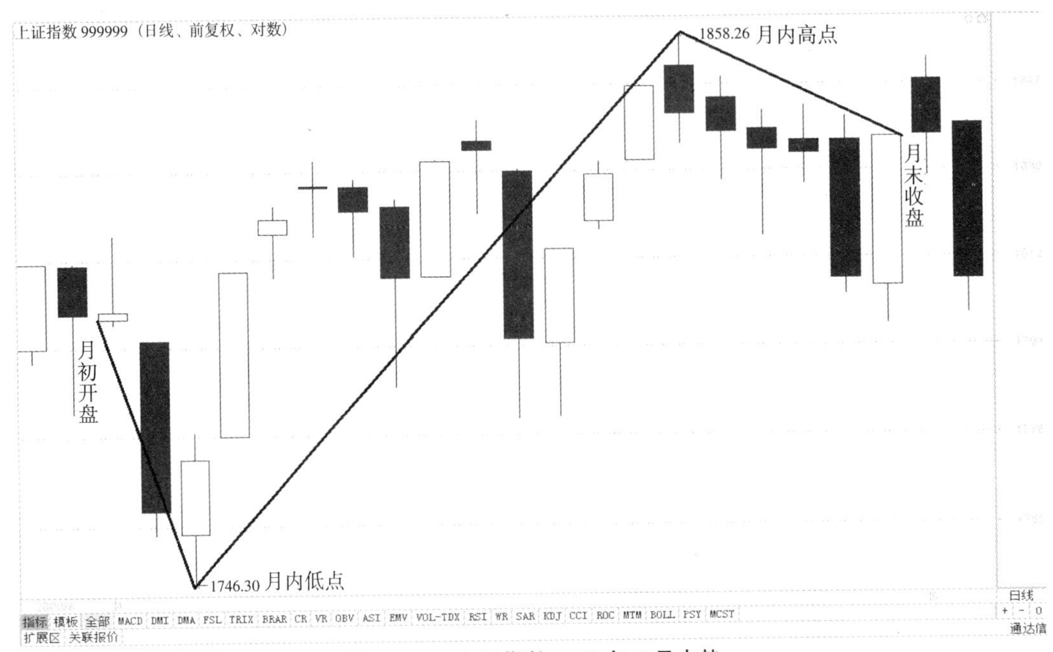

图 4-342　上证指数 2000 年 4 月走势

V 图走势如图 4-343 所示。

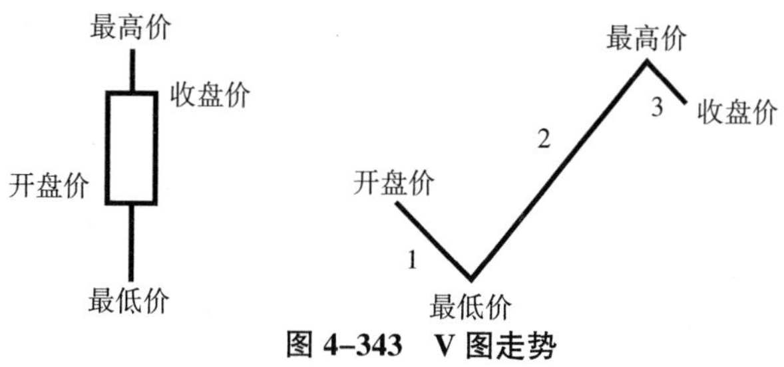

图 4-343　V 图走势

2000 年 4 月所处神秘大三角位置如图 4-344 所示。

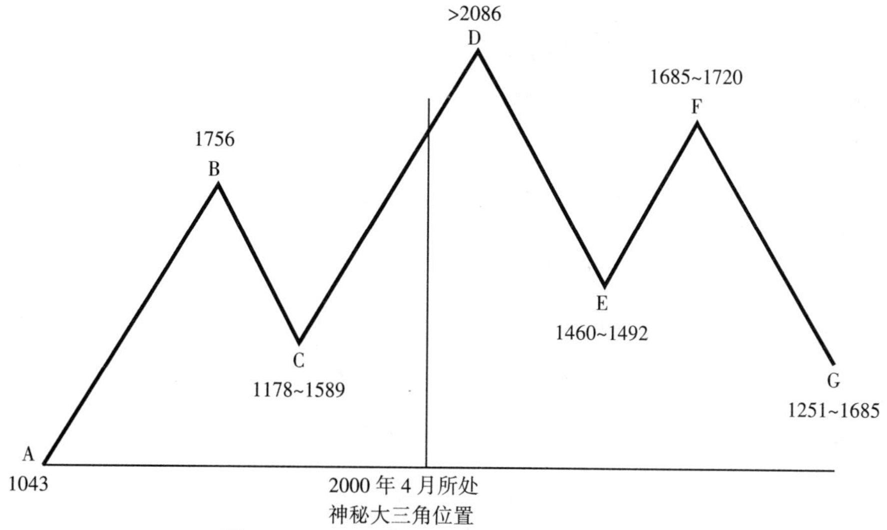

图 4-344　2000 年 4 月所处神秘大三角位置

4 月，指数震荡上行，再次创出上月新高，到达 1850 点，已经越来越接近预想中的 D 点。

上证指数 2000 年 5 月走势如图 4-345 所示。

V 图走势如图 4-346 所示。

2000 年 5 月所处神秘大三角位置如图 4-347 所示。

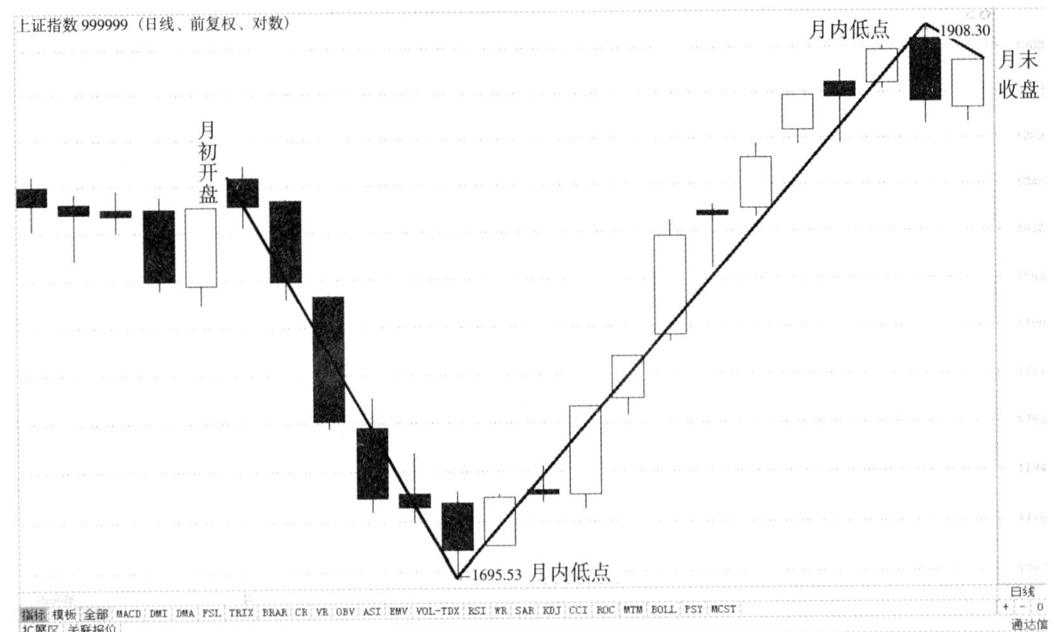

图 4-345　上证指数 2000 年 5 月走势

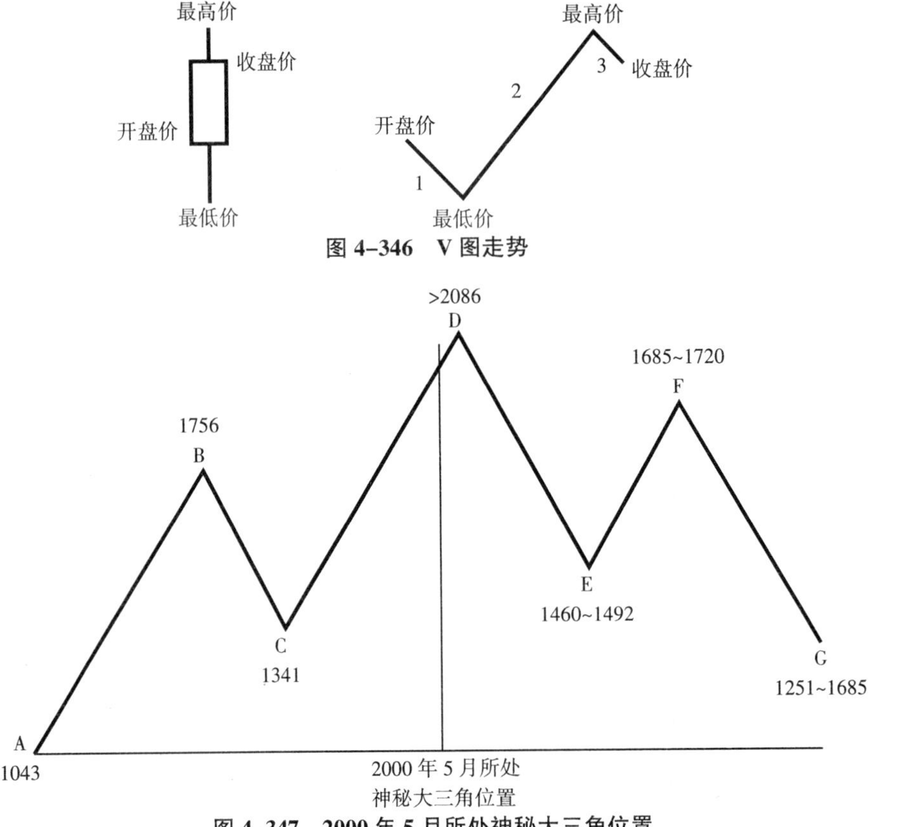

图 4-346　V 图走势

图 4-347　2000 年 5 月所处神秘大三角位置

5 月，行情已经逼近预设的 D 点 2086 点，此前的 C 点可以确认为 1341 点。下半年可能会突破 2086 点。然后进入 D 点到 E 点的下降波段中去。

上证指数 2000 年 6 月走势如图 4-348 所示。

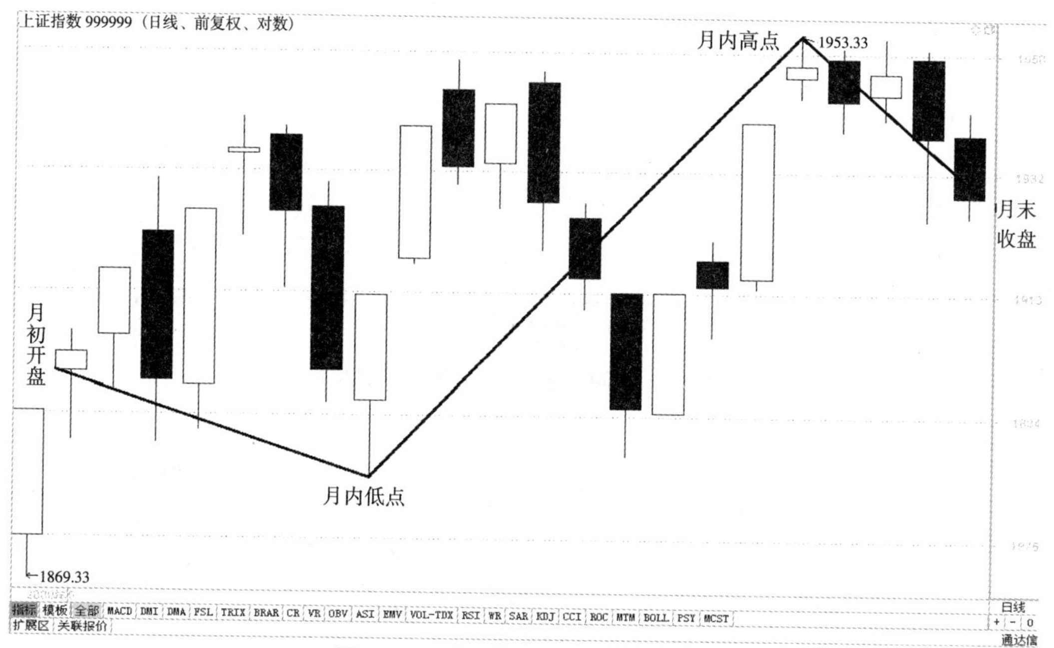

图 4-348　上证指数 2000 年 6 月走势

V 图走势如图 4-349 所示。

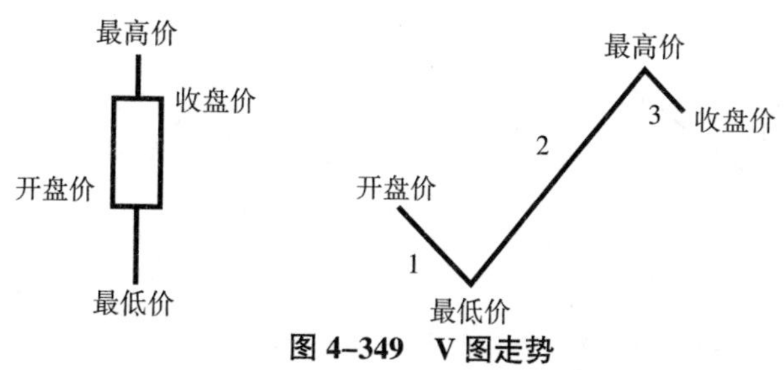

图 4-349　V 图走势

2000 年 6 月所处神秘大三角位置如图 4-350 所示。

6 月，大盘指数继续震荡上行，最高达到 1950 点，距离2086 点还剩 130 多点，并不遥远了。

上证指数 2000 年 7 月走势如图 4-351 所示。

V 图走势如图 4-352 所示。

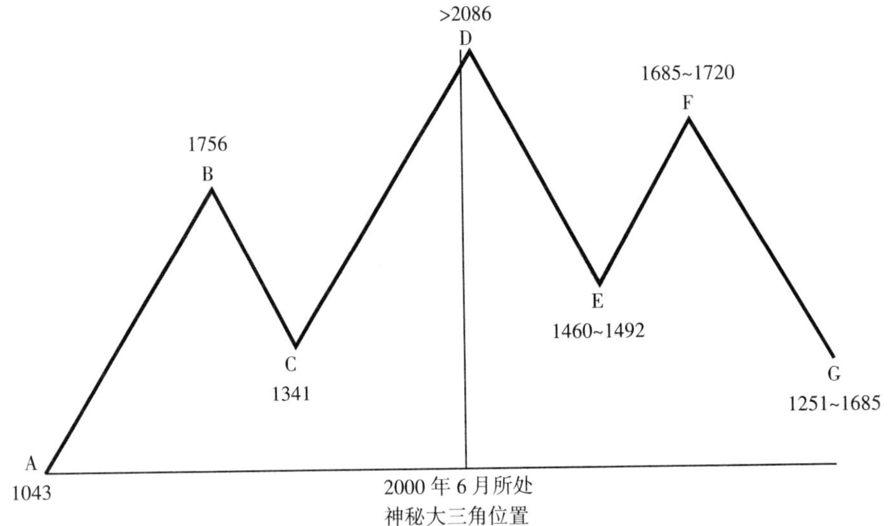

图 4-350 2000 年 6 月所处神秘大三角位置

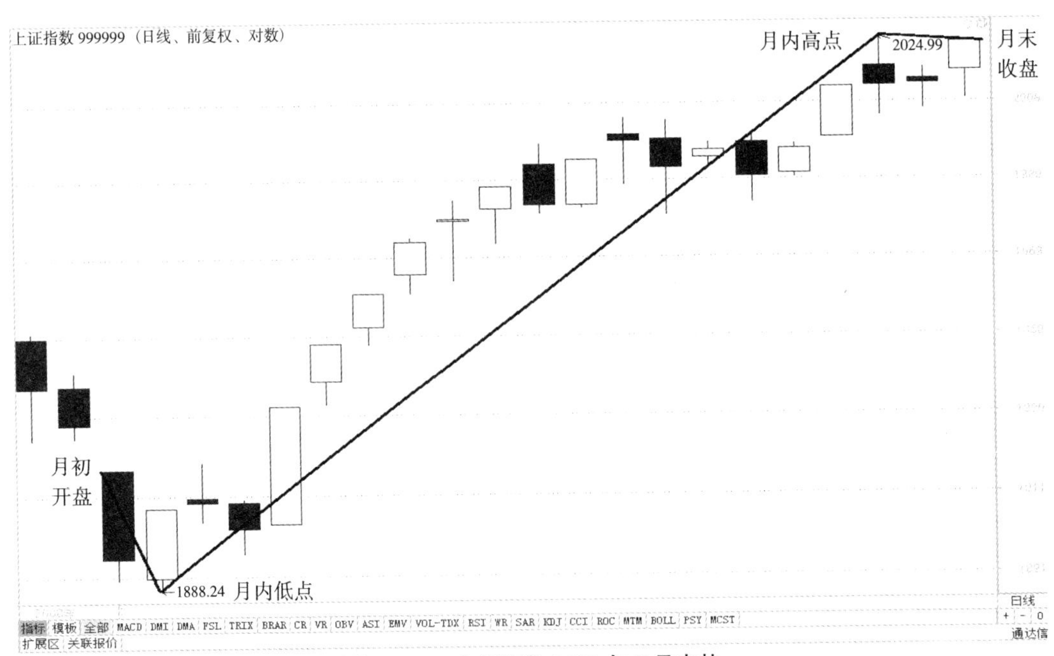

图 4-351 上证指数 2000 年 7 月走势

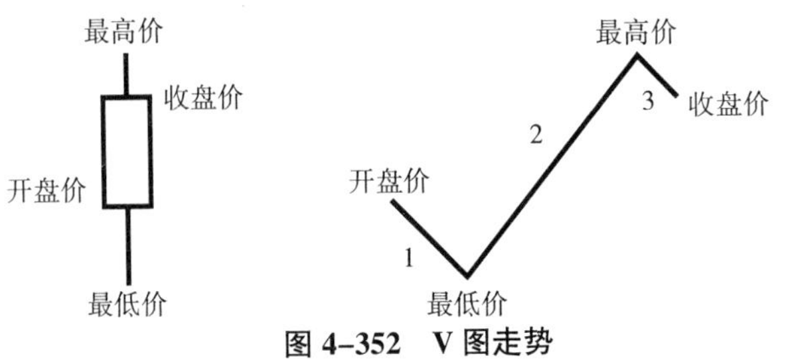

图 4-352 V 图走势

2000 年 7 月所处神秘大三角位置如图 4-353 所示。

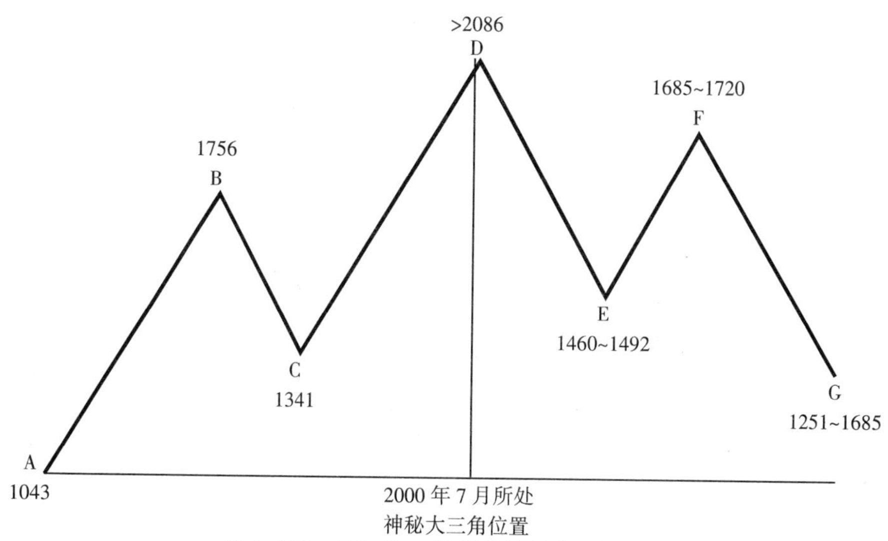

图 4-353 2000 年 7 月所处神秘大三角位置

7 月，指数冲高至 2024 点，距离 D 点仅有 40 点之遥，预示此次大三角的顶点 D 点很快将会到来。

上证指数 2000 年 8 月走势如图 4-354 所示。

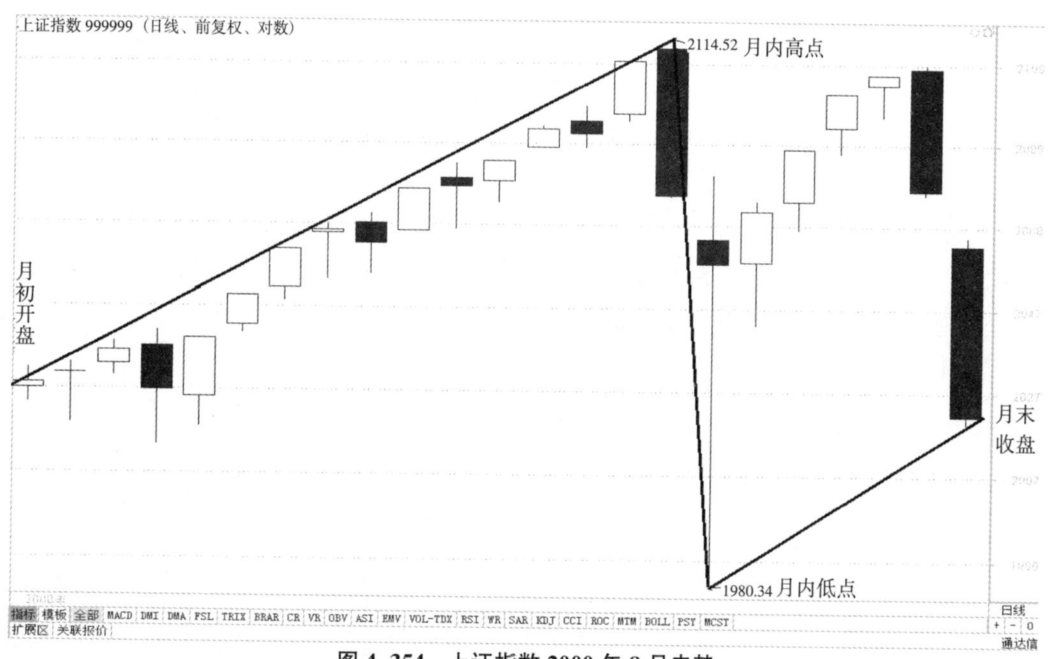

图 4-354 上证指数 2000 年 8 月走势

V 图走势如图 4–355 所示。

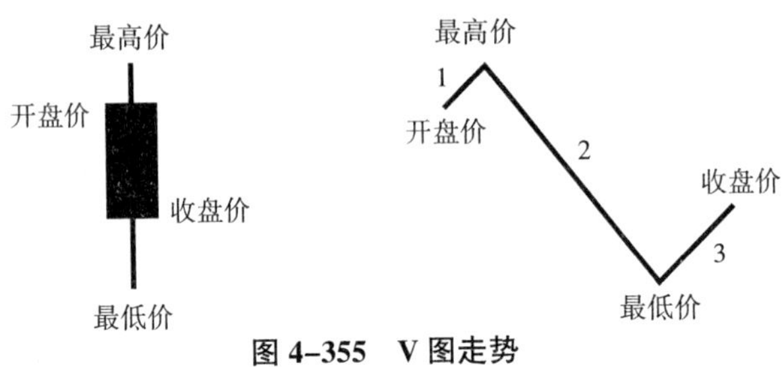

图 4–355　V 图走势

2000 年 8 月所处神秘大三角位置如图 4–356 所示。

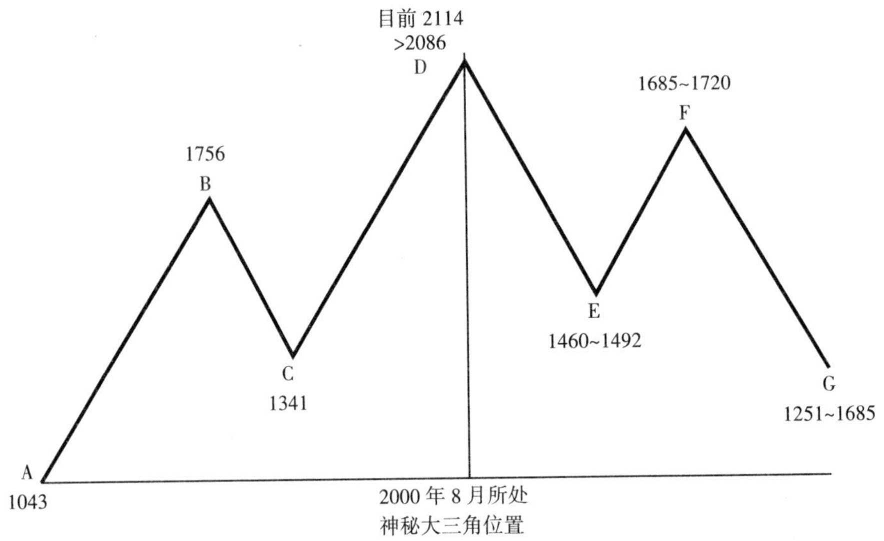

图 4–356　2000 年 8 月所处神秘大三角位置

8 月，上证指数再度强势拉升，8 月 17 日跳空高开高走超过了此前预测的 2086 点关口，很明显，目前处在 D 点待确认区间，月尾又大幅回落，是否 2114 点就是 D 点，还得继续观察后面几个月的走势而定。

上证指数 2000 年 9 月走势如图 4–357 所示。

V 图走势如图 4–358 所示。

2000 年 9 月所处神秘大三角位置如图 4–359 所示。

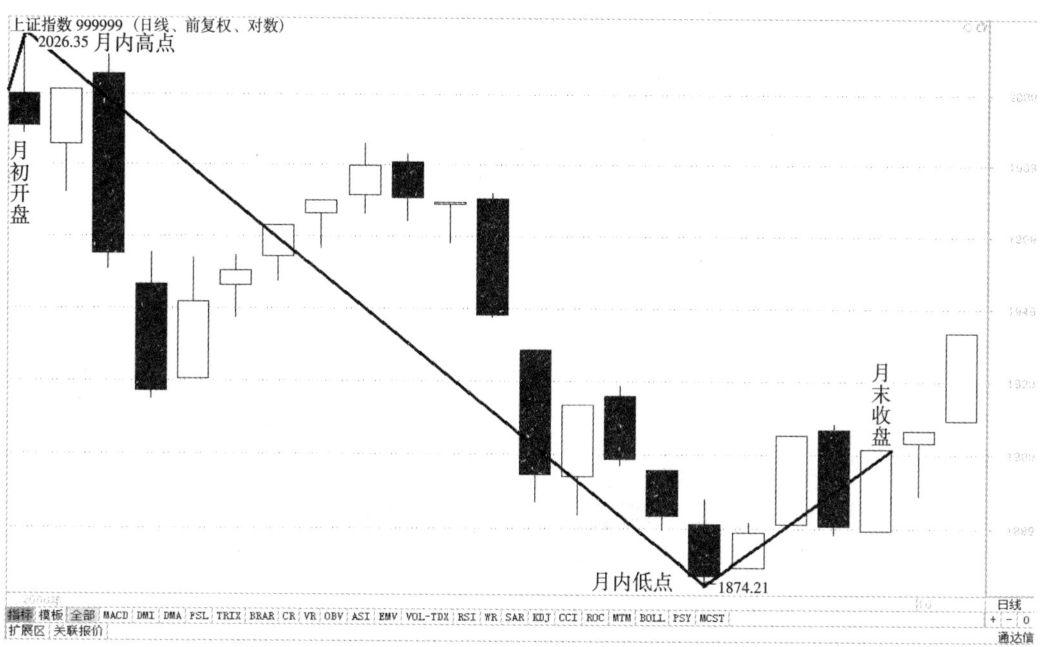

图 4-357　上证指数 2000 年 9 月走势

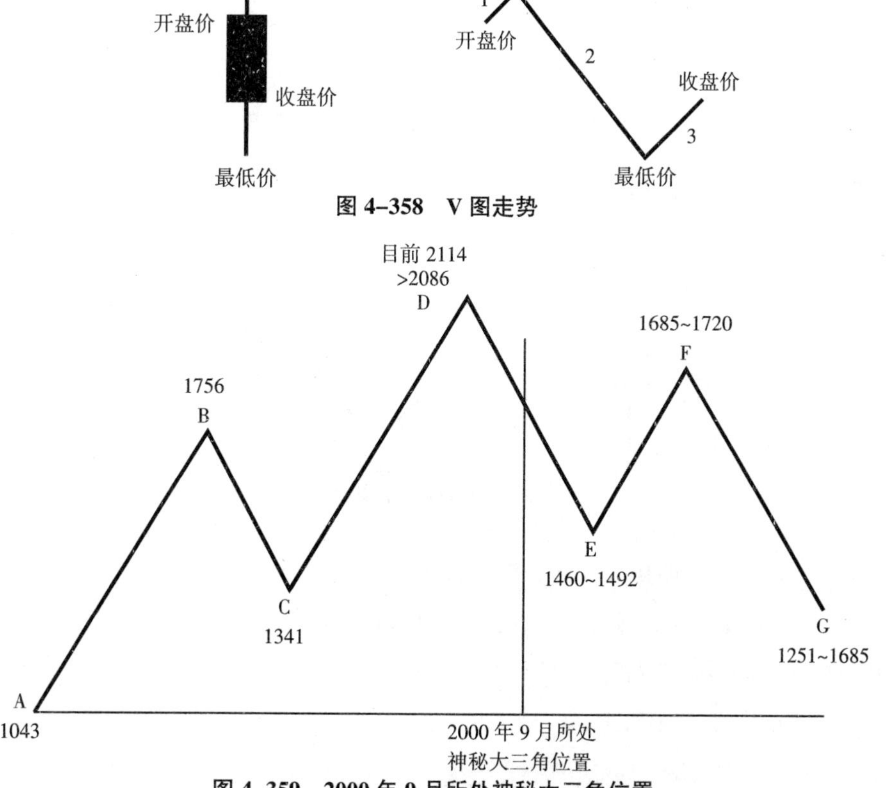

图 4-358　V 图走势

图 4-359　2000 年 9 月所处神秘大三角位置

9 月，大盘指数大幅回落，貌似处于 D 点和 E 点之间，但仍未到年尾，还有待观察，如果后面几月又冲上去，则这个假设不成立。反之如果回落至 1460 点以下，就有可能已到达 E 点范围，从而导致之前的 2114 点 D 点被确认。所以观察后续走势十分重要。

上证指数 2000 年 10 月走势如图 4-360 所示。

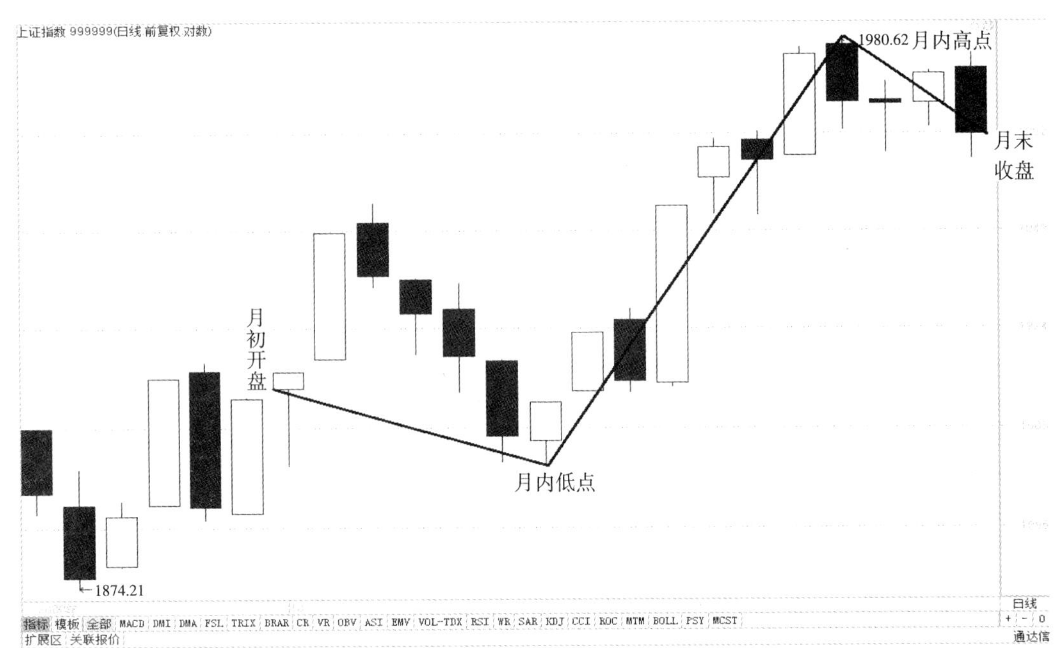

图 4-360　上证指数 2000 年 10 月走势

V 图走势如图 4-361 所示。

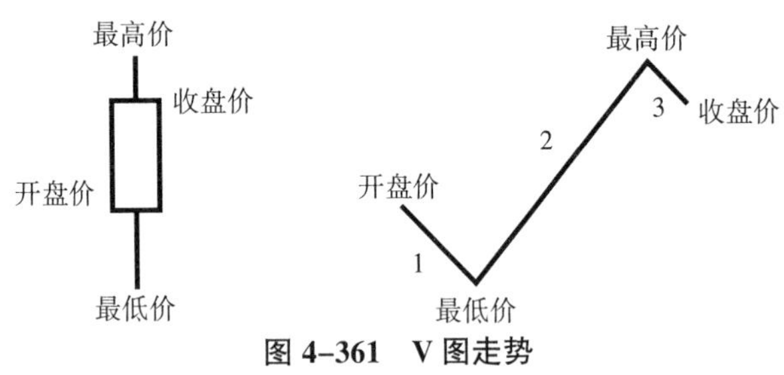

图 4-361　V 图走势

2000 年 10 月所处神秘大三角位置如图 4-362 所示。

10 月，大盘回涨至 1900 点，又将上月推测的 DE 段向后回推至 D 点前后。

上证指数 2000 年 11 月走势如图 4-363 所示。

V 图走势如图 4-364 所示。

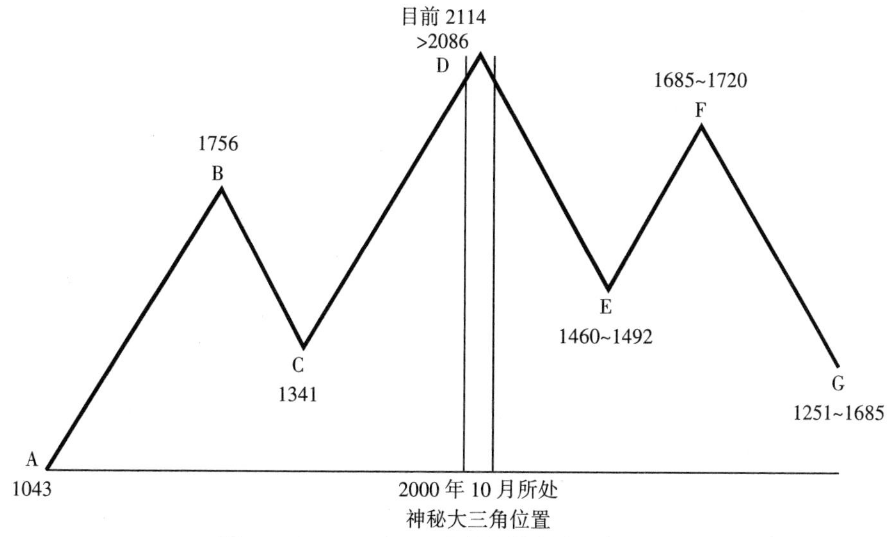

图 4-362 2000 年 10 月所处神秘大三角位置

图 4-363 上证指数 2000 年 11 月走势

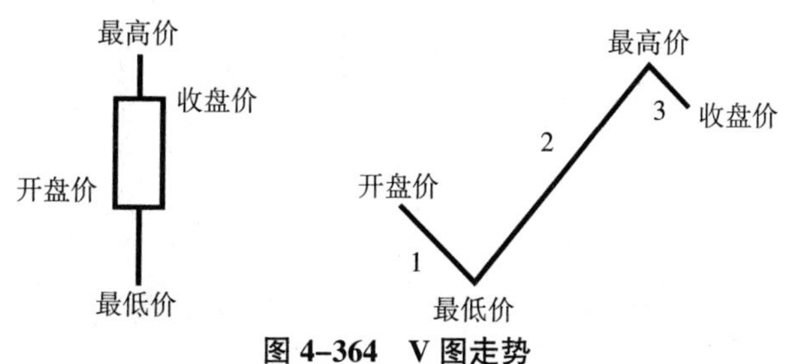

图 4-364 V 图走势

2000 年 11 月所处神秘大三角位置如图 4-365 所示。

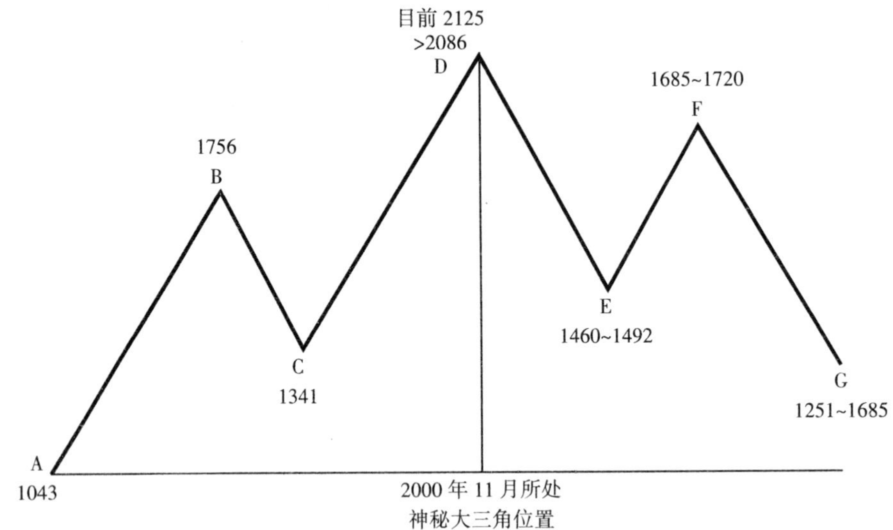

图 4-365　2000 年 11 月所处神秘大三角位置

11 月，大盘指数再创新高至 2125 点，超出前几个月的 2114 点，将行情再次定格在 D 点附近，而非行进至 E 点。

上证指数 2000 年 12 月走势如图 4-366 所示。

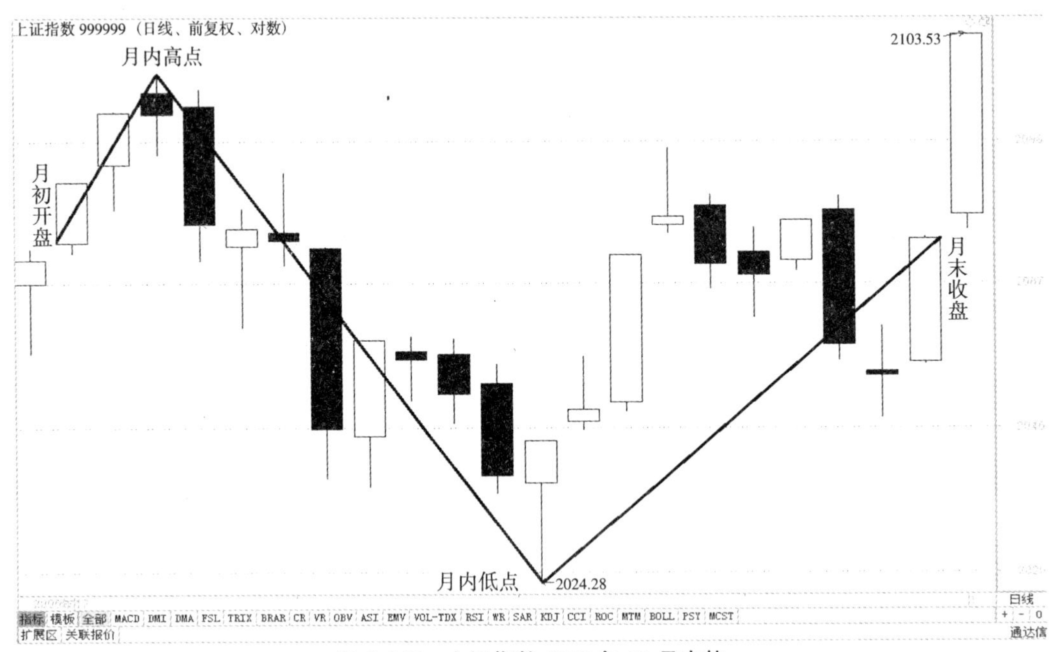

图 4-366　上证指数 2000 年 12 月走势

V 图走势如图 4–367 所示。

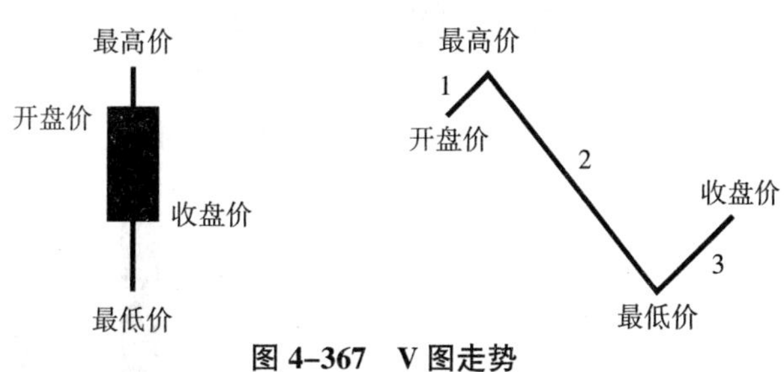

图 4–367　V 图走势

2000 年 12 月所处神秘大三角位置如图 4–368 所示。

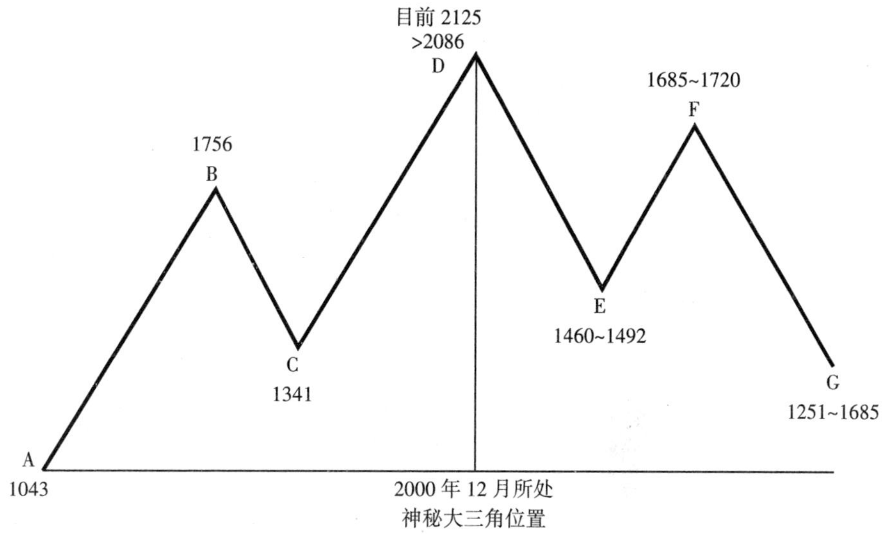

图 4–368　2000 年 12 月所处神秘大三角位置

12 月，指数仍徘徊在 2000 点附近。较年中高点 2125 点回落未超过 5%，所以是否进入 D 点和 E 点之间还需进一步确认。

4.14　2001 年

2001 年，新世纪的第二年，没有新的概念，GDP 仍在减速，加上已处大三角的顶点附近，随时可能暴跌而进入 DE 阶段。

上证指数 2001 年 1 月走势如图 4–369 所示。

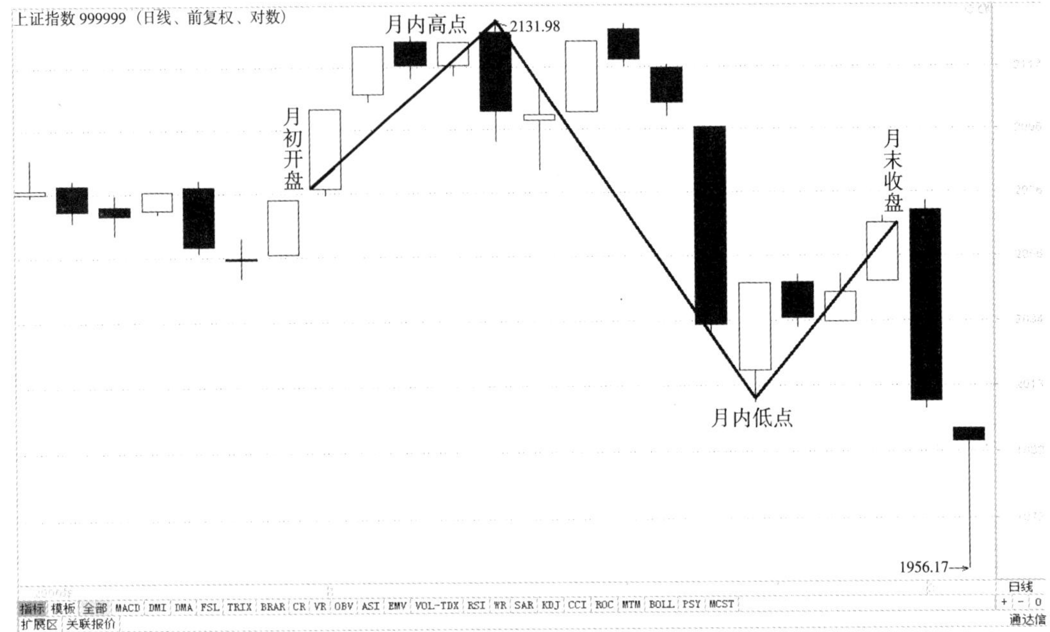

图 4-369　上证指数 2001 年 1 月走势

V 图走势如图 4-370 所示。

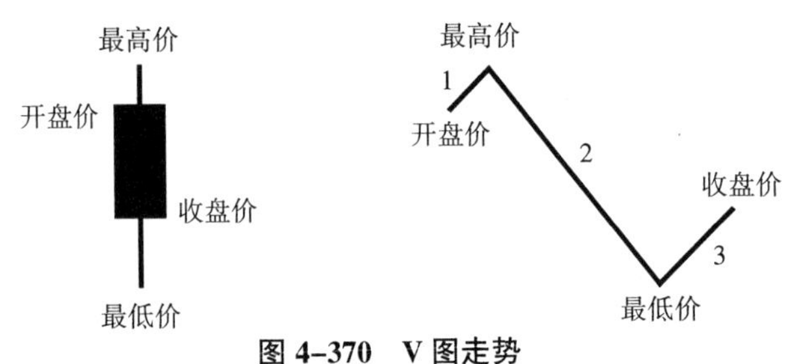

图 4-370　V 图走势

2001 年 1 月所处神秘大三角位置如图 4-371 所示。

1 月，股指再创新高，使 D 点向上推高至 2131 点。

上证指数 2001 年 2 月走势如图 4-372 所示。

V 图走势如图 4-373 所示。

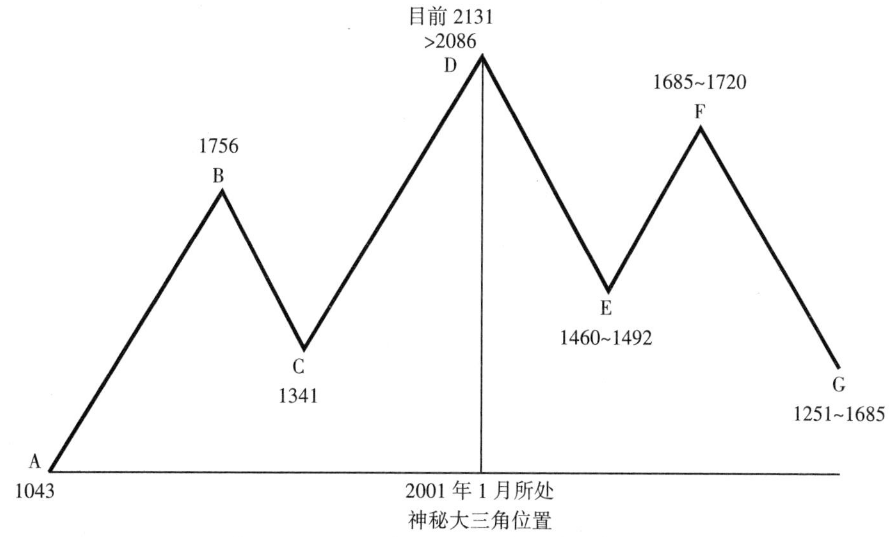

图 4-371　2001 年 1 月所处神秘大三角位置

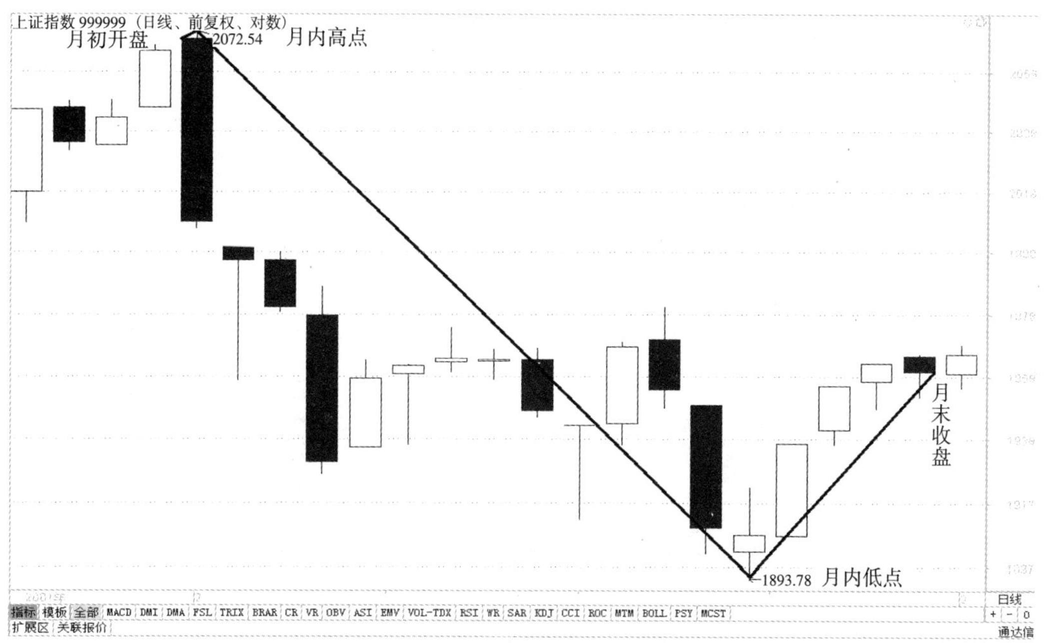

图 4-372　上证指数 2001 年 2 月走势

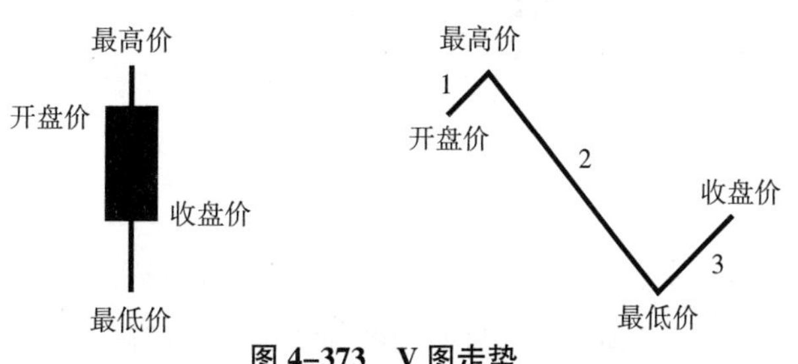

图 4-373　V 图走势

2001 年 2 月所处神秘大三角位置如图 4-374 所示。

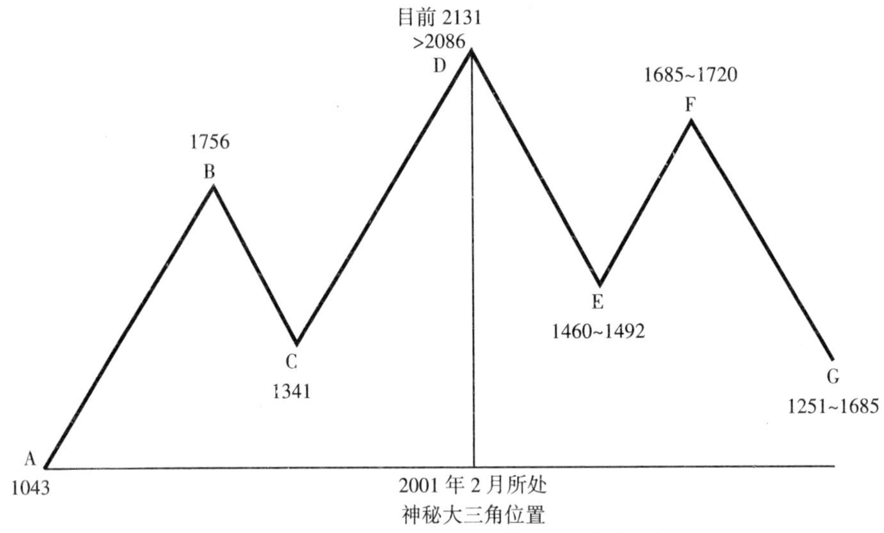

图 4-374　2001 年 2 月所处神秘大三角位置

2 月，大盘指数仍在 D 点附近徘徊，仍未有任何可信的数据确认 D 点或接近 E 点，仍需持续观察后市。

上证指数 2001 年 3 月走势如图 4-375 所示。

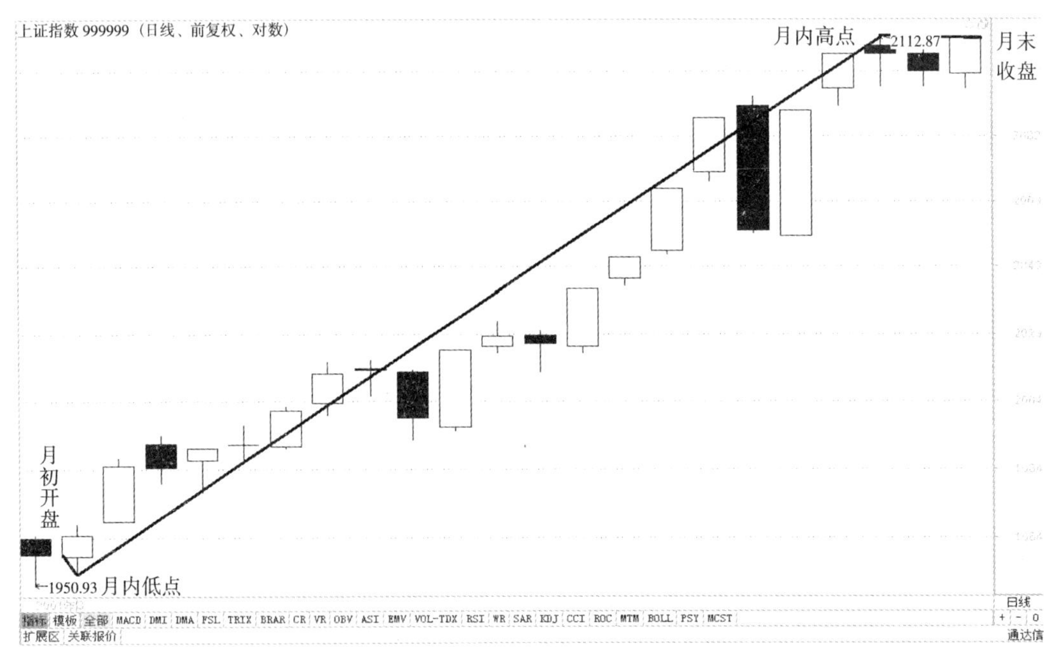

图 4-375　上证指数 2001 年 3 月走势

V 图走势如图 4–376 所示。

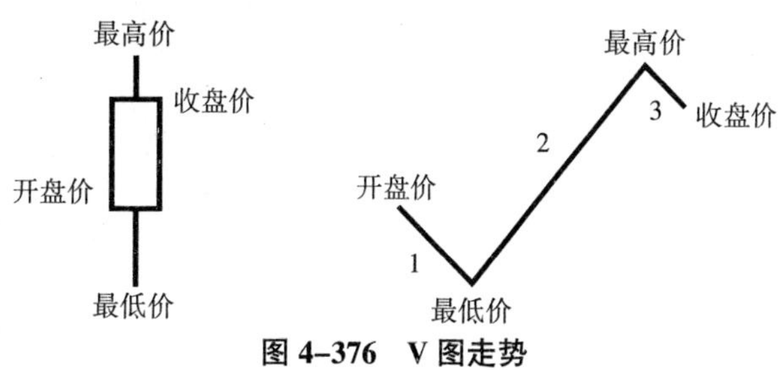

图 4–376　V 图走势

2001 年 3 月所处神秘大三角位置如图 4–377 所示。

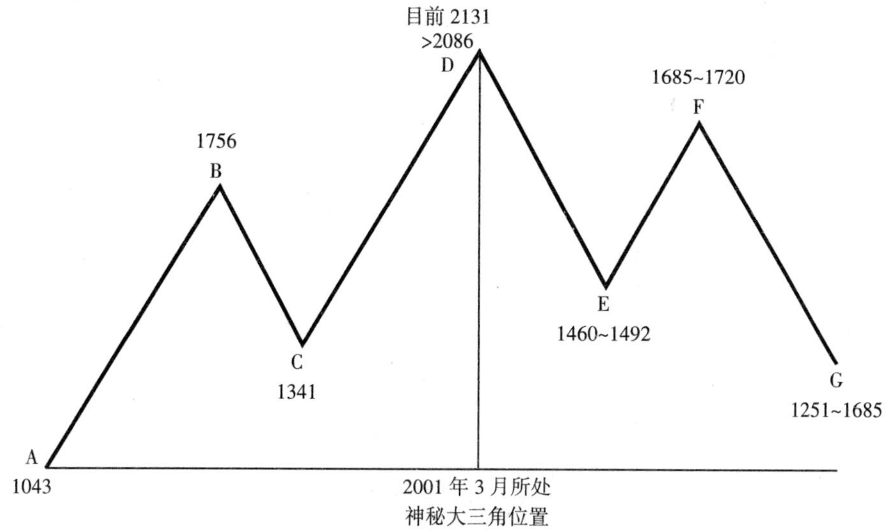

图 4–377　2001 年 3 月所处神秘大三角位置

3 月的指数又再次突破 2100 点，4 月有可能还会再创出新高。

上证指数 2001 年 4 月走势如图 4–378 所示。

V 图走势如图 4–379 所示。

2001 年 4 月所处神秘大三角位置如图 4–380 所示。

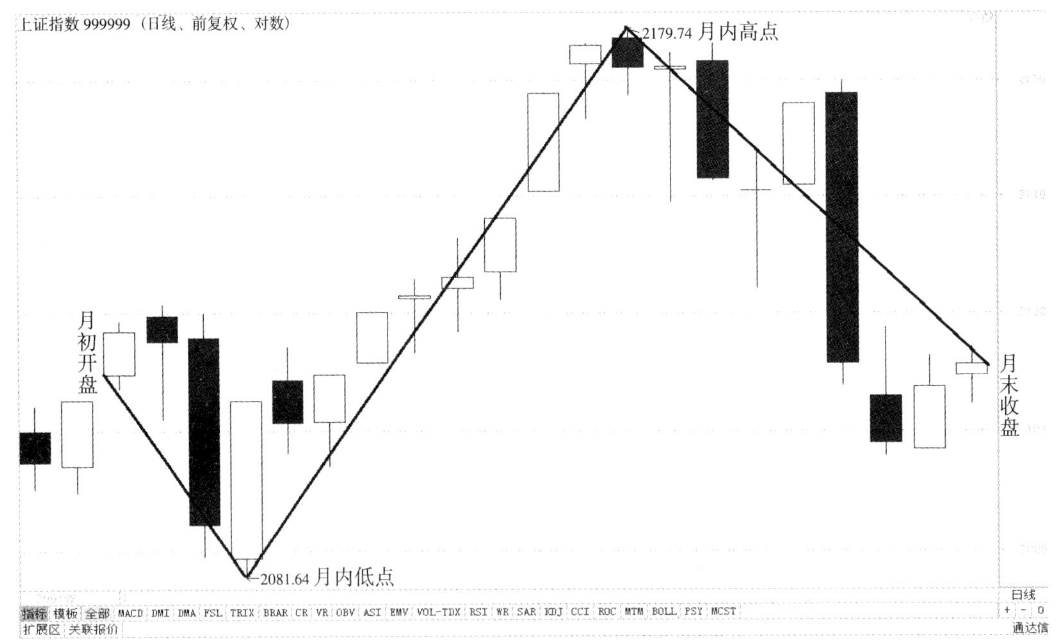

图 4-378　上证指数 2001 年 4 月走势

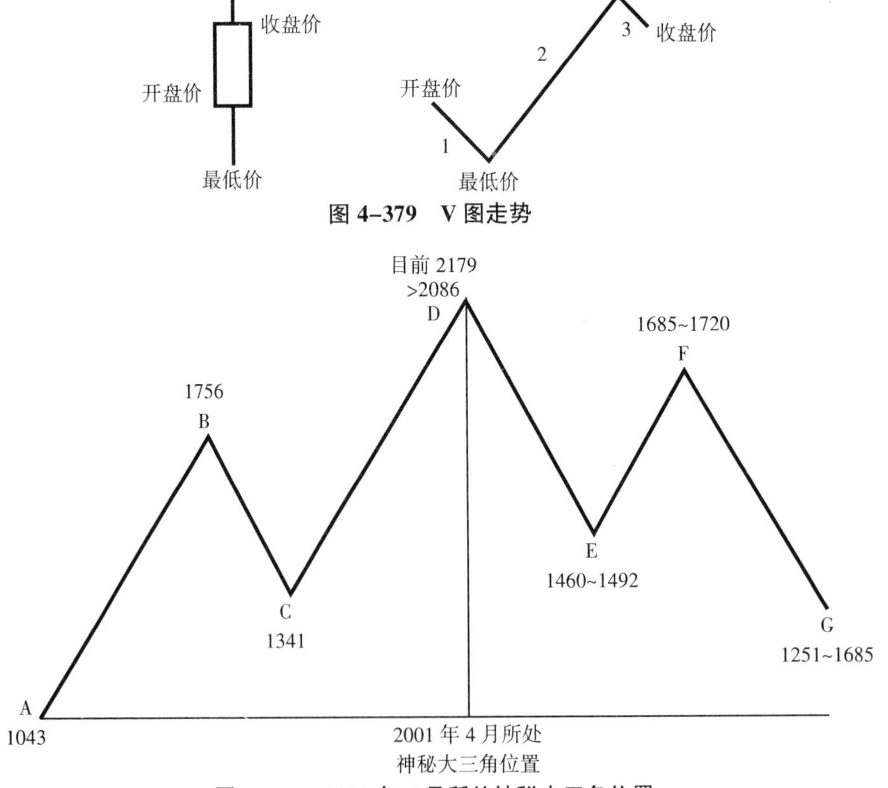

图 4-379　V 图走势

图 4-380　2001 年 4 月所处神秘大三角位置

4 月的上证指数再创新高到 2179 点。

上证指数 2001 年 5 月走势如图 4-381 所示。

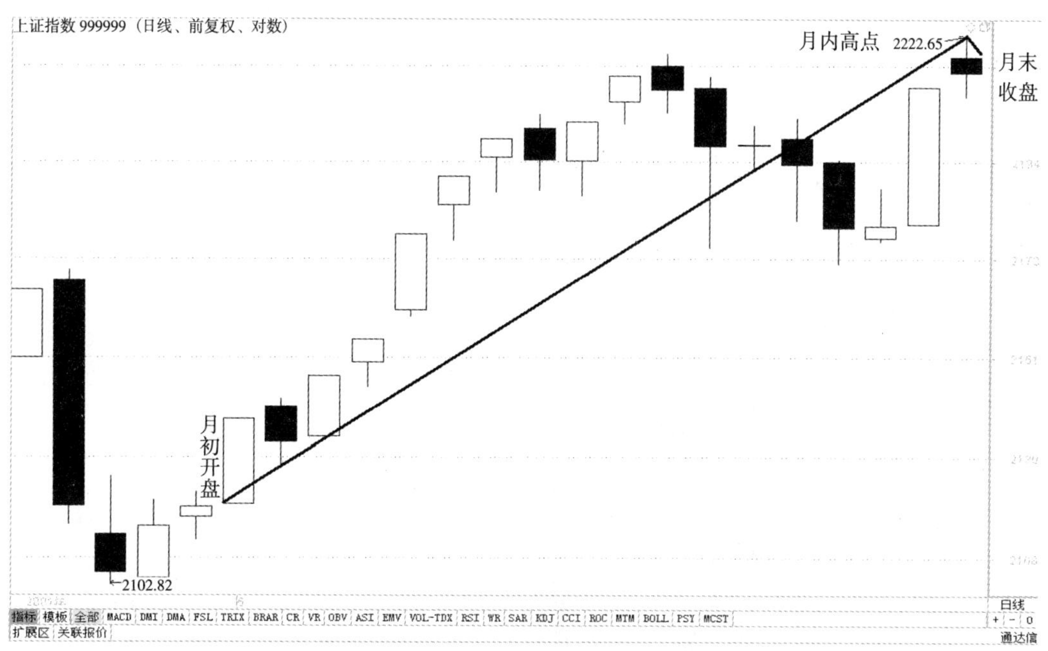

图 4-381　上证指数 2001 年 5 月走势

V 图走势如图 4-382 所示。

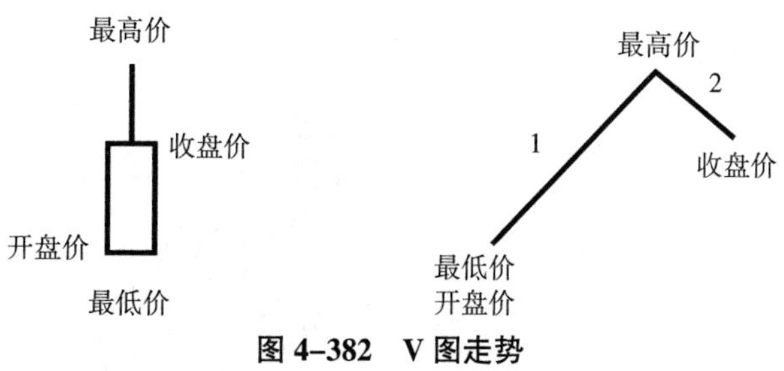

图 4-382　V 图走势

2001 年 5 月所处神秘大三角位置如图 4-383 所示。

5 月，上证指数再度创出新高到 2222 点，D 点再被提高，则未来较 E 点来看，下跌幅度会比较大而惨烈。

上证指数 2001 年 6 月走势如图 4-384 所示。

V 图走势如图 4-385 所示。

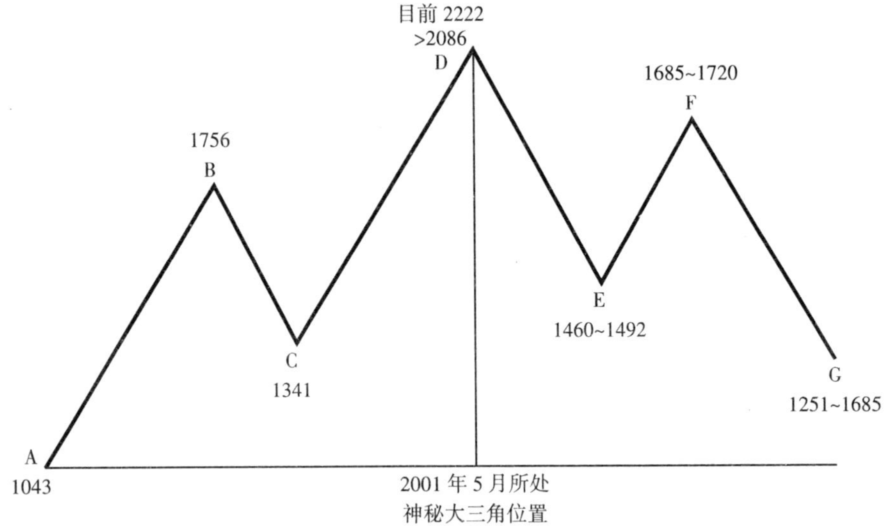

图 4-383　2001 年 5 月所处神秘大三角位置

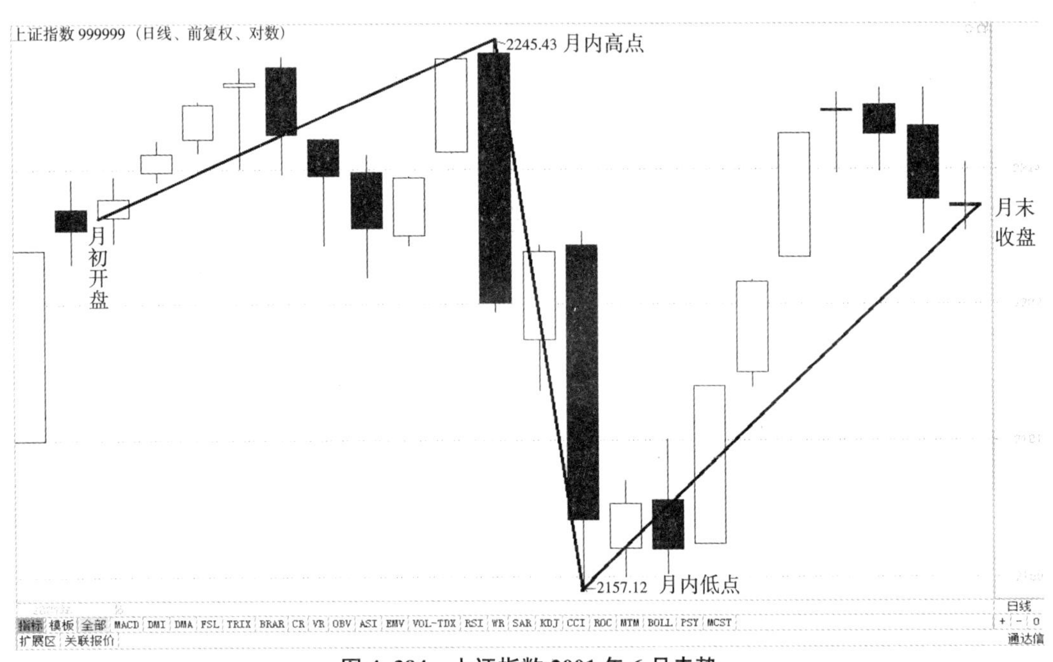

图 4-384　上证指数 2001 年 6 月走势

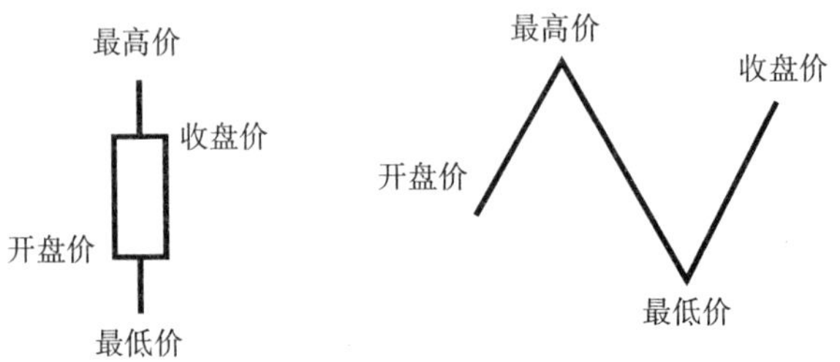

图 4-385　V 图走势

2001 年 6 月所处神秘大三角位置如图 4-386 所示。

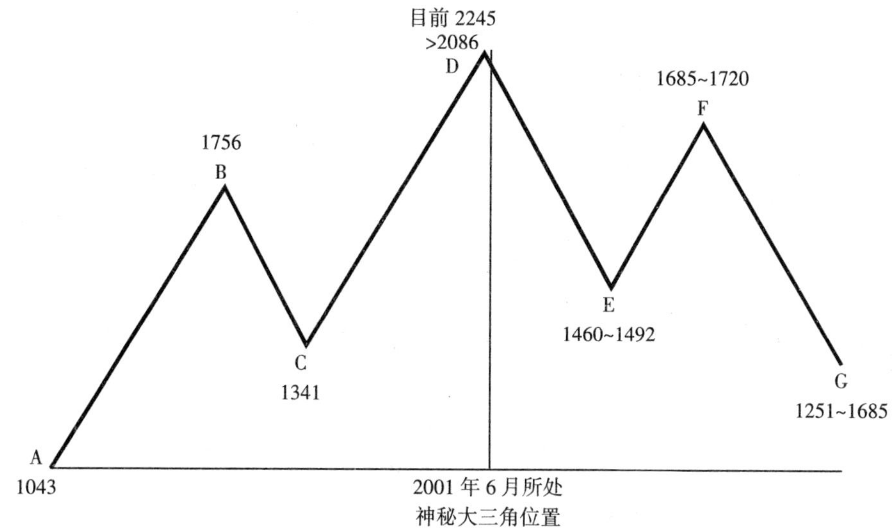

图 4-386 2001 年 6 月所处神秘大三角位置

6 月的指数再次将 D 点推高至 2245 点的高点。同时，我们参考上交所给出的平均市盈率超过 50 倍来看，目前 D 点越来越可能是最终的顶点了。从成交额的逐渐下滑看出，后市可能就以 2245 点为高点。

上证指数 2001 年 7 月走势如图 4-387 所示。

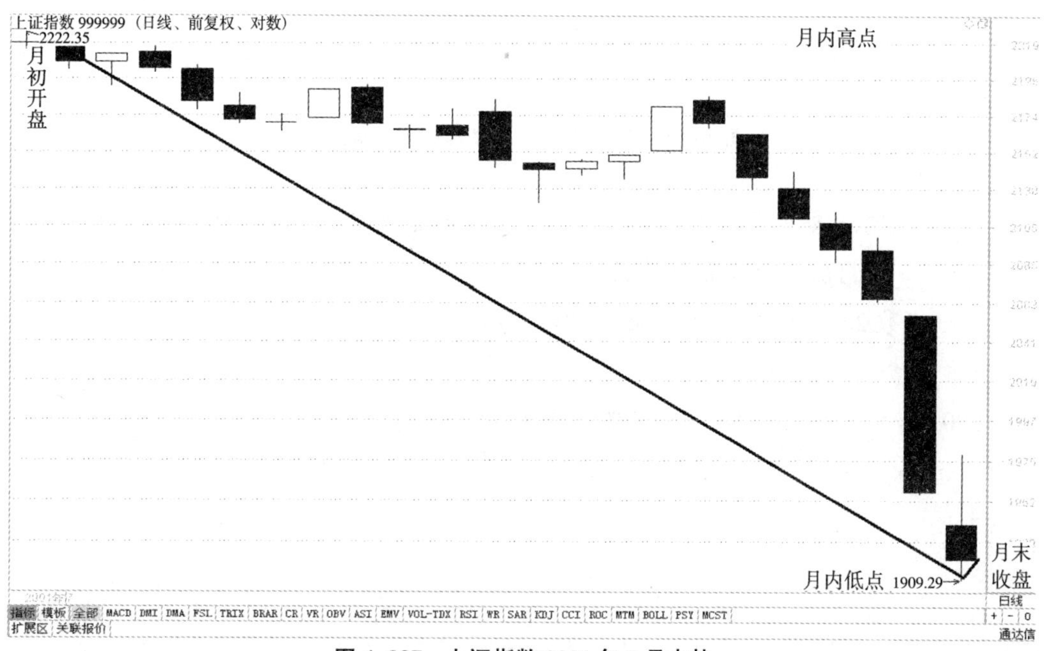

图 4-387 上证指数 2001 年 7 月走势

V 图走势如图 4-388 所示。

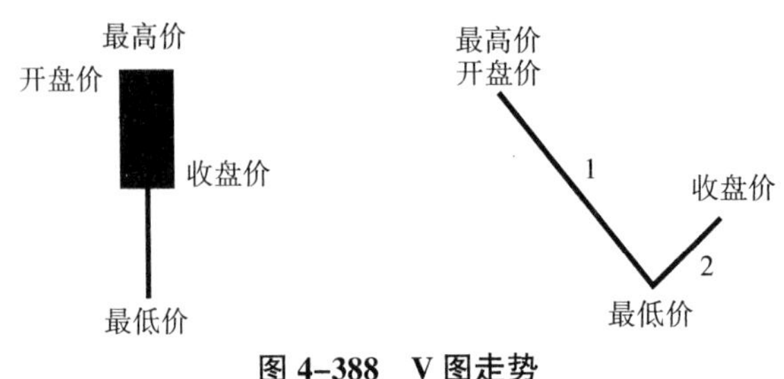

图 4-388 V 图走势

2001 年 7 月所处神秘大三角位置如图 4-389 所示。

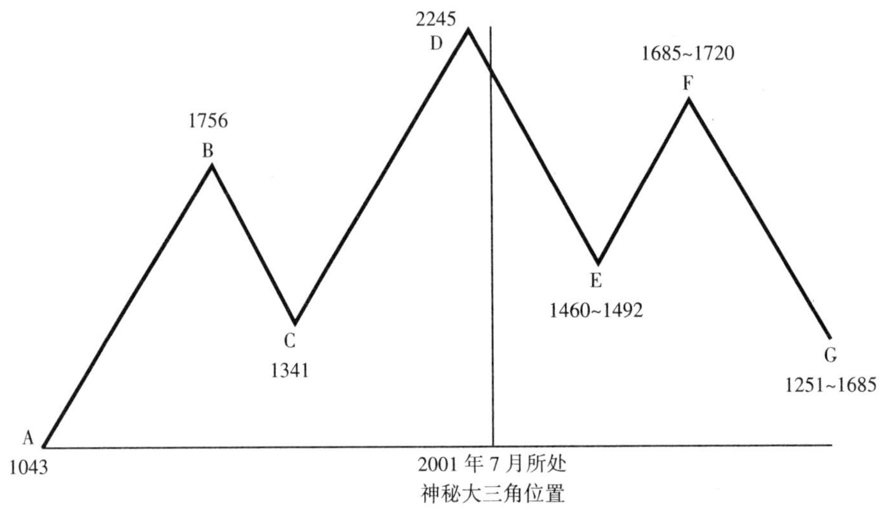

图 4-389 2001 年 7 月所处神秘大三角位置

7 月，指数开始回落，但上交所给出的平均市盈率还是偏高，且可以认为 D 点就是 2245 点，且目前处于 D 点至 E 点的波段中。

上证指数 2001 年 8 月走势如图 4-390 所示。

V 图走势如图 4-391 所示。

2001 年 8 月所处神秘大三角位置如图 4-392 所示。

图 4-390 上证指数 2001 年 8 月走势

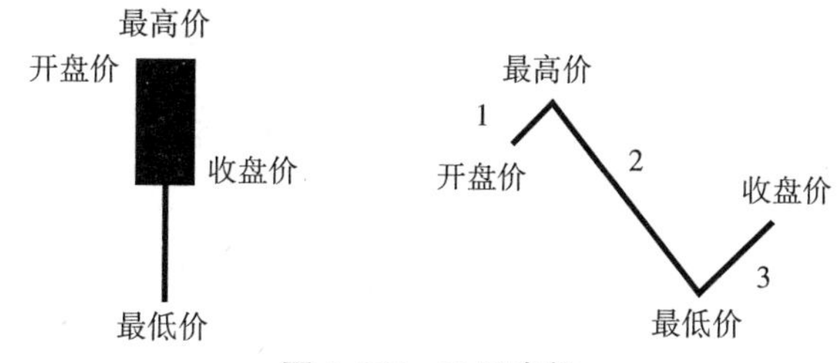

图 4-391 V 图走势

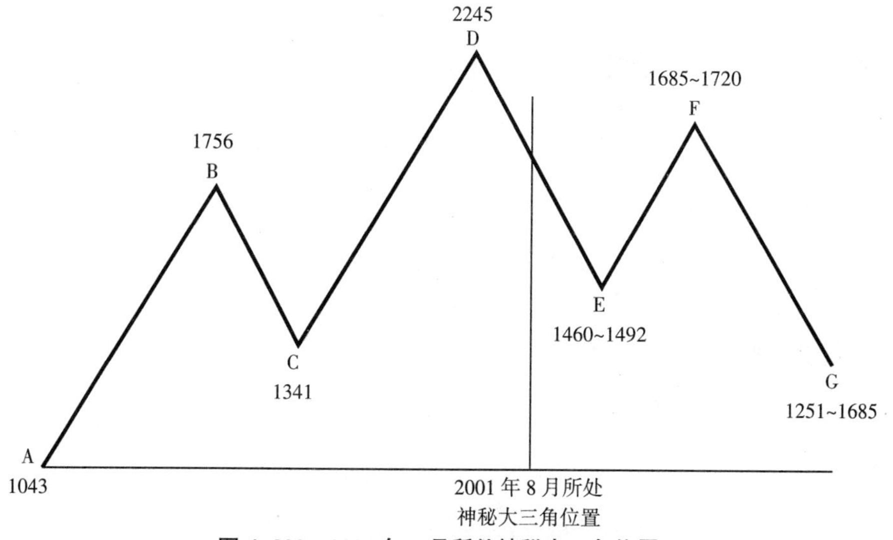

图 4-392 2001 年 8 月所处神秘大三角位置

8 月，上证指数顺势下跌，回落至 D 点和 E 点的中间地带。

上证指数 2001 年 9 月走势如图 4-393 所示。

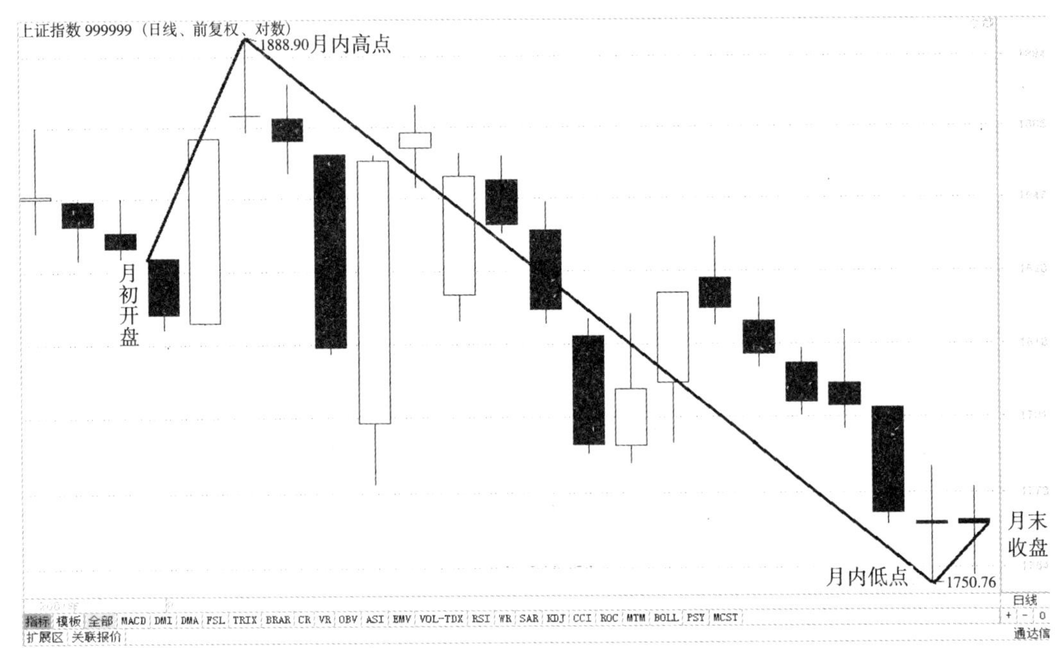

图 4-393　上证指数 2001 年 9 月走势

V 图走势如图 4-394 所示。

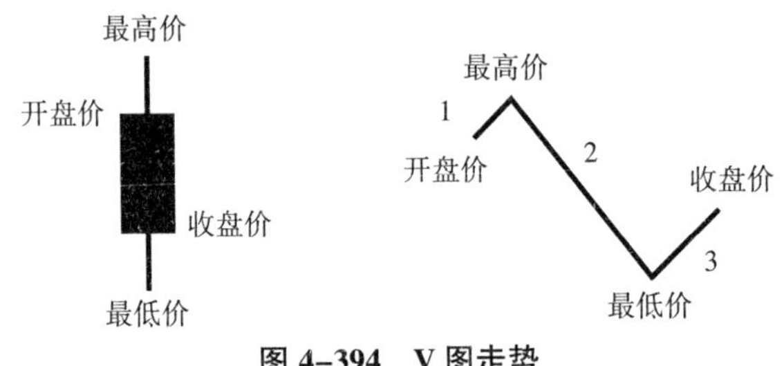

图 4-394　V 图走势

2001 年 9 月所处神秘大三角位置如图 4-395 所示。

9 月，大盘指数再创新低，目前仍处在 DE 中段。

上证指数 2001 年 10 月走势如图 4-396 所示。

V 图走势如图 4-397 所示。

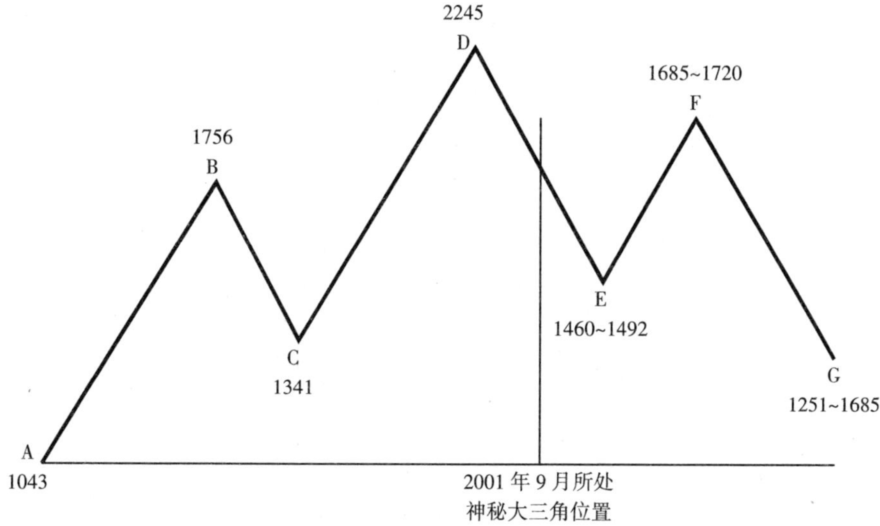

图 4-395　2001 年 9 月所处神秘大三角位置

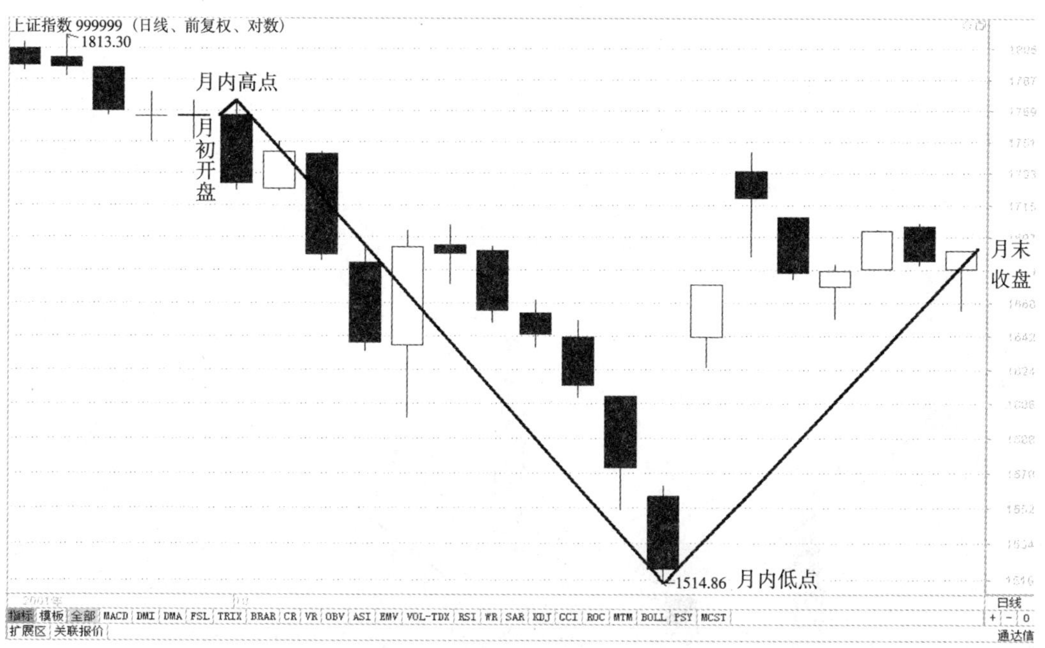

图 4-396　上证指数 2001 年 10 月走势

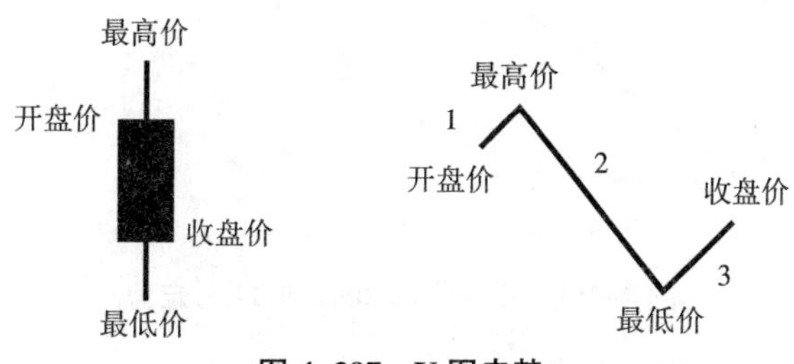

图 4-397　V 图走势

2001 年 10 月所处神秘大三角位置如图 4-398 所示。

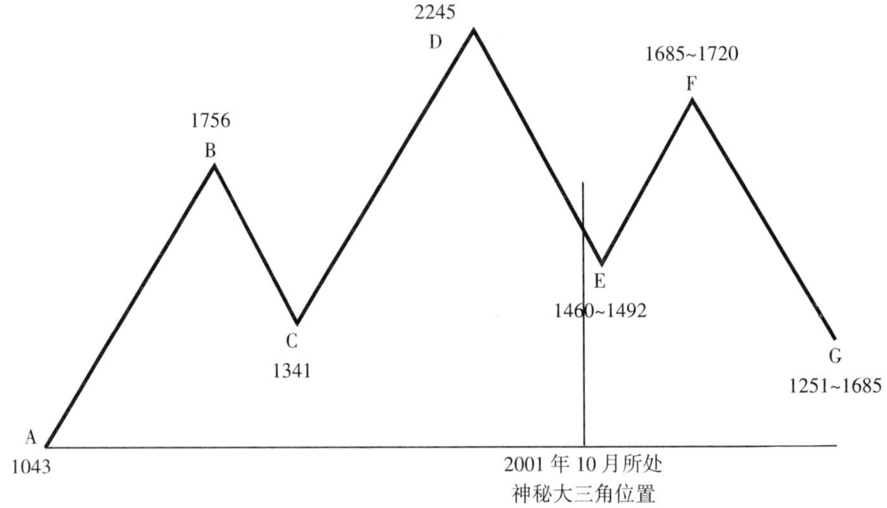

图 4-398　2001 年 10 月所处神秘大三角位置

10 月，大盘一度下跌到 1514 点低点，距离 E 点的 1492 点只有咫尺之遥，E 点很可能即将到来。

上证指数 2001 年 11 月走势如图 4-399 所示。

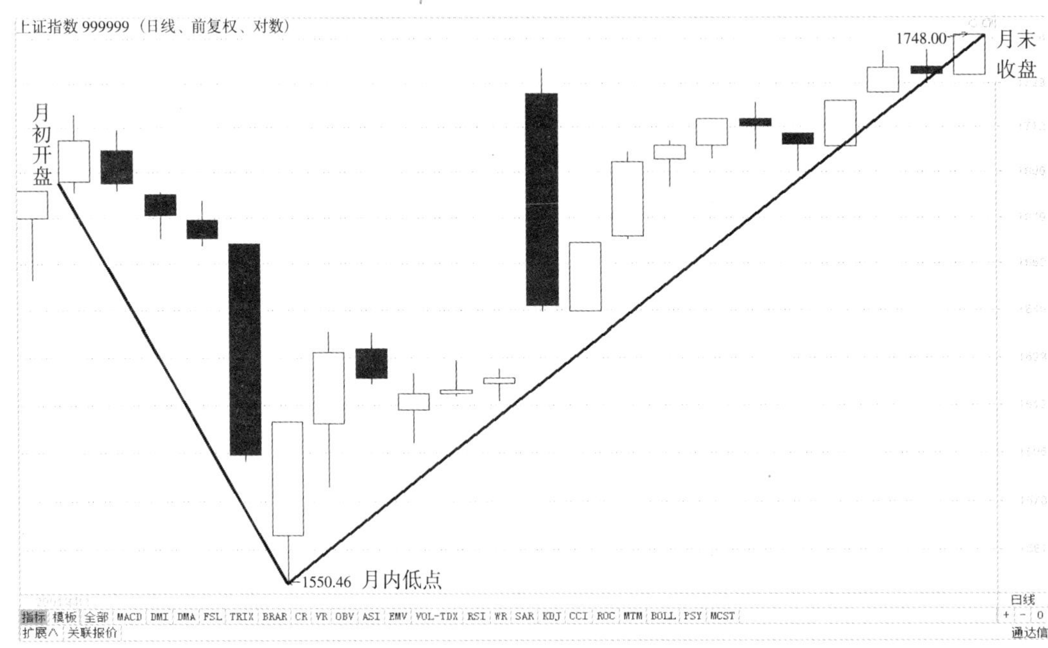

图 4-399　上证指数 2001 年 11 月走势

V 图走势如图 4–400 所示。

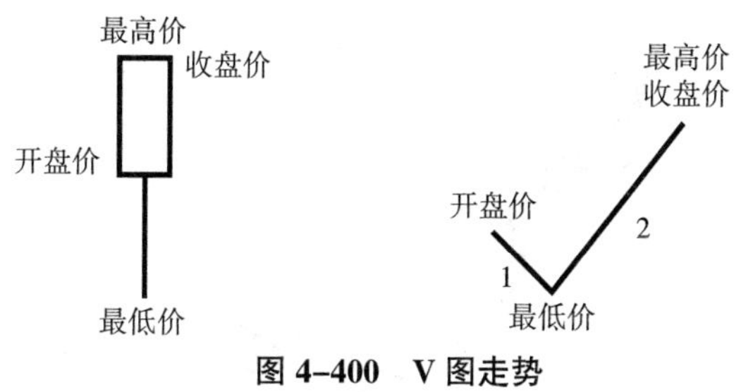

图 4–400　V 图走势

2001 年 11 月所处神秘大三角位置如图 4–401 所示。

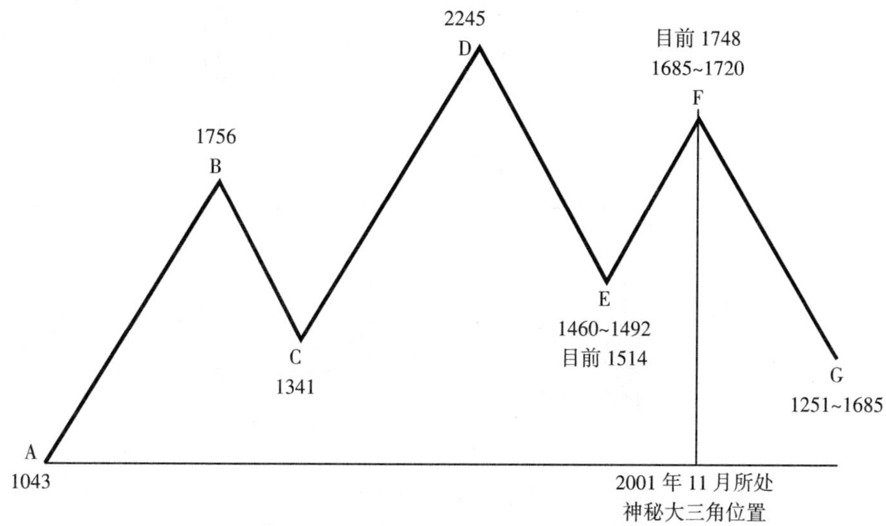

图 4–401　2001 年 11 月所处神秘大三角位置

11 月，考虑到距离年底还有一个月的时间，目前的 E 点可能就是 1514 点，与我们的预测稍微有些误差，但可以容忍。而目前的月收盘即 1748 点，已经超过了之前预测的 F 点的最大范围，所以很可能 1748 点及以上就是未来的 F 点。

上证指数 2001 年 12 月走势如图 4–402 所示。

V 图走势如图 4–403 所示。

2001 年 12 月所处神秘大三角位置如图 4–404 所示。

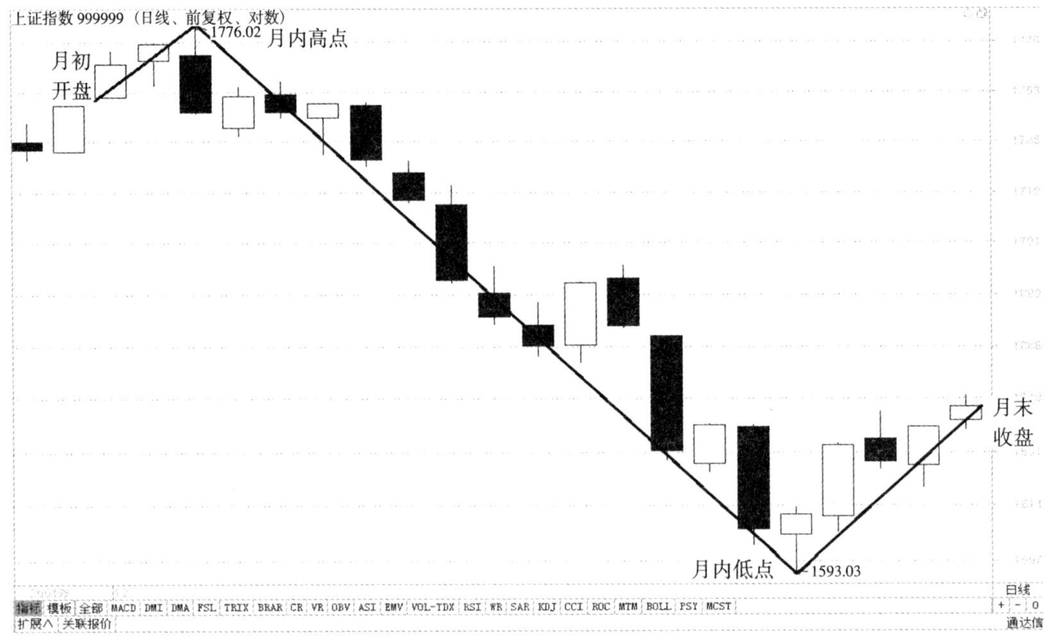

图 4-402　上证指数 2001 年 12 月走势

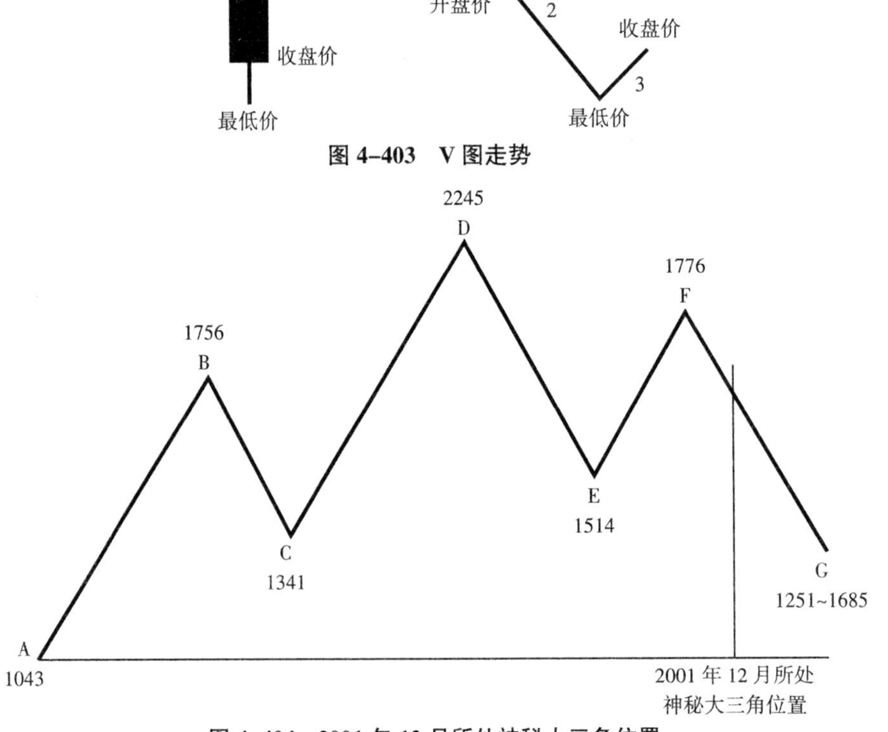

图 4-403　V 图走势

图 4-404　2001 年 12 月所处神秘大三角位置

12 月，指数再次冲高到 1776 点，随后下半月一路下跌到 1600 点，年 V 图就此成形，F 点被确认为 1776 点。而下一年的运行，就在 F 点和 G 点之间开始。

4.15　2002 年

上证指数 2002 年 1 月走势如图 4-405 所示。

图 4-405　上证指数 2002 年 1 月走势

V 图走势如图 4-406 所示。

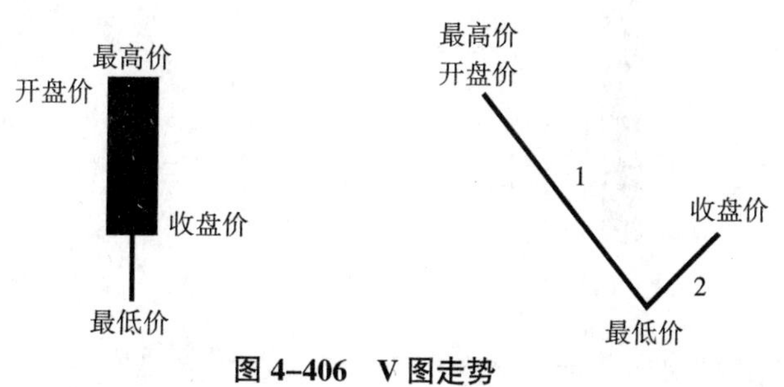

图 4-406　V 图走势

2002 年 1 月所处神秘大三角位置如图 4-407 所示。

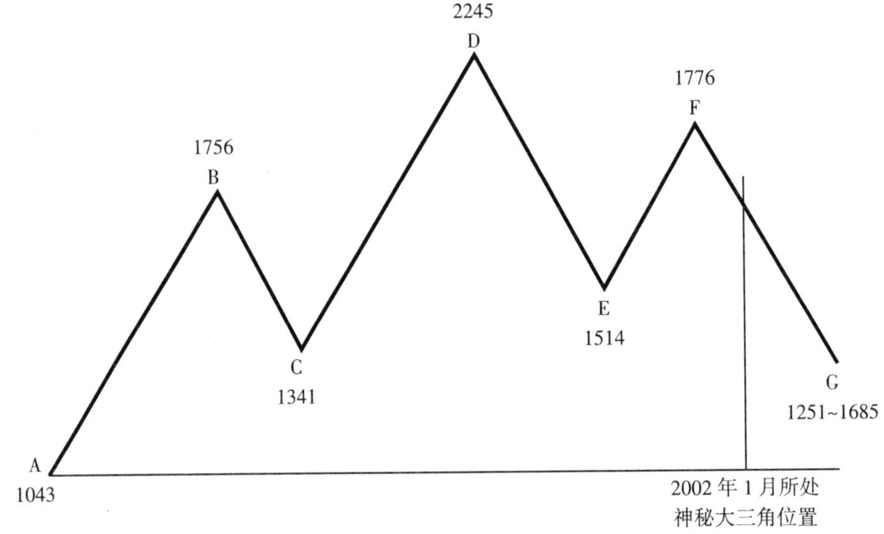

图 4-407 2002 年 1 月所处神秘大三角位置

1 月，股指延续上年的走势继续下滑，期间最低跌至 1339 点，已进入我们事先预计的 1251~1685 的 G 点范围内，很可能最近几个月内就到达或确认 G 点。

上证指数 2002 年 2 月走势如图 4-408 所示。

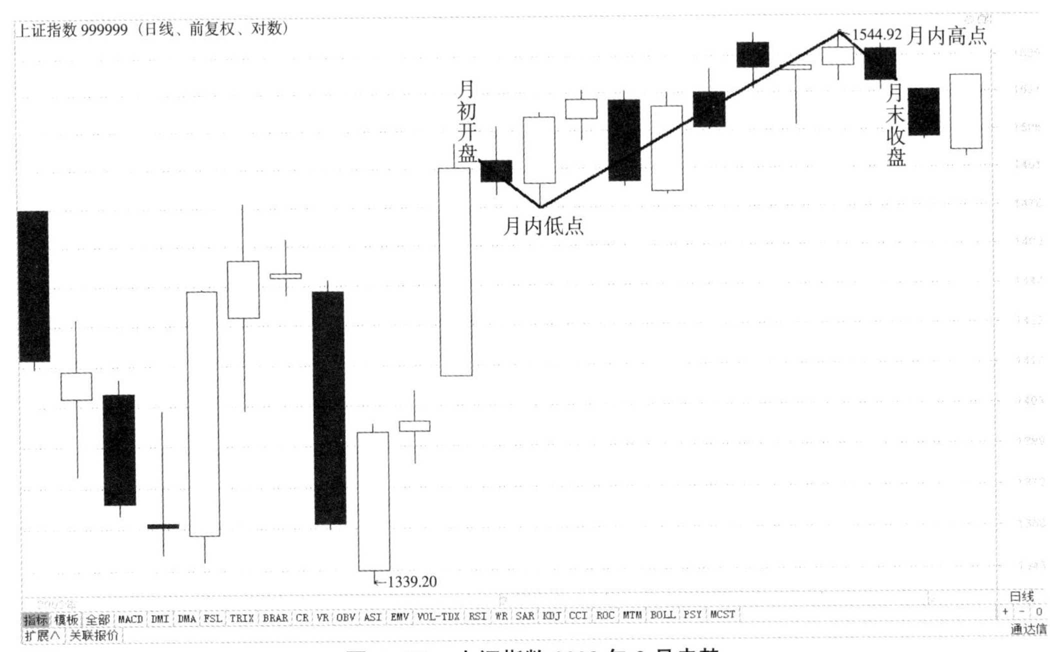

图 4-408 上证指数 2002 年 2 月走势

V 图走势如图 4-409 所示。

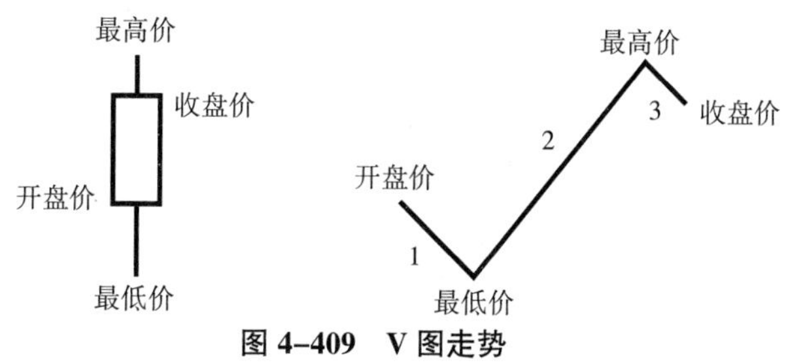

图 4-409　V 图走势

2002 年 2 月所处神秘大三角位置如图 4-410 所示。

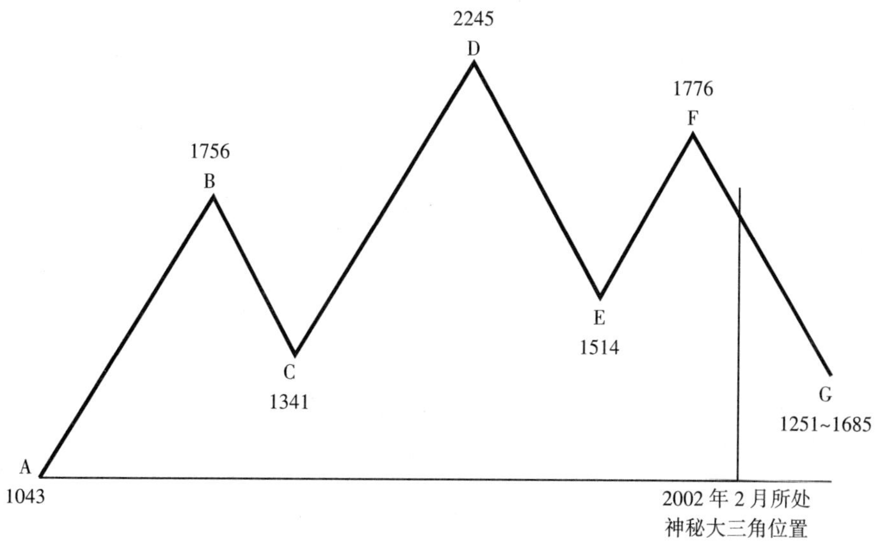

图 4-410　2002 年 2 月所处神秘大三角位置

2 月，指数并未再创新低，而是在上月收盘稍高的位置窄幅横盘震荡。这类震荡对 V 图影响不大，故图 4-410 较上月基本不变。

上证指数 2002 年 3 月走势如图 4-411 所示。

V 图走势如图 4-412 所示。

2002 年 3 月所处神秘大三角位置如图 4-413 所示。

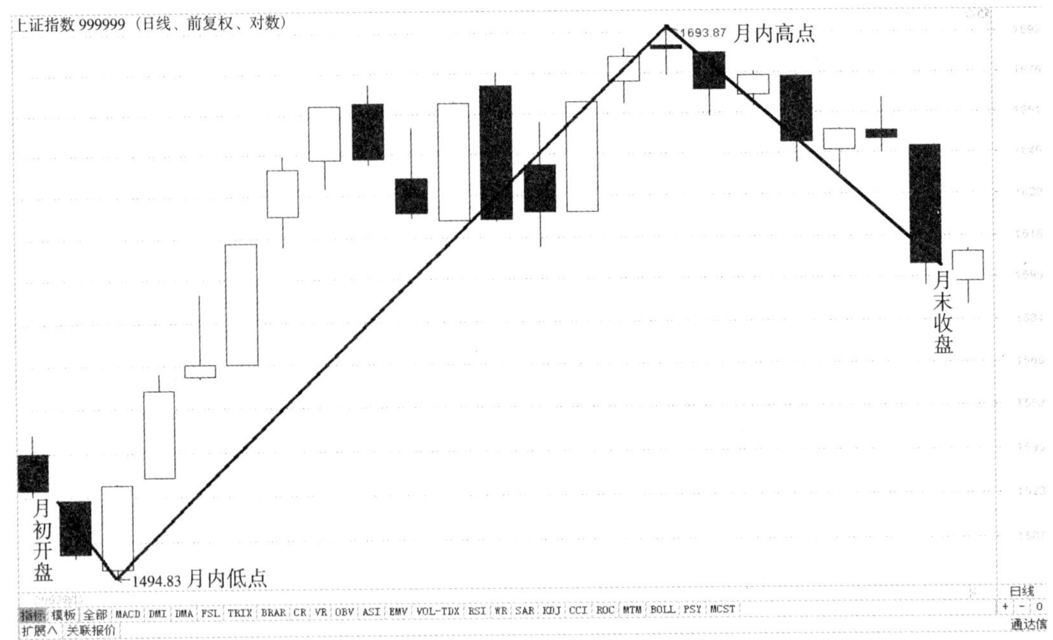

图 4-411 上证指数 2002 年 3 月走势

图 4-412 V 图走势

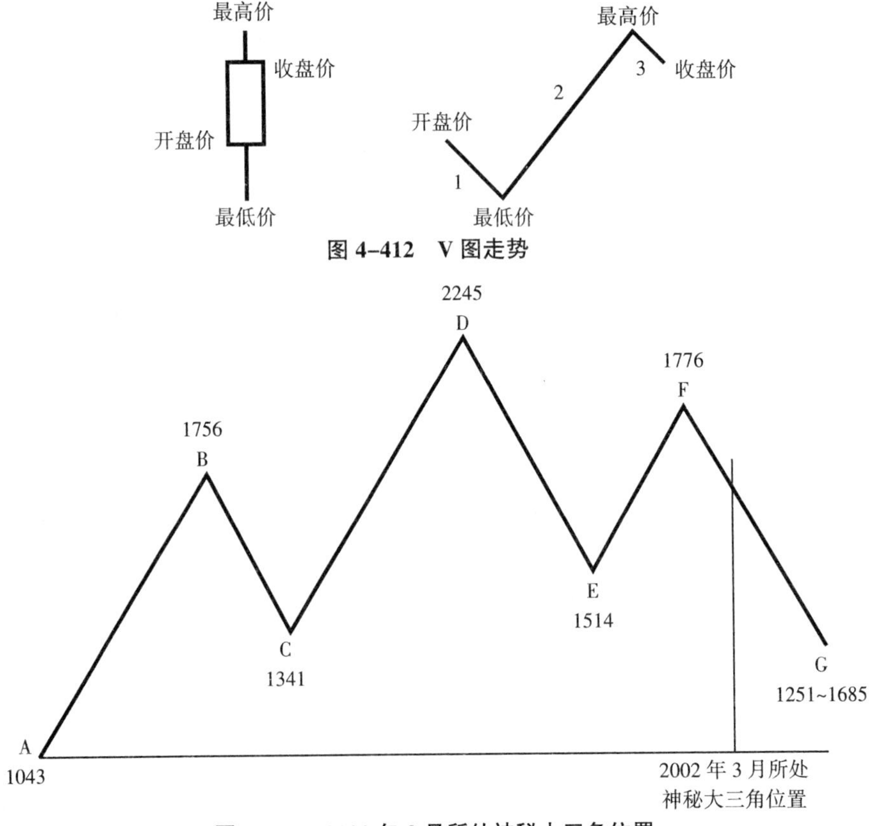

图 4-413 2002 年 3 月所处神秘大三角位置

3 月较 2 月指数略有上移，目前仍处在 F 点和 G 点之间。

上证指数 2002 年 4 月走势如图 4-414 所示。

图 4-414　上证指数 2002 年 4 月走势

V 图走势如图 4-415 所示。

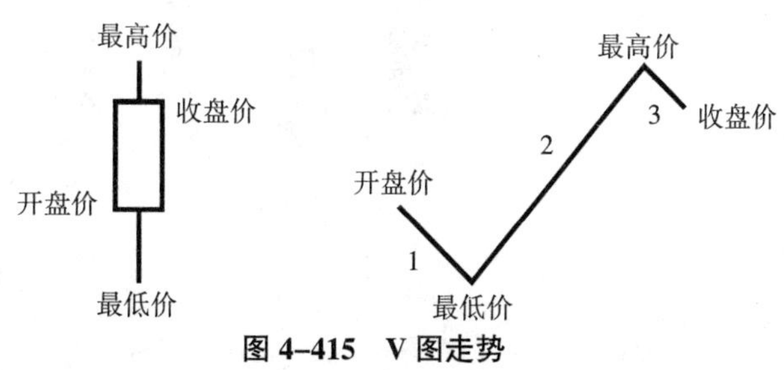

图 4-415　V 图走势

2002 年 4 月所处神秘大三角位置如图 4-416 所示。

4 月，上证指数继续慢升震荡，而在 V 图上看不到这些震荡，因为均被 V 图过滤了，这些震荡都属于无效震荡，应当被过滤。不要因为震荡而害怕，也不要因为震荡而以为行情未来看涨。目前仍处于 F 点到 G 点的下跌波段中。

上证指数 2002 年 5 月走势如图 4-417 所示。

V 图走势如图 4-418 所示。

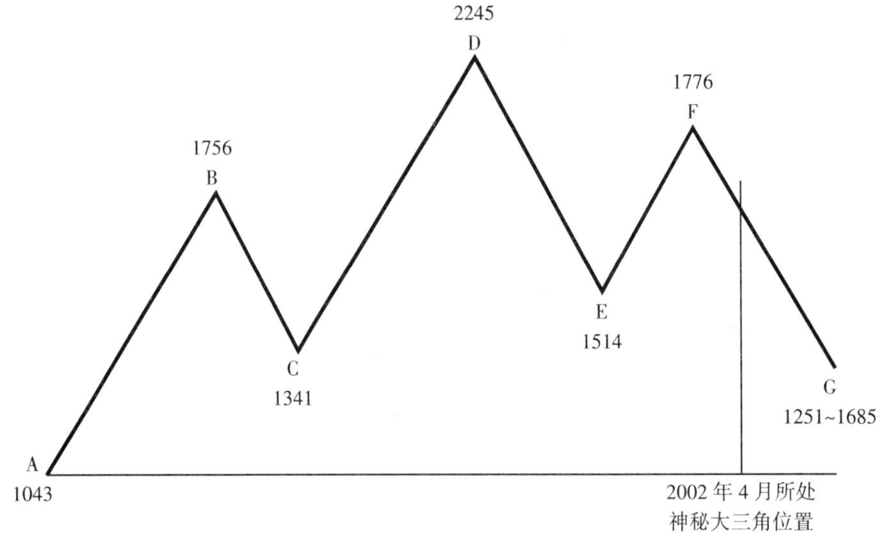

图 4-416　2002 年 4 月所处神秘大三角位置

图 4-417　上证指数 2002 年 5 月走势

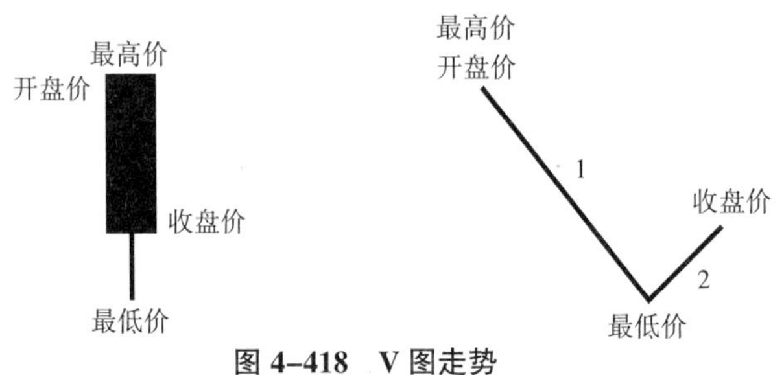

图 4-418　V 图走势

2002 年 5 月所处神秘大三角位置如图 4-419 所示。

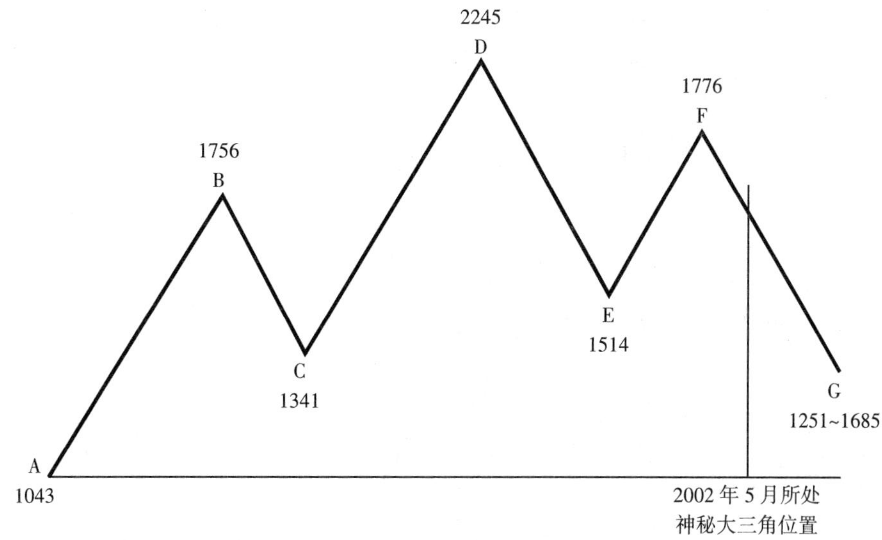

图 4-419　2002 年 5 月所处神秘大三角位置

5 月，长假之后，大盘一路深跌，再次进入 G 点范围内，最低达到 1506 点，后市仍需观察。

上证指数 2002 年 6 月走势如图 4-420 所示。

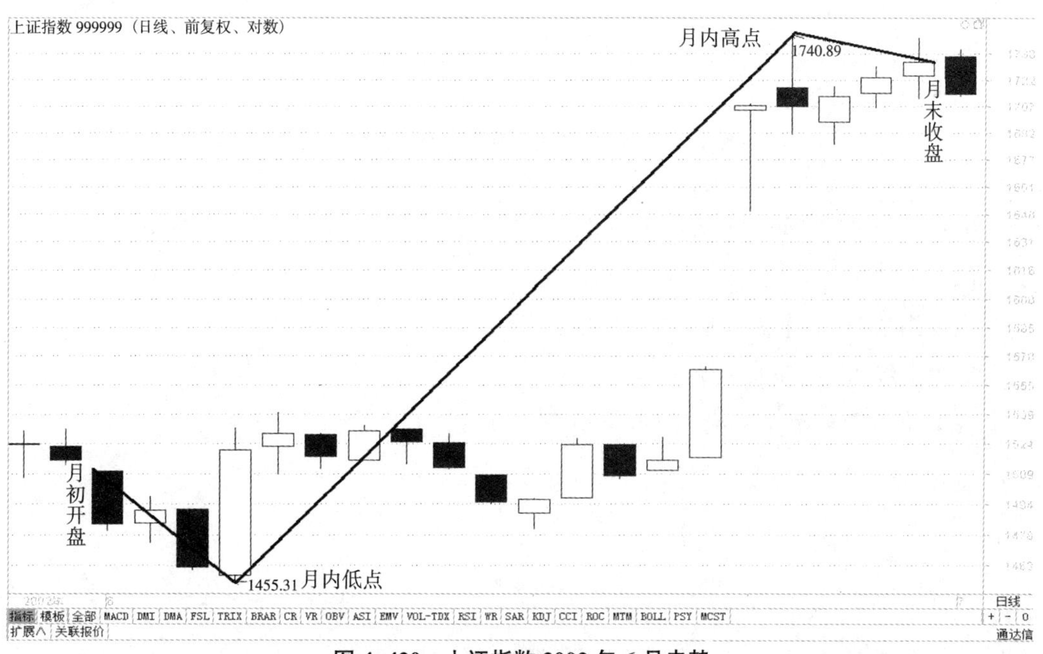

图 4-420　上证指数 2002 年 6 月走势

V 图走势如图 4-421 所示。

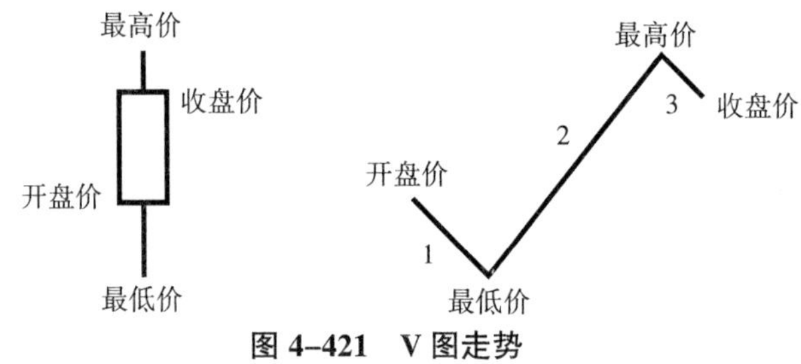

图 4-421　V 图走势

2002 年 6 月所处神秘大三角位置如图 4-422 所示。

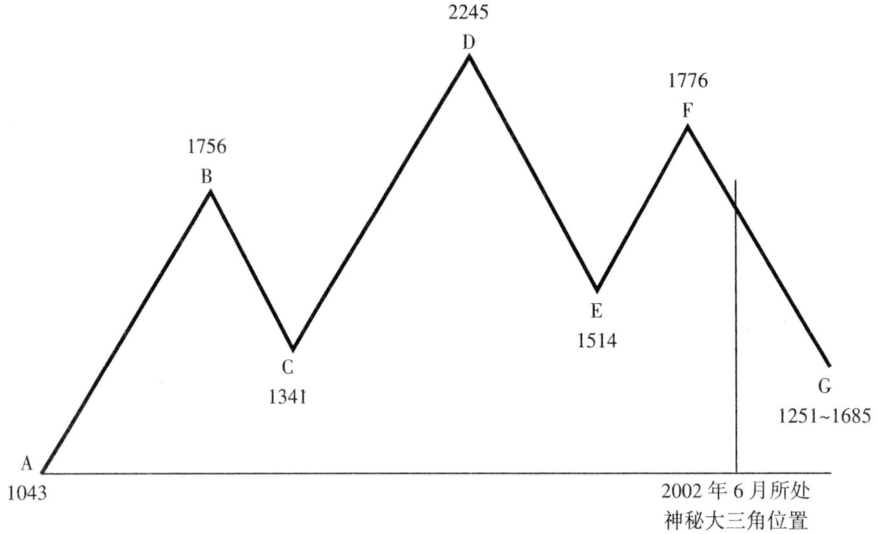

图 4-422　2002 年 6 月所处神秘大三角位置

6 月，大盘又开始回涨，但在 V 图上没有变化，仍处于 F~G 点，不要认为行情会就此反转上涨。

上证指数 2002 年 7 月走势如图 4-423 所示。

V 图走势如图 4-424 所示。

2002 年 7 月所处神秘大三角位置如图 4-425 所示。

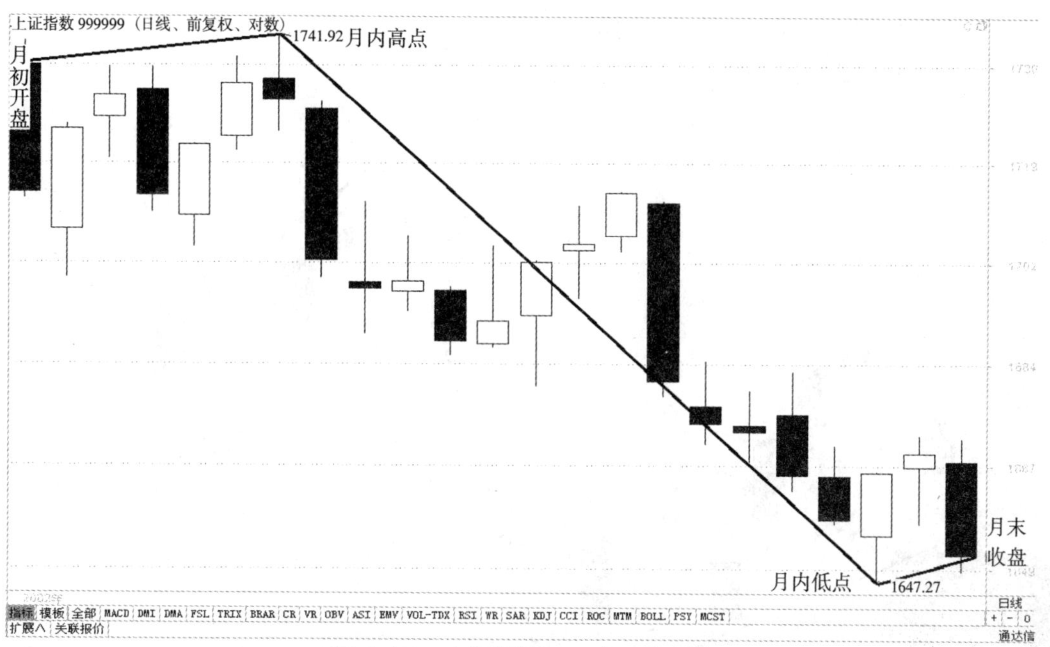

图 4-423 上证指数 2002 年 7 月走势

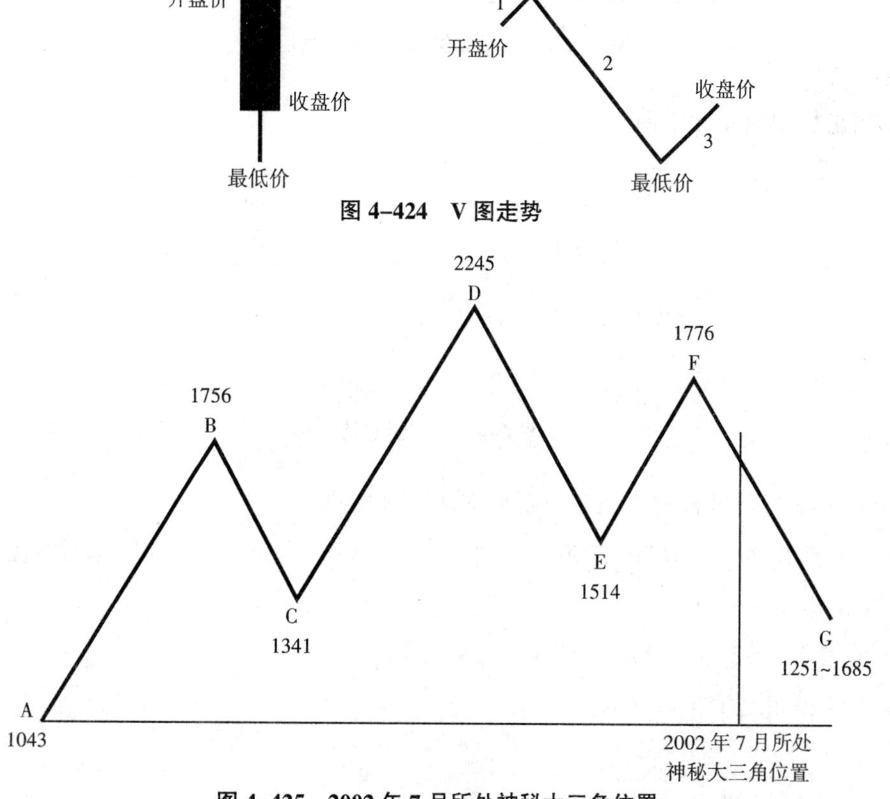

图 4-424 V 图走势

图 4-425 2002 年 7 月所处神秘大三角位置

7 月的大盘没有与火热的天气同步，而是回落至 G 点的最大可能点位上。

上证指数 2002 年 8 月走势如图 4–426 所示。

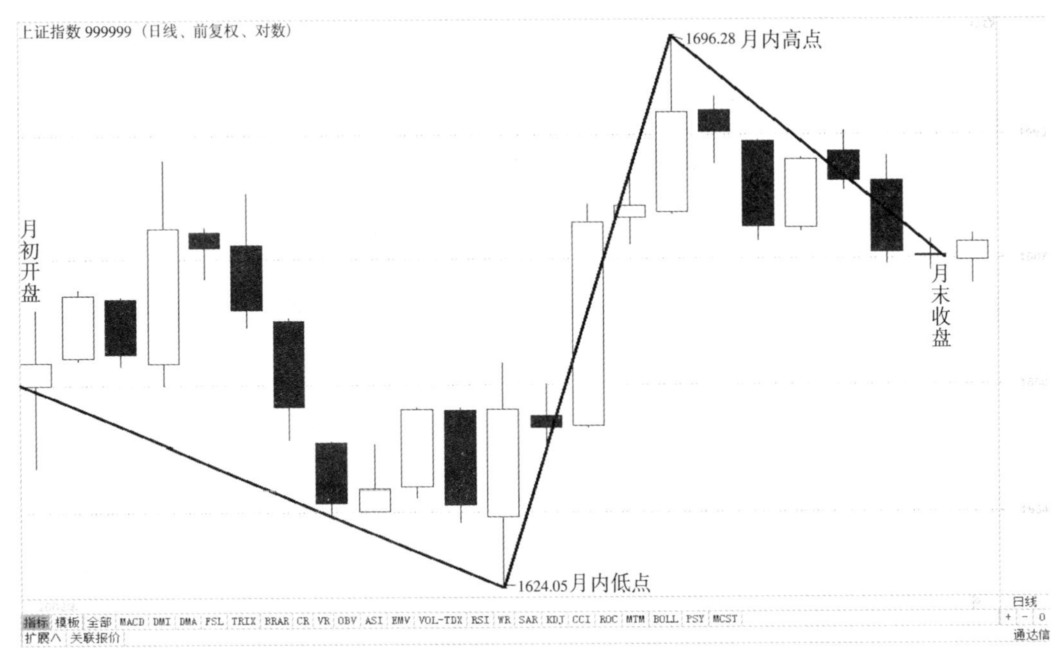

图 4–426　上证指数 2002 年 8 月走势

V 图走势如图 4–427 所示。

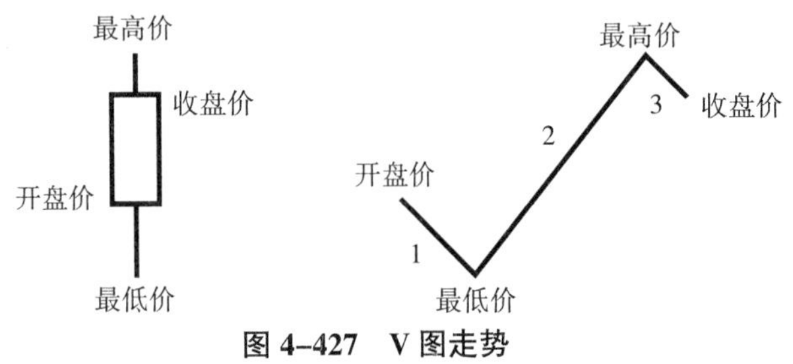

图 4–427　V 图走势

2002 年 8 月所处神秘大三角位置如图 4–428 所示。

8 月的指数继续在 1600~1700 点震荡，V 图走势仍不变，一时的反弹不要轻易认为是行情已经反转。

上证指数 2002 年 9 月走势如图 4–429 所示。

V 图走势如图 4–430 所示。

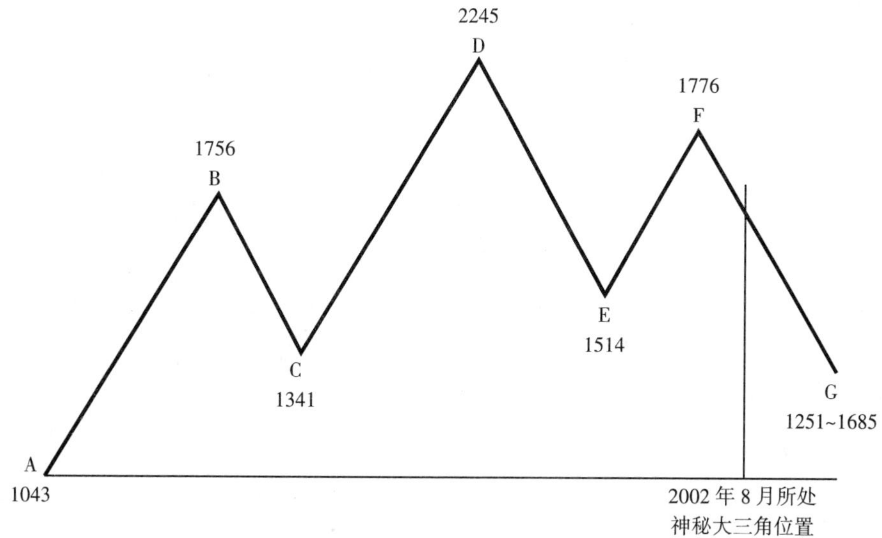

图 4-428　2002 年 8 月所处神秘大三角位置

图 4-429　上证指数 2002 年 9 月走势

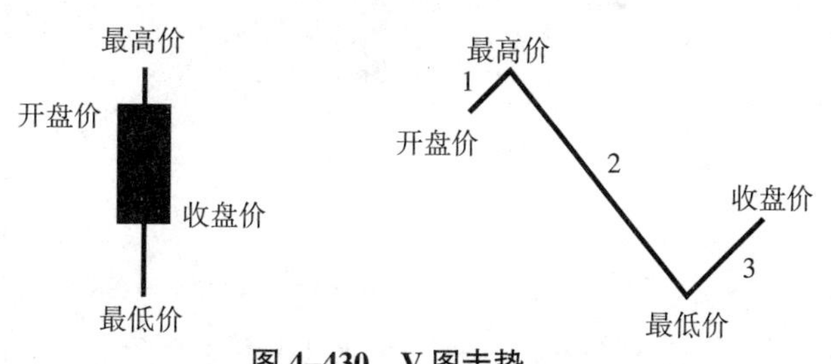

图 4-430　V 图走势

2002 年 9 月所处神秘大三角位置如图 4-431 所示。

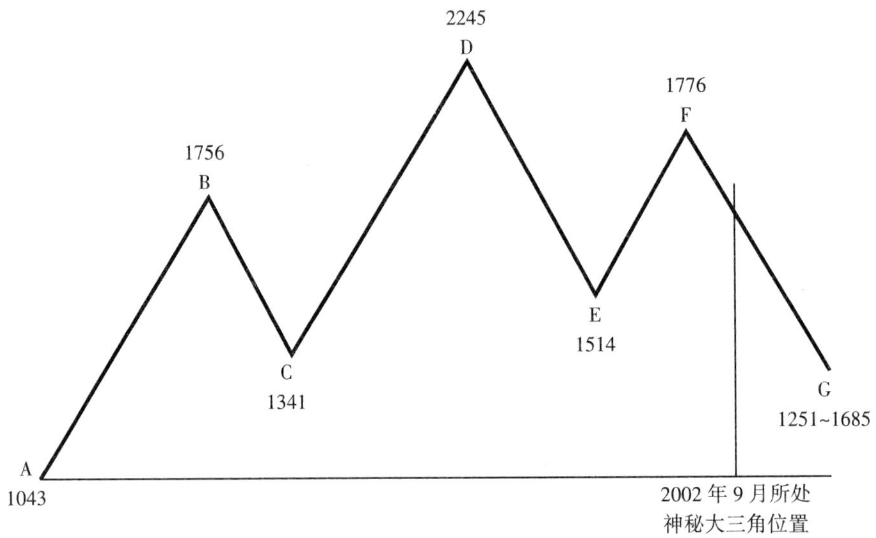

图 4-431　2002 年 9 月所处神秘大三角位置

9 月，大盘指数回落，再次进入 G 点范围，大盘已经这样大幅地上下数次了。时间上看已经接近年尾，关注度应持续增高。

上证指数 2002 年 10 月走势如图 4-432 所示。

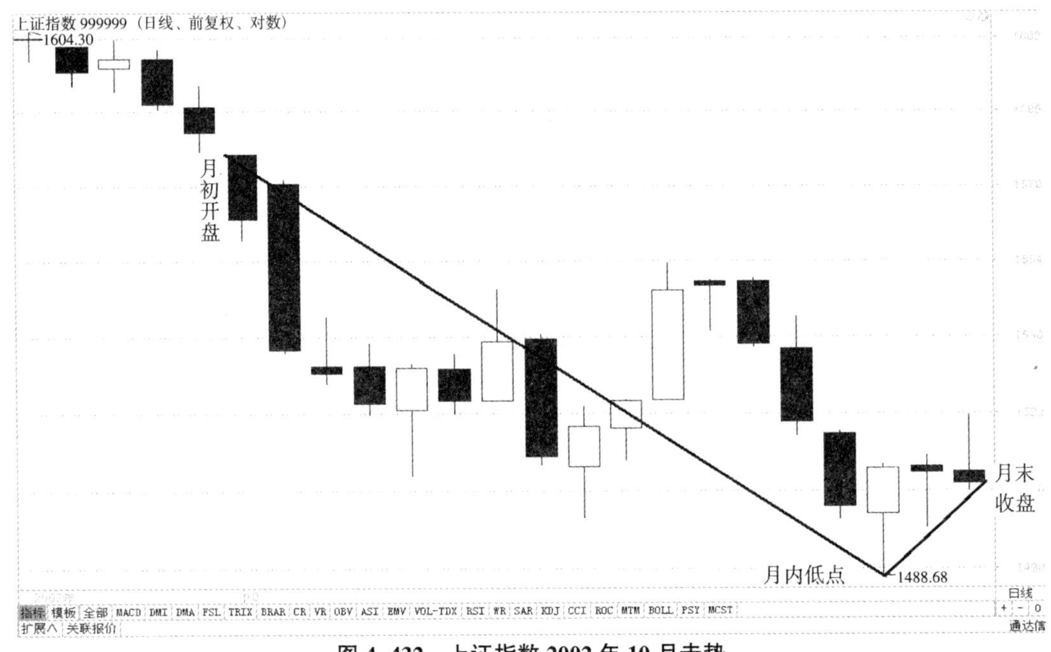

图 4-432　上证指数 2002 年 10 月走势

V 图走势如图 4–433 所示。

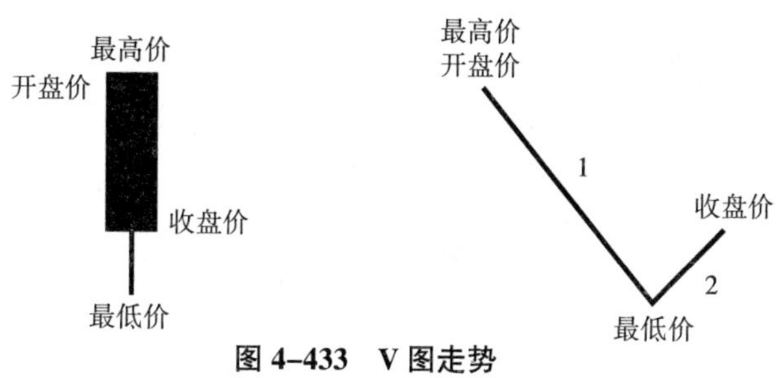

图 4–433　V 图走势

2002 年 10 月所处神秘大三角位置如图 4–434 所示。

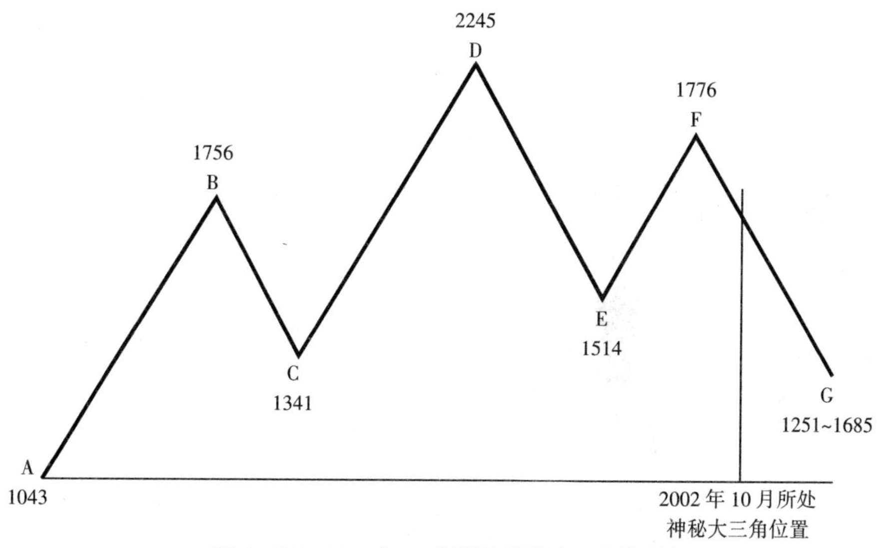

图 4–434　2002 年 10 月所处神秘大三角位置

10 月，大盘继续在 F~G 点震荡，这样长期的震荡会使不少不坚定的持有者纷纷卖出手中的股票，这是为以后的上涨做准备。所谓吸筹时间越长，上涨幅度越大。

上证指数 2002 年 11 月走势如图 4–435 所示。

V 图走势如图 4–436 所示。

2002 年 11 月所处神秘大三角位置如图 4–437 所示。

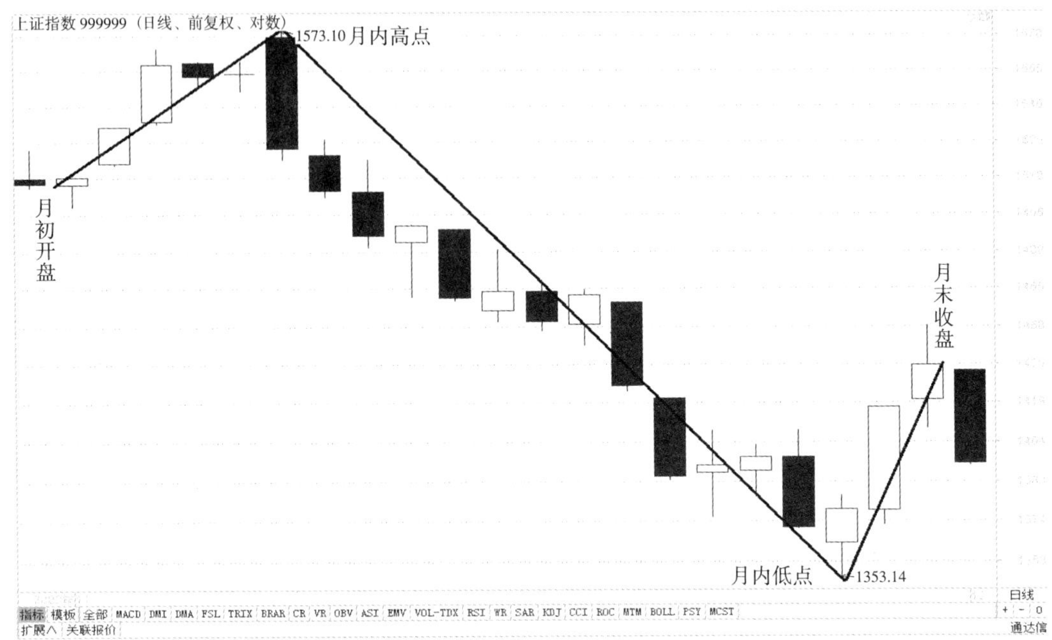

图 4-435 上证指数 2002 年 11 月走势

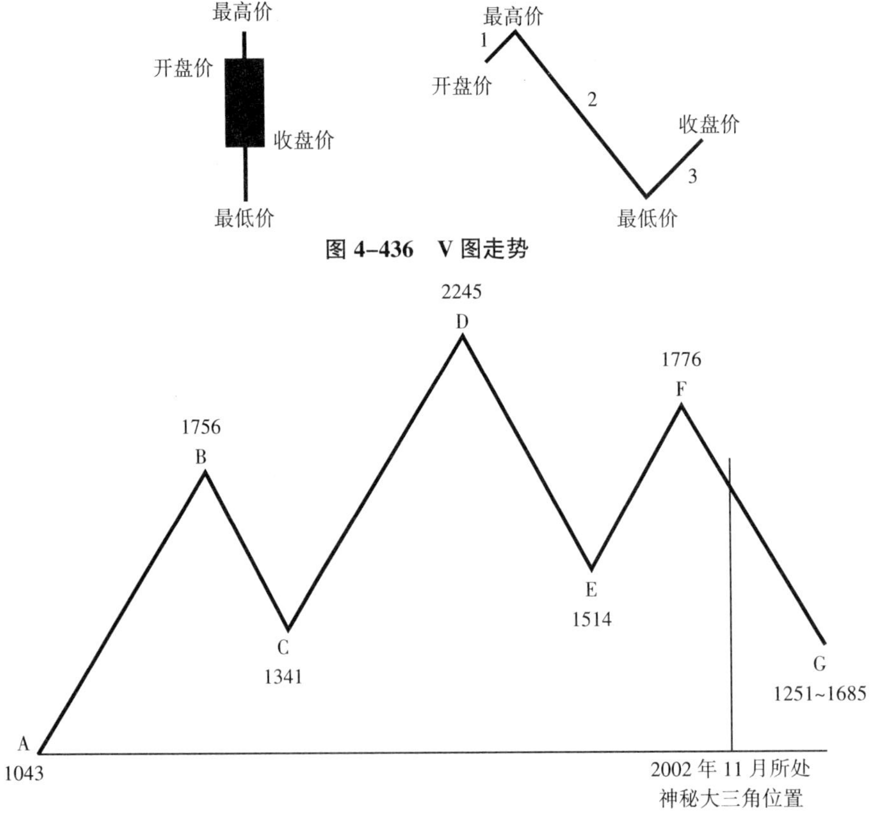

图 4-436 V 图走势

图 4-437 2002 年 11 月所处神秘大三角位置

11 月，股指深跌进入此前预测的 G 点较低的点位。由于已接近年底，是很重要的信息，这说明 G 点即将出现，需密切关注 12 月的走势。

上证指数 2002 年 12 月走势如图 4–438 所示。

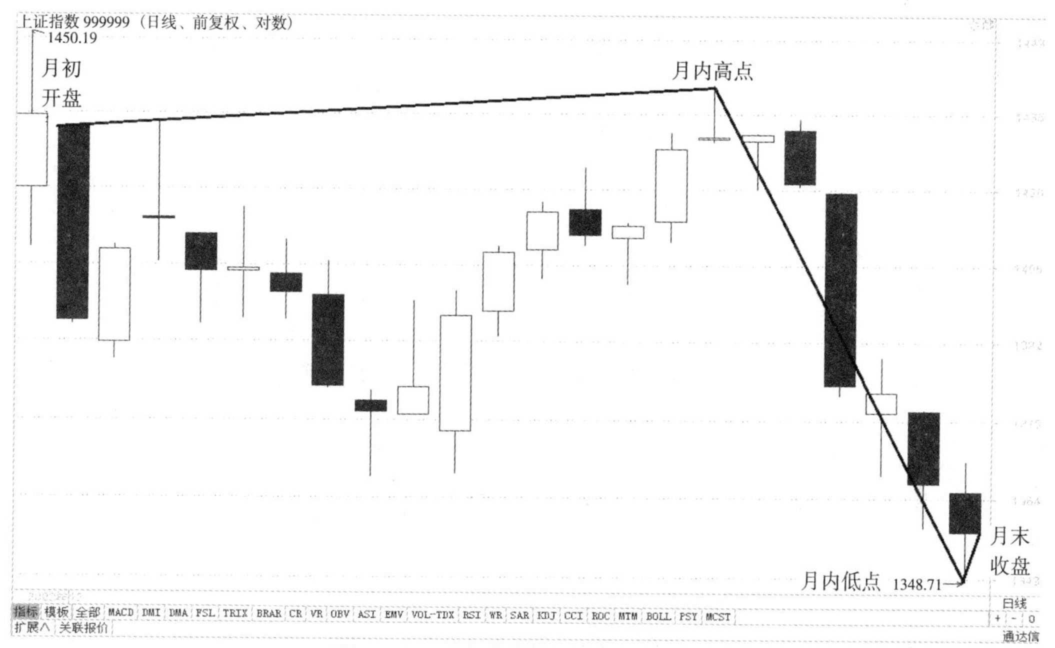

图 4–438　上证指数 2002 年 12 月走势

V 图走势如图 4–439 所示。

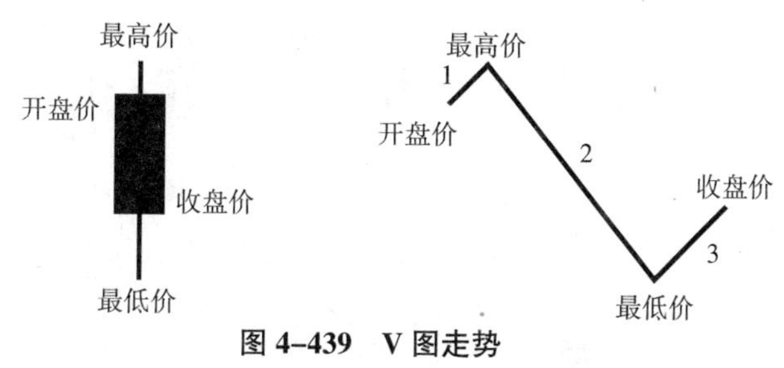

图 4–439　V 图走势

2002 年 12 月所处神秘大三角位置如图 4–440 所示。

12 月，大盘中旬试图反转，但反转不成变为反弹，月尾继续下滑至 1348 点。这样，G 点到底是多少的悬念留给了 2003 年。

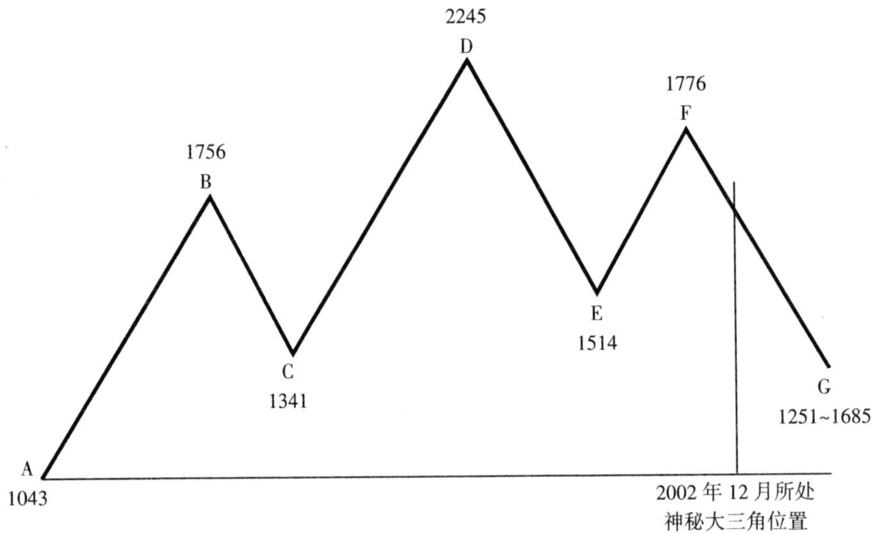

图 4-440　2002 年 12 月所处神秘大三角位置

4.16　2003 年

大盘继续下跌，G 点到底是多少呢？2003 年初的走势很值得关注。

上证指数 2003 年 1 月走势如图 4-441 所示。

图 4-441　上证指数 2003 年 1 月走势

V 图走势如图 4-442 所示。

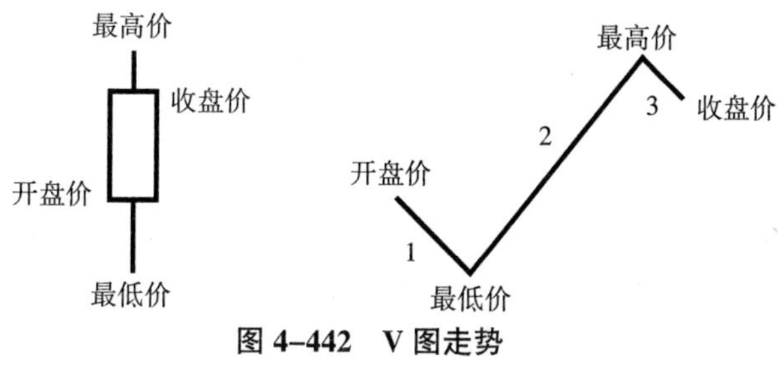

图 4-442　V 图走势

2003 年 1 月所处神秘大三角位置（一）如图 4-443 所示。

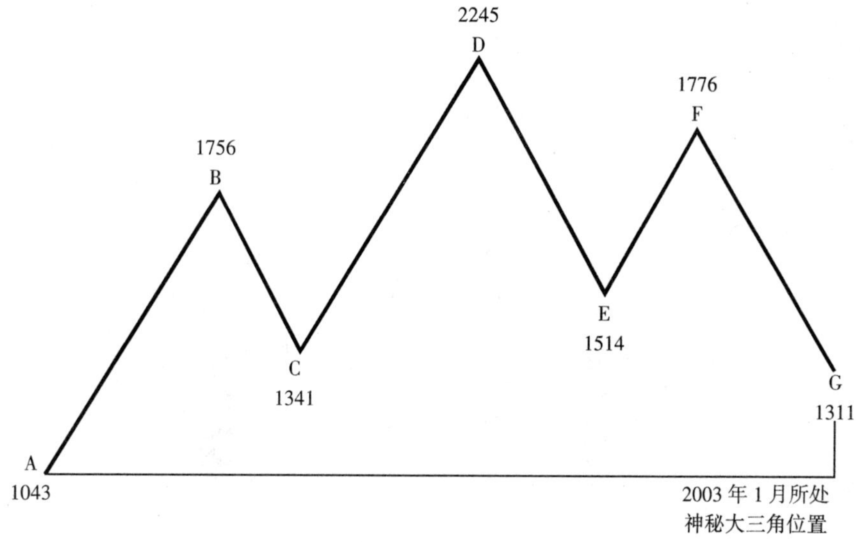

图 4-443　2003 年 1 月所处神秘大三角位置（一）

1 月初，大盘低走至 1311 点，然后大涨至 1500 点，中间涨幅较大，已经确认了 G 点就是 1311 点，而目前已经行进在新一轮的神秘大三角形态中。

2003 年 1 月所处神秘大三角位置（二）如图 4-444 所示。

图 4-444 分别将新一轮的各点做了初步的预测，随着每个点的确定，随后的各点更加精确。

上证指数 2003 年 2 月走势如图 4-445 所示。

V 图走势如图 4-446 所示。

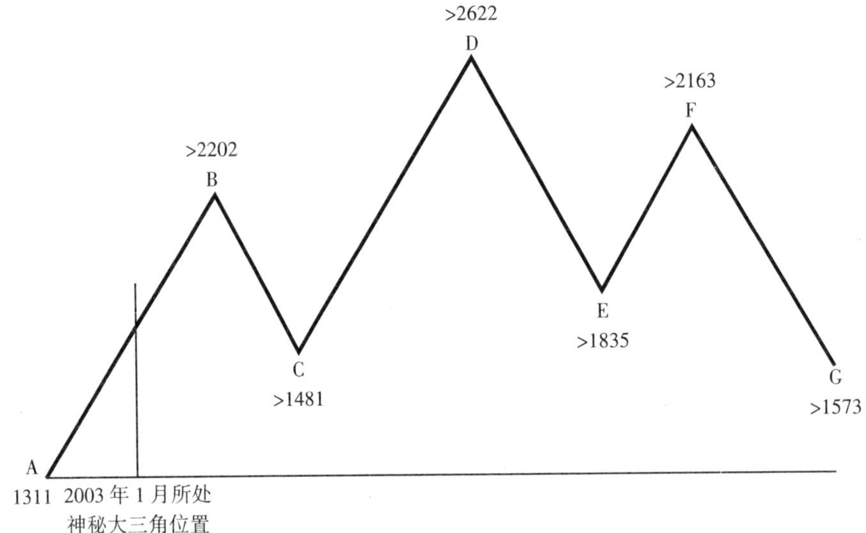

图 4-444　2003 年 1 月所处神秘大三角位置（二）

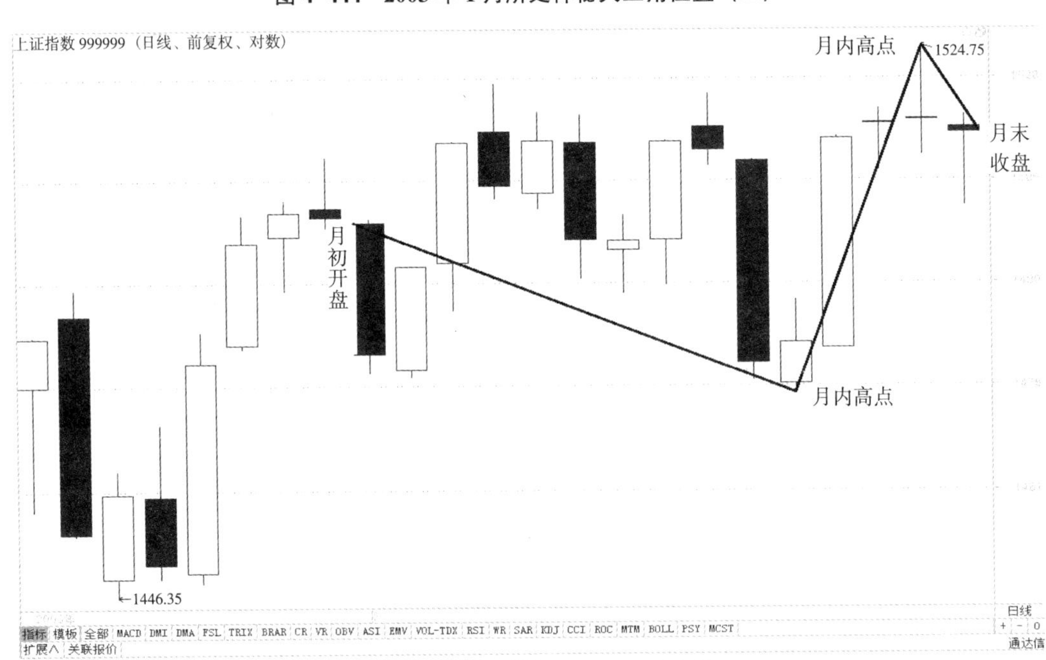

图 4-445　上证指数 2003 年 2 月走势

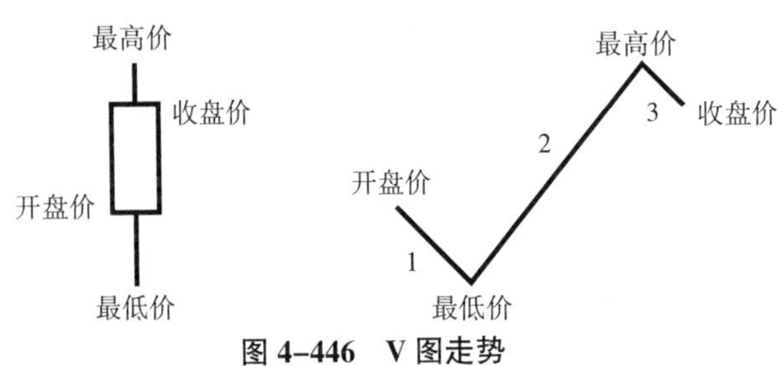

图 4-446　V 图走势

2003 年 2 月所处神秘大三角位置如图 4-447 所示。

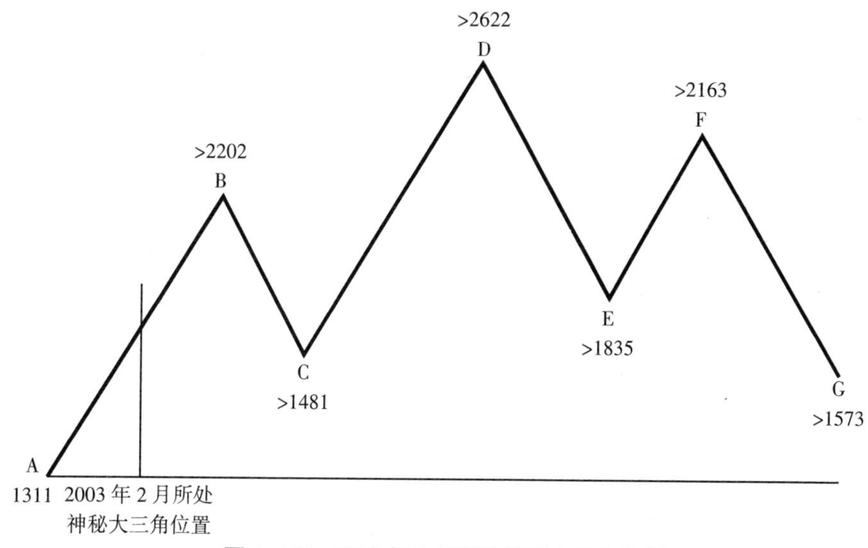

图 4-447 2003 年 2 月所处神秘大三角位置

2 月窄幅震荡，最高上破 1524 点，目前仍处在 AB 阶段，预测未来的 B 点在 2200 点以上。

上证指数 2003 年 3 月走势如图 4-448 所示。

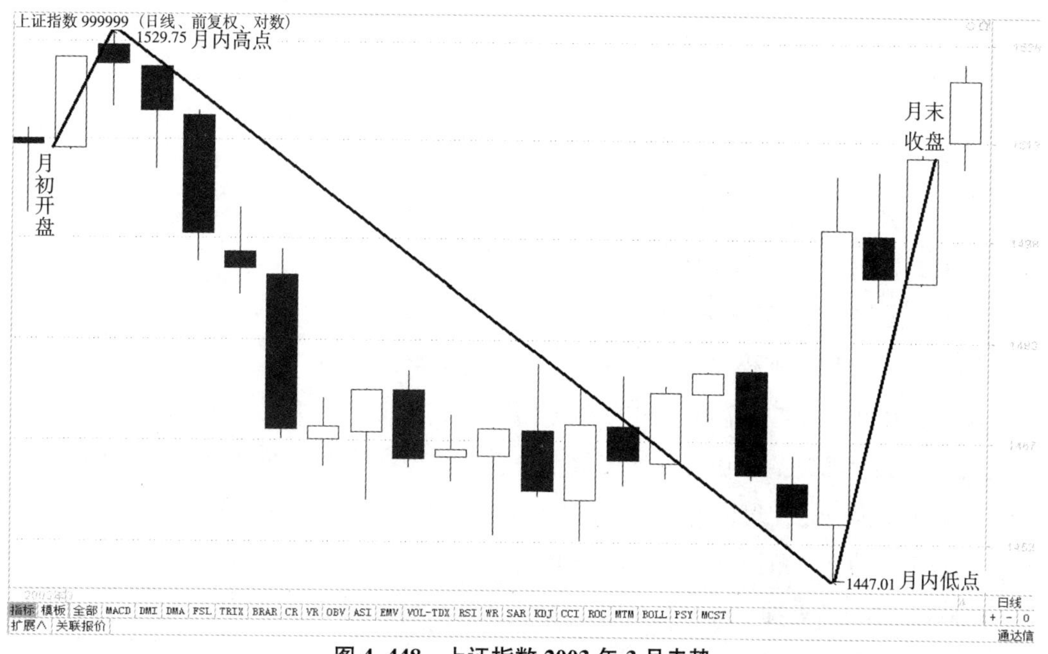

图 4-448 上证指数 2003 年 3 月走势

V 图走势如图 4-449 所示。

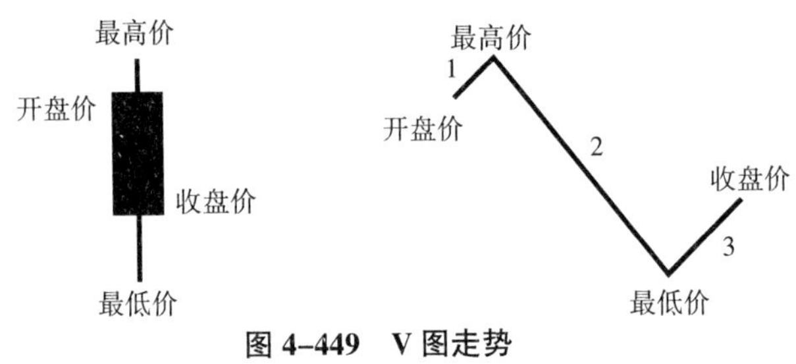

图 4-449　V 图走势

2003 年 3 月所处神秘大三角位置如图 4-450 所示。

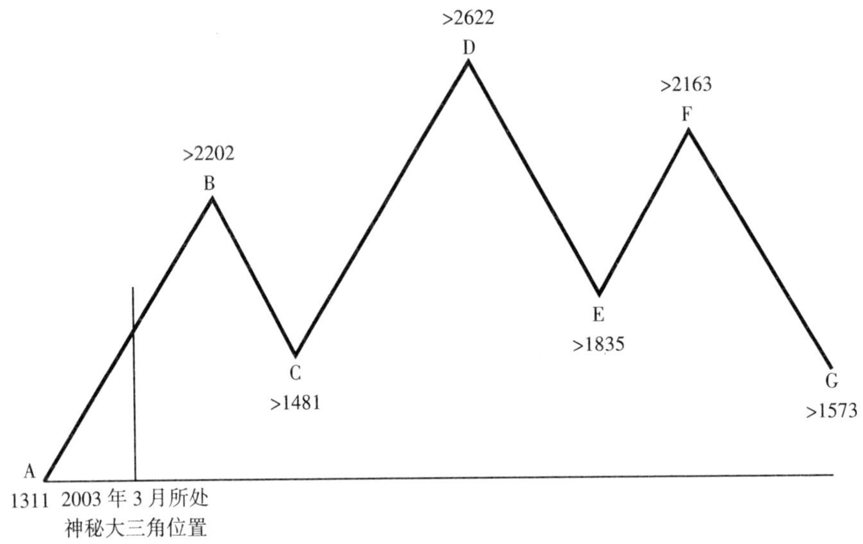

图 4-450　2003 年 3 月所处神秘大三角位置

3 月，行情仍处于震荡阶段，处于 A~B 点的过渡时期。

上证指数 2003 年 4 月走势如图 4-451 所示。

V 图走势如图 4-452 所示。

2003 年 4 月所处神秘大三角位置（一）如图 4-453 所示。

4 月是大幅震荡的一个月，先上冲至 1650 点，后又回落至比之前更低的低点。观察交易额和交易的笔数，还有平均市盈率来看，很可能这次的神秘大三角预测的点位会有所缩水，大概是在现预测值的基础上打 6.18 折。“6.18”是神秘数 0.618……的十倍放大。修正后的大三角预测图如图 4-454 所示。

2003 年 4 月所处神秘大三角位置（二）如图 4-454 所示。

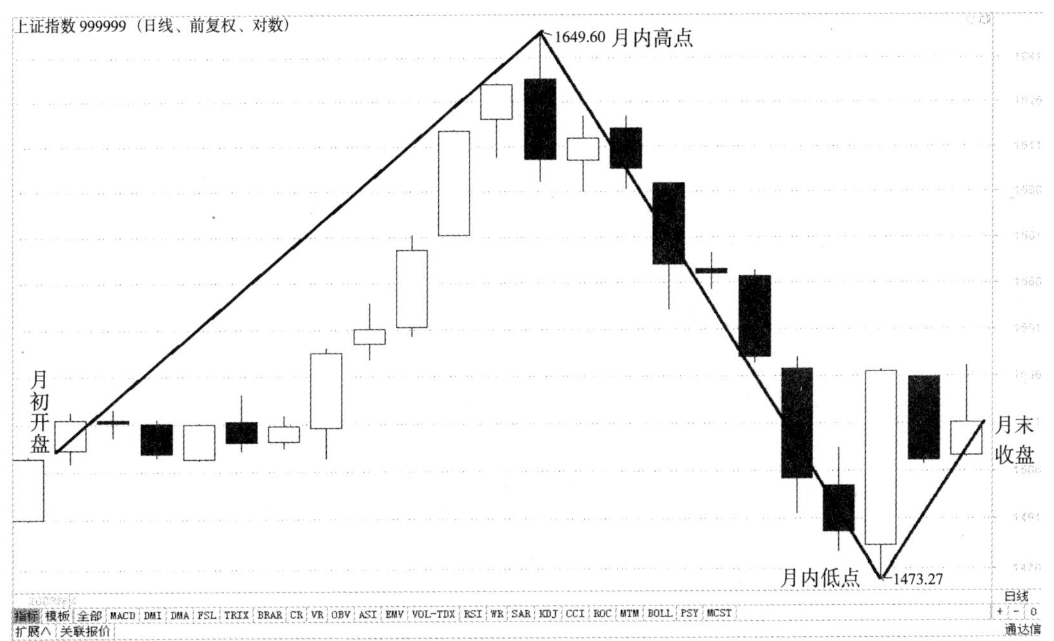

图 4-451　上证指数 2003 年 4 月走势

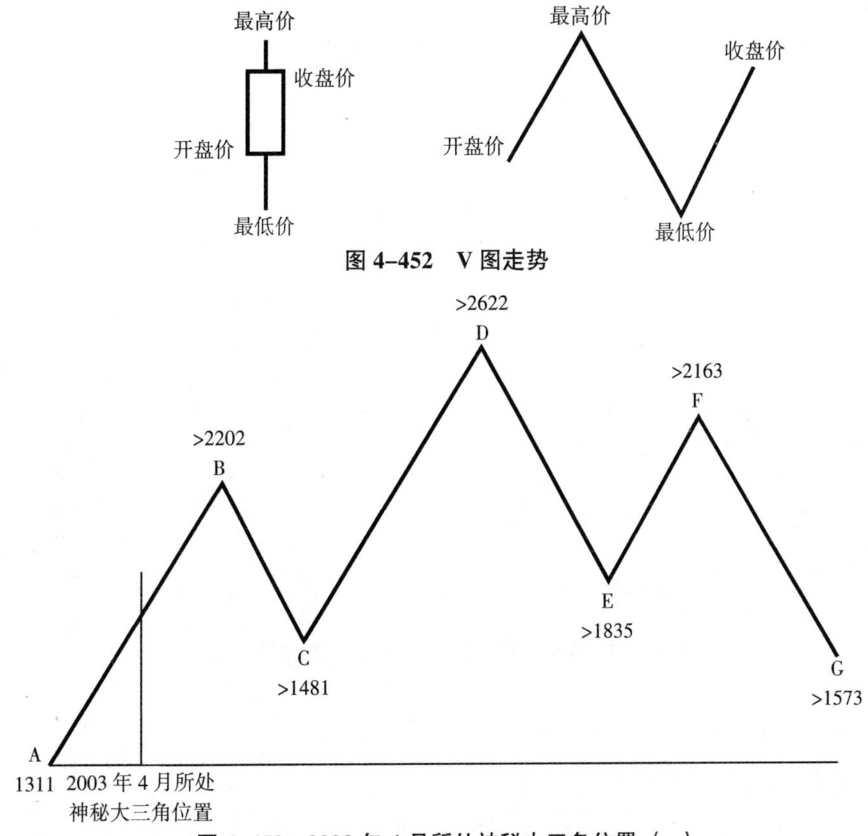

图 4-452　V 图走势

图 4-453　2003 年 4 月所处神秘大三角位置（一）

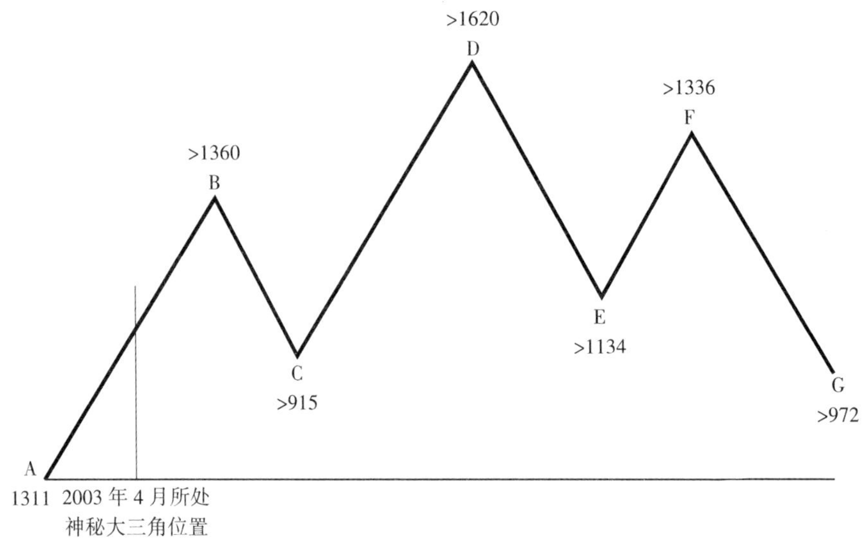

图 4-454　2003 年 4 月所处神秘大三角位置（二）

目前就 4 月来看，最高点在 1649 点，已经达到了 B 点的要求，月内又大幅回落，也有可能同时出现 C 点。所以从进度上看，目前的进度可能已处于 BC 阶段。

2003 年 4 月所处神秘大三角位置（三）如图 4-455 所示。

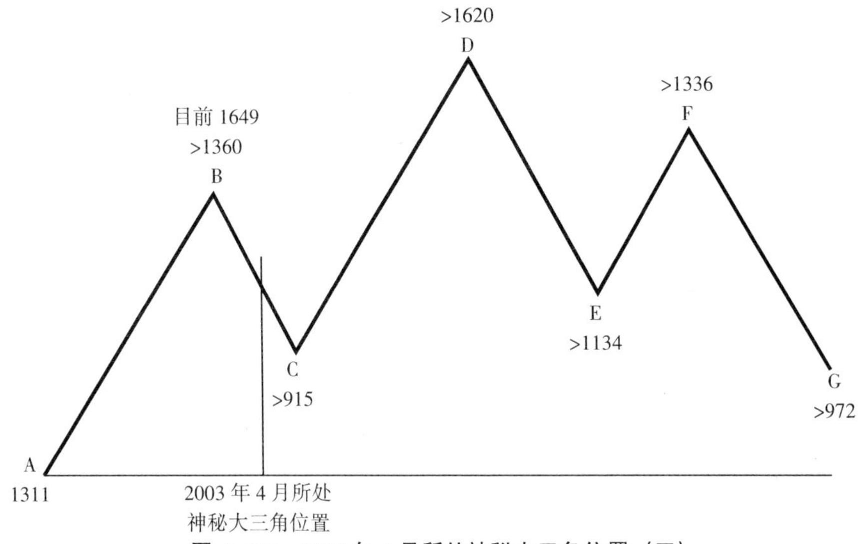

图 4-455　2003 年 4 月所处神秘大三角位置（三）

上证指数 2003 年 5 月走势如图 4-456 所示。

V 图走势如图 4-457 所示。

2003 年 5 月所处神秘大三角位置如图 4-458 所示。

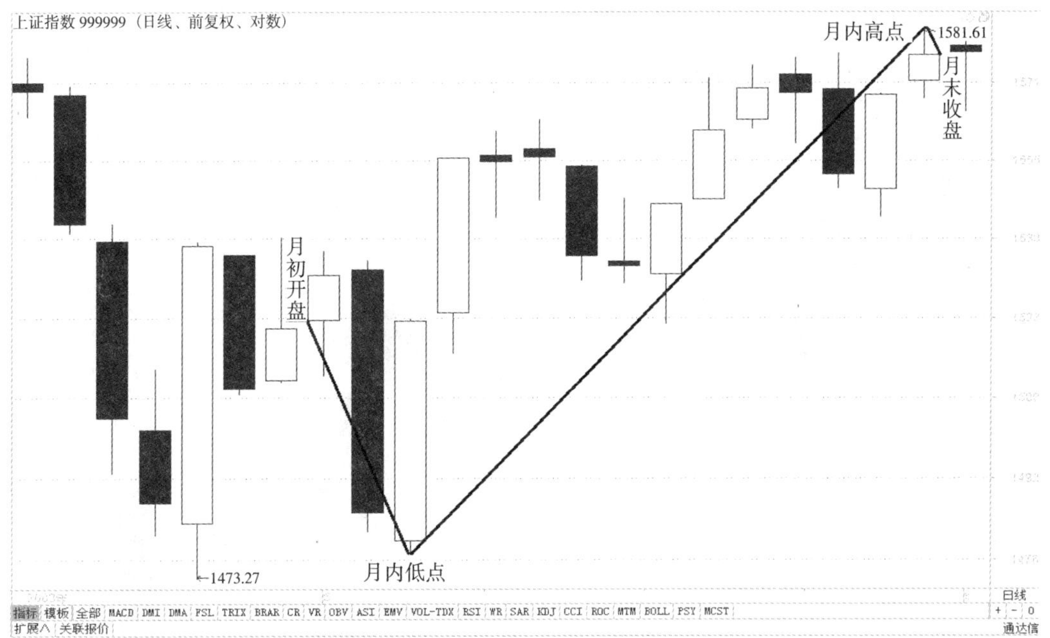

图 4-456　上证指数 2003 年 5 月走势

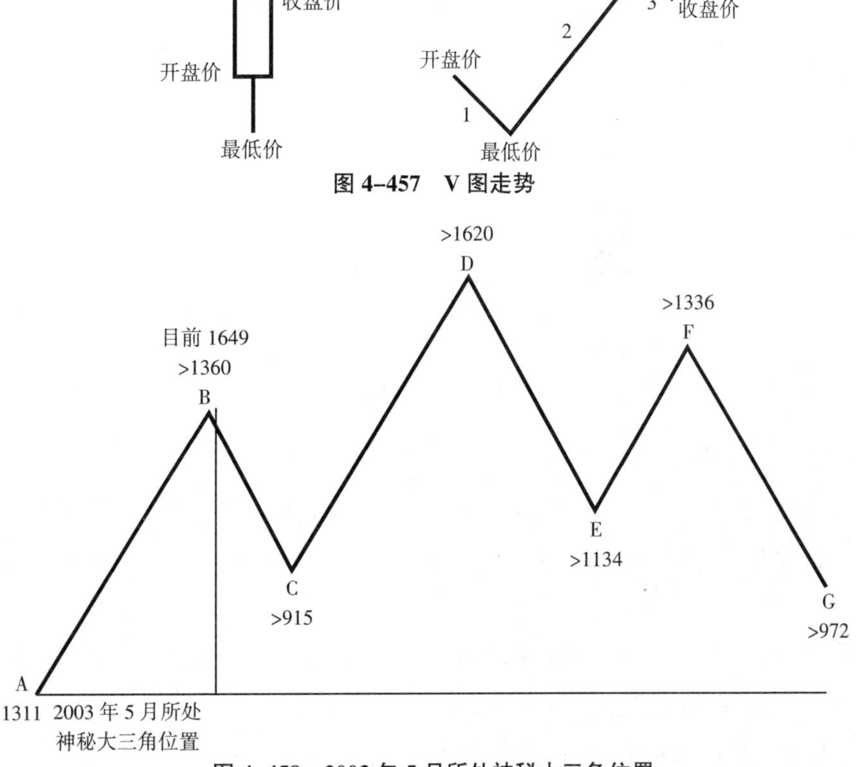

图 4-457　V 图走势

图 4-458　2003 年 5 月所处神秘大三角位置

5 月，指数又向上回升，再次接近 B 点，这样就又增加了一些等待的时间。

上证指数 2003 年 6 月走势如图 4-459 所示。

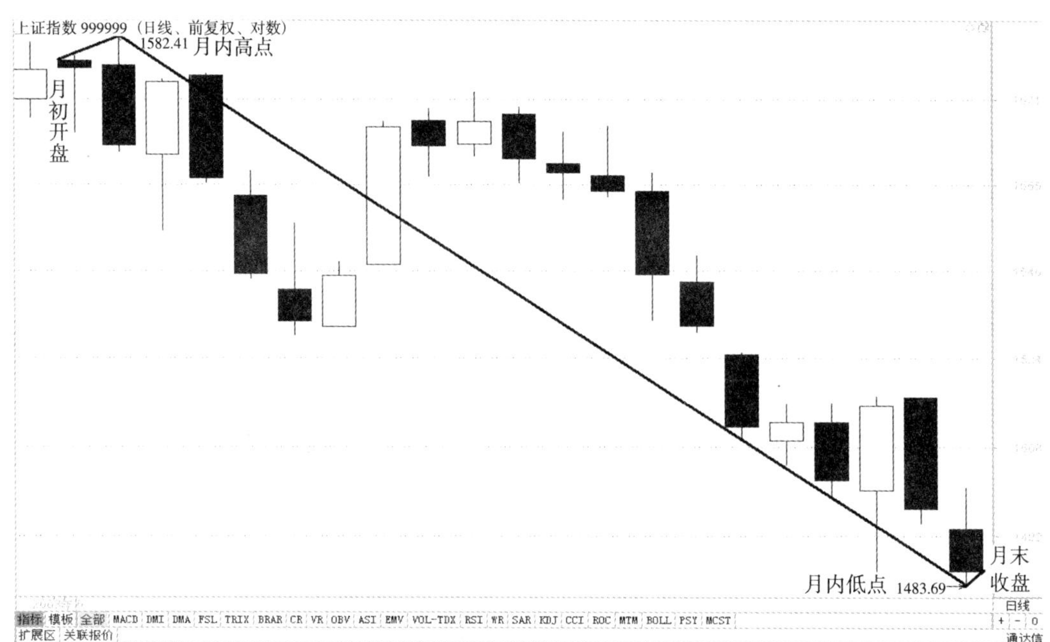

图 4-459 上证指数 2003 年 6 月走势

V 图走势如图 4-460 所示。

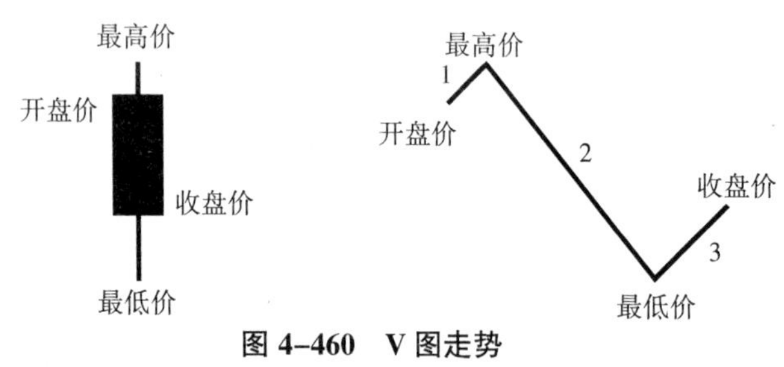

图 4-460 V 图走势

2003 年 6 月所处神秘大三角位置（一）如图 4-461 所示。

6 月，行情逐步下探，仍未跌破 1400 点，仍处于 BC 段的高位，仍需耐心等待指数进入 C 点范围。既然可以判断出 1649 点就是 B 点，那么我们对后面的各点再做分析如下：

C 点范围在 915~1492 点；D 点高于 1780 点；E 点范围在 1134~1401 点；F 点范围在 1330~1583 点；G 点范围在 972~1583 点。

2003 年 6 月所处神秘大三角位置（二）如图 4-462 所示。

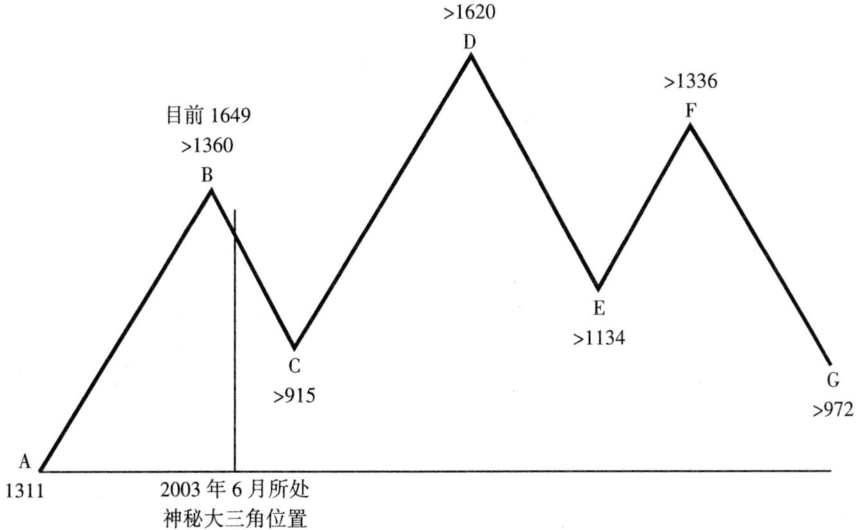

图 4-461　2003 年 6 月所处神秘大三角位置（一）

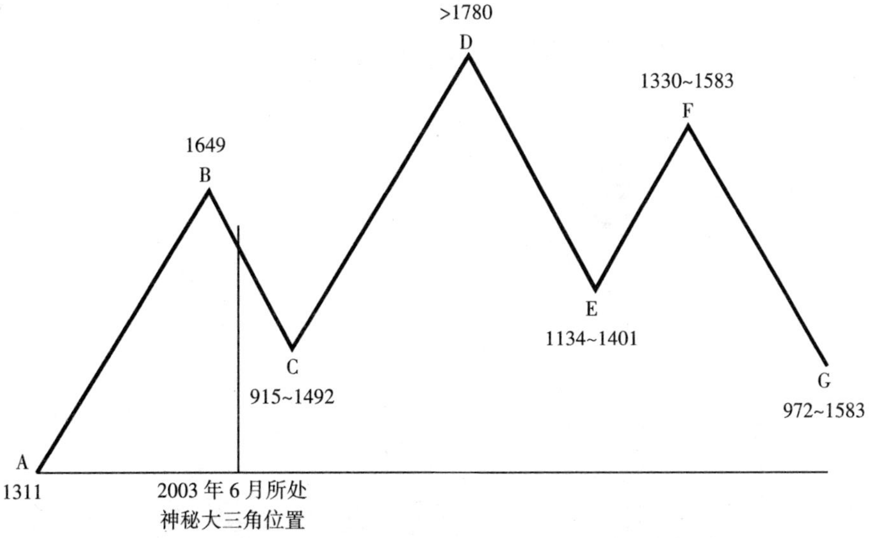

图 4-462　2003 年 6 月所处神秘大三角位置（二）

这样我们就对后面的走势有一个比较清晰的轮廓了。也就是说未来的 C 点会在 915~1492 点，如果行情到达了这一区域，很可能就是 C 点，然后才有一轮涨至 1780 点以上的主升波段。

上证指数 2003 年 7 月走势如图 4-463 所示。

V 图走势如图 4-464 所示。

2003 年 7 月所处神秘大三角位置如图 4-465 所示。

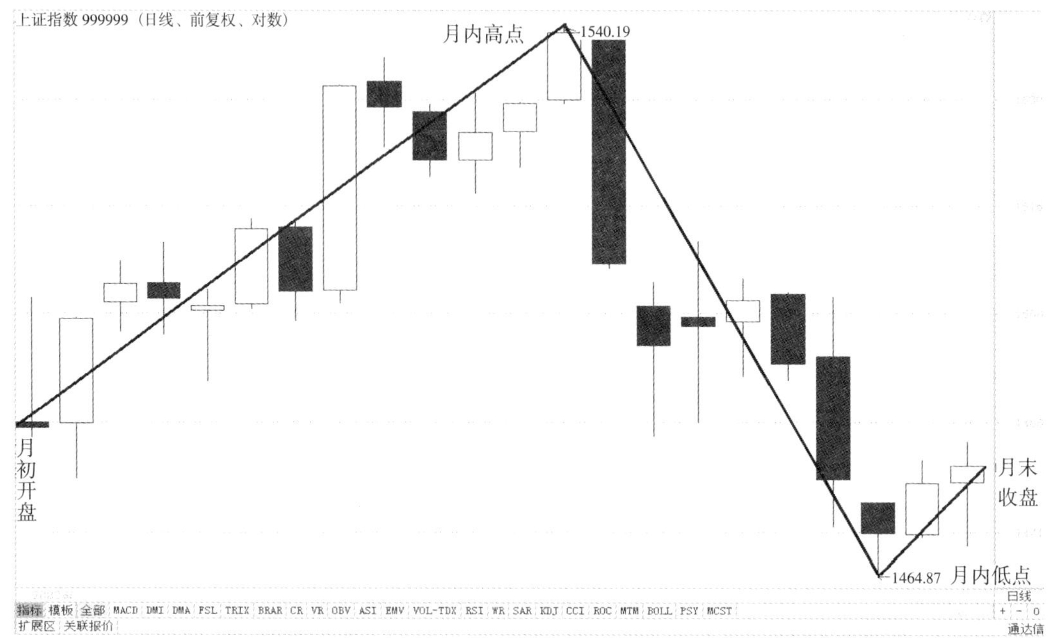

图 4-463 上证指数 2003 年 7 月走势

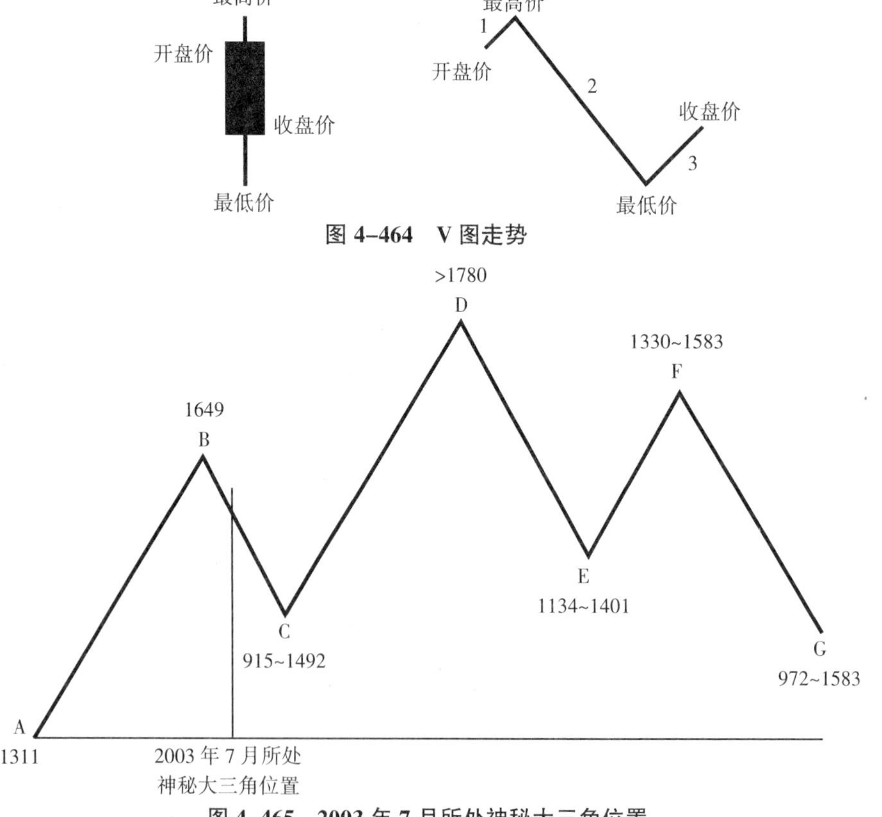

图 4-464 V 图走势

图 4-465 2003 年 7 月所处神秘大三角位置

7 月的指数开始时曾回涨至 1500 点，后回落进入之前预测的 C 点范围，距离年底还有 5 个月时间，目前暂时可将之当成是 C 点，但仍需观察后市。

上证指数 2003 年 8 月走势如图 4-466 所示。

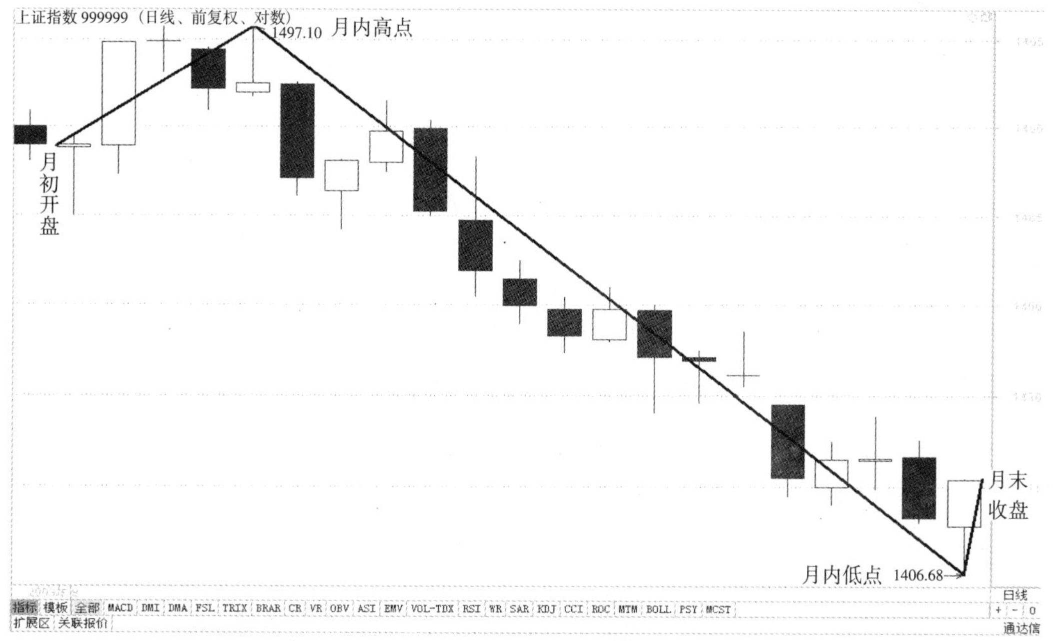

图 4-466 上证指数 2003 年 8 月走势

V 图走势如图 4-467 所示。

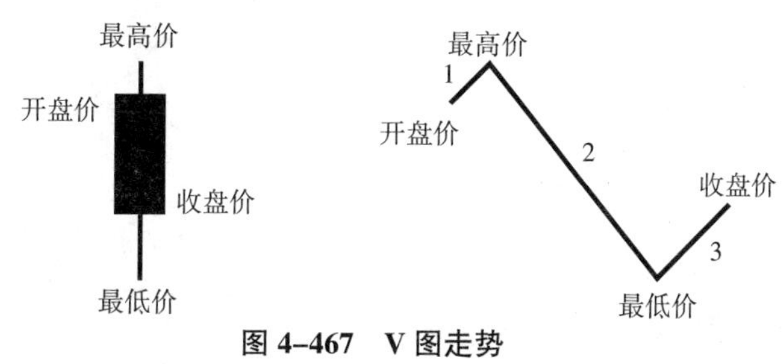

图 4-467 V 图走势

2003 年 8 月所处神秘大三角位置如图 4-468 所示。

8 月，上证指数再续上个月的下跌走势，一度接近 1400 点。较上个月来看，已经跌入 C 点区间，年尾的剩下几个月将是关键时间段。

上证指数 2003 年 9 月走势如图 4-469 所示。

V 图走势如图 4-470 所示。

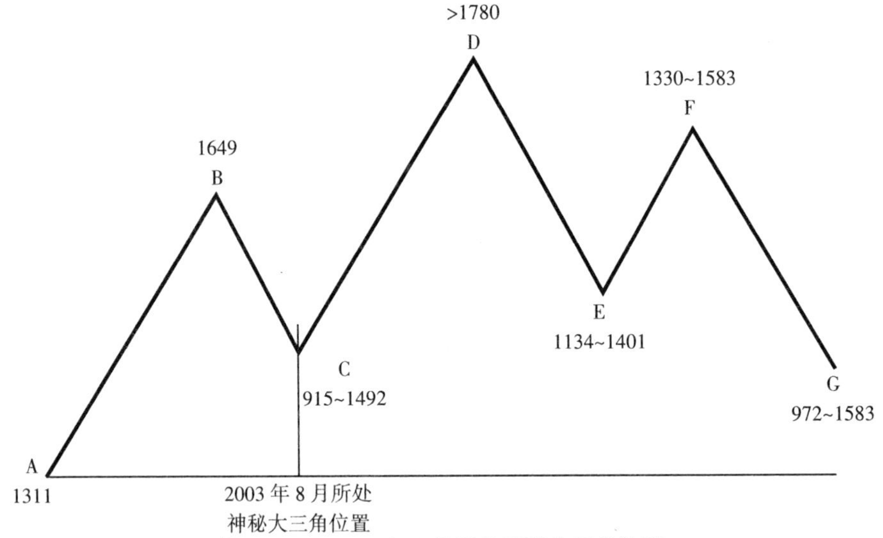

图 4-468　2003 年 8 月所处神秘大三角位置

图 4-469　上证指数 2003 年 9 月走势

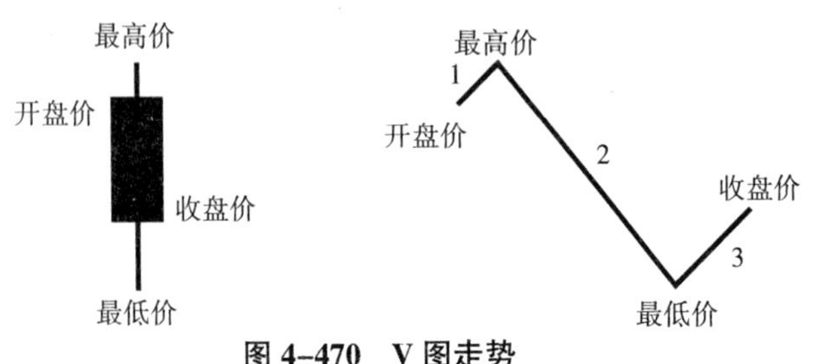

图 4-470　V 图走势

2003 年 9 月所处神秘大三角位置如图 4-471 所示。

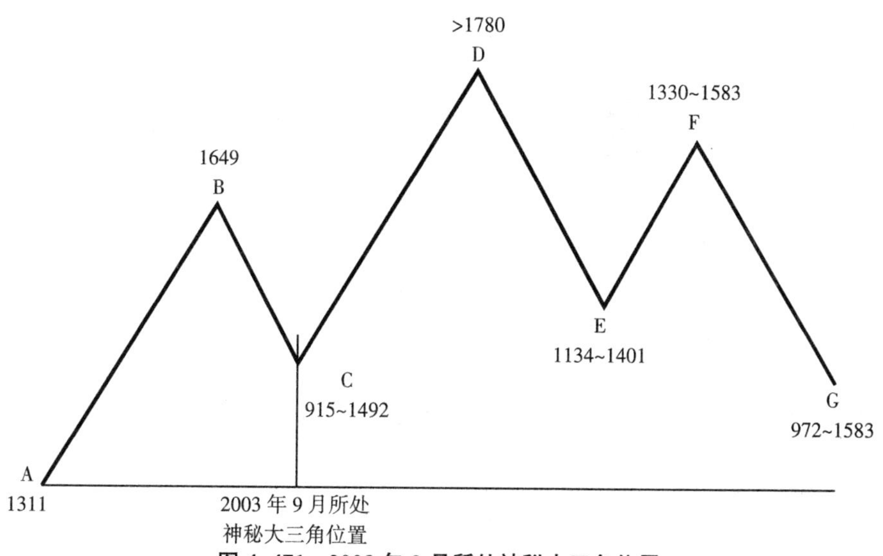

图 4-471 2003 年 9 月所处神秘大三角位置

9 月，大盘直接跌破 1350 点，已经可以确认目前正在酝酿 C 点，距离年底还有三个月，时间上已经越来越接近了。

上证指数 2003 年 10 月走势如图 4-472 所示。

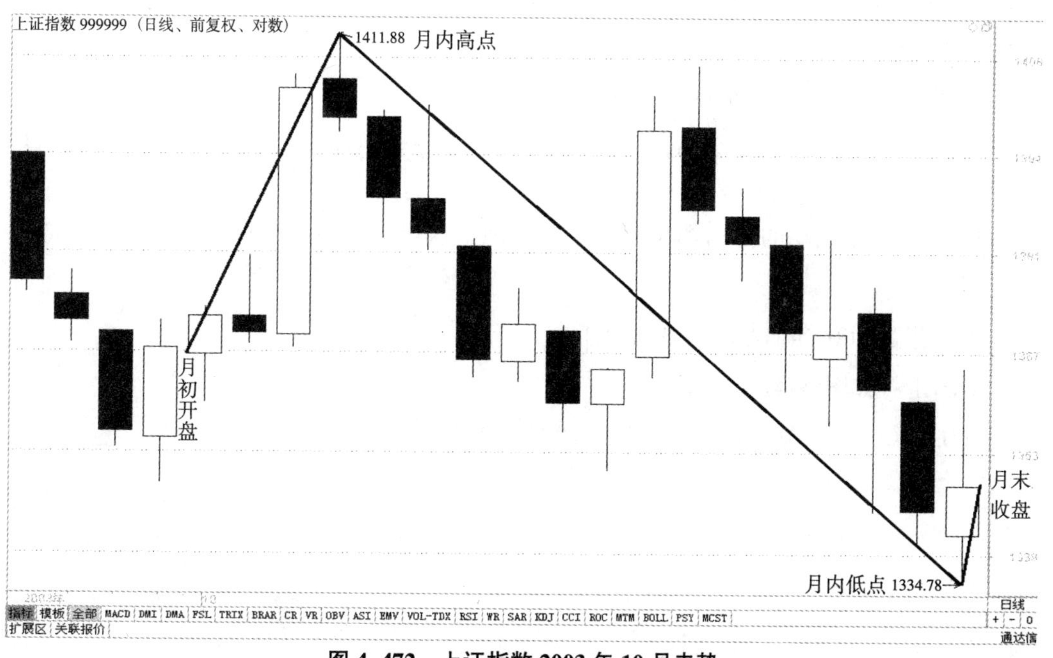

图 4-472 上证指数 2003 年 10 月走势

V 图走势如图 4–473 所示。

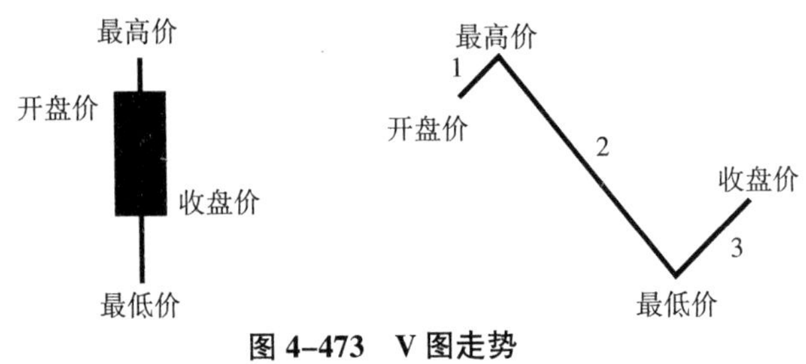

图 4–473　V 图走势

2003 年 10 月所处神秘大三角位置如图 4–474 所示。

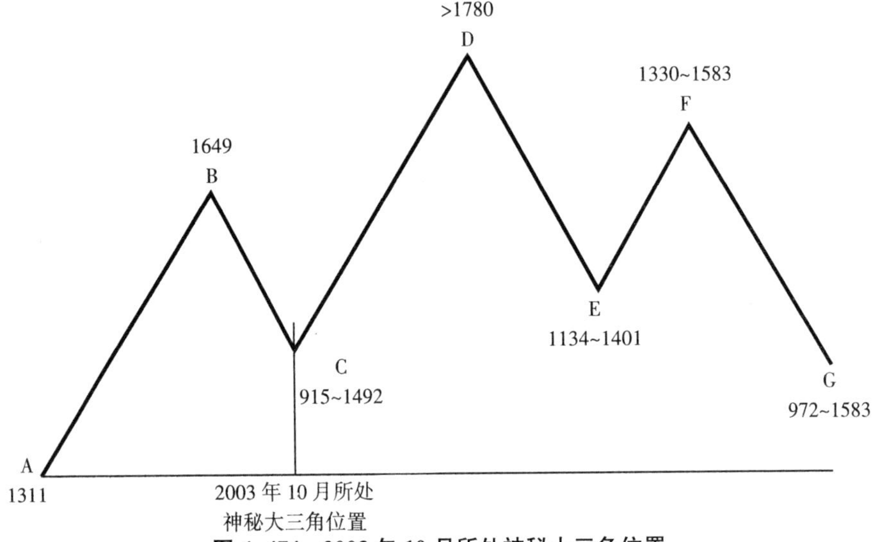

图 4–474　2003 年 10 月所处神秘大三角位置

10 月，整个波动的范围都在 C 点范围之内，这可以说明距离真正的 C 点已经越来越近了。

上证指数 2003 年 11 月走势如图 4–475 所示。

V 图走势如图 4–476 所示。

2003 年 11 月所处神秘大三角位置如图 4–477 所示。

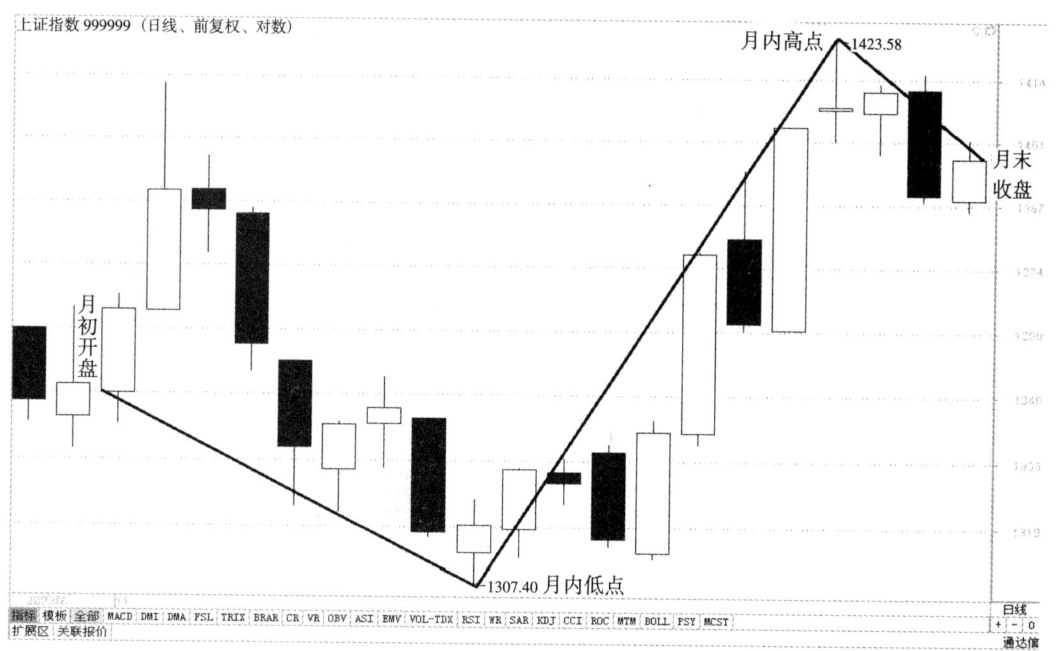

图 4-475　上证指数 2003 年 11 月走势

图 4-476　V 图走势

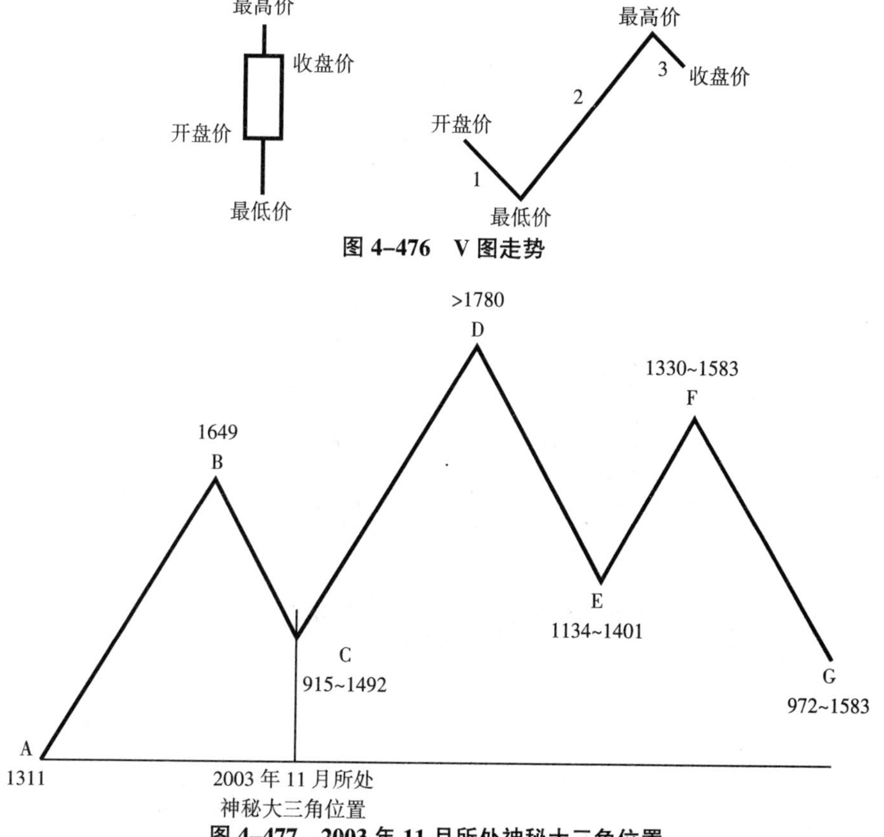

图 4-477　2003 年 11 月所处神秘大三角位置

11 月，大盘指数最低位置几乎要跌穿 1300 点，创出 1307 点的新低，后有所回升。这几个月都在 C 点范围内震荡，12 月怎么走就决定了 C 点是目前的 1307 点还是更低。

上证指数 2003 年 12 月走势如图 4-478 所示。

图 4-478　上证指数 2003 年 12 月走势

V 图走势如图 4-479 所示。

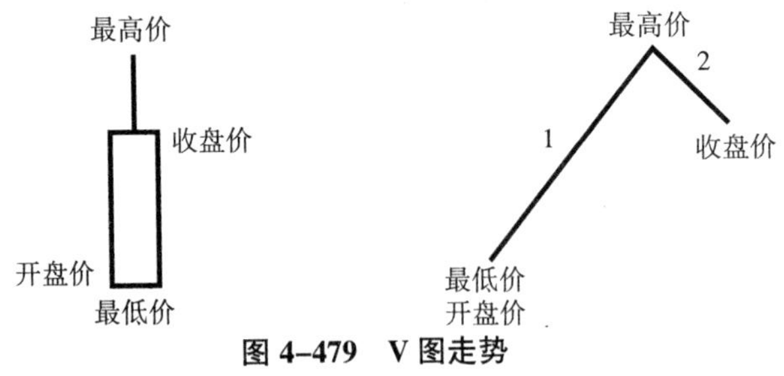

图 4-479　V 图走势

2003 年 12 月所处神秘大三角位置如图 4-480 所示。

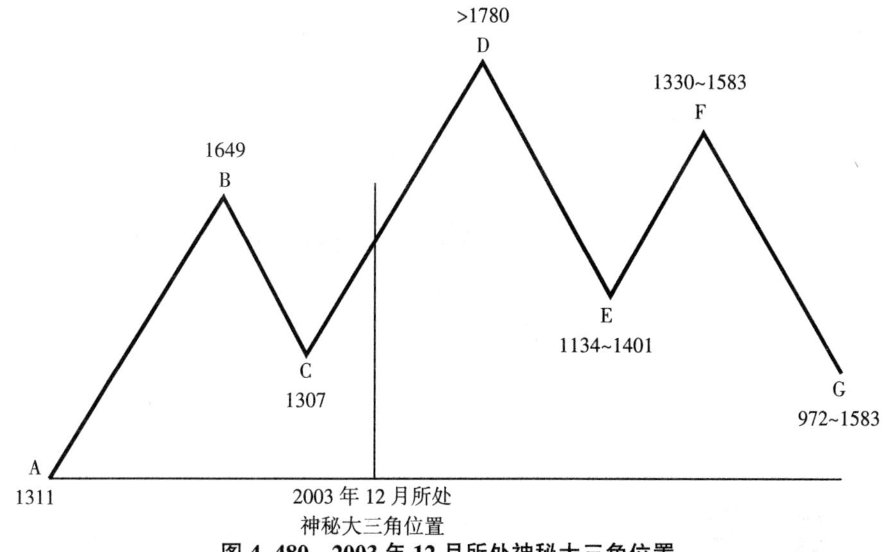

图 4-480　2003 年 12 月所处神秘大三角位置

12 月，一切都明朗了，大盘年线 V 图已成定局，年内最低点的 1307 点成为真正的 C 点，未来的一年将直奔 1780 高点而去，但从整体看，未来的 D 点也不会冲得太高。总体属于一波较大的反弹，随后跌入 E 点，再一波反弹到 F 点，然后再跌入 G 点，随后进入新一轮的大三角中。

4.17　2004 年

纵观前两年，GDP 增长率逐渐提升，预计 2004 年一般性看好。但根据对 2003 年的观察，2004 年估计还是以小幅反弹为主，下跌仍是主旋律。

上证指数 2004 年 1 月走势如图 4-481 所示。

V 图走势如图 4-482 所示。

2004 年 1 月所处神秘大三角位置如图 4-483 所示。

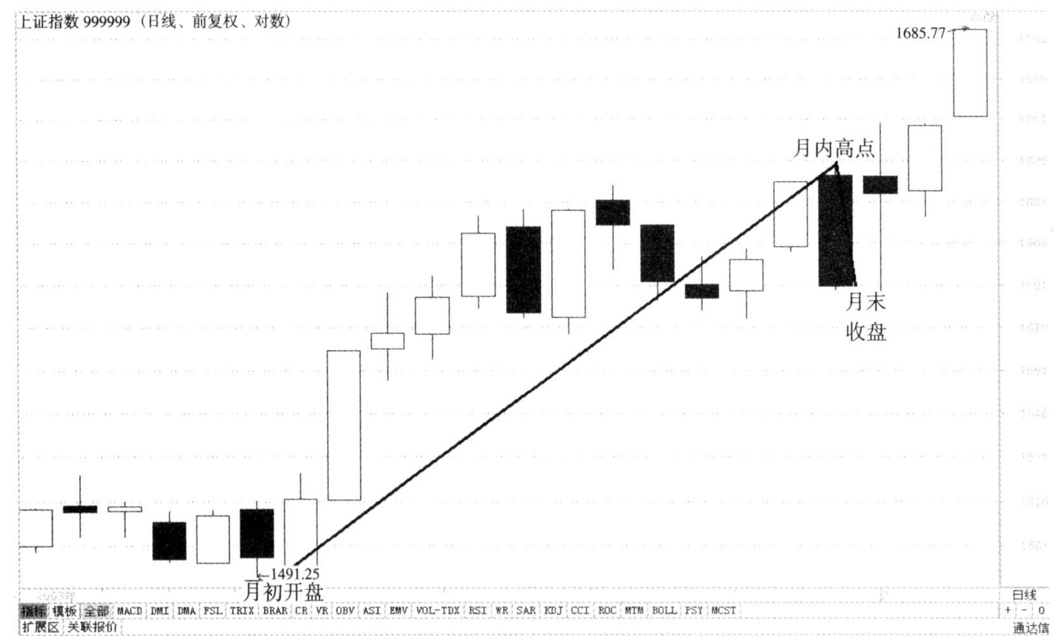

图 4-481　上证指数 2004 年 1 月走势

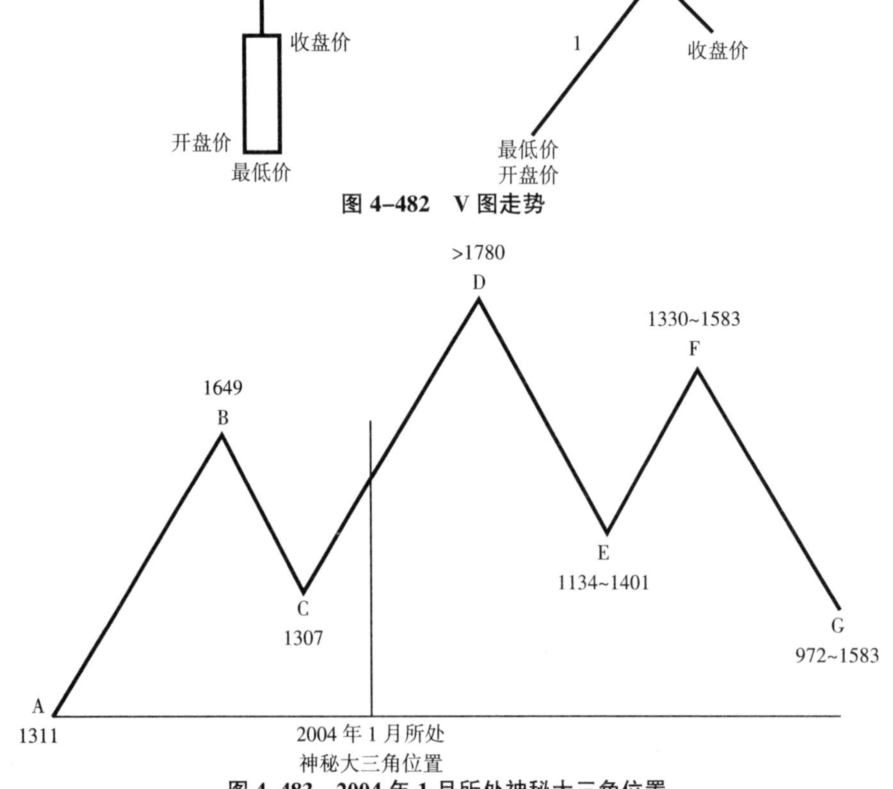

图 4-482　V 图走势

图 4-483　2004 年 1 月所处神秘大三角位置

1 月，股指向上缓慢行走，速度有些慢，幅度有些小。

上证指数 2004 年 2 月走势如图 4-484 所示。

图 4-484　上证指数 2004 年 2 月走势

V 图走势如图 4-485 所示。

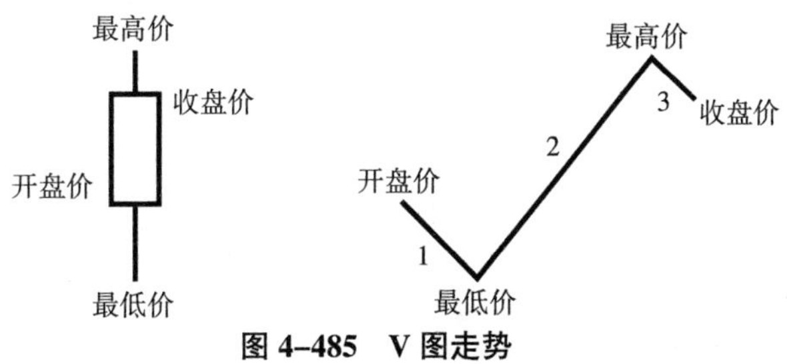

图 4-485　V 图走势

2004 年 2 月所处神秘大三角位置如图 4-486 所示。

2 月，向上到达 1730 点，相当接近于此前我们预测的 D 点 1780 点。由于此前估计的 D 点可能较低，所以目前应谨慎地把 1730 点看成是 D 点。

上证指数 2004 年 3 月走势如图 4-487 所示。

V 图走势如图 4-488 所示。

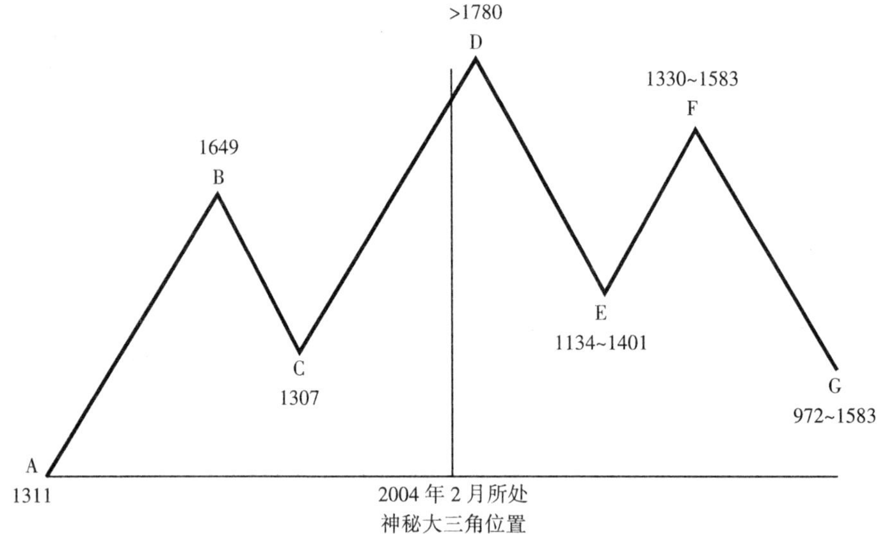

图 4-486　2004 年 2 月所处神秘大三角位置

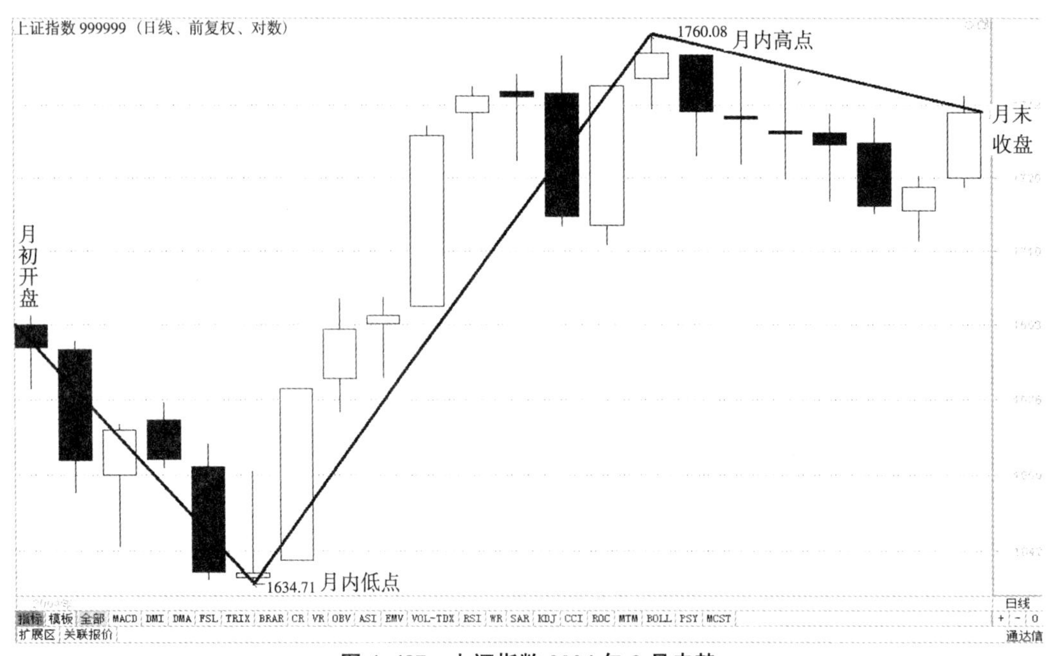

图 4-487　上证指数 2004 年 3 月走势

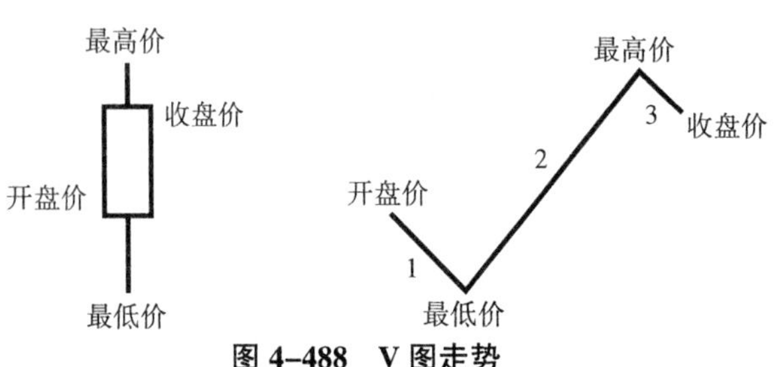

图 4-488　V 图走势

2004 年 3 月所处神秘大三角位置如图 4-489 所示。

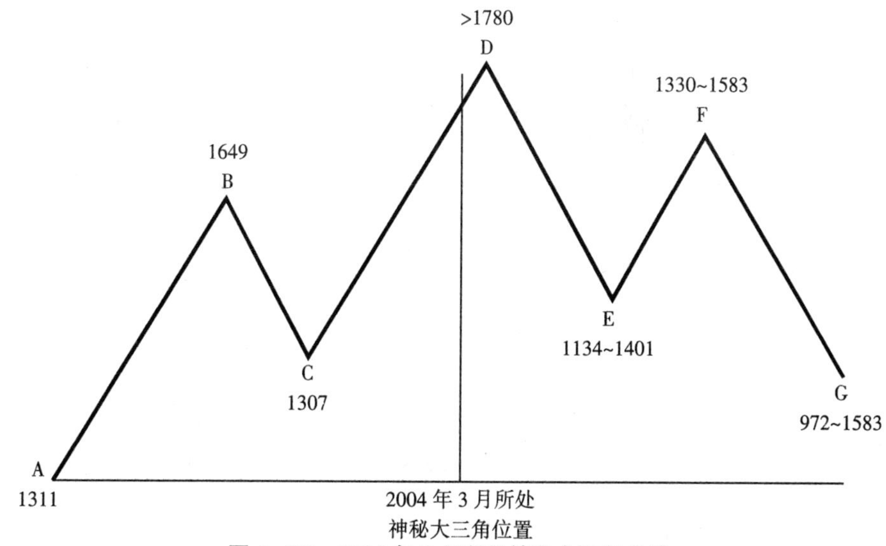

图 4-489 2004 年 3 月所处神秘大三角位置

3 月，上证指数再创新高至 1760 点，又向 1780 的 D 点行进了一步。

上证指数 2004 年 4 月走势如图 4-490 所示。

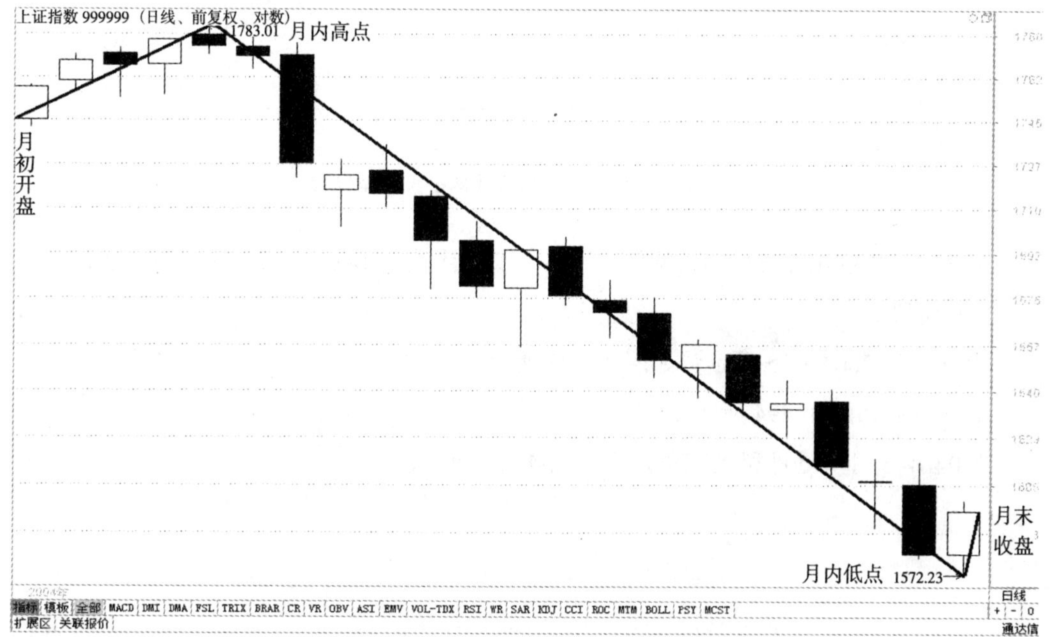

图 4-490 上证指数 2004 年 4 月走势

V 图走势如图 4–491 所示。

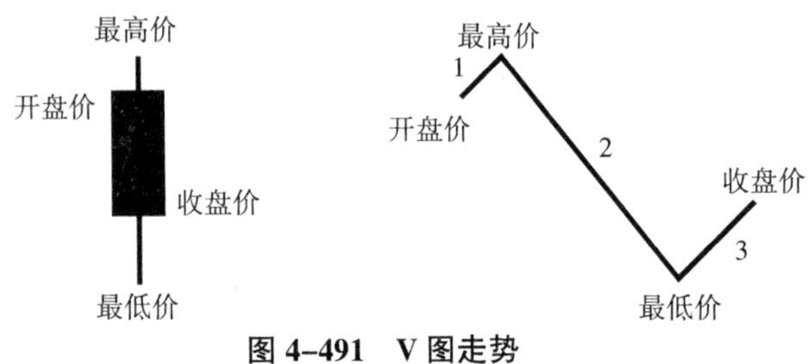

图 4–491　V 图走势

2004 年 4 月所处神秘大三角位置如图 4–492 所示。

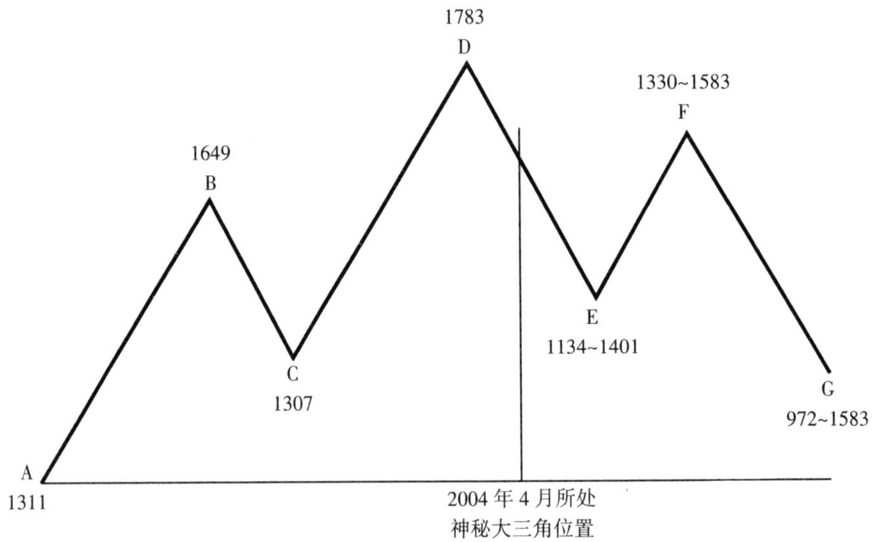

图 4–492　2004 年 4 月所处神秘大三角位置

4 月，股指创出 1783 点的新高，基本可以确认就是 D 点了，其后大幅下跌，确认进入 DE 阶段。

上证指数 2004 年 5 月走势如图 4–493 所示。

V 图走势如图 4–494 所示。

2004 年 5 月所处神秘大三角位置如图 4–495 所示。

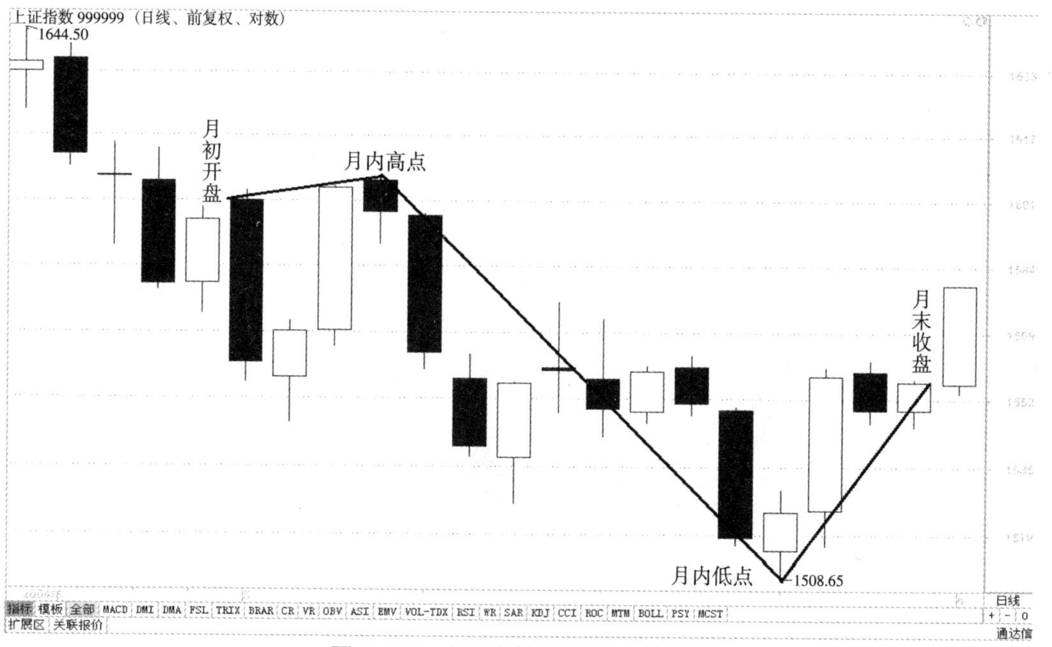

图 4-493　上证指数 2004 年 5 月走势

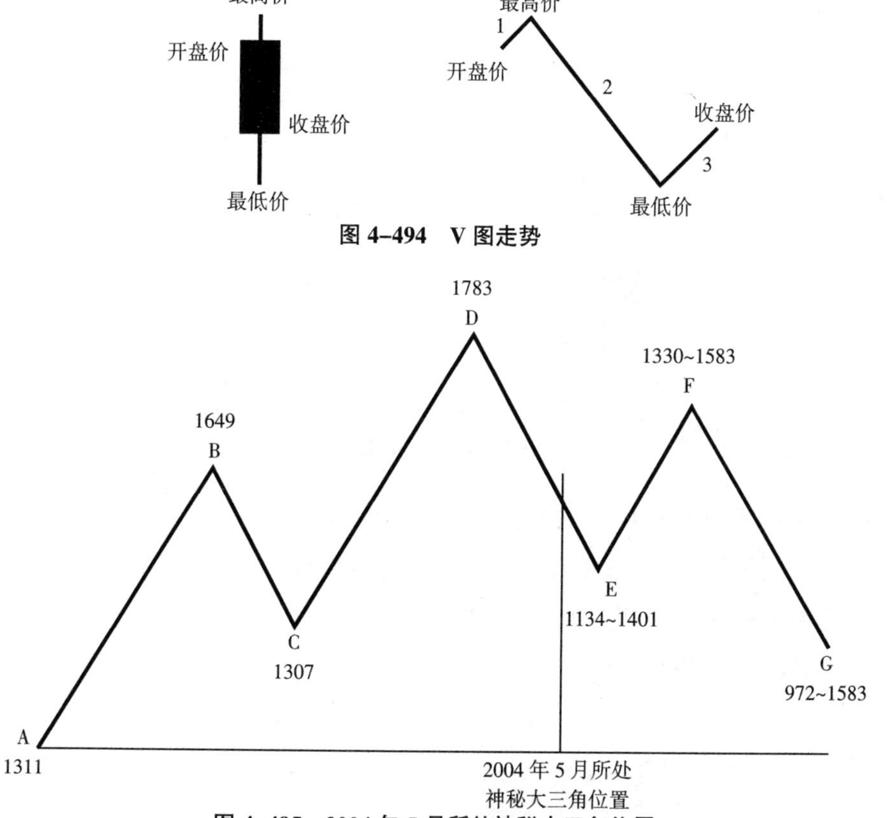

图 4-494　V 图走势

图 4-495　2004 年 5 月所处神秘大三角位置

5 月，指数跌至 1500 点，向 E 点又靠近了一点。

上证指数 2004 年 6 月走势如图 4-496 所示。

图 4-496　上证指数 2004 年 6 月走势

V 图走势如图 4-497 所示。

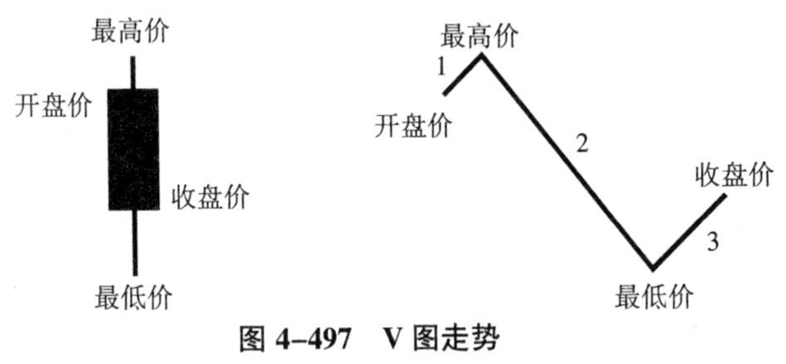

图 4-497　V 图走势

2004 年 6 月所处神秘大三角位置如图 4-498 所示。

6 月，行情持续下跌，跌至 1376 点，进入此前预测的 E 点范围，后市要持续观察。

上证指数 2004 年 7 月走势如图 4-499 所示。

V 图走势如图 4-500 所示。

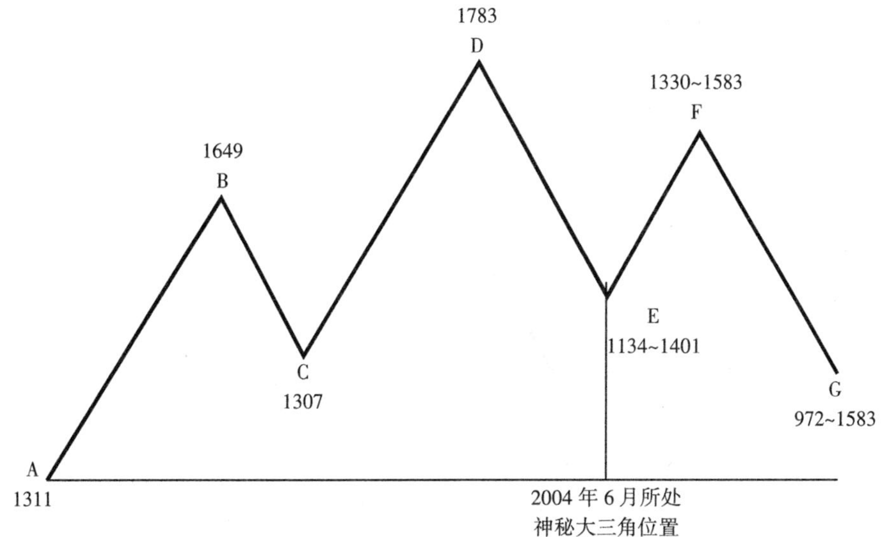

图 4-498　2004 年 6 月所处神秘大三角位置

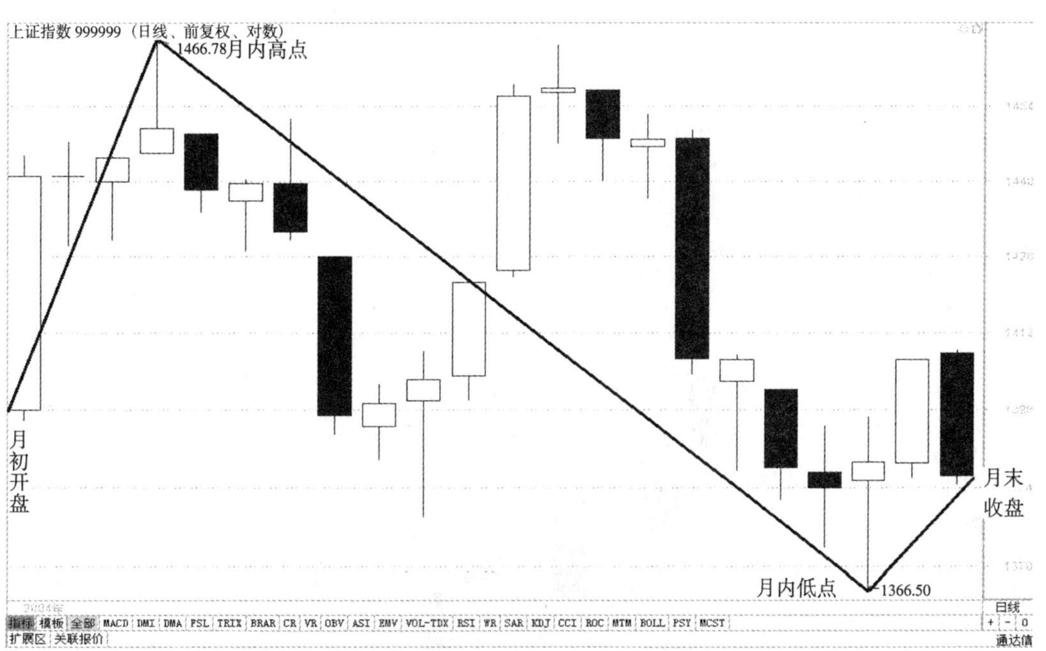

图 4-499　上证指数 2004 年 7 月走势

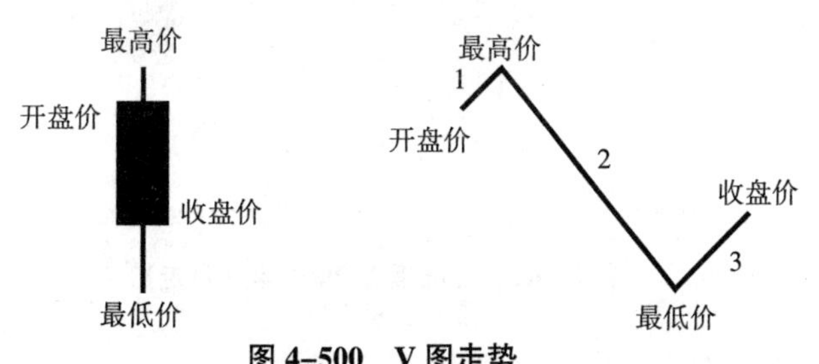

图 4-500　V 图走势

2004 年 7 月所处神秘大三角位置如图 4-501 所示。

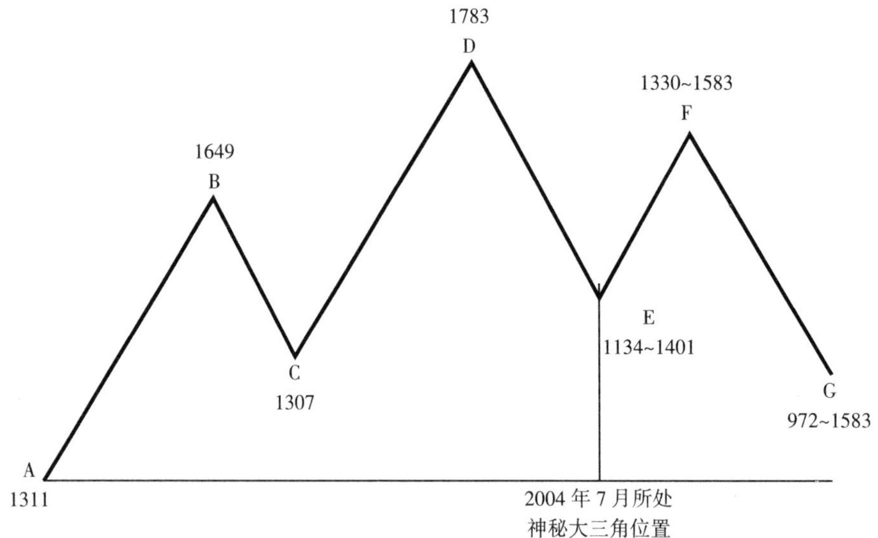

图 4-501　2004 年 7 月所处神秘大三角位置

7 月，指数再创新低至 1366 点。

上证指数 2004 年 8 月走势如图 4-502 所示。

图 4-502　上证指数 2004 年 8 月走势

V 图走势如图 4-503 所示。

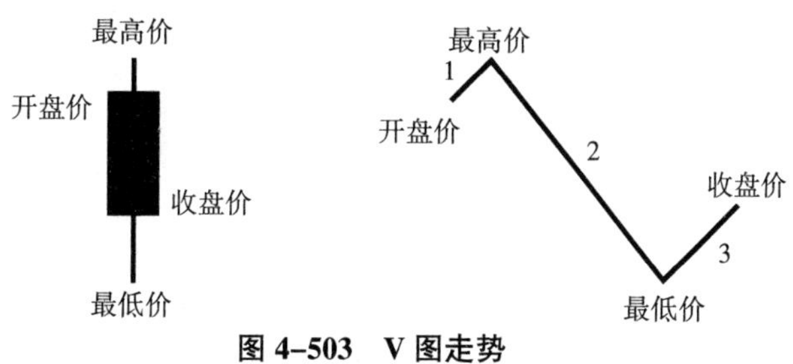

图 4-503　V 图走势

2004 年 8 月所处神秘大三角位置如图 4-504 所示。

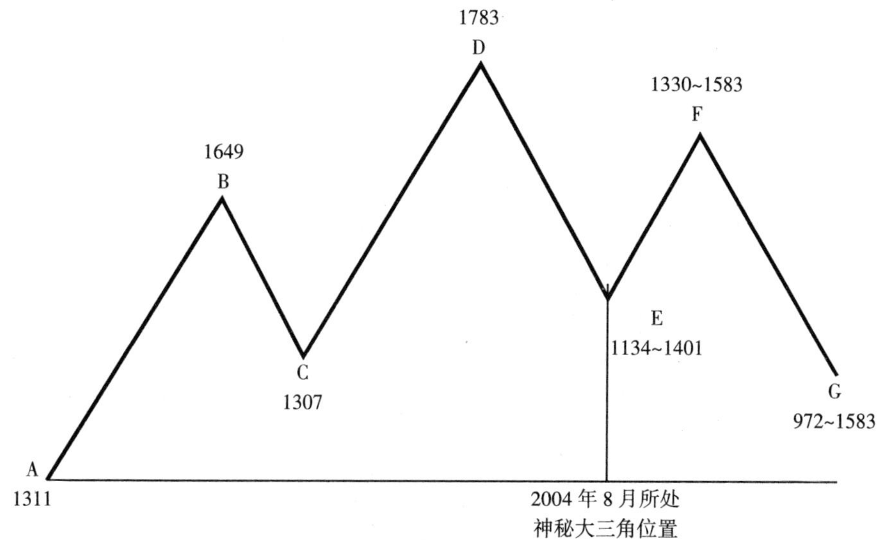

图 4-504　2004 年 8 月所处神秘大三角位置

8 月，延续 7 月的下跌走势，创出 1310 点的新低，貌似离 E 点越来越近了。

上证指数 2004 年 9 月走势如图 4-505 所示。

V 图走势如图 4-506 所示。

2004 年 9 月所处神秘大三角位置如图 4-507 所示。

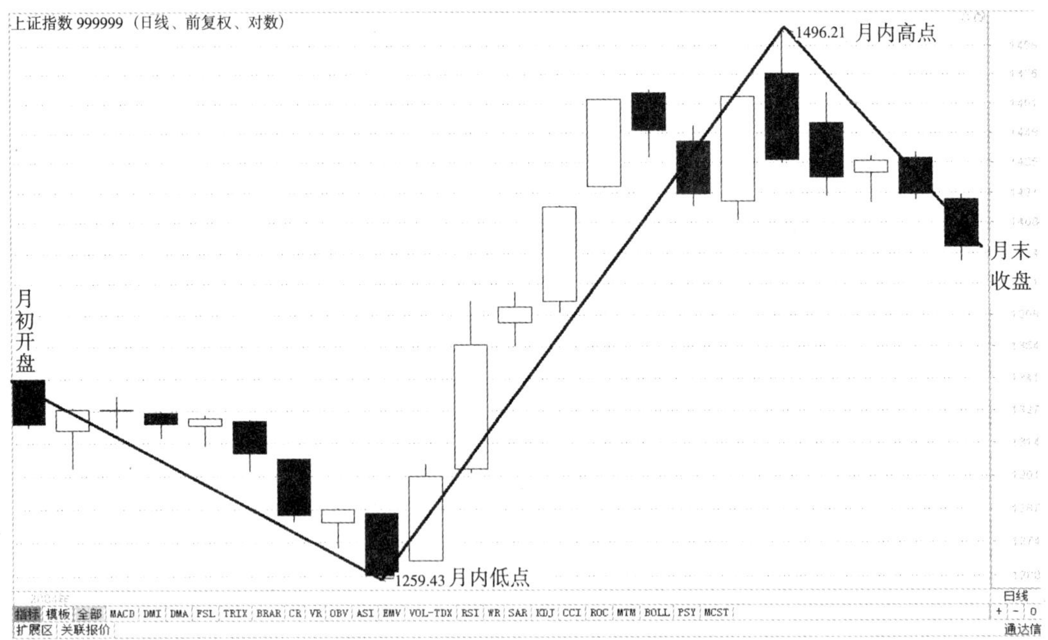

图 4-505　上证指数 2004 年 9 月走势

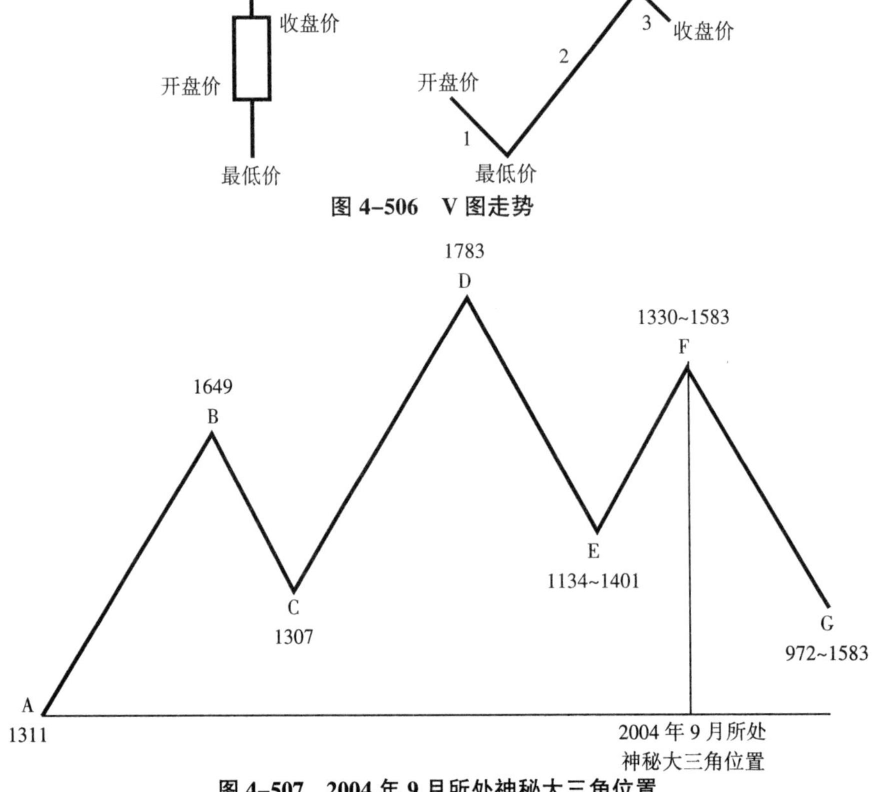

图 4-506　V 图走势

图 4-507　2004 年 9 月所处神秘大三角位置

9 月，大盘指数创出 1259 点的新低，然后反弹至接近 1500 点的位置，即进入 F 点的范围，所以月初创下的新低 1259 点就是 E 点，而目前则处在 F 点的范围里。

上证指数 2004 年 10 月走势如图 4-508 所示。

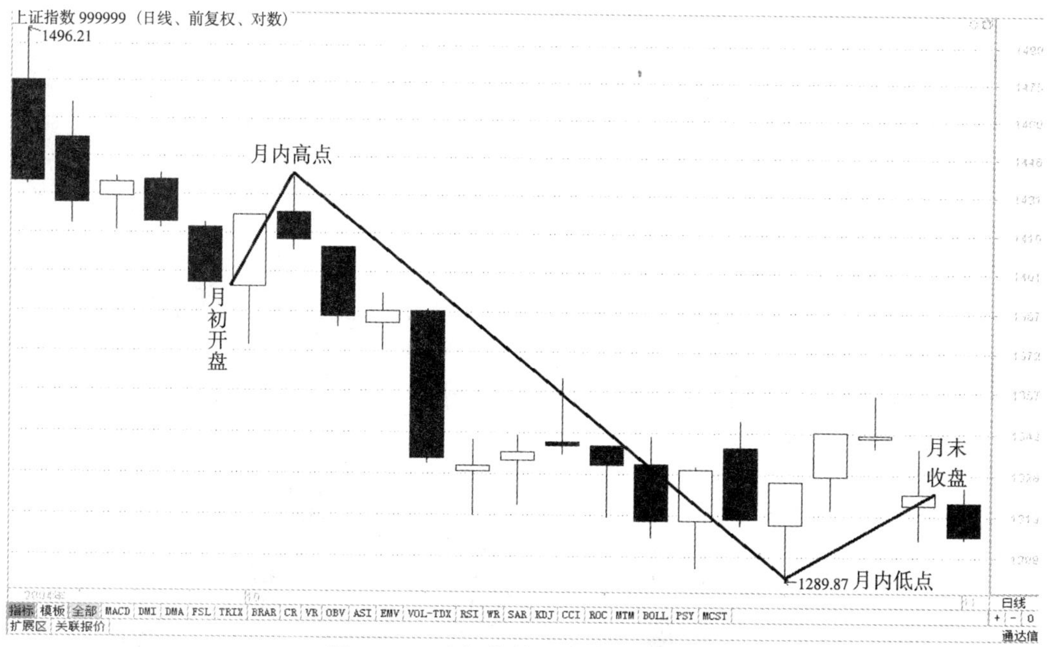

图 4-508　上证指数 2004 年 10 月走势

V 图走势如图 4-509 所示。

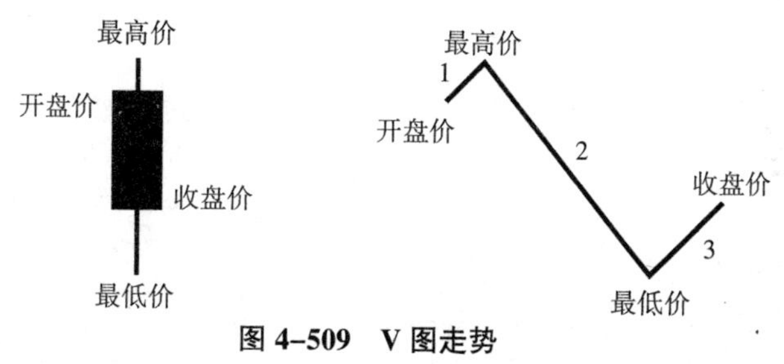

图 4-509　V 图走势

2004 年 10 月所处神秘大三角位置如图 4-510 所示。

10 月的大盘再次回落至 E 点，又否决了之前 F 点已经临近的看法。

上证指数 2004 年 11 月走势如图 4-511 所示。

V 图走势如图 4-512 所示。

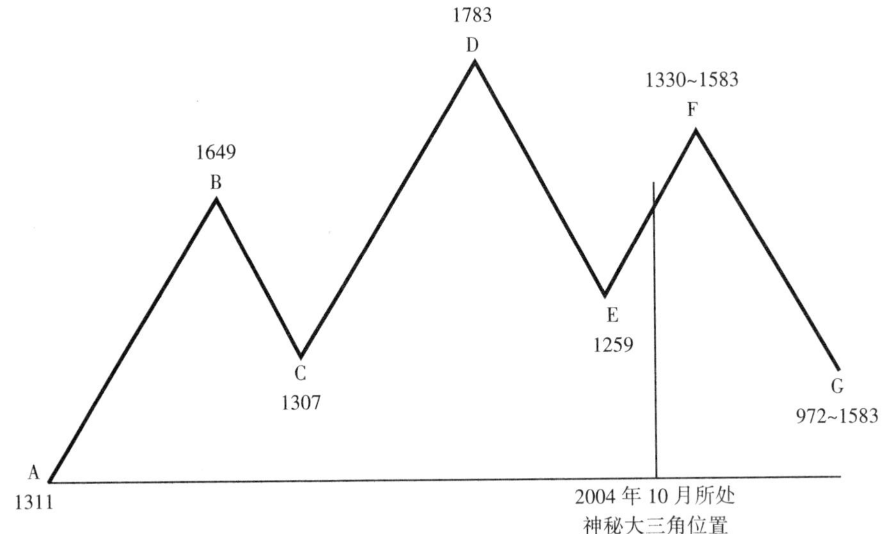

图 4-510　2004 年 10 月所处神秘大三角位置

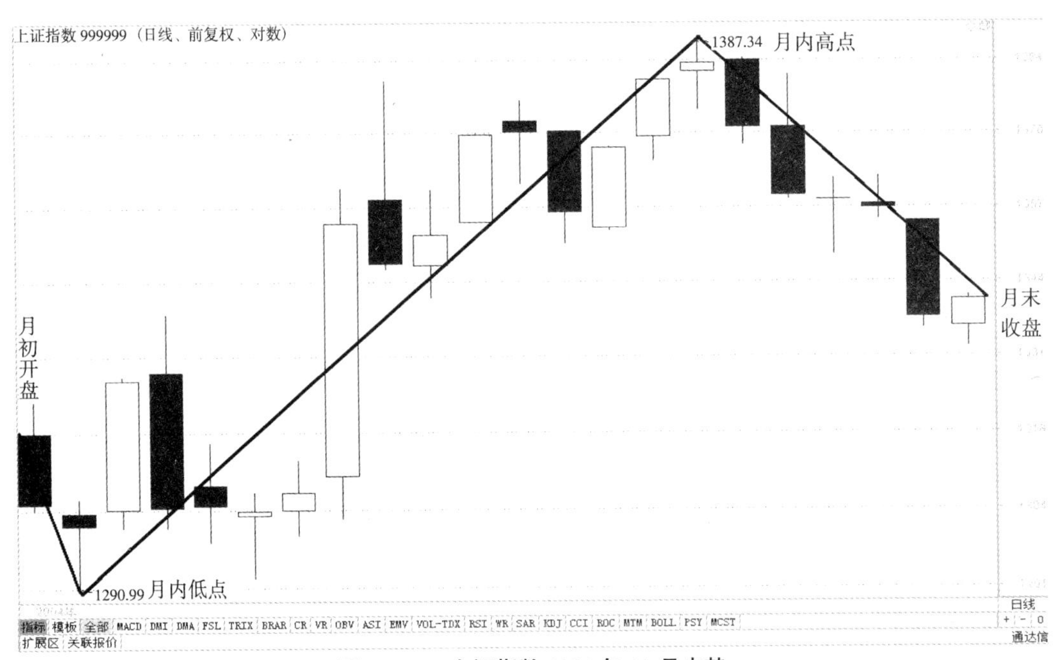

图 4-511　上证指数 2004 年 11 月走势

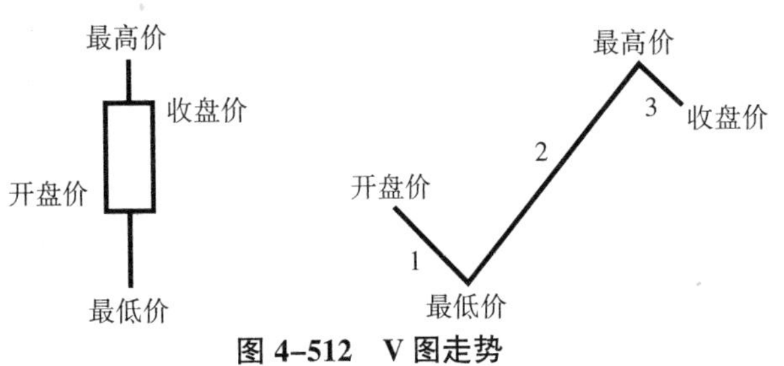

图 4-512　V 图走势

2004 年 11 月所处神秘大三角位置如图 4-513 所示。

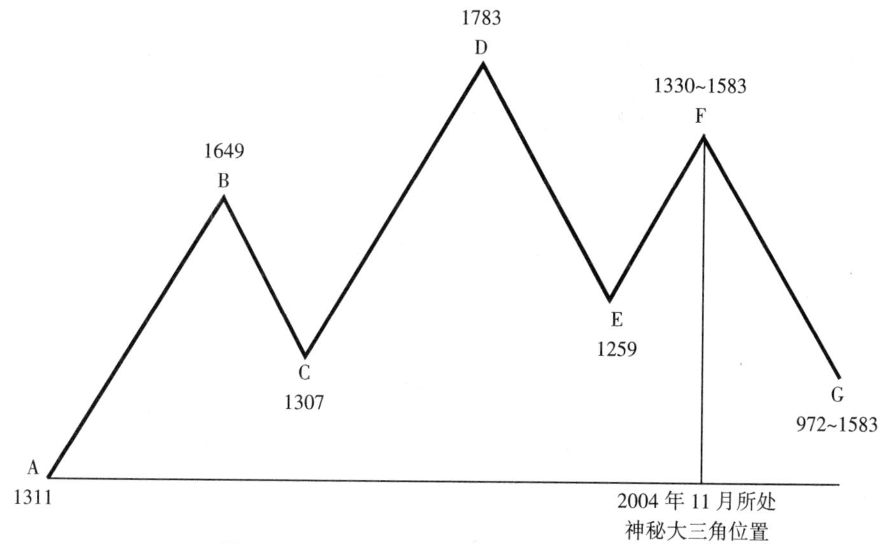

图 4-513 2004 年 11 月所处神秘大三角位置

11 月，大盘冲高，最高达到 1387 点。但在年 V 图上看仍不能确认当前就是 F 点。

上证指数 2004 年 12 月走势如图 4-514 所示。

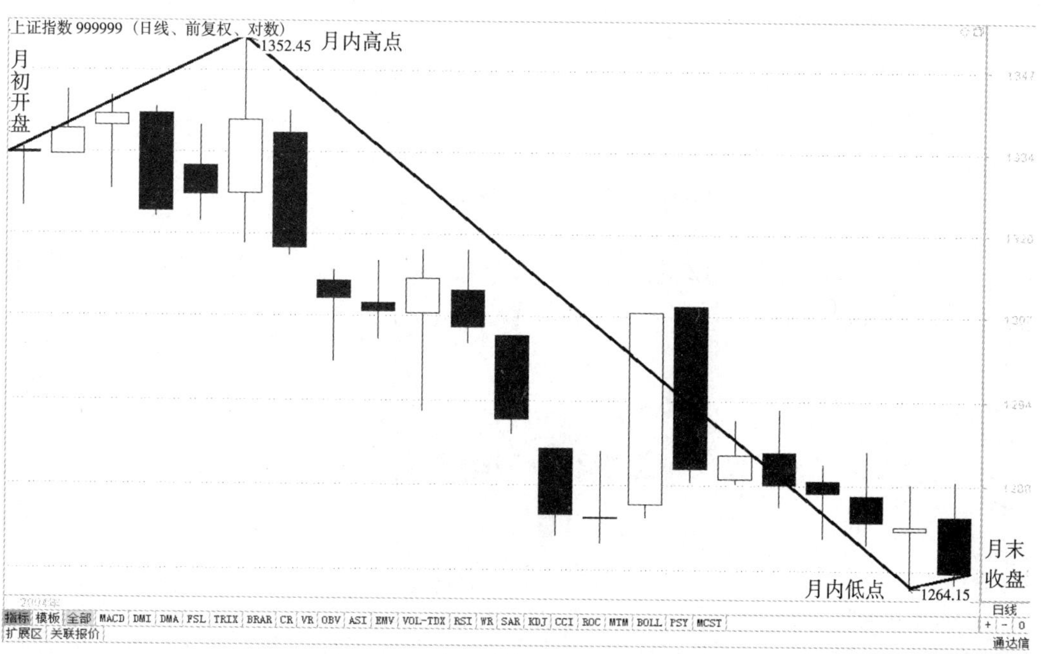

图 4-514 上证指数 2004 年 12 月走势

V 图走势如图 4-515 所示。

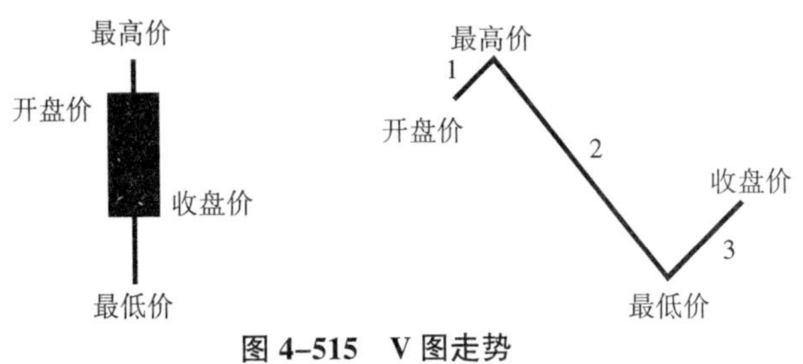

图 4-515 V 图走势

2004 年 12 月所处神秘大三角位置如图 4-516 所示。

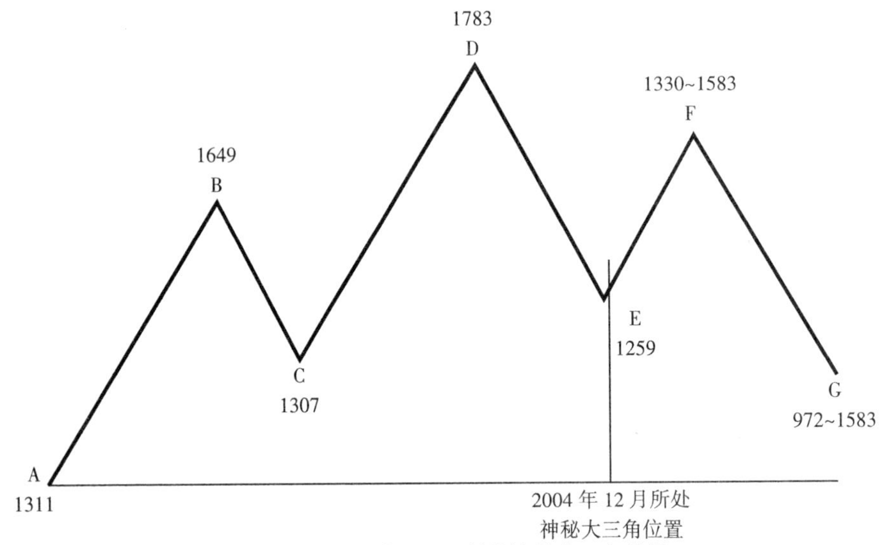

图 4-516 2004 年 12 月所处神秘大三角位置

12 月，年收盘点位为 1266 点，将原来以为处在 F 点的位置拉了下来，回到 E 点附近。预计 2005 年初或年中会出现真正的 F 点和 G 点。

4.18 2005 年

从 GDP 增长率看，此前已连续三年在上升，2004 年又处在下跌行情中，已偏离主线，所以 2005 年有可能上涨，但就像 2004 年所预测的那样，可能涨到 F 点就不再涨了，而且还会继续下跌至 G 点。所以 2005 年仍是个以下跌为主的乏味之年。

上证指数 2005 年 1 月走势如图 4-517 所示。

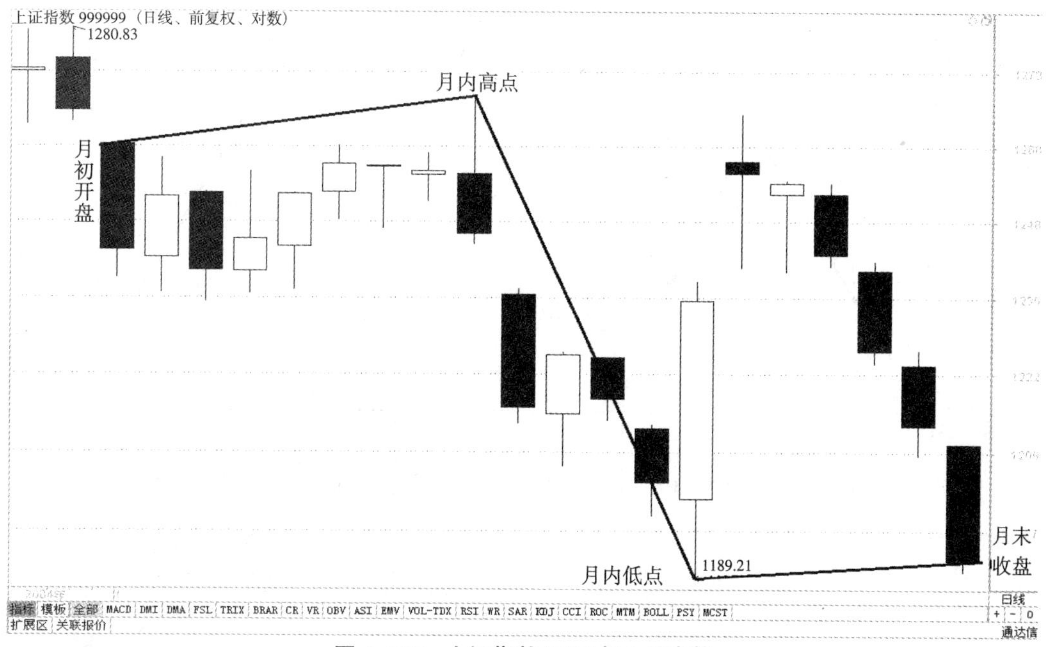

图 4-517 上证指数 2005 年 1 月走势

V 图走势如图 4-518 所示。

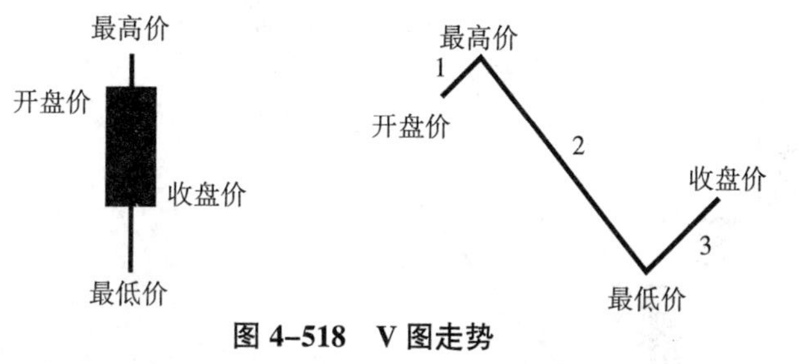

图 4-518 V 图走势

2005 年 1 月所处神秘大三角位置如图 4-519 所示。

1 月，股指开盘后一路下跌，月末震荡，最低跌至 1189 点，再次将原来的 E 点向下拉低。

上证指数 2005 年 2 月走势如图 4-520 所示。

V 图走势如图 4-521 所示。

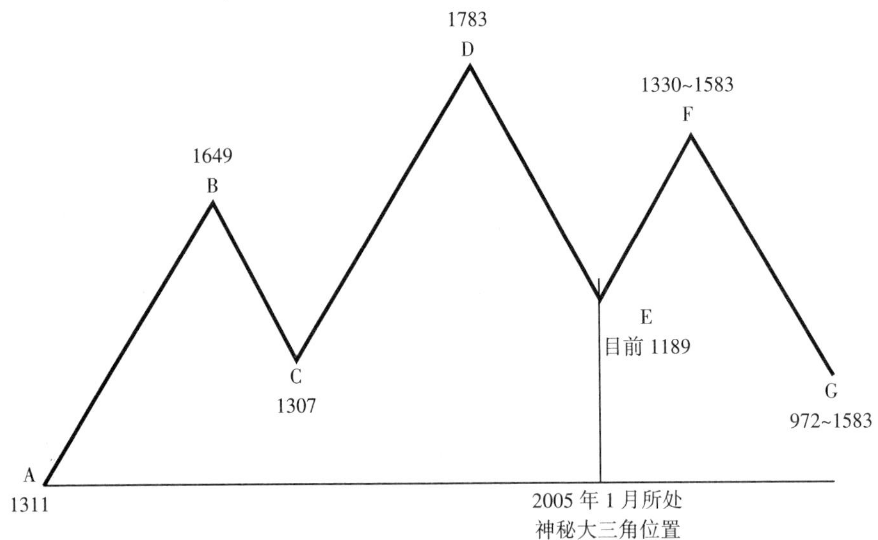

图 4-519　2005 年 1 月所处神秘大三角位置

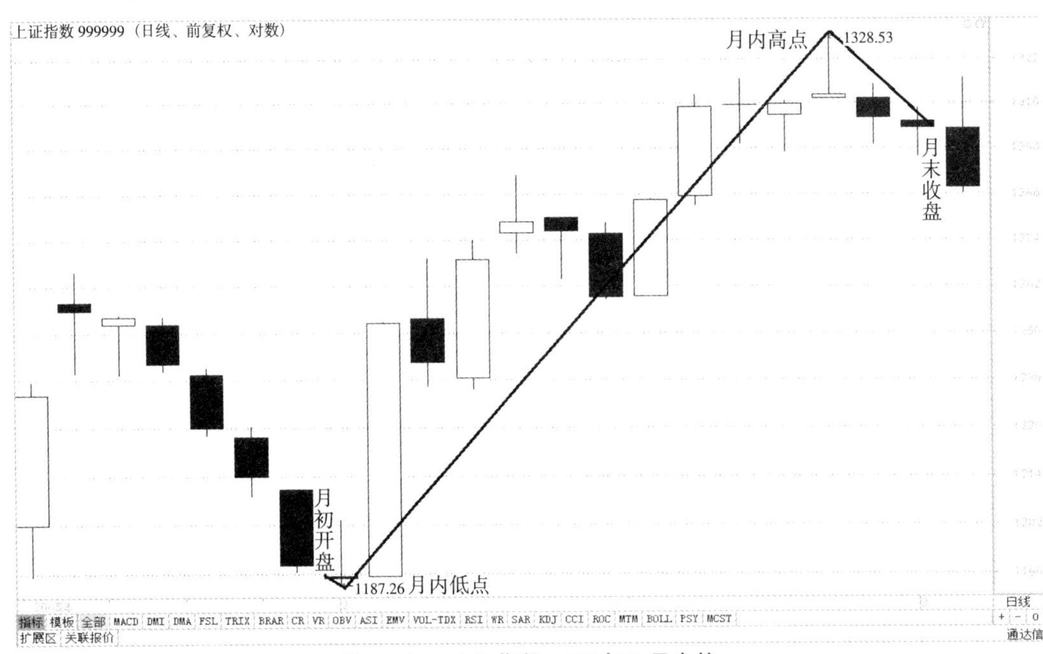

图 4-520　上证指数 2005 年 2 月走势

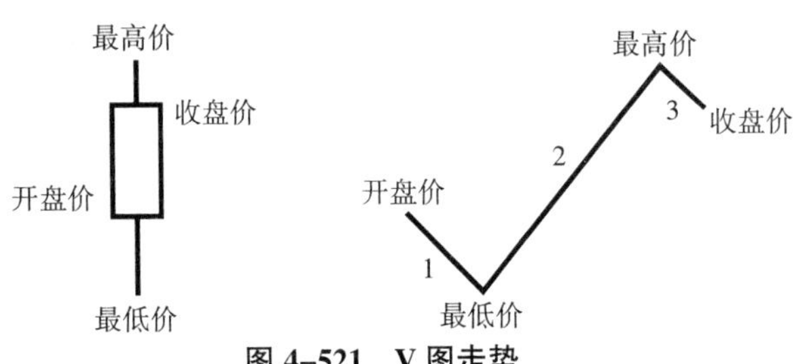

图 4-521　V 图走势

2005 年 2 月所处神秘大三角位置如图 4-522 所示。

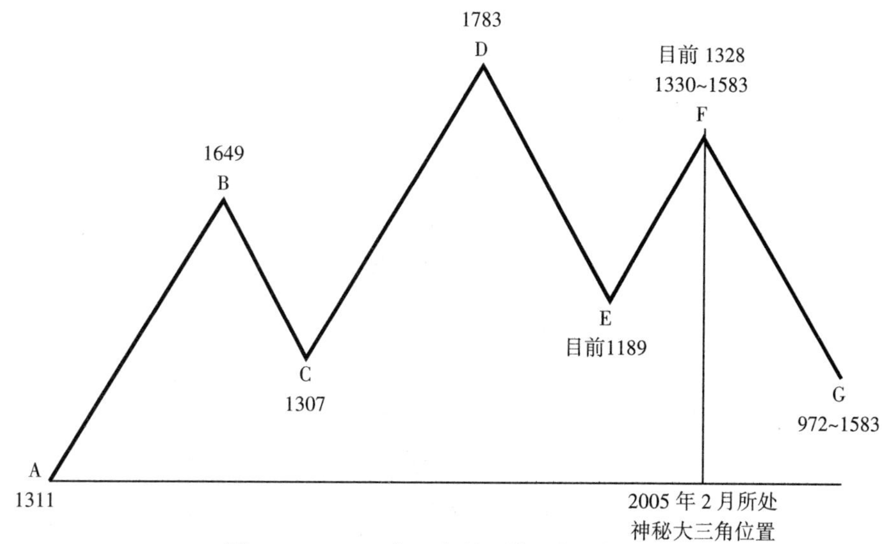

图 4-522　2005 年 2 月所处神秘大三角位置

2 月，一开始指数就一路攀升至 1328 点，十分接近甚至可以把 1328 点看成是 F 点了。

上证指数 2005 年 3 月走势如图 4-523 所示。

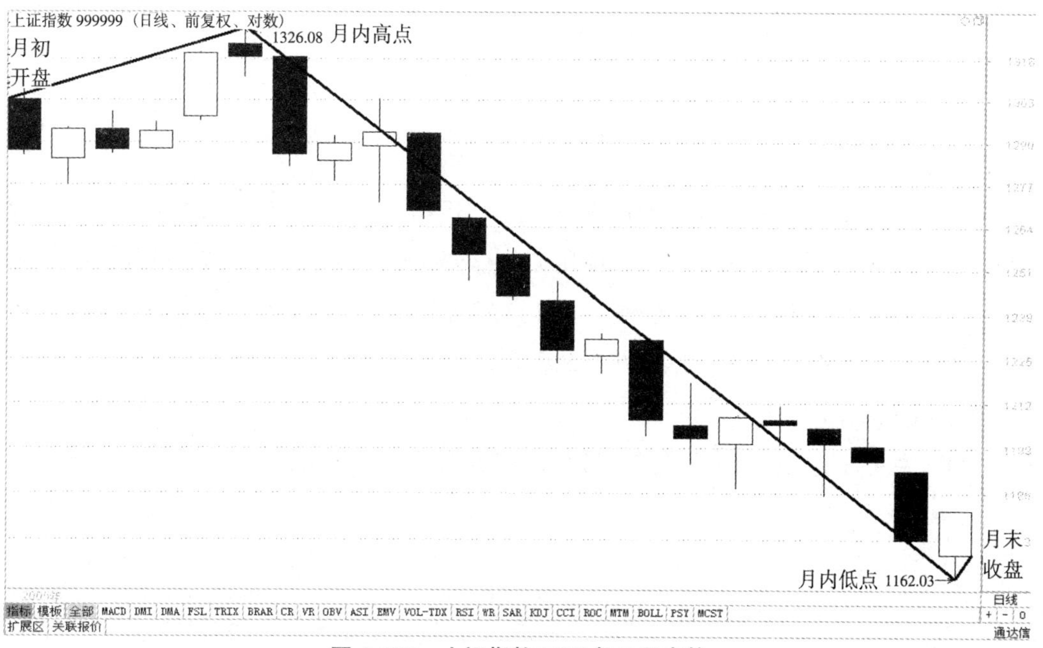

图 4-523　上证指数 2005 年 3 月走势

V 图走势如图 4–524 所示。

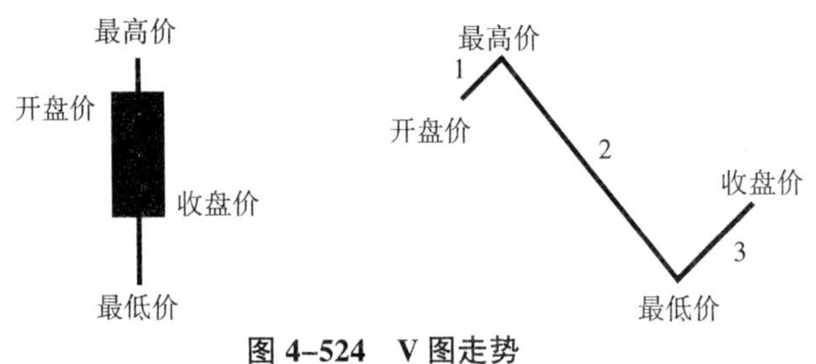

图 4–524　V 图走势

2005 年 3 月所处神秘大三角位置如图 4–525 所示。

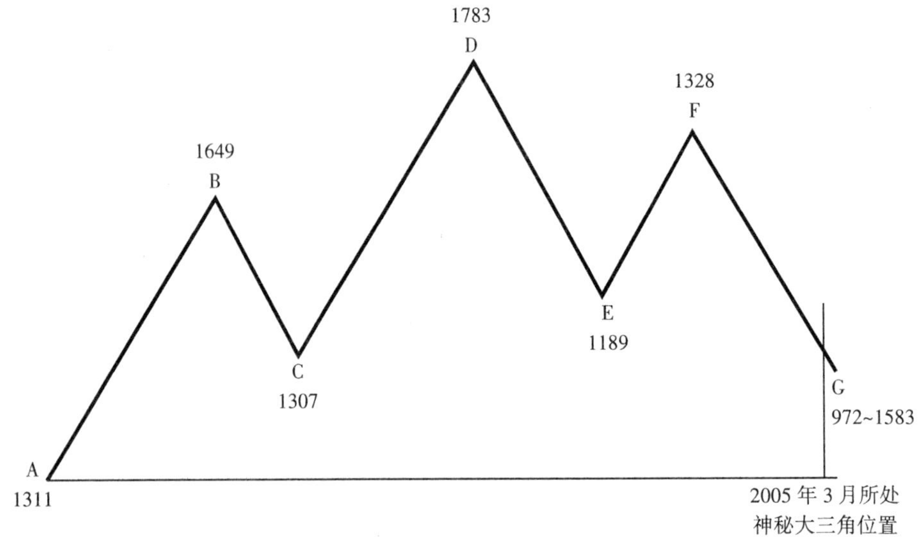

图 4–525　2005 年 3 月所处神秘大三角位置

3 月，大盘直线大跌，使之前模糊的 F 点一下清晰了起来，我们可以容忍两个点的误差，将 1328 点确定为 F 点，则目前所处的行情就顺理成章地处于 F 点到 G 点之间。这个月已下跌到了 1162 点，已经进入了 G 点范围。

上证指数 2005 年 4 月走势如图 4–526 所示。

V 图走势如图 4–527 所示。

2005 年 4 月所处神秘大三角位置如图 4–528 所示。

图 4-526　上证指数 2005 年 4 月走势

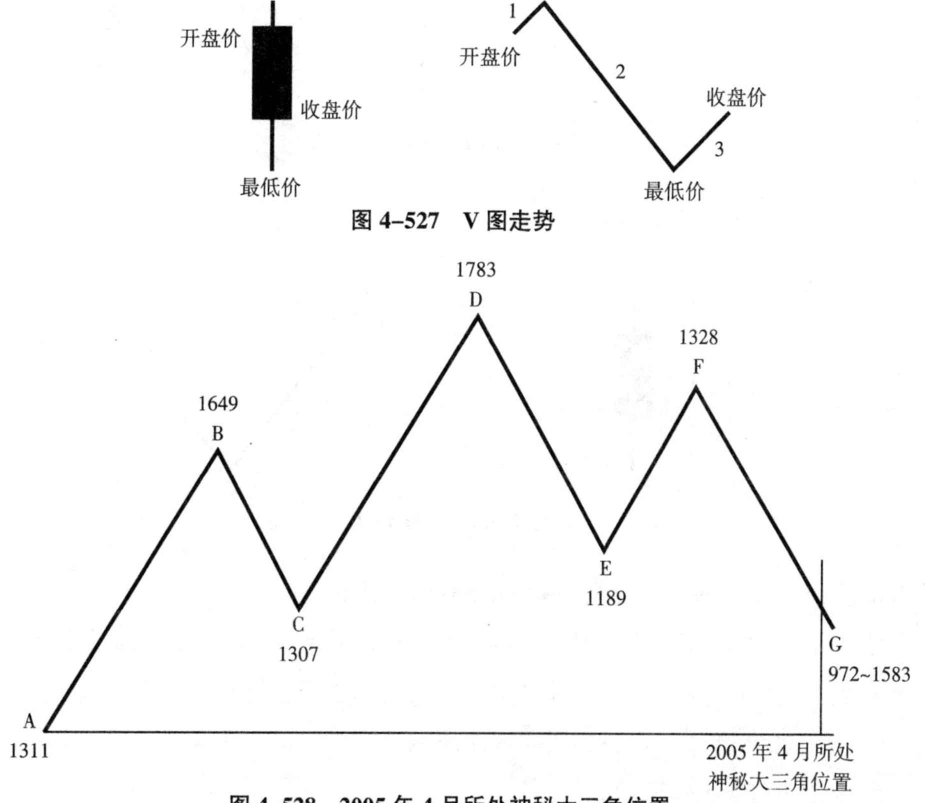

图 4-527　V 图走势

图 4-528　2005 年 4 月所处神秘大三角位置

4 月，指数再跌，将最低点拉至 G 点范围的最低值，目前来看很可能就是 G 点，但距离年底还有较长时间，还不好确定，就平均市盈率来说，已经很低了，绝对是可以投资的点位，当然等待最后的 G 点出现更为理想。

上证指数 2005 年 5 月走势如图 4-529 所示。

图 4-529　上证指数 2005 年 5 月走势

V 图走势如图 4-530 所示。

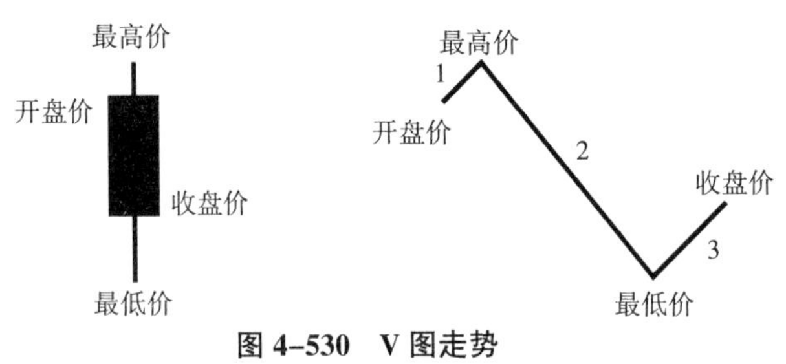

图 4-530　V 图走势

2005 年 5 月所处神秘大三角位置如图 4-531 所示。

5 月，行情继续深跌，最低跌至 1043 点，跌到了预测中的 G 点最低值附近，如果年内不再创出新低的话，就暂时可以把 1043 点当成是最后的 G 点。

上证指数 2005 年 6 月走势如图 4-532 所示。

V 图走势如图 4-533 所示。

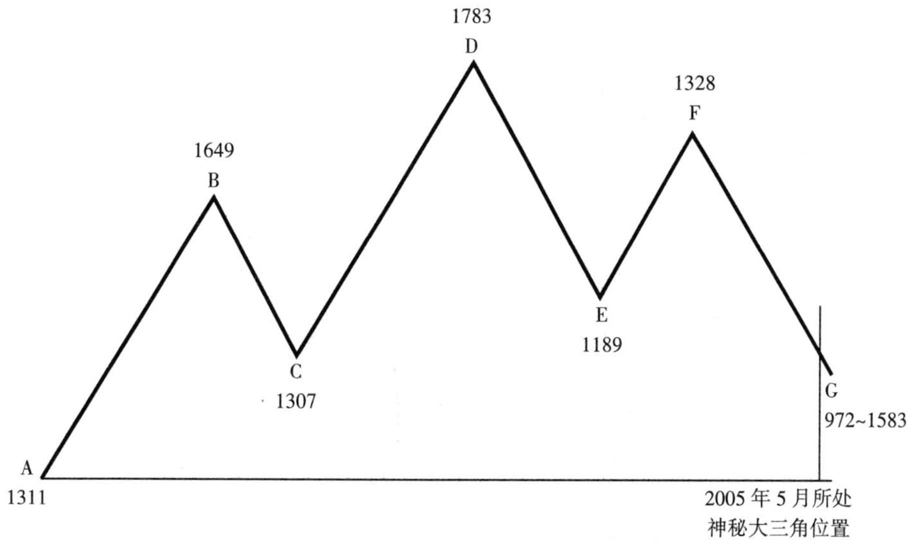

图 4-531　2005 年 5 月所处神秘大三角位置

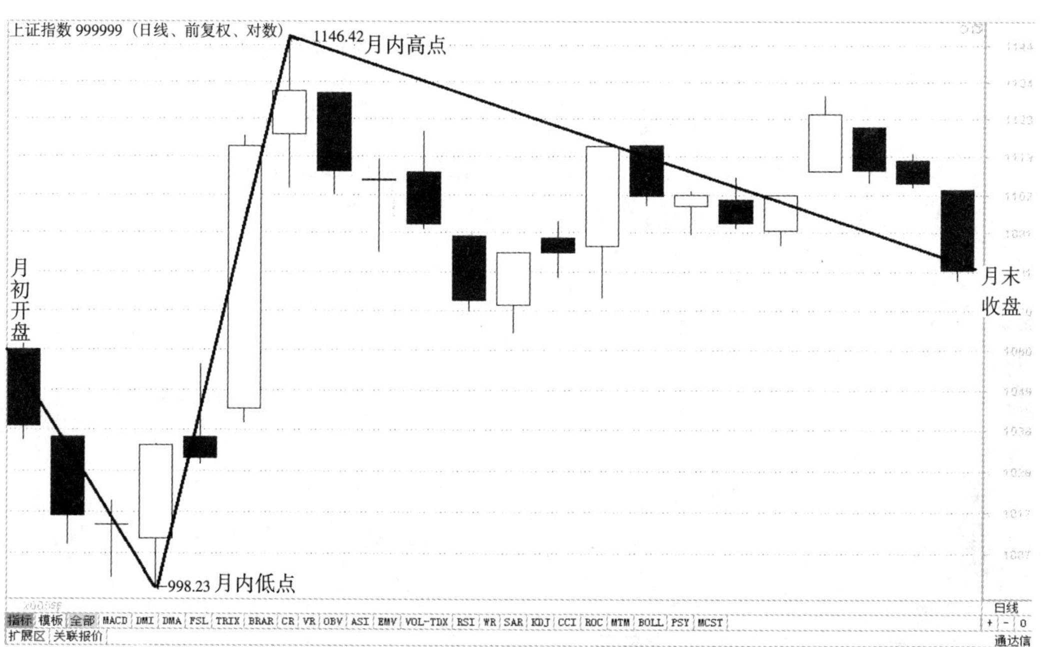

图 4-532　上证指数 2005 年 6 月走势

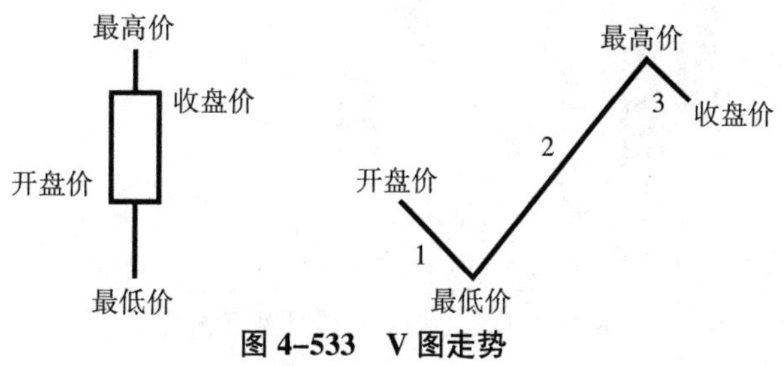

图 4-533　V 图走势

2005 年 6 月所处神秘大三角位置如图 4-534 所示。

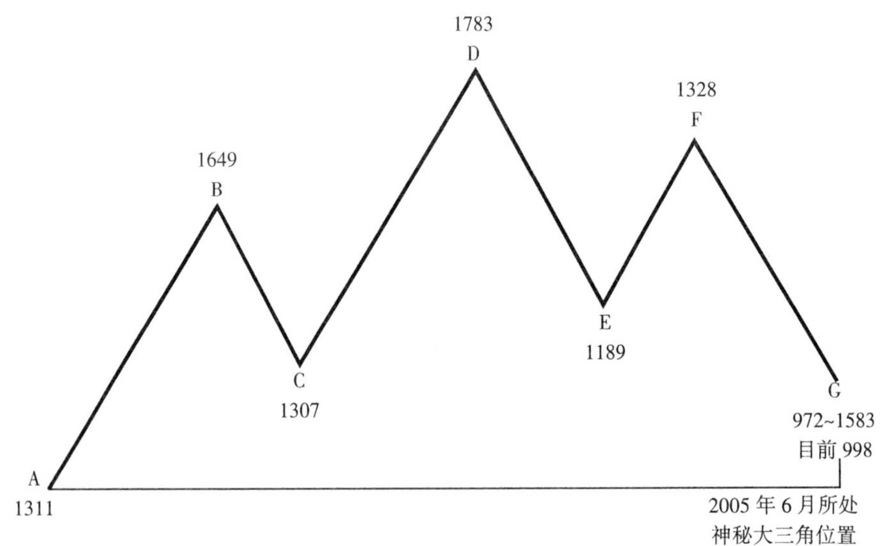

图 4-534 2005 年 6 月所处神秘大三角位置

6 月的头几个交易日，大盘再创新低，达到 998 点，进入此前预计的 G 点范围较低处。不久大盘便开始反转上涨，迅速脱离了这一区域，说明这一低点很可能就是 G 点。

上证指数 2005 年 7 月走势如图 4-535 所示。

图 4-535 上证指数 2005 年 7 月走势

V 图走势如图 4-536 所示。

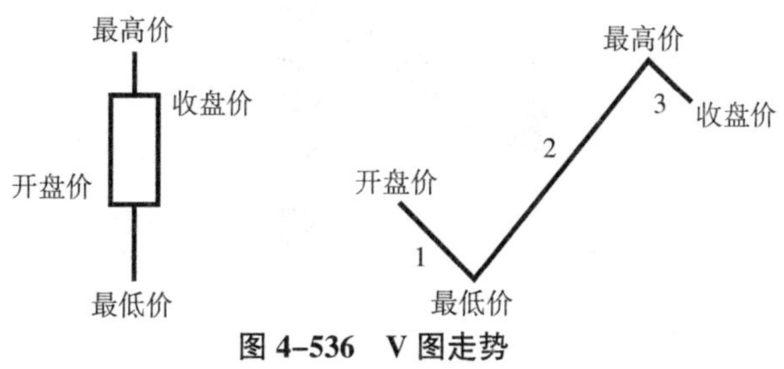

图 4-536　V 图走势

2005 年 7 月所处神秘大三角位置如图 4-537 所示。

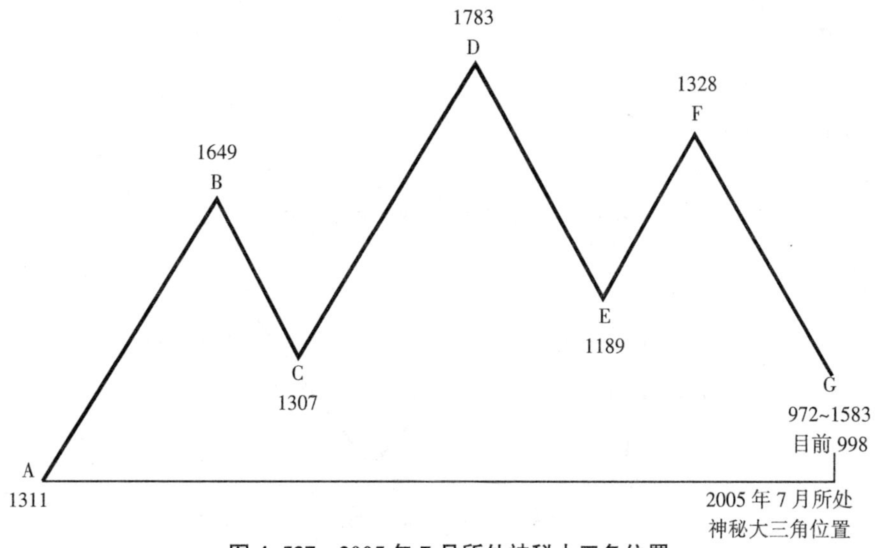

图 4-537　2005 年 7 月所处神秘大三角位置

7 月，指数再次回落至 1004 点，未再跌破上个月的 998 低点，而且从平均市盈率过低来看，也加大了 998 点就是 G 点的可能性。我们继续观察 8 月走势，如果行情继续上涨，则可确认 998 就是 G 点。

上证指数 2005 年 8 月走势如图 4-538 所示。

V 图走势如图 4-539 所示。

2005 年 8 月所处神秘大三角位置（一）如图 4-540 所示。

8 月初，上证指数并没有回落，再次向上攀升，998 点确认为 G 点无疑，那么 8 月中旬就已经进入了新一轮的神秘大三角 AB 走势阶段。

2005 年 8 月所处神秘大三角位置（二）如图 4-541 所示。

图 4-538　上证指数 2005 年 8 月走势

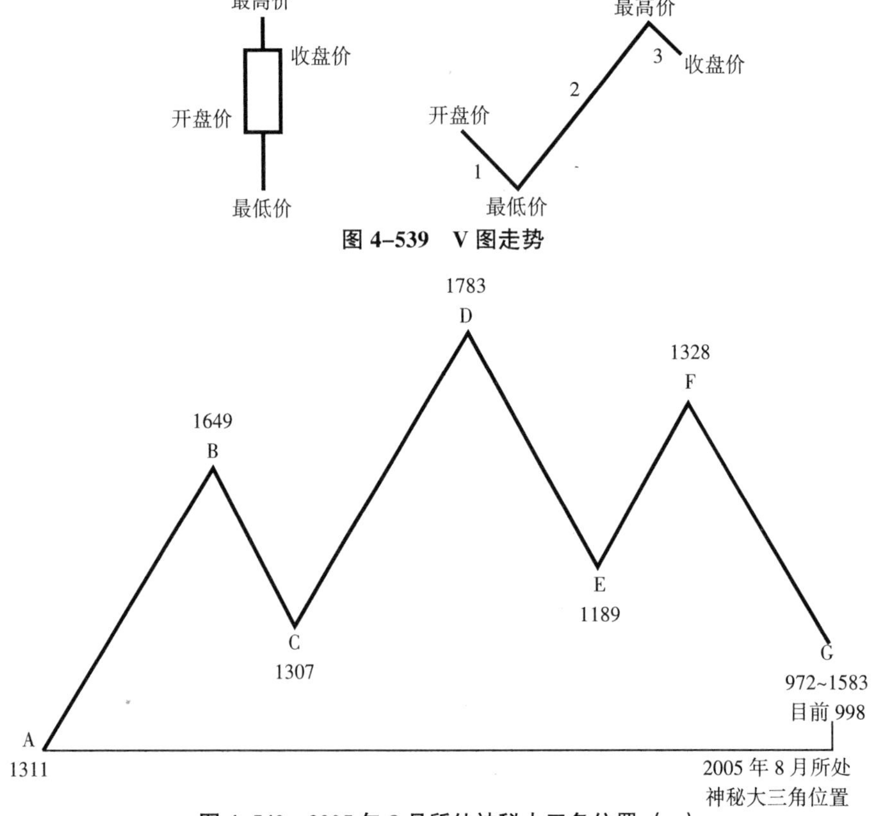

图 4-539　V 图走势

图 4-540　2005 年 8 月所处神秘大三角位置（一）

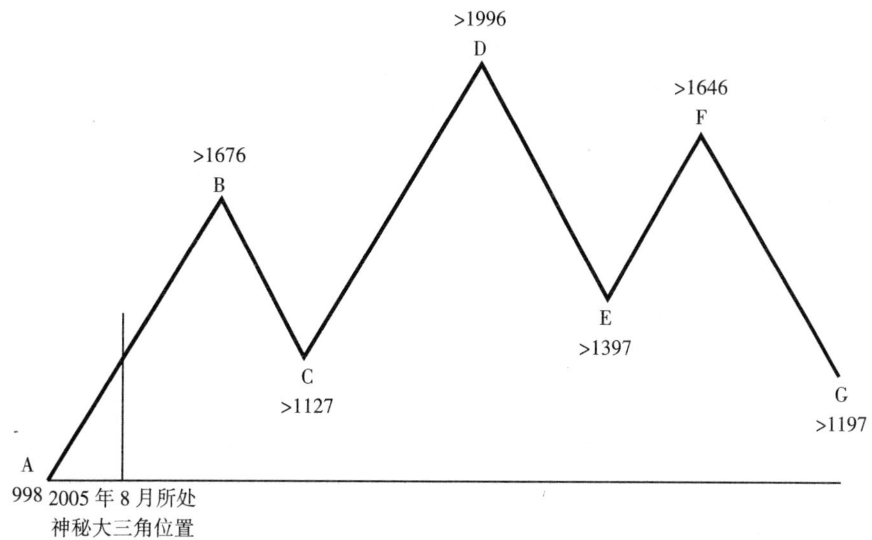

图 4-541 2005 年 8 月所处神秘大三角位置（二）

8 月处在新一轮的神秘大三角形态的 AB 波段走势中，我们在图 4-541 中标注了对各点的范围的预测。

上证指数 2005 年 9 月走势如图 4-452 所示。

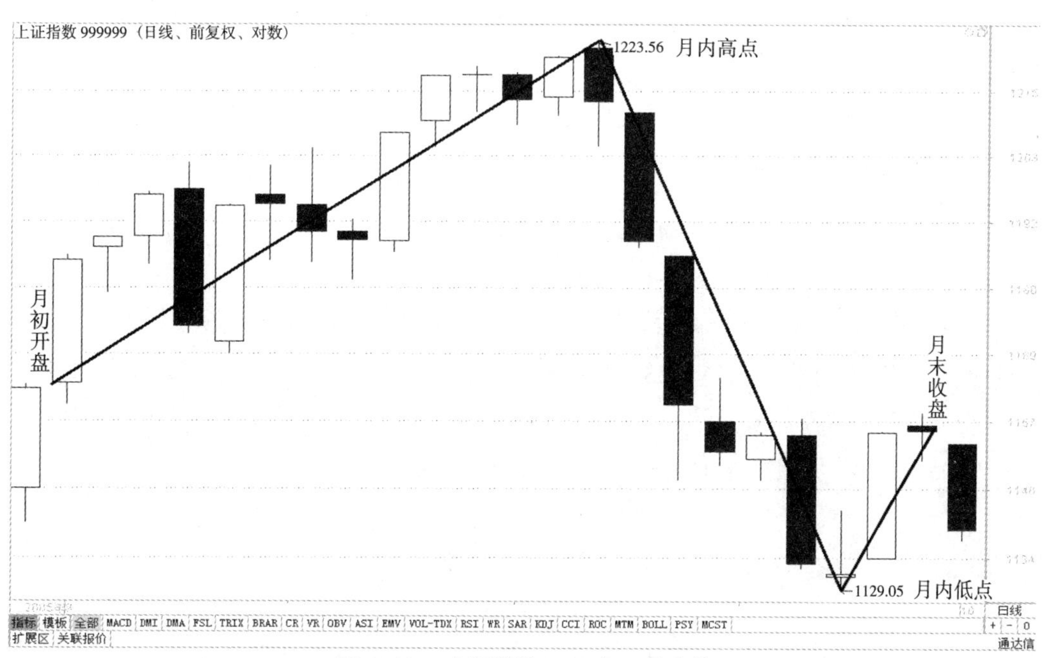

图 4-542 上证指数 2005 年 9 月走势

V 图走势如图 4-543 所示。

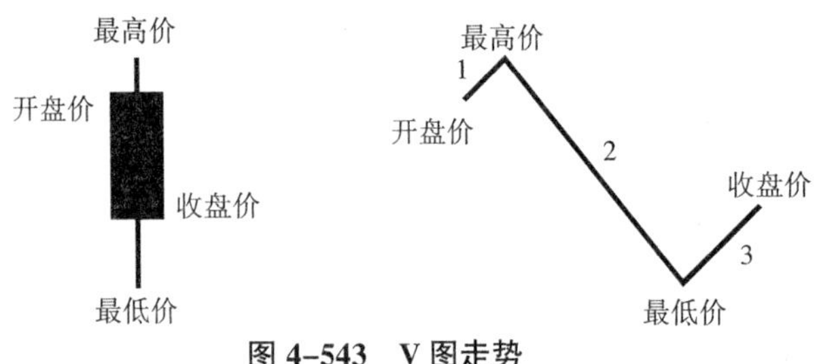

图 4-543　V 图走势

2005 年 9 月所处神秘大三角位置如图 4-544 所示。

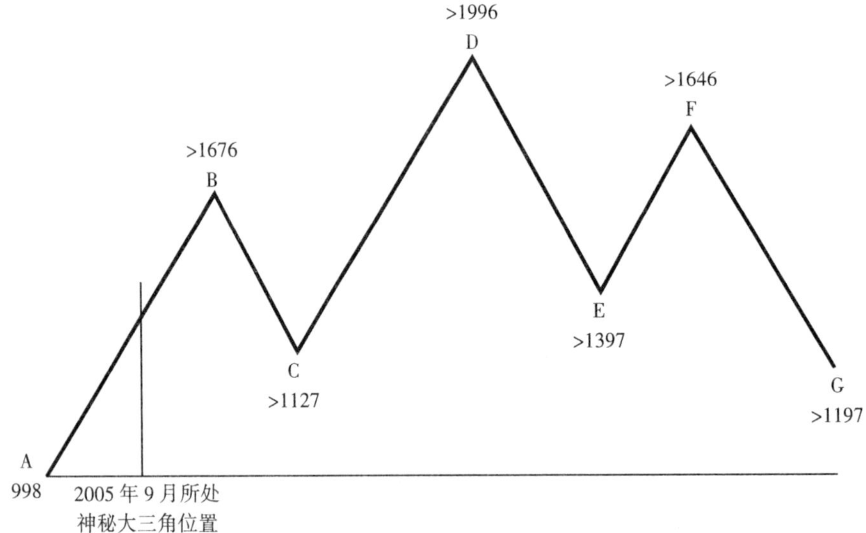

图 4-544　2005 年 9 月所处神秘大三角位置

9 月，大盘再向高走，最高达到 1200 多点，未曾进入此前预测的 B 点范围。

上证指数 2005 年 10 月走势如图 4-545 所示。

V 图走势如图 4-546 所示。

2005 年 10 月所处神秘大三角位置如图 4-547 所示。

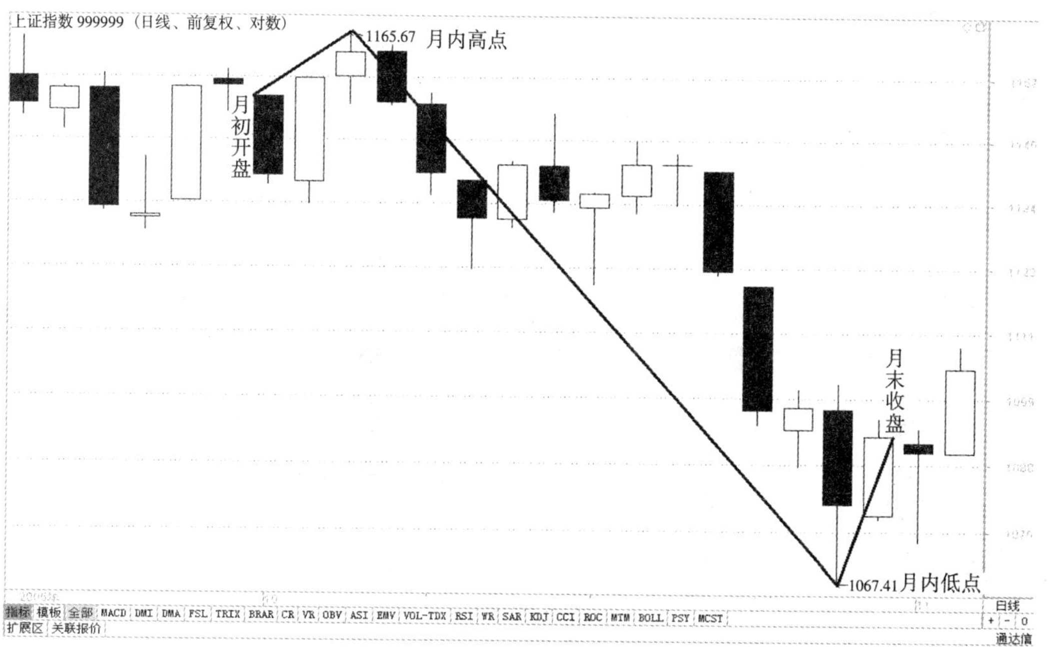

图 4-545　上证指数 2005 年 10 月走势

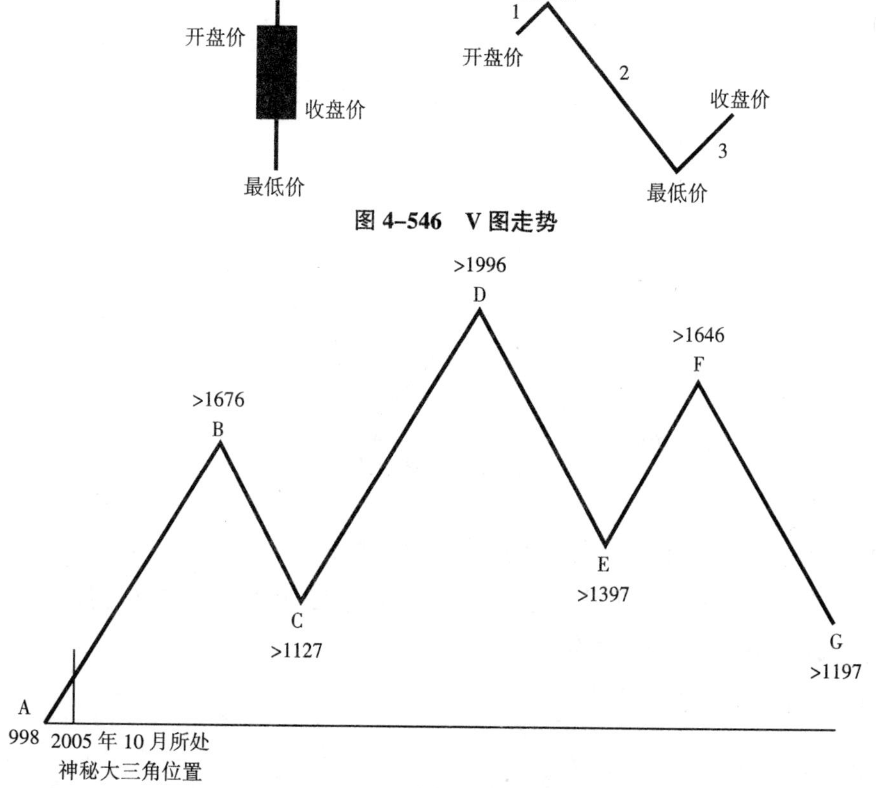

图 4-546　V 图走势

图 4-547　2005 年 10 月所处神秘大三角位置

10 月，大盘再次回落，又靠近回 A 点，距离 B 点又远了一些，欲上破 1676 点还需时间。

上证指数 2005 年 11 月走势如图 4-548 所示。

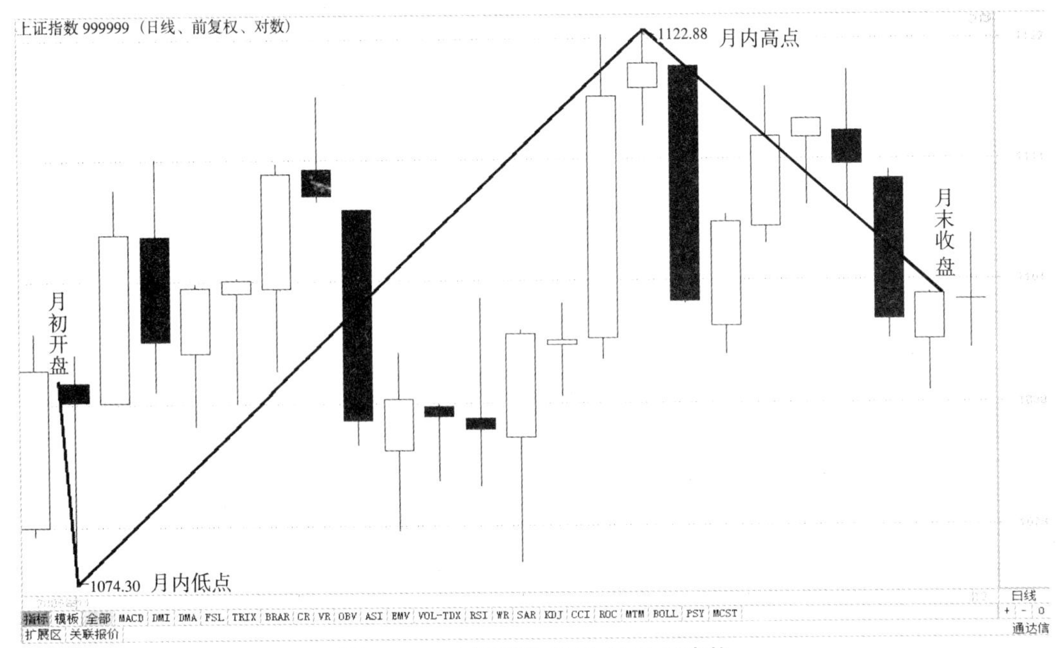

图 4-548　上证指数 2005 年 11 月走势

V 图走势如图 4-549 所示。

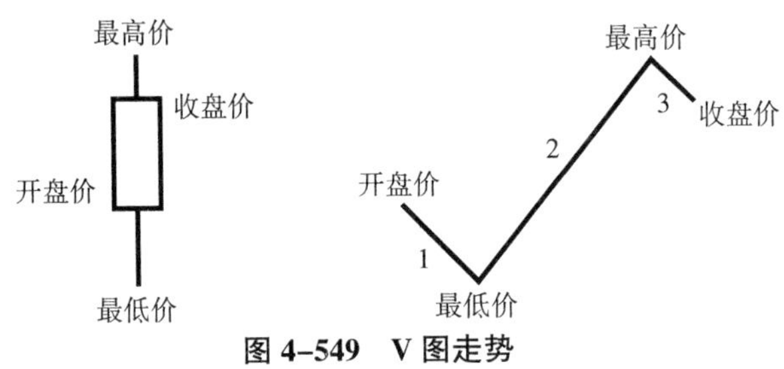

图 4-549　V 图走势

2005 年 11 月所处神秘大三角位置如图 4-550 所示。

11 月，大盘继续震荡，在大三角形态上仍保持在与 10 月相同的位置上。

上证指数 2005 年 12 月走势如图 4-551 所示。

V 图走势如图 4-552 所示。

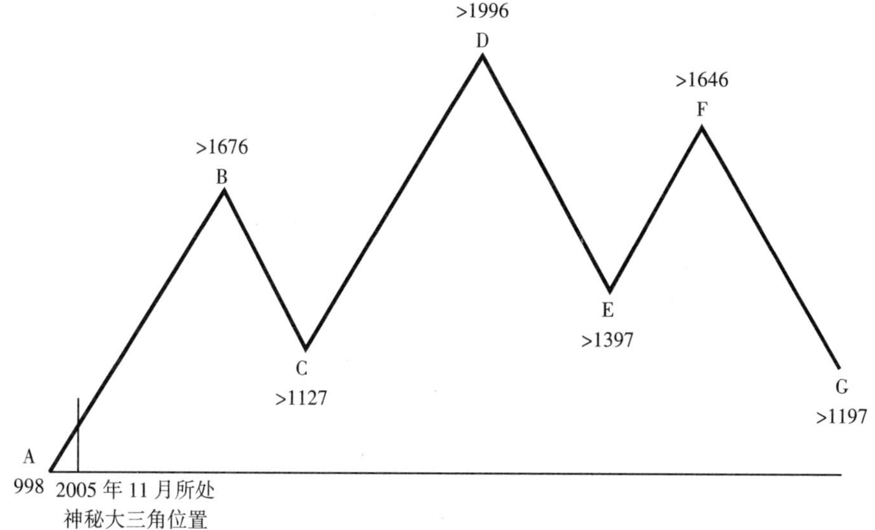

图 4-550　2005 年 11 月所处神秘大三角位置

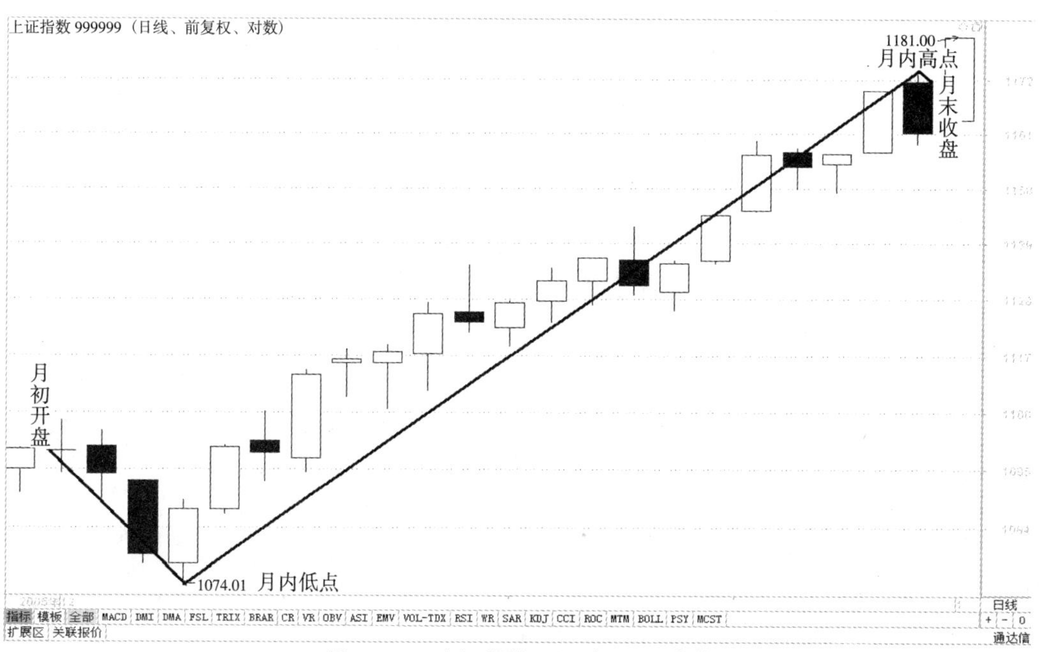

图 4-551　上证指数 2005 年 12 月走势

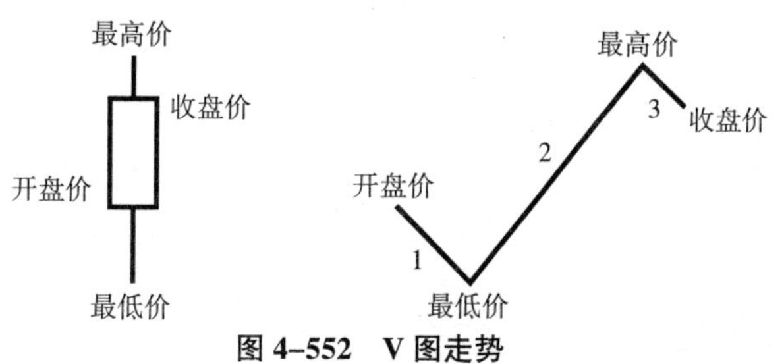

图 4-552　V 图走势

2005 年 12 月所处神秘大三角位置如图 4–553 所示。

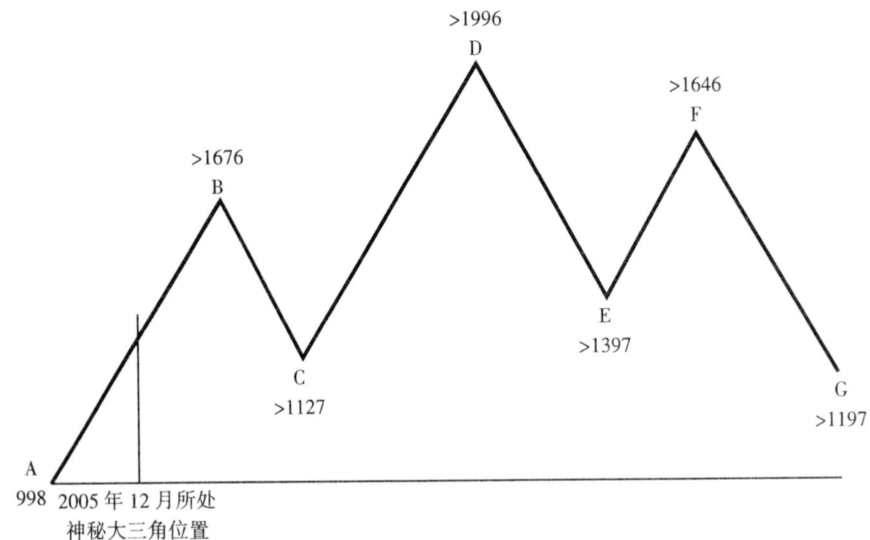

图 4–553　2005 年 12 月所处神秘大三角位置

12 月，大盘又回升至 1170 点附近，还是没有达到 B 点，将悬念留给了下一年。

4.19　2006 年

随着 GDP 连年增速，股市长期低位，再加上上一年我们预测出的新一轮大三角走势，所以我们认为 2006 年是值得投资的一年。

上证指数 2006 年 1 月走势如图 4–554 所示。

V 图走势如图 4–555 所示。

2006 年 1 月所处神秘大三角位置如图 4–556 所示。

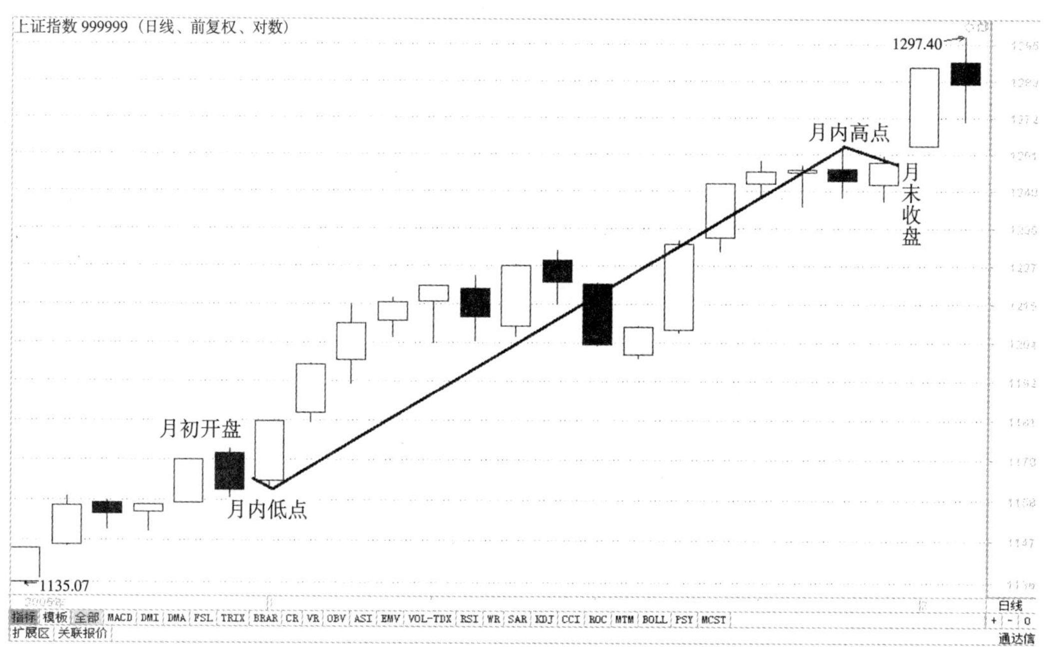

图 4-554 上证指数 2006 年 1 月走势

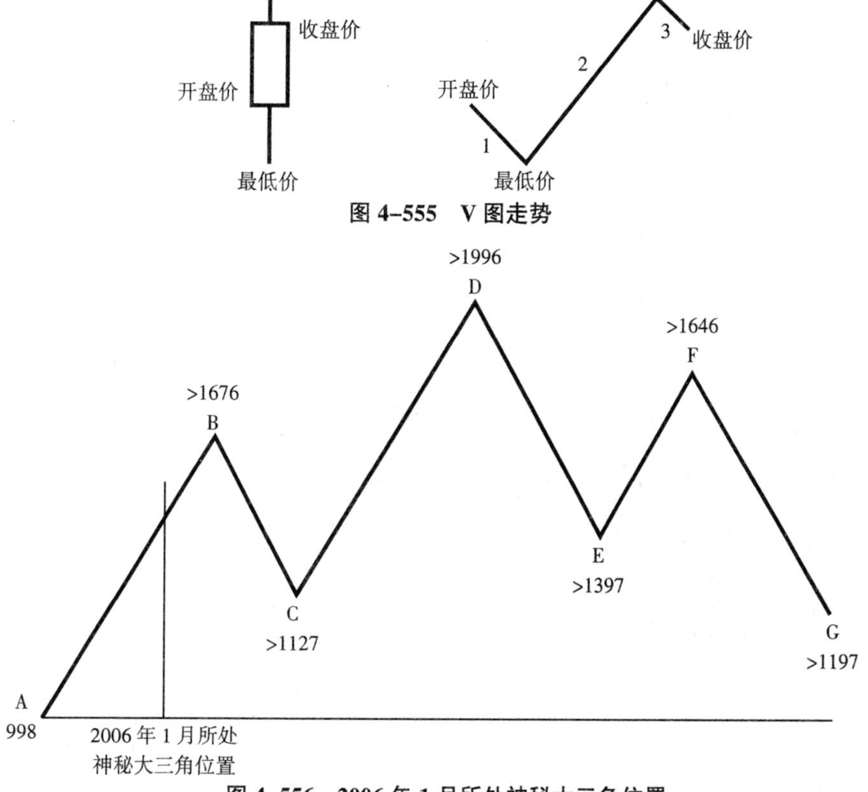

图 4-555 V 图走势

图 4-556 2006 年 1 月所处神秘大三角位置

1 月，股指开盘后一路冲高到 1262 点，又向 B 点靠近了一些。

上证指数 2006 年 2 月走势如图 4–557 所示。

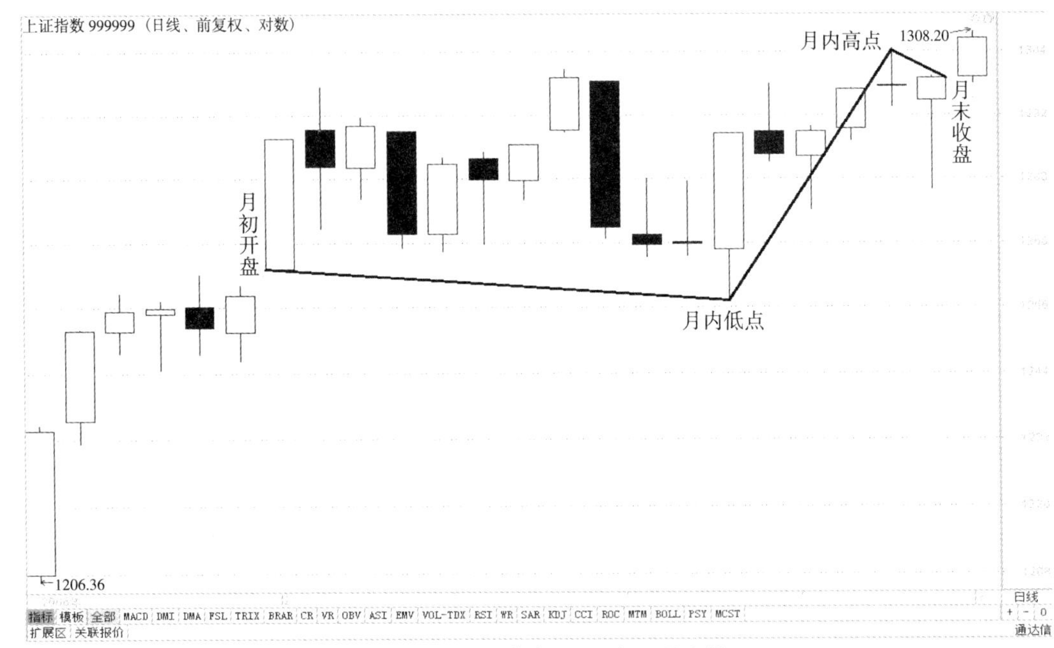

图 4–557 上证指数 2006 年 2 月走势

V 图走势如图 4–558 所示。

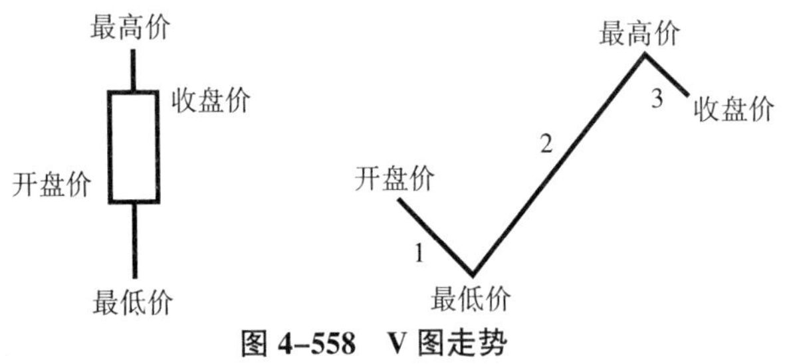

图 4–558 V 图走势

2006 年 2 月所处神秘大三角位置如图 4–559 所示。

2 月，指数又在高位窄幅震荡，最高突破 1300 点，较上月又向 B 点靠近了一些。

上证指数 2006 年 3 月走势如图 4–560 所示。

V 图走势如图 4–561 所示。

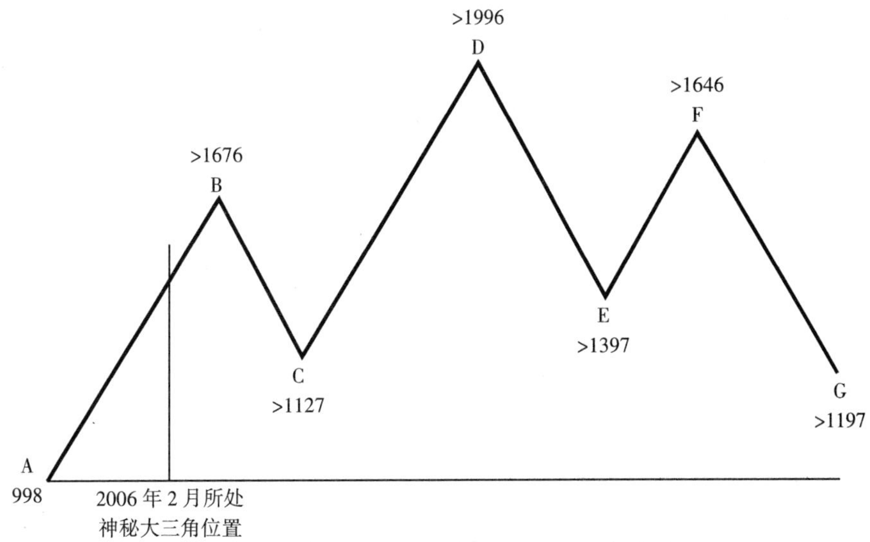

图 4-559　2006 年 2 月所处神秘大三角位置

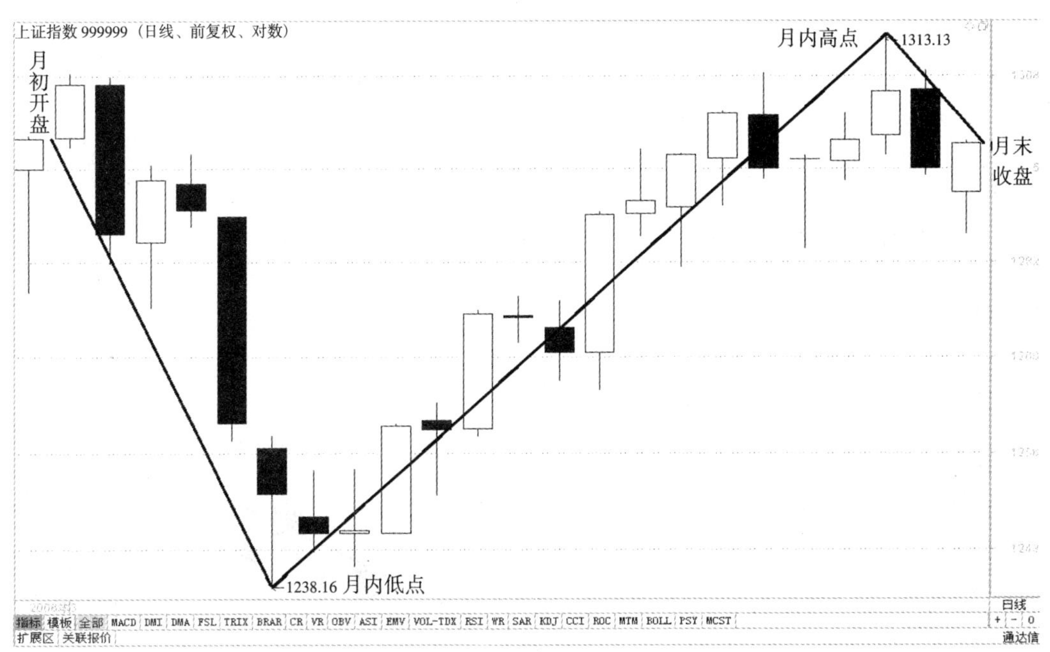

图 4-560　上证指数 2006 年 3 月走势

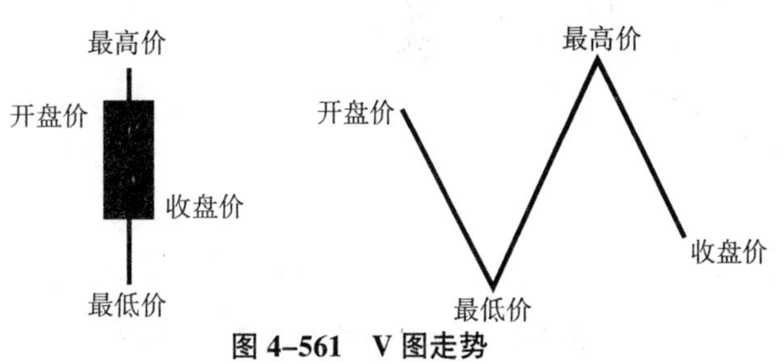

图 4-561　V 图走势

2006 年 3 月所处神秘大三角位置如图 4-562 所示。

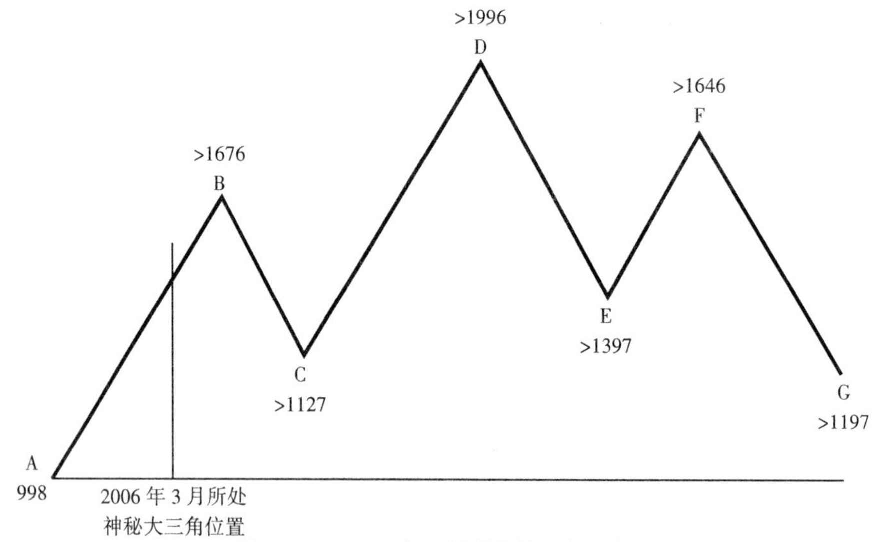

图 4-562　2006 年 3 月所处神秘大三角位置

3 月初，上证指数大幅下跌回 1200 点，后又大幅回涨至 1313 点，又向 B 点迈进了一步。

上证指数 2006 年 4 月走势如图 4-563 所示。

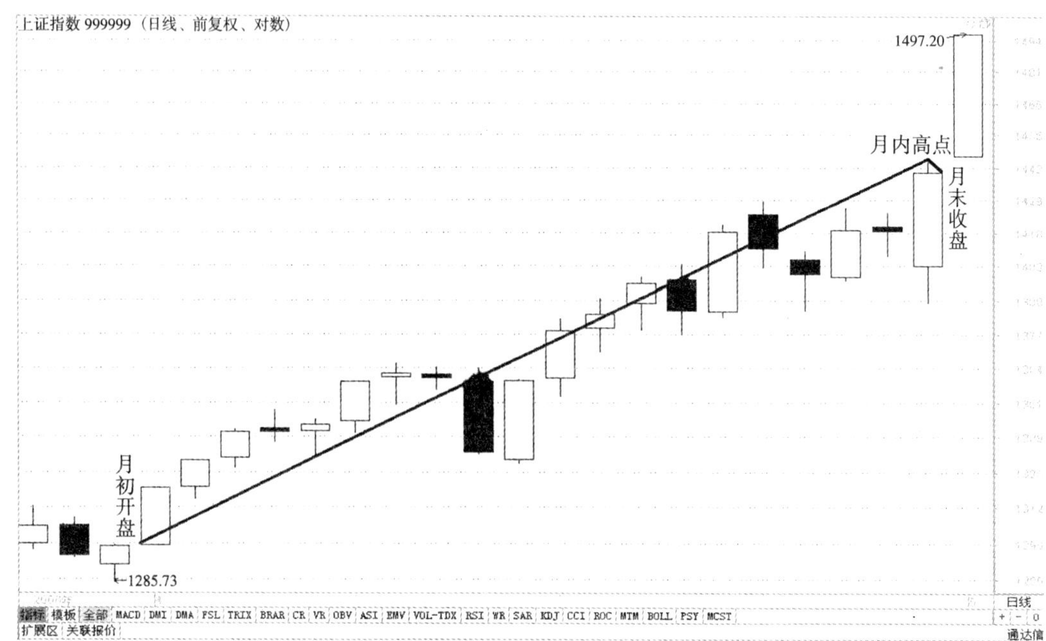

图 4-563　上证指数 2006 年 4 月走势

V 图走势如图 4-564 所示。

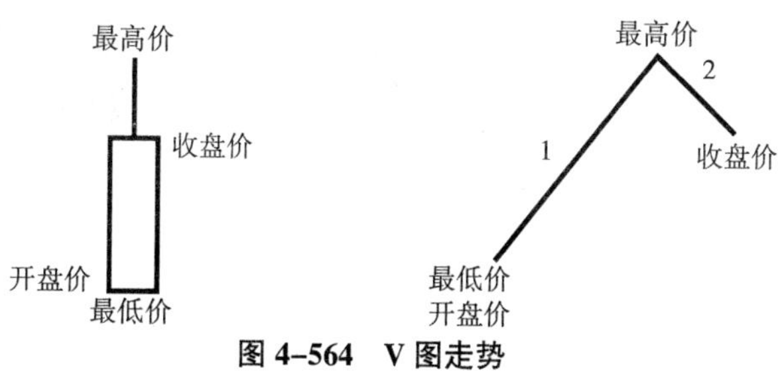

图 4-564　V 图走势

2006 年 4 月所处神秘大三角位置如图 4-565 所示。

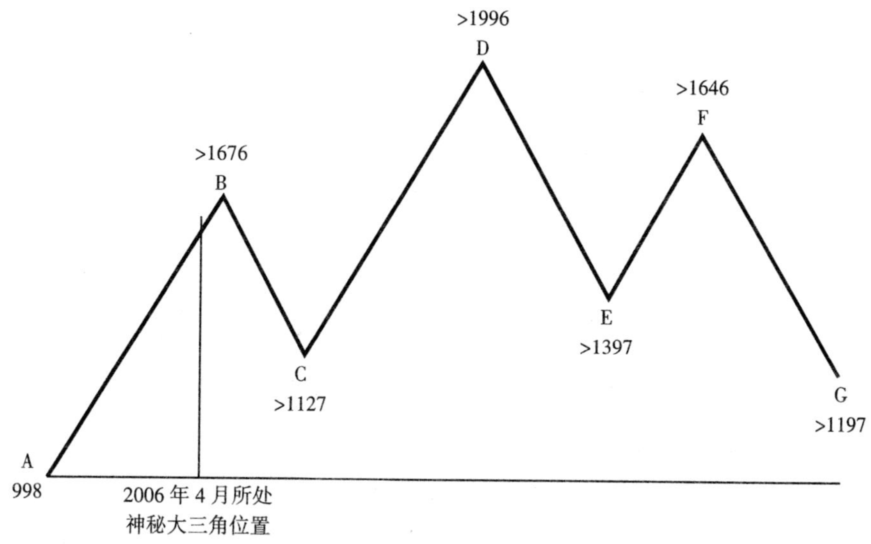

图 4-565　2006 年 4 月所处神秘大三角位置

4 月，上证指数继续上涨，最高突破 1400 点，接近 1450 点关口。

上证指数 2006 年 5 月走势如图 4-566 所示。

V 图走势如图 4-567 所示。

2006 年 5 月所处神秘大三角位置如图 4-568 所示。

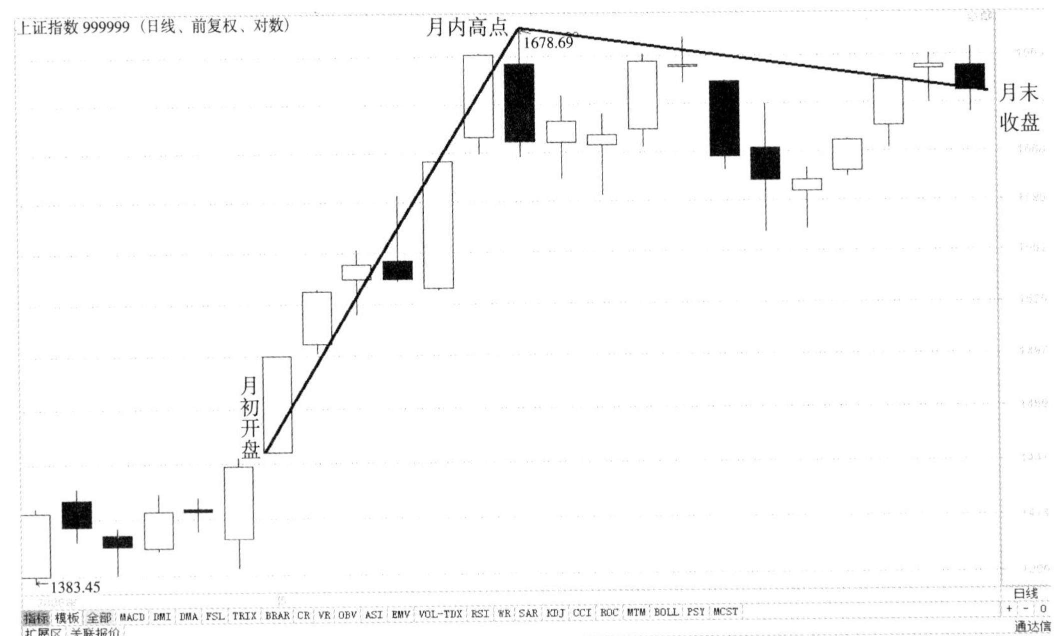

图 4-566　上证指数 2006 年 5 月走势

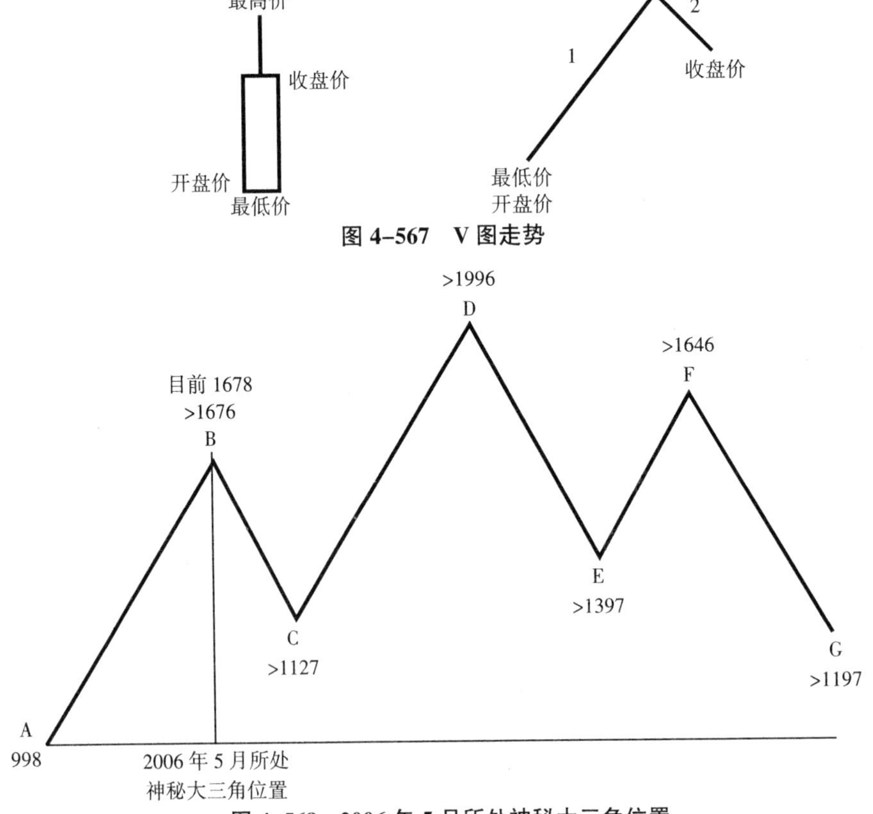

图 4-567　V 图走势

图 4-568　2006 年 5 月所处神秘大三角位置

5 月，指数高开高走并向上突破了 B 点的最低点位 1676 点，说明已进入 B 点待确认阶段。B 点可能是 1676 点，也可能是更高的点位，具体视行情走势而定。

上证指数 2006 年 6 月走势如图 4–569 所示。

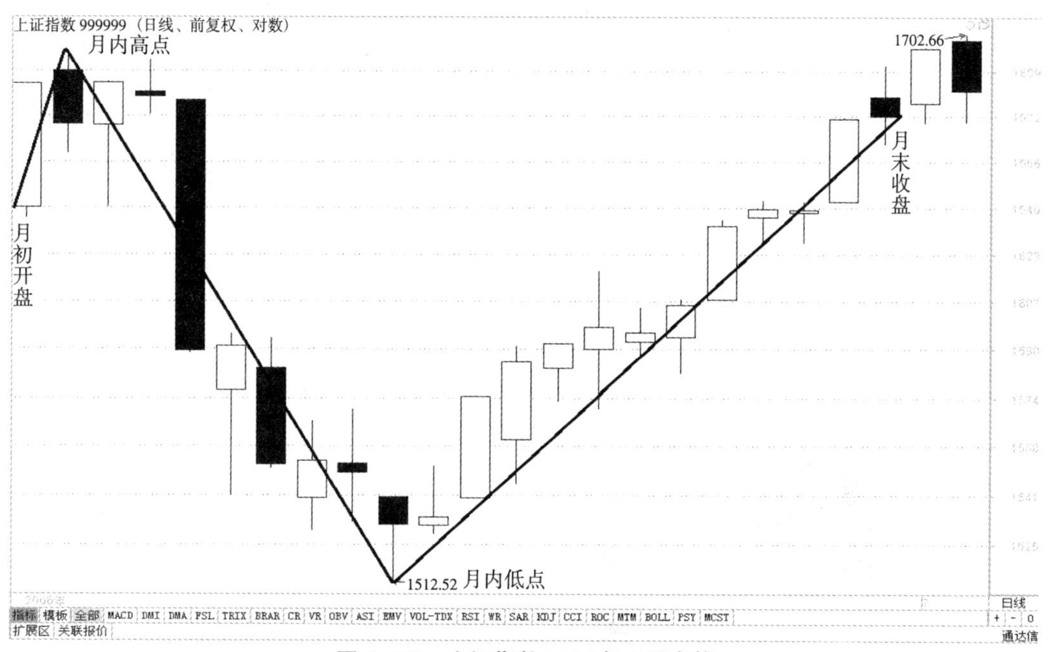

图 4–569　上证指数 2006 年 6 月走势

V 图走势如图 4–570 所示。

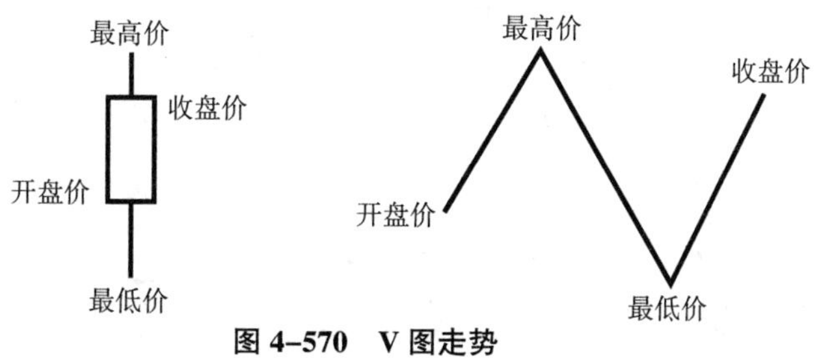

图 4–570　V 图走势

2006 年 6 月所处神秘大三角位置如图 4–571 所示。

6 月，行情稍有震荡，但仍向上突破了 5 月的最高点，把 B 点向上推高不少。

上证指数 2006 年 7 月走势如图 4–572 所示。

V 图走势如图 4–573 所示。

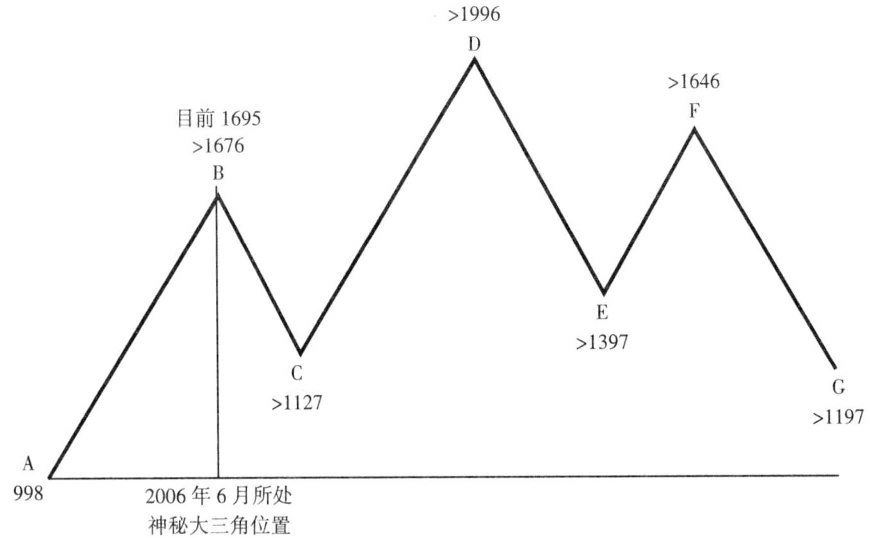

图 4-571　2006 年 6 月所处神秘大三角位置

图 4-572　上证指数 2006 年 7 月走势

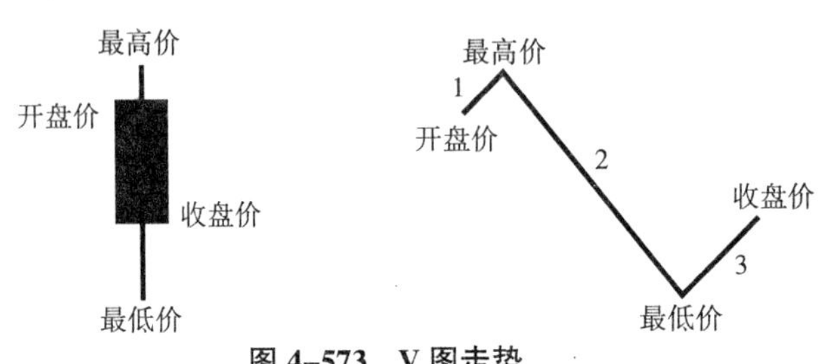

图 4-573　V 图走势

2006 年 7 月所处神秘大三角位置如图 4-574 所示。

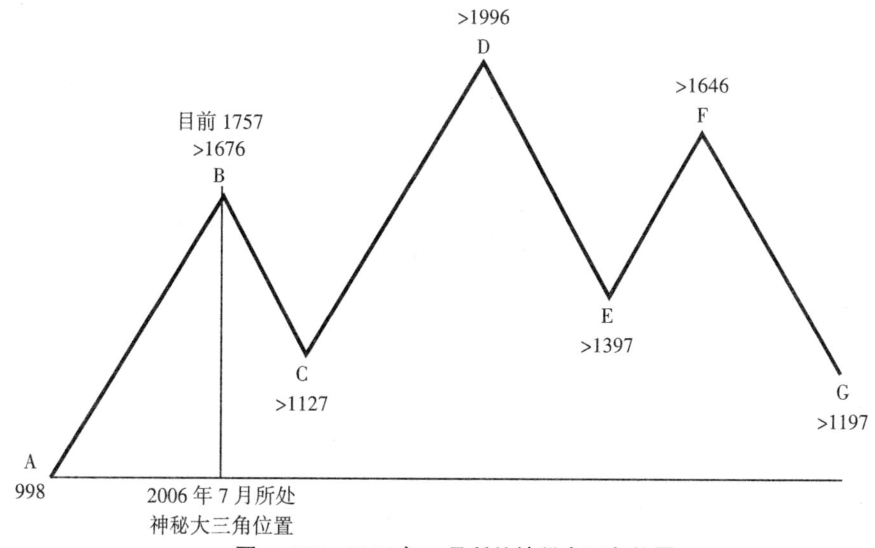

图 4-574　2006 年 7 月所处神秘大三角位置

7 月指数又向上走高，创出 1757 点的新高。

上证指数 2006 年 8 月走势如图 4-575 所示。

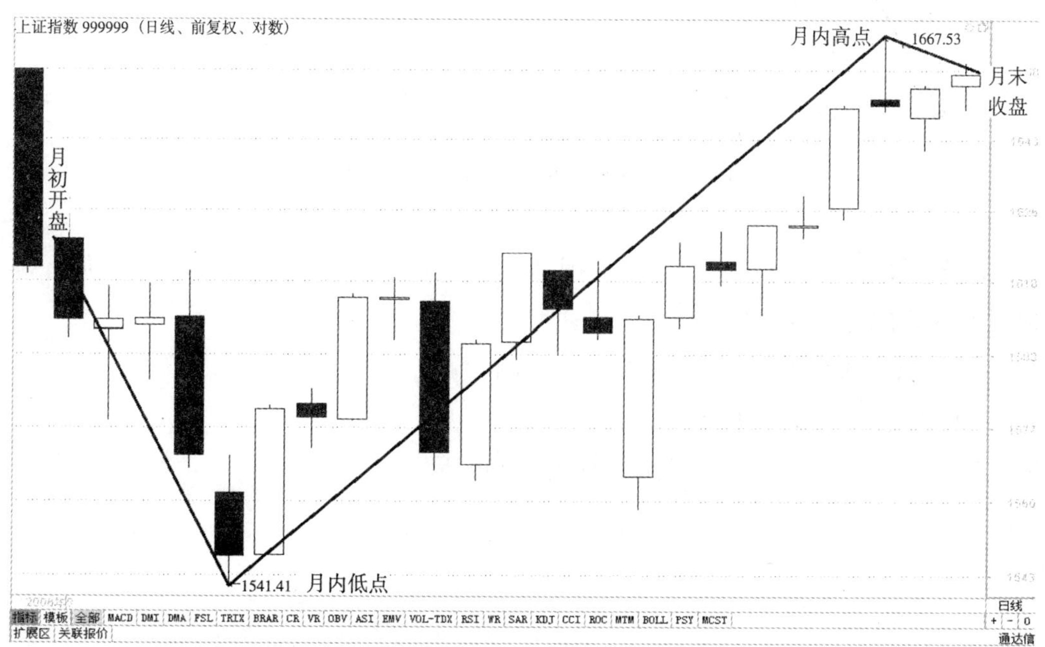

图 4-575　上证指数 2006 年 8 月走势

V 图走势如图 4-576 所示。

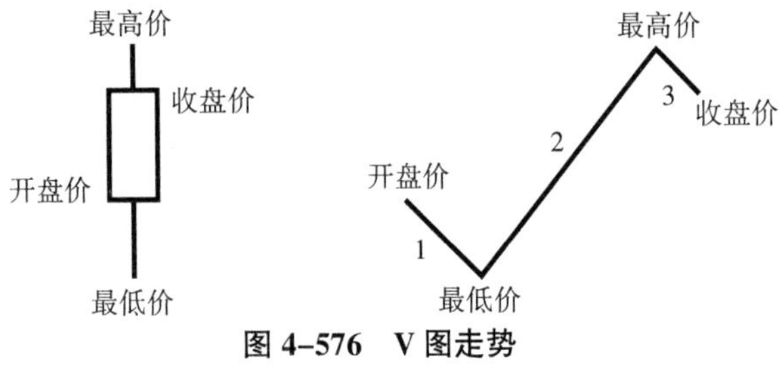

图 4-576　V 图走势

2006 年 8 月所处神秘大三角位置如图 4-577 所示。

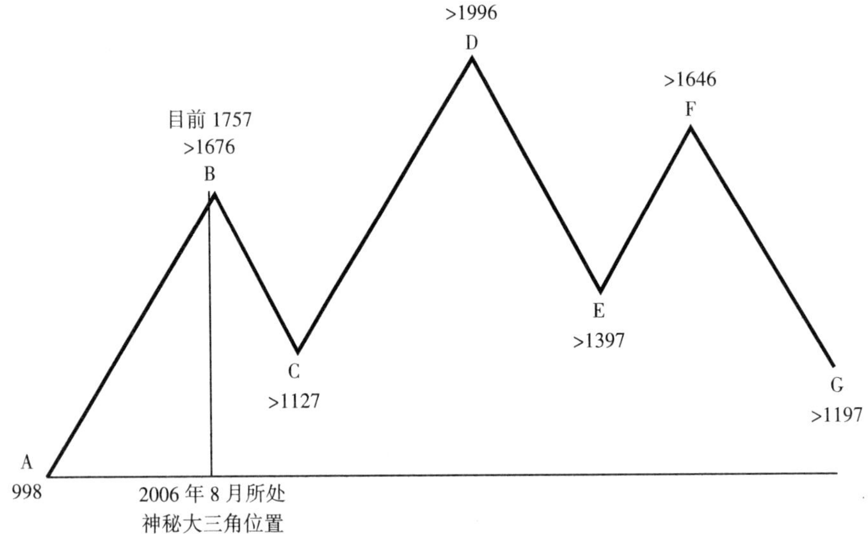

图 4-577　2006 年 8 月所处神秘大三角位置

8 月指数又有所回落，退出 B 点范围之外，时间上距离年底还有一段时间，但所剩时间也不短了，所以再做观察。

上证指数 2006 年 9 月走势如图 4-578 所示。

V 图走势如图 4-579 所示。

2006 年 9 月所处神秘大三角位置如图 4-580 所示。

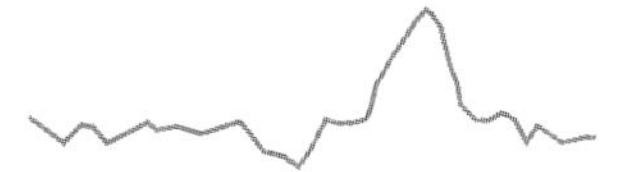

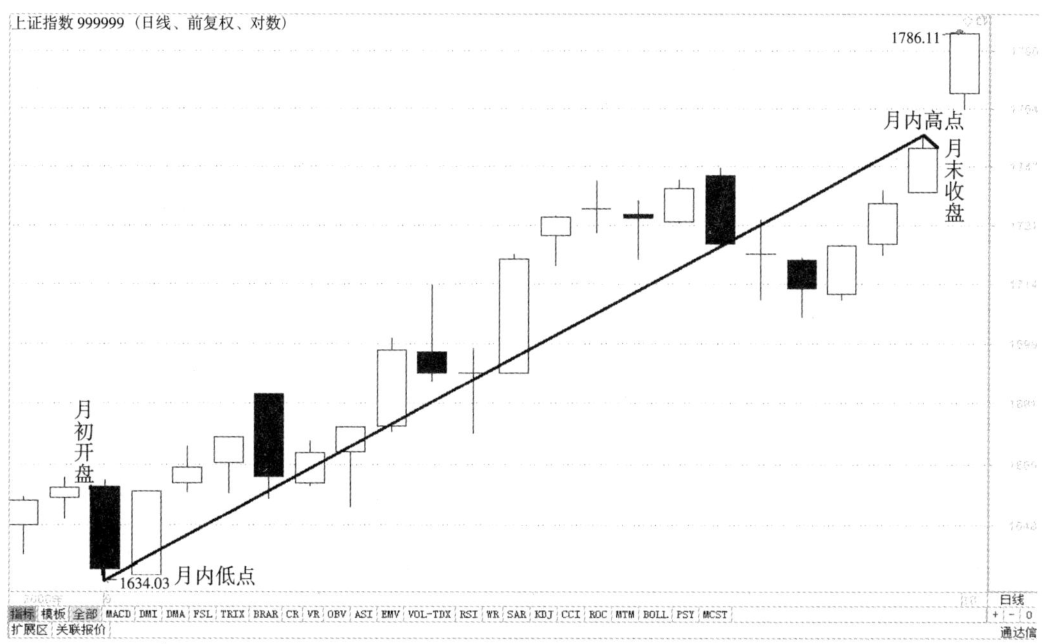

图 4-578　上证指数 2006 年 9 月走势

图 4-579　V 图走势

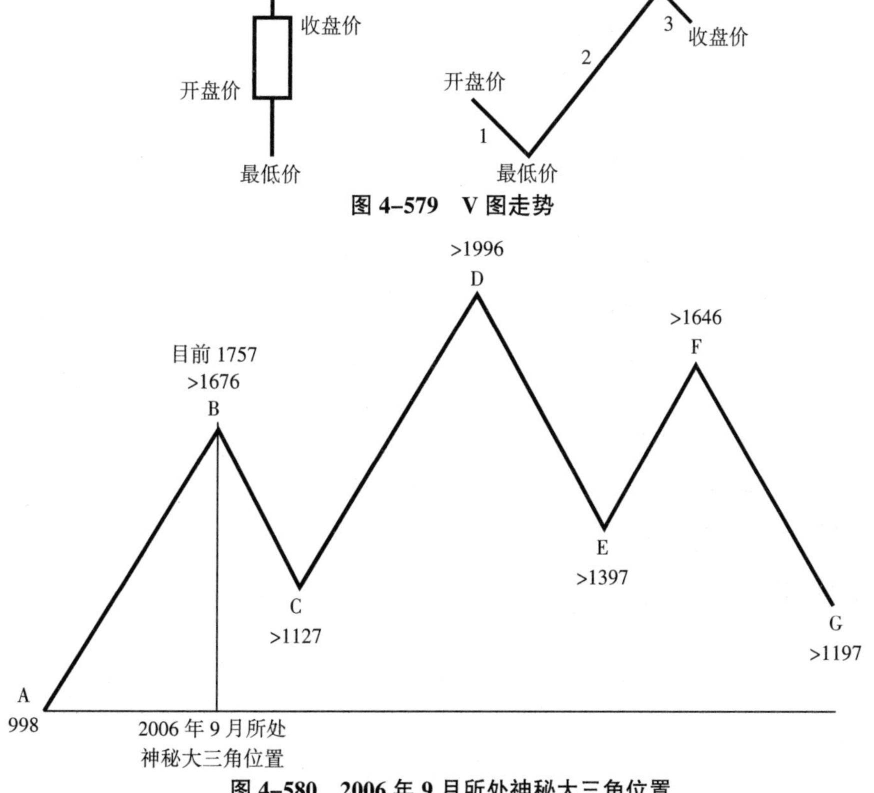

图 4-580　2006 年 9 月所处神秘大三角位置

9 月，大盘指数又回到 1755 点，重新进入 B 点范围。

上证指数 2006 年 10 月走势如图 4-581 所示。

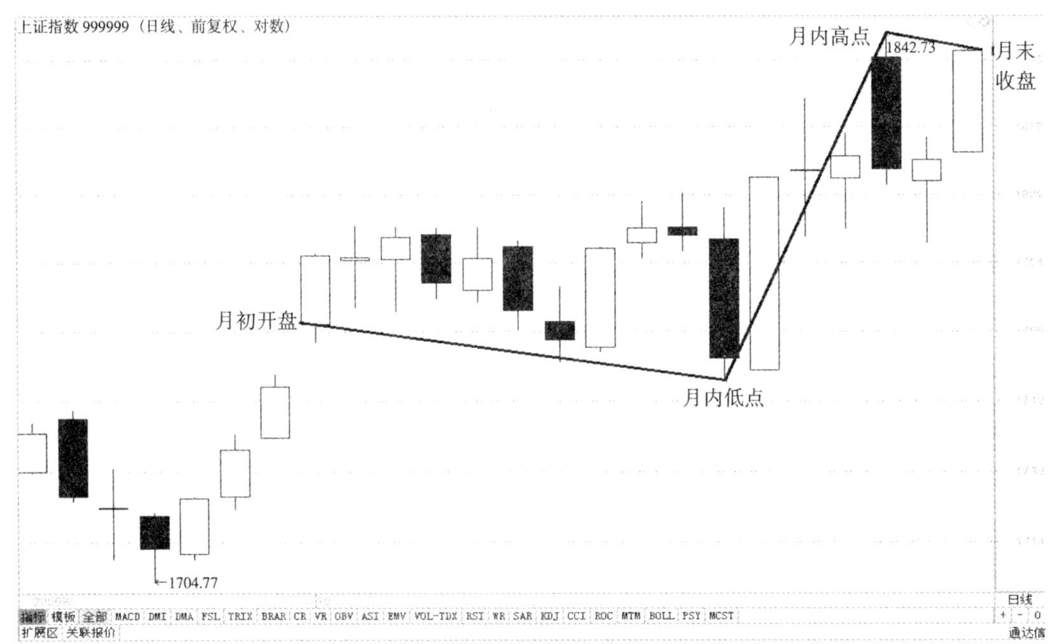

图 4-581　上证指数 2006 年 10 月走势

V 图走势如图 4-582 所示。

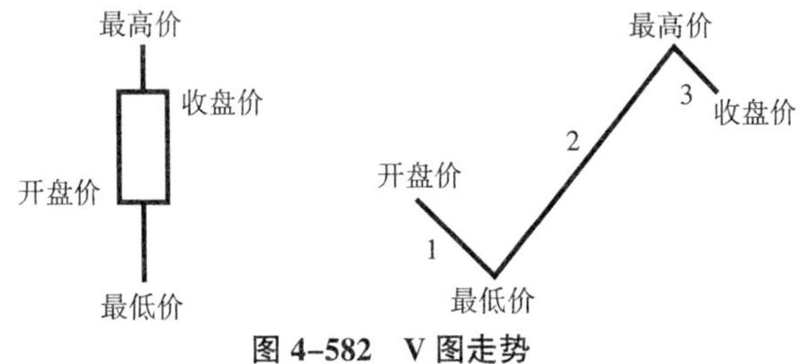

图 4-582　V 图走势

2006 年 10 月所处神秘大三角位置如图 4-583 所示。

10 月大盘震荡上行，再创 1842 点的新高。

上证指数 2006 年 11 月走势如图 4-584 所示。

V 图走势如图 4-585 所示。

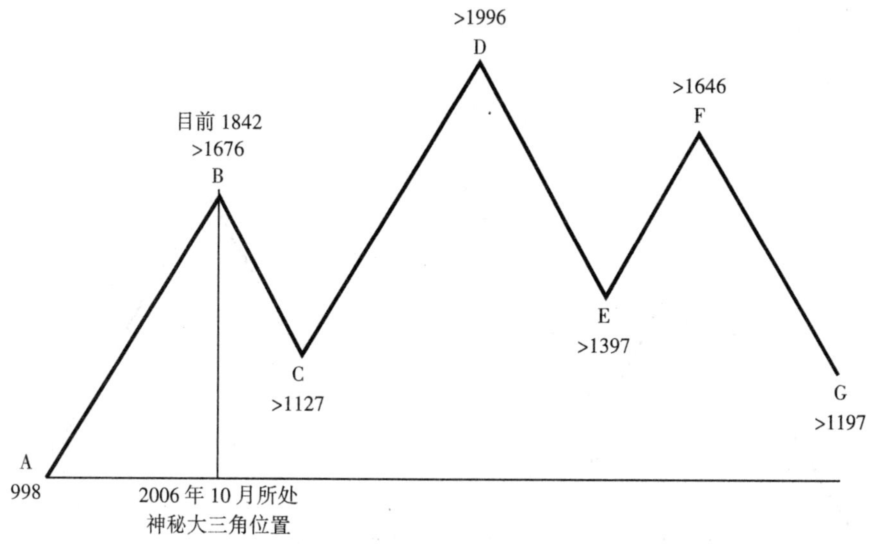

图 4-583　2006 年 10 月所处神秘大三角位置

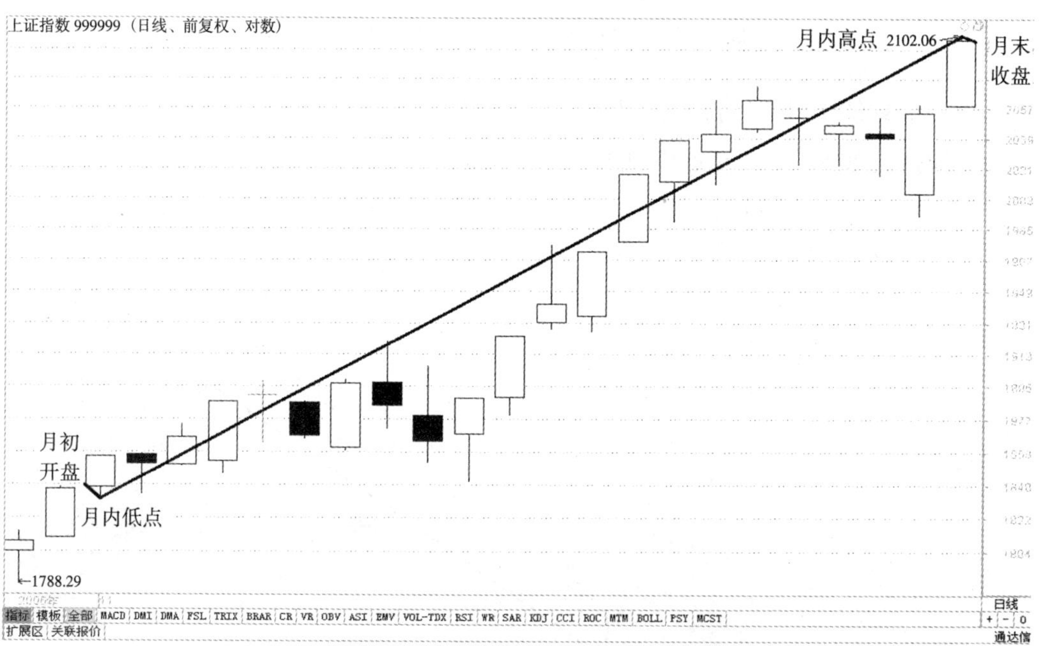

图 4-584　上证指数 2006 年 11 月走势

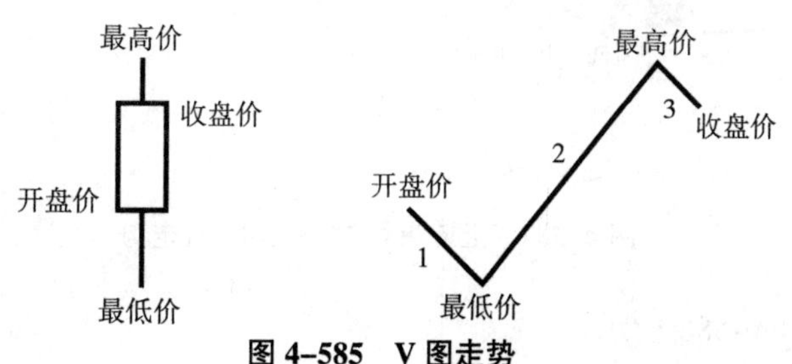

图 4-585　V 图走势

2006 年 11 月所处神秘大三角位置如图 4-586 所示。

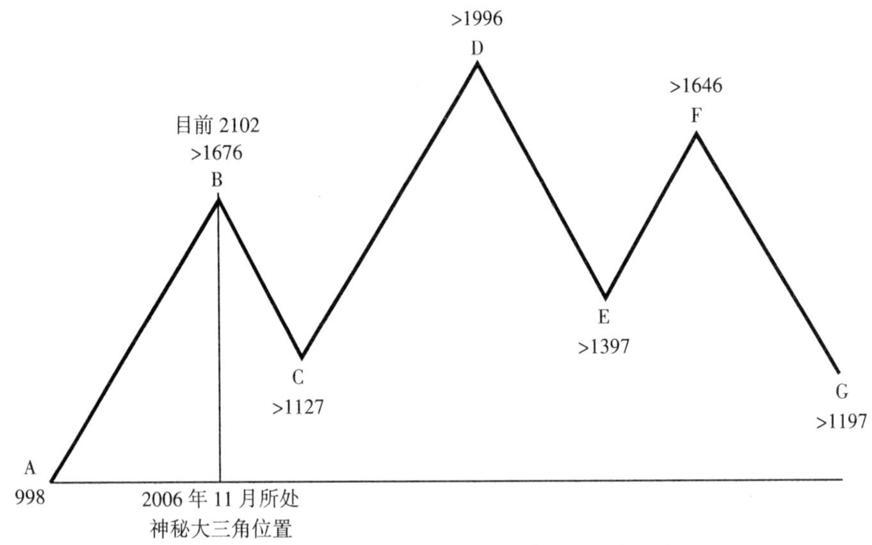

图 4-586　2006 年 11 月所处神秘大三角位置

11 月，继续 10 月行情，惯性上涨，将高点推至 2102 点。

上证指数 2006 年 12 月走势如图 4-587 所示。

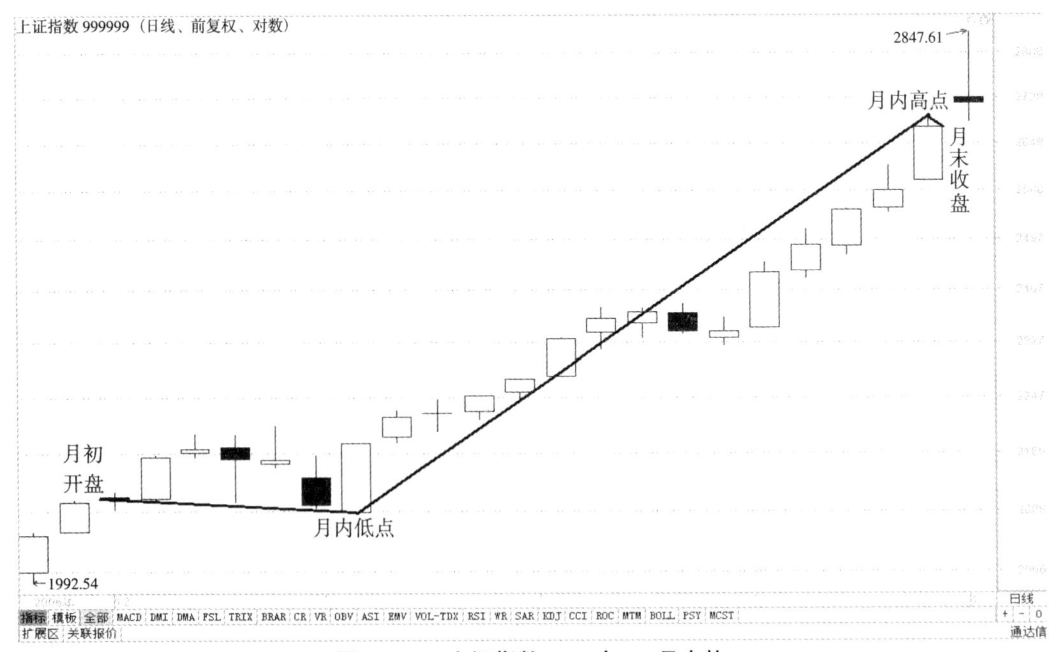

图 4-587　上证指数 2006 年 12 月走势

V 图走势如图 4-588 所示。

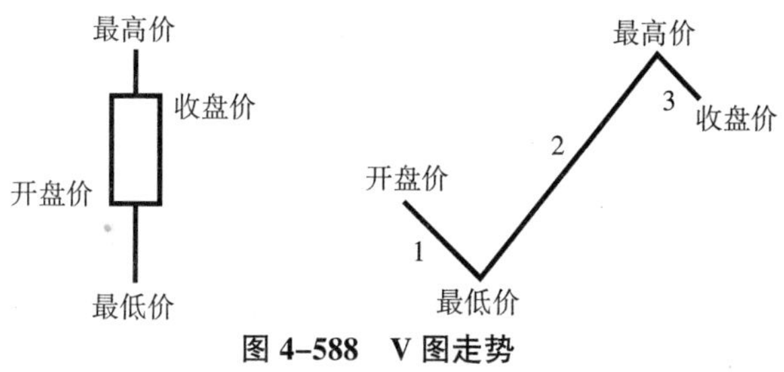

图 4-588　V 图走势

2006 年 12 月所处神秘大三角位置如图 4-589 所示。

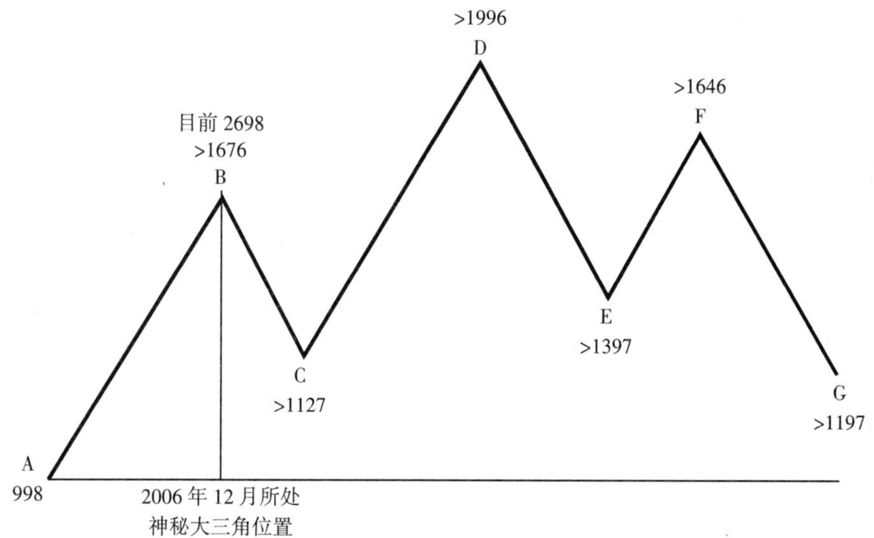

图 4-589　2006 年 12 月所处神秘大三角位置

12 月，大盘强势上升，将 B 点推高接近至 2700 点。至此年线 V 图已成形，目前仍处在大三角的 B 点待定阶段。预计 2007 年如果走得慢的话，以 BC 下跌段为主；如果走得快的话，以 BC 先跌然后进入 CD 段的冲顶行情。

4.20　2007 年

随着连续多年的 GDP 增速，多年偏离的行情终于同步了，行情得到纠正，继 2006 年的预测，2007 年可能在 BCD 段之间。就成交额来说，2006 年较 2005 年有了相当程度的放大，存在不少风险，另外还应关注平均市盈率向高位攀升所带来的风险。

上证指数 2007 年 1 月走势如图 4-590 所示。

图 4-590 上证指数 2007 年 1 月走势

V 图走势如图 4-591 所示。

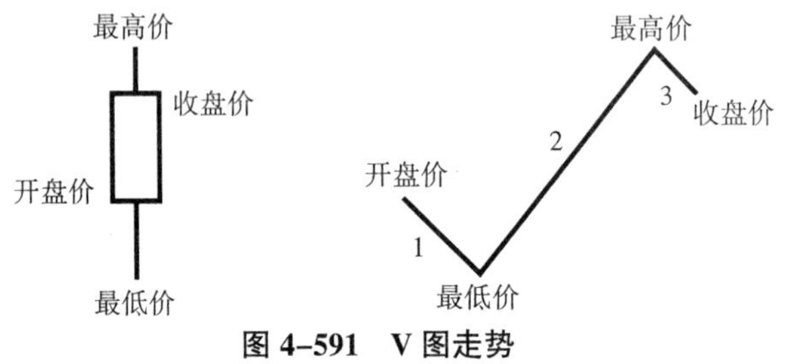

图 4-591 V 图走势

2007 年 1 月所处神秘大三角位置如图 4-592 所示。

1 月，指数横向震荡一个月，期间最高点接近 3000 点。

上证指数 2007 年 2 月走势如图 4-593 所示。

V 图走势如图 4-954 所示。

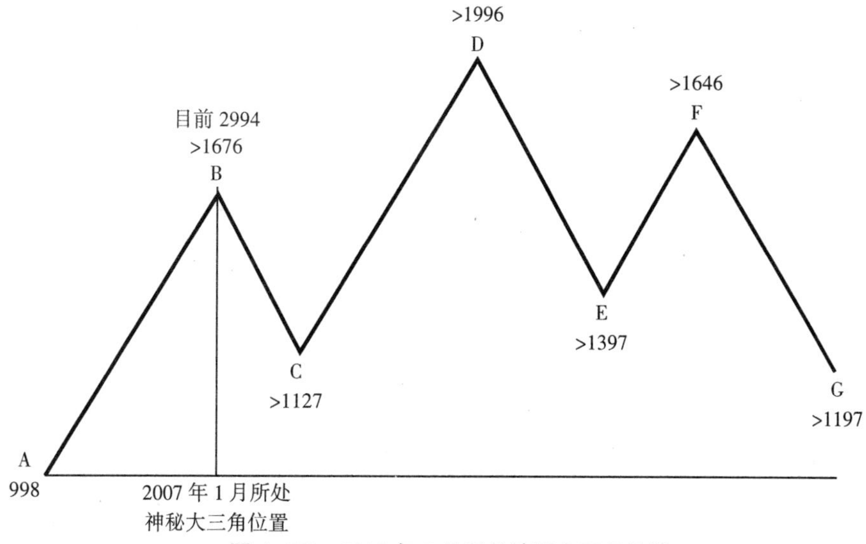

图 4-592　2007 年 1 月所处神秘大三角位置

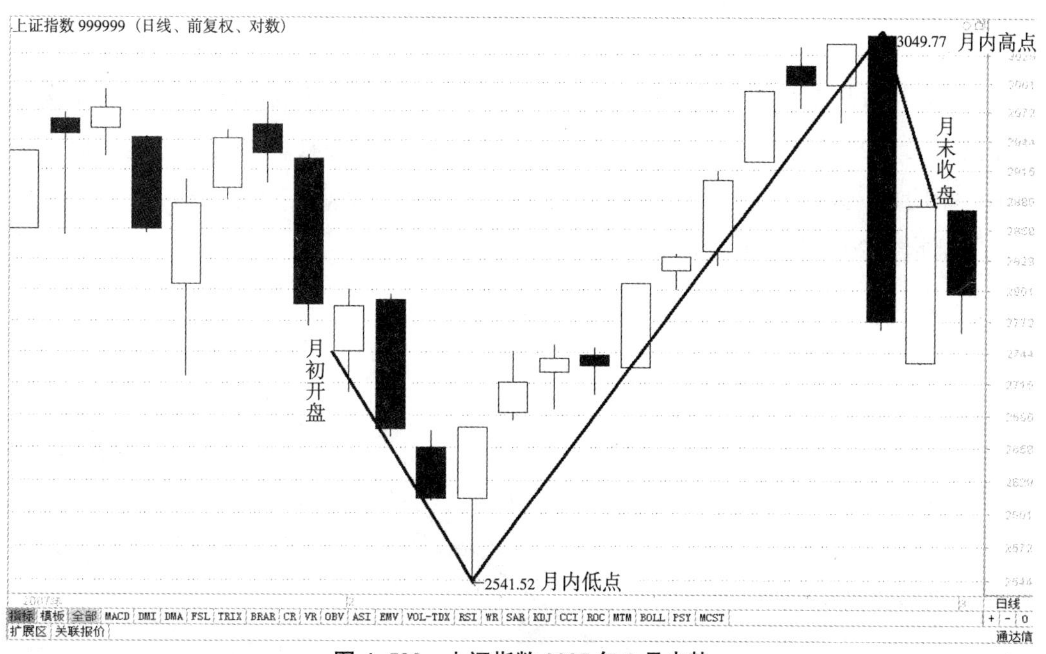

图 4-593　上证指数 2007 年 2 月走势

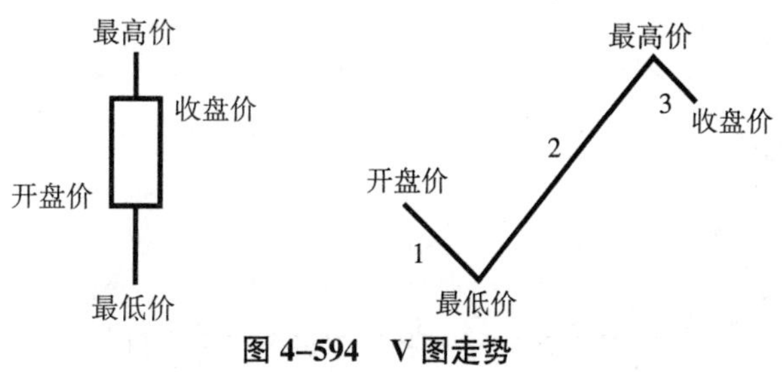

图 4-594　V 图走势

2007 年 2 月所处神秘大三角位置如图 4-595 所示。

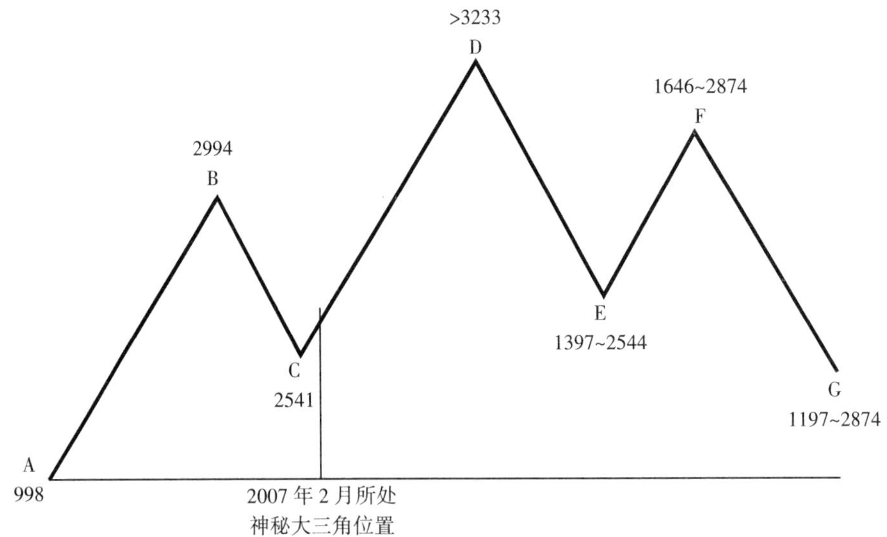

图 4-595 2007 年 2 月所处神秘大三角位置

2 月，指数从 2994 点回落超过 5%，所以进入 BC 段。根据新的 B 点计算，未来的 C 点范围在 1127~2709 点之间。2 月 6 日行情创出新低至 2541 点，然后迅速脱离这一区域，很明显，这个 2541 点就是 C 点，未来的行情主旋律就是冲向 3233 点甚至更高。

上证指数 2007 年 3 月走势如图 4-596 所示。

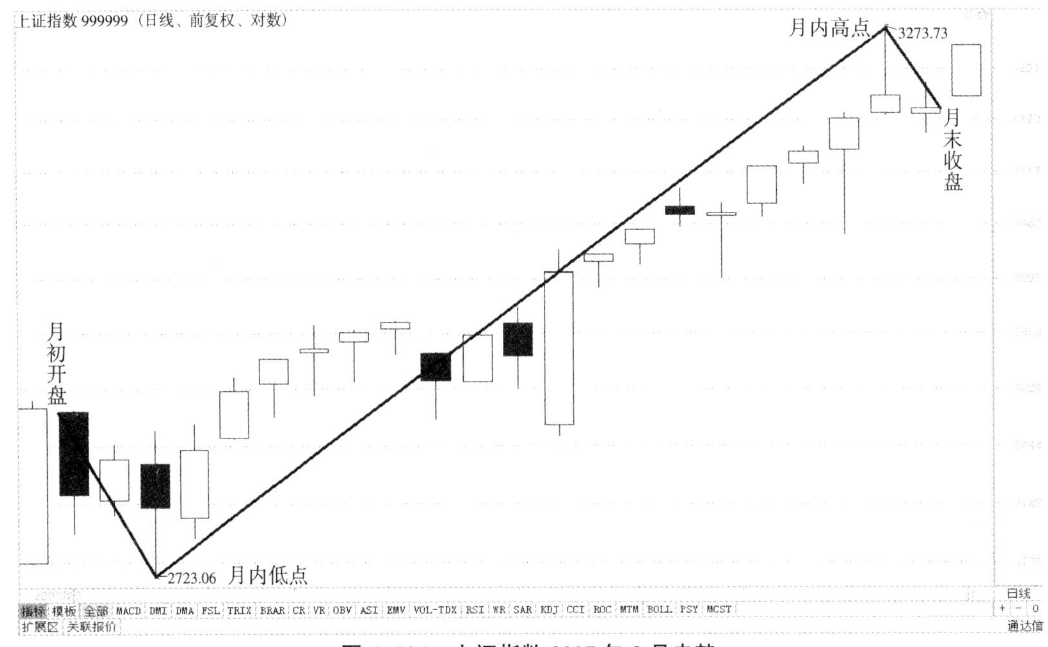

图 4-596 上证指数 2007 年 3 月走势

V 图走势如图 4-597 所示。

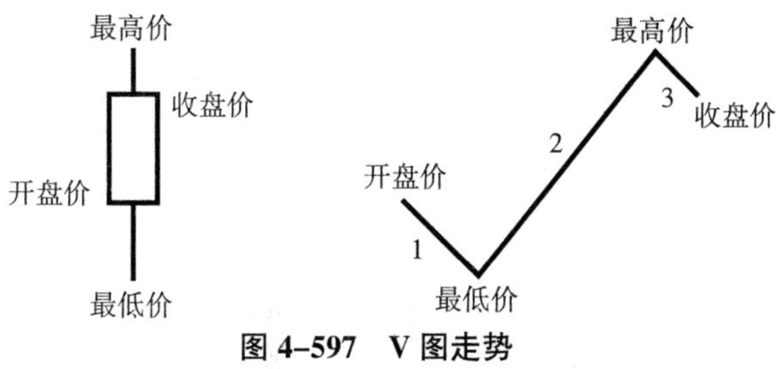

图 4-597　V 图走势

2007 年 3 月所处神秘大三角位置如图 4-598 所示。

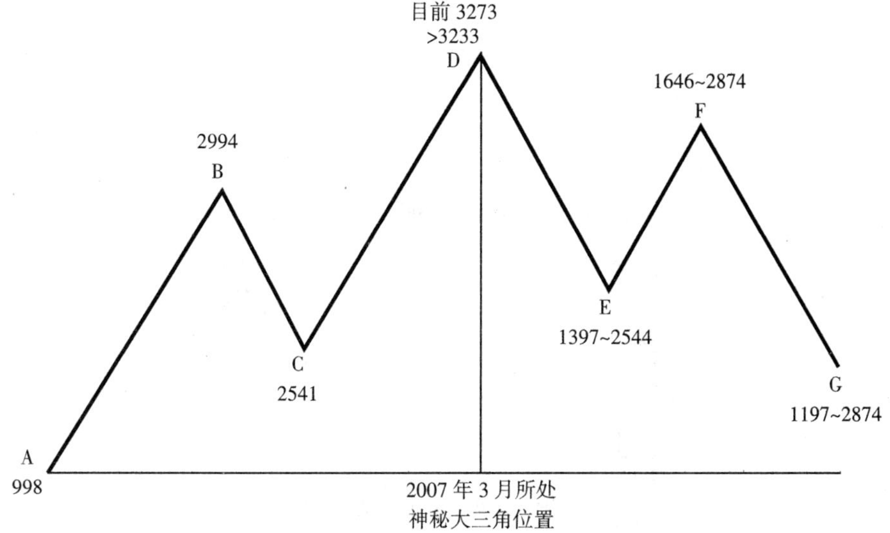

图 4-598　2007 年 3 月所处神秘大三角位置

3 月连涨，再创新高至 3273 点，进入 D 点范围，成为将要见顶的预警信号。另外在 3 月，市场的平均市盈率上升至 40 倍。

上证指数 2007 年 4 月走势如图 4-599 所示。

V 图走势如图 4-600 所示。

2007 年 4 月所处神秘大三角位置如图 4-601 所示。

图 4-599　上证指数 2007 年 4 月走势

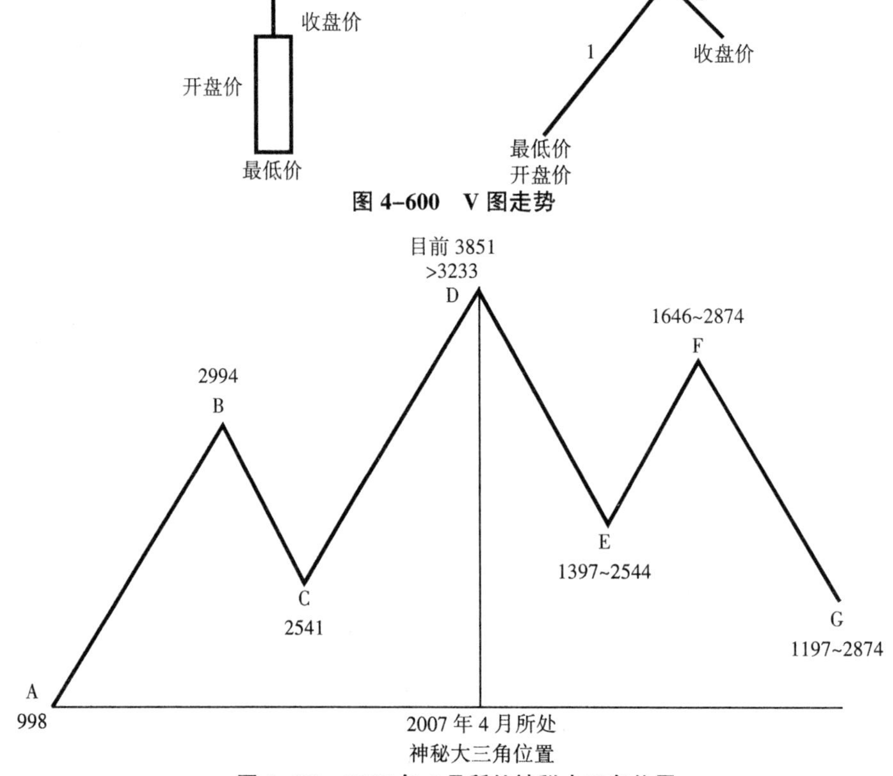

图 4-600　V 图走势

图 4-601　2007 年 4 月所处神秘大三角位置

4 月，上证指数继续大涨，最高点突破了 3850 点关口。

上证指数 2007 年 5 月走势如图 4-602 所示。

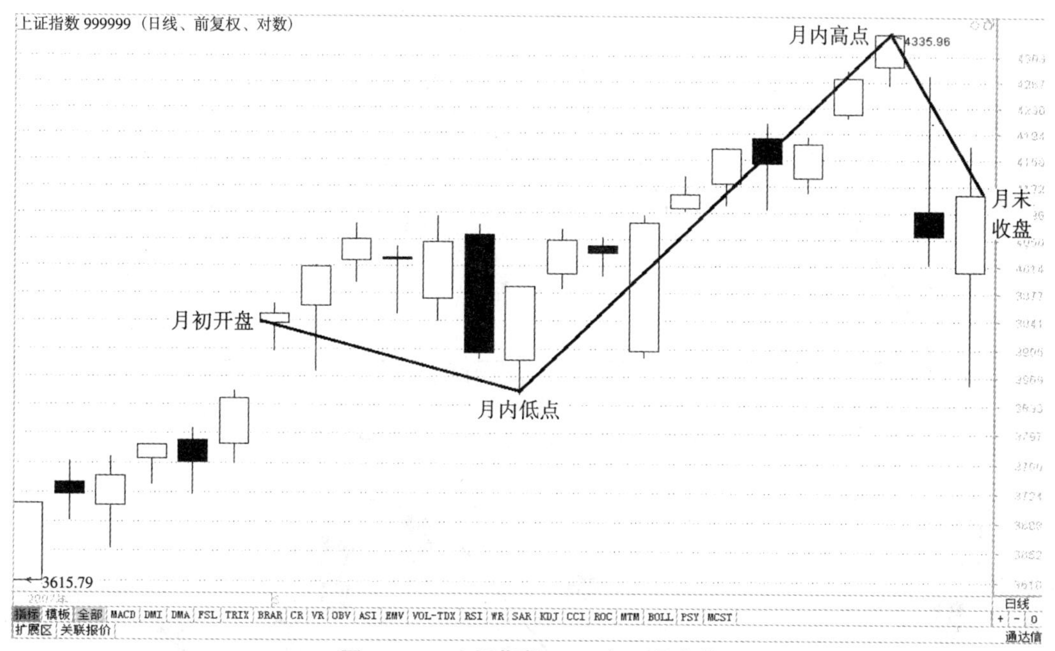

图 4-602　上证指数 2007 年 5 月走势

V 图走势如图 4-603 所示。

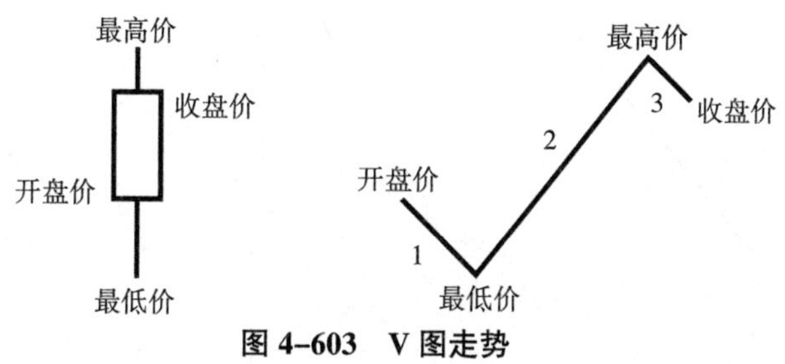

图 4-603　V 图走势

2007 年 5 月所处神秘大三角位置如图 4-604 所示。

5 月，指数高开高走一度上冲到 4300 多点，月底最后几个交易日大幅震荡。

上证指数 2007 年 6 月走势如图 4-605 所示。

V 图走势如图 4-606 所示。

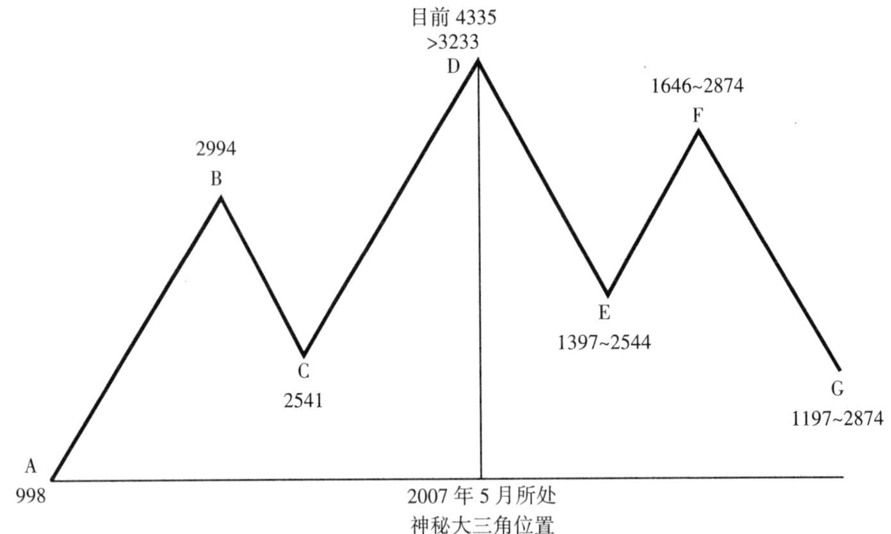

图 4-604　2007 年 5 月所处神秘大三角位置

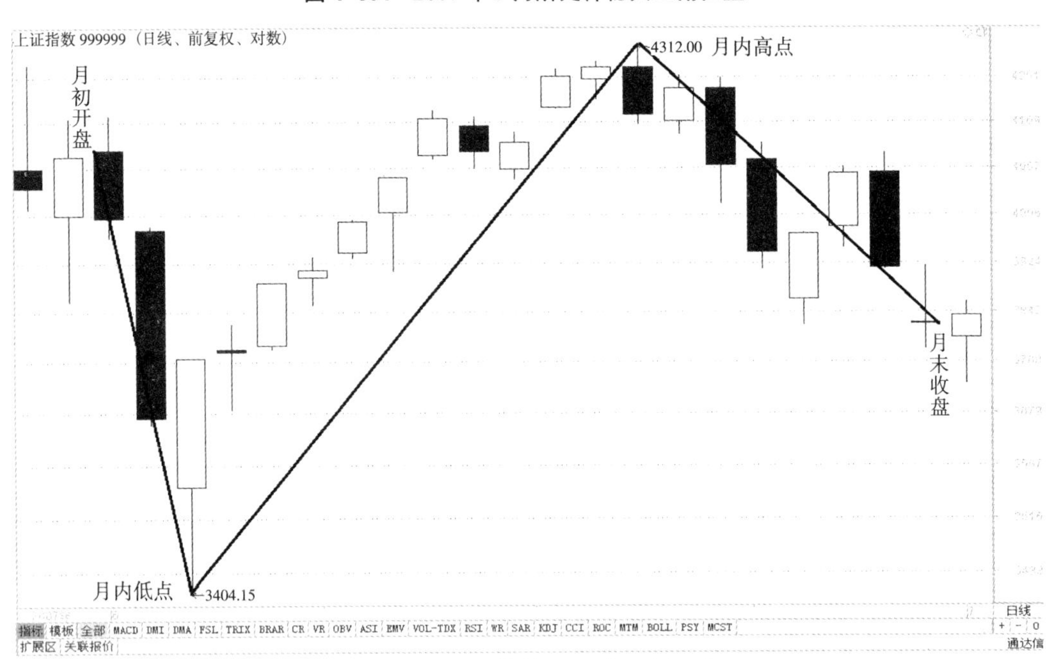

图 4-605　上证指数 2007 年 6 月走势

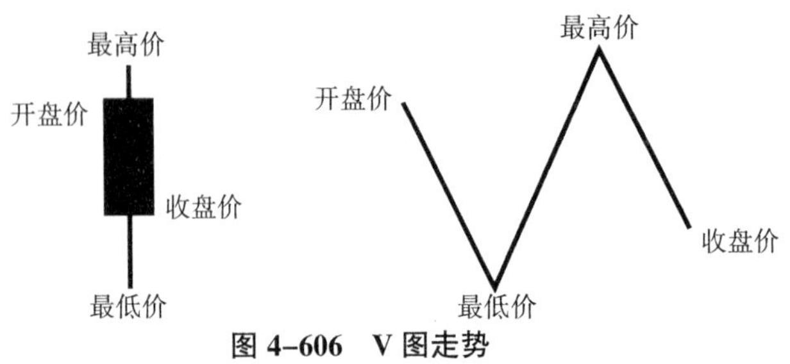

图 4-606　V 图走势

2007 年 6 月所处神秘大三角位置如图 4-607 所示。

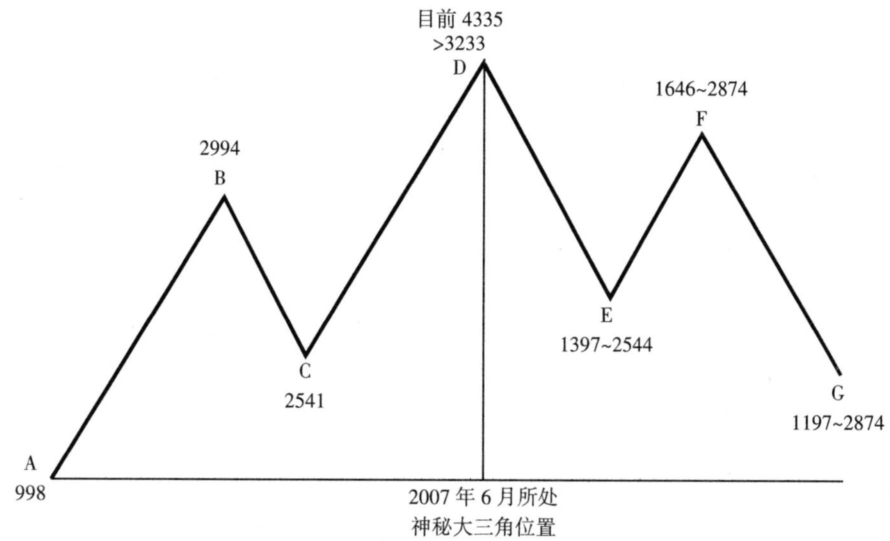

图 4-607　2007 年 6 月所处神秘大三角位置

6 月，行情大幅震荡，在 V 图上几乎没有变动。

上证指数 2007 年 7 月走势如图 4-608 所示。

图 4-608　上证指数 2007 年 7 月走势

V 图走势如图 4-609 所示。

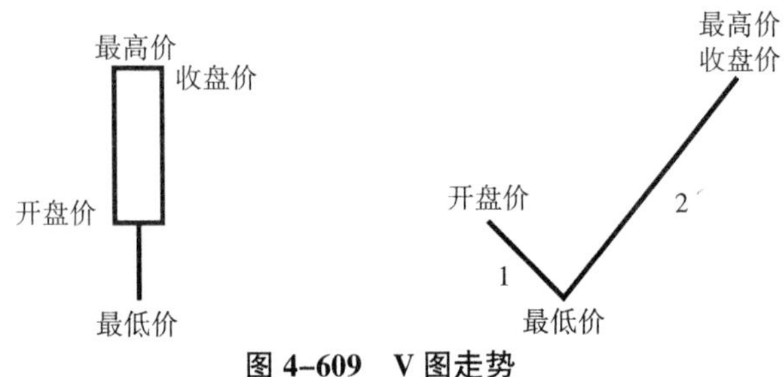

图 4-609 V 图走势

2007 年 7 月所处神秘大三角位置如图 4-610 所示。

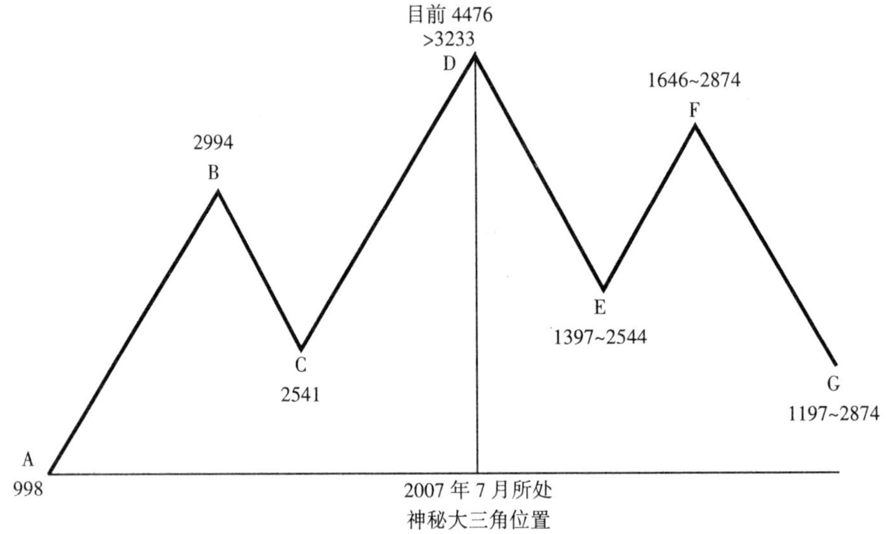

图 4-610 2007 年 7 月所处神秘大三角位置

7 月，指数继续报复性冲高，创出 4476 的新高点。反观市场平均市盈率已达 50 倍关口，已属较危险的读数。如果 4476 就是 D 点，则下跌就顺理成章，如果还有更高点，则以后的平均市盈率读数还会更高。

上证指数 2007 年 8 月走势如图 4-611 所示。

V 图走势如图 4-612 所示。

2007 年 8 月所处神秘大三角位置如图 4-613 所示。

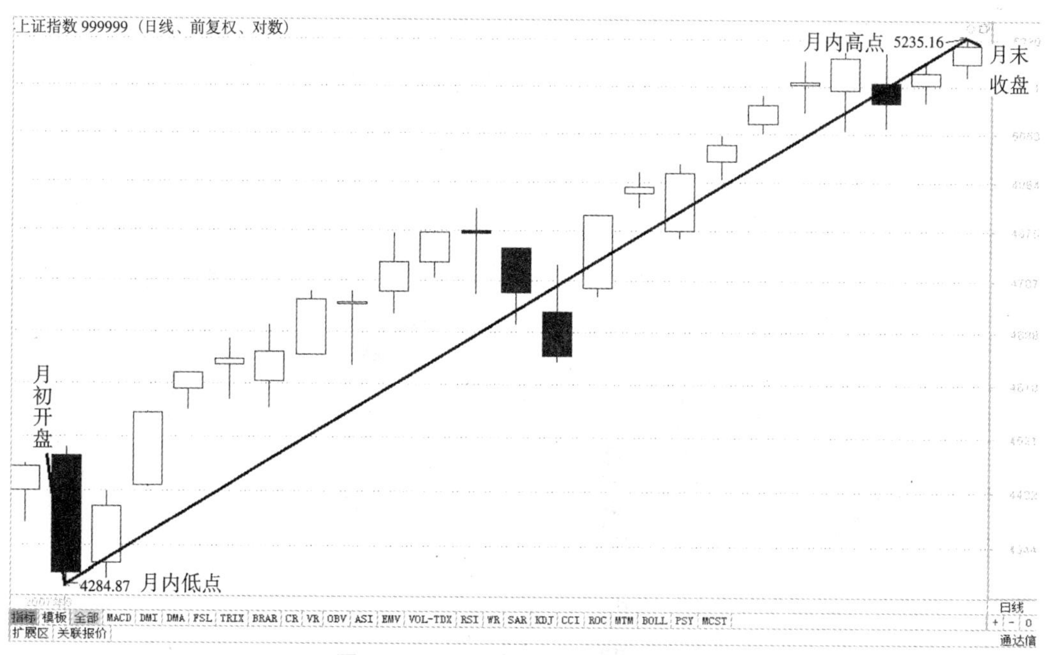

图 4-611　上证指数 2007 年 8 月走势

最高价
收盘价
开盘价
最低价
最高价
3 收盘价
2
开盘价
1
最低价

图 4-612　V 图走势

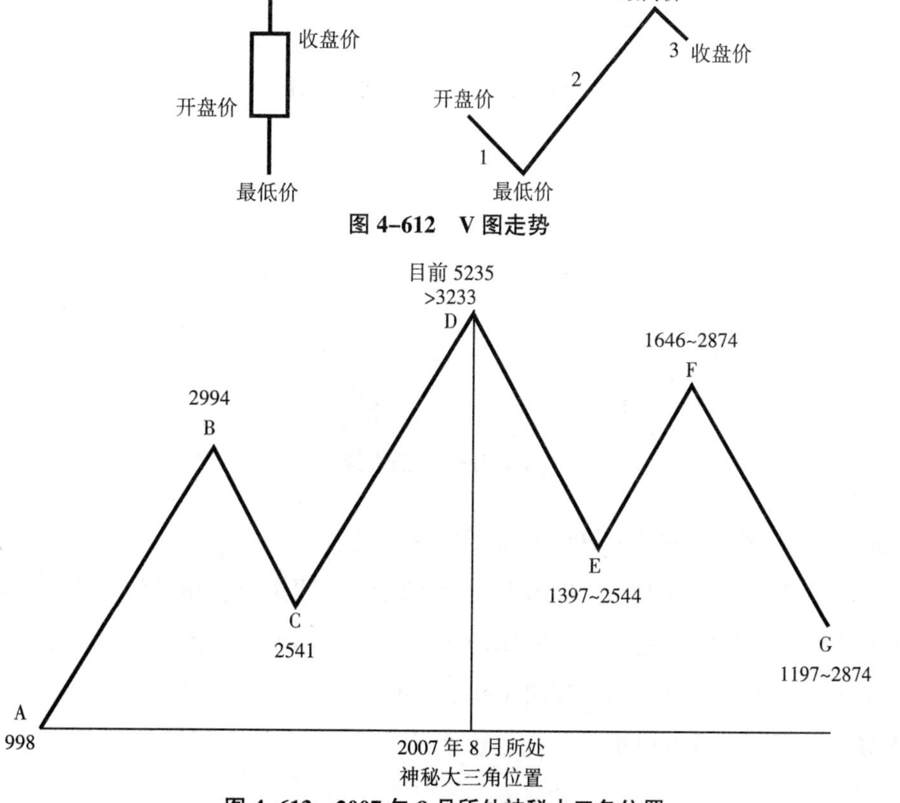

图 4-613　2007 年 8 月所处神秘大三角位置

8 月，上证指数强势疯涨，再创出 5235 点的新高点。此时的市场平均市盈率已将近 60 倍，风险极高，很可能在 1~2 个月时间出现真正的 D 点。

上证指数 2007 年 9 月走势如图 4-614 所示。

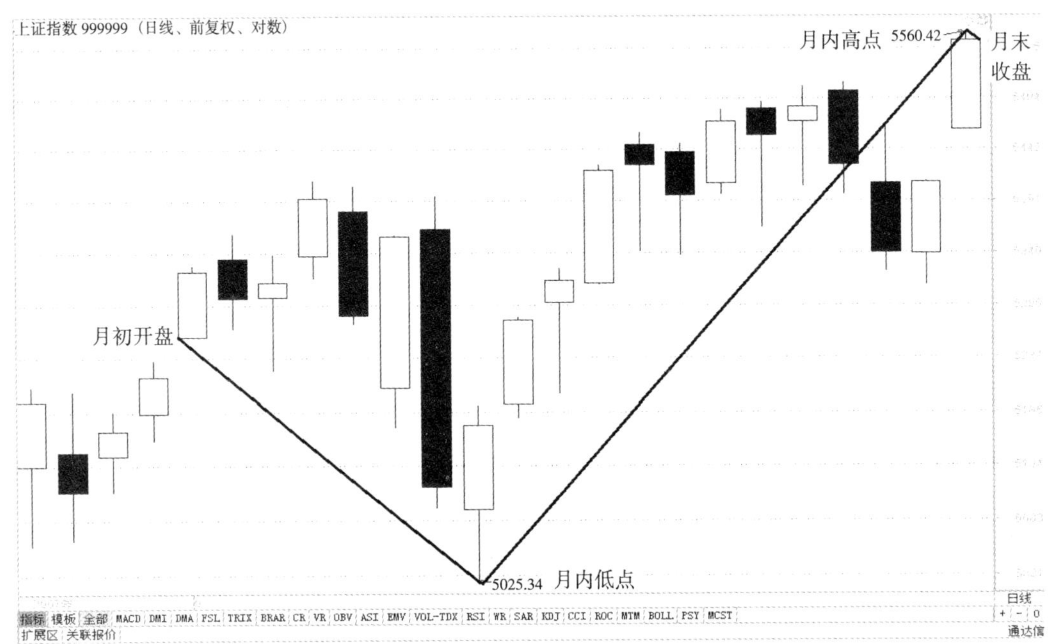

图 4-614　上证指数 2007 年 9 月走势

V 图走势如图 4-615 所示。

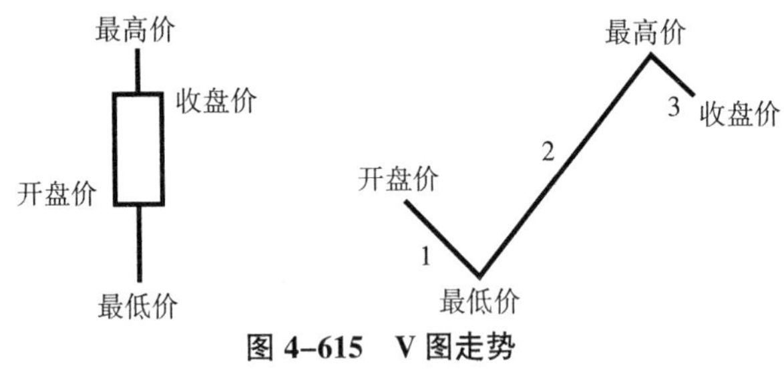

图 4-615　V 图走势

2007 年 9 月所处神秘大三角位置如图 4-616 所示。

9 月，大盘指数震荡上行再创出 5560 点的新高，再来看看市场的平均市盈率，已是 60 多倍！高危读数！警告大顶部已出现或马上就会出现！那么，10 月将是关键。

上证指数 2007 年 10 月走势如图 4-617 所示。

V 图走势如图 4-618 所示。

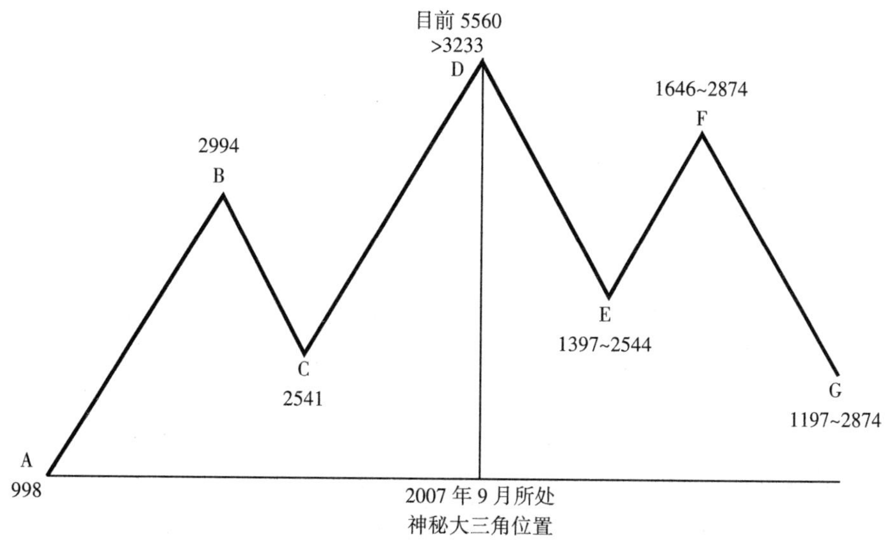

图 4-616　2007 年 9 月所处神秘大三角位置

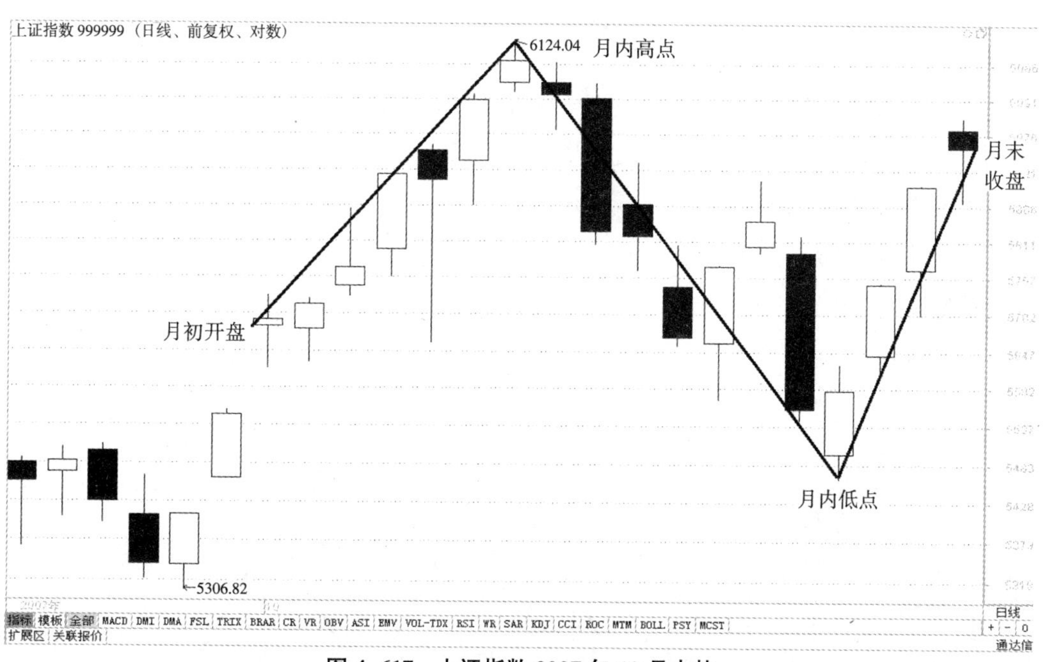

图 4-617　上证指数 2007 年 10 月走势

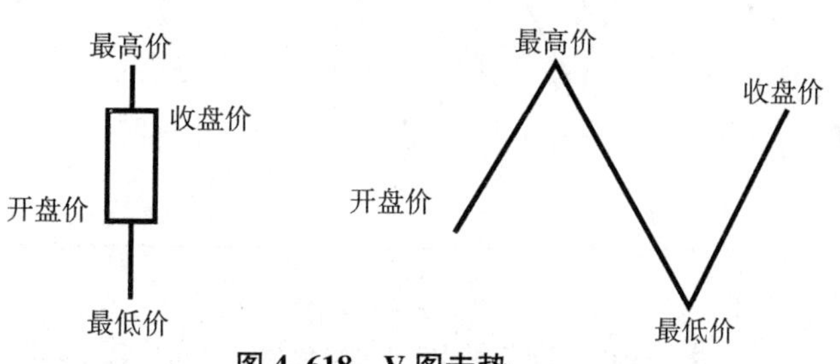

图 4-618　V 图走势

2007 年 10 月所处神秘大三角位置（一）如图 4–619 所示。

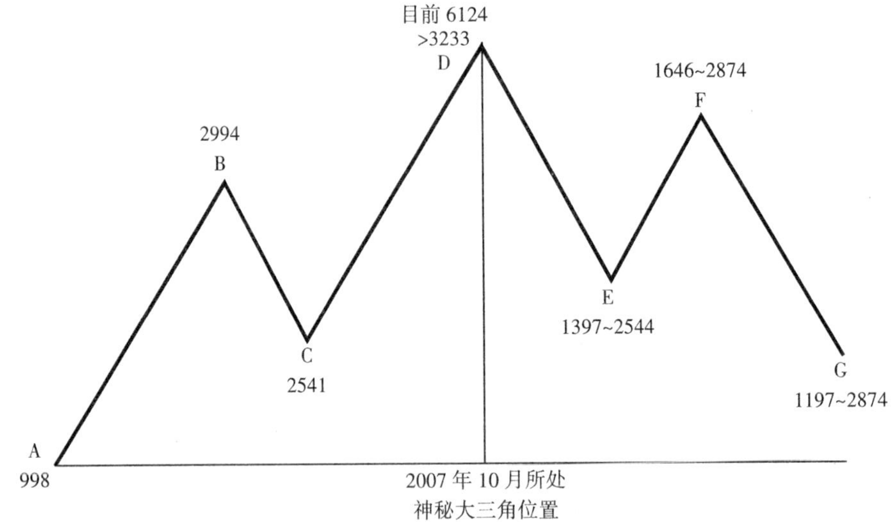

图 4–619　2007 年 10 月所处神秘大三角位置（一）

10 月大盘再次猛涨到 6124 点，但成交额明显乏力，成交额较 998 点时的成交额倍数明显超高，加上市场平均市盈率已达 69 倍！很明显 D 点的位置就在这 6124 点附近了，再涨上去是不可能的。

因为大顶（即 D 点）已见，我们暂且将 6124 看成是 D 点，对后面的 E 点、F 点、G 点的范围进行修正。另外 C 点已确认为 2541 点，我们把新修正的大三角图列出如下。

2007 年 10 月所处神秘大三角位置（二）如图 4–620 所示。

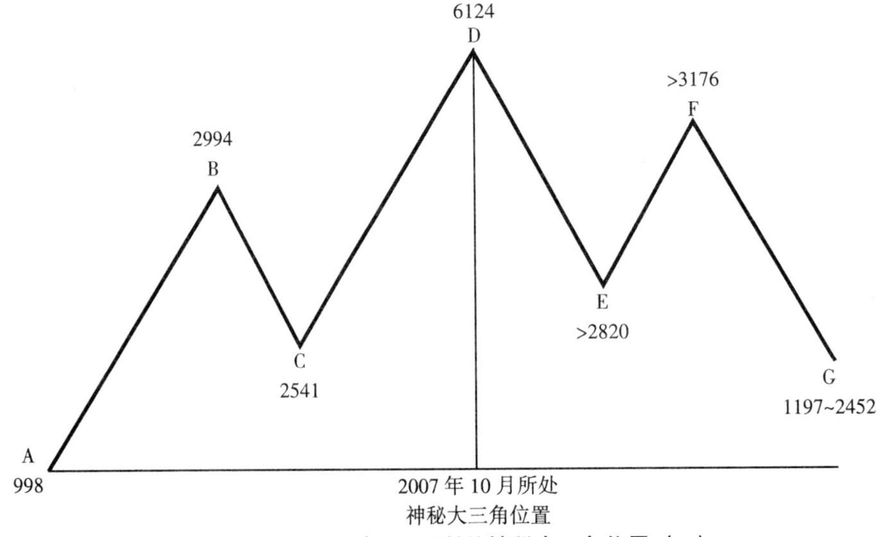

图 4–620　2007 年 10 月所处神秘大三角位置（二）

上证指数 2007 年 11 月走势如图 4-621 所示。

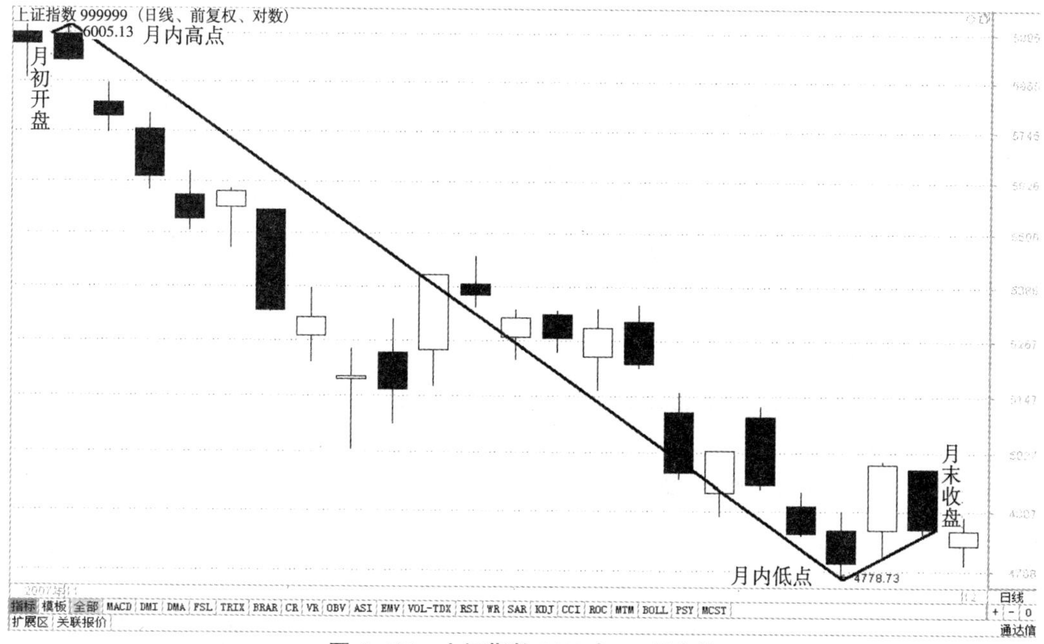

图 4-621　上证指数 2007 年 11 月走势

V 图走势如图 4-622 所示。

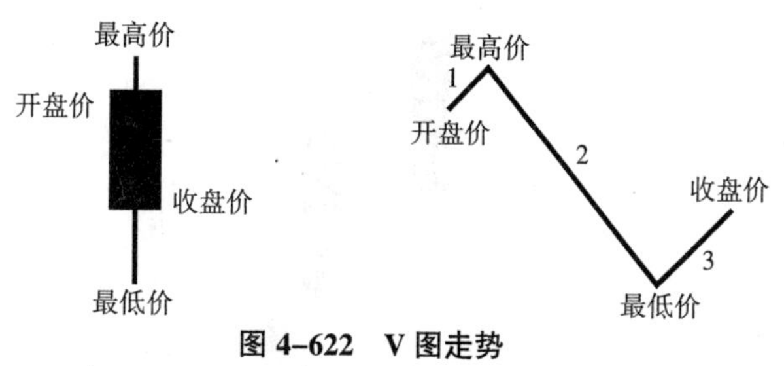

图 4-622　V 图走势

2007 年 11 月所处神秘大三角位置如图 4-623 所示。

11 月，大跌开始，D 点更加被确认，但距离 E 点可能还有距离，因为已近年底，E 点可能在下一年出现。

上证指数 2007 年 12 月走势如图 4-624 所示。

V 图走势如图 4-625 所示。

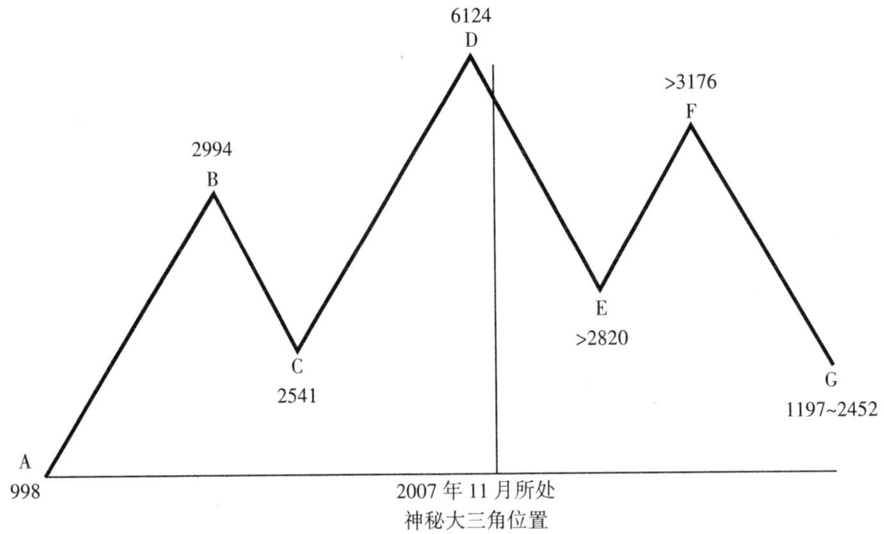

图 4-623　2007 年 11 月所处神秘大三角位置

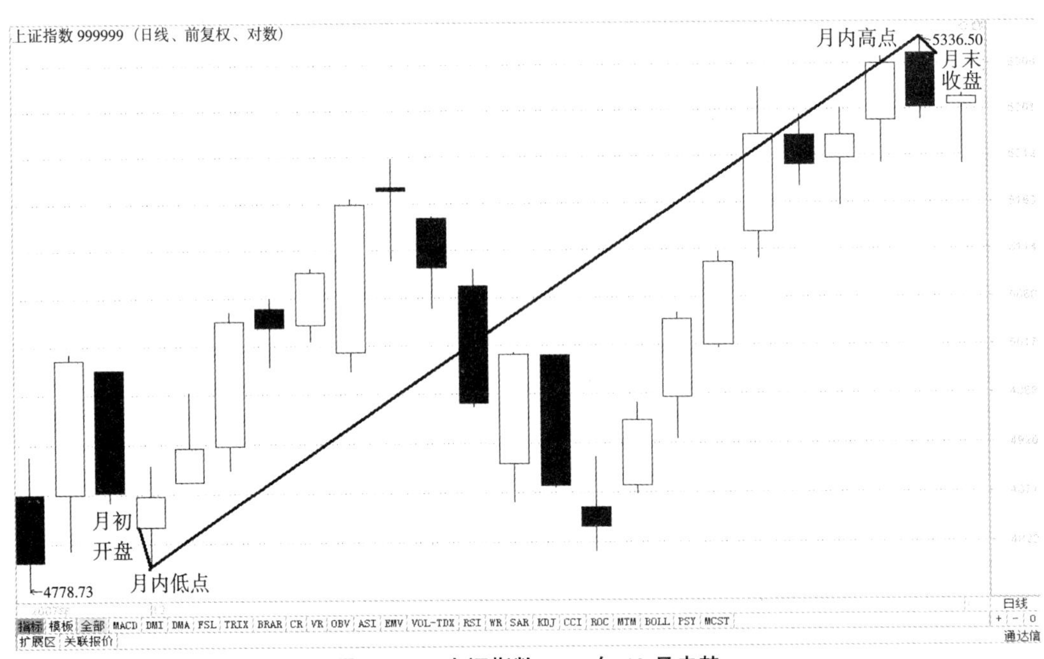

图 4-624　上证指数 2007 年 12 月走势

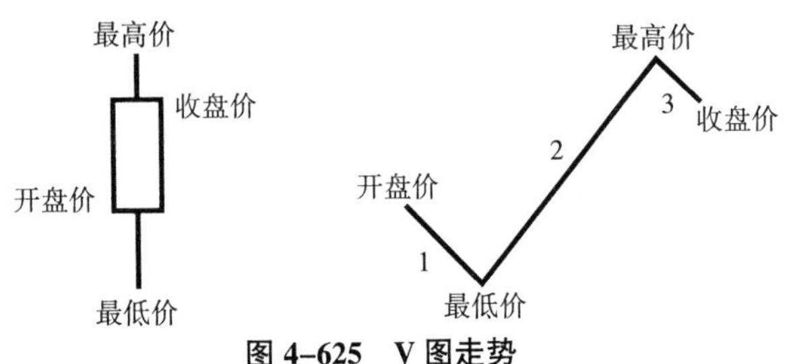

图 4-625　V 图走势

2007 年 12 月所处神秘大三角位置如图 4-626 所示。

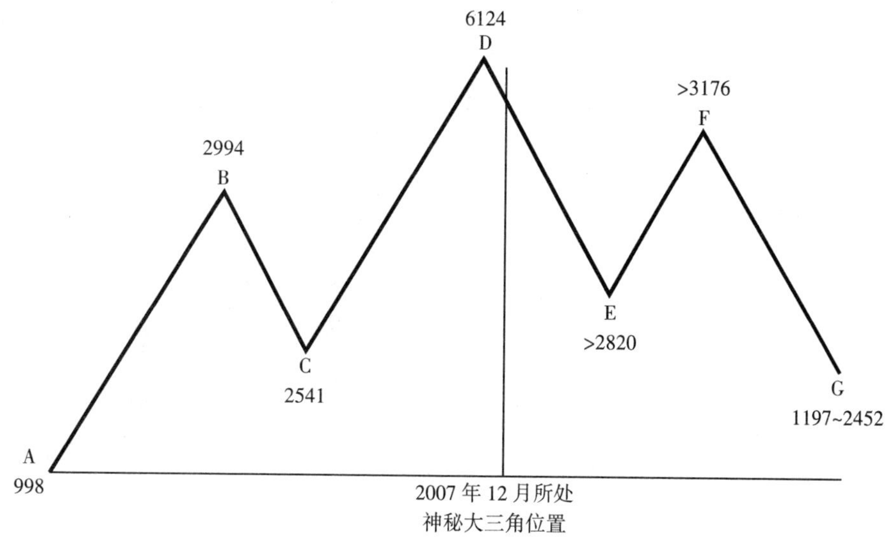

图 4-626　2007 年 12 月所处神秘大三角位置

12 月，大盘再次反弹回 5300 点，但这次的成交额偏小，且平均市盈率再次逼近 60 倍，又显出高危信号。可知此次反转乃属反弹而已，不必过久纠缠，手中持有股票的宜急速出手。

4.21　2008 年

纵观近几年的 GDP 增速，逐年上升，但是市场的平均市盈率偏高，而且在我们的神秘大三角形态上看也处于大顶回落的阶段，所以 2008 年的行情很不乐观，是很不看好的一年，预示着未来经济将向坏发展。

上证指数 2008 年 1 月走势如图 4-627 所示。

V 图走势如图 4-628 所示。

2008 年 1 月所处神秘大三角位置如图 4-629 所示。

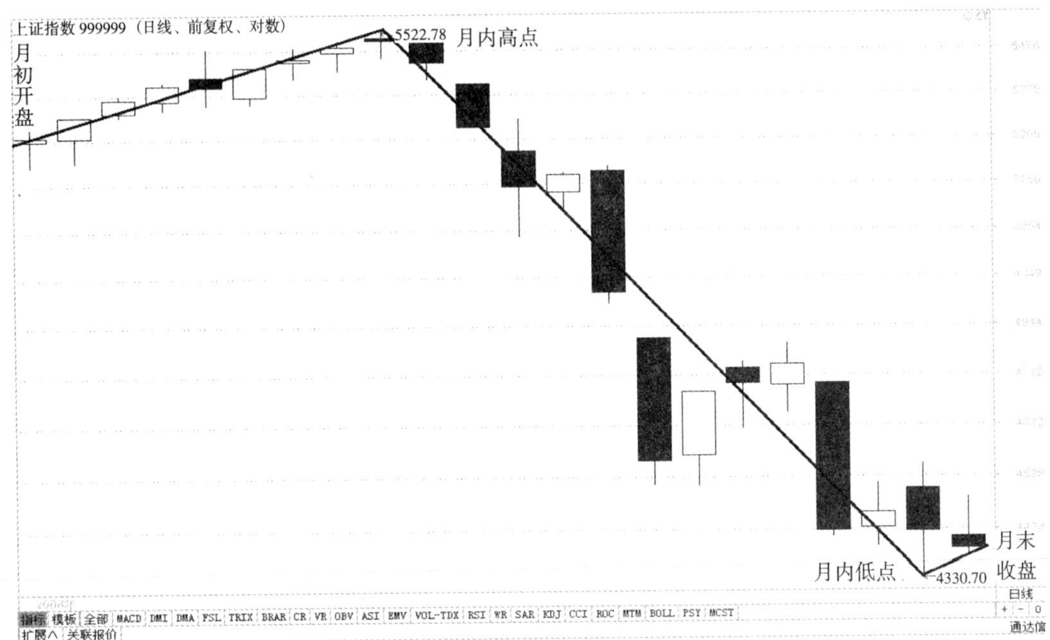

图 4-627 上证指数 2008 年 1 月走势

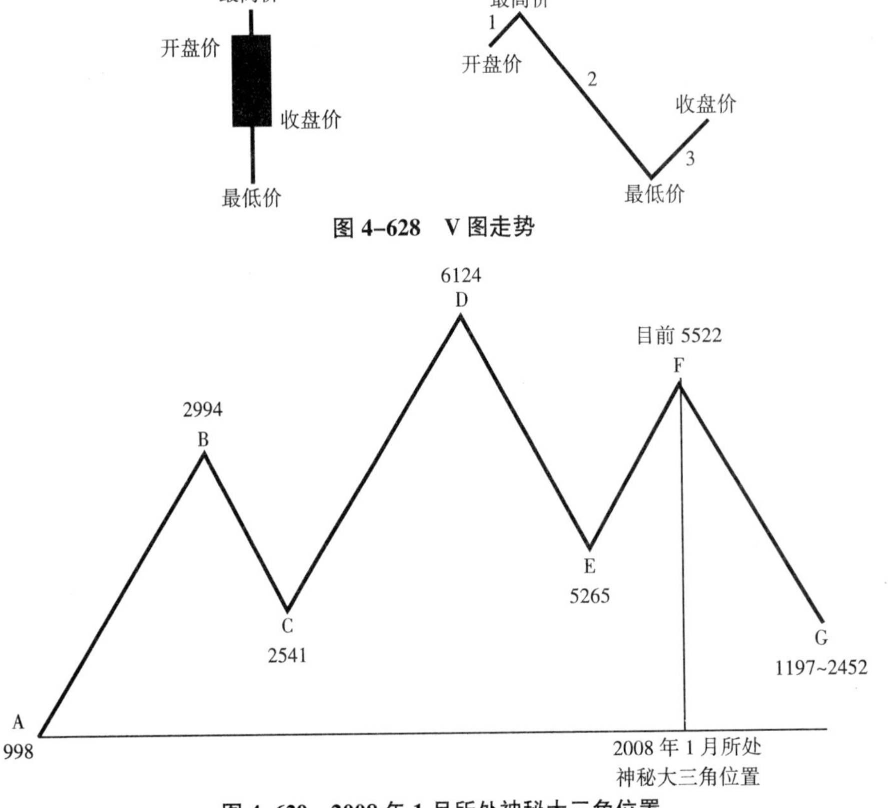

图 4-628 V 图走势

图 4-629 2008 年 1 月所处神秘大三角位置

1 月，股指缓慢冲高至 5500 点，E 点被确认为 5265 点，当前 F 点即 2008 年的最高点位，就目前来说是 5522 点。

上证指数 2008 年 2 月走势如图 4-630 所示。

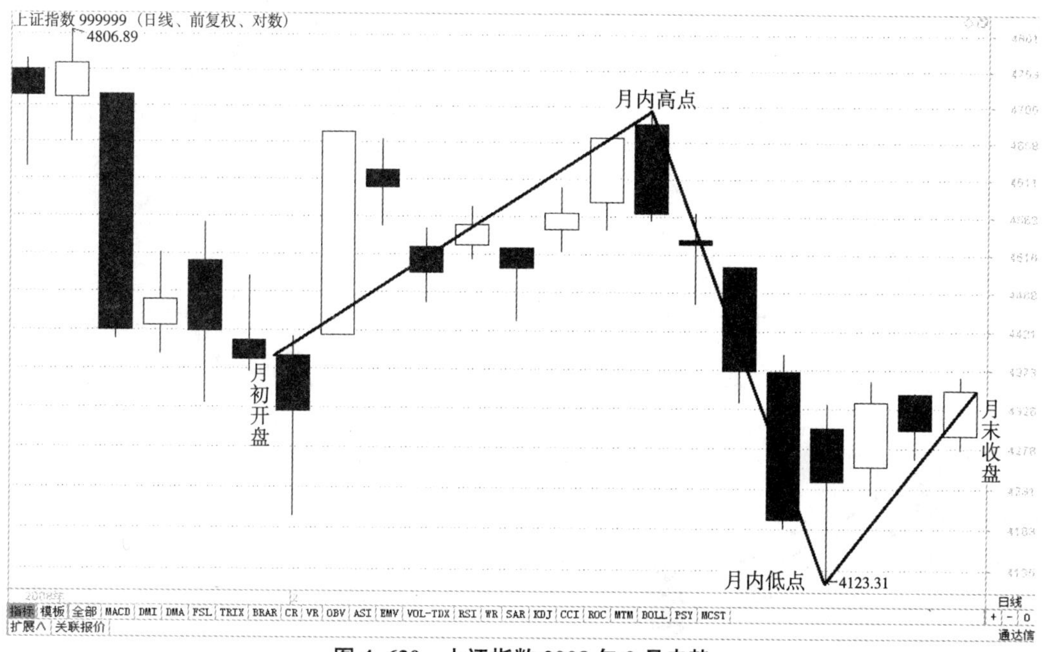

图 4-630　上证指数 2008 年 2 月走势

V 图走势如图 4-631 所示。

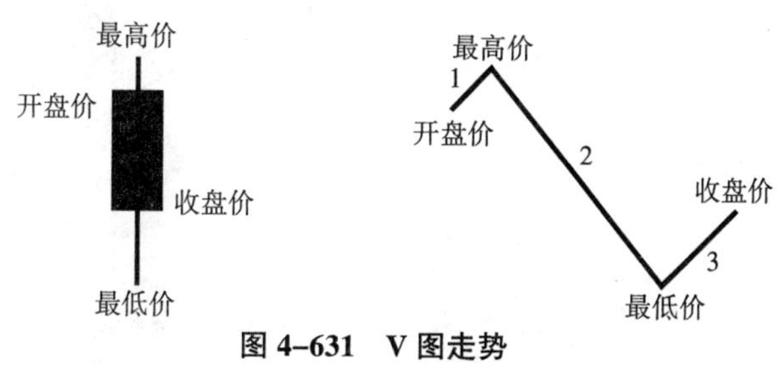

图 4-631　V 图走势

2008 年 2 月所处神秘大三角位置如图 4-632 所示。

2 月，指数震荡后继续下跌，回顾历年 2 月走势，多以震荡行情为多见。

上证指数 2008 年 3 月走势如图 4-633 所示。

V 图走势如图 4-634 所示。

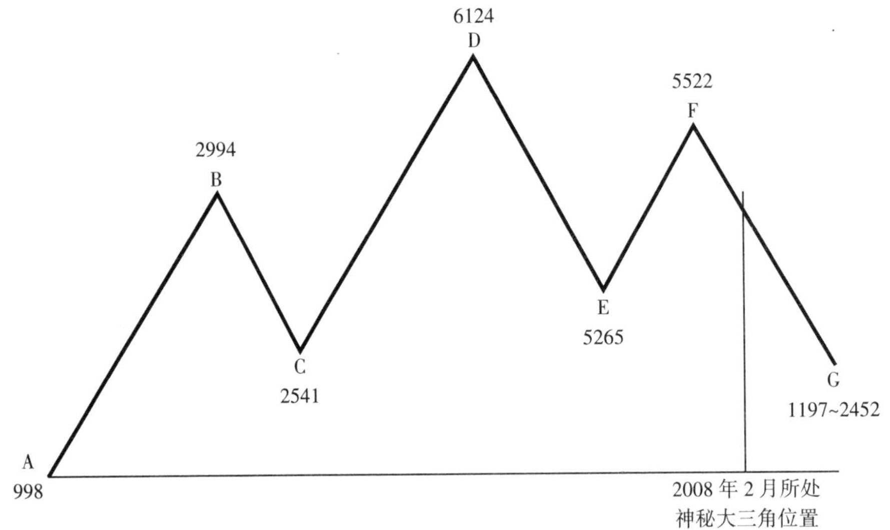

图 4-632　2008 年 2 月所处神秘大三角位置

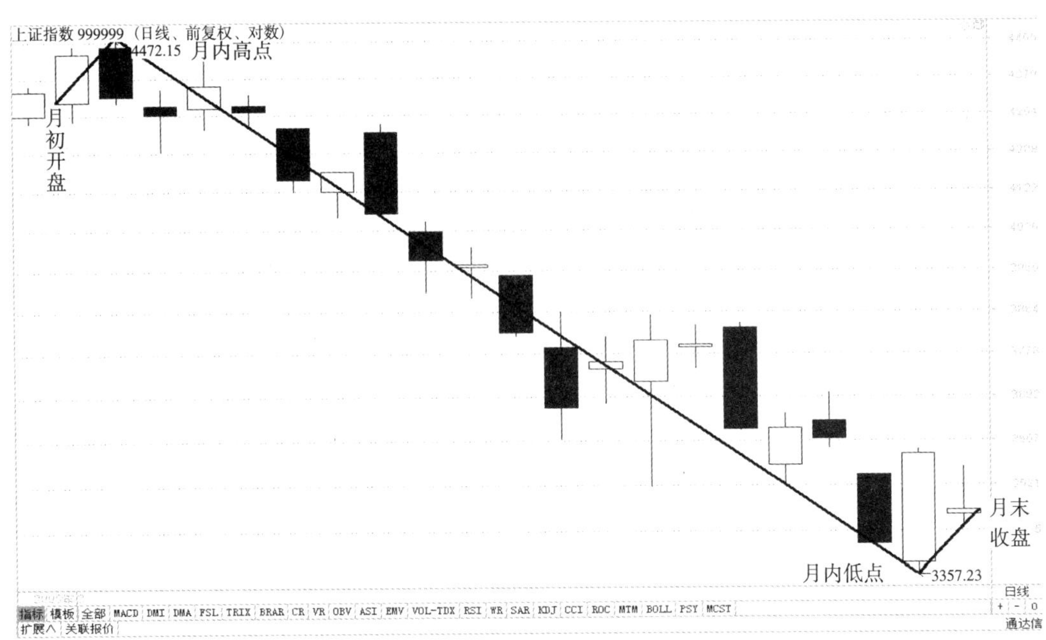

图 4-633　上证指数 2008 年 3 月走势

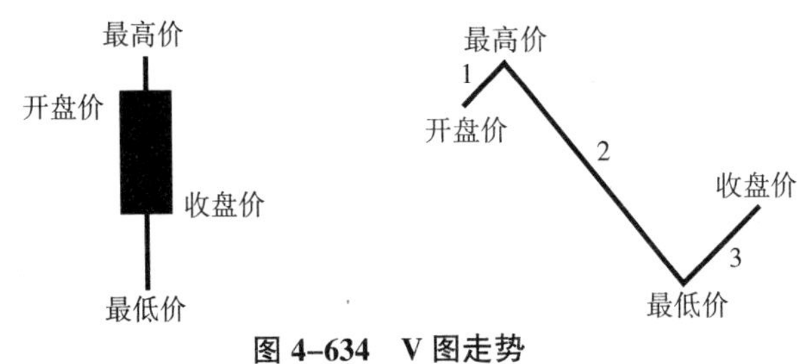

图 4-634　V 图走势

2008 年 3 月所处神秘大三角位置如图 4-635 所示。

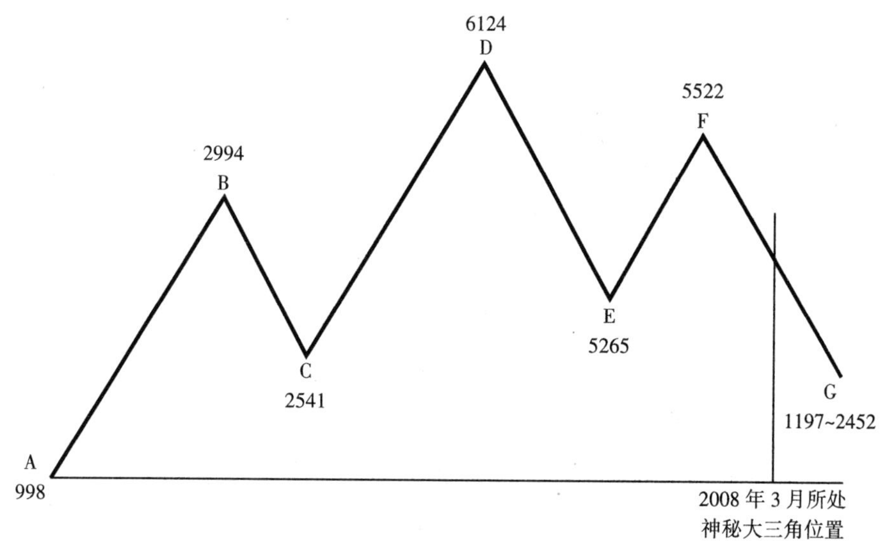

图 4-635　2008 年 3 月所处神秘大三角位置

3 月，上证指数持续下跌，跌破 3500 点关口，越来越接近预测中的 E 点区域。

上证指数 2008 年 4 月走势如图 4-636 所示。

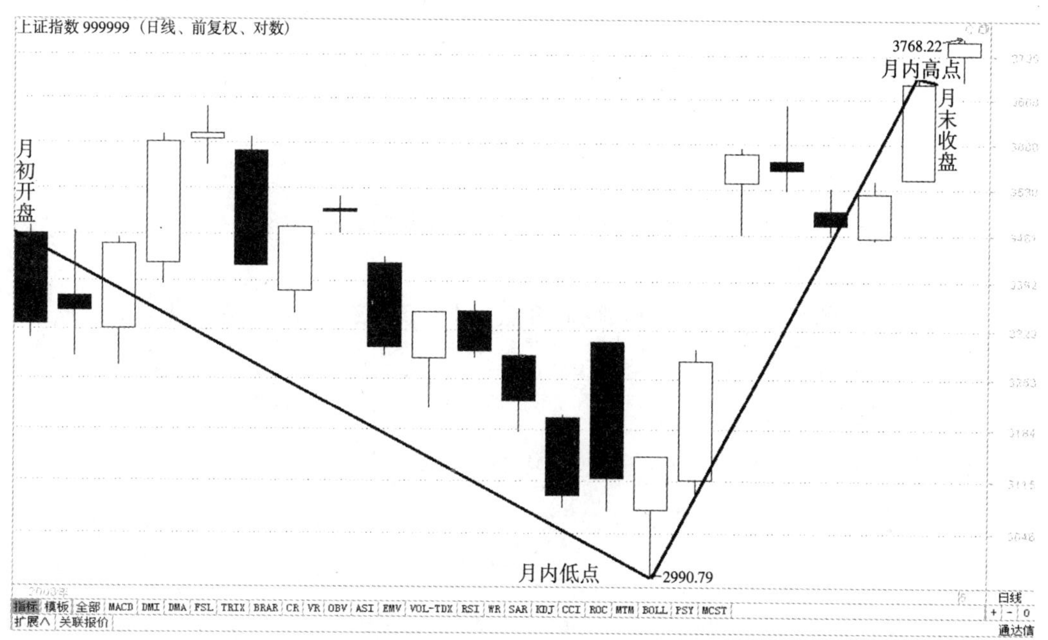

图 4-636　上证指数 2008 年 4 月走势

V 图走势如图 4-637 所示。

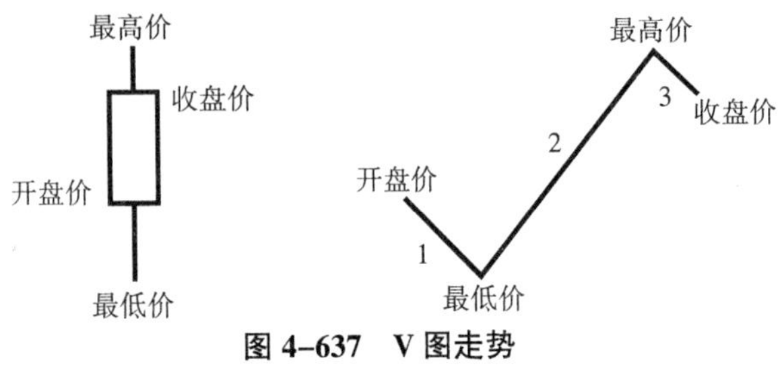

图 4-637　V 图走势

2008 年 4 月所处神秘大三角位置如图 4-638 所示。

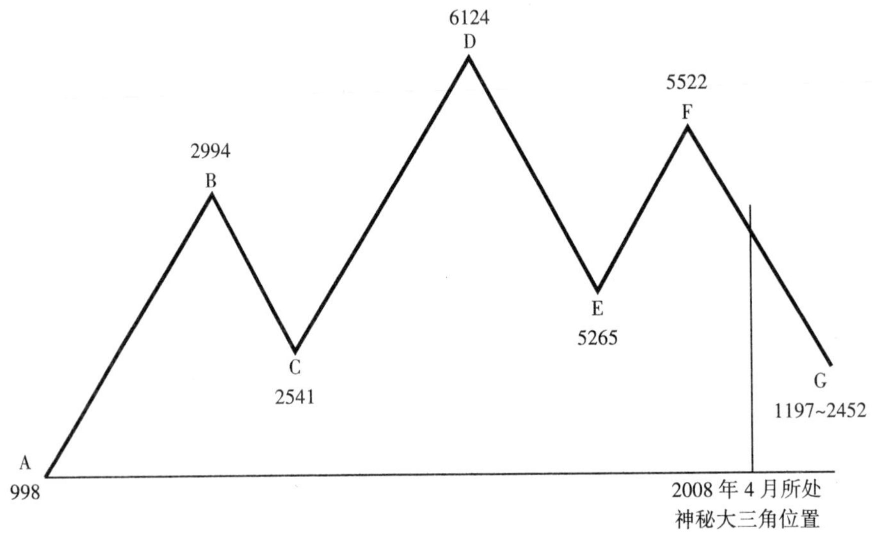

图 4-638　2008 年 4 月所处神秘大三角位置

4 月，上证指数继续跌，先是跌破 3000 点，不久又反弹回 3700 点，仍属 FG 阶段。

上证指数 2008 年 5 月走势如图 4-639 所示。

V 图走势如图 4-640 所示。

2008 年 5 月所处神秘大三角位置如图 4-641 所示。

图 4-639　上证指数 2008 年 5 月走势

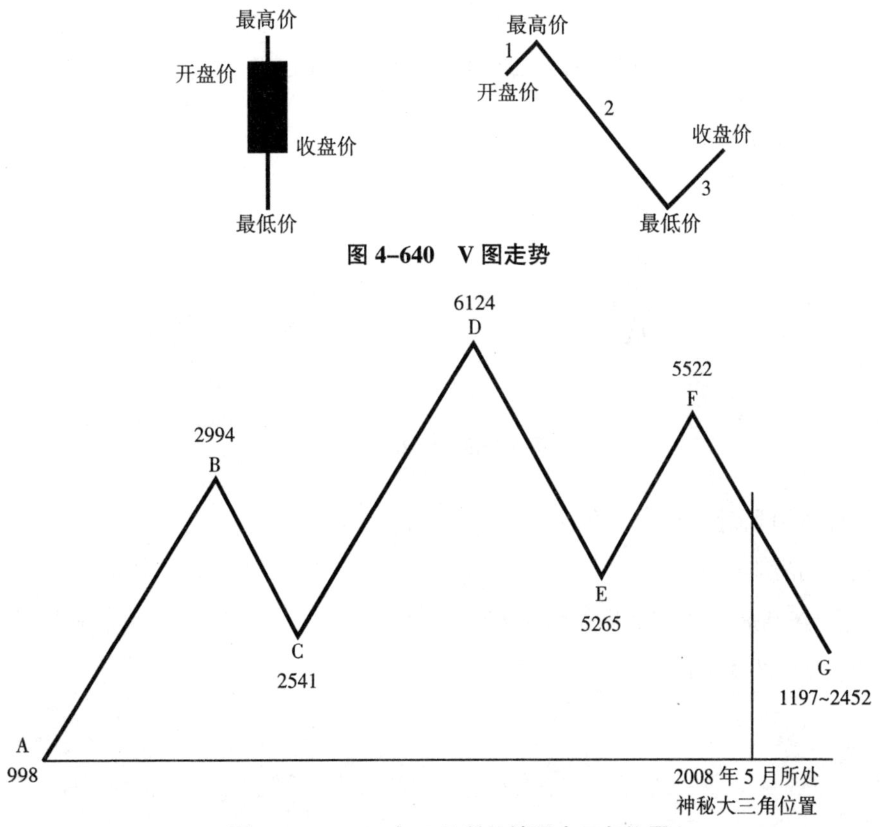

图 4-640　V 图走势

图 4-641　2008 年 5 月所处神秘大三角位置

5 月，指数基本上还是震荡下行的走势。

上证指数 2008 年 6 月走势如图 4-642 所示。

图 4-642　上证指数 2008 年 6 月走势

V 图走势如图 4-643 所示。

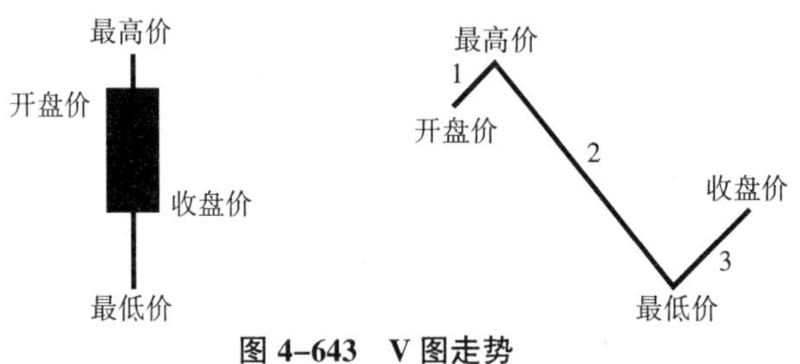

图 4-643　V 图走势

2008 年 6 月所处神秘大三角位置如图 4-644 所示。

6 月，行情继续下跌。

上证指数 2008 年 7 月走势如图 4-645 所示。

V 图走势如图 4-646 所示。

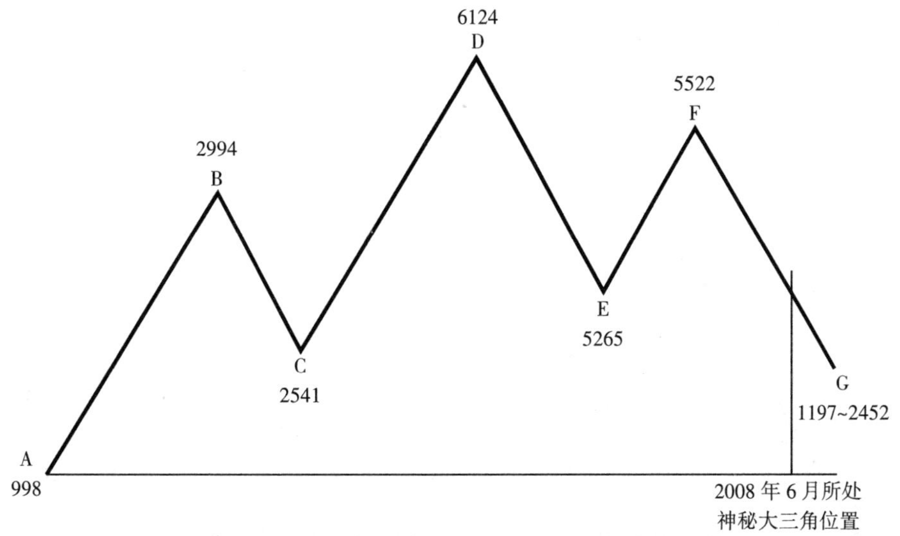

图 4-644　2008 年 6 月所处神秘大三角位置

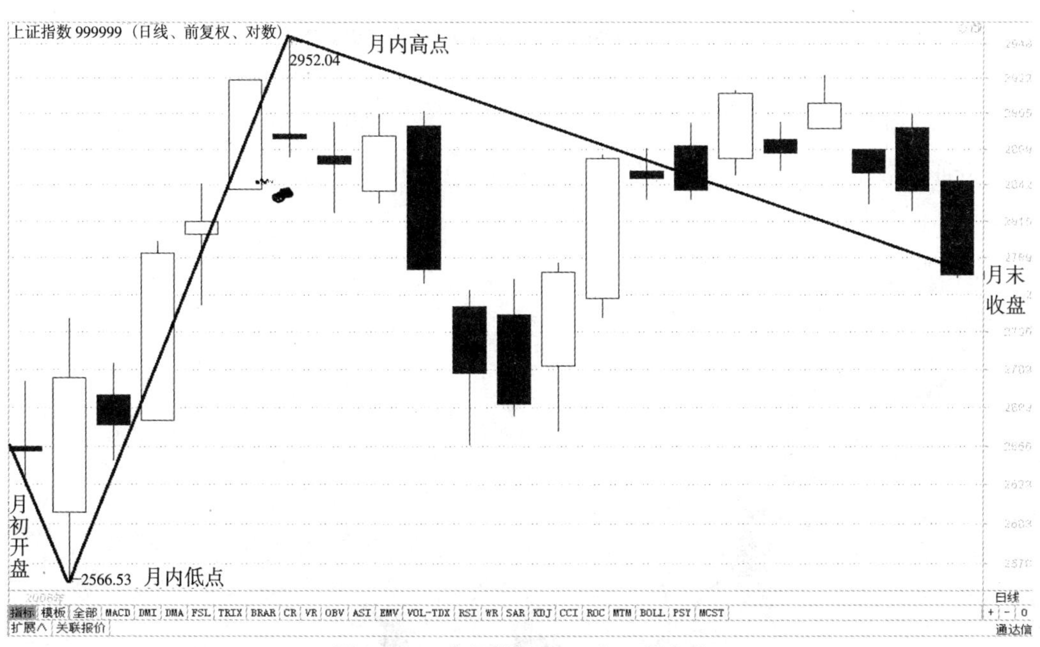

图 4-645　上证指数 2008 年 7 月走势

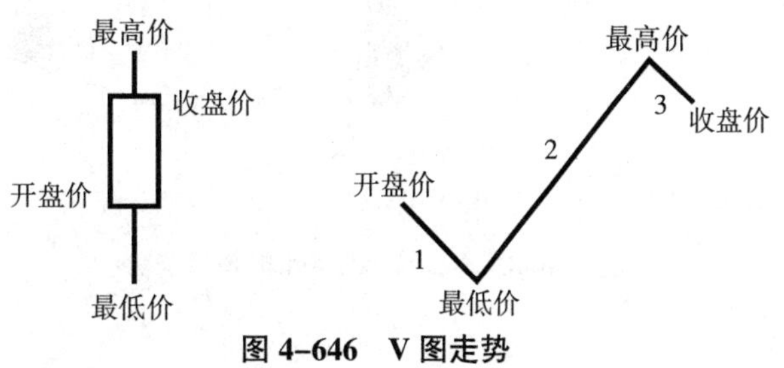

图 4-646　V 图走势

2008 年 7 月所处神秘大三角位置如图 4-647 所示。

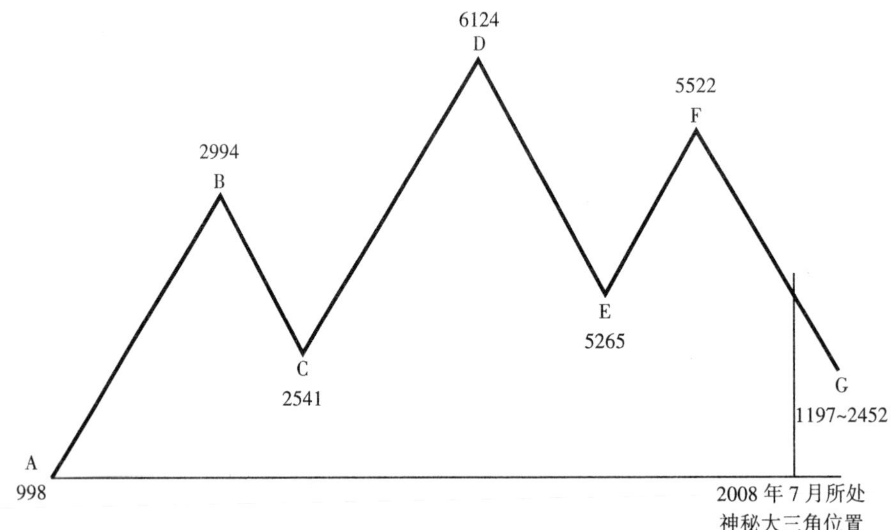

图 4-647　2008 年 7 月所处神秘大三角位置

7 月，指数略有所回调，之后再转头向上，已接近 2500 点关口。

上证指数 2008 年 8 月走势如图 4-648 所示。

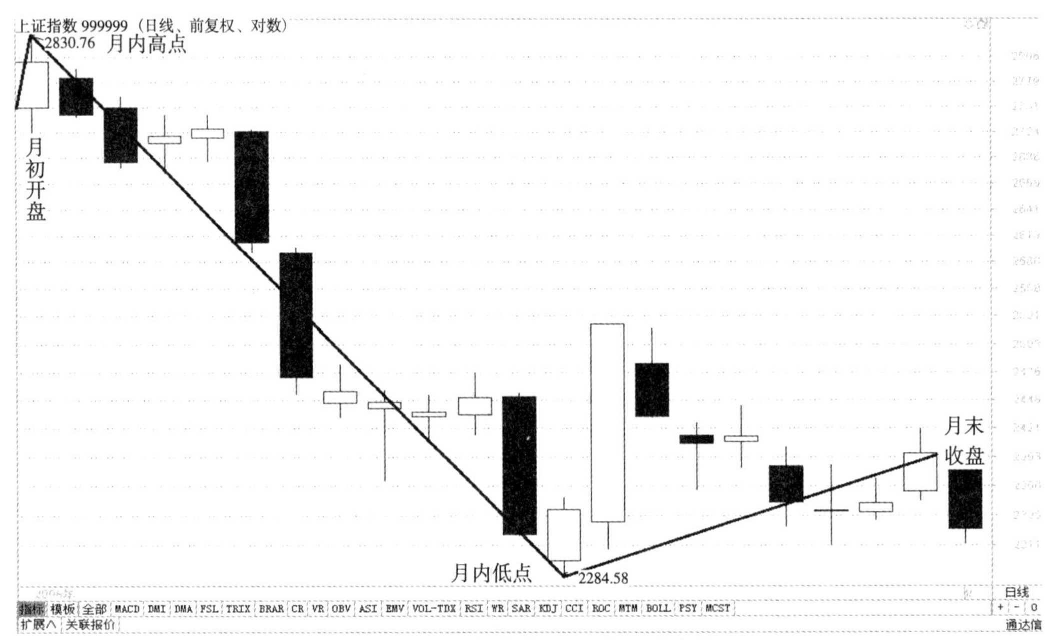

图 4-648　上证指数 2008 年 8 月走势

V 图走势如图 4-649 所示。

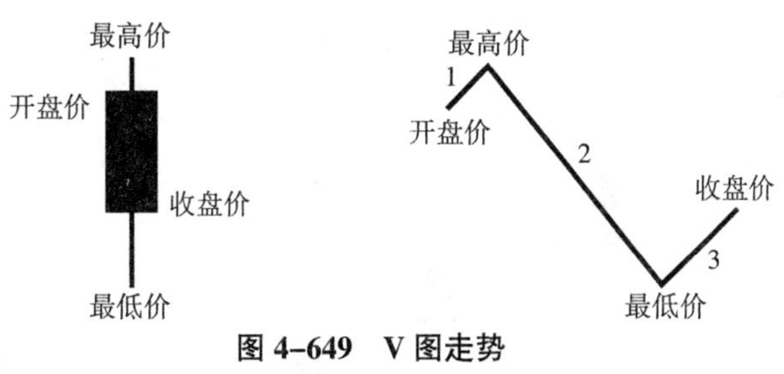

图 4-649　V 图走势

2008 年 8 月所处神秘大三角位置如图 4-650 所示。

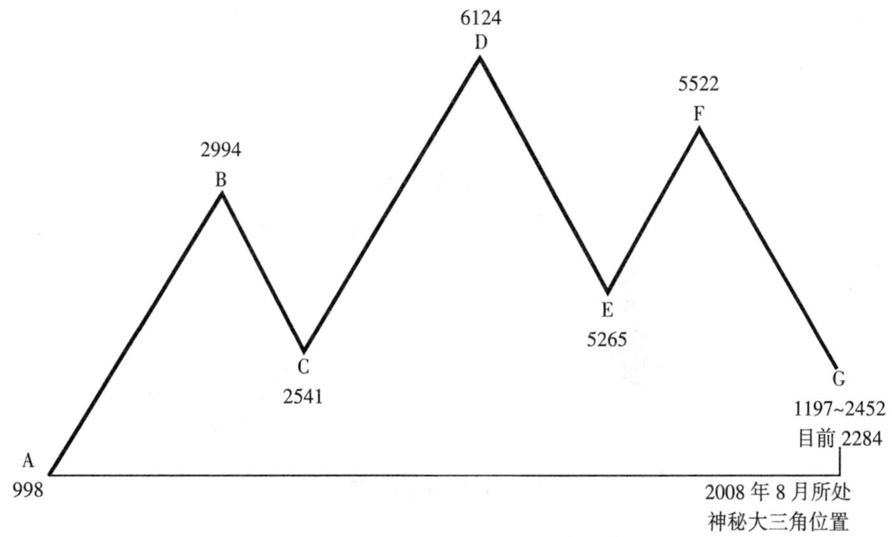

图 4-650　2008 年 8 月所处神秘大三角位置

8 月，上证指数再创新低，跌破 2300 点关口，已进入此前预测的 G 点范围，底部将来临，时刻关注中。

上证指数 2008 年 9 月走势如图 4-651 所示。

V 图走势如图 4-652 所示。

2008 年 9 月所处神秘大三角位置如图 4-653 所示。

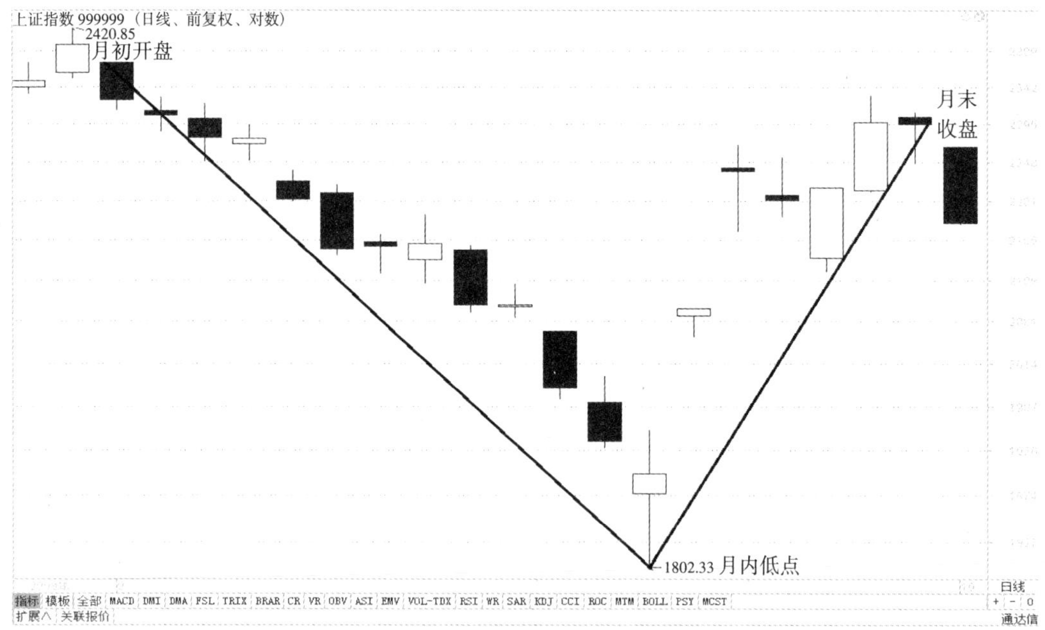

图 4-651　上证指数 2008 年 9 月走势

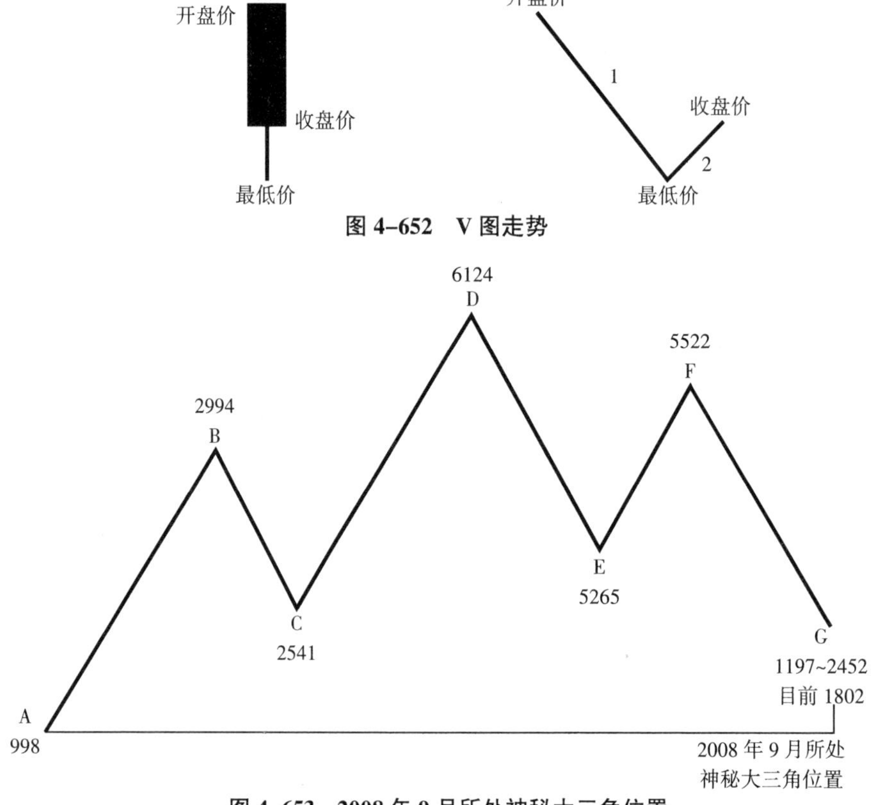

图 4-652　V 图走势

图 4-653　2008 年 9 月所处神秘大三角位置

9 月，大盘指数再跌至 1800 点附近，已属 G 点范围，观察市场的平均市盈率为 18 倍，低于 20 倍，说明目前的点位可能快要到达底部 G 点了。

上证指数 2008 年 10 月走势如图 4-654 所示。

图 4-654　上证指数 2008 年 10 月走势

V 图走势如图 4-655 所示。

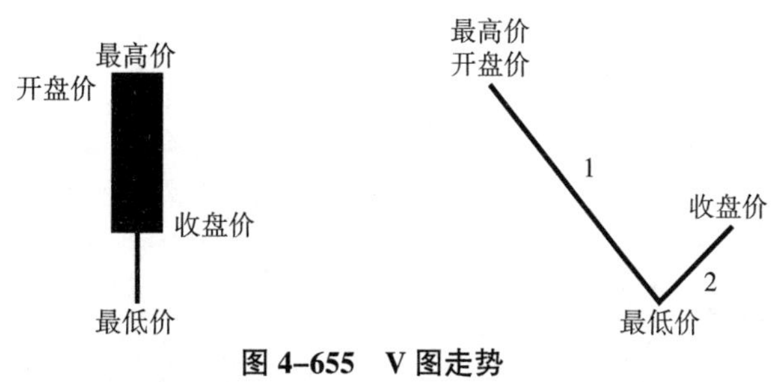

图 4-655　V 图走势

2008 年 10 月所处神秘大三角位置如图 4-656 所示。

10 月大盘强势下跌，创下 1664 点的新低，属于此前预测的 G 点较低范围。我们再来看看当前市场的平均市盈率是 14 倍，已属极低风险区间，应该是个好的底部。

上证指数 2008 年 11 月走势如图 4-657 所示。

V 图走势如图 4-658 所示。

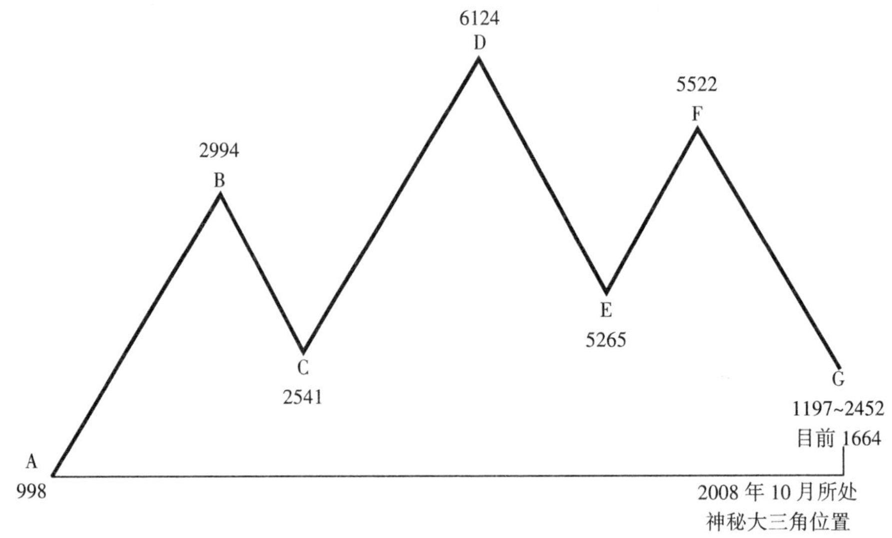

图 4-656　2008 年 10 月所处神秘大三角位置

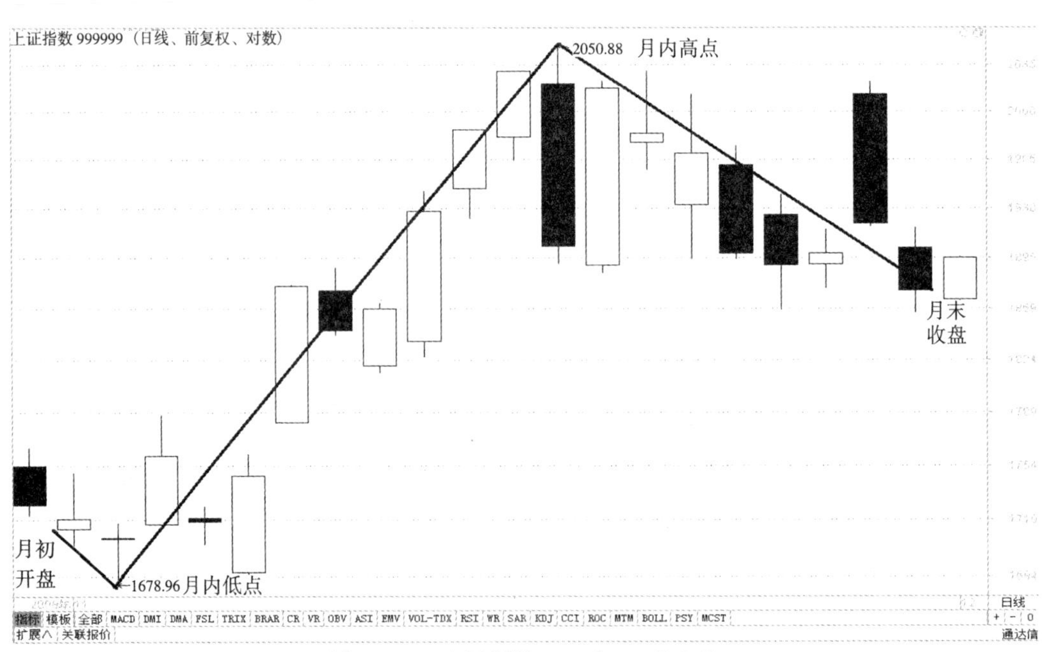

图 4-657　上证指数 2008 年 11 月走势

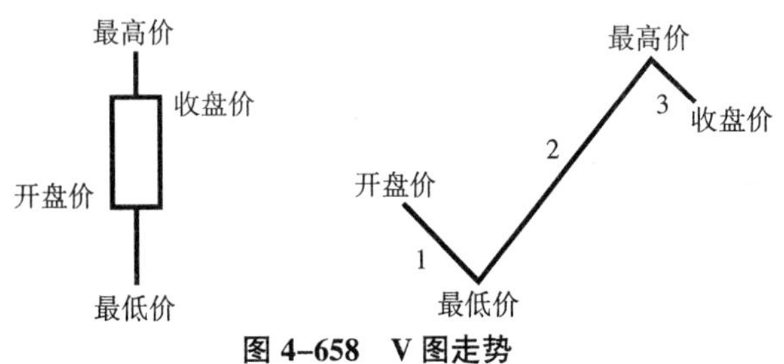

图 4-658　V 图走势

2008 年 11 月所处神秘大三角位置如图 4-659 所示。

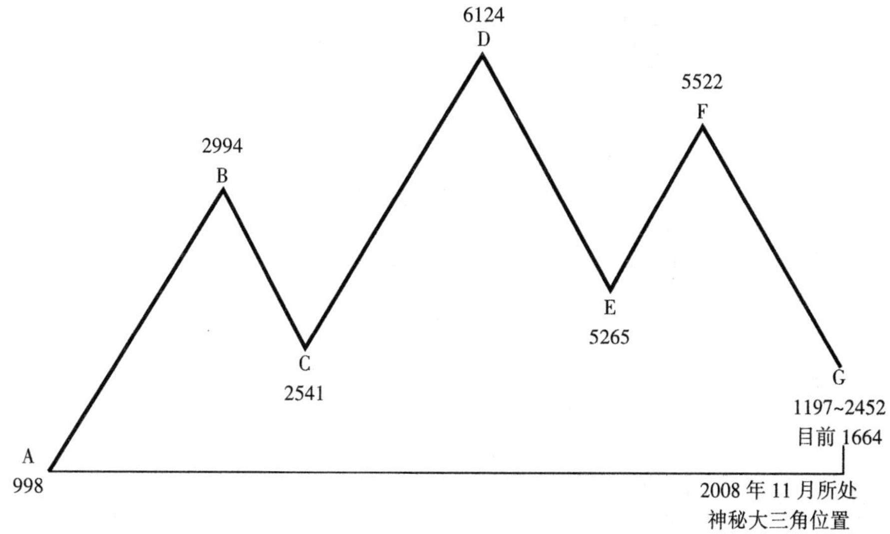

图 4-659　2008 年 11 月所处神秘大三角位置

11 月，大盘迅速放量上涨脱离了 1664 点位，市盈率没有继续下滑，说明目前的 1664 点就是 G 点。

上证指数 2008 年 12 月走势如图 4-660 所示。

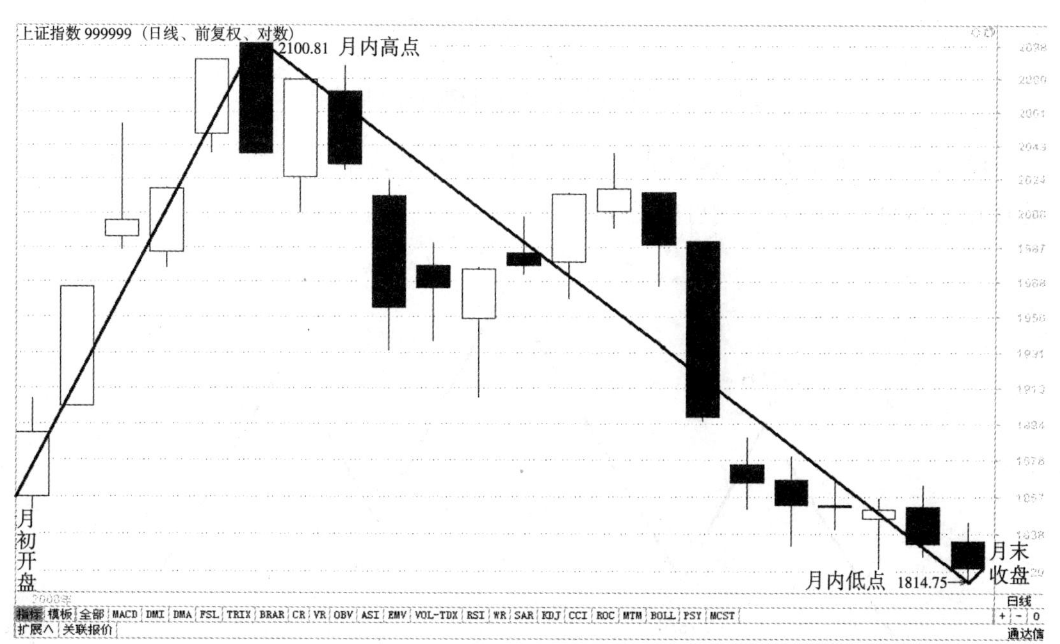

图 4-660　上证指数 2008 年 12 月走势

V 图走势如图 4-661 所示。

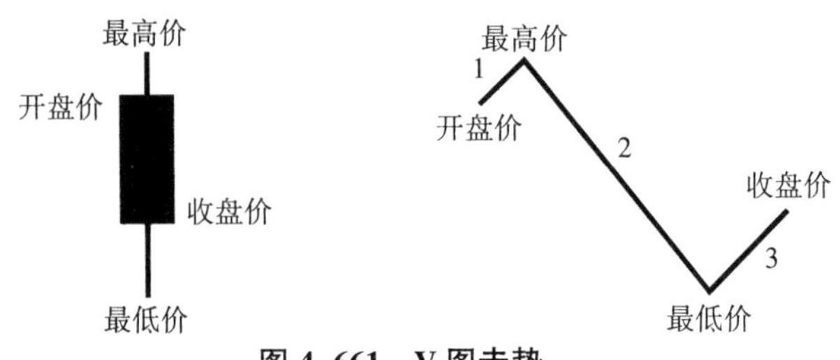

图 4-661 V 图走势

2008 年 12 月所处神秘大三角位置如图 4-662 所示。

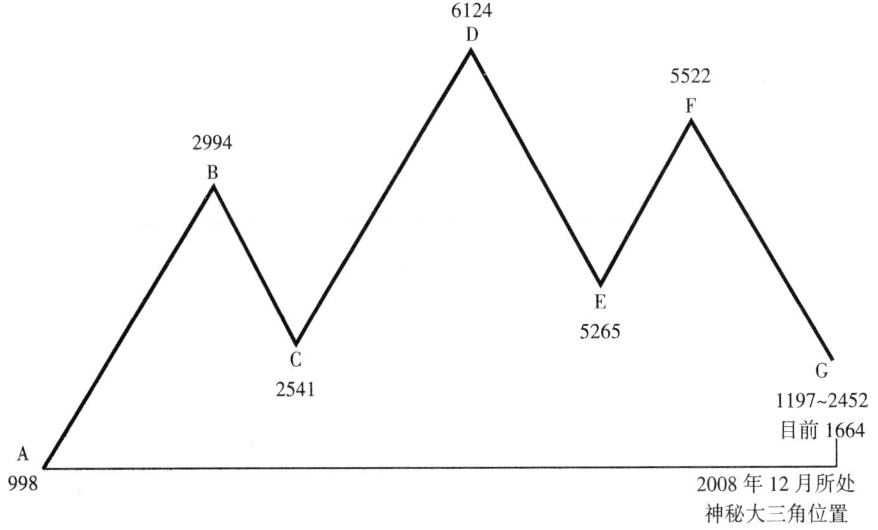

图 4-662 2008 年 12 月所处神秘大三角位置

12 月大盘回调，但未跌破 1664 点，而且已至年底，年线 V 图上已确认 1664 点就是 G 点。2009 年的各点预测可见图 4-663。

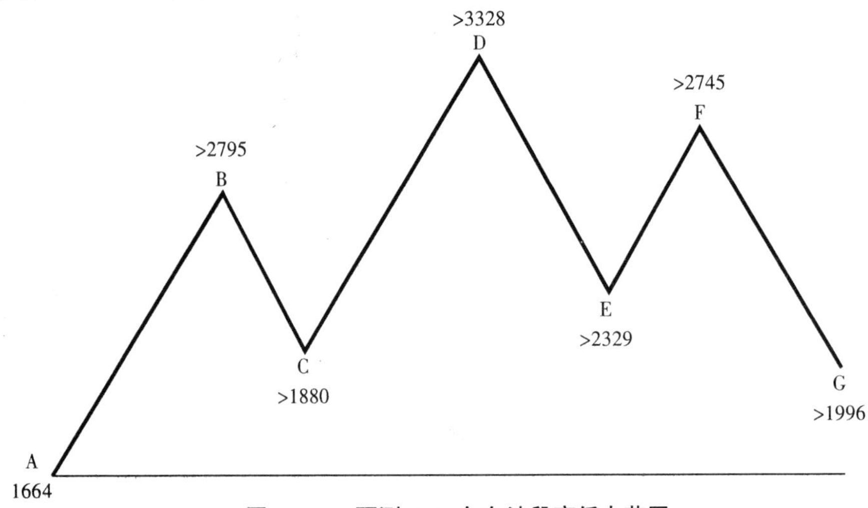

图 4-663 预测 2009 年各波段高低点范围

4.22　2009 年

2008 年 GDP 较 2007 年又开始降速了，2007 年预测目前处于新一轮的大三角起点，估计 2009 年会有一波涨势，但不要期望太高，大约可以估计 B 点在 3000 点附近。

上证指数 2009 年 1 月走势如图 4-664 所示。

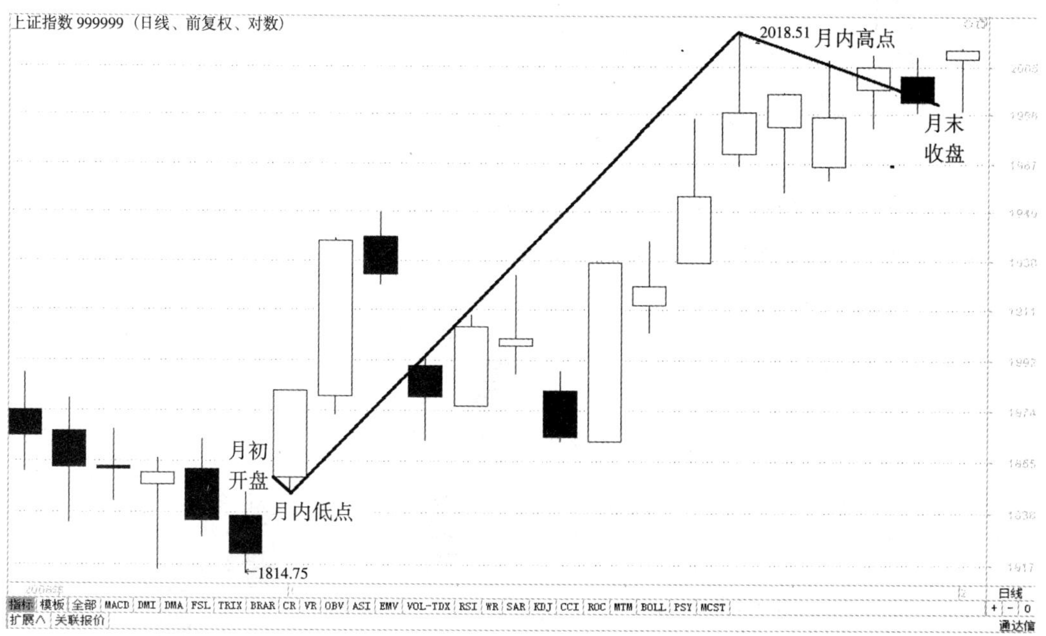

图 4-664　上证指数 2009 年 1 月走势

V 图走势如图 4-665 所示。

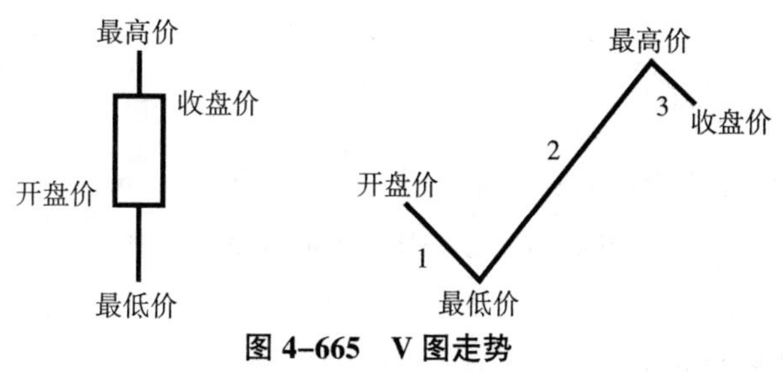

图 4-665　V 图走势

2009 年 1 月所处神秘大三角位置如图 4-666 所示。

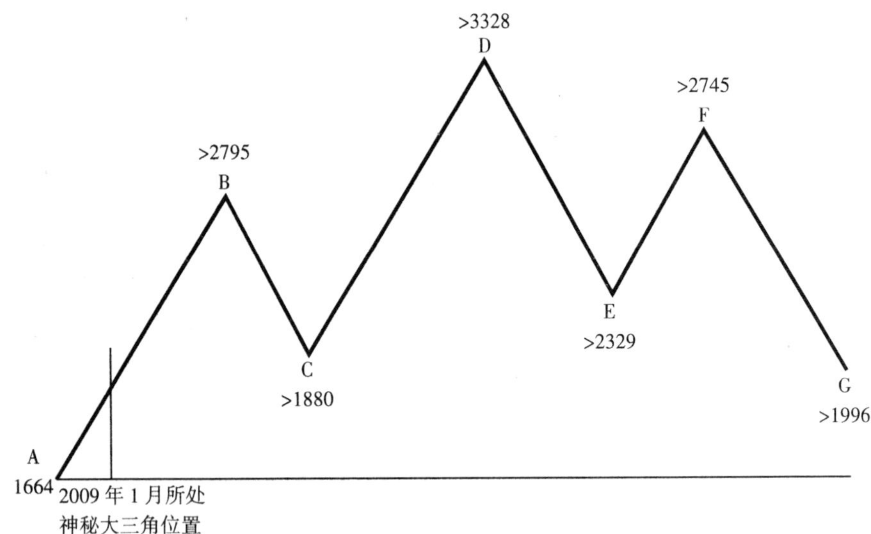

图 4-666　2009 年 1 月所处神秘大三角位置

1 月，股指高开高走，最高曾站上 2000 点。

上证指数 2009 年 2 月走势如图 4-667 所示。

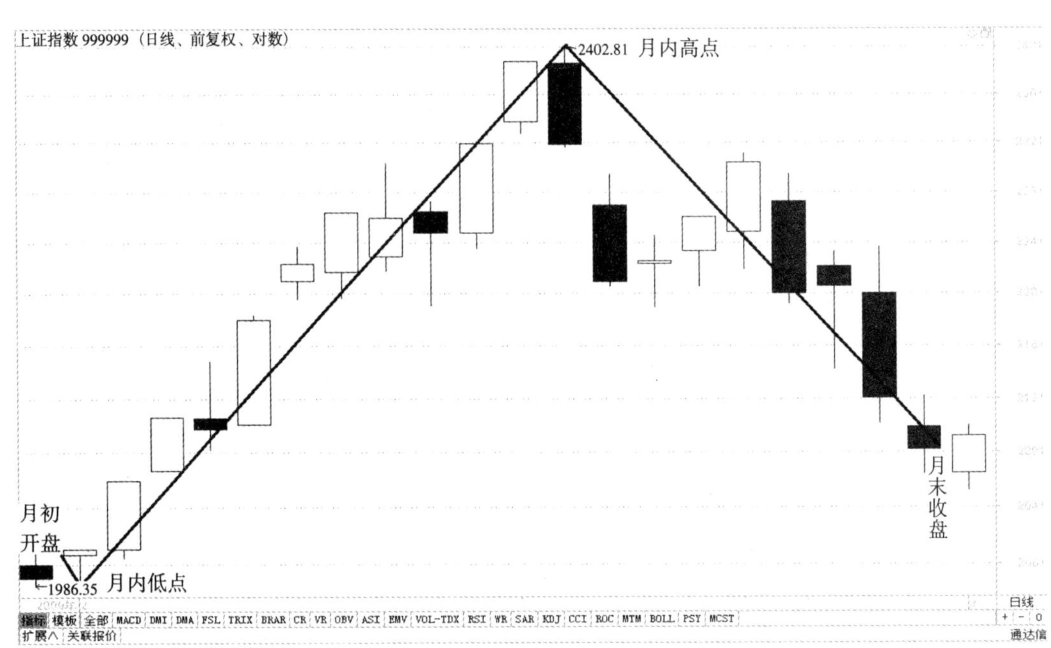

图 4-667　上证指数 2009 年 2 月走势

V 图走势如图 4-668 所示。

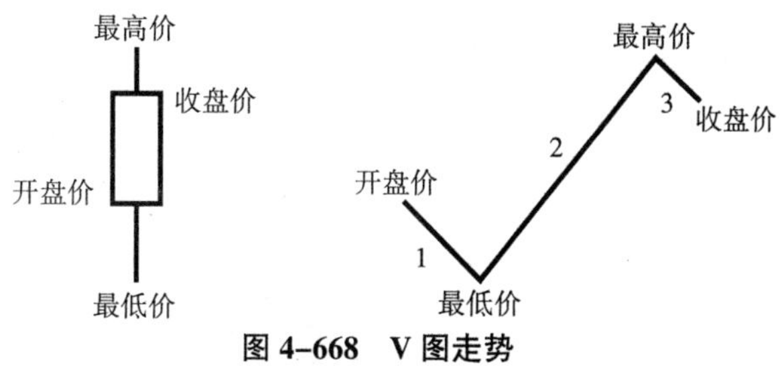

图 4-668　V 图走势

2009 年 2 月所处神秘大三角位置如图 4-669 所示。

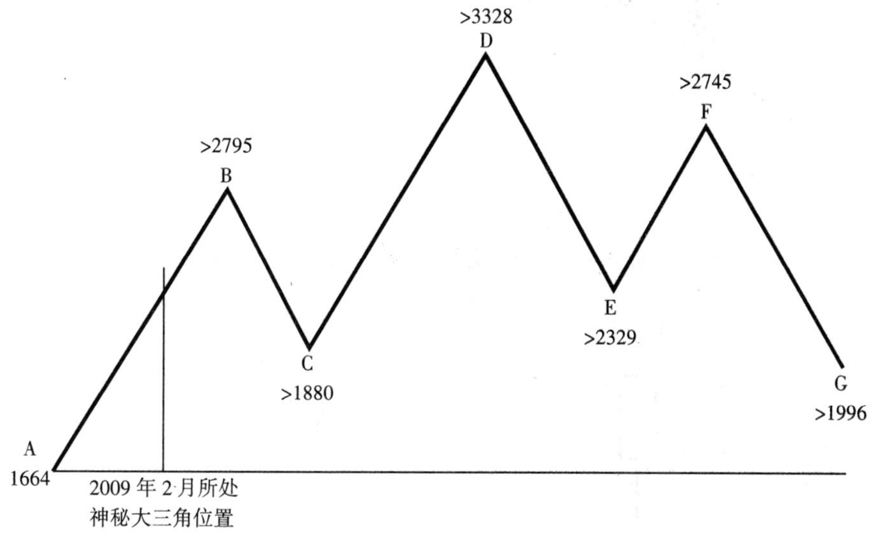

图 4-669　2009 年 2 月所处神秘大三角位置

2 月，虽然一度上破 2400 点的高点，但正如历年 2 月的走势风格一样，以震荡为主，今年也是，又开始大幅回落。

上证指数 2009 年 3 月走势如图 4-670 所示。

V 图走势如图 4-671 所示。

2009 年 3 月所处神秘大三角位置如图 4-672 所示。

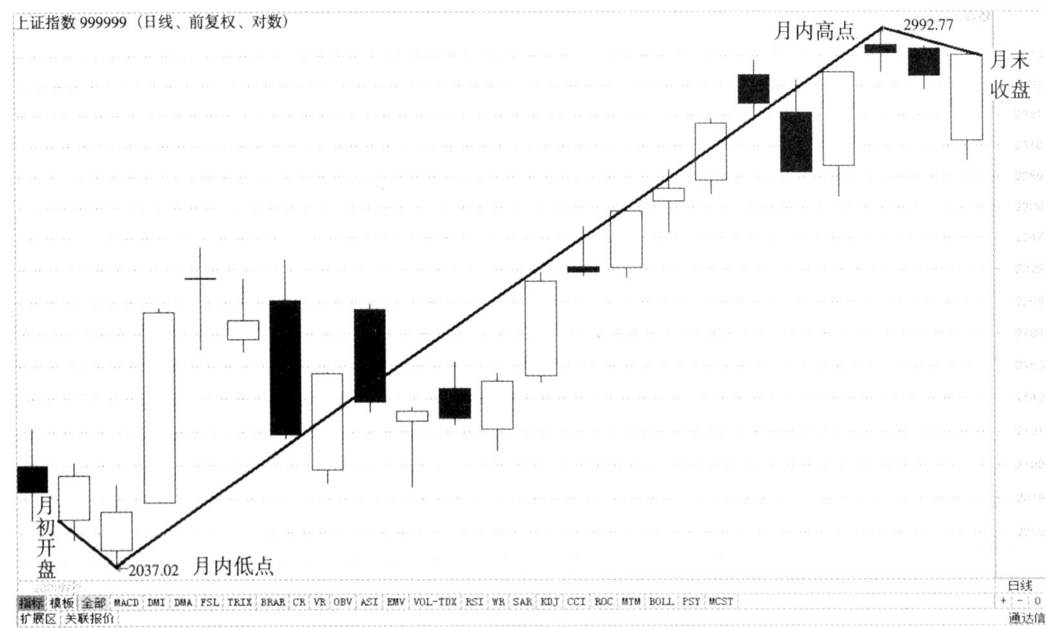

图 4-670　上证指数 2009 年 3 月走势

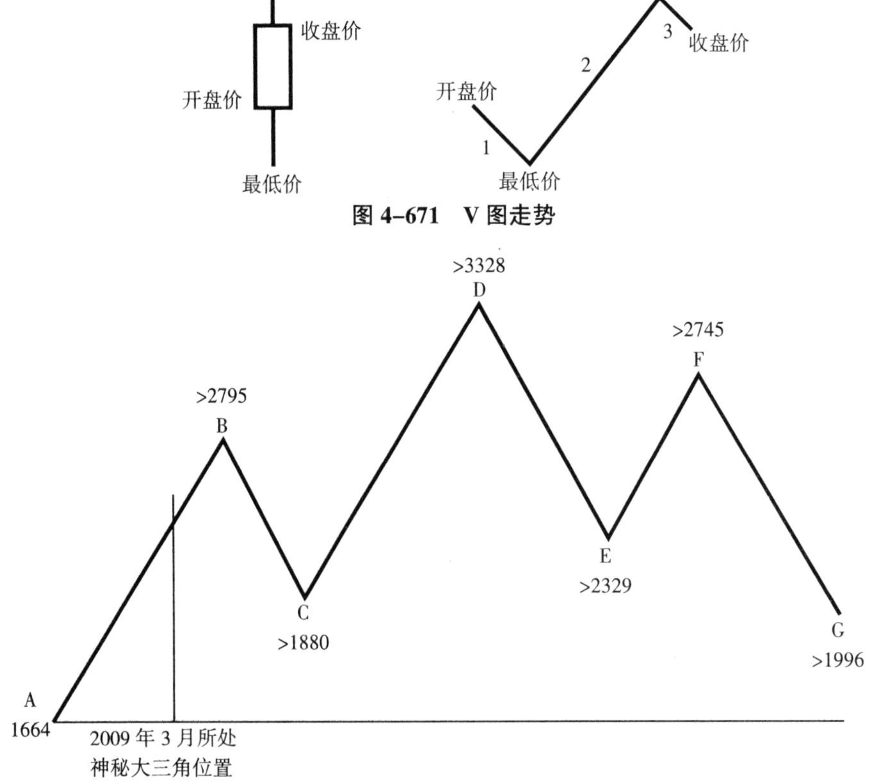

图 4-671　V 图走势

图 4-672　2009 年 3 月所处神秘大三角位置

3 月，上证指数连续上攻，创出 2392 点的新高点，几乎要突破 2400 点关口，也较为接近此前预测的 B 点。

上证指数 2009 年 4 月走势如图 4-673 所示。

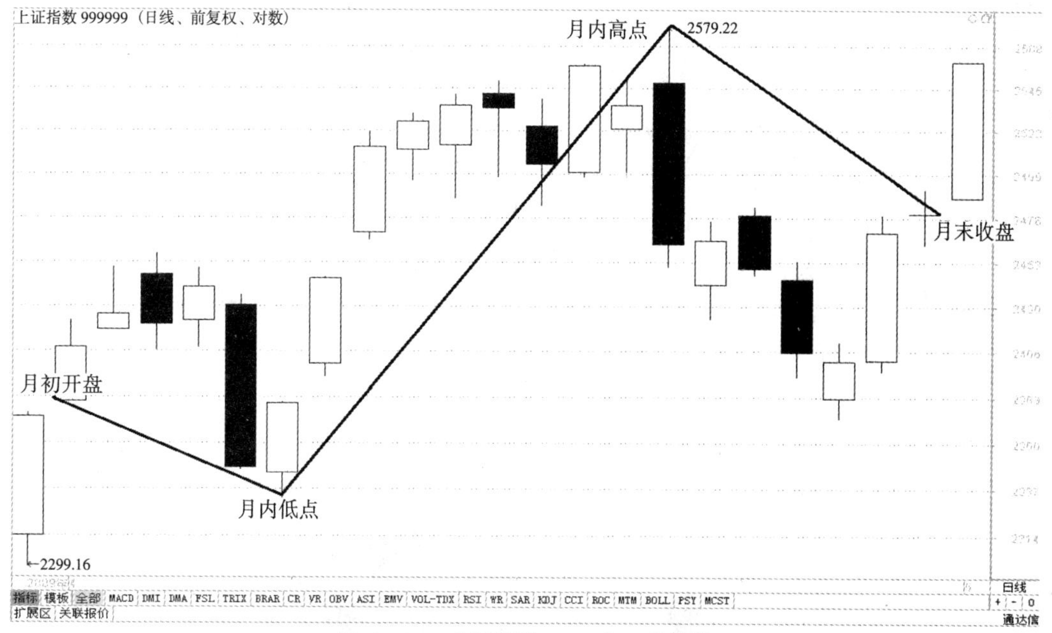

图 4-673　上证指数 2009 年 4 月走势

V 图走势如图 4-674 所示。

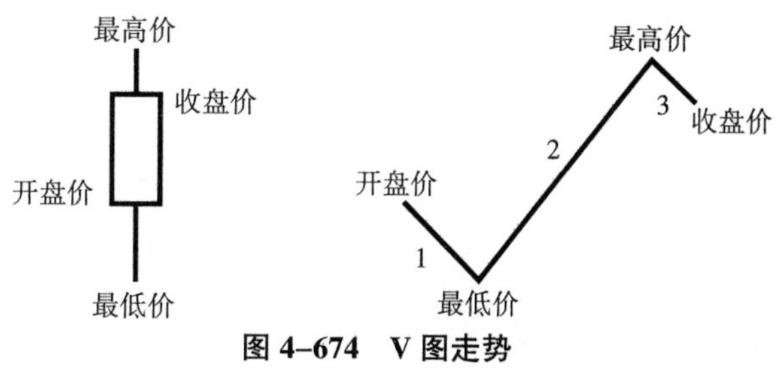

图 4-674　V 图走势

2009 年 4 月所处神秘大三角位置如图 4-675 所示。

4 月大盘指数震荡上行，又创出 2579 点的新高点，接近 2600 点关口，离预测中的 B 点又近一步。

上证指数 2009 年 5 月走势如图 4-676 所示。

V 图走势如图 4-677 所示。

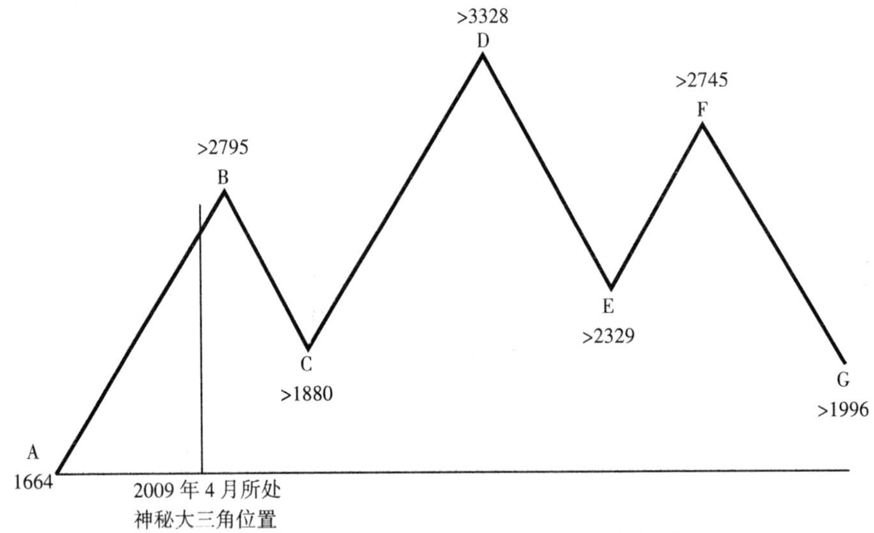

图 4-675　2009 年 4 月所处神秘大三角位置

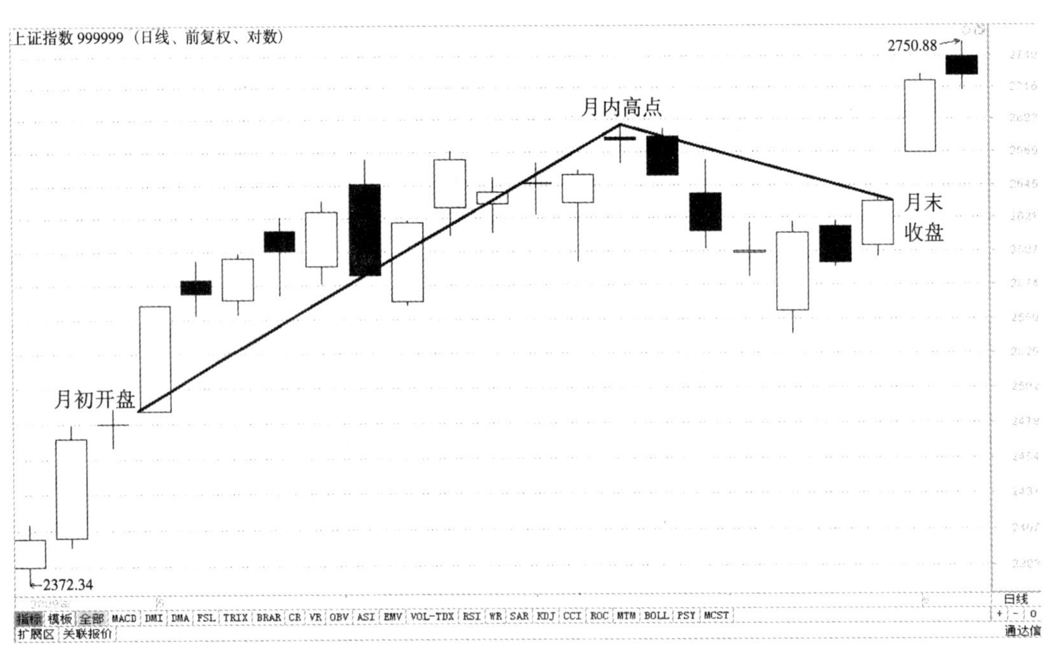

图 4-676　上证指数 2009 年 5 月走势

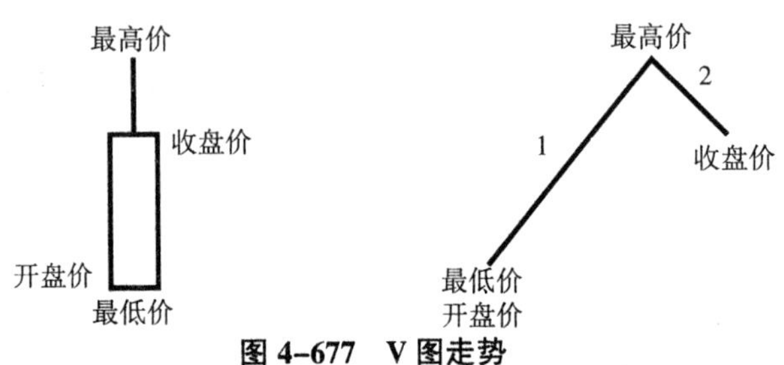

图 4-677　V 图走势

2009 年 5 月所处神秘大三角位置如图 4-678 所示。

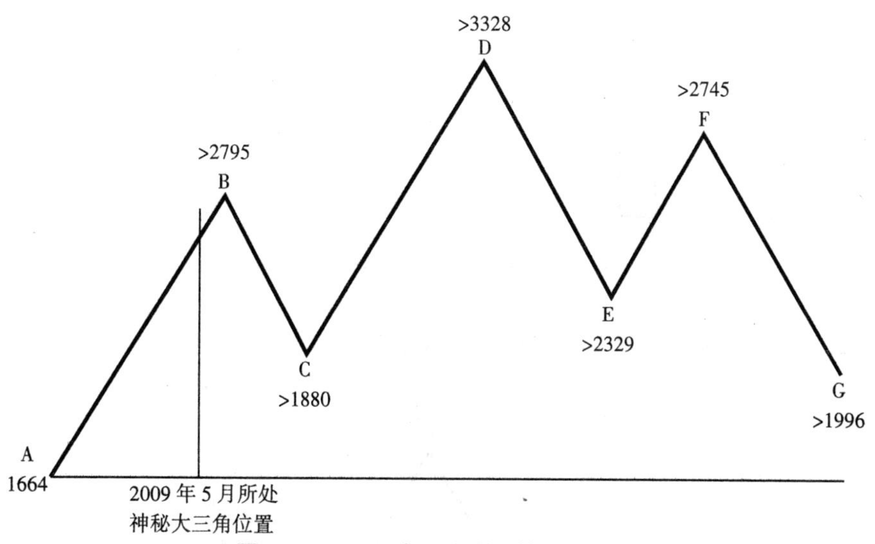

图 4-678　2009 年 5 月所处神秘大三角位置

5 月指数在高位窄幅震荡，期间曾创出 2688 点的新高点，逐步逼近 B 点区域，快的话，下个月可能就会进入 B 点的可能范围。

上证指数 2009 年 6 月走势如图 4-679 所示。

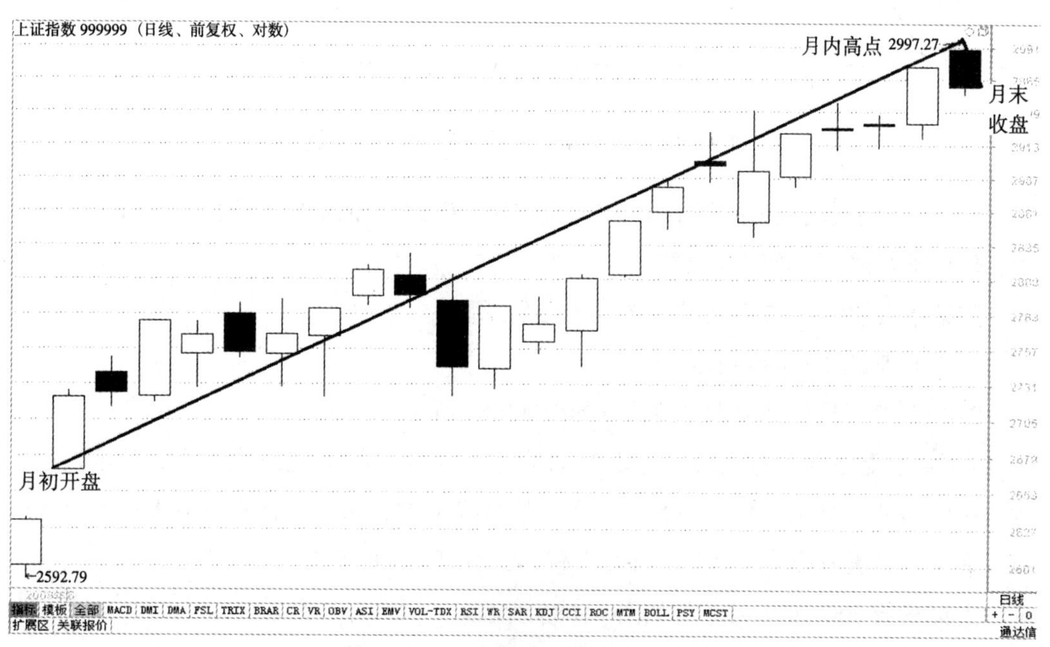

图 4-679　上证指数 2009 年 6 月走势

V 图走势如图 4–680 所示。

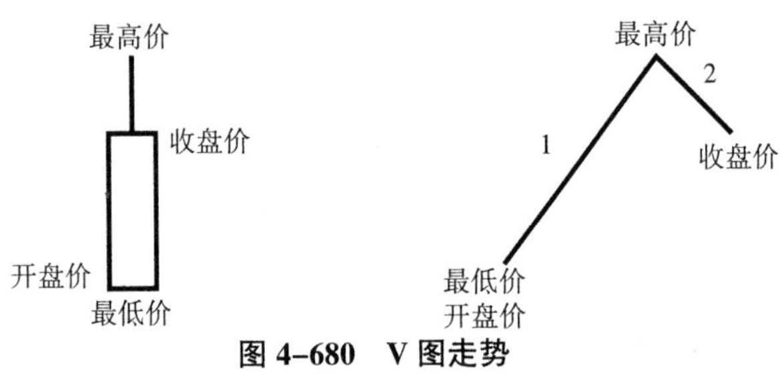

图 4–680　V 图走势

2009 年 6 月所处神秘大三角位置如图 4–681 所示。

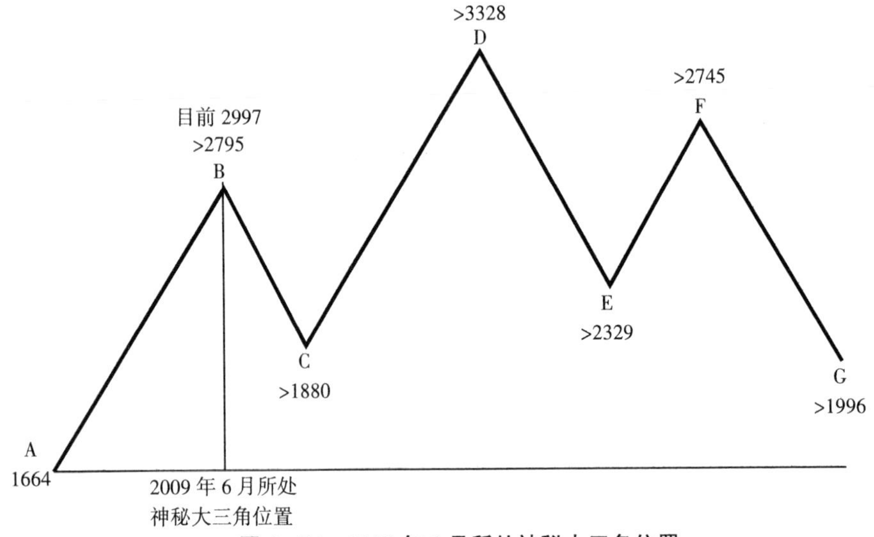

图 4–681　2009 年 6 月所处神秘大三角位置

6 月，行情脱离震荡区间不断上涨，高点已突破 B 点的最低可能位置。时间已处年中，后市不好说，只能继续观察。

上证指数 2009 年 7 月走势如图 4–682 所示。

V 图走势如图 4–683 所示。

2009 年 7 月所处神秘大三角位置如图 4–684 所示。

7 月，指数继续强势上攻，突破 3000 点整数关口，直奔 3500 点而去，甚至超过了预测中的 D 点最低值。再回头看这三个月的月线 V 图，每个月都有幅度大小不等的回调。表示上方压力较大，而且超出 B 点较多，有可能随时反转。

上证指数 2009 年 8 月走势如图 4–685 所示。

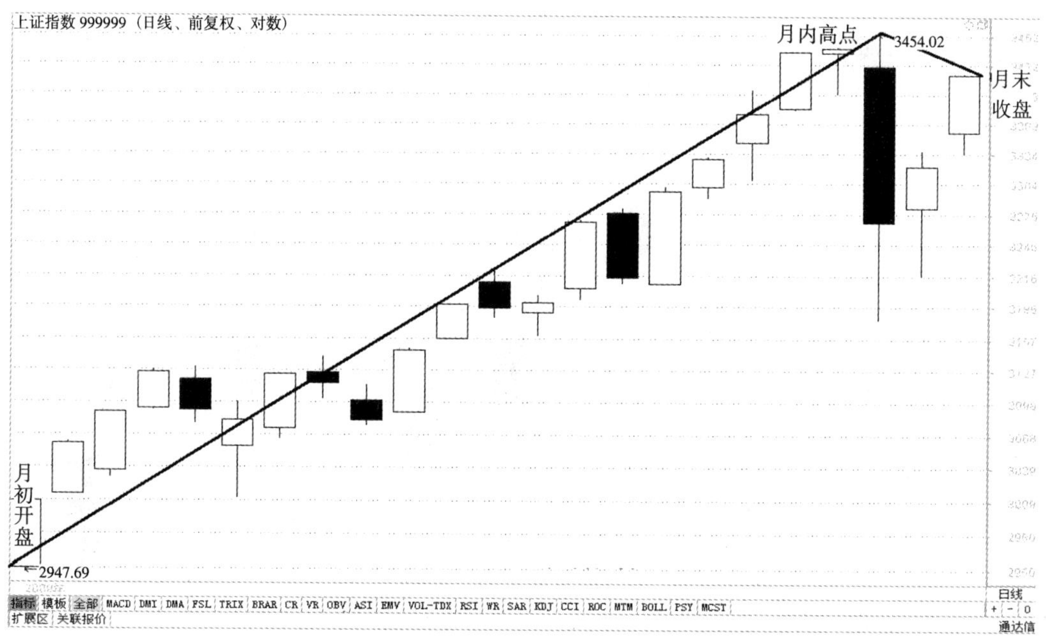

图 4-682 上证指数 2009 年 7 月走势

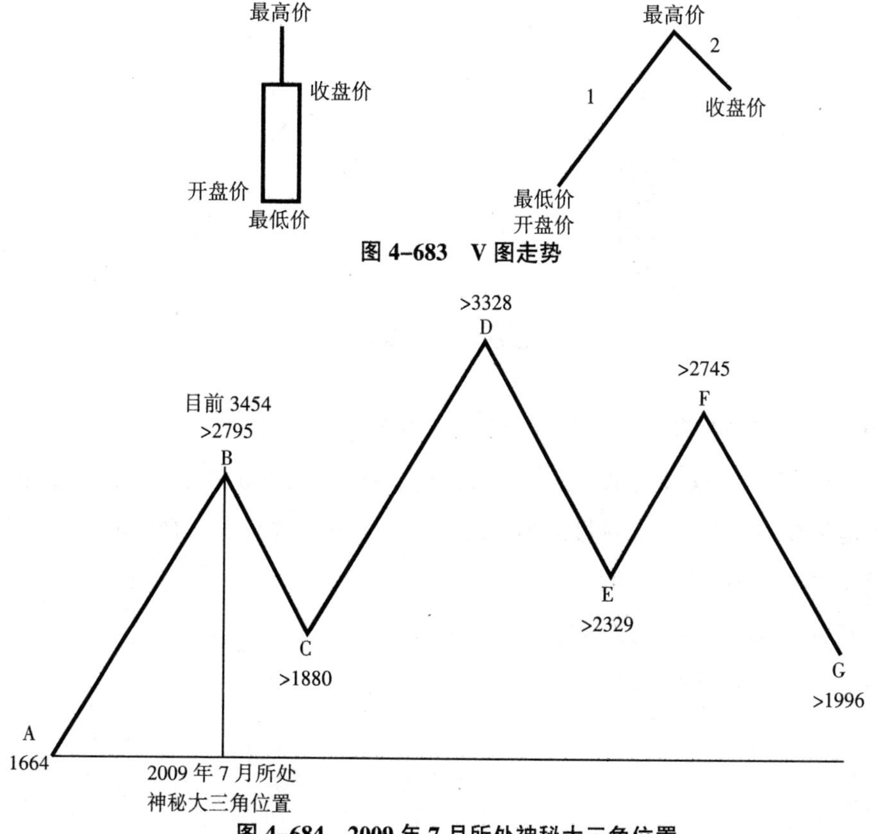

图 4-683 V 图走势

图 4-684 2009 年 7 月所处神秘大三角位置

图 4-685　上证指数 2009 年 8 月走势

V 图走势如图 4-686 所示。

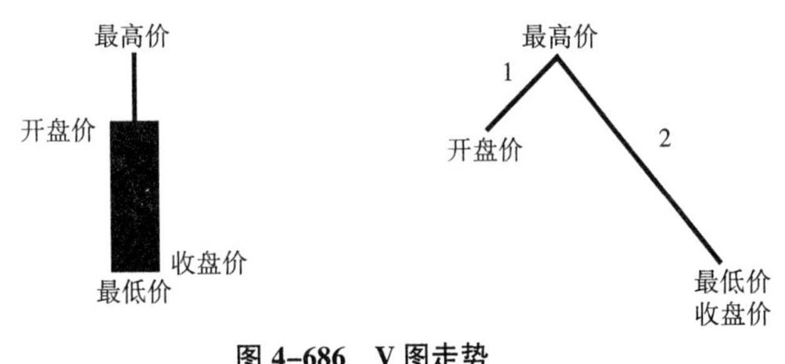

图 4-686　V 图走势

2009 年 8 月所处神秘大三角位置如图 4-687 所示。

8 月指数上涨创出新高 3478 点后不久，马上暴跌回 2600 多点。目前可能处在 AB 段，也可能处在 BC 段，以 8 月接近年底而且目前已下跌这么多来看，短期内不会再创新高，处于 BC 段的可能性更大些。

上证指数 2009 年 9 月走势如图 4-688 所示。

V 图走势如图 4-689 所示。

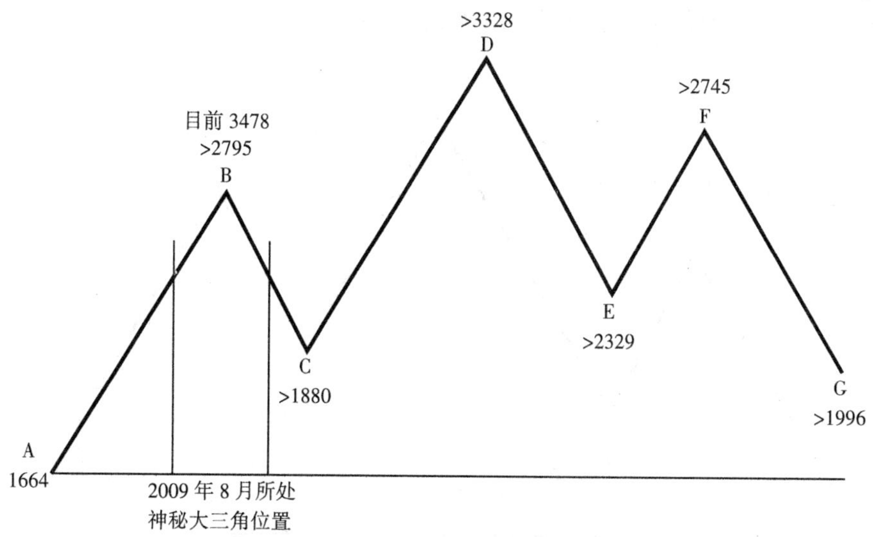

图 4-687 2009 年 8 月所处神秘大三角位置

图 4-688 上证指数 2009 年 9 月走势

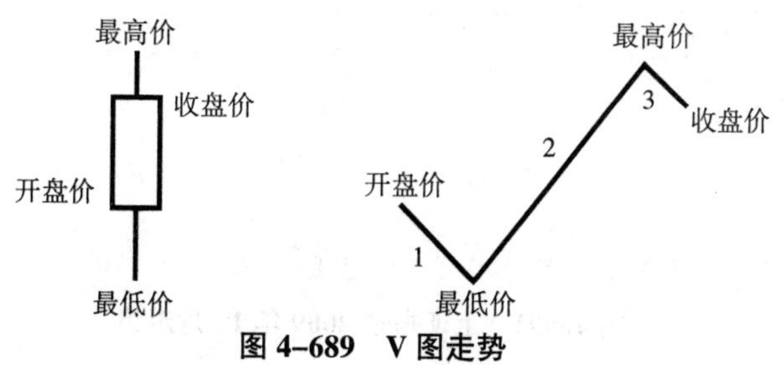

图 4-689 V 图走势

2009 年 9 月所处神秘大三角位置如图 4-690 所示。

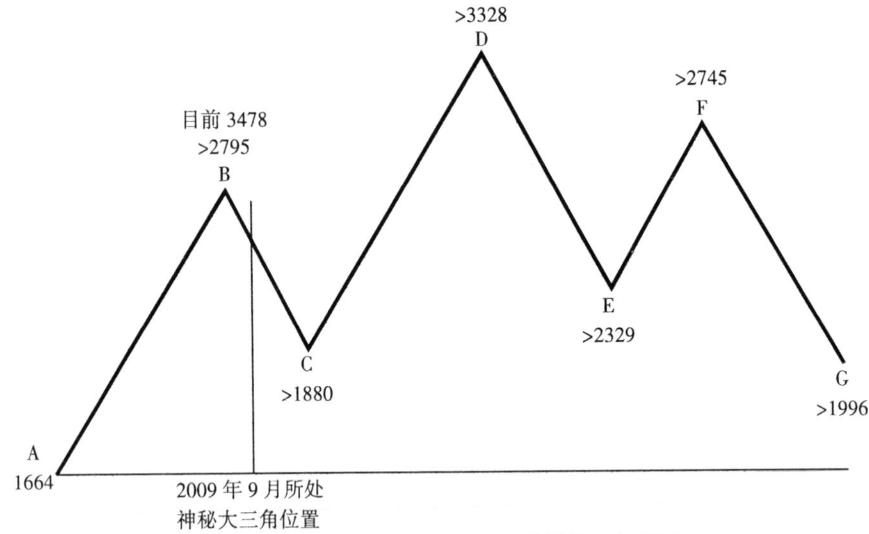

图 4-690　2009 年 9 月所处神秘大三角位置

9 月，大盘指数试图反转，但只上攻至 3050 点附近便把持不住向后又回撤到 2800 点。就这个月走势联系上个月来看，目前处于 BC 阶段。

上证指数 2009 年 10 月走势如图 4-691 所示。

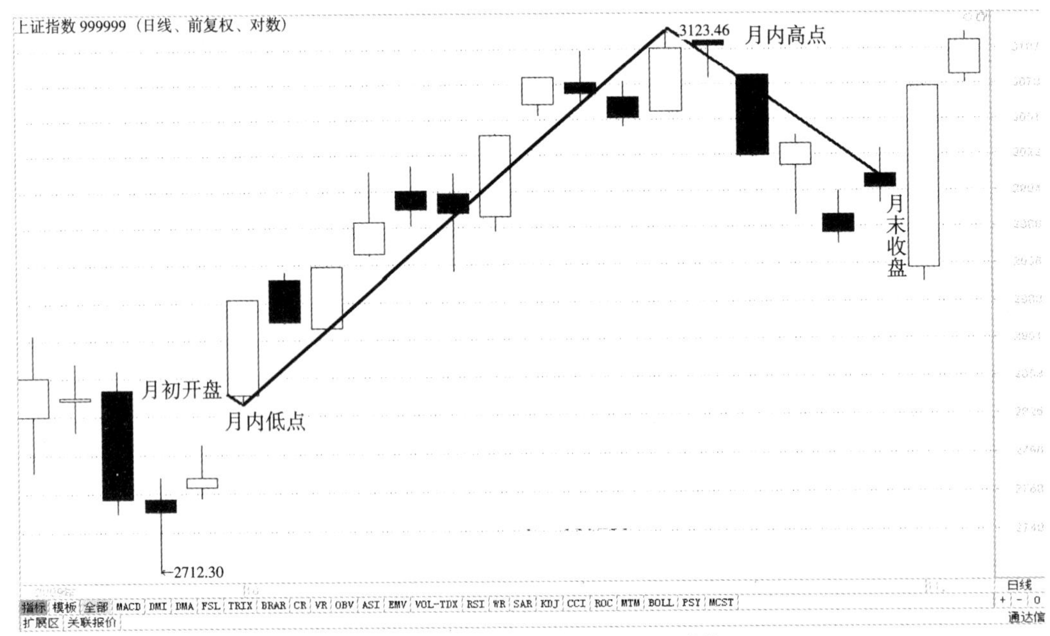

图 4-691　上证指数 2009 年 10 月走势

V 图走势如图 4-692 所示。

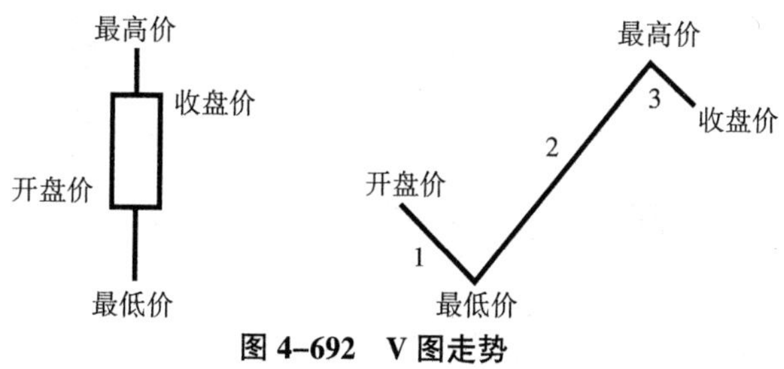

图 4-692　V 图走势

2009 年 10 月所处神秘大三角位置如图 4-693 所示。

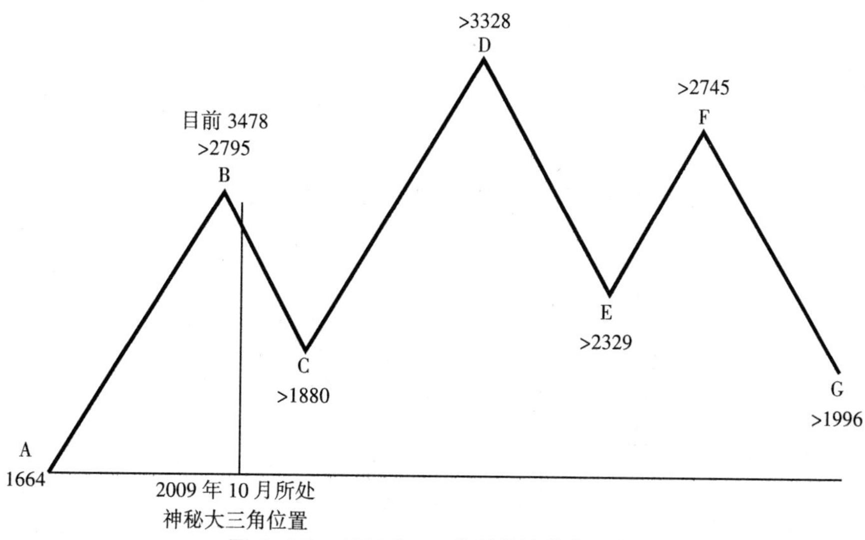

图 4-693　2009 年 10 月所处神秘大三角位置

10 月，大盘继续发力，一度涨至 3100 多点，使行情又移回 B 点附近，考虑到已处于年尾阶段，目前的行情可能还处在 B 点附近。

上证指数 2009 年 11 月走势如图 4-694 所示。

V 图走势如图 4-695 所示。

2009 年 11 月所处神秘大三角位置如图 4-696 所示。

图 4-694 上证指数 2009 年 11 月走势

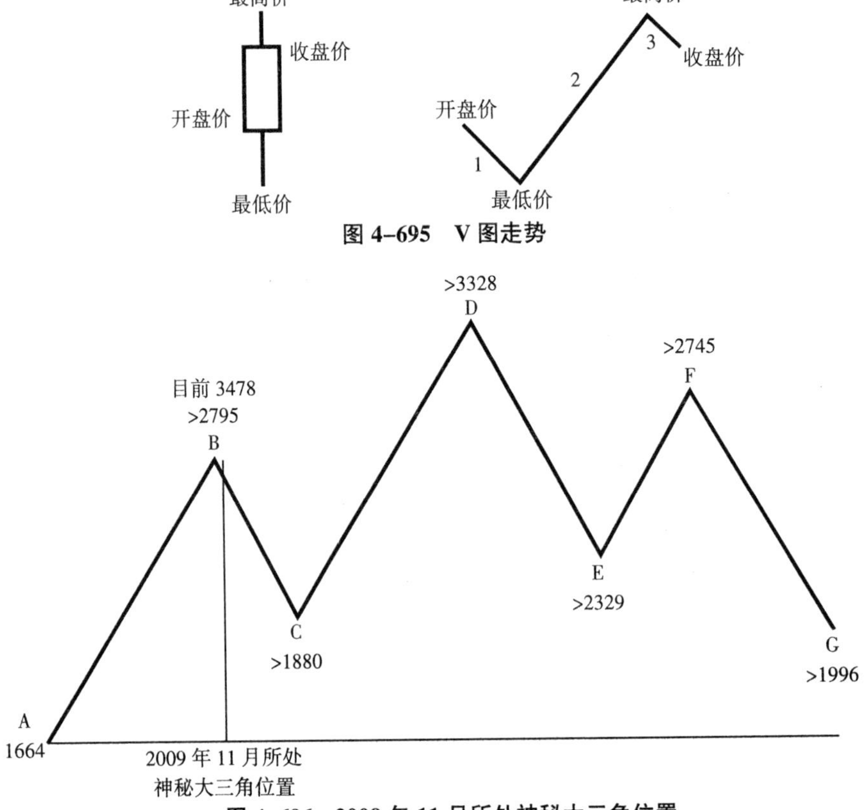

图 4-695 V 图走势

图 4-696 2009 年 11 月所处神秘大三角位置

11 月，向上涨行情继续中，创出 3361 点的新高，但就在创出新高的当天就暴跌 4%，可见上攻力度不足，以至于月线收出长上影线。

上证指数 2009 年 12 月走势如图 4-697 所示。

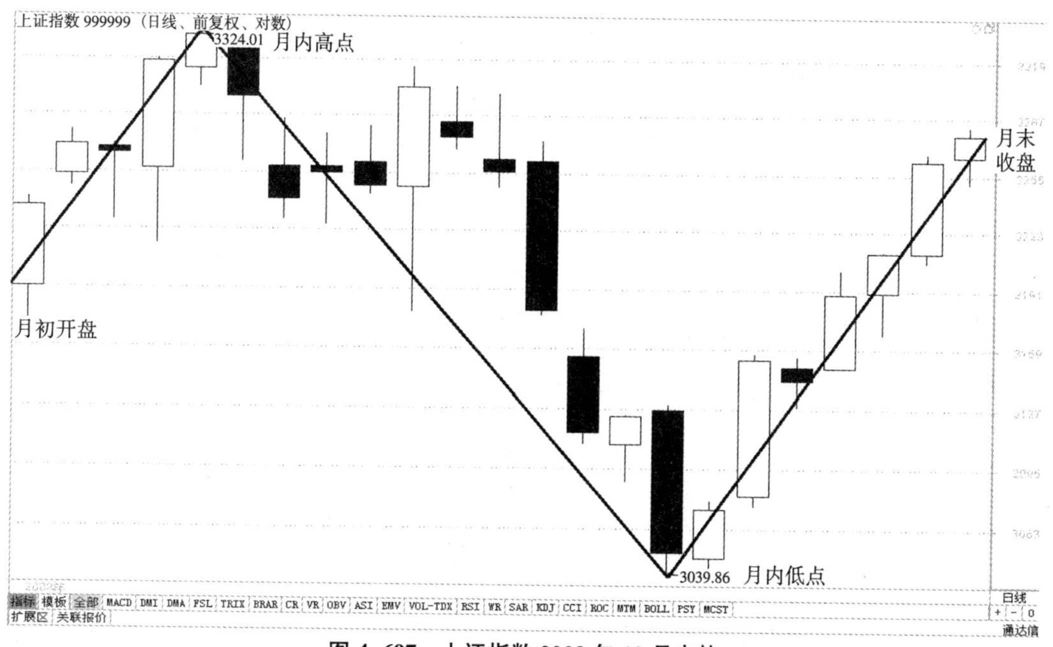

图 4-697　上证指数 2009 年 12 月走势

V 图走势如图 4-698 所示。

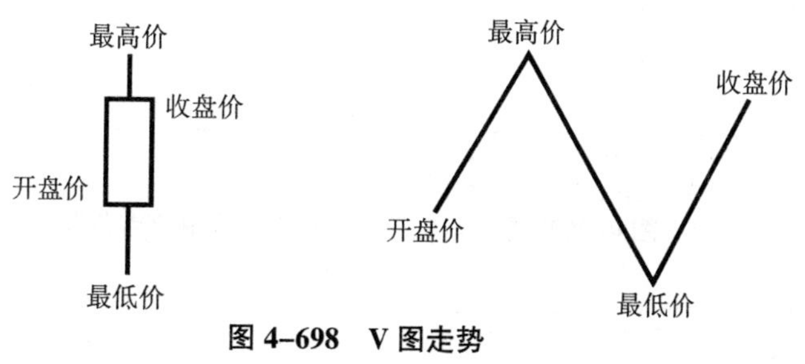

图 4-698　V 图走势

2009 年 12 月所处神秘大三角位置如图 4-699 所示。

12 月，上证指数又回涨至 3300 多点，又退回至 B 点。现在已是年底，年 V 图已成形，B 点被确认为 3478 点。我们将新的 B 点 3478 点纳入预测，得出图 4-700 中的结果。

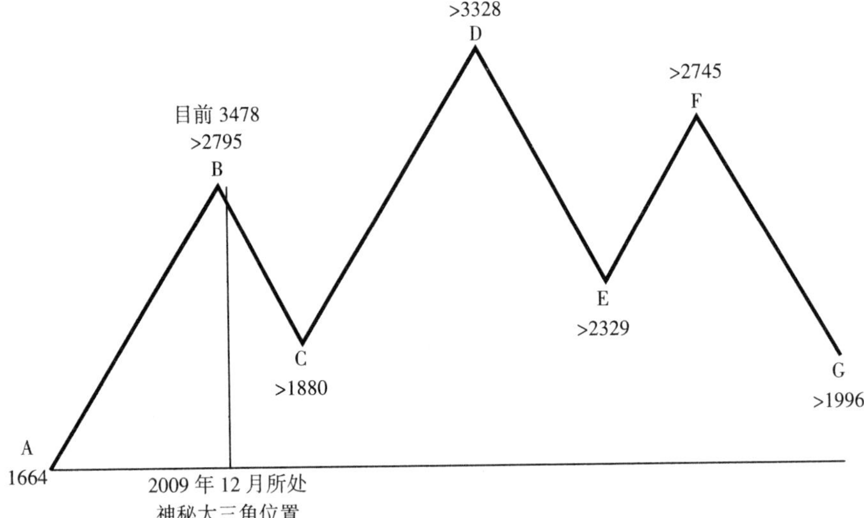

图 4-699　2009 年 12 月所处神秘大三角位置

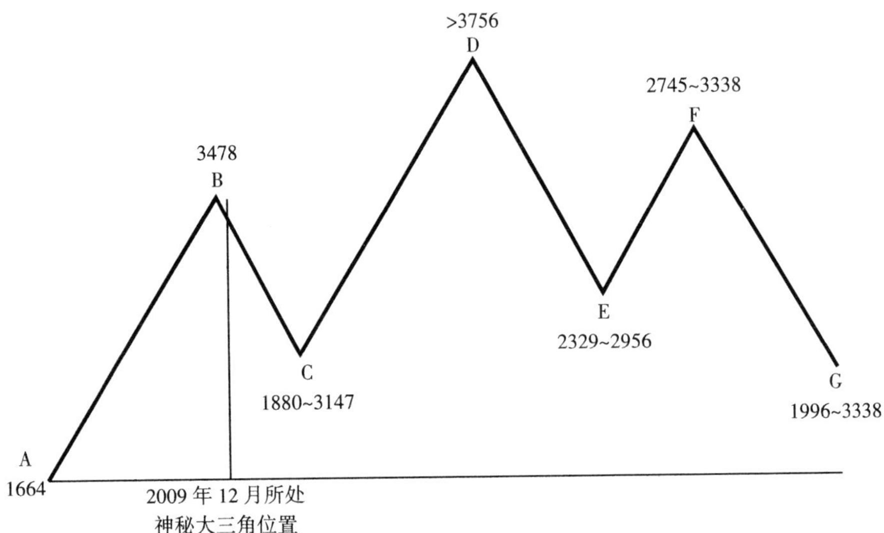

图 4-700　将 3478 点纳入 B 点，计算各点范围

4.23　2010 年至今

上证指数 2010 年 1 月走势如图 4-701 所示。

图 4-701　上证指数 2010 年 1 月走势

V 图走势如图 4-702 所示。

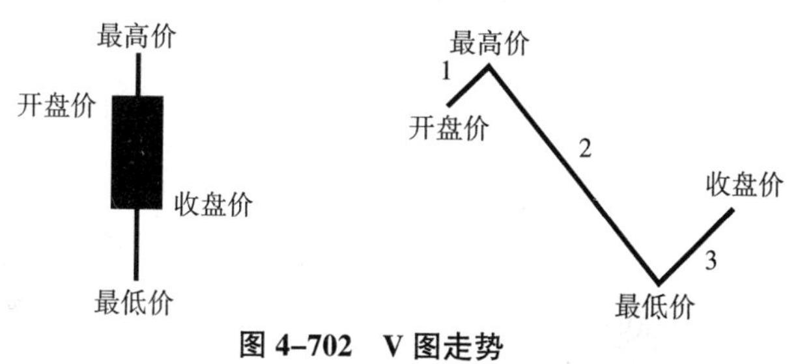

图 4-702　V 图走势

2010 年 1 月所处神秘大三角位置如图 4-703 所示。

1 月，新年股指开盘后曾冲高到 3300 点，之后没有守住多久便开始下泻，尾盘跌破 3000 点。

上证指数 2010 年 2 月走势如图 4-704 所示。

V 图走势如图 4-705 所示。

2010 年 2 月所处神秘大三角位置如图 4-706 所示。

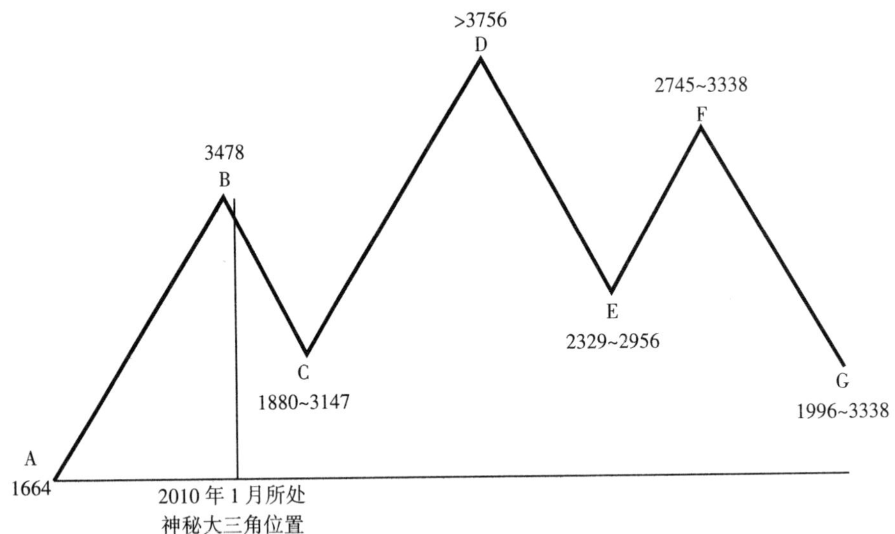

图 4-703　2010 年 1 月所处神秘大三角位置

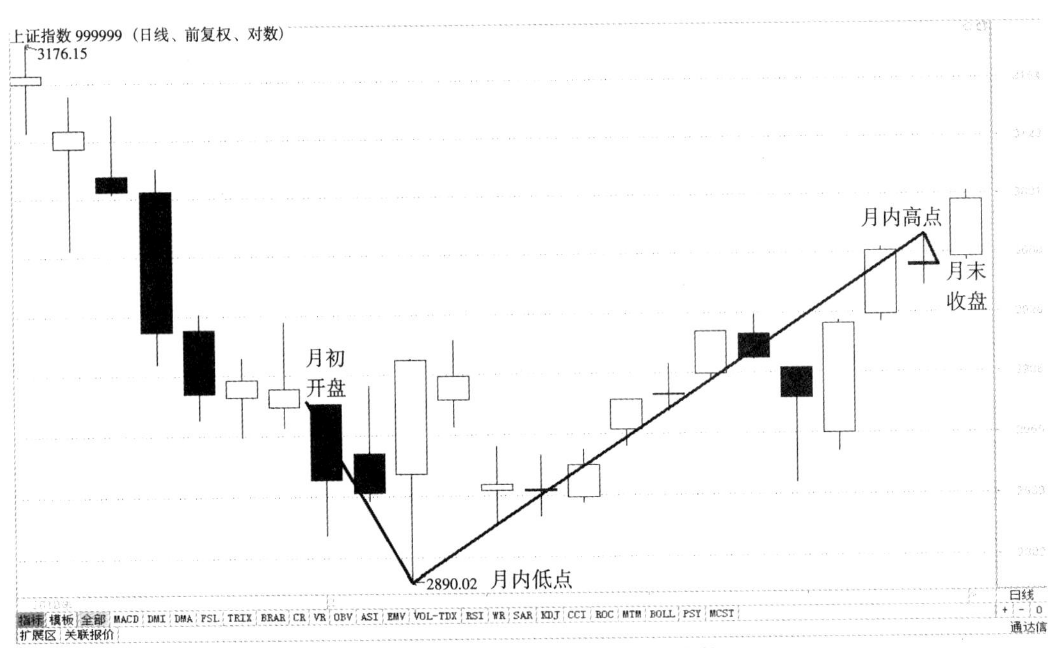

图 4-704　上证指数 2010 年 2 月走势

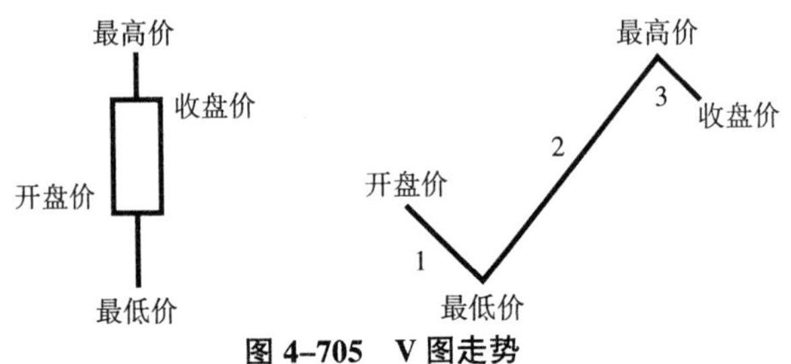

图 4-705　V 图走势

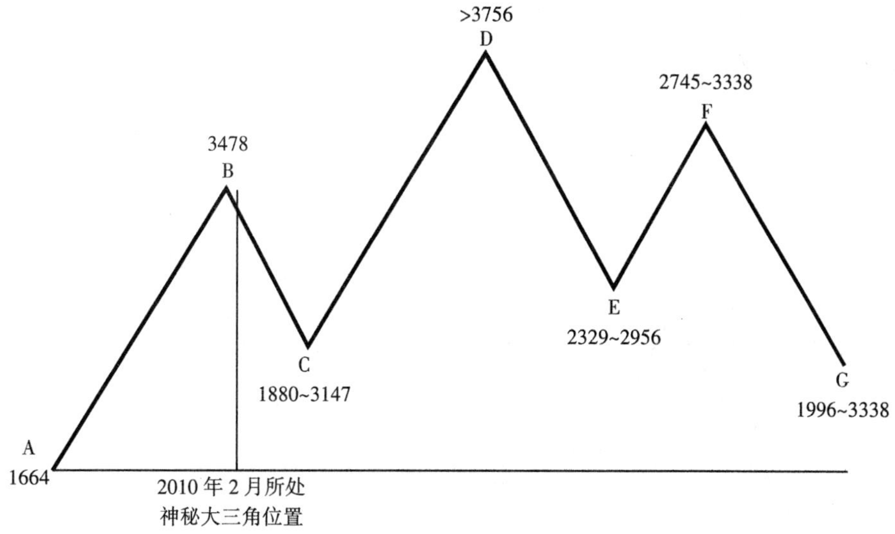

图 4-706 2010 年 2 月所处神秘大三角位置

2 月还是老样子，低位盘整行情。

……

时间一推至 2013 年 6 月 25 日，指数跌破 C 点的最低点位，至此，C 点已被确认为 1849 点。

2010~2014 年的 V 图走势见图 4-707。

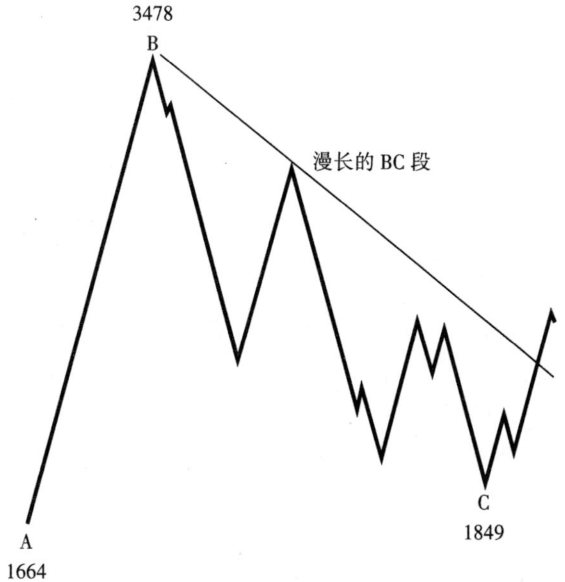

图 4-707 2009 年 3478 点以来一直处于 BC 段中

我们已知 C 点为 1849 点，按预测对各点的数据再做如下调整。

2014 年 12 月所处神秘大三角位置如图 4–708 所示。

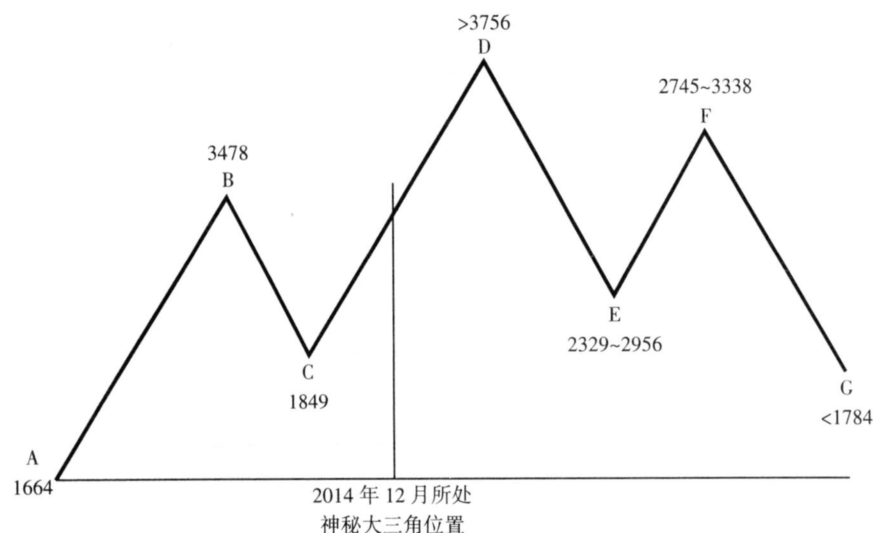

图 4–708　2014 年 12 月所处神秘大三角位置

BC 段耗费了数年，终于在 1849 点等到 C 点的到来，目前是 2014 年 12 月末，在大三角的位置是 CD 段中间位置。未来的大顶部在 3750 点以上，具体点位通常在平均市盈率超高时被确认。目前的平均市盈率低于 15 倍，说明 D 点可能比 3750 点更高！在见到 D 点后就会下跌至 2300~3000 点，然后又反弹至 2700~3300 点，最后跌到 1780 点以下。这之后又进入新一轮的神秘大三角，行情将如此三角循环乃至无穷无尽。

第五部分
利用 V 图交易

5.1 交易总则

V 图在个股应用上的买入法则一共两条，一是得到支撑线的支撑；二是向上突破压力线的压制。

股价得到支撑线的支撑才有动力向上飞升，也只有破壳而出（向上突破）的小鸟才能飞向蓝天。

卖出法则也是两条，一是大盘处在上升波段中时，可以选择继续持有该股或者用均线跟踪止盈卖出；二是大盘处在下降波段中时，最好还是以均线跟踪止盈为上。

图 5-1 所示便是这四大交易法则的简要描述。

5.1.1 大盘处在 V 图上升波段中

大盘 V 图的上升波段如图 5-2 所示。

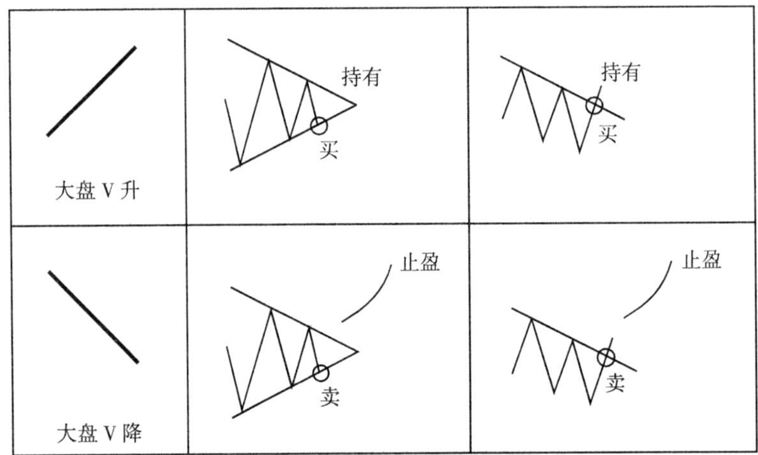

图 5-1 四大交易法则

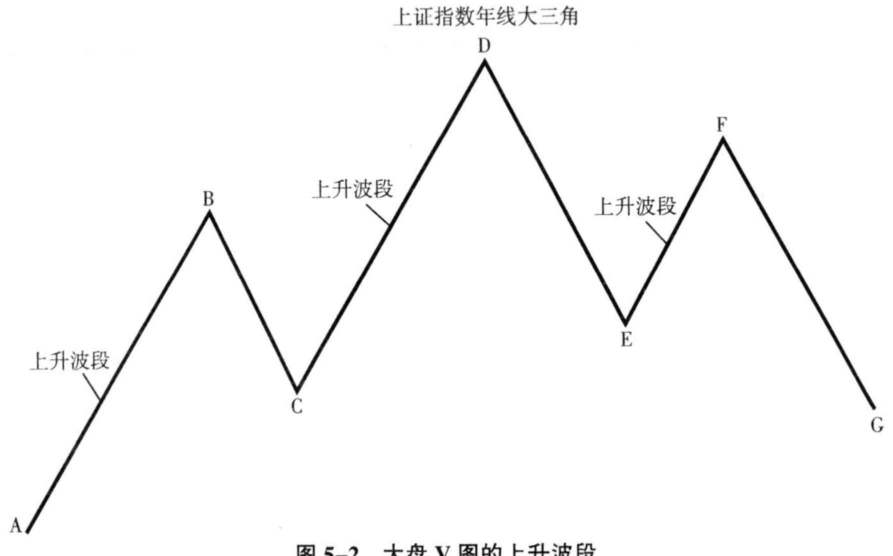

图 5-2 大盘 V 图的上升波段

如图 5-2 所示，凡 AB、CD、EF 波段都属于上升波段，大盘处于这些时间段时，个股利于持有，大多数个股多向上涨升。

当个股处在三角形整理形态中时，以回调下边缘为第一买点（突破为第二买点），一直持有直到大盘进入下降波段中。

当个股向上突破趋势压力线时，以突破点为买点，一直持有至大盘转入下降波段。

5.1.2　大盘处在 V 图下降波段中

大盘 V 图的下降波段如图 5-3 所示。

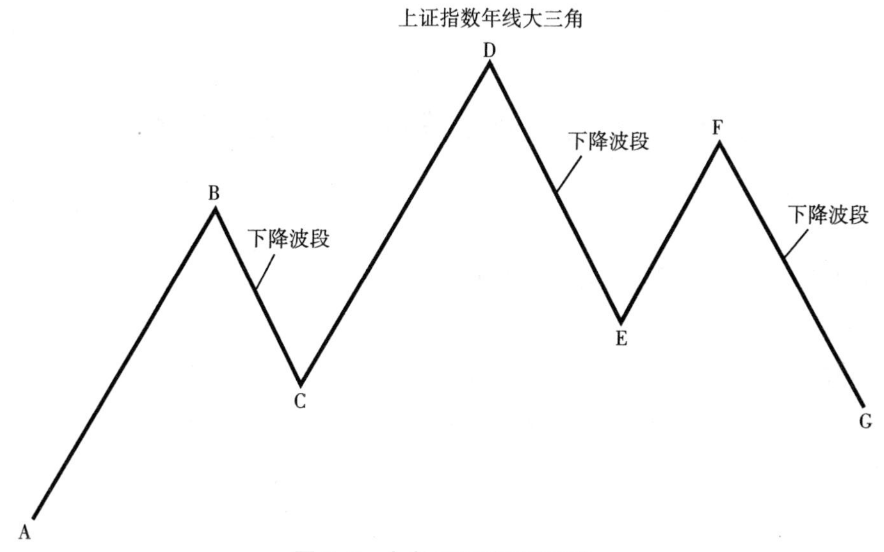

图 5-3　大盘 V 图的下降波段

如图 5-3 所示，凡 BC、DE、FG 波段都属于下降波段，大盘处于这些时间段时，个股要见好就收，大多数个股的走势多被不看好。

当个股处在三角形整理形态中时，以回调下边缘为第一买点（突破为第二买点），后期以 200 天均线是否暴涨为前提，暴涨后再以 10 天均线跟踪止盈。

当个股向上突破趋势压力线时，以突破点为买点，当 200 天均线暴涨，后再以 10 天均线跟踪止盈，使利润最大化，风险最小化。

5.1.3　利用布林线和 MACD 指标确认信号的真实性

最简单方便的短期信号确认工具就是布林线和 MACD 指标。

布林线：是计算价格距离均线的偏离程度，一般来说价格越接近上缘，说明价格偏高；而越接近下缘，说明价格偏低。

MACD：是计算两条指数均线之间的差和其他变化规律的指标，它的顶背离信号和底背离信号是最为可靠的信号，所以主要用这些背离信号作为具体的 V 图买入时机。

一般来说，使用 MACD 指标比较方便，当然，布林线也是不错的辅助参考指标。

5.2 实战解释

5.2.1 大盘 V 图处在上升波段中，个股三角形整理得到下缘支撑

个股 V 图战例——闽东电力（000993）。

1. 分析个股 V 图

首先调出个股闽东电力（000993）的年 K 线图。

闽东电力（000993）年 K 线如图 5-4 所示。

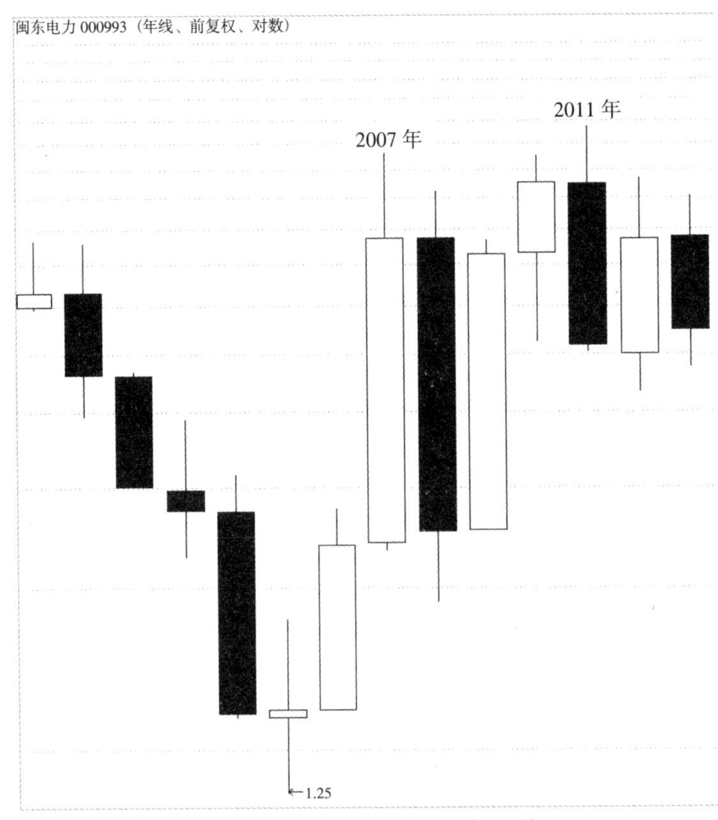

图 5-4 闽东电力（000993）年 K 线图

将它转换为 V 图。

闽东电力（000993）年线 V 图如图 5-5 所示。

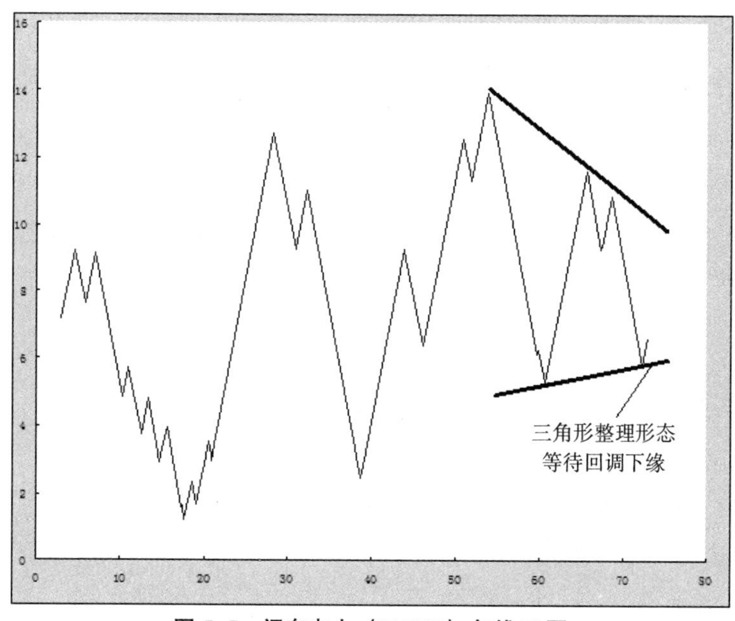

图 5-5　闽东电力（000993）年线 V 图

从图 5-5 上看，该股的年线 V 图走出了一个逐渐缩小价格波动幅度的趋势，形如三角形整理形态，那么最好的进场点应该是该股股价再次回调到这个三角形的下缘时。

2. 分析大盘 V 图

大盘（上证指数）年线 V 图如图 5-6 所示。

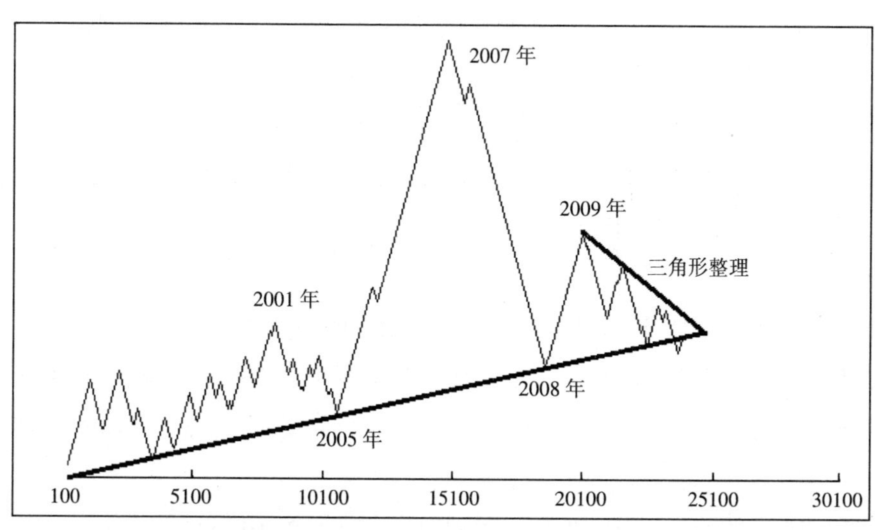

图 5-6　大盘（上证指数）年线 V 图

再调出同期大盘的年线 V 图来看，目前大盘可见到一个明显的三角形整理形态。大盘只有一种可能走向，那就是向上突破，重新回到三角形形态中。

那么下一步就要预估未来价格回调到什么价位才是进场时机。

闽东电力（000993）年线 V 图，估算未来的回调进场价位如图 5-7 所示。

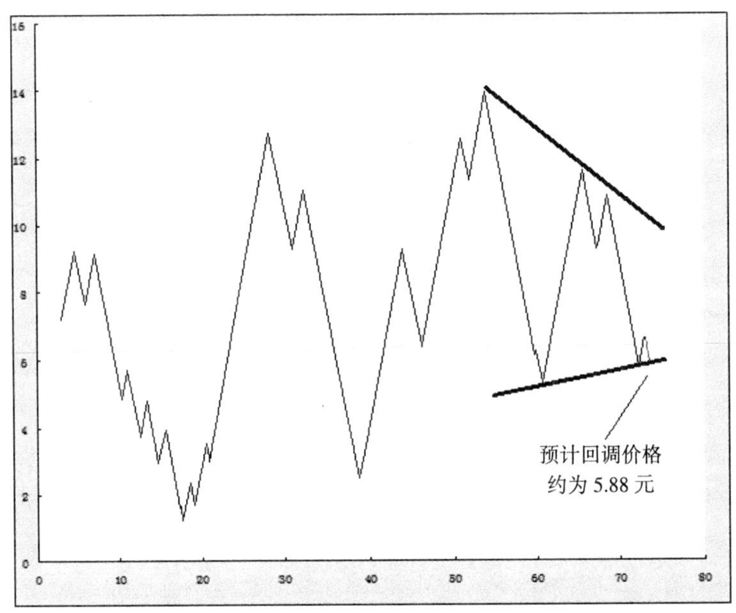

图 5-7　闽东电力（000993）年线 V 图，估算未来的回调进场价位

3. 判断买点

如果对这只股票感兴趣，想要买入这只股票，那么必须等待股价重新回到 V 图上的三角形整理形态的下缘附近，也就是大约 5.88 元。在进入 2014 年的头四个月中，该股一直处在中短期的上升趋势中，尚未出现大幅回调。

闽东电力（000993）日 K 线，等待买入时机如图 5-8 所示。

2014 年头四个月的时间里，虽然波动幅度很大，但一直处在上升通道中，需要静待股价向下跌破趋势支撑线和价格下跌到创出新低。

4. 确认买点

闽东电力（000993）日 K 线，出现买入机会如图 5-9 所示。

我们看到，虽然股价一开年一直处在上升通道中，但是就在 4 月 22 日后（图中 A），股价开始连续下跌，终于在 4 月 29 日股价到达了我们之前预计的 5.88 元（图中 B）！

闽东电力（000993）2014 年 4 月 29 日分时图如图 5-10 所示。

图 5-8　闽东电力（000993）日 K 线，等待买入时机

图 5-9　闽东电力（000993）日 K 线，出现买入机会

图 5-10 闽东电力（000993）2014 年 4 月 29 日分时图

可是 4 月 29 日分时图中根本看不到价格曾经到过 5.88 元的记录，可见交易非常之快，以至于没被记录下来。所以，绝对的买入机会是没有的，但可以在今日或后续几日的价格里买入，只要买入价格不超过 6 元都是不错的进场机会。

闽东电力（000993）日 K 线，后续进场机会如图 5-11 所示。

在后续的时间里，有至少一周的时间能在 5.88 元附近捡到低价买入的机会，还有三次在 6 元附近补票进场的机会。如果这些机会都错过的话，就不要继续追高，或者另选他股操作。

闽东电力（000993）后续走势如图 5-12 所示。

从图中可看出买入了 6 元以下的价位并不显得偏高。

在后期的爆发行情中，大盘走势向好，可以继续持股，但如果大盘的 V 图不处在上升波段中，就像当前这只个股开始暴涨，由于大盘 2014 年初以来一直处在 BC 段中，所以应该采取较为保守的操盘策略，即用 200 天均线来跟踪观察行情是否开始暴涨，如果 200 天均线近期暴涨，则以 10~20 天均线来止盈卖出，见好就收。

闽东电力（000993）200 天均线走势如图 5-13 所示。

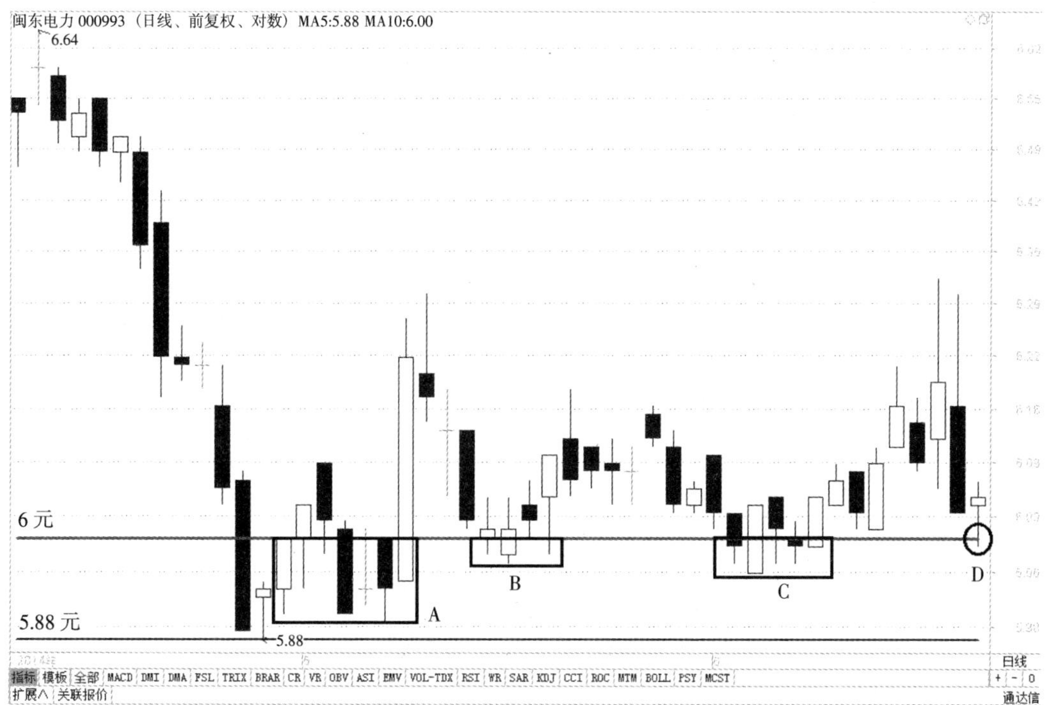

图 5-11 闽东电力（000993）日 K 线，后续进场机会

图 5-12 闽东电力（000993）后续走势

图 5-13　闽东电力（000993）200 天均线走势

闽东电力（000993）200 天均线暴涨转以 10 天均线止盈如图 5-14 所示。

图 5-14　闽东电力（000993）200 天均线暴涨转以 10 天均线止盈

本次交易买入价 6 元，卖出价 9.9 元，盈利 65%！

虽然盈利率不算很高，不过接下来大盘进入了 CD 段，即上涨冲顶的波段，又将迎来新的机会！更新一下该股从上市以来到 2014 年的年线 V 图，并做 V 图上的趋势形态可能性分析。

第一种可能，股价直接在现在的三角形整理形态的上缘反转涨升。

闽东电力（000993）V 图分析，得到上缘支撑是买点如图 5-15 所示。

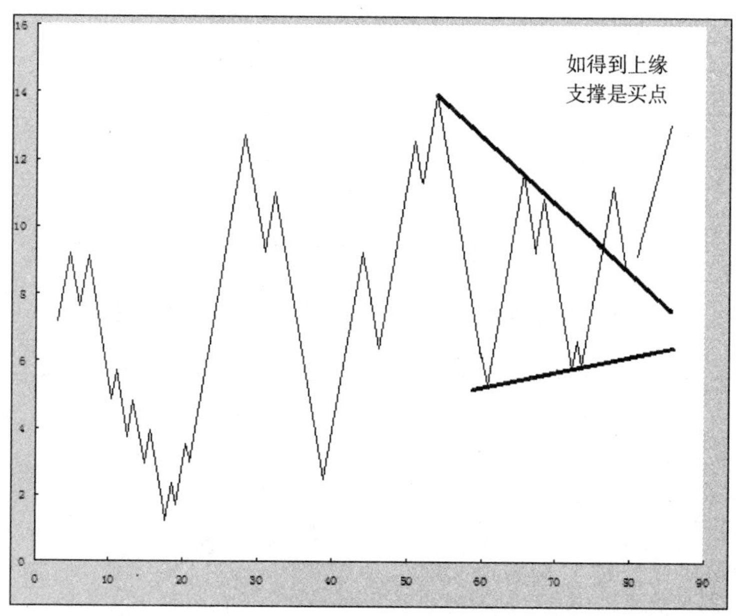

图 5-15　闽东电力（000993）V 图分析，得到上缘支撑是买点

第二种可能，股价回调到三角形整理形态之内，且触及形态下缘后开始反转上涨。

闽东电力（000993）V 图分析，回调到下缘是买点如图 5-16 所示。

第三种可能，股价回调到三角形整理形态之内，得到其他支撑线的支撑后反转上涨。

闽东电力（000993）V 图分析，回调到其他支撑线上涨是买点如图 5-17 所示。

5. 需要思考的三个问题

是第一种情况吗？

可是 2015 年的头一个月，股价直接跌进了三角形整理形态之内，否定了这种可能性。

是第二种情况吗？

有可能，但目前还未到达三角形整理形态的下缘。

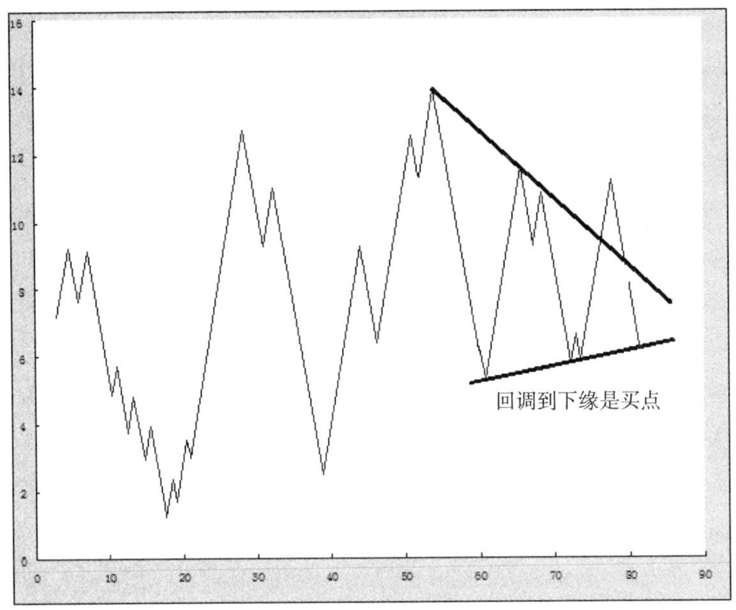

图 5-16　闽东电力（000993）V 图分析，回调到下缘是买点

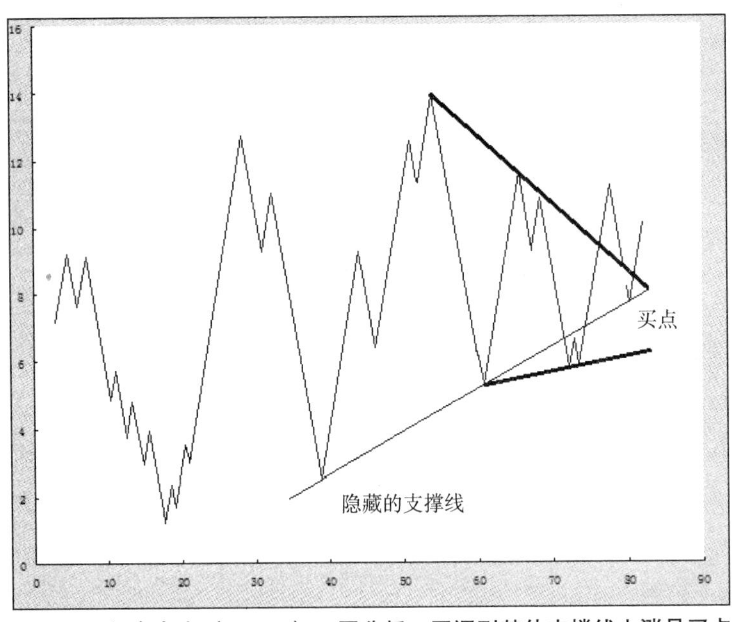

图 5-17　闽东电力（000993）V 图分析，回调到其他支撑线上涨是买点

是第三种情况吗？

V 图预估回调到那根隐藏支撑线的价位是 8 元左右，在进入 2015 年的第一个月时间里，行情倒是向下接触到了 8 元关口。

做好交易计划，首先在 8 元左右买入 50%，之后股价突破或到达整理形态下缘后再追买剩下的 50%。

闽东电力（000993）后续走势分析如图 5-18 所示。

图 5-18 闽东电力（000993）后续走势分析

在这次交易中，买入价 8.5 元，当前股价 14.15 元，账面盈利 66%！

由于大盘当前处于冲顶的上涨波段中，所以应该继续持股待涨。

假如采用保守操作方法的话，会卖在 15.86 元，盈利 86%！（200 天均线跟踪，10 天均线止盈）

5.2.2 大盘 V 图处在上升波段中，个股向上突破压制线

个股 V 图战例——中国石油（601857）。

1. 分析个股 V 图

调出个股中国石油（601857）的年 K 线图，如图 5-19 所示。

将图 5-19 转换为 V 图。

中国石油（601857）年线 V 图如图 5-20 所示。

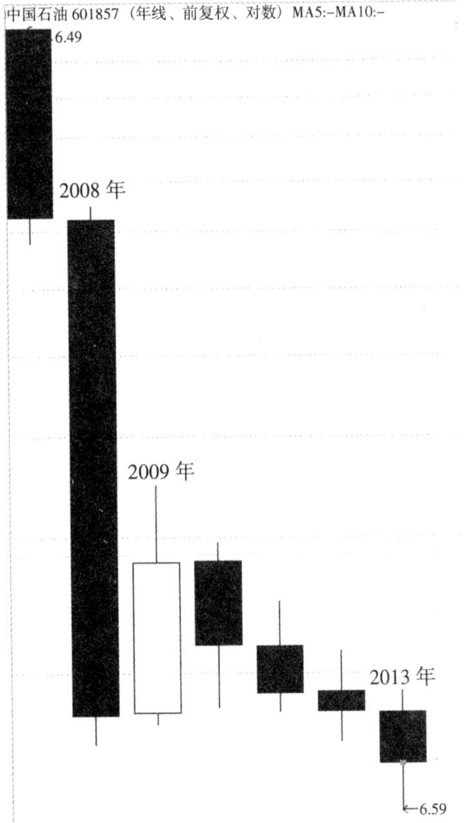

图 5-19　中国石油（601857）年 K 线图

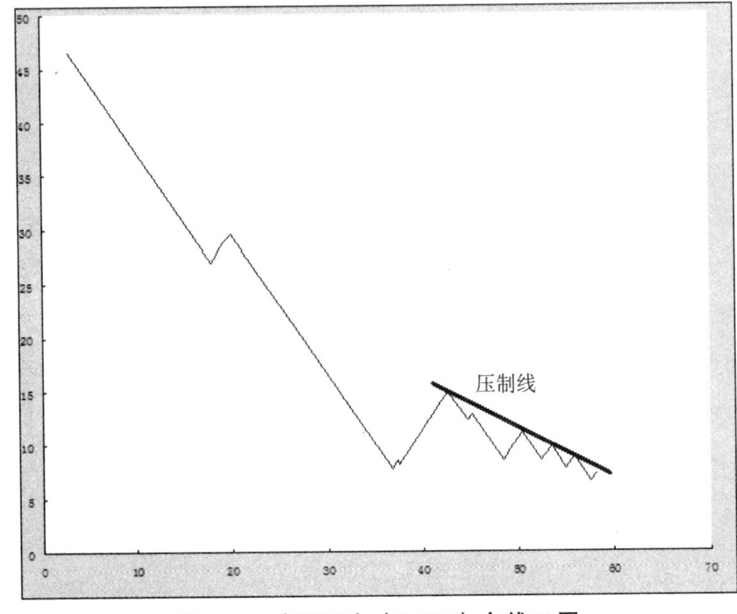

图 5-20　中国石油（601857）年线 V 图

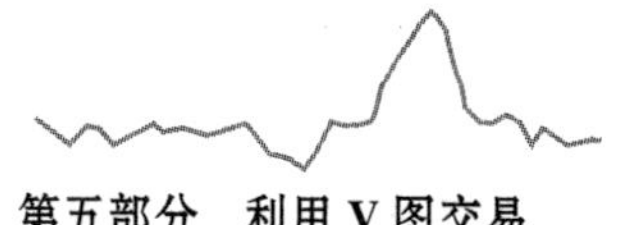

从中国石油的年线 V 图可以画出一条很明显的下降趋势线来（有四个顶点的确认），起着长期的压制作用，使得股价很难有效地向上突破。

只有等待股价向上突破了这条压制线后才是最佳买入时机。

2. 分析大盘 V 图

大盘（上证指数）年线 V 图如图 5-21 所示。

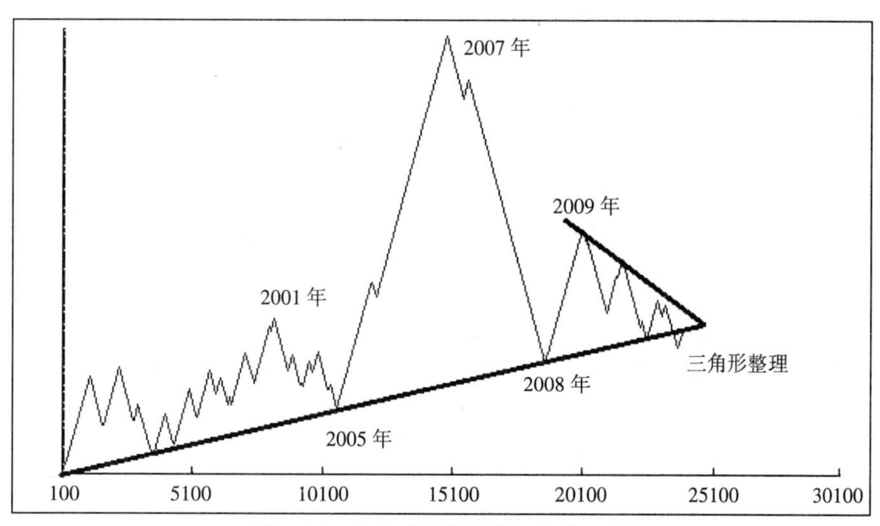

图 5-21　大盘（上证指数）年线 V 图

调出同期大盘的年线 V 图来看，目前大盘可见到一个明显的三角形整理形态，大盘未来只有一种可能走向，那就是向上突破！

另外，个股中国石油又是大盘指数的最大权重股，两者走势具有一定的相关性。如此，大盘既然要从 BC 的下降波段进入 CD 的冲顶阶段，那么个股中国石油也将迎来爆发行情。

中国石油（601857）年线 V 图，估算未来的突破点位如图 5-22 所示。

3. 判断买点

如果要想买入这只股票，那么必须等待压制线被股价突破，预计待突破的价位约是 7.85 元。为了更方便操作，我们可以调出日线走势图来观察股价走势，一旦价格达到 7.85 元，就可以作为买入的预警信号伺机买入了。

中国石油（601857）日 K 线图如图 5-23 所示。

2014 年 2 月 20 日股价终于突破了 7.85 元的预警价位关口，但是为时不久，马上又跌了下去，算不上是成功的突破，而且在布林线指标上来看，价格显得过高了。

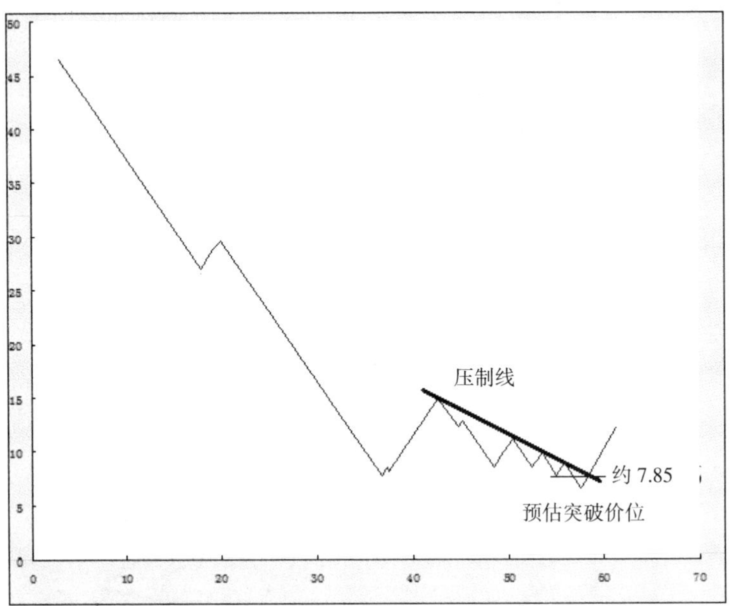

图 5-22 中国石油（601857）年线 V 图，估算未来的突破点位

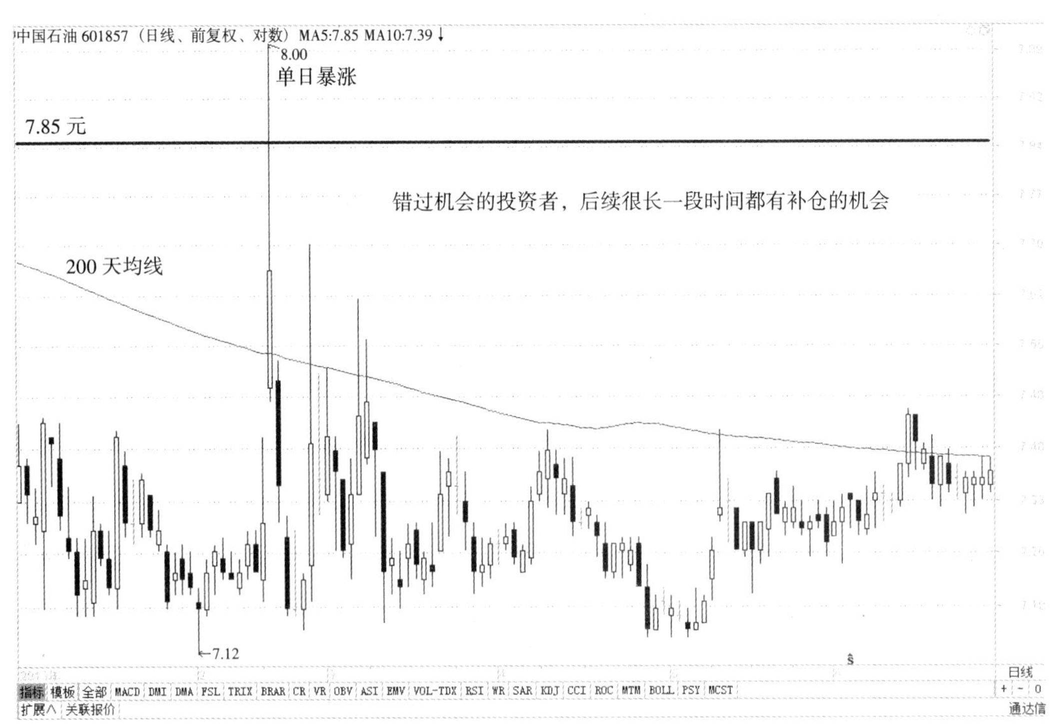

图 5-23 中国石油（601857）日 K 线图

4. 确认买点

中国石油（601857）日 K 线，MACD 顶背离看跌信号如图 5-24 所示。

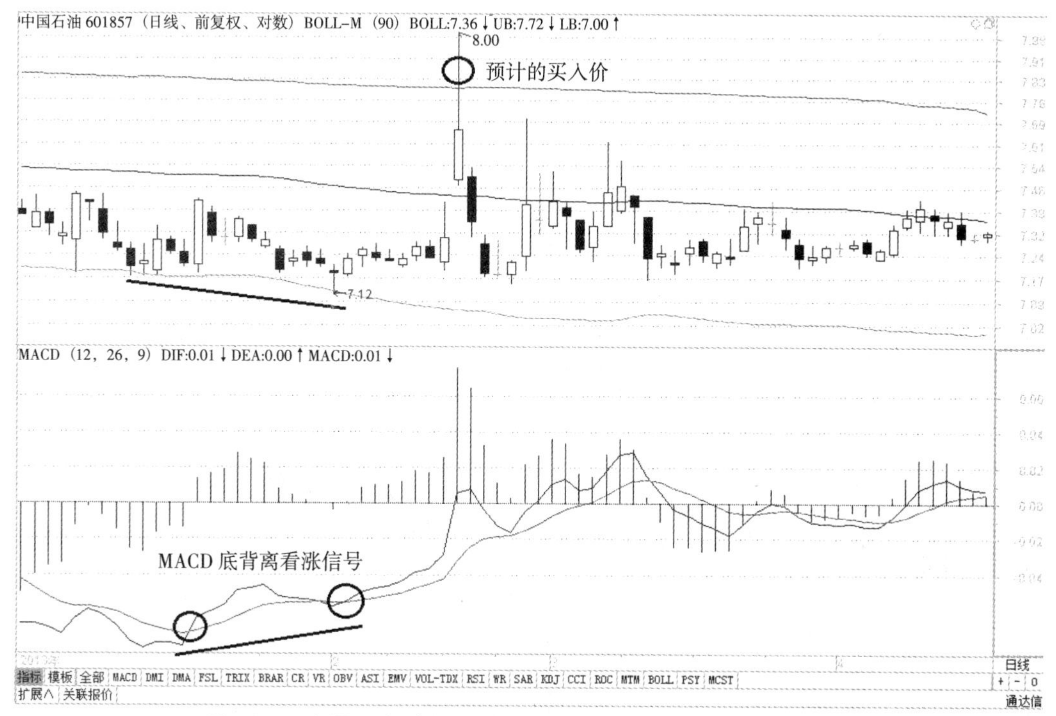

图 5-24　中国石油（601857）日 K 线，MACD 顶背离看跌信号

虽然 2 月 20 日出现了较好的买点，但是价格过高，调出 MACD 指标，可以看到就在两周前，MACD 指标发出了底背离看涨信号，买入价格是 7.23 元！鉴于我们估算的价格过高，可以采用平均值 7.5 元来用，后续走势在 7.5 元以下的都可以买入。

中国石油（601857）日 K 线，半年的买入机会如图 5-25 所示。

这只最大权重的个股，在横向盘整了半年之后，开始了暴涨行情！它没有辜负大盘将要冲顶的希望，随大盘指数一同狂奔！

中国石油（601857）日 K 线，后续走势如图 5-26 所示。

5. 选择卖点（继续持有股票还是见好就收?）

在大盘冲顶阶段时，大多数个股都可以继续持有。

中国石油（601857）200 天均线和 10 天均线走势如图 5-27 所示。

由于大盘正处在 CD 的冲顶大涨波段中，所以个股就不必急于卖出，直到大盘见顶信号出现时再行卖出也不迟。该股目前的账面盈利是 44%以上！

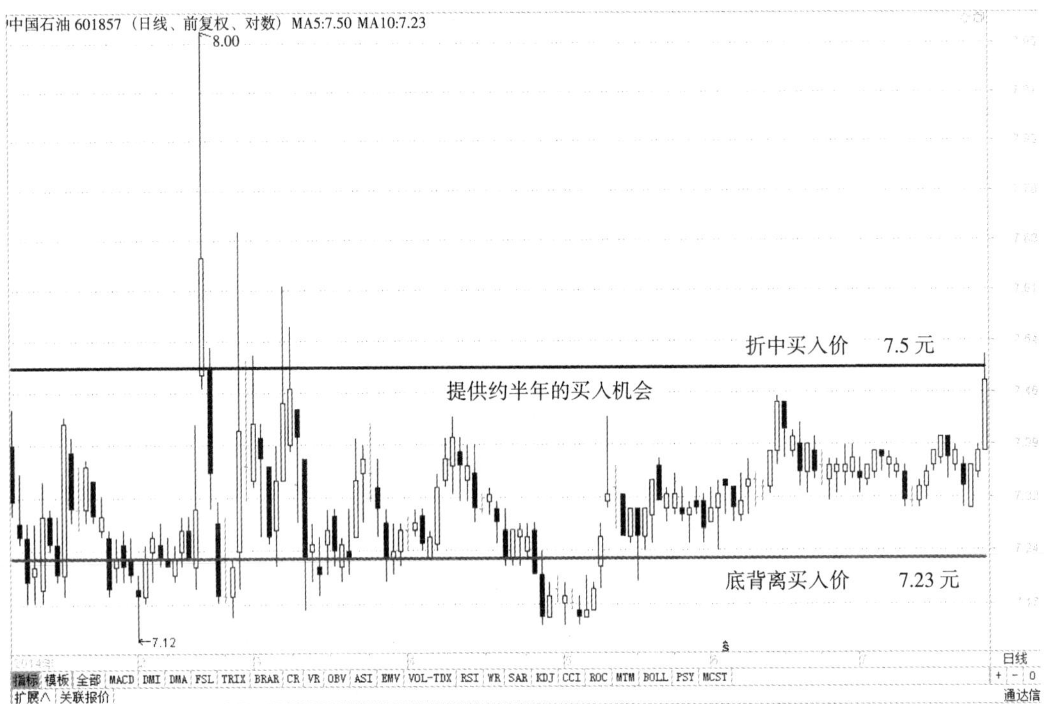

图 5-25 中国石油（601857）日 K 线，半年的买入机会

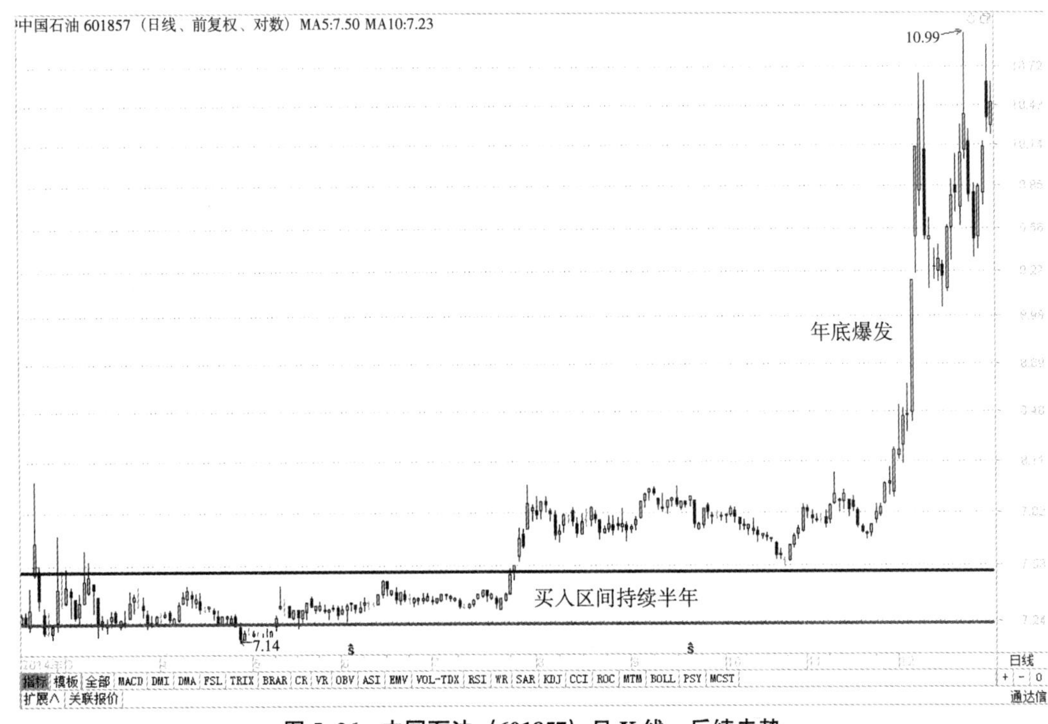

图 5-26 中国石油（601857）日 K 线，后续走势

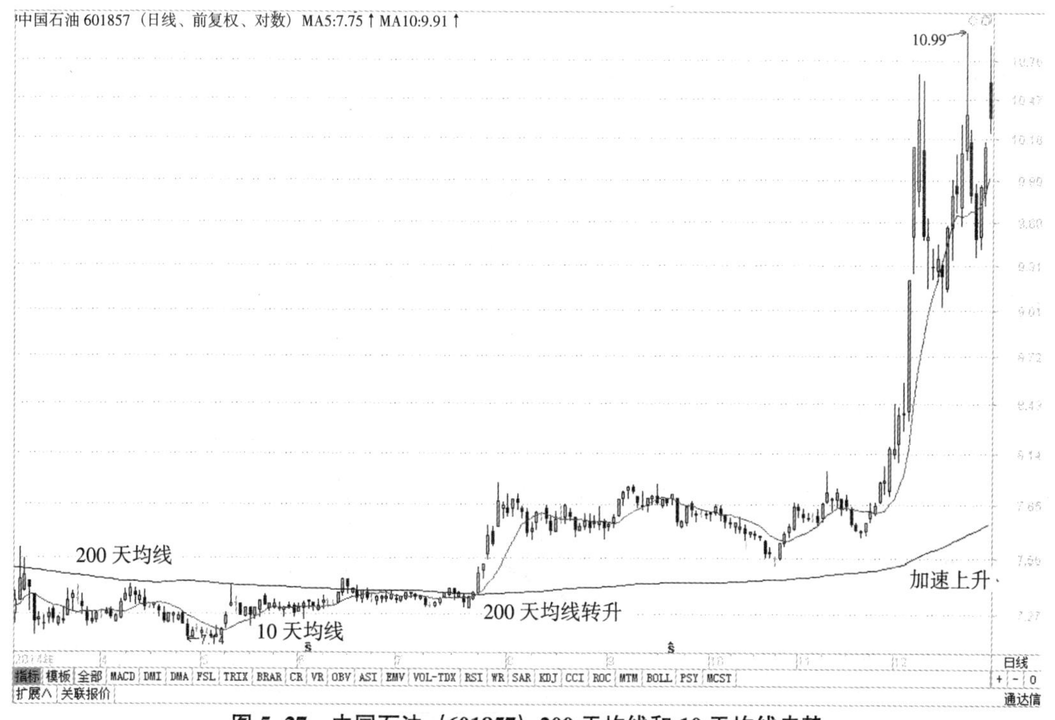

图 5-27　中国石油（601857）200 天均线和 10 天均线走势

5.2.3　大盘 V 图处在下降波段中，个股三角形整理得到下缘支撑

个股 V 图战例——梅花伞（002174）。

1. 分析个股 V 图

调出个股梅花伞（002174）的年 K 线图，如图 5-28 所示。

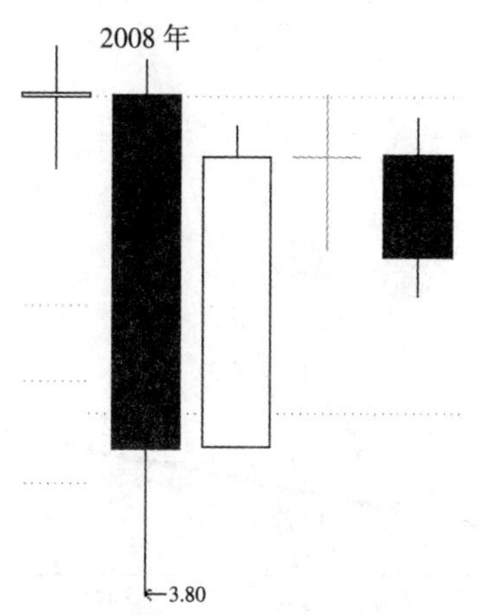

图 5-28　梅花伞（002174）年 K 线图

将年 K 线转换为 V 图。

梅花伞（002174）年线 V 图如图 5-29 所示。

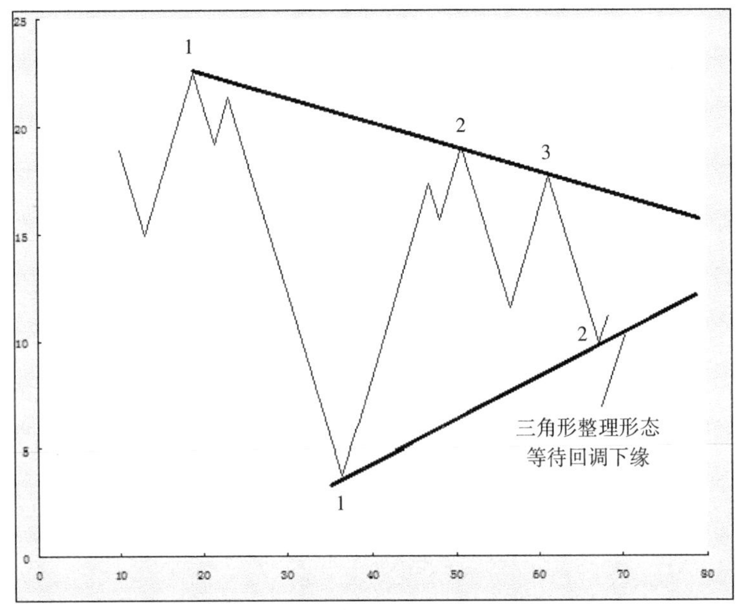

图 5-29 梅花伞（002174）年线 V 图

观察该股的年线 V 图，能看到一个较为明显的三角形整理形态来，上缘压制线有三点确认，下缘支撑线只有两点确认，但只要未来股价能到达这条线上并获得支撑，就是绝佳的买入时机，价格应是 10.4 元左右。

2. 分析大盘 V 图

大盘（上证指数）年线 V 图如图 5-30 所示。

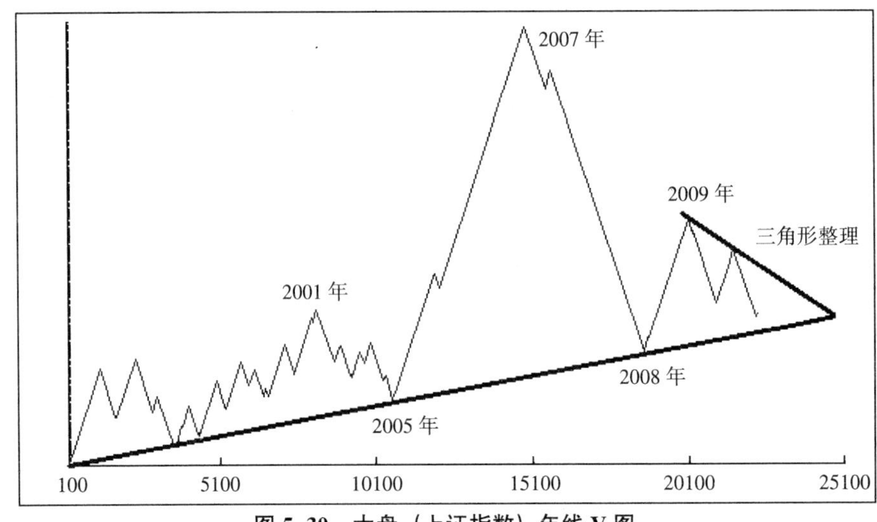

图 5-30 大盘（上证指数）年线 V 图

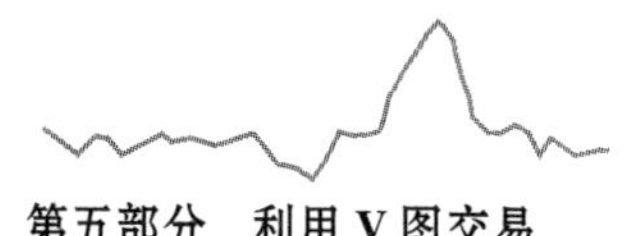

调出同期大盘的年线 V 图来看，目前大盘可见到一个明显的三角形整理形态，大盘未来有三种可能走向：

（1）向上突破。

（2）向下接触支撑线后向上反转。

（3）跌破支撑线或跌下去不久马上回升甚至向上突破。

大势来说，目前大盘走势还不明朗，虽然处在将要冲顶的前夕，但毕竟还未进入冲顶阶段，所以即便个股的走势极佳或出现绝佳买入机会，也应保持稳健。

3. 判断买点

时间进入到 2012 年第一个交易日，个股梅花伞以 12.45 元开盘。

梅花伞（002174）日 K 线，2012 年第一个交易日 K 线图如图 5–31 所示。

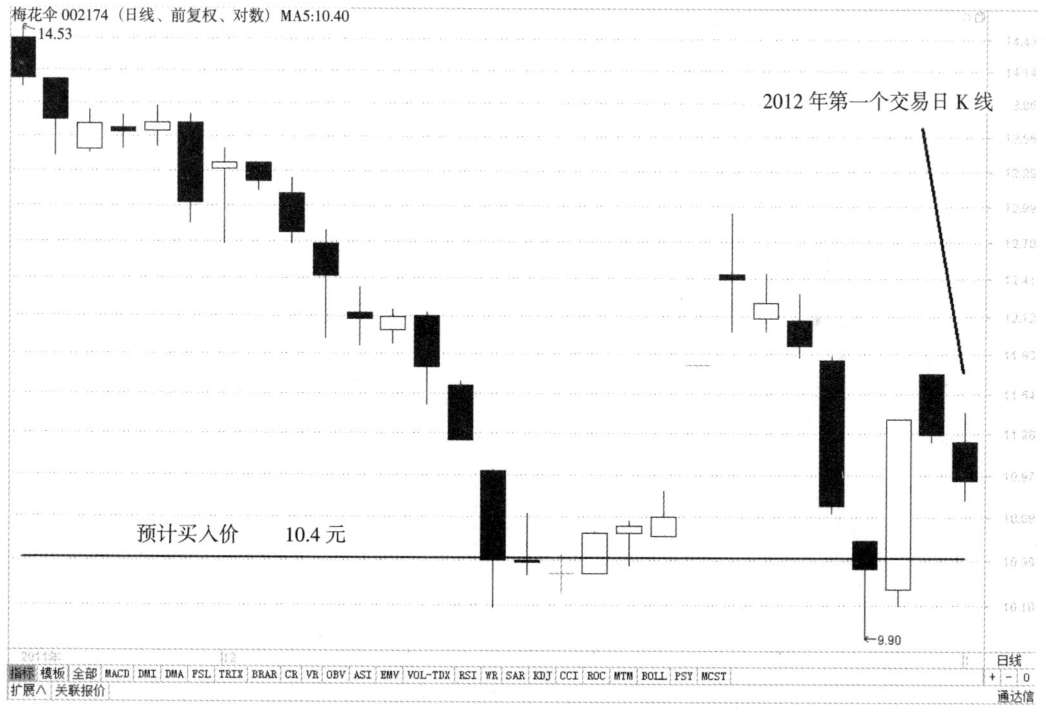

图 5–31　梅花伞（002174）日 K 线，2012 年第一个交易日 K 线图

开年第一个交易日的股价继续下跌，顺利的话下一个交易日可能就会接触或接近我们之前预估的买入价 10.4 元。

梅花伞（002174）日 K 线，2012 年第二个交易日 K 线图如图 5–32 所示。

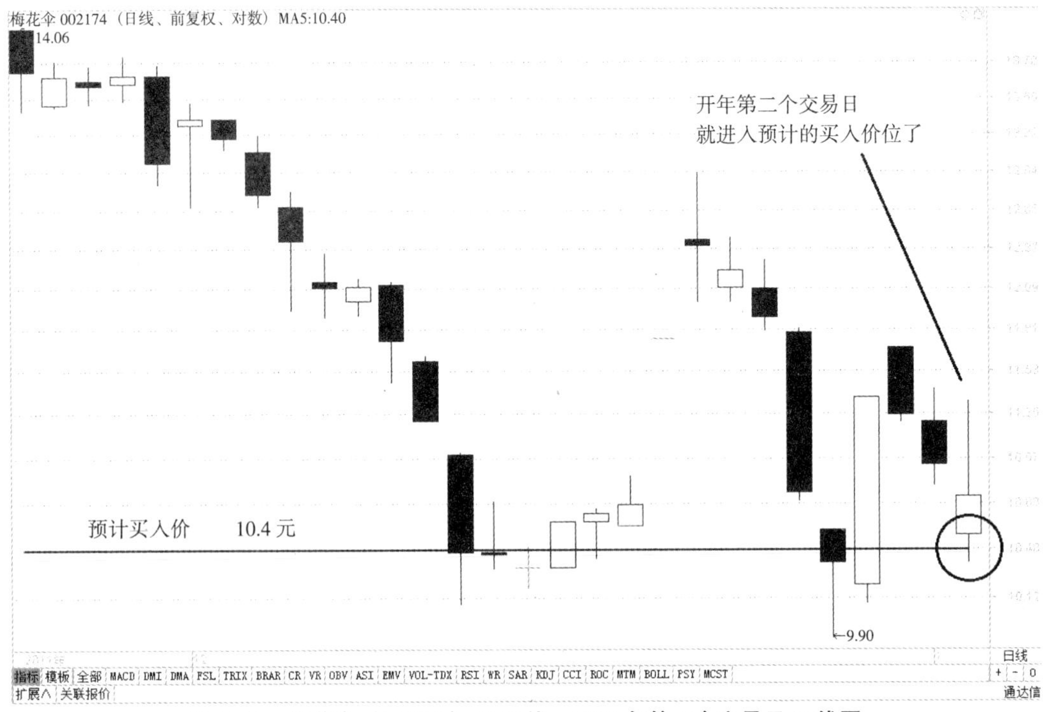

图 5-32　梅花伞（002174）日 K 线，2012 年第二个交易日 K 线图

股价进入预计的买入价，随时可以进行买入操作。

梅花伞（002174）2012 年 1 月 6 日分时图如图 5-33 所示。

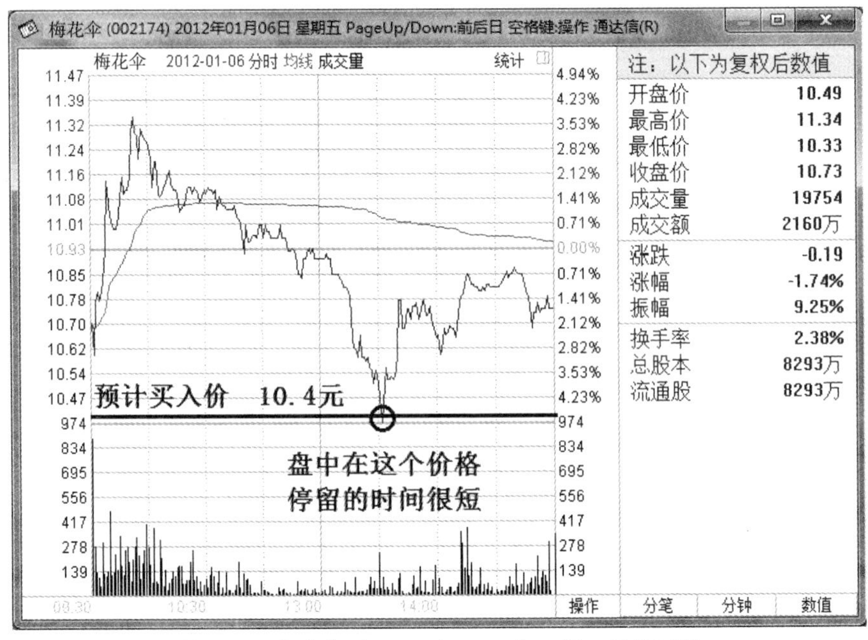

图 5-33　梅花伞（002174）2012 年 1 月 6 日分时图

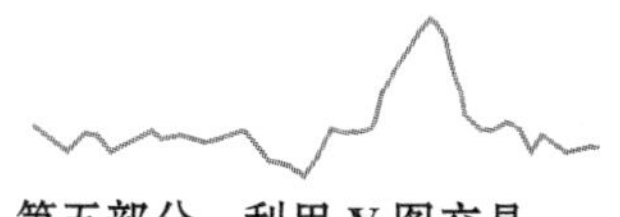

2012 年 1 月 6 日，该股盘中一度跌至 10.4 元以下，但为时不久便开始大举反弹，如没有抓住这次机会的投资者可以等待后续更加稳健的买入机会。

梅花伞（002174）年线 V 图，输入当前最低价位如图 5-34 所示。

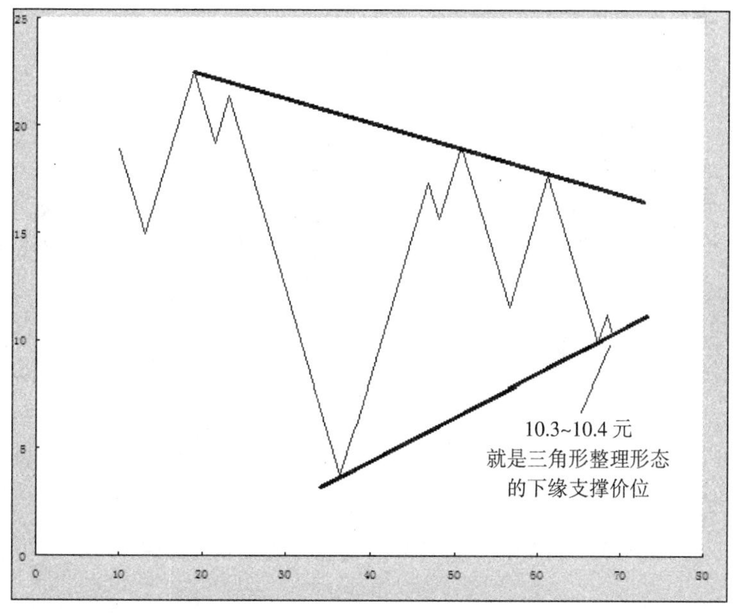

图 5-34　梅花伞（002174）年线 V 图，输入当前最低价位

如果要想买入这只股票，那么买入条件已经达成。

梅花伞（002174）日 K 线，难以抓住的买入机会如图 5-35 所示。

虽然该股一开年就给了两个交易日的买入机会，但我们预计的买入价格是 10.4 元，而该股盘中在这个价位基本没有机会成交。当然也不能因为不能成交而去追高追涨，而是应该等待股价回调，然后再次接近 10.4 元时再行买入。例如，图 5-35 的 A 点和 B 点，都是不错的稳健型买入点。

4. 确认买点

梅花伞（002174）日 K 线、布林线分析如图 5-36 所示。

我们看到，虽然个股梅花伞确实在开年头两个交易日出现了绝佳的买入机会，但是如果没有抓住这个短暂机会的投资者该怎么办？追高？不行！还应该继续等待股价回调或是其他指标的买入信号再行买入操作。

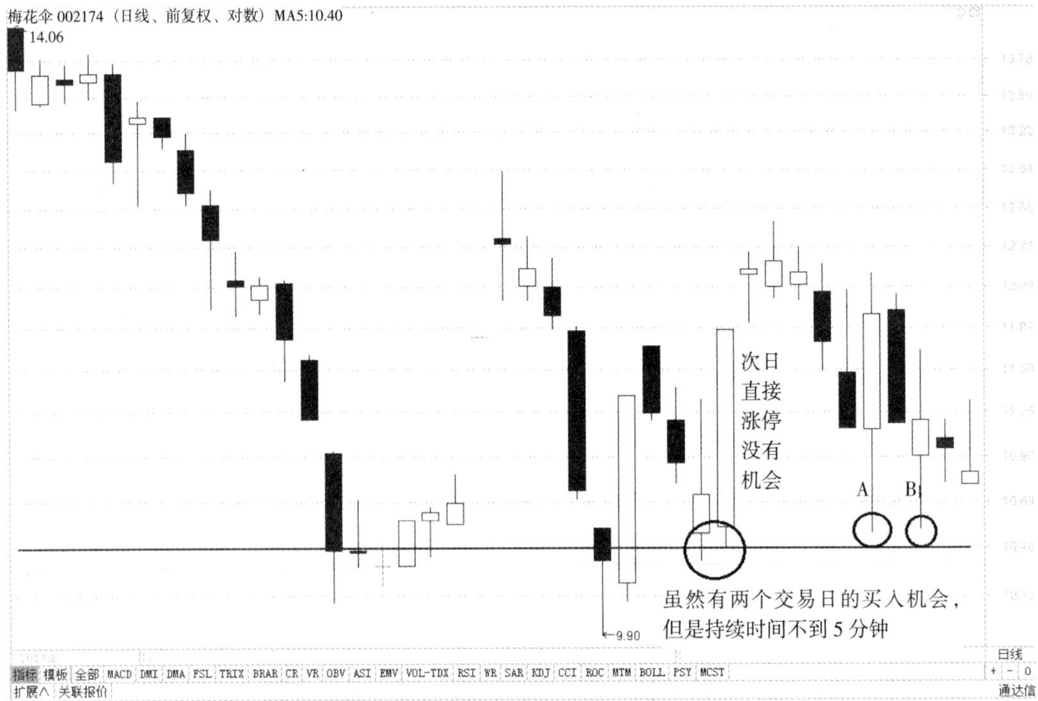

图 5-35 梅花伞（002174）日 K 线，难以抓住的买入机会

图 5-36 梅花伞（002174）日 K 线、布林线分析

梅花伞（002174）日 K 线，MACD 底部双金叉看涨信号如图 5-37 所示。

图 5-37　梅花伞（002174）日 K 线，MACD 底部双金叉看涨信号

不管是什么方法都有它们的理想买入点，布林指标有布林指标的买入价、MACD 指标自然也有它自己推荐的买入信号。使用什么指标信号作为参考，则依各人喜好而定。但相对来说 MACD 这次的买入价格略显高了些。

梅花伞（002174）后续走势如图 5-38 所示。

5. 选择卖点（继续持有股票还是见好就收?）

从梅花伞后续的走势看到，我们买到了一个相对比较安全的价格，虽然不是最低价的 9.9 元，但多数人都没有能力买到最低价，所以我们的预计买入价 10.4 元也是不错的价格。

盘整了一年多后总算进入爆发行情了，这时如果大盘走势向好，可以继续持股，但如果大盘的 V 图不处在上升波段中，就像这只股票，当前虽然暴涨，但大盘 2013 年到 2014 年上半年仍是处在 BC 段中，所以我们应该采取保守的操盘策略，即用 200 天均线是否暴涨为标准，如果 200 天均线近期暴涨，则以 10~20 天均线来止盈卖出，见好就收，落袋为安。

梅花伞（002174）200 天均线走势如图 5-39 所示。

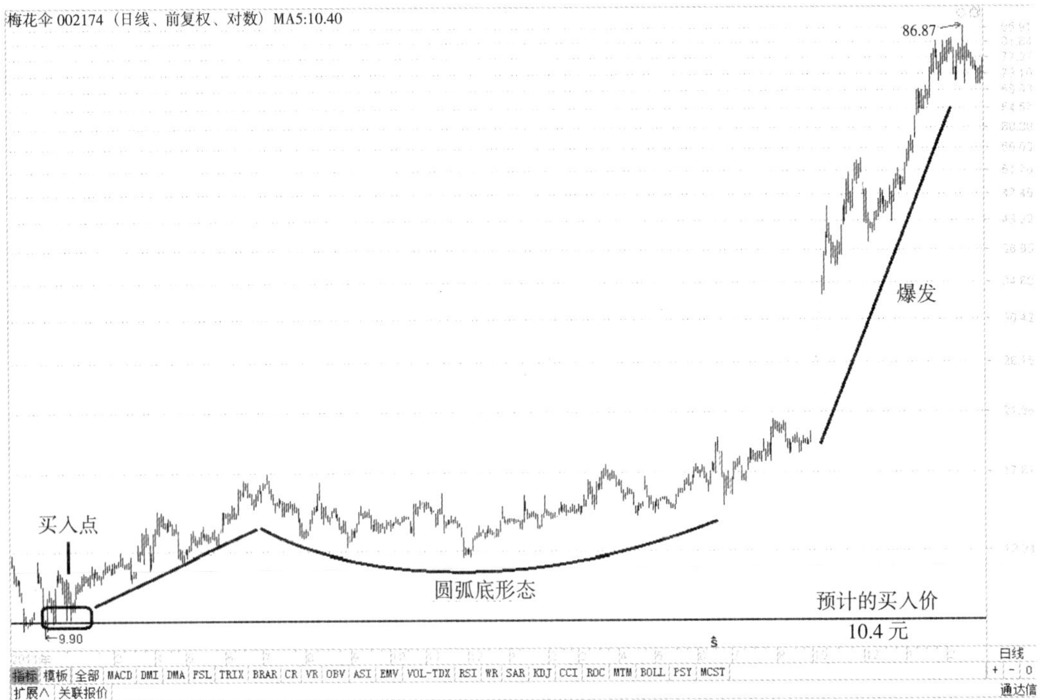

图 5-38 梅花伞（002174）后续走势

图 5-39 梅花伞（002174）200 天均线走势

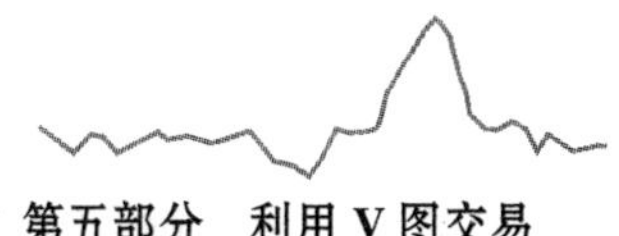

梅花伞（002174）200 天均线暴涨转以 10 天均线止盈如图 5-40 所示。

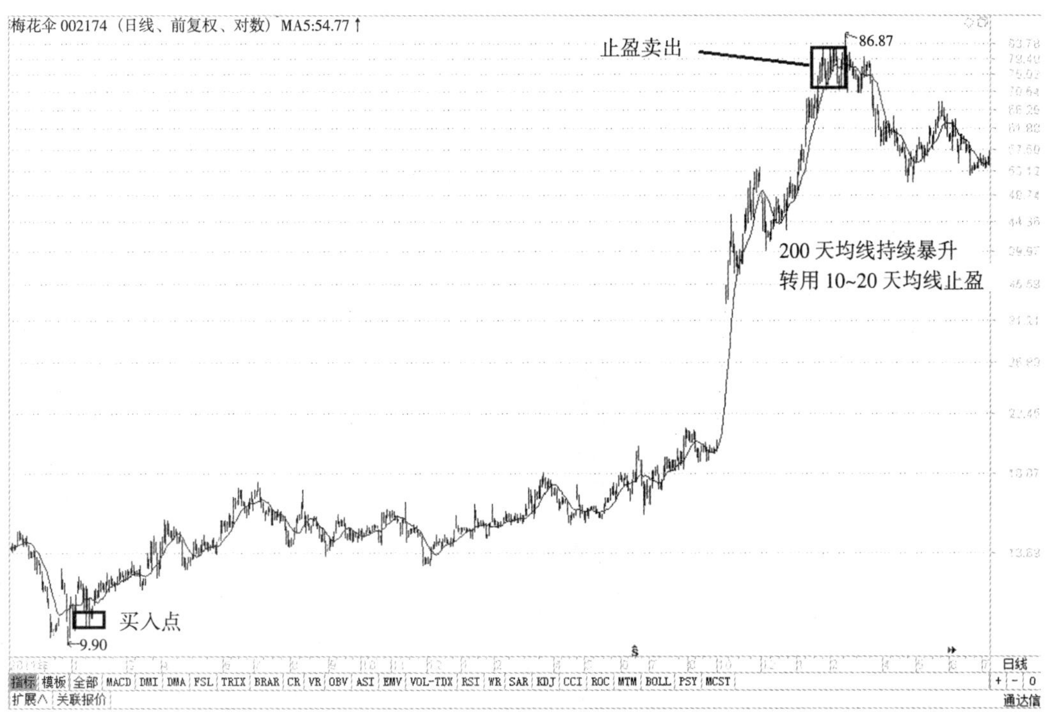

图 5-40 梅花伞（002174）200 天均线暴涨转以 10 天均线止盈

当 200 天均线持续地大幅拉升一段时间后，大盘同期的 V 图走势又不处在上升波段中时，就应找机会卖出，转以 10 天或 20 天均线止盈。

此次交易买入价格约为 10.4 元，但很多投资者抓不到这个机会，所以以 11 元计算比较妥当，11 元比较容易成交，而卖出价格约是 73.3 元，整个交易盈利差不多 7 倍！

5.2.4 大盘 V 图处在下降波段中，个股向上突破压制线

个股 V 图战例（一）——成飞集成（002190）。

1. 分析个股 V 图

调出个股成飞集成（002190）的年 K 线图，如图 5-41 所示。

我们将它转换为 V 图。

成飞集成（002190）年线 V 图如图 5-42 所示。

该股的年线 V 图能画出一条很明显的下降趋势线来，这条线代表了一种压制的作用线，股价很难有效地向上突破它。

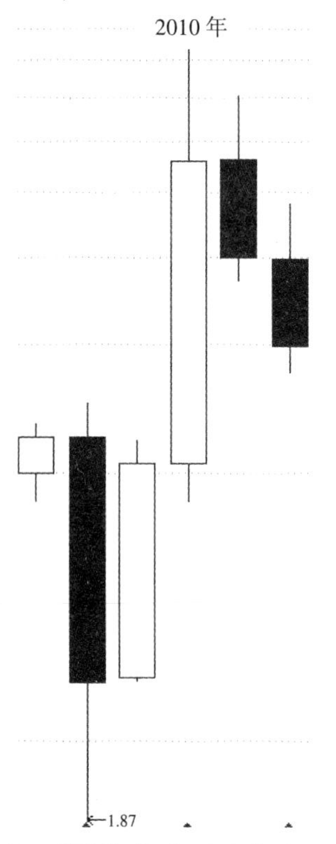

图 5-41　成飞集成（002190）年 K 线图

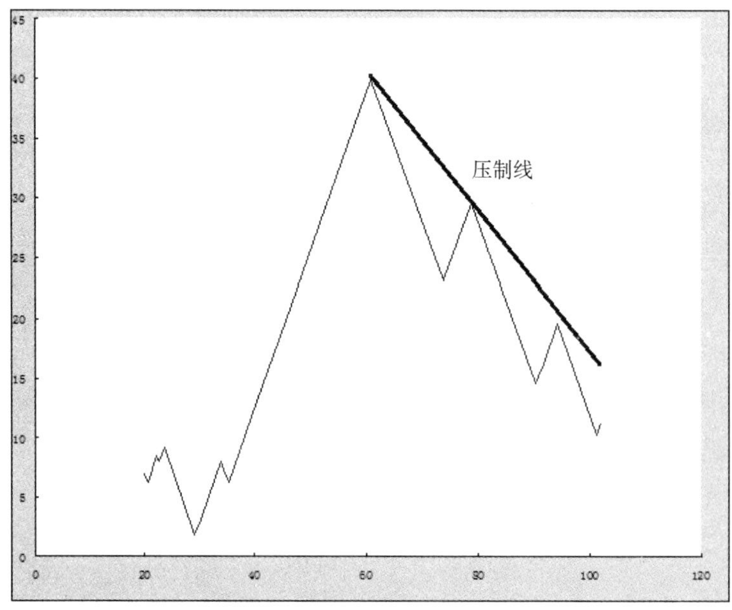

图 5-42　成飞集成（002190）年线 V 图

目前还没有明确的证据表明当前处于三角形整理形态中，所以对于该股，目前还不是买入时机。

2. 分析大盘 V 图

大盘（上证指数）年线 V 图如图 5-43 所示。

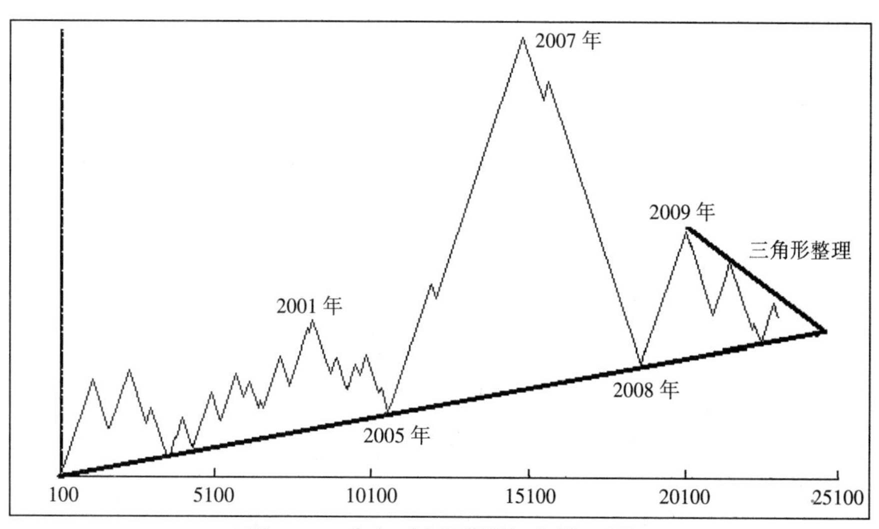

图 5-43　大盘（上证指数）年线 V 图

调出同期大盘的年线 V 图来看，目前大盘可见到一个明显的三角形整理形态，大盘未来有三种可能走向：

（1）向上突破。

（2）向下接触支撑线后向上反转。

（3）跌破支撑线或跌下去不久马上回升甚至向上突破。

所以总的来说，目前不管是大盘还是个股都不适合谈论买点，而是应该等待买入时机的出现。

但是观察该股历年的户均持股股数却连续多年增加，特别是 2011 年，说明有资金在收集筹码，也因此联系到大盘目前处在将要冲顶的始发阶段，对该股未来的走势还应密切关注。

随着时间的推移，进入到 2013 年，个股成飞集成以 12.45 元开盘。

成飞集成（002190）年线 V 图，估算未来的突破点位如图 5-44 所示。

3. 判断买点

如果要想买入这只股票，那么必须等待压制线被股价有效突破，而从图上看，待突破的价位约是 14.5 元。在 2013 年中为了更方便操作，我们可以调出日线走势图来观察股价走势，一旦价格达到了 14.5 元，就可以作为买入的预警信号伺机买入了。

成飞集成（002190）日 K 线，等待买入时机如图 5-45 所示。

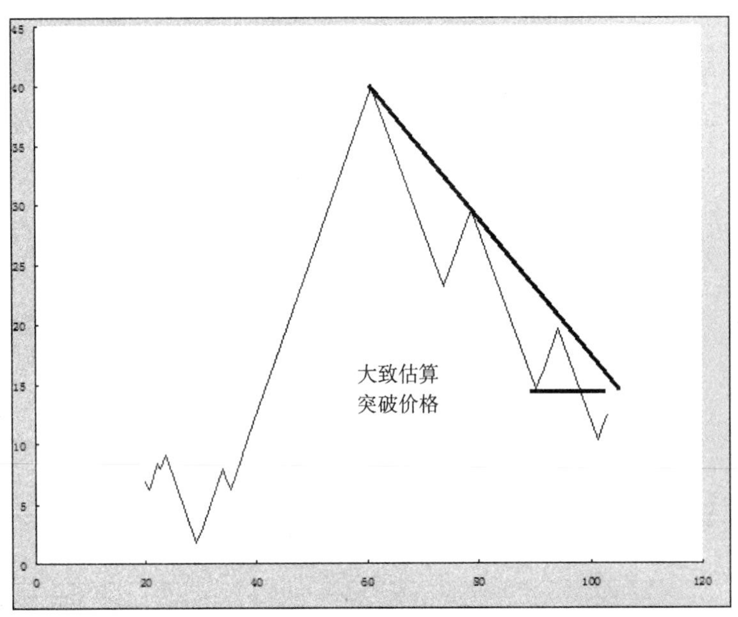

图 5-44　成飞集成（002190）年线 V 图，估算未来的突破点位

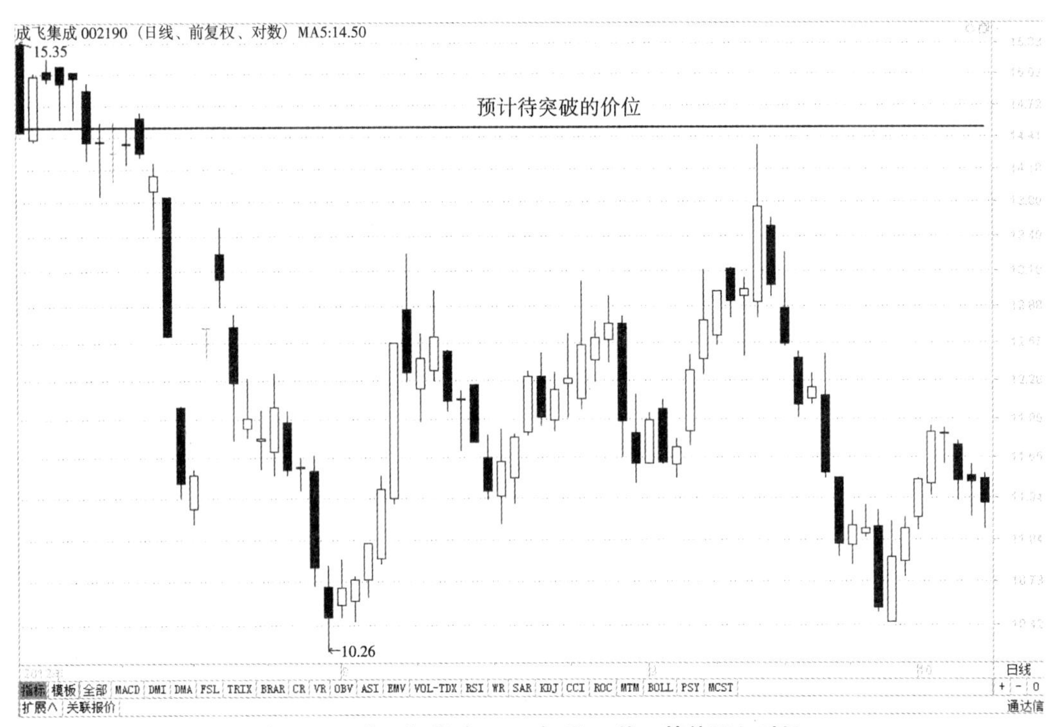

图 5-45　成飞集成（002190）日 K 线，等待买入时机

2012 年底最后数个交易日，股价还曾试图上破这条预警线，可惜没有成功，反倒留下了一个带有长上影线的 K 线，随后开始连续下跌。

4. 确认买点

成飞集成（002190）日 K 线，MACD 顶背离看跌信号如图 5-46 所示。

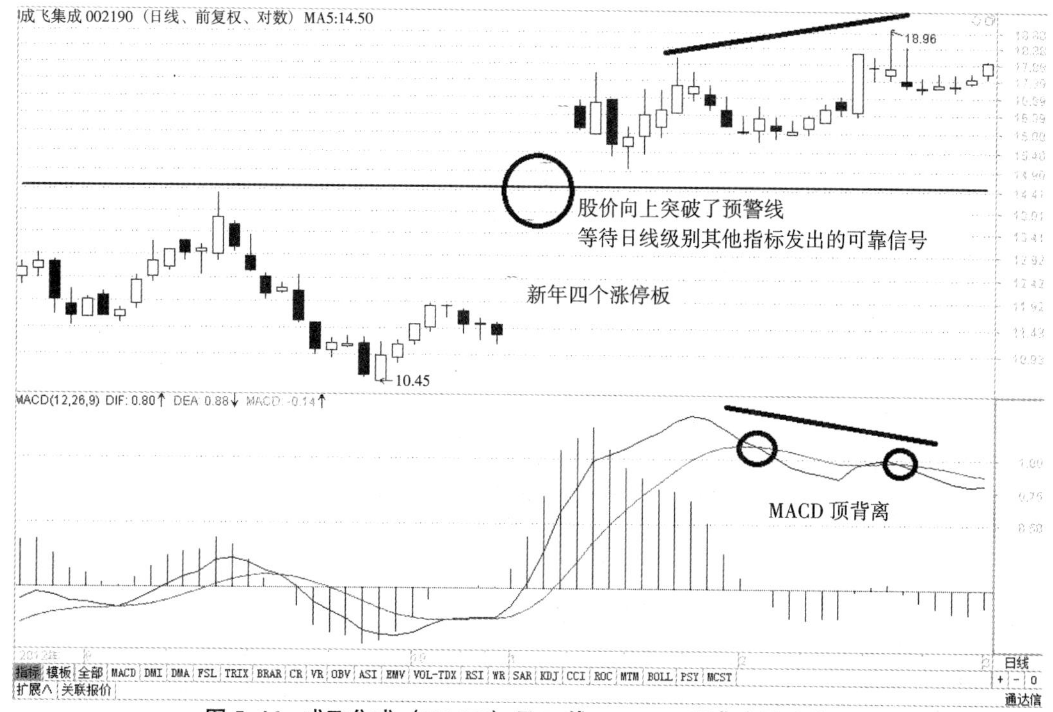

图 5-46 成飞集成（002190）日 K 线，MACD 顶背离看跌信号

我们看到，虽然股价一开年就直接有数个涨停板，但是没有其他指标发出可靠的确认信号，而且涨停板突破当日也不能实现正常交易。

所以不久后，虽然股价节节高升，但 MACD 指标却发出了顶背离下跌信号，说明股价将会有所回落，更有利于想买入这只股票但没有机会买入的投资者。

成飞集成（002190）日 K 线图（一）如图 5-47 所示。

在随后的几个月时间里，股价回调到我们之前预估的突破价位上，而且还支撑了两三周的时间，随后开始下破。期间 MACD 指标未发出任何信号，所以继续耐心等待买入信号的出现。

成飞集成（002190）日 K 线图（二）如图 5-48 所示。

后期股价再次回落下跌，比之前下探的幅度更深，调出指标布林线。

成飞集成（002190）日 K 线，MACD 底背离看涨信号如图 5-49 所示。

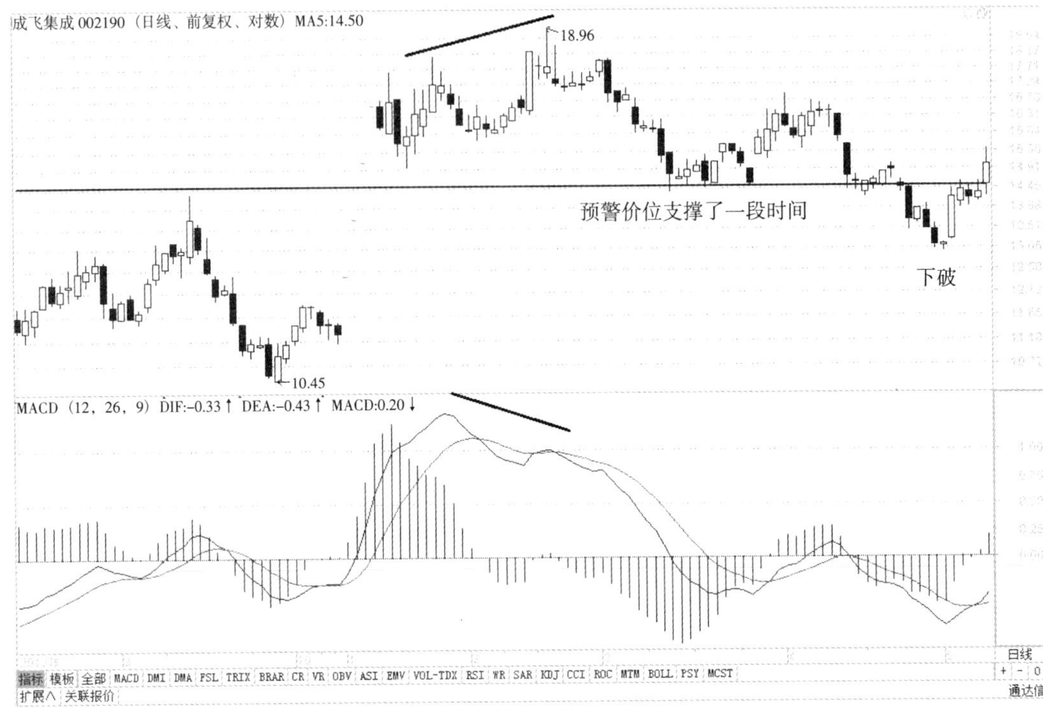

图 5-47 成飞集成（002190）日 K 线图（一）

图 5-48 成飞集成（002190）日 K 线图（二）

图 5-49　成飞集成（002190）日 K 线，MACD 底背离看涨信号

2013 年 7 月 4 日，该股得到布林线下缘支撑后直接涨停，再次突破了 V 图发出的预警价位，并且有布林线和 MACD 两个指标的同时确认，因此当日应是较好的买入时机。

成飞集成（002190）2013 年 7 月 3 日分时图如图 5-50 所示。

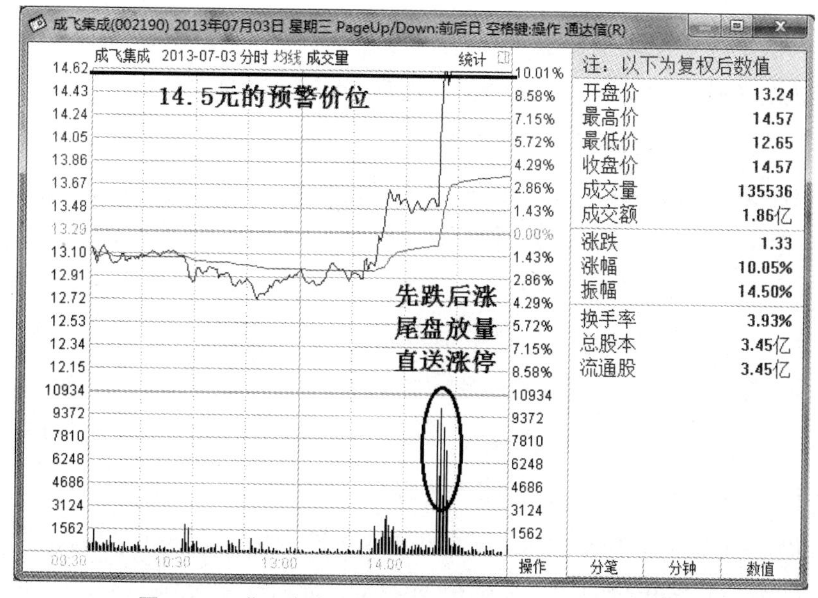

图 5-50　成飞集成（002190）2013 年 7 月 3 日分时图

如果是错过了今日涨停无法买入的投资者可以尝试在下一个交易日开盘后就市价买入。

成飞集成（002190）2013 年 7 月 4 日分时图如图 5-51 所示。

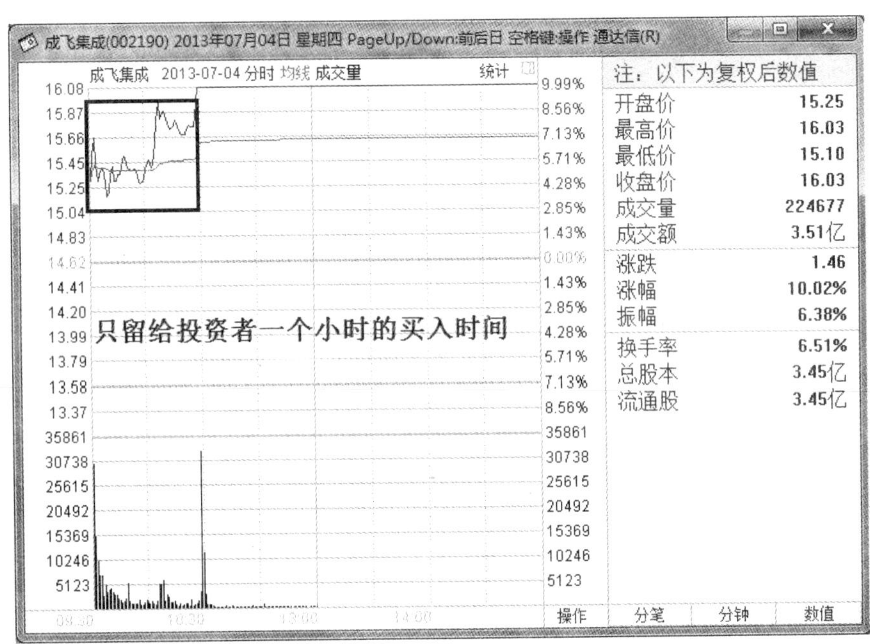

图 5-51 成飞集成（002190）2013 年 7 月 4 日分时图

如果两次机会都错过的投资者可以尝试在之后等待股价再次回调到这个预警价位后再行买入，否则有追高的风险，或者另选他股操作，这只留作观察。

成飞集成（002190）后续走势如图 5-52 所示。

5. 选择卖点（继续持有股票还是见好就收?）

从成飞集成后期走势可见，我们买到了一个相对比较安全的价格，虽然不是最低价的 11.69 元，但多指标同步足以保证信号的可靠性和安全性，盘整了一年后开始爆发。

在爆发行情中，如果大盘走势向好，可以继续持股，但如果大盘的 V 图不处在上升波段中，如这只个股虽然暴涨，但大盘 2012 年至今仍处在 BC 段中，我们就应该采取保守的操盘策略，即用 200 天均线是否暴涨为标准，如果 200 天均线近期暴涨，则以 10~20 天均线来止盈卖出，见好就收，落袋为安。

成飞集成（002190）200 天均线走势如图 5-53 所示。

成飞集成（002190）200 天均线暴涨转以 10~20 天均线止盈如图 5-54 所示。

假如以 10 日均线止盈的话，卖在 65 元附近，此次交易盈利 348%！

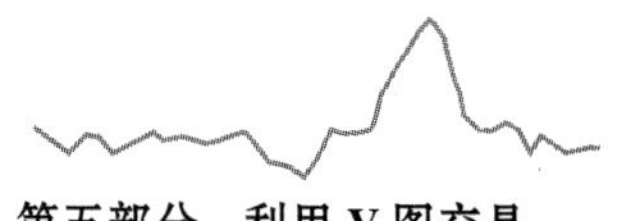

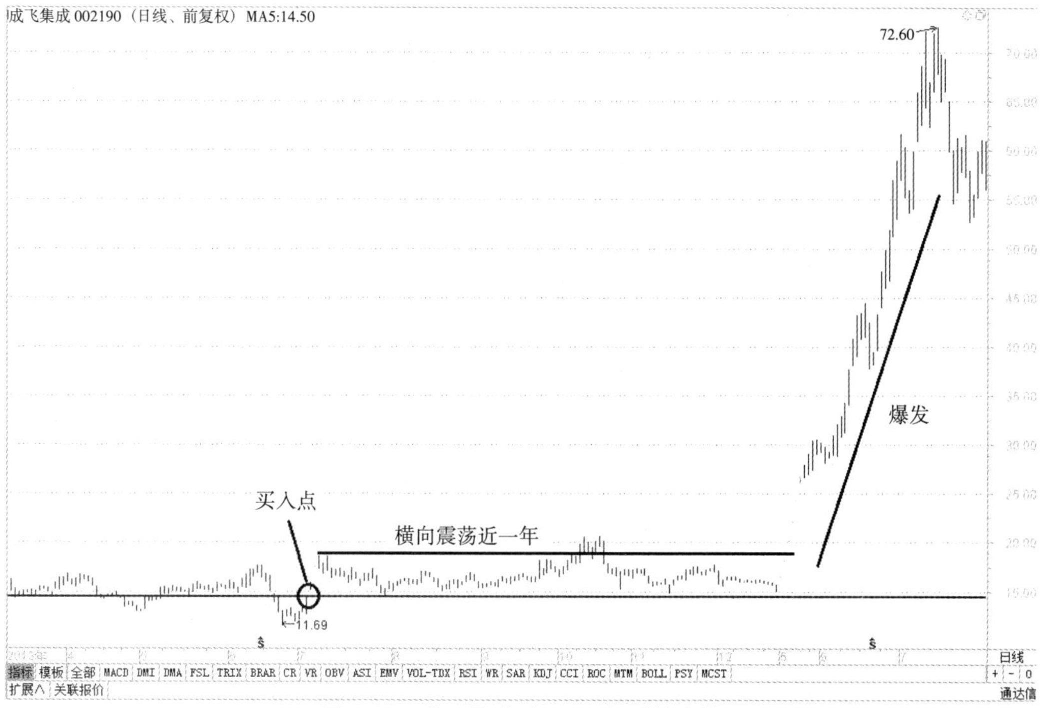

图 5-52　成飞集成（002190）后续走势

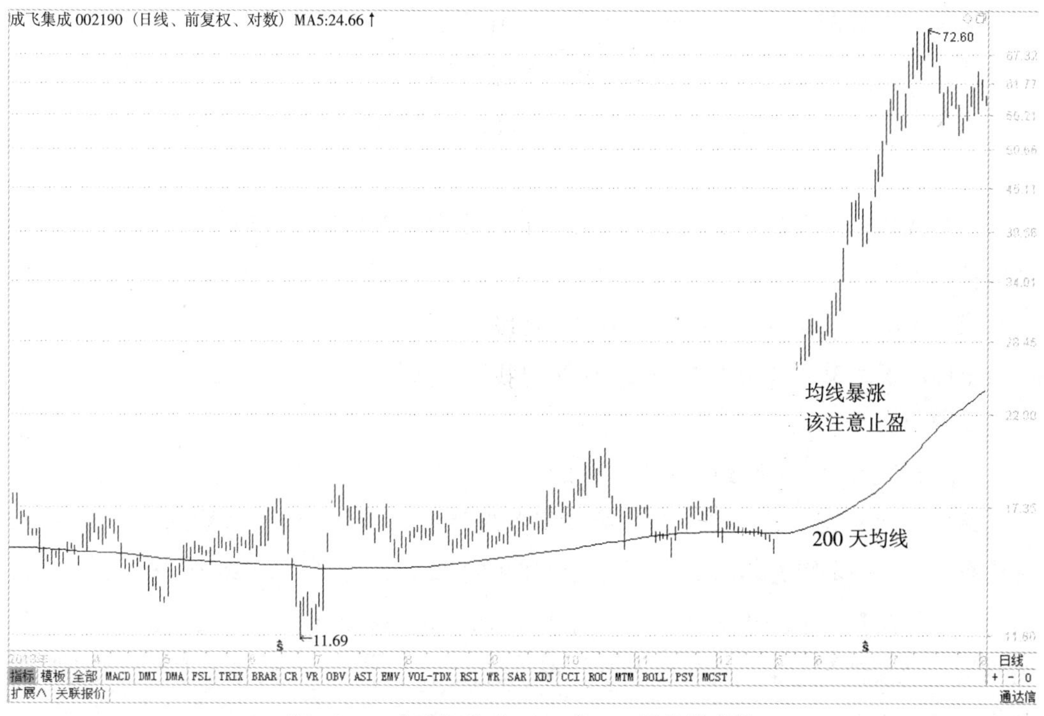

图 5-53　成飞集成（002190）200 天均线走势

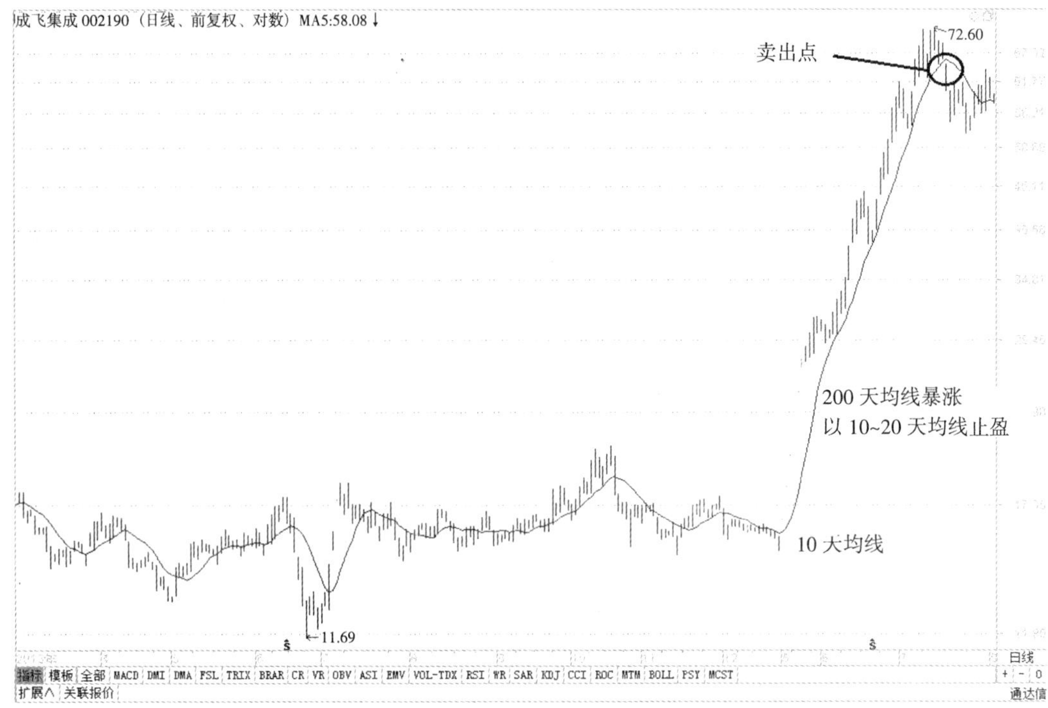

图 5-54 成飞集成（002190）200 天均线暴涨转以 10~20 天均线止盈

个股 V 图战例（二）——香雪制药（300147）。

下面举一个特殊的案例，之所以称为特殊是因为该股是创业板的个股，创业板又是新兴市场，而且该股从一开始就下跌，跌破发行价，甚至跌去差不多 50%。

对于这类个股，在操作上应该有所变通。

一是应该参考大盘所处波段；二是应该参考创业板指数本身所处波段（并且在矛盾的情况下以创业板指数为主）；三是判断卖点时，可以增加到 400 天均线来判断操作是否应该卖出（如果创业板指数不在上涨波段中），短期跟踪止盈推荐使用 20 天均线。

下面就来说说这只股票在超跌后如何寻找买入机会。

1. 分析个股 V 图

首先调出个股香雪制药（300147）的年 K 线图（见图 5-55）。

该股一上市便开始下跌，并且第二年大跌差不多一半。但是从平均成交额来看，却内有玄机，一是因为第一个 K 线是上市那年的 12 月，记录的 K 线内容还不到一个月时间；二是换算成平均成交额的话，反倒是 2010 年的成交额高于 2011 年，且 2011 年的平均成交额较上一年显得极度萎缩，形成跌无可跌之势，而且基本方面也没有显得业绩有多么的差。

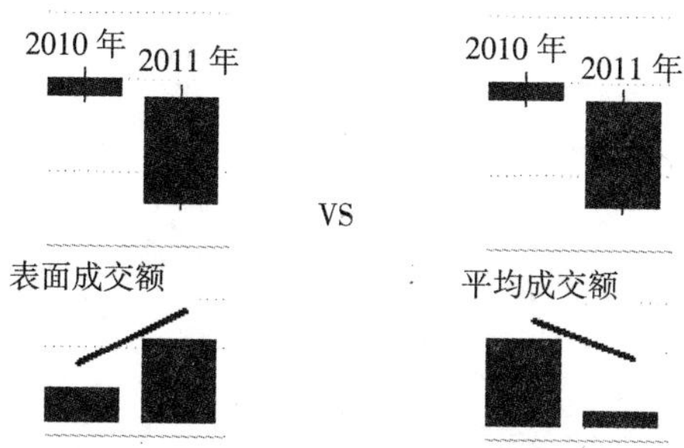

图 5-55 香雪制药（300147）年 K 线图

所以，这只个股是值得关注的，只是目前还不好直接买入，需要它突破压制线后再做决定。

香雪制药（300147）年线 V 图如图 5-56 所示。

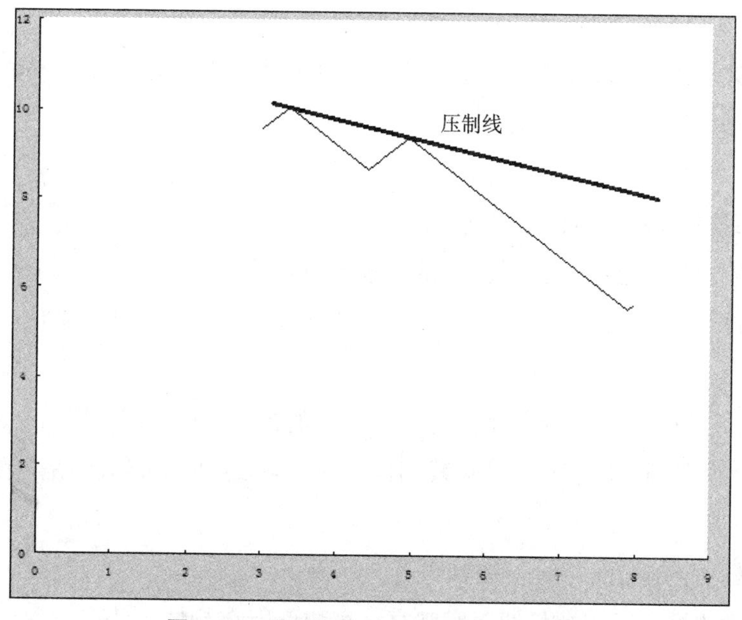

图 5-56 香雪制药（300147）年线 V 图

该股 V 图上的压制线很容易画出来，后续关注这只股票的投资者可以等待该股向上突破这根压制线，突破成功了再行判断与操作。

2. 分析大盘 V 图

大盘（上证指数）年线 V 图如图 5-57 所示。

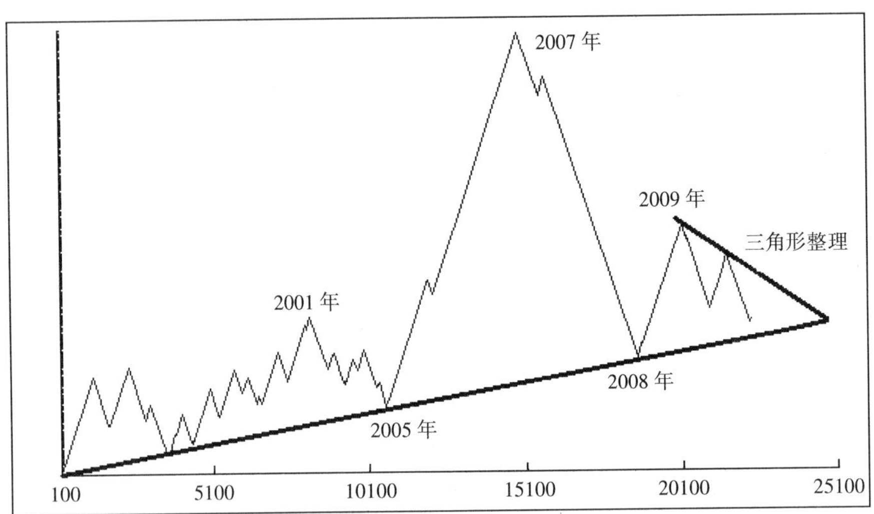

图 5-57 大盘（上证指数）年线 V 图

调出同期大盘的年线 V 图来看，目前大盘可见到一个明显的三角形整理形态，大盘未来有三种可能走向：

（1）向上突破。

（2）向下接触支撑线后向上反转。

（3）跌破支撑线或跌下去不久马上回升甚至向上突破。

所以总的来说，目前不管是大盘还是个股都不适合谈论买点，而是应该等待买入时机的出现。

不过我们可以先预估一下该股要想达到我们的买入条件，需要股价达到什么水平？当然是先要突破下降的压制线，然后我们计算一下突破点的价格大约是多少？约 7.5 元左右。

香雪制药（300147）年线 V 图如图 5-58 所示。

关注该股的投资者做个长期跟踪观察，很快就能在行情走势中发现这只个股有没有达到这一价格水平，如果达到了，就可以采取下一步“判断买点”了。

3. 判断买点

其实上一步我们已经计算出要买入的价格水平了，如果要想买入这只股票，那么必须等待压制线被有效突破，从图上看，待突破的价位约是 7.5 元。

香雪制药（300147）日 K 线，等待买入时机如图 5-59 所示。

在进入 2012 年 6 月 19 日，该股终于以三个涨停板后加三根阳线上升突破了 7.5 元这个关口。接下来就是确认是否应该立即买入和具体时机的选择。

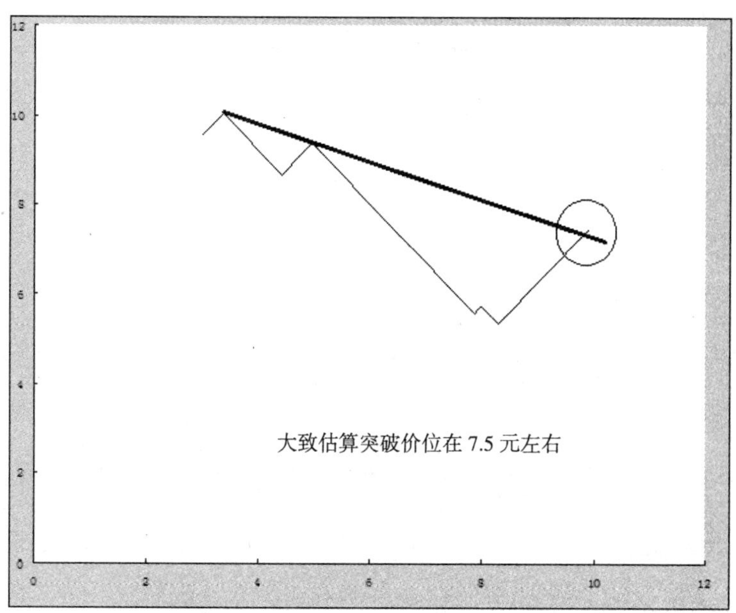

图 5-58　香雪制药（300147）年线V图

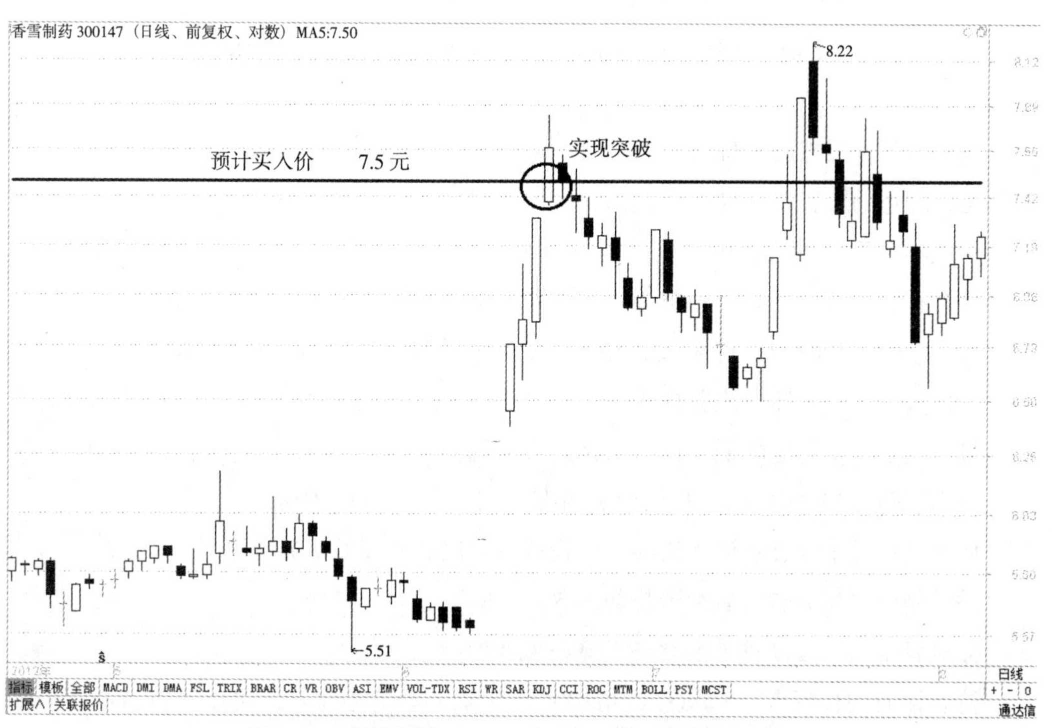

图 5-59　香雪制药（300147）日K线，等待买入时机

4. 确认买点

香雪制药（300147）日K线，MACD顶背离看跌信号如图5-60所示。

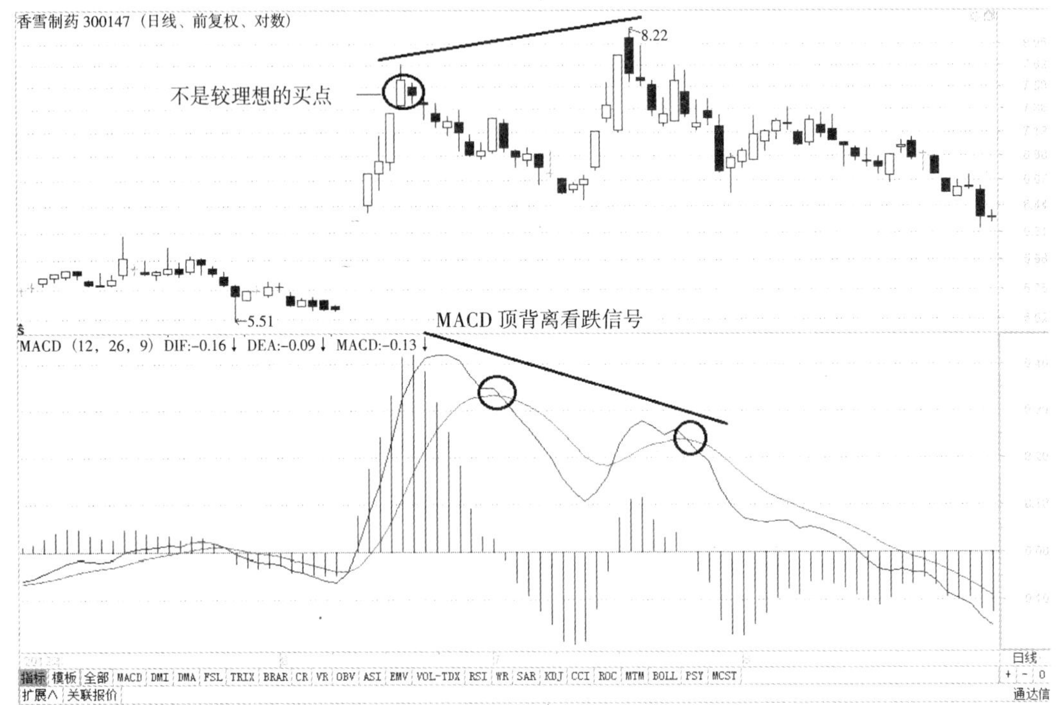

图 5-60　香雪制药（300147）日 K 线，MACD 顶背离看跌信号

我们看到，虽然股价确实达到了我们之前预计的 7.5 元，但是别的指标显示这个点位不是较理想的位置，这样的话我们就应该继续等待更为理想的进场买入机会。

所以不久后，虽然股价节节高升，但 MACD 指标却发出了顶背离看跌信号，说明股价将会有所回落，更有利于想买入这只股票但没有机会买入的投资者。

香雪制药（300147）日 K 线，MACD 底背离看涨信号如图 5-61 所示。

2012 年 10 月 9 日，该股报收一大阳线，并且 MACD 指标也同时发出了底背离看涨信号，这是一个绝好的低于预计价格的买入机会。

香雪制药（300147）2012 年 10 月 9 日分时图如图 5-62 所示。

如果是错过了今日涨停无法买入的投资者可以尝试在 6.8~7.5 元附近伺机买入。

香雪制药（300147）后续走势如图 5-63 所示。

5. 选择卖点（继续持有股票还是见好就收？）

持有该股的投资者身临暴涨行情中时，如果大盘走势向好，可以继续持股，但如果大盘的 V 图不处在上升波段中，如目前这个阶段大盘处在 BC 这一下降波段中，就应该调出 200 天均线（创业板指 V 图上升中，改用 400 天均线）来观察股价是否过度上涨了，如果过度了，即 200 天均线（创业板指 V 图上升中，改用 400 天均线）也跟着

图 5-61　香雪制药（300147）日 K 线，MACD 底背离看涨信号

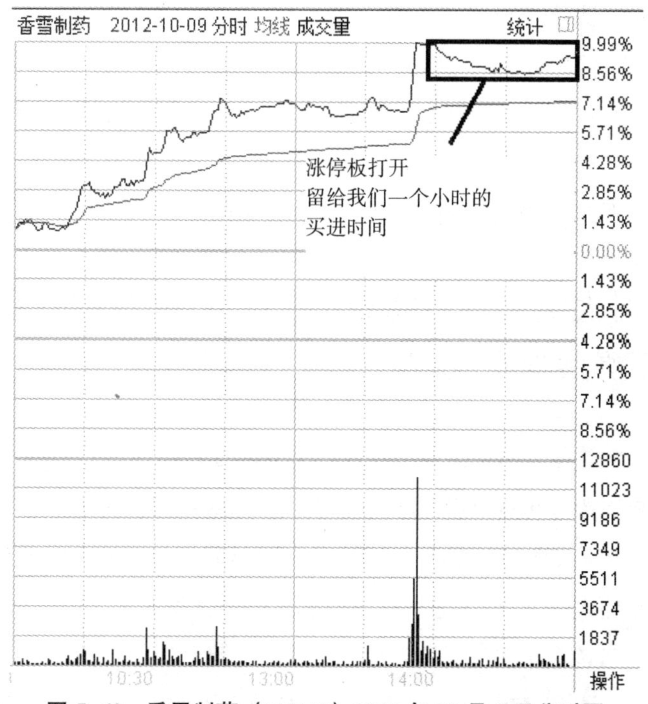

图 5-62　香雪制药（300147）2012 年 10 月 9 日分时图

图 5-63　香雪制药（300147）后续走势

暴涨，就要转换到短期的 10~20 天均线（创业板个股推荐使用 20 天均线）止盈卖出。

香雪制药（300147）400 天均线走势如图 5-64 所示。

香雪制药（300147）400 天均线暴涨转以 20 天均线止盈如图 5-65 所示。

本次交易买在 6.85 元，卖在 15.4 元，获利 124%！

如果不是创业板的个股最好还是用回 200 天和 10 天均线！

5.2.5　看对大盘，也能赚钱——上证 50 指数基金（510050），跌破三角形下缘后向上突破

股市上素有"赚指数不赚钱"之说，其实自指数基金（ETF）推出后，不管资金大小都可以通过这类指数基金赚到大盘的利润（当然会有所偏差）。

以目前来看，上证 50 指数基金（510050）是比较火热的品种，每日成交额达到数十亿元，未来还有加大的趋势，完全不怕买不到，也不怕卖不出。

适合各类投资者参与，该品种免收印花税，而且目前价格不到 3 元每股，也就是说每 100 股（一手）不到 400 元，就算是小学生拿几张红包钱都可以交易该品种。

图 5-64 香雪制药（300147）400 天均线走势

图 5-65 香雪制药（300147）400 天均线暴涨转以 20 天均线止盈

下面说说怎样利用大盘 V 图和上证 50 指数基金自身的 V 图走势来研判买卖时机。

先调出标的物——上证 50 指数基金（510050）年 K 线走势图，如图 5-66 所示。

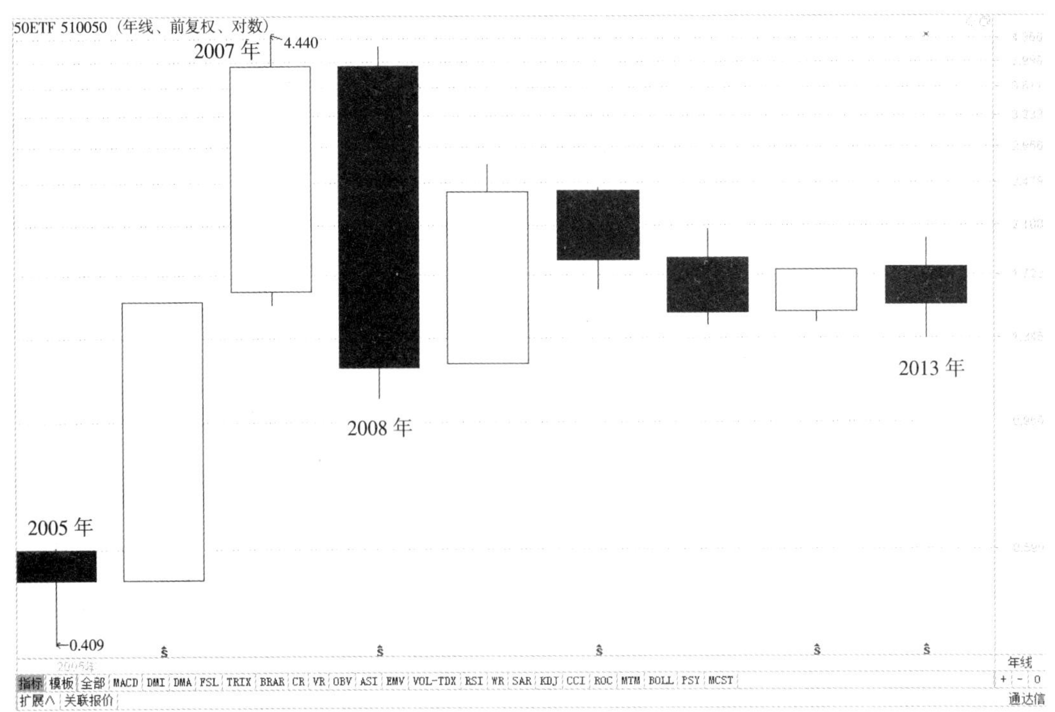

图 5-66 上证 50 指数基金（510050）年 K 线走势

将上年 K 线图转换为 V 图。

上证 50 指数基金（510050）年线 V 图如图 5-67 所示。

以转换出来的 V 图走势来看，上证 50 指数基金进入最后的整理阶段，等待重回下边缘，并有向上突破的可能。由于上证 50 指数基金基本等同于大盘的走势，所以我们转而观看大盘在这一阶段的走势情况。

大盘（上证指数）年线 V 图如图 5-68 所示。

见图 5-68，两者的 V 图走势几乎一样，我们都能从 V 图上看到一个明显的三角形整理形态，并都能找到 2013 年那波跌破下边缘的“假摔”行情。

从大盘上来看，大盘正进入冲顶的阶段，所以 2013 年这段下跌幅度已经足够，不可能再往下跌，所以 2013 年那次下跌只是一次“假摔”，坚定大盘将引发冲顶行情的信念不变。

因此作为与大盘走势相似的上证 50 指数基金走势也必然服从于大盘，也将进入暴涨阶段，在此买入应该是不错的长线买点。

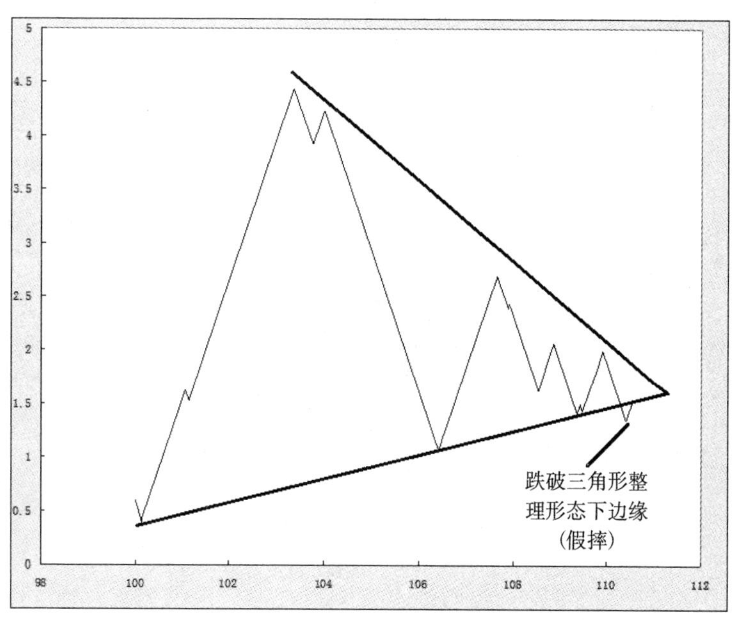

图 5-67　上证 50 指数基金（510050）年线 V 图

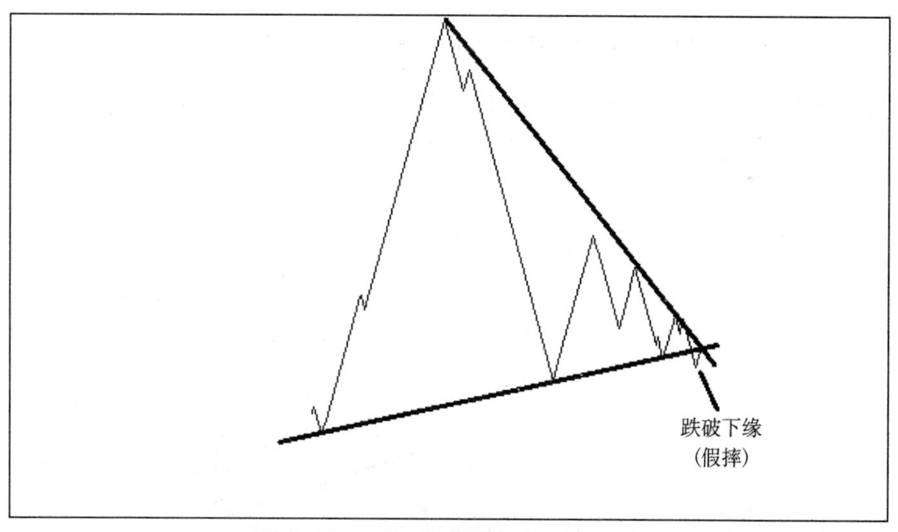

图 5-68　大盘（上证指数）年线 V 图

具体介入的时机需要在短周期下的指标图上去把握。

上证 50 指数基金（510050）日 K 线下布林线分析如图 5-69 所示。

调出日 K 线及布林线指标并将参数改为 90（以下简称为布林线）。

可以看到股价在布林线下边缘徘徊多时，之后未靠近下边缘即反转向上，可见布林线下边缘的支撑力已经开始提升，是向好的势头。

下面调入指标 MACD 观察。

图 5-69　上证 50 指数基金（510050）日 K 线下布林线分析

上证 50 指数基金（510050）日 K 线下 MACD 底背离看涨信号如图 5-70 所示。

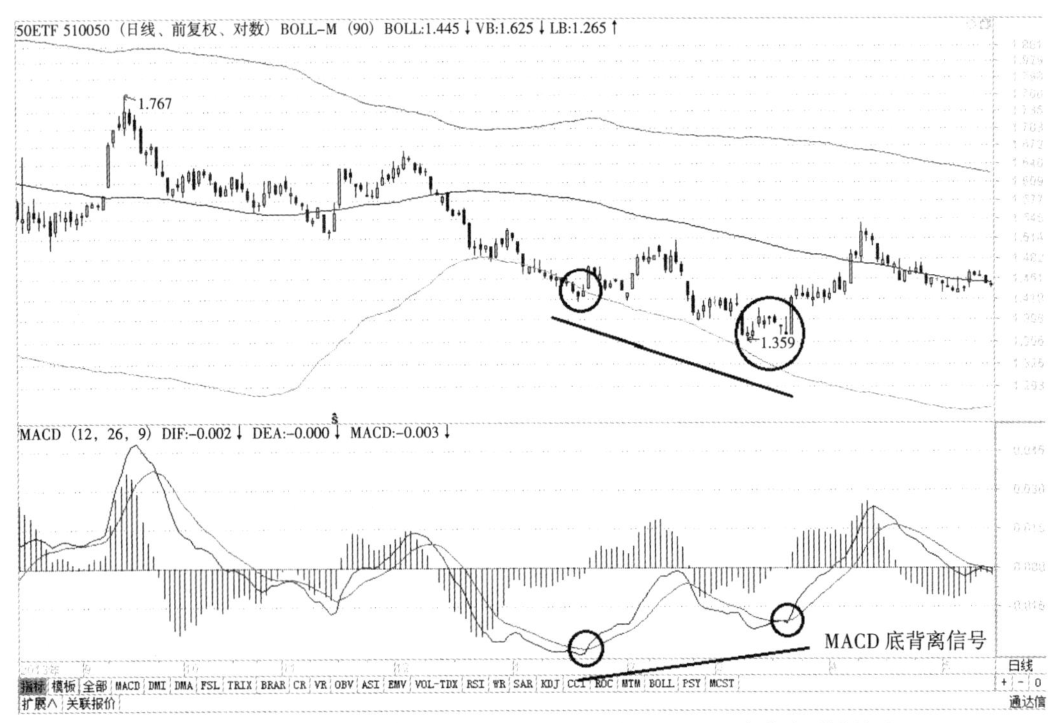

图 5-70　上证 50 指数基金（510050）日 K 线下 MACD 底背离看涨信号

可以看到不仅仅是布林线指标支持看涨，就连 MACD 指标也发出了较为可靠的底背离看涨买入信号。据此买入的价格在 1.4 元左右，与波段最低价 1.359 元相差无几。

大盘（上证指数）大三角规律如图 5-71 所示。

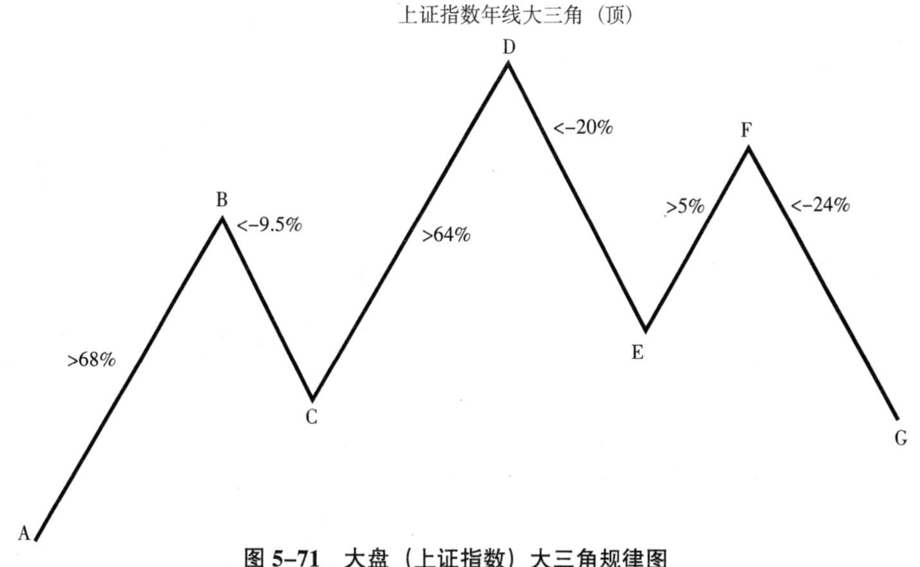

图 5-71　大盘（上证指数）大三角规律图

对未来利润的估算，因为上证 50 指数基金走势相似于大盘，故此以大盘处在CD段为由，未来将上涨 64%以上，预计上证 50 指数基金也将上涨超过 60%，即价格可能超过 2.25 元以上，在价格未到达这一价格时只宜持有等待，不宜过多交易。

上证 50 指数基金（510050）后续走势如图 5-72 所示。

图 5-72 展示了买入点到 2014 年底的后续走势，只要坚持持股，在年底时该基金价格已超过 2.25 元。根据大盘的平均市盈率来看，大盘还未到顶，故此如若不是急于变现，仍可持有到下一年。

5.2.6　看对大盘，也能赚钱——深证 100 指数基金（159901），三角形整理得到下缘支撑

这是另一款指数型基金，与上一节看到的上证 50 指数基金一样，不管资金大小都可以通过这类指数基金赚到大盘的利润（上证与深证会有所偏差，但不会过于偏离）。

这类指数基金适合各类投资者参与，主要是免征印花税。

照例调出标的物——深证 100 指数基金（159901）的年 K 线走势图，如图 5-73 所示。

图 5-72　上证 50 指数基金（510050）后续走势

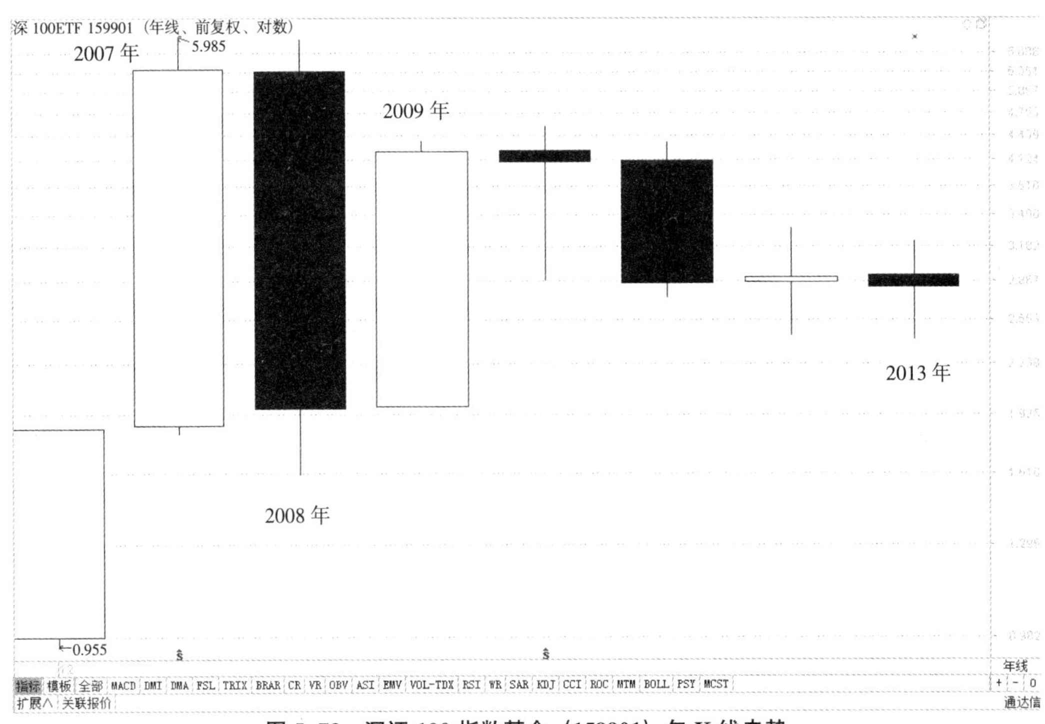

图 5-73　深证 100 指数基金（159901）年 K 线走势

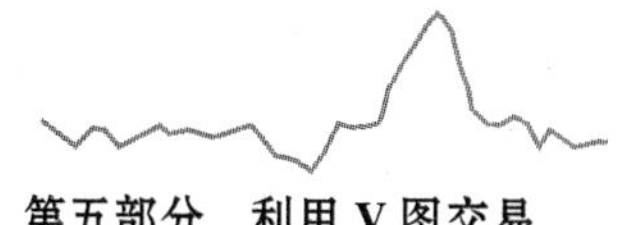

将图 5-73 的年 K 线图转换为 V 图。

深证 100 指数基金（159901）年线 V 图如图 5-74 所示。

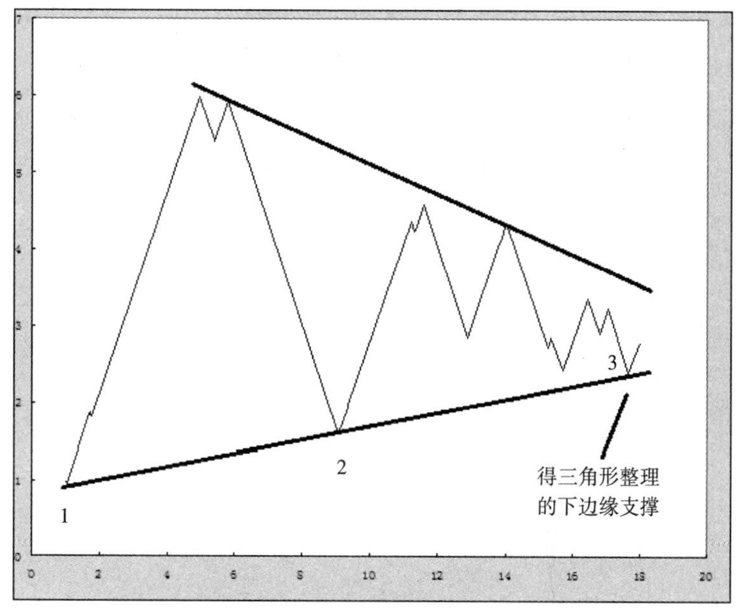

图 5-74　深证 100 指数基金（159901）年线 V 图

从转换出来的 V 图走势来看，深证 100 指数基金进入最后的整理阶段，先后在三角形整理的下边缘得到三次有效的支撑，可见下次指数基金的价格再回到这个支撑线上，将是绝佳的买点。再回过头来看看大盘的同期走势。

大盘（上证指数）年线 V 图如图 5-75 所示。

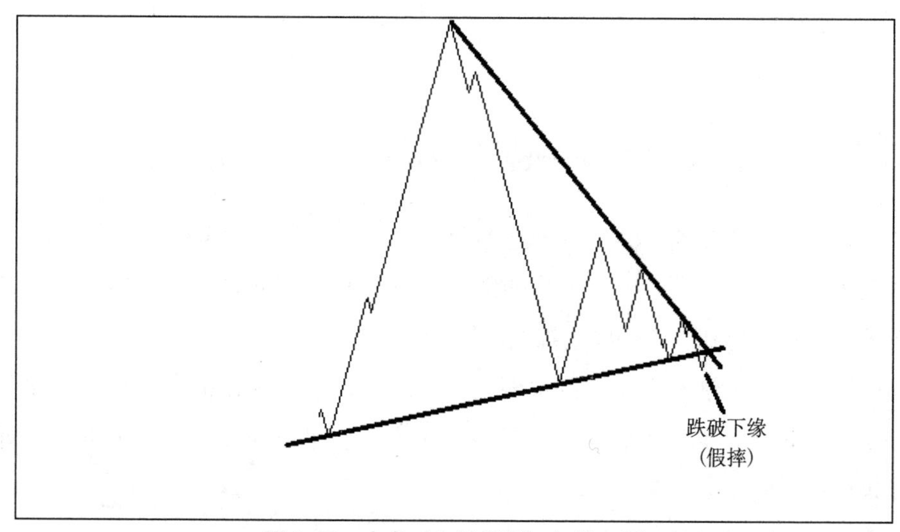

图 5-75　大盘（上证指数）年线 V 图

大盘的同期走势如图 5-75 所示，大盘与深证 100 指数基金的走势看似一样，其实不然。从大盘的走势来看，是先跌破了三角形整理形态的底边，然后才开始回涨，试图重新站于其上，就大盘的走势而言，这次下破支撑线之后不会再有机会下跌下去，根据大盘的神秘大三角规律来看，这是大盘即将迎来冲顶的前奏。

因此深证 100 指数基金必然受大盘影响，也将随着大势而有所趋向。在此买入或是有机会在后续时间里买到回调到这条支撑线上价格的投资者才是聪明的投资者。

具体的介入时机需要在短周期下的指标图上去把握。

深证 100 指数基金（159901）日 K 线，布林线分析如图 5-76 所示。

图 5-76 深证 100 指数基金（159901）日 K 线，布林线分析

调出日 K 线，调出布林线指标并将参数改为 90（以下简称布林线）。

从图中可以看到，在图上左下角的那个长下影 K 线很显眼，这就是 V 图上那个在三角形整理形态中得到了下边缘支撑的那个价位。

随后股价略有上涨并盘整了一段时间，在年底时股价又回调到布林线下缘，这本身也是个好的买点，虽然不能保证它是最佳买点。但可以通过分批买入的方式降低成本（如果以后价格还会下调的话）。

下面调入指标 MACD 观察。

深证 100 指数基金（159901）日 K 线，MACD 指标分析如图 5–77 所示。

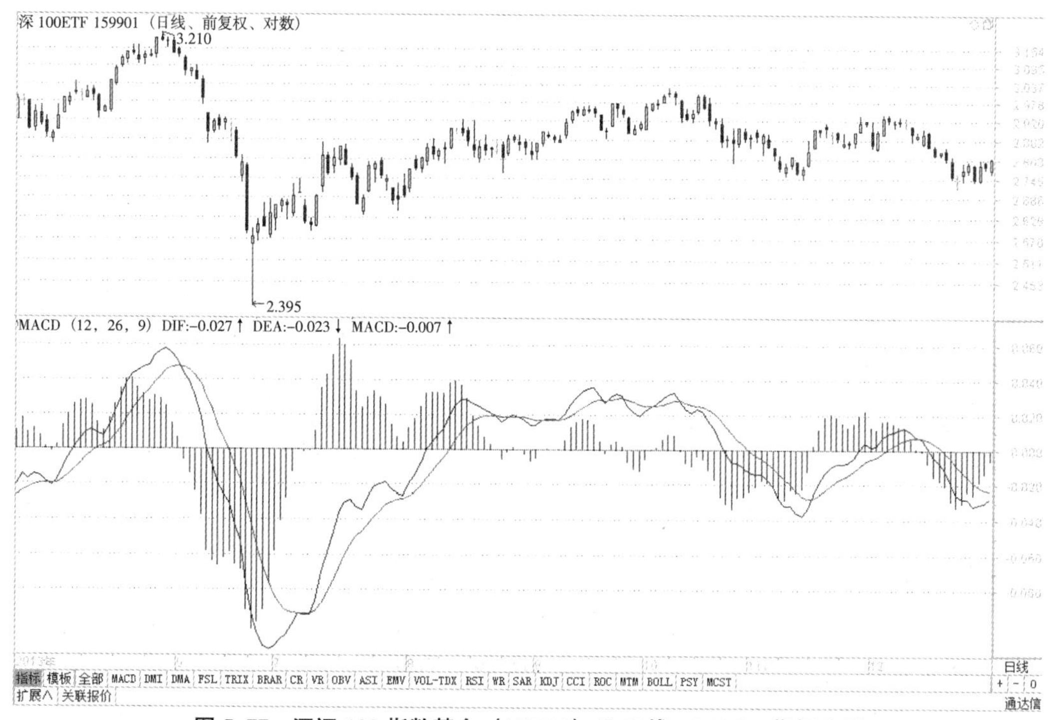

图 5–77　深证 100 指数基金（159901）日 K 线，MACD 指标分析

从图 5–77 看到，2.395 元那个低价已成过去，当前行情没有明显而可靠的绝佳买入点。

深证 100 指数基金（159901）日 K 线，布林线分析如图 5–78 所示。

当时间进入 2014 年后，情况有所改变，股价如图 5–78 所示，不断回调，曾两度跌破布林线下缘，但后期下破的幅度有所收敛，预计有向好的可能。

深证 100 指数基金（159901）日 K 线，MACD 底背离看涨信号如图 5–79 所示。

再调出 MACD 指标，可见此时已出现 MACD 的底背离买入信号，这是继上一次长下影 K 线后又一个绝佳的买入点位，此时买入必是长线买点。

深证 100 与上证 50 走势相差不太大，可以用相似来比喻。

大盘（上证指数）大三角规律如图 5–80 所示。

对深证 100 指数基金未来利润的估算，也因与上证 50 指数基金走势相似，因此借以大盘处在 CD 段为由，未来也将上涨 60%以上，即 3.8 元以上（2.395 元 × 1.6）。

深证 100 指数基金（159901）后续走势如图 5–81 所示。

图 5-78 深证 100 指数基金（159901）日 K 线，布林线分析

图 5-79 深证 100 指数基金（159901）日 K 线，MACD 底背离看涨信号

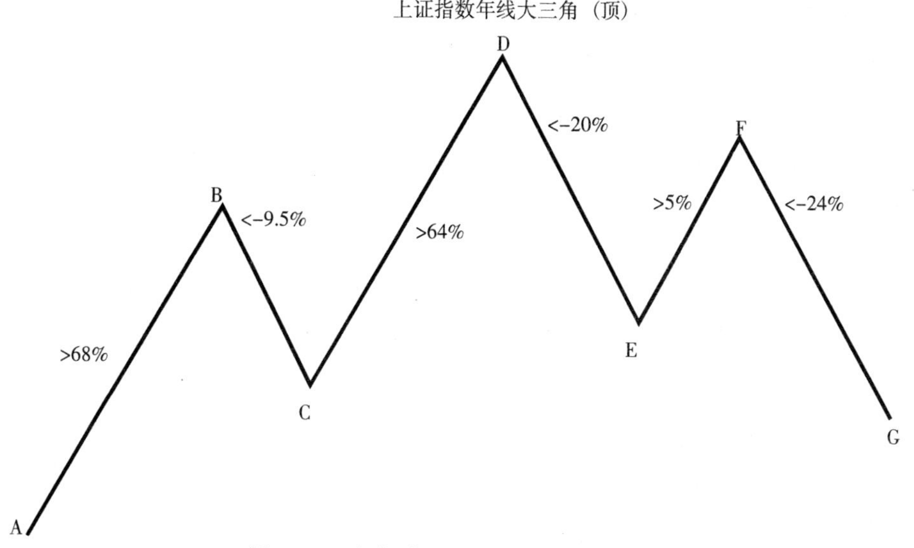

图 5–80　大盘（上证指数）大三角规律

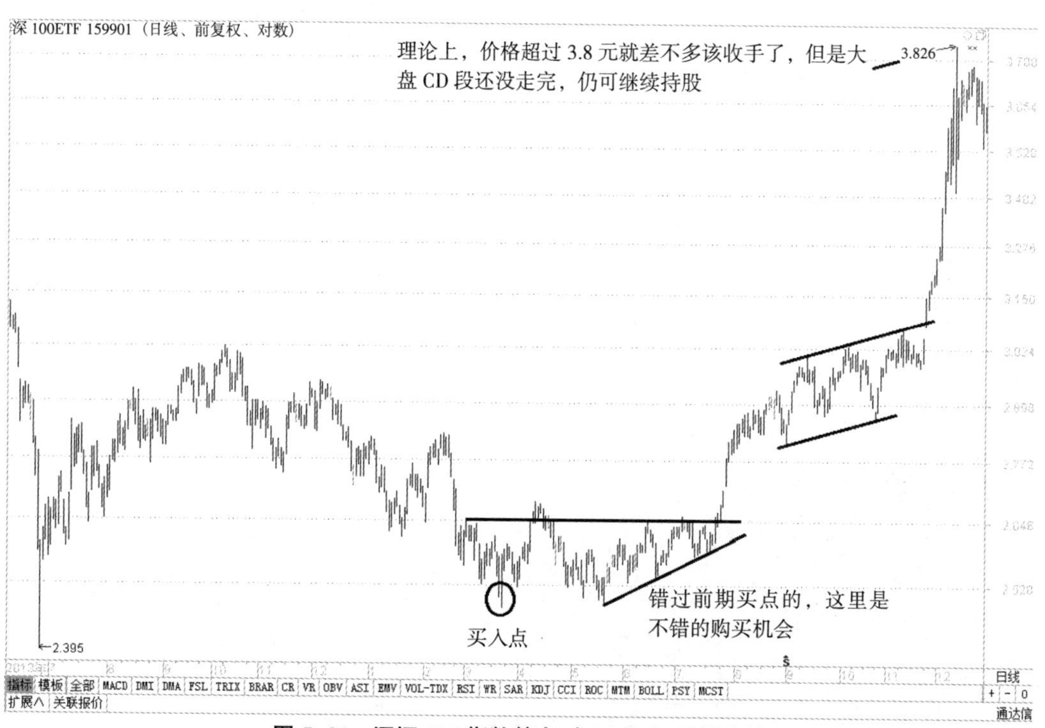

图 5–81　深证 100 指数基金（159901）后续走势

图 5-81 展示了买入点到 2014 年底的后续走势，早期在买入后不久开始了一小波试探性的上涨，然后又回调整理继续洗盘。直到 7 月以后才开始进入主升波段，开始了大涨行情。

由于大盘 CD 段仍未走完，所以持有该指数基金的投资者仍可继续持股，直到大盘见顶为止。